COMPACT WÖRTERBUCH

Zweifelsfälle Deutsch

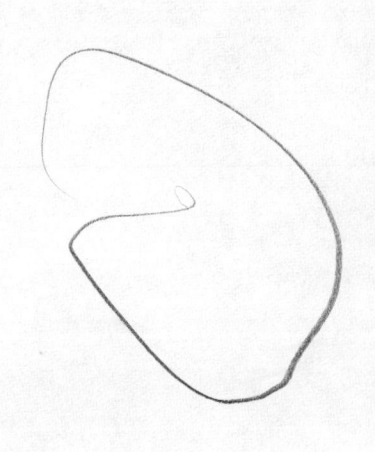

COMPACT WÖRTERBUCH

Zweifelsfälle Deutsch

Helmut Ostermair

Compact Verlag

© Compact Verlag München
Redaktion: Dr. Jörg Meidenbauer, Antje Günter
Umschlaggestaltung: Inga Koch
Printed in Germany
ISBN 3-8174-7105-X
7171052

Vorwort

Wer kennt solche Situationen nicht: Beim Verfassen eines Briefes bekommt man Zweifel an der korrekten Schreibweise eines bestimmten Wortes. Plötzlich wird man unsicher in bezug auf Grammatik oder Zeichensetzung. Für einen wichtigen Anlaß sucht man nach einem besseren Ausdruck, einer anderen Formulierung.

In solchen Fällen ist dieses Buch ein unentbehrlicher Ratgeber.

Im ersten Teil, Zweifelsfälle A-Z, werden Zweifelsfragen der Rechtschreibung, der Grammatik, des Satzbaues und des Stils behandelt. Ausführlich erklärt werden leicht verwechselbare Wörter und häufig verwendete, aber schwierig zu schreibende Fremdwörter. Außerdem finden Sie Wörter z. B. aus der gehobenen literarischen Sprache und der jugendlichen Szenesprache mit ihren unterschiedlichen Bedeutungen.

Zahlreiche Beispielsätze verdeutlichen die Anwendung der Stichwörter.

Im zweiten, dem systematischen Teil, werden Zeichensetzung, Groß- oder Kleinschreibung sowie Zusammen- oder Getrenntschreibung mit praktischen Beispielsätzen anschaulich und leicht verständlich erläutert. Die Formen und Möglichkeiten für den Schriftverkehr in Geschäfts- und Privatbriefen werden jeweils mit mehreren Mustern übersichtlich dargestellt. Zu Bewerbung und Lebenslauf finden Sie ebenfalls Musterbeispiele und wertvolle Tips. Ein Übungsteil mit Lösungen dient als Testmöglichkeit für den persönlichen Wissensstand.

Dieses neue, aktuelle und zuverlässige Handbuch enthält alle relevanten Stichwörter der gegenwärtig gesprochenen Sprache und gibt in Zweifelsfällen schnelle und praktische Hilfestellung.

Inhalt

Vorwort	5
Verzeichnis der benutzten Abkürzungen	8
Hinweise für den Benutzer	10
Zweifelsfälle A - Z	11
Systematischer Teil	351
Zeichensetzung	355
Groß- oder Kleinschreibung	363
Zusammen- oder Getrenntschreibung	369
Schriftverkehr: Geschäftsbrief Privatbrief Bewerbung Lebenslauf	376
Titel und Berufsbezeichnungen	393
Gebräuchliche Abkürzungen	397
Übungen zur Rechtschreibung	403
Übungen zu Zweifelsfällen	411
Lösungen zur Rechtschreibung	425
Lösungen zu Zweifelsfällen	432
Lateinische Fachbegriffe der Grammatik	439

Verzeichnis der benutzten Abkürzungen

Adj.	Adjektiv	o.ä.	oder ähnliches
Adv.	Adverb	pers.	persisch
amerik.	amerikanisch	Präp.	Präposition
Art.	Artikel	russ.	russisch
bayr.	bayrisch	sanskr.	sanskrit
bes.	besonders	schott.	schottisch
bzw.	beziehungsweise	spätlat.	spätlateinisch
dt.	deutsch	span.	spanisch
engl.	englisch	standardspr.	standardsprachlich
etc.	et cetera	süddt.	süddeutsch
etw.	etwas	türk.	türkisch
fem.	feminin/weiblich	u.a.	und andere
franz.	französisch	ugs.	umgangssprachlich
geh.	gehoben	ung.	ungarisch
gleichbed.	gleichbedeutend	usw.	und so weiter
griech.	griechisch	z.B.	zum Beispiel
iron.	ironisch		
isländ.	isländisch		
it.	italienisch		
jap.	japanisch		
jmd.	jemand		
jmdm.	jemandem		
jmdn.	jemanden		
jmds.	jemandes		
Konj.	Konjunktion		
lat.	lateinisch		
masc.	masculin/männlich		
mex.	mexikanisch		
mlat.	mittellateinisch		

Zweifelsfälle A – Z

Hinweise für den Benutzer

Der folgende Teil listet die häufigsten Zweifelsfälle, die innerhalb der deutschen Sprache Schwierigkeiten bereiten, in alphabetischer Reihenfolge auf, so daß man zunächst einmal den Zweifelsfall vom Stichwort her erfassen kann. Ist dies nicht möglich, etwa bei der Entscheidung über Groß- oder Kleinschreibung eines Ausdrucks, der nicht enthalten ist, so kann man die Frage durch die Regelkapitel beantworten. Diese nach Grund- und Einzelregeln übersichtlich aufgebauten Kapitel referieren alle entscheidenden Punkte und verdeutlichen diese mit ausführlichen Beispielen. Auch Fragen der Zeichensetzung, der Zusammen- oder Getrenntschreibung oder der Flexion von Titeln und Berufsbezeichnungen können so erschlossen werden.

Will man zum Beispiel wissen, welcher Bestandteil der Anrede *Herr Landtagsabgeordneter Doktor Meier* gebeugt werden muß, schlägt man sofort unter dem Kapitel 'Titel und Berufsbezeichnungen' nach. Grammatische Fachbegriffe können schnell in der angefügten Aufstellung nachgeschlagen werden; ausführlichere Erklärungen finden sich im alphabetischen Teil. Bei den aufgenommenen Fremdwörtern folgt nach dem Stichwort zunächst der korrekte Artikel, dann in eckigen Klammern die Erklärung zur Herkunft des Begriffes mit seiner Bedeutung in der Originalsprache. Abgesetzt sind schließlich die Verwendung des Wortes in der deutschen Sprache sowie grammatische Besonderheiten angegeben.

Aas: Das Substantiv das *Aas* bildet zwei Pluralformen: *die Aase* und *die Äser*, wobei die zweite Form der Umgangssprache entstammt.

ab: Die Präposition *ab* wird mit dem Dativ verbunden bei Orts-, Zeit-, Datums- und Mengenangaben:
ab der Kreuzung; ab dem Haus; ab nächster Woche; ab diesem Datum; ab dem elften Kilo; ab dem 18. Juni.
Bei Zeit- und Mengenbestimmungen kann auch der Akkusativ stehen:
ab erstem April oder *ab ersten April; ab letztem Sonntag* oder *ab letzten Sonntag; ab 20 Büchern* oder *ab 20 Bücher; ab 21 Jahren* oder *ab 21 Jahre.*
Kommen diese Angaben in Verbindung mit einem Artikel oder einem Pronomen vor, ist nur der Dativ möglich:
ab dem ersten April; ab dem letzten Sonntag; ab meinem 21. Geburtstag.
In der Kaufmanns- und Verwaltungssprache aber auch umgangssprachlich hat sich *ab* für *von... an* durchgesetzt, besonders mit Substantiven ohne Artikel und erkennbaren Kasus:
ab Werk; ab Lieferung; ab München.
Das gilt auch für Zeitangaben:
Ab Weihnachten ist geschlossen.
Statt: Von Weihnachten an ist geschlossen.

Abbau: Dieses Substantiv hat die Pluralformen: *die Abbaue* und *die Abbauten*. Während ersteres der Bergmannssprache entstammt, wird der Plural *die Abbauten* regional im Sinne von "abseits liegendes Anwesen" gebraucht.

abbuchen: →buchen - verbuchen

abdanken: In seiner transitiven Verwendung wird das Verb *abdanken* im Sinne von "jmdn. aus einem Dienst, aus einem Verhältnis entlassen, freistellen" heute nur noch selten benutzt. Das 2. Partizip des Verbs wird heute folgendermaßen korrekt verwendet:
Der abgedankte (= entlassene) *General hat seine Orden zurückgegeben. Man hat ihn zu Unrecht abgedankt.*
Der transitive Gebrauch im Sinne von "ein Amt niederlegen, eine Stellung aufgeben" ist heute üblich:
Der Kanzler dankte ab, als er sah, daß er für seine Politik keine Mehrheit mehr hatte.

Abdruck: *Abdruck* kann zwei Pluralformen bilden. In der Bedeutung von "das Abgedruckte, die Reproduktion von Text oder Bild im Druck" lautet der Plural *die Abdrucke: Von dieser Graphik sind mehrere Abdrucke schon verkauft.*
Im Sinne von "Eindruck, Nachdruck, hinterlassener Spur" wird der Plural mit *Abdrücke* gebildet:
Am Tatort fand man viele Fingerabdrücke.

Abend - abend - abends: Als Substantiv wird *der Abend* groß geschrieben: *am Abend; gegen Abend; eines Abends; guten Abend; der heutige Abend.* Als Adverb gebraucht, wird *abend* bzw. *abends* klein geschrieben: *heute abend; von morgens bis abends; abends um 7 Uhr; sonntags abends; Sonntag abends; abendelang.* → Groß- oder Kleinschreibung, → Zusammen- oder Getrenntschreibung.

abendelang - Abende lang: Als zusammengesetztes Adjektiv schreibt man zusammen. Ist Abende durch eine nähere Bestimmung wie Artikel, Numerale o.ä. als ein Substantiv zu erkennen, schreibt man getrennt und groß:
Die abendelangen Diskussionen führten zu nichts. Viele Abende lang stand er unter ihrem Balkon. Den ganzen Abend lang plagte er sich mit dem Problem herum.

Abenteuerin - Abenteurerin: Beide weiblichen Bildungen zu Abenteurer sind korrekt.

aber: Vor *aber* als Konjunktion steht immer ein Komma: *Preiswert, aber gut. Du warst dabei, aber du hast nichts verstanden.*

abergläubig

Hinter einer finiten Verbform wirkt *aber* weniger nachdrücklich:
Er hörte Geräusche, sah aber niemand.
Steht *aber* unmittelbar hinter anderen Satzteilen, werden diese besonders betont:
Er war klein und unscheinbar, seine Frau aber schön und auffällig. Er suchte sie im Büro, dort aber war sie nicht.
Groß geschrieben wird *aber* in der Wendung: *ohne Wenn und Aber.*
abergläubig - abergläubisch: Von diesen beiden ehemals korrekten Bildungen hat sich *abergläubisch* durchgesetzt, *abergläubig* wird kaum mehr gebraucht.
aberkennen: Der Verbzusatz ab- wird in der Regel den finiten Formen des Verbs nachgestellt:
Der militärische Ehrenrat erkannte Arthur Schnitzler wegen seines Dramas 'Leutnand Gustl' den Offiziersrang ab.
abermalig - abermals: Als Adjektiv beim Substantiv stehend ist nur *abermalig* zulässig:
Eine abermalige Spendenaktion.
Falsch ist der Gebrauch von *abermalig* an Stelle des Adverbs *abermals:*
Und abermals krähte der Hahn; (Nicht: *Und abermalig krähte der Hahn*).
abfahrbereit - abfahrtbereit: Beide Formen des Adjektivs sind korrekt.
Abfahrt- - Abfahrts-: Das Fugen-s muß stehen bei:
Abfahrtshang, -lauf, -rennen, -piste, -strekke, -läufer, -technik.
Mit oder ohne Fugen-s können gebildet werden:
Abfahrt[s]befehl, -signal, -zeichen, - gleis, -ort, -tag, -zeit. → *Fugen-s.*
Abflug- - Abflugs-: Die Komposita mit dem determinisierenden Substantiv *Abflug* haben kein Fugen-s:
Abflugort, Abflugtermin, Abfluggeschwindigkeit.
abfragen: Kann mit doppeltem Akkusativobjekt stehen:
Der Lehrer fragte den Schüler die Vokabeln ab.
Richtig ist auch die Konstruktion mit dem Dativ der Person und dem Akkusativ der Sache:
Der Lehrer fragte dem Schüler die Vokabeln ab.
Hat *abfragen* nur ein Objekt bei sich, ist es immer ein Akkusativ:
Der Lehrer fragt den Schüler ab. (Nicht: *Der Lehrer fragt dem Schüler ab.*)
abgenommen: Wird das Verb *abnehmen* intransitiv im Sinne von "leichter, geringer, kleiner werden" verstanden, darf das 2. Partizip nicht beifügend verwendet werden. Falsch ist also:
Die abgenommene Frau (für: dünner geworden); *die abgenommenen Solidaritätsadressen* (für: weniger geworden); *die abgenommenen Zahlen* (= für: kleiner geworden).
Abgeordnete: Diese Bezeichnung wird wie ein attributives Adjektiv gebeugt:
Der Abgeordnete sprach über die gefährliche Belastung der Ozonschicht. Drei Abgeordnete unterstützen den Reformvorschlag. Der Betrüger gab sich als Abgeordneter aus.
Nach einem starken Adjektiv wird im Genitiv Plural stark gebeugt:
Die Beteiligung einflußreicher Abgeordneter (Nicht:*Abgeordneten*) *an der Demonstration war eine Sensation.*
Bei einem Dativ in der Einzahl wird nach einem starken Adjektiv schwach dekliniert:
Genanntem Abgeordneten (Nicht: *Abgeordnetem*) *war ein Fehler unterlaufen.*
Als Apposition verwendet, kann die starke oder schwache Deklination erfolgen:
Ihm als Abgeordnetem oder *Ihm als Abgeordneten* bzw. *Ihr als Abgeordneter* oder *Ihr als Abgeordneten wurde dieser Fehler nicht verziehen.*
Nach *Herr* ist die schwache Beugung üblich, nach *Frau* die starke oder schwache:
Er hat mit Herrn Abgeordneten Fliege heute verhandelt. Er hat mit Frau Abgeordneten oder *Abgeordneter Müller heute gestritten.*

Fehlt *Herr* bzw. *Frau* wird stark gebeugt: *Mit Abgeordnetem* bzw. *Abgeordneter Meier betrat ein guter Redner das Podium.*

Abgesandte: Diese Bezeichnung wird wie ein attributives Adjektiv gebeugt: *Der Abgesandte überreichte die Botschaft. Drei Abgesandte baten um politisches Asyl. Der Betrüger gab sich als Abgesandter des Kalifen aus.*
Nach einem starken Adjektiv wird im Genitiv Plural stark gebeugt: *Die Beteiligung bedeutender Abgesandter* (Nicht: *Abgesandten*) *an der Beratung war ungewöhnlich.*
Bei einem Dativ in der Einzahl wird nach einem starken Adjektiv schwach dekliniert: *Zitiertem Abgesandten* (Nicht: *Abgesandtem*) *war ein Fehler unterlaufen.*
Als Apposition verwendet, kann die starke oder schwache Deklination erfolgen: *Ihm als Abgesandtem* oder *Ihm als Abgesandten* bzw. *Ihr als Abgesandter* oder *Ihr als Abgesandten wurde dieser Fehler nicht verziehen.*

abgesehen (davon), daß...: Nach *abgesehen davon* steht kein Komma; folgt aber auf die Wendung ein *daß*, so steht davor ein Komma:
Abgesehen davon hat es mir gefallen. Davon abgesehen hat es mir gefallen. Abgesehen davon, daß wir nichts hörten und nichts sahen, hat es uns gefallen.

abgewöhnen - entwöhnen: Das Verb *abgewöhnen* bedeutet, sich oder einen anderen dazu bringen, eine (meist als schlecht beurteilte) Angewohnheit abzulegen. Bei *entwöhnen* soll jemand dazu gebracht werden, etwas (meist als positiv) Erfahrenes nicht mehr gewöhnt zu sein:
Er muß sich das Trinken abgewöhnen. Das Baby wird der Mutterbrust entwöhnt und allmählich an andere Nahrung gewöhnt.

abhalten: Ein Nebensatz oder ein Infinitiv dürfen nicht verneint werden, wenn sie von *abhalten* abhängen, da dieses Verb die Verneinung bereits enthält:
Er konnte ihn abhalten, Selbstmord zu begehen. (Nicht: *Er konnte ihn abhalten, keinen Selbstmord zu begehen.*)

abhängig: Das Adjektiv *abhängig* wird in den Konstruktionen *von jmdm.* oder *von etwas abhängig sein* gebraucht:
Das Baby ist von den Eltern abhängig. Er ist von den Medikamenten abhängig.
Daran schließt sich die Verwendung als Attribut an:
Die Gruppe versucht den von Medikamenten abhängigen Menschen zu helfen.

abhauen: → hauen

abheften: Die Kombination des Verbs *abheften* mit der Präposition *in* hat einen Dativ nach sich:
Die Sekretärin heftete den Brief in seiner Akte ab.

Abhilfe: Da das Substantiv *Abhilfe* vom intransitiven Verb *abhelfen* kommt, kann kein Genitivattribut folgen. Falsch ist also: *Die Abhilfe verschiedener Mißstände kennzeichnet sein Programm. Die Abhilfe eines Notstandes wurde gefordert etc.* (Richtig: *einem Mißstand abhelfen*).

abhören: → *abfragen*.

abisolieren: Zur Verdeutlichung des Wortinhalts wird oft ein fremdes Verbum mit einer deutschen Vorsilbe verbunden. Bei *abisolieren* ergibt sich statt einer Verdeutlichung eine Mißverständlichkeit. Im Satz *Die Leitung wurde abisoliert* ist nicht eindeutig, ob die Leitung isoliert oder ob sie von der Isolierung befreit worden ist. In Fachsprachen der Fernmeldetechnik bzw. Elektrotechnik wird *abisolieren* im Sinne "die Isolierhülle auf eine gewisse Länge von der Spitze einer Kabelader abstreifen" verstanden.

Abkürzungen: Um ein Gespräch oder einen Text zu kürzen, benutzt man sinnvolle *Abkürzungen*. In Anzeigen oder Geschäftsbriefen findet man sie häufig. Allerdings sollte ihre Verwendung nicht zu Mißverständnissen führen. In einem fortlaufenden Text sollten *Seite* oder *Nummer*

in Verbindung mit einer Zahl nicht abgekürzt werden:
Der Bericht stand auf Seite 12.
Wird das abgekürzte Wort in voller Länge ausgesprochen, setzt man nach der Abkürzung einen Punkt:
Dr. (Doktor); usw. (und so weiter); Ausnahmen davon sind zum Beispiel: *Dr. med.; K. o.; e. V.*
Wird die Abkürzung als solche gesprochen, setzt man keinen Punkt dahinter: *USA; EWG; FKK.*
Abkürzungen für chemische Elemente, Himmelsrichtungen und Maßeinheiten haben keinen Punkt:
Cl (Chlor); NO (Nordost); m (Meter). Bei Abkürzungen ohne Punkt kann der Plural mit oder ohne Endungs-s gebildet werden: *die LKW(s) oder die Lkw(s); die TU(s).*
→ Kapitel Abkürzungen

Abneigung: Nach dem Substantiv *Abneigung* wird mit der Präposition *gegen* angeschlossen. Der Gebrauch der Präposition von ist standardsprachlich nicht korrekt:
Sie hat eine instinktive Abneigung gegen Hunde (Nicht: *vor Hunden*).

abnorm - abnormal - anomal - anormal: Grundbedeutung aller vier Wörter ist "von der Regel, vom Normalen abweichend; regelwidrig, ungewöhnlich"; Sie sind deshalb häufig im medizinisch-psychologischen Sprachgebrauch zu finden. Eine genaue Abgrenzung in der Verwendung ist nicht möglich. *Abnorm* kommt von *abnormis* (lat.) "von der Regel abweichend":
abnorme Reaktionen zeigen; einen abnorm großen Kopf haben; ein abnorm eisiger Winter.
Das Adjektiv *abnormal* ist von *abnorm* abgeleitet und bedeutet "krank, nicht normal, unsinnig":
Das Verhalten des Mannes ist abnormal. Ein völlig abnormales Kind.
Das Adjektiv *anomal* kommt von *anomalus* (griech-lat) und bedeutet "ungleichmäßig, nicht regelmäßig": *Eine anomale Entwicklung.*

In der Übertragung als "ungewöhnlich, nicht normal" wird es verwendet wie: *Unter anomalen Verhältnissen leben.*
Anormal ist eine Kombination aus *anomalus* und *normalis* und wird in der Bedeutung "nicht normal" am häufigsten verwendet:
Ein anormal gutes Gedächtnis haben; anormal reagieren; anormale Bedingungen; anormale Jahreszeiten.

abnutzen - abnützen: Im süddeutschen Sprachraum ist für *abnutzen* auch die Form *abnützen* üblich.

Abonnement, das: [franz. abonnement gleichbed.]
Fest vereinbarter Bezug von Zeitungen oder Zeitschriften über einen längeren Zeitraum; Eintrittskarten für den Besuch einer festgelegten Anzahl kultureller Veranstaltungen.

abonnieren: Wird heute in der Regel nur noch mit dem Akkusativ der Sache verbunden oder als Zustandspassiv gebraucht:
Ich habe eine Zeitung abonniert. Ich bin auf diese Zeitung abonniert.

abraten: Von *abraten* abhängige Infinitive oder Nebensätze werden nicht verneint, da das Verb bereits die negative Aussage enthält:
Er riet ihm ab, den Film anzusehen. (Nicht: *Er riet ihm ab, den Film nicht anzusehen.*)

abrunden - aufrunden: Ursprünglich bedeutet *abrunden* eine Zahl nach oben oder unten *abrunden*, d. h. "auf die nächste niedere oder höhere runde Zahl bringen". Es wird damit nur der Vorgang, nicht die Richtung ausgedrückt. Damit wäre *aufrunden* überflüssig, aber es haben sich heute die beiden Formen durchgesetzt: *abrunden* für "nach unten runden", *aufrunden* für "nach oben runden".

Abscheu: Das Substantiv *Abscheu* kann sowohl mit männlichem als auch mit weiblichem Artikel stehen: *der Abscheu* und - seltener - *die Abscheu.*

abschrecken: → schrecken

abschwören: → schwören
absein: Dieses der Umgangssprache entstammende Verb wird nur im Infinitiv und als 2. Partizip zusammen geschrieben: *Die Blätter von den Bäumen werden bald absein. Die Soldaten sind nach dem Kampf sehr abgewesen* (ugs. für: müde, erschöpft, abgespannt).
Die finiten Formen schreibt man getrennt: *Du wirst sehen, daß das Blatt bald ab ist.*
abseits: Auf die Präposition *abseits* folgt der Genitiv:
abseits kleiner Dörfer; abseits jeglicher Zivilisation.
Zusammen mit der Präposition *von* wird *abseits* zum Adverb:
Abseits von jeglicher menschlichen Zivilisationserscheinung.
absenden: Als Formen der Vergangenheit und des 2. Partizips sind korrekt:
sandte ab, sendete ab; abgesandt, abgesendet.
absolut: Dieses Adjektiv drückt schon einen Superlativ aus, es kann nicht mehr gesteigert werden:
Um absolute Aufmerksamkeit wird gebeten (Nicht: *Um absoluteste Aufmerksamkeit ...*).
abstellen: Auf die Kombinationen des Verbs *abstellen* mit den Präpositionen *auf* oder *in* oder *unter* folgt in der Regel ein Dativ:
Er stellte seine Koffer im (= in dem) *Foyer ab. Ihr Fahrrad stellte sie unter der Laterne ab. Er stellte seine Tasche auf dem Tisch ab.*
abstempeln: → stempeln
abstrus - absurd: Das Adjektiv *abstrus* bedeutet "unbegreiflich, dunkel, sinnverworren":
abstruse Überlegungen anstellen. Dagegen bedeutet *absurd* "widersinnig, dem Menschenverstand widersprechend":
eine absurde Idee; das ist ja absurd!
Abszeß: Standardsprachlich ist *der Abszeß* (Masc.); gebräuchlich in Österreich, *das Abszeß* (Neutr.).

abtrocknen: Das intransitive Verb *abtrocknen* in der Bedeutung von "trocken werden" kann sein Perfekt mit *sein* oder *haben* bilden, wobei die Kombination mit *sein* üblicher ist:
Nach dem Schneefall ist es wieder abgetrocknet. Nach dem Regenguß hat es schnell wieder abgetrocknet.
abwägen: Das Verb *abwägen* in der Bedeutung von "bedenken, genau überlegen" kann unregelmäßig und regelmäßig konjugiert werden:
Sie wog die Standpunkte gegeneinander ab. Sie wägte die Standpunkte gegeneinander ab. Sie haben die Argumente gegeneinander abgewogen oder, selten, *abgewägt.*
Der Konjunktiv II heißt nur: *abwöge.*
abwärts: Wird *abwärts* im Sinn von "nach unten" gebraucht, ist es vom nachfolgenden Verb zu trennen. Es ist dann ein selbständiges Adjektiv:
Sie sind den Fluß abwärts gerudert.
Entsteht durch die Verbindung von Adjektiv und nachfolgendem Verb ein neuer Begriff, wird dieser zusammengeschrieben.
abwenden: Das Verb *abwenden* kann in der Vergangenheit und im 2. Partizip die Formen mit *-e* oder *-a* bilden:
Er wendete oder *wandte sich angewidert ab. Er hat seinen Kopf schnell abgewendet* oder *abgewandt.*
abzüglich: Der Präposition *abzüglich* folgt ein Genitiv, wenn der Kasus durch Artikel oder Attribut erkennbar ist:
abzüglich aller Nebenkosten.
Ein alleinstehendes starkes Substantiv wird nach *abzüglich* nicht gebeugt, im Plural steht dann der Dativ:
abzüglich Porto; abzüglich Gewicht; abzüglich Büchern.
Accessoire, das: [franz. accessoire "Nebensache, Zubehör"]
Modisches Zubehör wie Gürtel, Tücher, Schmuck. Wird meist im Plural *Accessoires* gebraucht.
ach - Ach: Fungiert das Wort als Interjektion, schreibt man es klein:

ach je!, ach so!, ach nein!; Er wird ach und weh rufen.
Die Substantivierung schreibt man groß:
Bei der Premiere waren viele Achs und Ohs zu hören. Er hat seinen Titel mit Ach und Krach geschafft.
acht - Acht: In stehenden Verbindungen mit Verben wird *acht* klein geschrieben:
Du sollst dich in acht nehmen. Das Problem haben sie bei ihrer Planung außer acht gelassen.
Ist es durch einen Artikel oder eine Beifügung als Substantiv zu erkennen, schreibt man groß:
Das Problem haben sie bei ihrer Planung außer aller Acht gelassen. Der Ältere muß die größere Acht geben.
Klein und zusammen schreibt man die Verben: *achtgeben, achthaben:*
Darauf mußt du besonders achtgeben. Wir werden auf den Verkehr achthaben.
Die Wendung "sich in acht nehmen" mit der nachfolgenden Präposition *vor* bedeutet "sich hüten vor etwas"; nachfolgende Infinitive und Nebensätze dürfen nicht verneint werden:
Sie mußten sich in acht nehmen, zu weit zu gehen. (Nicht: *Sie mußten sich in acht nehmen, nicht zu weit zu gehen.*).
Ohne die Präposition *vor* in der Bedeutung "achten auf etwas" ist in diesen Fällen die Verneinung richtig:
Er mußte sich in acht nehmen, den Fehler nicht zu wiederholen.
acht - Acht: Das Zahlwort wird klein, seine Substantivierung groß geschrieben:
Wir waren zu acht im Cafe. Punkt acht waren wir verabredet. Der Junge ist erst acht. Er hat eine Acht in sein Rad gefahren. Die Ziffer Acht. Sie übten, eine Acht zu schreiben.
→ Numerale
achte - Achte: Das Zahlwort wird klein, seine Substantivierung groß geschrieben:
Im Wettlauf war er der achte. Jeder achte Befragte war dagegen. Er ist der Achte im Wettlauf. Der Achte (= des Monats) ist ein Sonntag.

In Namen wird das Zahlwort ebenfalls groß geschrieben:
Ludwig der Achte; Heinrich der Achte.
→ Numerale
achtel - Achtel: Als Beifügung vor Maß- und Gewichtsangaben schreibt man *achtel* klein:
Ein achtel Liter saure Sahne.
Die Substantivierung schreibt man groß:
Er hat drei Achtel dieses Rotweins und ein Glas Wasser getrunken.
Fungiert *achtel* als determinierendes Wort allgemein üblicher Komposita, schreibt man zusammen:
Ein Achtelliter saure Sahne.
achten: In der Bedeutung "achtgeben, etwas oder jmdm. Aufmersamkeit widmen" wird das Verb *achten* in der Regel mit der Präposition *auf* kombiniert:
Die Mutter achtete auf Ordnung bei Tisch. Der Flüchtling achtete nicht auf die Schmerzen. Das Mädchen achtete auf ihre kleinen Geschwister.
In der gehobenen Sprache kann das Verb auch mit einem Genitiv oder einem Akkusativ verbunden werden:
Er achtete nicht der vorübergehenden Passanten. Der Flüchtling achtete der Schmerzen nicht. Die Mahnungen der Mutter nicht achtend, lief das Mädchen davon.
achten - beachten: Bei tranistivem Gebrauch hat *achten* die Bedeutung "etwas oder jmdn. ehren, Respekt haben, schätzen", während *beachten* im Sinne von "etwas oder jmdn. zur Kenntnis nehmen und sich danach richten" verwendet wird:
Er achtet auf die Gefühle und Wünsche seiner Nächsten. Er hat in seinem Beruf viele Gesetze, Vorschriften etc. zu beachten.
achtgeben: Wird *acht* durch einen Artikel oder eine sonstige Beifügung als Substantiv kenntlich, schreibt man getrennt und groß:
Auf den Verkehr mußt du achtgeben. Auf den heutigen Großstadtverkehr muß man eine ganz besondere Acht geben.

achthaben: Wird *acht* durch einen Artikel oder eine sonstige Beifügung als Substantiv kenntlich, schreibt man getrennt und groß:
Auf deinen kleinen Bruder mußt du achthaben. Auf den kleinen Bruder mußt du eine ganz besondere Acht haben.
Achtung: Nach dem Substantiv *Achtung* wird mit der Präposition *vor* ein Dativ angeschlossen. Der Gebrauch der Präposition *für* ist veraltet:
Er hat vor diesem Lehrer keine Achtung mehr. Die Achtung vor dem Leben wird ökonomischen Interessen geopfert. Er hat Achtung für diesen Menschen (= veraltet).
achtunggebietend - Achtung gebietend: Klein und zusammen schreibt man das Stichwort, wenn es als zusammengesetztes Adjektiv verwendet wird; groß und getrennt schreibt man, wenn *Achtung* durch nähere Bestimmungen als Substantiv zu erkennen ist:
Er hielt eine achtunggebietende Rede. Er hielt eine große Achtung gebietende Rede.
achtzig - Achtzig: Das Zahlwort schreibt man klein:
Wir fuhren nur Tempo achtzig. Der Großvater ist schon über achtzig.
Ist es substantiviert oder in Verbindung mit Präpositionen, schreibt man das Zahlwort groß:
Der Mann über Achtzig ist mein Großvater. Mit Zwanzig bist du dafür noch zu jung.
achtziger - Achtziger: Fungiert achtziger als Beifügung, schreibt man es klein:
Die achtziger Jahre des vorigen Jahrhunderts läuteten in der Kunst 'die Moderne' ein.
Die Substantivierung schreibt man groß:
Ende der Achtziger kriselte es wieder. Großvater war ein rüstiger Achtziger.
Adäquanz, die: [lat. adaequatus "gleichmachen, angleichen"]
Angemessenheit und Üblichkeit, z.B. des Verhaltens bezüglich einer geltenden Sozialordnung.

Adelsnamen: Meist wird der Familienname gebeugt; ist dieser jedoch deutlich als Ortsname kenntlich, wird der Vorname gebeugt:
Die Symphonien Ludwig van Beethovens; Die Lieder Walthers von der Vogelweide.
Steht der Ortsname vor dem dazugehörenden Substantiv, wird dieser gebeugt:
Walther von der Vogelweides Lieder.
Grundregel: Der neben dem regierenden Wort stehende Name wird gebeugt.
Von bzw. *Van* wird am Satzanfang groß geschrieben. Abgekürzt schreibt man es klein, um Verwechslungen mit Vornamen zu vermeiden:
Van Beethoven war taub. v. Beethoven war taub.
Adjektiv: Das Adjektiv oder Eigenschaftswort benennt Eigenschaften von Lebewesen, Gegenständen, Sachverhalten und Tätigkeiten. Man gibt damit Größe, Gewicht, Lage, Farbe, Charakter usw. an. Adjektive können dekliniert und in der Regel auch gesteigert werden. Wird das Adjektiv mit den Verben *sein, werden, bleiben* verbunden, also prädikativ verwendet, bleibt es unverändert:
Das Buch ist neu. Er wird alt. Diese Tätigkeit bleibt langweilig.
Bestimmt das Adjektiv ein anderes Verb, wird es also als Adverbiale gebraucht, bleibt es ebenfalls unverändert:
Das Auto fährt gut. Der Wein schmeckt vorzüglich. Wir arbeiten täglich.
Adjektive können auch substantiviert verwendet werden:
Die Schöne hat viele Verehrer.
Adverb: Adverbien oder Umstandswörter fungieren als Orts- und Zeitangaben, bezeichnen die Art und Weise, wie etwas geschieht oder nennen den Grund für ein Geschehen. Adverbien werden nicht dekliniert. Man unterscheidet:
Adverbien des Ortes:
hier, dort, oben, unten, nirgends, hinten, dorther, aufwärts etc.
Adverbien der Zeit:

gestern, heute, morgen, jetzt, nun, später, einst, endlich, manchmal etc.
Adverbien der Art und Weise:
sehr, besonders, genug, gern, vergebens, vielleicht, sicherlich etc.
Adverbien des Grundes:
daher, deshalb, folglich, jedenfalls, trotzdem, dadurch, dafür, dazu etc.
Adverbien können Substantive, Verben, Adjektive und andere Adverbien näher bestimmen:
Der Weg links führt ins Feld. Das Gerät läßt sich hinten öffnen. Heute arbeitete er besonders schnell. Sie bekommen den Computer vielleicht morgen.

adverbial - adverbiell: Beide Formen sind ohne Bedeutungsunterschied gebräuchlich, *adverbiell* ist aber weniger üblich.

Adverbialsatz: Adverbialsätze oder auch Umstandssätze sind Nebensätze, die an Stelle adverbialer Ausdrücke stehen und mit einer Konjunktion eingeleitet werden:
Der Junge machte sich Mut, indem er laut vor sich hin pfiff. Sie werden die Hänge mit Kunstschnee präparieren, falls kein Schnee mehr fällt bis zum Rennen.
→ Finalsatz → Kausalsatz → Komparativsatz → Konditionalsatz → Konsekutivsatz → Konzessivsatz → Lokalsatz → Modalsatz → Temporalsatz

Ahn: Das Substantiv kann heute sowohl stark als auch schwach gebeugt werden:
des Ahns, dem Ahn, den Ahn oder: *des Ahnen, dem Ahnen, den Ahnen.*
Der Plural wird dagegen nur schwach gebeugt: *die Ahnen.*

agieren - agitieren: *Agieren* bedeutet in einer bestimmten Sache zielbewußt handeln. Das Verbum *agitieren* hat meist den negativen Sinn des Beeinflussens:
gegen den Staat agitieren, heißt jmdn. gegen den Staat aufwiegeln.
Positiven Sinn hatte *agitieren* in der ehemaligen DDR. Es bedeutete dort aufklärend, politisch werbend, bewußtseinsbildend tätig sein.

ähnlich: *Ähnlich* in der Bedeutung "solches" wird, auch wenn es allein steht, klein geschrieben:
Sie haben damals ähnliches gesehen. Er handelt mit Werkzeugen und ähnlichem.
Die Substantivierung schreibt man groß:
Trotz ihrer Verschiedenheit haben die Brüder etwas Ähnliches. Sie haben damals das Ähnliche gesehen. In ihren Ansichten ist wenig Ähnliches zu finden.
Ein auf *ähnlich* folgendes (substantiviertes) Adjektiv wird parallel dekliniert:
Sie fahren ein ähnliches großes Auto. Die Stars umgeben sich mit ähnlichen Schönen. Sie wurden mit ähnlichen gelben Anoraks gesehen. Sie studieren bei ähnlichen Gelehrten. Sie haben ähnliche interessante Hobbys.

Ajatollah, der: [pers. "Licht Gottes"] Ehrentitel für geistliche Würdenträger im schiitischen Islam.

Akkusativobjekt: Ein Akkusativobjekt ist eine Satzergänzung im 4. Fall, die auf die Fragen *wen?* oder *was?* antwortet:
Er traf seinen ehemaligen Lehrer (Wen traf er? *Seinen ehemaligen Lehrer). Schenkst du mir ein Buch* (Was schenkst du mir? *Ein Buch*)?

Akribie, die: [griech. akribeia gleichbed.] Höchste Genauigkeit und Gewissenhaftigkeit bezüglich der Ausführung einer Sache.

Akropolis, die: [griech. akrópolis "Oberstadt"]
Hochgelegener geschützter Zufluchtsort griechischer Städte in der Antike. Antike Stadtburg - und heutiges Wahrzeichen Athens.

Akt - Akte: Als Bedeutungen für Akt sind möglich:
Im Sinn von "Tat, Handlung":
Ein Akt der Nächstenliebe.
Als "Teilstück eines Schauspiels":
Im dritten Akt tritt ein Kamel auf.
Als "Kunstwerk, das einen nackten Körper zum Gegenstand hat":
Der Akt von Rubens ist ein vorzügliches Kunstwerk.

Als *Akte*, im Plural *Akten*, versteht man Schriftstücke im Geschäftsbereich oder bei Gericht.

aktuell - akut: Die gegenwärtige Situation oder augenblickliche Gegebenheiten und Interessen betreffend, verwendet man das Adjektiv *aktuell*:
Ein aktuelles Wahlthema ist die Vereinigung.
Liegt die Betonung auf der Vordringlichkeit einer Sache oder handelt es sich um den Gegensatz von *chronisch* wird *akut* gebraucht:
Die Probleme des Nahen Ostens werden wieder akut; akute Erkrankungen.

akzeptabel: In der Deklination oder bei einer Steigerung entfällt das *-e* der Endsilbe:
Das war eine akzeptable Leistung. Ihre Argumente werden immer akzeptabler.

alle: Auch in Verbindung mit einem Artikel oder einem Pronomen wird *alle* immer klein geschrieben. Folgt auf *alle* ein Substantiv, das von einem Partizip oder Adjektiv abgeleitet ist, wird es in der Einzahl immer schwach gebeugt, in der Mehrzahl ist die starke Beugung möglich, aber selten:
alles Lebende; alles Gute; alle Arbeitenden (selten: *alle Arbeitende*).
Nach Relativ-, Personal-, Frage- und Demonstrativpronomen wird *alle* in der Regel schwach gebeugt:
was alles; sie alle; welche alle; diese alle.
In Verbindung mit *alles* wird das Relativpronomen *was* gebraucht:
Er las alles, was er in die Finger bekam.
(Nicht: *... alles, das er in die Finger bekam.*)

allein - alleine: Beide Formen sind korrekt, wenngleich *allein* als hochsprachlich, *alleine* als umgangssprachlich empfunden wird. Steht *allein* als Konjunktion in der Bedeutung von *aber* oder *jedoch*, wird durch ein Komma abgetrennt:
Die Botschaft hör ich wohl, allein mir fehlt der Glaube. (Goethe, Faust I)

Vor einem Verb wird *allein* getrennt geschrieben:
allein reisen; allein leben; allein sein, allein erziehen.
Vor einem Partizip sind beide Lösungen korrekt:
die allein erziehende Mutter oder *die alleinerziehende Mutter; der allein stehende Junggeselle* oder *der alleinstehende Junggeselle.*

allemal - allemals: Standardsprachlich richtig ist nur die Form *allemal*.

allerart - aller Art: Das unbestimmte Zahlwort allerart steht vor einem Bezugswort:
allerart Tand; (ebenso: *allerlei Kram; vielerlei Dinge*);
Als Genitivattribut wird das getrennt geschriebene *aller Art* seinem Bezugswort nachgestellt:
Früchte aller Art; Veranstaltungen aller Art.

allerbeste - Allerbeste: Klein schreibt man das Adjektiv mit vorausgehendem Artikel und im Sinn von "sehr gut":
Das war das allerbeste Konzert.
Groß wird das substantivierte Adjektiv geschrieben:
Der letzte Satz des Buches war der Allerbeste.

allgemein: In adjektivischer Verwendung wird *allgemein* klein, bei substantivischem Gebrauch groß geschrieben:
Dieses Wahlergebnis wurde allgemein erwartet. Das allgemeine Wahlrecht. Im Allgemeinen hat er die besseren Argumente.
Ist *allgemein* Teil eines Namens, wird das Wort groß geschrieben:
Frankfurter Allgemeine Zeitung; Allgemeiner Deutscher Nachrichtendienst.

alltags - Alltags: Fungiert der Ausdruck als Adverb, das mit der Frage "Wann?" abgefragt werden kann, schreibt man klein:
Dieses Kaffeeservice ist nur noch für alltags. Er sitzt immer im Wirtshaus, alltags wie feiertags.
Groß schreibt man den Genitiv des Substantiv *Alltag*:

allzu

Die Anforderungen des Alltags waren ihr zu langweilig.
allzu: Wird in der Regel mit dem folgenden Adjektiv oder Adverb zusammengeschrieben:
allzusehr; allzuoft; allzuselten; allzuviel; allzuwenig; allzugern; allzufrüh; allzulange.
Sollen beide Wörter deutlich voneinander unterschieden werden, oder wenn das dem Adverb *allzu* folgende Wort flektiert ist, schreibt man getrennt:
Nimm das doch nicht allzu schwer. Sein Wunsch war allzu groß. Er hatte allzu große Sorgen. Alle hatten dabei allzu schlechte Erfahrungen gemacht.
Alp: Das Wort *Alp* gehört zu der Gruppe gleichlautender Substantive mit verschiedenem Geschlecht und verschiedener Bedeutung:
Das Femininum *die Alp* bedeutet "Bergweide" und bildet die Pluralform: *die Alpen.* Das Maskulinum *der Alp* bedeutet "Kobold, Alpdruck, Alptraum" und bildet die Pluralform: *die Alpe.*
als - wie: Im Präsens leiten die Konjunktionen *als* bzw. *wie* temporale Nebensätze ein:
Als / Wie ich das Fenster öffne, höre ich das Geschrei.
In einem temporalen Satzgefüge in der Vergangenheit ist die Verwendung von *als* korrekt, von *wie* Umgangssprache:
Als das Siegtor fiel, jubelten alle. Bei Vergleichen ist *wie* nur auf der Grundstufe korrekt, bei Vergleichen in der ersten Steigerungsstufe, dem Komparativ, ist nur *als* richtig:
Er ist so schlau wie ein Fuchs.
Er ist noch schlauer als ein Fuchs. (Nicht: *... schlauer wie ein Fuchs.*)
Nach *anders, nichts, niemand, keiner* steht ebenfalls *als:*
Es gab nichts als Ärger, aber ganz anders als erwartet.
Vor der Konjunktion *als* steht ein Komma, wenn ein Nebensatz oder ein Infinitiv mit *zu* folgt:

Der Besuch kam, als wir gerade gehen wollten. Er reist lieber, als daheim zu bleiben.
Vor *als daß* steht immer ein Komma:
Das Unternehmen wurde zu schlampig geführt, als daß es ein Erfolg hätte werden können.
Werden Satzteile vergleichend verknüpft, steht kein Komma:
Dies Bild ist wertvoller als jenes dort.
Leitet *als* eine Beifügung ein, kann man die Apposition in Kommata setzen, wenn sie als Einschub verstanden wird:
Günter Grass als Wahlhelfer setzte sich kritisch mit Deutschland auseinander; Günter Grass, als Wahlhelfer, setzte sich kritisch mit Deutschland auseinander.
als - denn: → als als - denn als
als - für - wie: Bei den Verben *ansehen, betrachten, erklären* oder *empfinden* besagt das nachfolgende *als*, daß das Bezugswort eine bestimmte Eigenschaft hat; ein nachfolgendes *für* dagegen besagt, daß die dem Bezugswort zugeschriebene Eigenschaft nur Meinung des Subjekts ist:
Diese Nachricht wurde als echt angesehen. Sehen Sie diese Nachricht für echt an? Er erklärte sich als Monarchist. Die Behauptung wurde als unsinnig erklärt. Der Vermißte wurde für tot erklärt. Diese Äußerung wurde als beleidigend empfunden. Empfindest du seine Energie auch für disharmonisch?
Der Anschluß mit *wie* ist nur beim Vergleich zulässig.
als - wenn: Bei wiederholten Vorgängen in Vergangenheit, Gegenwart und Zukunft, können temporale Nebensätze mit *wenn* angeschlossen werden. Ebenso, wenn es sich um bestimmte einmalige Ereignisse in Gegenwart und Zukunft handelt:
(Gewöhnlich) ist jemand bei ihr, wenn ich nach Hause komme. Jemand war da, als ich kam.
als als - denn als: Ein Komparativ mit nachfolgendem *als* kann zur Verbindung *als als* führen, die bei gehobenem Sprachgebrauch zu *denn als* werden kann:

Caesar scheint uns als Feldherr bedeutender als als Dichter. Besser:
Caesar scheint uns als Feldherr bedeutender denn als Dichter.
Dabei kann *denn* auch allein stehen:
Caesar scheint uns eher ein Feldherr denn ein Dichter.

als daß: Vor *als daß* steht wie vor *daß* ein Komma, wenn beide Partikel wie einfache Konjunktionen gebraucht werden:
Das Spiel war viel zu einfach, als daß man es interessant gefunden hätte.

als ob - als wenn - wie wenn: Ein Bedingungssatz (= Konditionalsatz) mit einem Vergleich verbunden, kann mit vier Varianten eingeleitet werden:
Ihm war, als hätte er geträumt. Ihm war, als ob er geträumt hätte. Ihm war, als wenn er geträumt hätte. Ihm war, wie wenn er geträumt hätte.
Diese irrealen Vergleichssätze können im Konjunktiv I und im Konjunktiv II stehen.

Als-ob: Bei Reihungen und Substantivierungen muß *als ob* mit Bindestrich geschrieben werden:
Diese Als-ob-Argumentation führt keinen Schritt weiter. Bei diesen Verhandlungen gibt es kein Als-ob.

also: Die Konjunktion *also* wird durch ein Komma abgetrennt, wenn es als Folgerung an Vorhergehendes anknüpft oder wenn *also* bekräftigend herausgehoben wird:
Ich denke, also bin ich. (Cogito, ergo sum. R. Descartes, Princip. Philos.); *also, denk mal! Also, gute Nacht!*
Kein Komma steht, wenn beim Sprechen *also* vom Folgenden nicht abgehoben wird:
Also meinetwegen denk! Also gut.

alt: Als substantiviertes Adjektiv oder als festen Bestandteil eines Namens oder Begriffes wird *alt* groß geschrieben:
Alte und Junge; für das Alter Vorsorge treffen; die Alte Welt; aus Altem Neues machen; der Alte Fritz; das Alte Testament; die Alte Weser; der Alte Hof.

Klein geschrieben wird *alt* auch mit vorausgehendem Artikel und ohne folgendes Substantiv, wenn die Verbindung Artikel plus *alt* durch ein Pronomen ersetzt werden kann:
Er ist immer der alte geblieben (= derselbe). *jung und alt* (=jedermann).

altern: Das intransitive Verb *altern* kann sein Perfekt mit *sein* oder *haben* bilden, wobei die Kombination mit *sein* üblicher ist:
Seit seinem Unfall ist er stark gealtert. Seit seinem Unfall hat er stark gealtert.

alters: Wird nur in folgenden festen Wendungen gebraucht: *von alters her; seit alters:*
Seit alters schicken sie ihre Kinder auf die Kadettenschule. Dieses Brauchtum wird von alters her gepflegt (Nicht: ... *seit alters her gepflegt*).

altväterisch - altväterlich: Das Adjektiv *altväterisch* bedeutet "altmodisch, altertümlich"; das Adjektiv *altväterlich* dagegen "ehrwürdig, patriarchalisch":
Eine altväterische Wohnungseinrichtung; das altväterliche Auftreten des Gastes flößte Respekt ein.

am - beim - im plus Infinitiv mit sein: Mit Verlaufsform wird eine Wendung bezeichnet, die sich aus *am, beim, im* mit dem Verb *sein* und einem substantivierten Infinitiv zusammensetzt. Diese Verlaufsform verwendet man im Sinne "eben dabei sein, etwas zu tun", wenn der Vorgang keine zeitliche Begrenzung erfährt. Standardsprachlich korrekt ist dabei nur der Gebrauch von *beim* und *im;* die Verwendung von *am* ist umgangssprachlicher Gebrauch:
Ich bin beim Arbeiten (ugs: *Ich bin am Arbeiten*). *Das Gewitter ist im Abklingen. Beim Blödeln ist er immer mit dabei.*

am Montag, dem - am Montag, den: Fungiert die Datumsangabe als nachtragende Apposition, wird sie mit *dem* angefügt; der ganze Teil muß durch Kommas abgetrennt werden.

Am Montag, dem 11. Februar, hat sie Geburtstag. Der Kaiser dankte am Samstag, dem 9. November, ab.
Ist der angegebene Monatstag eine selbständige Zeitangabe im Akkusativ, wird sie mit *den* (= Akkusativ) angeschlossen; nach dem Monatstag steht kein Komma: *Am Montag, den 11. Februar hat sie Geburtstag. Der Kaiser dankte am Samstag, den 9. November ab.*

amen - Amen: In festen Wendungen und als Schlußwort im Gebet schreibt man *amen* klein:
Zu diesem Vorschlag konnte er amen sagen (= ihn bekräftigen). *Sie sagte zu seinen Urlaubsplänen ja und amen* (= war mit allem einverstanden). *Heilge Maria, Mutter Gottes, bitt für uns, amen!*
Das Substantiv wird groß geschrieben:
Sie sagte zu seinen Urlaubsplänen ihr Amen. Das ist so sicher wie das Amen in der Kirche.

Amouren, die: [franz. amour "Liebe" aus lat. amor]
Liebschaften, Liebesverhältnisse.

Amtmann - Amtmännin: Die männliche Bezeichnung *Amtmann* bildet die Pluralformen: Die *Amtmänner* oder die *Amtleute*. Die weibliche Entsprechung ist *Amtmännin*, der Plural lautet: *die Amtmänninnen*. In der Anrede ist jedoch *Frau Amtmann* üblich.

Amüsement, das: [franz. amusant "unterhaltend"]
unterhaltsamer Zeitvertreib; (oberflächliches Vergnügen).

an: Die Präposition *an* steht mit Dativ bei der Angabe des Ortes, der Lage und des Zeitpunkts:
Das Gewehr hängt an der Wand. München liegt an der Isar. Er kam an seinem Geburtstag an.
Der Akkusativ steht bei Richtungsangaben:
Er hing dieses Gewehr an die Wand. Er rührte an das Geheimnis. Er ging bis an das Ende der Straße (auch: *... bis ans Ende der Straße*).
In Fällen, in denen beide Kasus möglich sind, steht *an* mit Dativ auf die Frage wo?, mit Akkusativ auf die Frage wohin?:
Sie muß den Kragen an der Bluse (wo?) oder *an die Bluse* (wohin?) *annähen.*

an - auf - in: Bei Straßennamen mit Straße, Allee und Gasse wird die Lage mit *in* angegeben:
Die Freundin wohnt in der Keferstraße.
Bei Damm, Markt oder Platz steht *an*:
Das schönste Kaffee am (= an dem) *Kurfürstendamm; am Viktualienmarkt.*
Bei einer Ortsangabe kann die konkrete Ortsvorstellung zurücktreten:
Er arbeitet auf / im / beim Zollamt.

an - auf - zu: In Verbindung mit Namen von Festen bestehen regionale Unterschiede im Gebrauch der Präpositionen:
an Ostern / Pfingsten / Weihnachten (Süddeutschland) gegenüber: *zu Ostern / Pfingsten / Weihnachten* (Norddeutschland). Der Gebrauch von *auf* statt *an / zu* ist nicht korrekt.

an die: *An die* als Adverb im Sinn von "etwa, ungefähr" beeinflußt den Kasus des folgenden Substantivs nicht; dieser wird vom Verb oder einer vorangehenden Präposition regiert:
Es begegneten Ihnen an die 1000 Jugendliche.

an was - woran: Standardsprachlich korrekt ist der Gebrauch des Pronominaladverbs *woran*. In der Umgangssprache wird dafür häufig *an was* verwendet:
Ich will wissen, woran du jetzt denkst (ugs.: *Ich will wissen, an was du jetzt denkst*).

analog: Auf *analog* kann ein Präpositionalobjekt oder ein Dativobjekt folgen:
Sie verhandeln analog zu den Tagesordnungspunkten. Das Gedicht ist dem Tagebuch analog entstanden.

Analyse: Nach *Analyse* folgt das substantivische Attribut im Genitiv:
Die Analyse des Konflikts enthüllte die Unnachgiebigkeit aller Beteiligten (Nicht: *Die Analyse über den Konflikt ...*).

Steht das folgende Substantiv ohne Artikel oder Adjektivattribut im Plural, kann es mit *von* angeschlossen werden:
Die systematische Analyse von Käufergruppen ist für Werbestrategien unerläßlich.
Ananas: Dieses Substantiv bildet die Pluralformen: die *Ananas* und die *Ananasse.* Beide Formen sind korrekt.
Anästhesie, die: [griech. anaisthesia "Unempfindlichkeit"] Ausschaltung der Schmerzempfindung, Narkose.
anbauen: Nach der Wendung *anbauen an* folgt in der Regel ein Akkusativ, selten ein Dativ:
Er wollte die Hundehütte an das Haus anbauen (Selten: *Er wollte die Hundehütte an dem Haus anbauen*).
anbauen - bauen: Im Sinne von "anpflanzen" kann man beide Verben einsetzen, *anbauen* ist jedoch üblicher:
Sie wollten auf ihren Feldern alle Sorten von Korn, Kartoffeln und Mais anbauen oder bauen. In diesem Klima kann man Tabak bauen oder anbauen.
anbei: Das auf *anbei* im Sinne von "als Anlage" folgende Substantiv kann sowohl im Nominativ als auch im Akkusativ stehen:
Anbei bestellter Vordruck oder *anbei bestellten Vordruck.*
anbelangen - anlangen: Beide Verben können synonymisch verwendet werden:
Was das Problem anbelangt oder *anlangt, darüber ist noch zu sprechen.*
anberaumen: Bei den Personalformen wird in der Regel der Verbzusatz vom Verb getrennt:
Die Unterhändler beraumten ein Gipfelgespräch an (Selten: *Die Unterhändler anberaumten ein Gipfelgespräch*).
anbetreffen - betreffen: Beide Verben können synonymisch verwendet werden:
Was den Komplex anbetrifft oder *betrifft, ist alles geklärt.*
anbringen: Nach *anbringen an* steht ein Dativ, wenn die Angabe einer Lage ("wo?") betont werden soll; soll die Angabe der Richtung ("wohin?") hervorgehoben werden, kann auch ein Akkusativ folgen:
Sie will das Photo an der Wand anbringen, nicht an der Tür. Er bringt das Gemälde an die(se) Wand an, nicht an jene.
ander- - andere - anderer - anders: Auch mit vorausgehendem Artikel wird *andere* klein geschrieben. Im Dativ Singular Masculinum und Neutrum wird noch schwach gebeugt:
aus anderem wertvollen Stoff; unter anderem wertlosen Gerümpel.
Meist wird das auf *andere* folgende Substantiv, substantivierte Adjektiv oder Partizip parallel gebeugt:
bei anderen gesellschaftlichen Bedingungen; die anderen Studenten; die Beschwerden anderer Arbeiter; bei anderer psychischer Verfassung; anderes verbotenes Material; anderes schönes Mädchen.
In Kombination mit *wer, jemand, niemand* wird meist die Form *anders* gebraucht:
wer anders; er kennt niemand anders; In Süddeutschland werden diese Wörter oft mit *anderer* verbunden:
wer anderer; jemand anderer als er.
Wird ein Vergleich gebildet, ist dabei *als* zu setzen:
Er verhielt sich ganz anders als beim letzten Treffen.
anderenorts - andernorts - anderorts: Alle drei Formen des Adverbs sind gebräuchlich und korrekt.
andererseits - andrerseits - anderseits: Alle drei Formen des Adverbs sind gebräuchlich und korrekt.
anderes als: Folgt nach *anderes als* eine Beifügung in der Mehrzahl, kann das Verb sowohl im Plural als auch im Singular stehen. Soll *anderes als* grammatisches Satzsubjekt betont werden, folgt das Verb in der Einzahl:
Anderes als hohle Phrasen wurde nicht verkündet.

aneinander

Wird nach dem Sinn konstruiert und die Beifügung betont, folgt das Verb in der Mehrzahl:
Anderes als hohle Phrasen wurden nicht verkündet.

aneinander: Das Adverb *aneinander* wird vom folgenden Verb getrennt geschrieben, wenn es ein selbständiger Satzteil ist und sowohl Adverb als auch Verb betont erscheinen sollen:
sich aneinander klammern; aneinander hängen; sich aneinander gewöhnen; sich aneinander aufrichten.
Besteht hinsichtlich der Bedeutung der Wörter eine enge Verbindung und liegt die Betonung auf *aneinander*, schreibt man Adverb und Verb zusammen:
die Pferde aneinanderbinden; die Männer waren aneinandergeraten; die Stücke wurden aneinandergefügt.
Dabei kann eine neue, übertragene Bedeutung entstehen:
Die Männer sind aneinandergeraten (= "sie sind in Streit geraten").

anempfehlen - empfehlen: Um eine Aussage besonders zu betonen, wird häufig *anempfehlen* für *empfehlen* verwendet:
Sie empfahl ihm, das Rauchen aufzuhören. Sie empfahl ihm dringend an, eine Entziehungskur zu machen. Sie anempfahl ihm diese Kur auf das dringendste.

anerkennen: Bei den Personalformen wird in der Regel der Verbzusatz vom Verb getrennt und nachgestellt:
Man erkannte ihr Verdienst an.
Um eine Aussage besonders hervorzuheben, konjugiert man auch das ungetrennte Verb:
Man anerkannte ihr Verdienst.

Anfahrts-: Komposita mit dem determinierenden Substantiv *Anfahrt* haben ein Fugen-s:
Anfahrtsstrecke, Anfahrtszeit.

anfällig: Dieses Adjektiv wird in der Regel mit der Präposition *für*, selten mit *gegen* kombiniert:
Sie ist anfällig für esoterische Erklärungsmuster (Selten: *Sie ist anfällig gegen esoterische Erklärungsmuster*).

Anfang - anfangs: Mit einer ungebeugten Zeitangabe und einer Zeitangabe im Genitiv steht das Substantiv *Anfang*:
Anfang März; Anfang 2000; Anfang des Jahrhunderts.
Das Adverb *anfangs* steht ohne weitere Zeitangabe:
Er war anfangs sehr schüchtern.
Standardsprachlich falsch sind die umgangssprachlichen Vermischungen:
Es begann anfangs des Jahrhunderts (Richtig: *Es begann Anfang des Jahrhunderts*).

anfangen: Werden Verbzusatz und Personalform des Verbs getrennt, kann ein davon abhängiger Infinitiv aus der Umklammerung herausgenommen werden:
Sie fingen an, auf ein Auto zu sparen. Sie fingen auf ein Auto zu sparen an. Jetzt fing er hektisch zu gestikulieren an. Jetzt fing er an, hektisch zu gestikulieren.
Falsch ist die Stellung:
Sie fingen auf ein Auto an zu sparen. Jetzt fing er hektisch an zu gestikulieren.
Standardsprachlich korrekt darf das Perfekt von *anfangen* nur mit haben gebildet werden:
Sie hat bei ihm eine Lehre angefangen (Nicht: *Sie ist bei ihm eine Lehre angefangen*).
Ist das Verb *anfangen* mit einem erweiterten Infinitiv mit *zu* kombiniert, kann ein Komma gesetzt werden oder nicht. Wird *anfangen* als Vollverb verstanden, muß ein Komma stehen; fungiert *anfangen* als Hilfsverb, kann das Komma entfallen:
Sie fingen an, das Haus zu bauen. Sie fingen an das Haus zu bauen.
Kommt zu *anfangen* eine nähere Bestimmung hinzu, muß ein Komma gesetzt werden, da das Verb dann Vollverb ist:
Sie fingen noch vor dem Wintereinbruch an, das Haus zu bauen.

Anfrage: Auf *Anfrage* können die Präpositionen *wegen* oder *bezüglich* folgen, wo-

bei *bezüglich* eher in der Geschäftssprache verwendet wird:
Deine Anfrage wegen neulich war so unklar. Ihre Anfrage bezüglich der Steuerrückzahlung.

anfragen: Das intransitive Verb *anfragen* steht, wenn es auf eine Person bezogen wird, mit der Präposition *bei:*
Sie fragte bei dem Lehrer wegen ihres Sohnes an (Nicht: *Sie fragte den Lehrer wegen ihres Sohnes an*).
Das 2. Partizip dieses Verbs kann nicht adjektivisch oder substantivisch verwendet werden. Falsch ist daher:
Er gab ihr die angefragten Informationen. Die Angefragte antwortete nicht.

Anführungszeichen: → Kapitel Zeichensetzung

Angebot: *Angebot* kann in verschiedenen Bedeutungen verwendet werden; je nachdem wird mit unterschiedlichen Präpositionen angeschlossen.
Im Sinne von *"angebotene Warenmenge"* mit *von* oder *an:*
Das Angebot an Fleisch war ungenügend.
In der Bedeutung von "Auswahl, Sortiment" mit *in:*
Das Angebot in exotischen Früchten ist erfreulich.
Im Sinn der "Bekanntgabe von Bedingungen, unter denen man bereit ist, etwas zu tun", wird mit *über* oder *für* angeschlossen:
Bitte machen Sie uns ein Angebot über einen Transport dieser Größe.
Im Sinne von "Preisangebot" mit *auf* oder *für:*
Ihr Angebot auf das Haus entspricht nicht so recht unserer Erwartung.

angehen: Wird *angehen* im Sinne von "betreffen" gebraucht, muß es mit dem Akkusativ der Person verbunden werden, ein Dativ - wie in Norddeutschland gebräuchlich - ist standardsprachlich falsch:
Meine Ambitionen gehen dich nichts an (Nicht: *Meine Ambitionen gehen dir nichts an*).

Angehörige: Diese Bezeichnung wird wie ein attributives Adjektiv gebeugt:
Der Angehörige überreichte die Briefe. Drei Angehörige der Botschaft baten um politisches Asyl. Der Betrüger gab sich als Angehöriger der Kriminalpolizei aus. Ein Angehöriger des Ermordeten wurde zur Identifizierung vorgeladen.
Nach einem starken Adjektiv wird im Genitiv Plural stark gebeugt:
Die Beteiligung ehemaliger Angehöriger (Nicht: *Angehörigen*) *an dem Treffen war spärlich.*
Bei einem Dativ in der Einzahl wird nach einem starken Adjektiv schwach dekliniert:
Zitiertem Angehörigen (Nicht: *Angehörigem*) *war ein Fehler unterlaufen.*
Als Apposition verwendet, kann die starke oder schwache Deklination erfolgen:
Ihm als Angehörigem oder *Ihm als Angehörigen* bzw. *Ihr als Angehörige* oder *Ihr als Angehörigen wurde die Klage verziehen.*

Angeklagte: Diese Bezeichnung wird wie ein attributives Adjektiv gebeugt:
Der Angeklagte verlas seine Erklärung. Fünf Angeklagte erschienen nicht zur Verhandlung. Er verstand sich als Angeklagter eines unrechtmäßigen Tribunals. Ein Angeklagter trat in Hungerstreik.
Nach einem starken Adjektiv wird im Genitiv Plural stark gebeugt:
Die Verurteilung politischer Angeklagter (Nicht: *Angeklagten*) *war umstritten.*
Bei einem Dativ in der Einzahl wird nach einem starken Adjektiv schwach dekliniert:
Zitiertem Angeklagten (Nicht: *Angeklagtem*) *war ein Vergehen zu Unrecht vorgeworfen worden.*
Als Apposition verwendet, kann die starke oder schwache Deklination erfolgen:
Ihm als Angeklagtem oder *Ihm als Angeklagten* bzw. *Ihr als Angeklagter* oder *Ihr als Angeklagten wurde dieser Fehler nicht verziehen.*

angenommen

In der Verbindung von *Angeklagter* und Namen können Kommas gesetzt werden, wenn man den Namen als Apposition auffaßt und das Wort *Angeklagter* betont wird:
Der Angeklagte Schneider hatte kein Unrechtsbewußtsein. Der Angeklagte, Schneider, hatte kein Unrechtsbewußtsein.

angenommen, - angenommen, daß: Nach *angenommen* wird immer ein Komma gesetzt, auch wenn *daß* fehlt:
Wollen wir, angenommen, daß sie bleiben, für ein Zimmer sorgen? Wollen wir, angenommen, sie bleiben, für ein Zimmer sorgen? Angenommen, daß der Scheck kommt, was wollen wir unternehmen? Was wollen wir unternehmen, angenommen, der Scheck kommt?

Angestellte: Diese Bezeichnung wird wie ein attributives Adjektiv gebeugt:
Der Angestellte verließ den Laden. Fünf Angestellte erschienen nicht zur Arbeit. Er verstand sich als Angestellter eines Weltkonzerns. Ein Angestellter trat in Streik.

Nach einem starken Adjektiv wird im Genitiv Plural stark gebeugt:
Die Gewinnbeteiligung hochrangiger Angestellter (Nicht: *Angestellten*) *war umstrittenes Experiment.*

Bei einem Dativ in der Einzahl wird nach einem starken Adjektiv schwach dekliniert:
Zitiertem Angestellten (Nicht: *Angestelltem*) *war ein Vergehen zu Unrecht vorgeworfen worden.*

Als Apposition verwendet, kann die starke oder schwache Deklination erfolgen:
Ihm als Angestelltem oder *Ihm als Angestellten* bzw. *Ihr als Angestellter* oder *Ihr als Angestellten wurde dieser Fehler nicht verziehen.*

angewandt - angewendet: → anwenden

angleichen, sich: Nach dem reflexiven Verb *sich angleichen* kann ein Präpositionalobjekt oder ein Dativobjekt folgen:
Sie gleicht sich nicht um jeden Preis an ihr Umfeld an. Sie gleicht sich nicht um jeden Preis ihrem Umfeld an.

angrenzen: Heute wird das Verb *angrenzen* nur noch in Verbindung mit der Präposition *an* gebraucht:
Das Feld grenzte an den Wald an (Veraltet: *Das Feld grenzte dem Wald an*).

Angriff: Nach dem Substantiv *Angriff* wird mit den Präpositionen *auf* oder *gegen* angeschlossen, wobei nicht immer der Gebrauch beider Präpositionen möglich ist:
Die Alliierten flogen Angriffe auf oder *gegen Kommunikationseinrichtungen. Der General führte einen Angriff gegen die Bunkeranlagen an. Die Angriffe auf* (Selten: *gegen*) *die Flugplätze waren von Erfolg gekrönt.*

Die Präposition *gegen* hat sich im Sprachgebrauch durchgesetzt, wenn *Angriff* im Sinne von "Kritik, Beschimpfung, Anfeindung" verwendet wird:
Die Regierung richtete heftige Angriffe gegen die Journalisten. Die Schüler formulierten zornige Angriffe gegen die Schulleitung.

Angst - angst: Als Substantiv groß geschrieben wird:
Sie verging fast vor Angst. Er hatte Angst. Alle waren in Angst. Aus Angst flohen sie.
In bestimmten feststehenden Wendungen ist das Substantiv *Angst* adjektivisch verwendet und wird folglich klein geschrieben:
ihr ist bzw. *wird angst; jmdm. wird* bzw. *ist angst und bange; jmdm. angst (und bange) machen; das Gerede macht ihm angst.*

anhaben: Dieses umgangssprachlich gebrauchte Verb für "ein Kleidungsstück tragen, bekleidet sein mit" wird in den finiten Formen in Verbzusatz und Verb aufgetrennt. Nur im Infinitiv, im 2. Partizip und in den finiten Formen im Nebensatz bleibt es zusammengeschrieben:
Sie hat ein schönes Kleid an. Sie wird ein schönes Kleid anhaben. Ihre Freundin hat auch ein schönes Kleid angehabt. Sie er-

regt Aufmerksamkeit, weil sie ein schönes Kleid anhat.

anhand - an Hand: Beide Schreibweisen sind korrekt und bedeuten soviel wie "mit Hilfe". Angeschlossen wird mit dem Genitiv oder im Plural mit *von* plus Dativ: *anhand* bzw. *an Hand der Belege; anhand* bzw. *an Hand von Belegen.*

Anhang: Beide Wendungen sind möglich: *Als Anhang* oder *im Anhang lege ich das Guthaben bei.*
Bei Formulierungen wie *Anhang 1 bis 2* oder *Anhang 1 und 2* kann das folgende Verb sowohl in der Einzahl als auch in der Mehrzahl stehen:
Anhang 1 und 2 enthält alles Wesentliche.
Anhang 1 und 2 enthalten alles Wesentliche.
Steht *Anhang* im Plural, folgt auch das Verb im Plural:
Die Anhänge 5 bis 7 enthalten alles Wesentliche.

anhängig - anhänglich: Während *anhängig* nur in festen Wendungen der Rechtssprache vorkommt, bedeutet *anhänglich* "treu ergeben". Die Adjektive können nicht füreinander verwendet werden:
In das anhängige Verfahren (= schwebendes) *darf nicht eingegriffen werden.*
Das Verfahren gegen ihn ist anhängig (= steht zur Entscheidung vor Gericht). *Er versuchte, den anhänglichen Liebhaber zu mimen.*

anheften: Dem Verb *anheften* mit der Präposition *an* folgt entweder ein Dativ oder ein Akkusativ. Ist die Vorstellung des Ortes dominant (wo?), steht der Dativ; ist die Richtungsangabe vorherrschend (wohin?), steht der Akkusativ:
Heften Sie die Nachricht am Tor an. Heften Sie die Nachricht an das Tor an.

anheischig machen, sich: Diese Wendung in der Bedeutung "sich anbieten, zur Verfügung stellen" kann sich nur auf zukünftiges Geschehen beziehen:
Er machte sich anheischig, sie sorgfältig zu beschützen (Nicht: *Er machte sich anheischig, sie sorgfältig beschützt zu haben*).

ankaufen - kaufen: Im Gegensatz zu *kaufen* in der Bedeutung "für Geld erwerben" gebraucht man das Verb *ankaufen* nur bei Anschaffungen größeren Ausmaßes oder von Wertgegenständen:
Sie haben beschlossen, mehrere Aktienpakete anzukaufen. Das Museum hat das Evangeliar angekauft.

anklagen: Dieses Verb kann entweder mit einem Akkusativ der Person und einem Genitivobjekt oder mit dem Akkusativ der Person und einem Präpositionalobjekt kombiniert werden:
Sie haben ihn des Umweltterrorismus angeklagt. Sie haben ihn wegen Umweltterrorismus angeklagt.

anklammern: Die Kombination von *anklammern* mit *an* kann mit einem Dativ oder einem Akkusativ verbunden werden. Ist die Vorstellung des Ortes dominant (wo?), steht der Dativ; ist die Richtungsangabe vorherrschend (wohin?), steht der Akkusativ:
Sie klammerte eine Blume an dem oder *an das Geschenk an. Das Kleinkind klammerte sich heftig am* (= an dem) oder *an das Bein des Vaters an.*

ankleben: Dem Verb *ankleben* mit der Präposition *an* folgt entweder ein Dativ oder ein Akkusativ. Ist die Vorstellung des Ortes dominant (wo?), steht der Dativ; ist die Richtungsangabe vorherrschend (wohin?), steht der Akkusativ:
Kleben Sie die Nachricht am Tor an. Kleben Sie die Nachricht an das Tor an.

ankommen: In der Bedeutung "überkommen, befallen" wird das Verb *ankommen* in der Regel mit dem Akkusativ der Person verbunden; der Gebrauch des Dativ veraltet allmählich:
Ihn (Veraltet: *Ihm*) *kommt diese Laune unversehens an. Eine wohlige Vorfreude kam mich* (Veraltet: *mir*) *an.*

Anlage: Beide Wendungen sind möglich: *Als Anlage* oder *in der Anlage lege ich das Guthaben bei.*
Bei Formulierungen wie *Anlage 1 bis 2* oder *Anlage 1 und 2* kann das folgende

Verb sowohl in der Einzahl als auch in der Mehrzahl stehen:
Anlage 1 und 2 enthält alles Wesentliche.
Anlage 1 und 2 enthalten alles Wesentliche.
Steht Anlage im Plural, folgt auch das Verb im Plural:
Die Anlagen 5 bis 7 enthalten alles Wesentliche.
anlangen: → anbelangen
anläßlich: Auf die Präposition *anläßlich* folgt ein Genitiv:
Anläßlich der Feiern der Weltmeisterschaft waren alle Straßen verstopft.
Anstelle *anläßlich* können auch die Präpositionen *bei, zu* und *aus Anlaß* stehen:
Bei den Feiern; zu den Feiern; aus Anlaß der Feiern waren alle Läden zu.
Falsch ist die oft umgangssprachlich gebrauchte Vermischung der beiden Präpositionen *anläßlich* und *zu:*
Über die uns anläßlich zu unserer Verlobung übermittelten Glückwünsche haben wir uns sehr gefreut.
anlegen: *anlegen* im Sinne von "investieren, Geld anlegen" hat den Dativ nach sich:
Sie legte ihr ganzes Kapital in Wertpapieren an (Nicht: *in Wertpapiere*). Anlegen in der Bedeutung von "landen" zieht ebenfalls den Dativ nach sich, kann aber (selten) mit dem Akkusativ stehen:
Das Kanu legte am Strand an bzw. *das Kanu legte an den Strand an.*
anleimen: Dem Verb *anleimen* mit der Präposition an folgt entweder ein Dativ oder ein Akkusativ. Ist die Vorstellung des Ortes dominant (wo?), steht der Dativ; ist die Richtungsangabe vorherrschend (wohin?), steht der Akkusativ:
Er leimte das Schildchen an der Tür an.
Er leimte das Schildchen an die Tür.
→ anheften, ankleben
anlernen: → lehren - lernen
anliegen: Dieses Verb der gehobenen Sprache wird in der Bedeutung "zusetzen, belästigen, behelligen" mit einem Dativ verbunden:

Er lag dem Fürsten (Nicht: *den Fürsten*) *mit Wünschen und Gesuchen an.*
anliegend: Diese häufig mißverständliche Formel wird besser durch *als Anlage, in der Anlage, anbei* ersetzt.
anlöten: Nach *anlöten* kann sowohl der Dativ als auch der Akkusativ folgen. Ist die Vorstellung des Ortes dominant (wo?), steht der Dativ; ist die Richtungsangabe vorherrschend (wohin?), steht der Akkusativ:
Den Draht an der Platte oder an die Platte anlöten.
anmachen: Im jugendlichen Szenejargon wird das Verb *anmachen* negativ im Sinn von "belästigen" und positiv in der Bedeutung "antörnen, gefallen, mögen" gebraucht:
Mach mich nicht immer an, du alter Chauvi. Der Keith Richards von den Stones macht mich unheimlich an.
anmontieren: Nach *anmontieren* kann sowohl der Dativ als auch der Akkusativ folgen. Ist die Vorstellung des Ortes dominant (wo?), steht der Dativ; ist die Richtungsangabe vorherrschend (wohin?), steht der Akkusativ:
Die Buchse an dem Gerät oder an das Gerät anmontieren.
anmuten: In der Bedeutung "vorkommen, erscheinen" wird das Verb *anmuten* mit dem Akkusativ der Person und nicht mit dem Dativ verbunden:
Ihn (Nicht: *Ihm*) *mutet der Vorfall grotesk an. Dein Geschenk wird sie* (Nicht: *ihr*) *etwas komisch anmuten.*
anno - Anno: Der aus dem Lateinischen stammende Begriff für "im Jahre" wird sowohl klein als auch groß geschrieben:
Unter Bismarck anno oder *Anno 66 war es auch nicht gemütlich. Das war anno* oder *Anno dazumal.*
Die Wendung *Anno Domini* (abgekürzt: *A. D.*) muß groß geschrieben werden.
Annonce, die: [franz. annonce "öffentliche Ankündigung"]
Inserat, Zeitungsanzeige.
anomal - anormal: → abnorm

Anonymität, die: [griech. anonymos "namenlos"] Namenlosigkeit; das Nichtbekanntsein oder Nichtgenanntsein von Person oder Namen.

Anrede: Die Anredefürwörter *Sie, Ihr* und die entsprechenden besitzanzeigenden Fürwörter *Ihr, Euer* werden immer groß geschrieben in Briefen und bei wörtlichen Reden innerhalb eines Prosatextes:
Liebe Frau Ziller, ich danke Ihnen für Ihr Engagement und empfehle Sie auch dem nächsten Kurs. "Bleiben Sie doch noch", flüsterte der Baron. (Stefan Zweig) *Ich danke Ihnen allen, die hier versammelt sind, und wünsche Ihnen ein schönes Wochenende.*
Handelt es sich um die 3. Person Plural, nicht um eine Anrede, schreibt man klein:
Ich danke allen und wünsche ihnen ein schönes Wochenende. Wir ersuchen die Beschwerdeführer, daß sie gemeinsam die Bürgersprechstunde wahrnehmen.
Die Anredepronomen *du, ihr* und die entsprechenden Possessivpronomen *dein, euer* werden groß geschrieben, wenn eine oder mehrere Personen direkt angesprochen werden, z.B. in Briefen, Fragebogen, Widmungen, Aufrufen, Erlassen etc. Handelt es sich nicht um eine direkte Ansprache, z.B. in schriftlichen Dialogen, Prospekten etc., schreibt man klein:
"Bist du es, Mama?" "Um Gottes Willen, was machst du da?" Sie stürzte hin zum Divan... (Stefan Zweig)
Groß schreibt man auch bei Titeln:
Eure Durchlaucht, Eure Exzellenz, Seine Majestät etc.
Ein Reflexivpronomen sowie die Pronomen *alle, beide* sind keine Anredefürwörter; sie werden immer klein geschrieben:
Gedulden Sie sich bitte noch einen Augenblick. Ich werde Sie beide sehr vermissen. Ich begrüße Sie alle herzlich im neuen Semester.
Eine Ausnahme ist:
Erinnerst Du Dich?

anrufen: Standardsprachlich korrekt folgt auf das Verb *anrufen* ein Akkusativ; der umgangssprachlich häufige Gebrauch eines Dativs ist stilistisch unschön:
Sie ruft mich an (Nicht: *Sie ruft mir an*).

ans: Das durch Verschmelzung aus *an* und *das* entstandene *ans* schreibt man ohne Apostroph:
Erinnerst Du Dich ans letzte Jahr?

anscheinend - scheinbar: Wird angenommen, daß sich etwas tatsächlich so verhält, wie es aussieht, verwendet man *anscheinend*:
Der Film hat ihm anscheinend gefallen. Sie hat anscheinend das Flugzeug versäumt.
Wird dagegen angenommen, daß etwas nur vorgetäuscht ist, verwendet man das Adjektiv *scheinbar*:
Die Nachricht ließ ihn scheinbar kalt. Tatsächlich aber war er sehr gerührt. Der Politiker macht nur scheinbar argumentative Aussagen.

anschließen: Dem Verb *anschließen* mit der Präposition an im Sinne "eine Verbindung herstellen, indem man etw. an etw. anbringt" folgt entweder ein Dativ oder ein Akkusativ. Ist die Vorstellung des Ortes dominant (wo?), steht der Dativ; ist die Richtungsangabe vorherrschend (wohin?), steht der Akkusativ:
Das Anwesen wurde am (= an dem) *Kabelfernsehen angeschlossen. Das Anwesen wurde an das Kabelfernsehen angeschlossen.*
Nur ein Dativ steht in der Regel, wenn das Verb im Sinne von "etw. durch ein Schloß an etw. sichern" gebraucht wird:
Der Computer ist mit einer Kette am oder *an dem Tisch angeschlossen.*

anschreiben: Hauptsächlich in der Behördensprache verwendet man das Verb *anschreiben* in der Bedeutung" sich schriftlich an jmdn. wenden". Bezüglich des privaten Schriftverkehrs vermeide man diesen Gebrauch:
Alle von der Maßnahme Betroffenen wurden vom Bürgermeister persönlich ange-

schrieben. (Nicht: *Lieber Hans, leider kam ich nicht dazu, Dich anzuschreiben.* Besser: *Lieber Hans, leider kam ich nicht dazu, Dir zu schreiben.*)
Nicht damit zu verwechseln ist der Gebrauch dieses Verbs in der Bedeutung "heute kaufen und morgen bezahlen". Hierbei folgt ein Dativ der Person und/oder ein Akkusativ der Sache:
Kann ich den Betrag bis zum Monatsende anschreiben lassen? Würden sie mir das anschreiben?
Anschrift: → Kapitel Schriftverkehr
anschweißen: Nach *anschweißen* kann sowohl der Dativ als auch der Akkusativ folgen. Ist die Vorstellung des Ortes dominant (wo?), steht der Dativ; ist die Richtungsangabe vorherrschend (wohin?), steht der Akkusativ:
Er schweißt ein Stück Blech an dem Kotflügel oder *an den Kotflügel an.*
anschwellen: → schwellen
ansehen, sich: Nach der Wendung *sich ansehen als* steht das folgende Substantiv in der Regel im Nominativ, da es sich auf das Subjekt bezieht; der Gebrauch des Akkusativ ist selten:
Er sieht sich als friedlicher Mensch an (Selten: *Er sieht sich als friedlichen Menschen an*).
ansein: Dieses der Umgangssprache entstammende Verb wird nur im Infinitiv und als 2. Partizip zusammen geschrieben:
Im Kriegsfall muß das Radio immer ansein. Er hat die Nachricht nicht gehört, weil das Radio nicht angewesen ist.
Die finiten Formen schreibt man getrennt:
Das Radio ist an. Sie denkt, daß das Gerät an ist.
Anspruch auf - nach - an: Die Verwendung von *nach* ist grundsätzlich falsch. Korrekt ist *Anspruch auf* etwas haben oder ... erheben: *Sie haben Anspruch auf Mietbeihilfe. Die Mitarbeiter erheben Anspruch auf eine vertragliche Fixierung ihrer Tätigkeit.*

Eine Person, eine Gruppe oder eine Sache, von der etwas gefordert oder erwartet wird, wird mit *an* angeschlossen:
Er stellt hohe Ansprüche an seine Gefolgschaft. Nicht alle Menschen haben solche Ansprüche an das Leben.
anstatt: *anstatt* kann als Präposition oder als Konjunktion gebraucht sein. Als Präposition zieht es den Genitiv nach sich:
Anstatt eines Autos kaufte er sich einen Computer. Sie fingen die kleinen Gauner anstatt des Hintermannes.
Ist der Genitiv nicht zu erkennen oder folgt ein weiteres starkes Substantiv im Genitiv, kann nach *anstatt* ein Dativ folgen:
Anstatt Schuhen kauft er eine Hose.
Als Konjunktion verwendet bedeutet *anstatt* "und nicht". Der folgende Kasus hängt dabei vom Verb, nicht von *anstatt* ab:
Er rief meine Frau anstatt mich an.
Manchmal kann *anstatt* die Funktion sowohl einer Präposition als auch einer Konjunktion übernehmen. Der Gebrauch der Präposition mit Genitiv drückt dabei das Verhältnis der Satzteile aus:
Nimm einen Hut anstatt einer Mütze.
Mit der Konjunktion werden die Satzteile verbunden: *Nimm einen Hut anstatt eine Mütze.*
Wie beim einfachen *daß* wird auch der Nebensatz, der mit *anstatt daß* beginnt, durch ein Komma abgetrennt. Die Kombination von *anstatt* plus *zu* mit folgendem Infinitiv gilt als erweiterter Infinitiv und wird mittels Komma getrennt:
Anstatt daß du aufpaßt, träumst du! Du siehst lieber fern, anstatt daß du mit mir spazieren gehst. Anstatt zu träumen, könntest du aufpassen. Die Kinder sollten sich besser still beschäftigen, anstatt dermaßen zu toben.
an Stelle - anstelle: Beide Schreibweisen sind korrekt. Danach folgt entweder ein Genitiv oder die Präposition *von:*
An Stelle bzw. *anstelle des Lehrers kam heute der Direktor. An Stelle* bzw. *anstelle*

von Freude kam große Niedergeschlagenheit auf.

anstoßen: Wird das Verb *anstoßen* in den Bedeutungen "Anstoß erregen" und "zufällig an etw. stoßen" gebraucht, muß das Perfekt korrekt mit *sein* gebildet werden: *Mit dieser Bemerkung ist er bei seinem Professor angestoßen. Der Spaziergänger ist im finsteren Park an einen Baum angestoßen.*
In allen anderen Bedeutungen wird mit *haben* umschrieben:
Sie hat beim Sprechen allerliebst mit der Zunge angestoßen. Sie haben miteinander angestoßen und "Prosit!" gerufen. Zuerst hatten sie ihn angestoßen, dann war er von allein gelaufen.

antelefonieren: Diese Vermischung aus den Verben *anrufen* und *telefonieren* ist stilistisch unschön und sollte vermieden werden.

Antrag: Nach dem Substantiv *Antrag* wird mit der Präposition *auf* standardsprachlich korrekt angeschlossen:
Sie reichten einen Antrag auf Mietkostenzuschuß ein (Nicht: *um* oder *nach Mietkostenzuschuß*).

antwortlich: Diese aus der Amtssprache stammende Präposition verlangt einen Genitiv. Sie wirkt schwerfällig und stilistisch unschön und sollte vermieden werden:
Antwortlich Ihres Gesuchs teilen wir Ihnen mit ... (Besser: *Auf Ihr Gesuch ...*).

anvertrauen: Bei den Personalformen wird in der Regel der Verbzusatz vom Verb getrennt und nachgestellt:
Man vertraute ihr das Baby an. Um eine Aussage besonders hervorzuheben, konjugiert man auch das ungetrennte Verb:
Man anvertraute ihr das Staatsgeheimnis.

anwandeln: Dieses Verb wird heute nur noch mit einem Akkusativ gebraucht. Die Kombination mit einem Dativ gilt als veraltet:
Eine leise Empfindung von Erleichterung wandelte ihn an (Nicht: *... wandelte ihm an*).

anwenden: Das Verb *anwenden* bildet im Präteritum und im 2. Partizip die korrekten Formen mit *-e* und mit *-a* :
Er wendete seinen verführerischen Charme an oder *Er wandte seinen verführerischen Charme an. Sie hatte ihre ganze Kraft angewendet* oder *angewandt.*
→ wenden

Anzahl: Steht nach *Anzahl* ein Substantiv im Plural, kann das folgende Verb sowohl im Singular als auch im Plural stehen. Bezieht sich das Verb auf den Satzgegenstand *Anzahl* , steht es im Singular; setzt man es in den Plural, bezieht es sich sinngemäß auf das, der *Anzahl* folgende Substantiv:
Eine Anzahl Leser reagiert empört.
Eine Anzahl Leser reagierten empört.
Steht das Gezählte als Apposition im gleichen Kasus wie *Anzahl* folgt das Verb im Plural:
Wir bearbeiten heute eine Anzahl Gesuche.
Das Gezählte nach *Anzahl* steht mit Genitiv, mit *von* und Dativ oder ohne genaue Kennzeichnung im Fall wie *Anzahl:*
Eine Anzahl guter Menschen sah ich (Selten: *eine Anzahl gute Menschen sah ich*).
Ich habe eine Anzahl von guten Menschen gesehen. Ich habe eine Anzahl gute Menschen gesehen (Akkusativ).

Anzug - Verzug: Die Floskeln *Eine Gefahr ist im Anzug* und *Gefahr ist im Verzug* werden heute in der gleichen Bedeutung wie "eine Gefahr droht" gebraucht.

Anzug-: Komposita mit dem determinierenden Substantiv *Anzug* in der Bedeutung von "Kleidungsstück" werden ohne Fugen-s gebildet:
Anzugstoff, Anzugschnitt, Anzugschneiderei.

Ist das Bestimmungswort im Sinne von "Anziehung" gemeint, schreibt man die Komposita mit Fugen-s:
Anzugskräfte, Anzugsmoment, Anzugspunkt.

Apartment - Appartement: Die beiden Substantive differieren in Schreibweise, Aussprache und Bedeutung:
Apartment, das [engl.-amerik. apartment "Zimmer, Wohnung"] Kleinwohnung in einem komfortablen Mietshaus.
Appartement, das [franz. appartement und it. appartamento "abgeteilte Wohnung"] Zimmerflucht, mehrere zusammenhängende Räume in einem Luxushotel. Heute auch komfortable Kleinwohnung.

applaudieren: Das Verb *applaudieren* wird in der Regel nur noch mit einem Dativ verbunden. Der Gebrauch eines Akkusativs oder eines persönlichen Passivs ist nicht mehr zeitgemäß:
Die Anhänger applaudierten dem Star.
(Veraltet: *Die Anhänger applaudierten den Star* oder *Der Star wurde applaudiert.*)

Apposition: Die Apposition oder der Beisatz ist eine besondere Art der Beifügung und enthält in der Regel ein Substantiv, das im gleichen Fall steht wie das Bezugswort. Das Bezugswort kann ein Substantiv oder ein Pronomen sein. Die Apposition erläutert das Bezugswort näher. Die Apposition kann vor oder nach dem Bezugswort stehen, sie kann auch mit *als* und *wie* eingeleitet werden. Wird die Apposition nachgestellt, muß sie mit Kommas eingeschlossen werden. Zu den häufigsten Appositionen gehören:
Vornamen, Beinamen und Verwandtschafts- bezeichnungen: *Pippin der Kleine, Onkel Egon, meine Schwester Hildegard etc.*
Titel und Berufsbezeichnungen:
König Ludwig, Professor Unrat, Detektiv Marlowe etc.
Maß- und Mengenangaben:
Ein Sack Kartoffeln, eine Schachtel Pralinés, ein Strauß Blumen etc.
Zusätze zu Namen und Begriffen:
Robin Hood, der Retter der Witwen und Waisen; Hemingway, der Kriegsberichterstatter; München, die heimliche Hauptstadt; suche Sekretärin, fleißig und zuverlässig; sie liest "Die Blechtrommel", meinen Lieblingsroman etc.

April: → Monatsnamen

Ar: Dieses Substantiv bezeichnet eine Flächenmaßeinheit und kann sowohl mit sächlichem als auch mit männlichem Artikel stehen: *das Ar* und *der Ar.*

arabisch: Das Adjektiv schreibt man klein:
Die arabische Mentalität wird noch nicht genügend verstanden. Das schreibt man mit arabischen Ziffern. Jeder braucht arabisches Öl.
Als Bestandteil von Eigennamen schreibt man das Adjektiv groß:
Die Vereinigten Arabischen Emirate; das Arabische Becken; die Arabische Wüste; das Arabische Meer etc.

Architekt: Das Substantiv *der Architekt* wird schwach dekliniert. Es heißt also:
der Architekt, des Architekten, dem Architekten, den Architekten (Nicht: *des Architekts, dem Architekt, den Architekt*).
Der Plural lautet: *die Architekten.*
Zur Beugung von *Herr Architekt* → Kapitel Titel und Berufsbezeichnungen

arg: Das Adjektiv schreibt man klein, auch dann, wenn ihm ein Artikel vorausgeht, die Kombination aber für ein einfaches Adjektiv steht:
Dieser Kommilitone war ein arger Schwätzer. Dieser Vorfall hat sie arg getroffen. Dieses Bubenstück war schon arg. Daß sie so verlogen waren, war das ärgste (= das schlimmste). *Am ärgsten war ihr Schweigen* (= das schlimmste). *Hier liegt noch vieles im argen* (= unordentlich, ungeklärt sein).
Substantivierungen schreibt man groß:
Sie haben nichts Arges im Sinn. Wolle uns der Allmächtige vor dem Ärgsten bewahren. Er soll das Ärgste verhüten, verhindern etc. und wir wollen nichts Arges vermuten.

Arg: Dieses Substantiv hat nur sächliches Geschlecht:
Sie fand kein Arg (Nicht: *keinen Arg*) *an seinem Verhalten.*

ärgern, sich: Nach dem reflexiven Verb *sich ärgern* wird das Objekt des Ärgers mit der Präposition *über* angeschlossen. Der Gebrauch der Präposition *an* veraltet allmählich:
Er ärgerte sich über das Gutachten. Sie ärgerte sich über ihren Freund. (Veraltet: *Er ärgerte sich am Gutachten. Sie ärgerte sich an dem Freund.*)
Argot, der oder das: [franz. argot "Rotwelsch"] Gauner- und Bettlersprache, Rotwelsch; Gruppensprache, Slang, Jargon; Umgangssprache in Frankreich.
arm: Das Adjektiv *arm* sowie die Wendung *arm und reich* in der Bedeutung von "jedermann" schreibt man klein:
Dieser arme Mann war nirgends wohlgelitten. Er ist arm und das ist Strafe genug für ihn. (Shakespeare) *Der Verstorbene wurde von arm und reich betrauert.*
Das substantivierte Adjektiv schreibt man groß:
Reiche und Arme betrauerten den volkstümlichen König. Alle Armen sind freigebig. (Arabisches Sprichwort) *Die Kluft zwischen Arm und Reich birgt sozialen Sprengstoff.*
Arm - Ärmel: Die umgangssprachliche Verwendung des Substantivs *der Arm* anstelle *der Ärmel* entstammt der Fachsprache der Textilindustrie:
Ein Hemd mit kurzem Arm; ein Kleid mit langem Arm.
Aber:
Ein ärmelloser Kittel (Nicht: *ein armloser Kittel*).
armdick: Diese adjektivische Zusammensetzung schreibt man zusammen und klein:
Mit armdicken Knüppeln verscheuchten sie die Tiere. Der Aal war armdick.
Kommt zu *Arm* eine nähere Beifügung hinzu, schreibt man getrennt und groß:
Der Aal war gut einen Arm dick.
armlang: Diese adjektivische Zusammensetzung schreibt man zusammen und klein:
Aus armlangen Stricken bastelten sie die Fallen. Der Aal war armlang.
Kommt zu *Arm* eine nähere Beifügung hinzu, schreibt man getrennt und groß:
Der Aal war mindestens einen Arm dick.
Armutszeugnis: Dieses Kompositum ist nur mit Fugen-s üblich.
Armvoll: Fungiert *Armvoll* als Mengenangabe schreibt man zusammen:
Für ein richtiges Lagerfeuer brauchen sie noch ein Armvoll dürres Reisig und mehrere Armvoll gutes Holz.
Soll betont werden, daß ein Arm mit etwas beladen oder belastet ist, schreibt man getrennt:
Sie hat den einen Arm voll Zeitungen, im anderen den Säugling.
Aroma: Das sächliche Substantiv *das Aroma* bildet die korrekten Pluralformen: *die Aromen, die Aromas, die Aromata*. Die Vermischung der beiden letzten Formen zu *die Aromatas* ist falsch.
Arrangement, das: [franz. arranger "in Ordnung bringen, zurechtmachen"] Anordnung, (dekorative oder künstlerische) Gestaltung, Zusammenstellung; Abmachung, Vereinbarung, Übereinkunft; Orchesterfassung eines Themas; Bearbeitung eines Musikstückes.
Art: Nach der Wendung *eine Art* kann das folgende Substantiv durch ein *von* mit Dativ, als Apposition und - in der gehobenen Sprache - im Genitiv angebunden werden:
Sie hatte eine Art von elektrischem Gerät. Sie hatte eine Art elektrisches Gerät. Sie hatte eine Art elektrischen Geräts (= geh.).
Ein beigefügtes Adjektiv wird im Dativ schwach dekliniert:
Der Schrank war mit einer Art braunen (Nicht: *brauner*) *Lasur eingelassen.*
Asch- - Asche- - Aschen-: Alle drei Varianten der Bildung von Komposita mit dem determinierenden Substantiv *Asche* sind möglich:
aschblond, aschbleich, aschfarben, Aschbecher; Aschepartikelchen; Aschegehalt; Aschenbecher, Aschentonne, Aschenbahn, Aschenputtel.

Das Substantiv *Aschermittwoch* ist eine alte erstarrte Form und als solche eine Ausnahme.
assoziieren: Das Verb *assoziieren* in der Bedeutung "verbinden, verknüpfen, hervorrufen" kann transitiv mit einem Akkusativ gebraucht werden:
Diese Landschaft assoziiert (in mir) intensive Gefühle.
Auch die Kombination mit den Präpositionen *mit* oder *bei*, selten auch *zu*, ist möglich:
Mit Wagner assoziiert man häufig nationale Großmannssucht. Bei der Farbe Rot assoziiert mancher Tod und Erotik. (Selten: *Zu der Farbe Lila assoziiert man weibliche Emanzipationsbestrebungen.*)
Reflexiv gebraucht werden kann das Verb mit den Präpositionen *mit* oder *an* sowie in Kombination mit einem Dativ:
Die sich dem alliierten Bündnis assoziierten Staaten beteiligen sich an den Kriegskosten. Er wollte sich mit einer schlagenden Verbindung assoziieren. Sie hat sich an einer Kooperative assoziiert.
atemberaubend - atemraubend: Die beiden Wörter werden hinsichtlich ihrer Bedeutung nicht unterschieden. Das Wort *atemberaubend* ist das heute gebräuchlichere.
Atlas: Dieses Substantiv kann zwei Genitiv-und zwei Pluralformen bilden:
des Atlas, des Atlasses; die Atlasse, die Atlanten.
Dabei ist zu beachten, daß *Atlasse* auch "glänzende, schwere Seidenstoffe" bedeuten kann.
Attribut: Als Attribut oder Beifügung bezeichnet man jede nähere Bestimmung zu einem Substantiv, Adjektiv, Partizip, Adverb und Pronomen. Als Attribute fungieren vor allem:
Adjektive:
Das rauschende Meer, der schnelle Wagen, der tolle Tag etc.
Zahlwörter:
In drei Monaten, das fünfte Jahrzehnt, das erste Schuljahr etc.

Adverbien:
Der Gipfel da oben, die Demonstration gestern etc.
Pronomen:
Bei jenem Geschehen, diese unsere Bücher etc.
Infinitive:
Die Lust zu lesen, die Furcht zu kämpfen etc.
Substantive:
Von Verdi, dem großen Opernkomponist, in Rom, der Stadt meiner Träume etc.
Vor dem Bezugswort können mehrere Attribute stehen. Dabei gilt, daß "links" die nähere Bestimmung zu "rechts" ist:
Die mit Ungeduld erwartete Neuauflage des Romans (*mit Ungeduld* ist Attribut zu *erwartete*); *das mit Krankheit entschuldigte Versäumnis* (*mit Krankheit* ist Attribut zu *Versäumnis*).
Attributsatz: Als ein Attributsatz oder Beifügungssatz wird ein Nebensatz bezeichnet, der die Funktion eines Attributs einnimmt, also ein Wort näher bestimmt. Man unterscheidet:
den Relativsatz:
Was macht dein Freund, den wir gestern getroffen haben? Wer schläft, der sündigt nicht.
den Vergleichssatz:
Er sucht eine Frau, wie er sie aus dem Kino kennt. Sie malte ein Bild, wie es kein zweites gibt.
den indirekten (abhängigen) Fragesatz:
Die Überlegung, ob man das Experiment wagen sollte, beschäftigte alle. Die Frage, wann man beginnen wollte, war umstritten.
den Temporalsatz:
Zu der Zeit, als Shakespeare lebte, war er der größte Dramatiker Englands. Das war zu der Zeit, als Elisabeth I. regierte.
aubergine: Dieses Farbadjektiv "grauviolett" ist nicht beugungsfähig und nicht attributiv verwendbar. Man behilft sich mit *auberginefarben:*
Sie trug einen auberginefarbenen Hut.
Als Substantiv schreibt man groß:

Creme, Aubergine und Champagner sind als Modefarben im Kommen.
Aubergine, die: [franz. aubergine gleichbed.] Grauviolettes Nachtschattengewächs mit gurkenähnlichen Früchten.
..., auch wenn - auch, wenn...: Stehen beide Wörter für eine einfache Konjunktion, wird das Komma davor gesetzt:
Sie liebt dich, auch wenn du sie schlecht behandelst.
Soll *auch* betont werden, gehört es zum Hauptsatz; das Komma wird zwischen *auch* und *wenn* gesetzt:
Sie liebt dich auch, wenn du sie schlecht behandelst.
auf: Die Präposition *auf* kann mit dem Dativ oder mit dem Akkusativ verbunden werden. Soll mit dem Verb eine Lage ausgedrückt werden, folgt der Dativ; wird hingegen eine Richtung betont, steht der Akkusativ:
Die Zeitung liegt auf dem Tisch. Ich lege die Zeitung auf den Tisch.
Als selbständiges Adverb wird *auf* vom folgenden Verb getrennt geschrieben; als Verbzusatz mit dem Verb zusammengeschrieben:
Die Fenster gingen auf und zu. Bei der neugierigen Nachbarin wird das Fenster bald aufgehen.
In der Umgangssprache kann *auf* für das Adjektiv *offen* stehen:
Ihre Fenster sind auf (statt offen). Die Substantivierung wird groß geschrieben:
Das ewige Auf und Ab zerrte an seinen Nerven.
auf - für - zu: → Aufgaben auf - für - zu
auf - im - in Urlaub: → Urlaub
auf - in - zu: Die Präposition *auf* steht oft in Verbindung mit öffentlichen Einrichtungen und Behörden. Dabei betont in das räumliche Verhältnis, *zu* die Richtungsangabe:
auf die Post gehen; auf dem Gericht arbeiten; in der Post jmdn. treffen; im Gericht(sgebäude) die Toilette suchen; ich gehe vor zur Post; bis zum Gericht begleite ich dich.

Bei Länder- und Städtenamen steht auf die Frage "wo?" die Präposition *in*. Ebenso bei Inselnamen, die zugleich das Land bezeichnen, sonst steht *auf:*
in Griechenland; in bzw. auf Jamaika; auf Kreta.
auf - offen: Mit Verben kombiniert bezeichnet *auf* den Vorgang des Öffnens oder die Tätigkeit des Öffnens:
aufgehen, aufschließen, aufbrechen, aufdrücken, aufdecken, aufblühen etc.
Offen heißt das Ergebnis des Öffnens und wird mit Verben des Zustands kombiniert:
offenlegen, offenstehen, offenbleiben, offenhalten, offenlassen etc.
In der Umgangssprache wird heute *auf* auch anstelle von *offen* gebraucht und damit der Zustand bezeichnet:
auflegen, aufstehen, aufbleiben, aufhalten, auflassen etc.
Auf und Ab: Diese Substantivierung wird im Genitiv in der Regel nicht dekliniert:
Sie sind des ewigen Auf und Ab müde.
auf was - worauf: Standardsprachlich korrekt ist der Gebrauch des Pronominaladverbs *worauf*. In der Umgangssprache wird dafür häufig *auf was* verwendet:
Ich will wissen, worauf du jetzt hinaus willst (ugs.: *Ich will wissen, auf was du jetzt hinaus willst*). *Worauf gründet sich deine Meinung?* (ugs.: *Auf was gründet sich deine Meinung?*).
aufbauen: Da bei diesem Verb meist die Angabe der Lage (und nicht der Richtung) vorherrscht, folgt in der Regel darauf ein Dativ:
Er baut seine gesamte Weltanschauung auf einer Grundvoraussetzung auf. Die Eltern haben die Geschenke unter dem Weihnachtsbaum aufgebaut.
aufdrängen - aufdringen: → drängen - dringen
aufeinander: Wenn *aufeinander* als selbständiges Adjektiv gebraucht wird oder wenn es eine Gegenseitigkeit, eine Wechselbezüglichkeit ausdrückt, schreibt man es getrennt vom folgenden Verb:

auferlegen

Über einen längeren Zeitraum sollten Schallplatten nicht aufeinander liegen, sondern nebeneinander stehen. Sie sollten sich aufeinander verlassen können. aufeinander zugehen; aufeinander losgehen; aufeinander achten.
Fungiert *aufeinander* als Verbzusatz mit enger Bedeutung, wobei der Hauptton auf *aufeinander* liegt, schreibt man es mit dem folgenden Verb zusammen:
In den sieben aufeinanderfolgenden Wochen; das Brennholz aufeinanderschichten; die Beschichtungen aufeinanderpressen; die Eier vorsichtig aufeinanderlegen; die Züge waren aufeinandergeprallt; im Bus aufeinandersitzen;
Manchmal entsteht dabei eine übertragene Gesamtbedeutung, z. B. bei:
aufeinandersitzen "sehr gedrängt sitzen"; *aufeinanderstoßen* "sich begegnen"; *aufeinandertreffen* "zusammentreffen und sich im Wettkampf messen".

auferlegen: Bei den Personalformen wird in der Regel der Verbzusatz vom Verb getrennt und nachgestellt:
Man erlegte dem Mädchen umfangreiche Pflichten auf.
Um eine Aussage besonders hervorzuheben, konjugiert man auch das ungetrennte Verb:
Man auferlegte dem Mädchen kaum erfüllbare Pflichten.

Auffahrts-: Komposita mit dem determinierenden Substantiv *Auffahrt* werden mit einem Fugen-s gebildet:
Auffahrtsstraße, Auffahrtshilfe, Auffahrtsrampe.

auffallen: Besonders wenn das Verb am Satzanfang steht, muß der vormals selbständige Verbzusatz getrennt geschrieben werden:
Auf fällt, daß der Knabe so schüchtern geworden ist. (= ugs.)
Nach dem Verb *auffallen* wird in der Regel mit der Präposition *durch* angeschlossen. In wenigen Fällen ist auch der Gebrauch von *mit* möglich:
Der Knabe fiel durch seine Schüchternheit auf. Der Knabe fiel mit seinem schüchternen Benehmen auf oder *Er fiel durch sein schüchternes Benehmen auf. Der Knabe fiel mit seiner* oder *durch seine Schönheit auf.*

Aufforderungssatz: Der Aufforderungssatz artikuliert einen Wunsch oder einen Befehl. Er wird in der Regel mit einem Ausrufezeichen abgeschlossen. Es kann aber auch ein einfacher Punkt gesetzt werden, wenn die Aufforderung ohne Nachdruck ausgesprochen wird:
Platz! Komm sofort hierher! Richte ihm aus, er möge morgen kommen! Nehmen Sie bitte Platz. Bitte reichen Sie mir doch ein Glas Wasser.
Werden mehrere Aufforderungssätze aneinandergereiht, muß das Anredefürwort jedesmal wiederholt werden:
Bitte nehmen Sie ihre Plätze ein, stellen Sie ihre Sitzlehnen aufrecht, schnallen Sie sich an und stellen Sie das Rauchen ein! (Nicht: *Bitte nehmen Sie ihre Plätze ein, stellen ihre Sitzlehnen aufrecht, schnallen sich an und stellen das Rauchen ein!*)
Die Kommas müssen dabei gesetzt werden. Nur wenn der erste Teil der Aufforderung sehr kurz und formelhaft ist, kann das Komma entfallen:
Sei so lieb und reich mir ein Glas Wasser!
Aufforderungen und Wünsche können auch mit Hilfe der Modalverben: *mögen, müsssen, sollen, wollen* ausgedrückt werden; aber auch andere Umschreibungen der Befehle sind möglich:
Mögen Sie sich recht bald erholen! Das müssen Sie schleunigst in Ordnung bringen! Ihr sollt jetzt still sein! Wollt ihr wohl ruhig sein! Ihr habt jetzt still zu sein! Wenn sie das Examen doch schon hinter sich hätte! Du wirst das Haus sofort verlassen!

aufführen, sich: Nach der Wendung *sich aufführen wie* oder *als* steht das folgende Substantiv in der Regel im Nominativ, da es sich auf das Subjekt bezieht:

Sie führt sich wie eine Furie auf. Er führt sich als Pascha auf.
Aufführung: Zur Wendung *zur Aufführung gelangen* → gelangen
aufgehen: Wird das Verb *aufgehen* in der Bedeutung "die Erfüllung finden, mit etw. oder jmdm. eins werden" gebraucht, schließt man einen Dativ an:
Er ging ganz in seinem Kind auf. Sie ging in ihrem Beruf auf. Der individuelle Typ wollte nicht in der Gruppe aufgehen. Die Zwei geht in jeder anderen geraden Zahl auf.
Wird das Verb *aufgehen* in der Bedeutung "in etw. übergehen, sich auflösen" gebraucht, schließt man einen Akkusativ an:
Die Manuskripte gingen in Flammen auf. Seine Ideen waren in blauen Dunst aufgegangen (= hatten sich verflüchtigt).
auf Grund - aufgrund: Beide Schreibweisen sind korrekt. Angeschlossen wird entweder mit Genitiv oder, bei Substantiven im Plural ohne Artikel oder Attribut mit *von* plus Dativ:
Er wurde aufgrund bzw. *auf Grund der Beweise überführt. Er wurde aufgrund* bzw. *auf Grund zahlreicher Beweise überführt. Er wurde aufgrund* bzw. *auf Grund von Beweisen überführt.*
auf Grund - durch - infolge - zufolge - wegen - von - vor: Diese kausalen Präpositionen sind auseinanderzuhalten. Die Präposition *auf Grund* bzw. *aufgrund* nennt die Motivierung eines Vorganges oder einer Erkenntnis:
Man hat ihn aufgrund seines Geständnisses verurteilt. Aufgrund der Tatsache, daß er das getan hatte, verlor er sein Selbstwertgefühl.
Die Präposition *durch* nennt die Mittel oder die Ursache eines Vorganges oder einer Erkenntnis. Die Verknüpfung der Ereignisse ist direkt:
Durch den Unfall verlor er ein Bein. Durch einen Brief waren wir über seine Reise informiert.
Die Präposition *infolge* nennt den zurückliegenden Grund indirekt und darf sich nicht auf Personen oder Sachen, nur auf Geschehen beziehen:
Infolge winterlicher Straßenverhältnisse kam es zu vielen Unfällen.
Die Präposition *zufolge* nennt indirekt den Grund einer daraus resultierenden Folge:
Ihrem Aussehen zufolge konnte man sie für ein Modell halten.
Die Präposition *wegen* nennt ohne Berücksichtigung zeitlicher Anbindung den Sachgrund allgemein:
Räumungsverkauf wegen Geschäftsaufgabe! Seiner Weisheit wegen scharten sich die Schüler um ihn.
Die Präposition *von* nennt den wirkenden Grund, den Handelnden oder Initiator einer Handlung oder eines Geschehens und steht in einer Passivkonstruktion:
Das Land ist von Soldaten besetzt worden. Sie ist von Freude erfüllt.
Die Präposition *vor* nennt die Ursachen für Zustände in festen Verbindungen:
Viele Flüchtlinge sind vor Hunger umgekommen, andere vor Krankheit. Sie blieb vor Entsetzen stumm.
aufhaben: Dieses umgangssprachlich gebrauchte Verb wird in den finiten Formen in Verbzusatz und Verb aufgetrennt. Nur im Infinitiv, im 2. Partizip und in den finiten Formen im Nebensatz bleibt es zusammengeschrieben:
Sie hat eine schöne Mütze auf. Sie wird eine schöne Mütze aufhaben. Ihre Freundin hat auch eine schöne Mütze aufgehabt. Sie erregt Aufmerksamkeit, weil sie eine schöne Mütze aufhat. Sie muß immer ihren Mund aufhaben. Das Geschäft hat nicht mehr aufgehabt.
aufhängen: Perfekt und 2. Partizip des Verbs *aufhängen* lauten: *hängte* und *gehängt*:
Er hängte (Nicht: hing) *ein Plakat auf. Er hatte ein Plakat aufgehängt* (Nicht: aufgehangen).
aufhauen: → hauen
Aufheben: Die Formulierung *viel* bzw. *nicht viel Aufhebens* machen steht entwe-

aufhören   38

der im Genitiv oder im gleichen Kasus wie das Bezugswort:
Man machte von der Hilfeleistung für die Dritte Welt nicht viel Aufhebens oder *...nicht viel Aufheben.*
aufhören: Ist das Verb *aufhören* mit einem erweiterten Infinitiv mit *zu* kombiniert, kann ein Komma gesetzt werden oder nicht. Wird *aufhören* als Vollverb verstanden, muß ein Komma stehen; fungiert *aufhören* als Hilfsverb, kann das Komma entfallen:
Sie hörten auf, das Meer zu verschmutzen.
Sie hörten auf das Meer zu verschmutzen.
Kommt zu *aufhören* eine nähere Bestimmung hinzu, muß ein Komma gesetzt werden, da das Verb dann Vollverb ist:
Sie hörten noch vor Inkrafttreten der Resolution auf, das Meer zu verschmutzen.
aufladen: → laden
auflauern: In der Standardsprache wird das Verb *auflauern* mit einem Dativ kombiniert, der Gebrauch des Akkusativs ist umgangssprachlich:
Sie haben ihm im dunkeln aufgelauert (ugs.: *Sie haben ihn im dunkeln aufgelauert*).
auflösen, sich: Wird das reflexive Verb *sich auflösen in* in der Bedeutung "zergehen, sich verteilen" gebraucht, schließt man einen Dativ an:
Rohöl löst sich im Wasser leider nicht auf.
Die bitteren Tropfen werden im Tee aufgelöst.
Wird das Verb *sich auflösen in* in der Bedeutung "in etw. übergehen, sich verwandeln" gebraucht, schließt man einen Akkusativ an:
Die Trauer löste sich in Aktivität auf. Seine Ideen hatten sich in blauen Dunst aufgelöst (= hatten sich verflüchtigt).
Aufnahme- - Aufnahms-: In der Standardsprache werden Komposita mit dem determinierenden Substantiv *Aufnahme* ohne Fugen-s gebildet; in Österreich ist die Bildung mit Fugen-s gebräuchlich:
Aufnahmeleiter, Aufnahmeprüfung, aufnahmefähig, aufnahmebereit etc.

(Österr.: *Aufnahmsleiter, Aufnahmsprüfung, aufnahmsfähig, aufnahmsbereit etc.*)
aufnehmen: Nach *jmdn.* oder *etw. aufnehmen in, unter, auf* kann sowohl der Dativ als auch der Akkusativ folgen. Ist die Vorstellung der Verbindung des Aufgenommenen mit dem Aufnehmenden nicht sehr eng, steht der Dativ (wo?); wird die Verbindung als eine sehr innige vorgestellt, steht der Akkusativ (wohin?). Der Akkusativ steht bei:
Durch die Adoption nahmen sie das Waisenkind in ihre Familie auf. Stephan I. wurde 1083 unter die Heiligen aufgenommen.
Der Dativ steht bei:
Sie nahmen das Kind der Nachbarn für zwei Wochen in ihrer Familie auf. Die Heilige Familie war in keiner Herberge aufgenommen worden.
In manchen Aussagen braucht nicht so streng unterschieden zu werden; beide Fälle sind möglich:
Er hat das Buch in seine Lektüreliste aufgenommen (Selten: *... in seiner Lektüreliste aufgenommen*). *Man wird das Bild in die Ausstellung aufnehmen* (Selten: *... in der Ausstellung aufnehmen*).
aufoktroyieren: Obwohl das Verb oktroyieren "aufdrängen, aufzwingen" bedeutet, wird es, zur Verdeutlichung, mit dem deutschen Verbzusatz *auf* gebraucht. Diese Verdoppelung ist überflüssig.
Aufprall: Auf das Substantiv *Aufprall* mit der Präposition *auf* folgt entweder ein Dativ oder ein Akkusativ:
Die Tomate platzte beim Aufprall auf dem Redner oder *beim Aufprall auf den Redner.*
aufprallen: Dem Verb *aufprallen* mit der Präposition *auf* folgt entweder ein Dativ oder ein Akkusativ. Ist die Vorstellung des Ortes dominant (wo?), steht der Dativ; ist die Richtungsangabe vorherrschend (wohin?), steht der Akkusativ:
Das Ei prallte auf dem Kopf des Redners auf. Das Ei prallte auf den Kopf des Redners auf.

aufrecht: Im Sinne von "gerade, aufgerichtet" verwendet, wird das Adjektiv *aufrecht* vom folgenden Verb getrennt geschrieben:
Das Kind soll aufrecht sitzen. Er kann nicht mehr aufrecht gehen.
Getrennt wird auch in folgenden Wendungen geschrieben:
sich nicht mehr, kaum noch aufrecht halten können ("sehr müde, erschöpft sein"); *Nur diese Hoffnung konnte sie aufrecht halten* ("ließ sie nicht mutlos werden").
Im Sinne von "bestehen lassen, an etwas festhalten" wird *aufrecht* zu einem Verbzusatz und folglich schreibt man zusammen:
Ihr Versuch, die Ordnung aufrechtzuerhalten, schlug fehl. Er hat seine Zeugenaussage aufrechterhalten. Den Kontakt, das Angebot, ein Versprechen aufrechterhalten.

aufrunden - abrunden: → abrunden - aufrunden

aufs: Das durch Verschmelzung aus *auf* und *das* entstandene *aufs* schreibt man ohne Apostroph:
Gehst du auch aufs Konzert der Rolling Stones?

aufschlagen: Wird das Verb *aufschlagen* in der Bedeutung "teurer werden, sich erhöhen" gebraucht, bildet es seine Vergangenheitsformen in der Regel mit dem Hilfsverb *haben*, selten mit *sein*:
Das Benzin hatte schon wieder aufgeschlagen. (Selten: *Das Benzin war schon wieder aufgeschlagen*).
Dem Verb *aufschlagen* mit der Präposition *auf* folgt entweder ein Dativ oder ein Akkusativ. Ist die Vorstellung des Ortes dominant (wo?), steht der Dativ; ist die Richtungsangabe vorherrschend (wohin?), steht der Akkusativ:
Das Schwert schlägt auf dem Schild auf. Das Schwert schlägt auf den Schild auf.

aufschrecken: Bei transitivem Gebrauch bildet das Verb die Konjugationsformen: *schreckte auf, hat aufgeschreckt*:
Der Lärm schreckte den Gegner auf. Die Wanderer haben die Schlange aufgeschreckt.
Bei intransitivem Gebrauch ist möglich: *schreckte* oder *schrak auf, ist aufgeschreckt*:
Die Schlange schreckte oder *schrak auf. Die Schlange ist aufgeschreckt.*

aufsehenerregend - Aufsehen erregend: In der Regel wird dieses Adjektiv zusammengeschrieben. Wird jedoch *Aufsehen* durch eine nähere Bestimmung als Substantiv kenntlich, schreibt man getrennt und groß:
Salman Rushdie hat für sein aufsehenerregendes Buch teuer bezahlt. Er wurde für seinen ein ungeheures Aufsehen erregenden Roman zum Tode verurteilt.

aufsein: Dieses der Umgangssprache entstammende Verb wird nur im Infinitiv und als 2. Partizip zusammen geschrieben:
Ich muß morgen sehr früh aufsein. Die Tür ist einen Spaltbreit aufgewesen.
Die finiten Formen schreibt man getrennt:
Ich bin morgen sehr früh auf. Ich glaube, daß die Tür auf sei.

aufsetzen: Bei transitivem Gebrauch folgt auf das Verb *aufsetzen auf* in der Regel ein Akkusativ; es ist die Angabe der Richtung dominant:
Sie setzten eine Antenne auf das Hausdach auf.
Bei intransitivem Gebrauch folgt in der Regel der Dativ; ein Akkusativ ist möglich:
Der Skispringer setzte souverän auf der Piste auf.

Aufsicht: Das Substantiv *Aufsicht* wird mit der Präposition *über* kombiniert:
Keiner wollte die Aufsicht über den Export von Rüstungsgütern geführt haben.

aufspalten: → spalten

aufspielen, sich: Nach der Wendung *sich aufspielen als* oder *wie* steht das folgende Substantiv in der Regel im Nominativ, da es sich auf das Subjekt bezieht; der Gebrauch des Akkusativ ist selten:

aufständig

Er spielte sich als oder *wie ein weiser Guru auf.* (Veraltet: *Er spielte sich als* oder *wie einen weisen Guru auf*).

aufständig - aufständisch: Die Formen weisen keinen Bedeutungsunterschied auf; *aufständig* gilt als veraltet.

aufstützen: Nach der Wendung *sich aufstützen auf* folgt heute in der Regel ein Akkusativ; der Gebrauch des Dativ ist selten:
Er stützte die Arme auf dem Tresen auf (Selten: *... auf den Tresen auf*).

aufteilen: Nach dem Verb *aufteilen in* folgt ein Akkusativ:
Die Abenteurer teilten den Schatz in gleich große Häufchen auf.

Auftrag: Das Substantiv wird in der Regel mit der Präposition *über* kombiniert, aber auch der Gebrauch von *auf* ist möglich:
Der Auftrag über 50 Panzer war ein gutes Geschäft. Die Firma hat einen Auftrag auf zehn Fahrräder erhalten.

auftragen: Dem Verb *auftragen* mit der Präposition *auf* folgt entweder ein Dativ oder ein Akkusativ.
Ist die Vorstellung des Ortes dominant (wo?), steht der Dativ; ist die Richtungsangabe vorherrschend (wohin?), steht der Akkusativ:
Sie trug das Rouge auf die Wange auf. Sie trug das Rouge auf der Wange auf.

auftreffen: Nach der Wendung *auftreffen auf* folgt ein Akkusativ:
Die Hagelkörner trafen auf das Wagendach auf (Nicht: *... trafen auf dem Wagendach auf*).

aufwärts: Vom nachfolgenden Verb schreibt man *aufwärts* als selbständiges Adverb in der Bedeutung "nach oben" getrennt:
Der Karte nach muß dieser Pfad aufwärts führen. Die Flüchtlinge mußten den Strom aufwärts schwimmen.
Entsteht durch die Kombination ein neuer Begriff, schreibt man zusammen:
Bald wird es mit uns wieder aufwärtsgehen (= besser gehen).

aufwenden: Dieses Verb hat in der Vergangenheit die Formen: *wendete auf, wandte auf*, das 2. Partizip lautet: *aufgewendet* oder *aufgewandt:*
Sie wendete oder *wandte ihren Charme auf. Er hatte seine ganze Überzeugungskraft aufgewendet* oder *aufgewandt.*

aufwerfen, sich: Diesem reflexiven Verb folgt die Präposition *zu*; der Gebrauch von *als* ist standardsprachlich falsch:
Er warf sich zum Diktator des Landes auf (Nicht: *Er warf sich als Diktator des Landes auf*).

August: → Monatsnamen

aus: Auf die Präposition *aus* folgt der Dativ:
Die Frau erst hat aus ihm einen großen und berühmten Mann gemacht. Aus diesem Grund wurde er über Nacht berühmt.
Als Teil eines Wortpaares wird *aus* vom folgenden Verb getrennt geschrieben:
Er weiß weder aus noch ein (= ratlos sein). *Sie gehen bei den Nachbarn aus und ein* (= ständig verkehren).
Nicht so ist es aber bei zusammenfassenden Verbindungen von Verben mit dem Verbzusatz *aus-*, wo ein Bindestrich gesetzt werden kann:
die aus- und einrennenden Kinder; die aus- und einfahrenden Autos; tief aus- und einatmen.
Ein substantiviertes (das) *Aus* wird groß geschrieben:
Dieser Ball landete im Aus.
Als Herkunftsangaben folgt auf Länder- und Städtenamen die Präposition *aus.* Wurde der Herkunftsort erst kürzlich verlassen, und soll dies betont werden, kann *von* stehen:
Ich bin aus München (= in München geboren). *Ich komme gerade von München* oder *ich komme gerade aus München.*
Ein zusätzliches *heraus* kann *aus* nur dann verstärken, wenn es sich um lose Gefüge von Substantiv plus Verb handelt. Bei festen Verbindungen ist der Gebrauch von *heraus* falsch:

aus einer plötzlichen Laune heraus; aus seiner Misere heraus; aus seinem Glücksgefühl heraus; aber: *aus Liebe; aus Erfahrung* (Nicht: *aus Liebe, Erfahrung heraus).*

aus was - woraus: Umgangssprachlich wird *woraus* häufig durch *aus was* ersetzt, wobei nur *woraus* korrekt ist:
Woraus schließt du diese Behauptung? (Nicht: *Aus was schließt du ...*); *Woraus ist dieser Ring?* (Nicht: *Aus was ist dieser Ring?).*

ausbedingen: Die unregelmäßige Konjugation dieses Verbs lautet: *ausbedingen, ausbedang, ausbedungen:*
Sie bedang sich eine bessere Versorgung aus. Man hat sich eine positivere Berichterstattung ausbedungen.

ausbezahlen - auszahlen: Beide Verben können im Sinne von "Geld aushändigen, mit Geld abfinden" gebraucht werden:
Der Haupterbe zahlte oder *bezahlte seine Geschwister aus. Man hatte die Streikenden aus der Gewerkschaftskasse ausbezahlt* oder *ausgezahlt.*
In der Bedeutung von "entlohnen" ist standardsprachlich nur *auszahlen* korrekt:
Schließlich wurden auch die Kurzarbeiter ausgezahlt und entlassen. Nach dem Semester zahlten sie die freien Mitarbeiter aus.
Dies trifft auch für den - übertragenen - reflexiven Gebrauch zu:
Es heißt, krumme Touren zahlen sich nicht aus.

ausbleiben: Ein Nebensatz, der von einem negierten Verb *ausbleiben* mit *daß* abhängt, darf nicht negiert werden, da der Hauptsatz schon eine Verneinung enthält:
Es konnte nicht ausbleiben, daß dieser Krieg auch die politischen Parteien polarisierte.

ausbleichen: → bleichen

ausbreiten: Dem Verb *(sich) ausbreiten* mit der Präposition *über* folgt entweder ein Dativ oder ein Akkusativ. Ist die Vorstellung des Ortes dominant (wo?), steht der Dativ; ist die Richtungsangabe vorherrschend (wohin?), steht der Akkusativ:
Dichte Rauchschwaden breiteten sich über der Stadt oder *über die Stadt aus. Die Flüchtlingsströme breiteten sich über dem Nachbarland* oder *über das Nachbarland aus.*
Nur mit dem Akkusativ steht diese Wendung, wenn sie in der Bedeutung "sich ausführlich über etw. äußern" gebraucht ist:
Abendelang konnte sich der Taxifahrer über seinen Beruf ausbreiten.
Nach *(sich) ausbreiten auf* folgt ein Dativ, da nur der Ort bestimmend ist:
Sie breiteten die Decke auf dem Kornfeld aus. Dann breiteten sie sich auf der Decke aus.

ausdienen: → ausgedient

Ausdruck: Das Substantiv bildet den Plural *die Ausdrucke,* wenn es in der Bedeutung "ausgedruckter, fertig gedruckter Text" steht. Im Sinne von "Wort, Bezeichnung" verwendet, hat es den Plural *die Ausdrücke*:
Von diesem Manuskript brauche ich zwei Ausdrucke. Hast du diese schlimmen Ausdrücke aus dem Kindergarten?

auseinander: In der Bedeutung "räumlich oder zeitlich voneinander getrennt" wird das selbständige Adjektiv *auseinander* vom folgenden Verb getrennt geschrieben:
Die Häuser stehen weit auseinander. Du bist mit ihm auseinander? (ugs. für: Ihr habt euch getrennt?) *Die Schüler auseinander setzen; Wörter auseinander schreiben.*
Ist *auseinander* betonter Verbzusatz, wird es mit dem folgenden Verb zusammengeschrieben. Oft entsteht dabei eine neue übertragene Gesamtbedeutung:
Ihr wollt auseinandergehen (=trennen)? *Die Zeitung auseinanderfalten. Sich auseinanderleben. Er ist ziemlich auseinandergegangen* (= dick geworden). *Die Zwillinge konnte man nie auseinanderhalten* (= voneinander unterscheiden). *Sich mit einem Problem auseinandersetzen* (= sich gründlich damit befassen).

Ausfahrt- · Ausfahrts-: Bei folgenden Komposita mit dem determinierenden Substantiv *Ausfahrt* ist das Fugen-s fest: *Ausfahrtsstraße, Ausfahrtsschild.* Bei anderen Komposita schwankt der Gebrauch des Fugen-s: *Ausfahrtgleis* oder *Ausfahrtsgleis, Ausfahrtsignal* der *Ausfahrtssignal, Ausfahrterlaubnis* oder *Ausfahrtserlaubnis* etc.

ausführen - durchführen: die beiden Verben können oft füreinander stehen. In der Bedeutung "etw. erledigen, realisieren" betont das Verb *ausführen* eher das Erreichen des angestrebten Zustandes oder Ergebnisses. Dagegen dominiert im Verb *durchführen* eher das Ordnende, Koordinierende einer notwendigen Tätigkeit, die "etw. realisieren" soll:
Diese komplizierte Operation konnte nur in einer Spezialklinik ausgeführt oder durchgeführt werden. Die Gauner führten ihren Plan ungestört aus oder durch. Die Order zur Ausführung oder Durchführung des Beschlußes kam von oben.
Nur *ausführen* (Nicht: *durchführen*) kann man einen Beschluß, einen Befehl, einen Auftrag etc.:
Dieser Neubau kann wegen Materialmangels nicht ausgeführt werden. Ihre Bestellung dürfen wir leider nicht ausführen. Er führte alle Weisungen von oben exakt aus.

ausgedient: Dieses Partizip kann auch beifügend verwendet werden:
Die ausgediente Hundehütte wird verbrannt.

ausgelernt: Dieses Partizip kann auch beifügend verwendet werden:
In diesem Hotel versalzt ein ausgelernter Koch die Suppen.

ausgenommen: Der von etwas *ausgenommene* Begriff, also das dem Wort *ausgenommen* vorangestellte Substantiv, steht in der Regel im Akkusativ, da *ausgenommen* als 2. Partizip von *ausnehmen* verstanden wird, das einen Akkusativ verlangt:
Ich bin von ihr ganz begeistert, die emanzipatorischen Neigungen ausgenommen.
Ich muß Ihrer gesamten Rede widersprechen, den ersten Satz ausgenommen.
Anstelle des Akkusativs kann ein Nominativ stehen, wenn auch das voranstehende Bezugswort im Nominativ steht:
Alle Geschwister waren anwesend, er ausgenommen.
Wird *ausgenommen* dem Substantiv nachgestellt, fungiert der Begriff als Konjunktion, der Kasus wird vom Verb bestimmt:
Ich muß Ihrer gesamten Rede widersprechen, ausgenommen dem ersten Satz.
In den Wendungen *ausgenommen daß* oder *ausgenommen wenn* steht vor *daß* und *wenn* immer ein Komma:
Diese Zeitung ist ganz gut, ausgenommen, daß sie keinen Sportteil hat. Der Zug ist immer pünktlich, ausgenommen, wenn das Personal streikt.
Fungiert *ausgenommen* als Konjunktion in der Bedeutung "außer" steht das Komma davor; steht diese Wendung am Satzanfang, wird das Komma vor den Hauptsatz gesetzt:
Ich muß Ihrer gesamten Rede widersprechen, ausgenommen dem ersten Satz. Ausgenommen dem ersten Satz, muß ich Ihrer gesamten Rede widersprechen.

ausgiebig - ergiebig: Das Adjektiv *ausgiebig* wird heute in der Regel in der Bedeutung von "reichlich, viel" gebraucht, während *ergiebig* etwas bezeichnet, was "guten Gewinn, Ertrag" abwirft:
Sie haben das bestandene Examen ausgiebig gefeiert. In dem Lokal kann man ausgiebig essen. Er hat ein ergiebiges Geschäft abgeschlossen. Sie entdeckten ein weiteres ergiebiges Ölfeld.

ausklingen: Wird das Verb in seiner konkreten Bedeutung verwendet, bildet es die Vergangenheitsformen mit *sein* oder *haben*:
Der angeschlagene Ton war oder *hatte ausgeklungen. Die Glocke ist* oder *hat ausgeklungen.*
In der übertragenen Bedeutung von "in bestimmter Weise enden" wird das Perfekt nur mit *sein* gebildet:

Die Veranstaltung ist schließlich besinnlich ausgeklungen. Mit einem versöhnlichen Schlußwort ist das Treffen ausgeklungen.
Auslands-: Komposita mit dem determinierenden Substantiv *Ausland* haben in der Regel ein Fugen-s:
Auslandskorrespondent, Auslandsschutzbrief, Auslandsvertretung, Auslandsbeziehungen etc.
auslaufen: Auf die Wendung *auslaufen in* folgt in der Regel ein Akkusativ, da die Richtungsangabe dominiert:
Die Blüte läuft in einen gekräuselten Rand aus. Die Gruppenmeditation läuft in Besinnlichkeit aus.
auslernen: → ausgelernt
ausmünden: Auf die Wendung *ausmünden in* kann sowohl ein Dativ als auch ein Akkusativ folgen:
Die Diskussion ist in einer oder *in eine Schlägerei ausgemündet. Das verwinkelte Gäßchen mündet in einem* oder *in einen großen weiten Platz aus.*
ausnahmsweise - ausnehmend: Diese beiden Ausdrücke können nicht füreinander verwendet werden. Während *ausnahmsweise* "gegen die Regel" bedeutet, verwendet man *ausnehmend* im Sinne von "besonders, sehr":
Sie konnte heute ausnahmsweise nicht am Kurs teilnehmen. Er war ein ausnehmend schöner und ausnehmend gut gekleideter Mann.
ausnutzen - ausnützen: Standardsprachlich ist *ausnutzen* korrekt. Im süddeutschen Sprachgebiet ist dagegen auch die umgeleitete Form *ausnützen* gebräuchlich.
ausringen - auswringen: → auswringen - ausringen
Ausrufesatz: Der Ausrufesatz drückt ein Geschehen oder einen Sachverhalt mit starker innerer Anteilnahme aus. Die personale Form des Verbs kann dabei an erster, zweiter oder letzter Stelle im Satz stehen:
Hast du aber schönes Haar! Du hast aber schönes Haar! Welch schönes Haar du hast!
Ist der Ausrufesatz abhängig, entfällt das Ausrufezeichen:
Er flüsterte, welch schönes Haar sie habe.
Ausrufezeichen: → Kapitel Zeichensetzung
Aussagesatz: Der Aussagesatz gibt ein Geschehen oder einen Sachverhalt wieder:
Sie fahren nach Griechenland. Petra hat die Prüfungen gut überstanden. Es regnet.
ausscheren: Das Perfekt des Verbs *ausscheren* wird mit *sein* gebildet:
Der Radfahrer ist aus dem Feld ausgeschert und hat sich an die Spitze gesetzt. Der Wagen war plötzlich ausgeschert und hat sich überschlagen.
ausschließlich: Das Adjektiv *ausschließlich* bedeutet "uneingeschränkt, alleinig" und kann nicht gesteigert werden:
Das ist unser ausschließlicher Anspruch (Nicht: *... ausschließlichster Anspruch*).
Das Adverb *ausschließlich* wird im Sinne von "nur, nichts als" gebraucht:
Sie verstand sich ausschließlich als Künstlerin.
Als Präposition wird *ausschließlich* wie "ohne, außer" gebraucht.
Ein alleinstehendes starkes Substantiv in der Einzahl wird nach *ausschließlich* in der Regel nicht gebeugt; in der Mehrzahl wird es im Dativ angeschlossen, wenn der Genitiv nicht zu erkennen ist:
die Kosten ausschließlich Anfahrt; der Preis der Veranstaltung ausschließlich Mahlzeiten und Getränken; ausschließlich Kindern war das erlaubt.
Ein auf *ausschließlich* folgendes Substantiv, dessen Fall durch eine nähere Bestimmung erkennbar ist, steht im Genitiv:
die Miete ausschließlich aller Nebenkosten; ausschließlich der vielen Kinder.
aussein: Dieses der Umgangssprache entstammende Verb wird nur im Infinitiv und als 2. Partizip zusammen geschrieben:
Ich werde morgen abend aussein. Sie ist mit dem Hund ausgewesen.
Die finiten Formen schreibt man getrennt:

Ich bin morgen abend aus. Ich glaubte, daß das Dienstmädchen aus sei.
außen: Das Adverb schreibt man klein:
Er bringt das Barometer außen an. In unserer Fußballelf spielt er außen.
Substantivierungen, wie sie z.b. die Sportsprache kennt, schreibt man groß:
In unserer Fußballelf spielt er den Außen oder als Außen.
aussenden: Als Vergangenheit bzw. 2. Partizip des Verbs *aussenden* sind folgende Formen möglich: *sendete aus* oder *sandte aus, ausgesendet* und *ausgesandt:*
Er sendete oder *sandte seine Brieftauben aus. Man hat einen Boten ausgesendet* oder *ausgesandt.*
außer: *außer* kann als Präposition und als Konjunktion fungieren. In der Regel wird die Präposition mit dem Dativ verbunden:
Ich bin außer mir. Außer diesem Kind war niemand zugegen. Etwas außer acht lassen.
Nach Verben der Bewegung wird mit dem Akkusativ angeschlossen:
Etwas außer jeglichen Zweifel stellen. Außer Kurs setzen. Außer Gefecht setzen.
Beide Möglichkeiten läßt das Verb *geraten* zu:
Ich geriet außer mir bzw. *außer mich vor Freude.*
Der veraltete Genitiv folgt nur noch in Verbindung mit *Land:*
außer Landes gehen; außer Landes leben oder *sein.*
Als Konjunktion beeinflußt *außer* den Kasus nicht; dieser richtet sich nach seinem Bezugswort:
Niemand kann das so fühlen außer ich selbst.
Schließt die Konjunktion eine Einschränkung an oder bildet sie mit den Konjunktionen *daß, wenn* eine Bedeutungseinheit, wird durch ein Komma abgetrennt:
Keiner, außer das kleine Kind war zu Hause. Am Sonntag schlafen wir lange, außer wenn so schönes Wetter ist.
außer daß - außer wenn - außer um: Da diese Fügungen wie einfache Konjunktionen gebraucht sind, werden die Kommas wie bei einfachen Konjunktionen gesetzt:
Man hat nichts Genaues berichtet, außer daß es Fortschritte gibt. Er schläft gern lange, außer wenn er zum Skilaufen geht. Sie sind nie in Bonn gewesen, außer um zu demonstrieren.
Äußeres: Steht *Äußeres* nach einem stark gebeugten Adjektiv, wird es in der Regel auch stark gebeugt:
Sein gefälliges Äußeres entzückt sie. (Nicht: *Sein gefälliges Äußere ...*)
Im Dativ Singular ist sowohl die starke als auch die schwache Beugung möglich:
Sie machte Eindruck mit gepflegtem Äußerem oder *mit gepflegtem Äußeren.*
außerhalb: Nach der Präposition *außerhalb* wird ein Genitiv angeschlossen. Das gilt auch für Landes- und Ortsnamen, die aber auch mit *von* angebunden werden können:
Das Haus lag außerhalb der Stadtmauer. Außerhalb Bayerns spricht man anders oder *Außerhalb von Bayern spricht man anders. Der exzentrische Künstler stellte sich scheinbar außerhalb der Gesellschaft.*
äußerst: Substantiviert schreibt man *äußerst* groß:
Er ging bis zum Äußersten. Sie hatte das Äußerste erwartet. Sie hatte das Äußerste gewagt. Er kämpfte bis zum Äußersten.
Als Adverb wird *äußerst* klein geschrieben, auch wenn ein Artikel vorangeht, diese Kombination aber für ein Adverb steht:
Sie war auf das äußerste (= sehr) erzürnt. Auf das äußerste (= sehr) erschrocken sein.
austeilen: Auf die Kombination des Verbs *austeilen* mit *unter* folgt in der Regel ein Akkusativ, nur ganz selten ein Dativ:
Das Rote Kreuz teilte die Hilfsgüter unter die Überlebenden der Katastrophe aus (Selten:... *unter den Überlebenden der Katastrophe aus).*
auswägen: → wägen - wiegen

ausweisen, sich: Nach der Wendung *sich ausweisen als* steht das folgende Substantiv in der Regel im Nominativ, da es sich auf das Subjekt bezieht:
Mit dieser Bemerkung wies er sich als Macho aus. Sie wies sich als Drogenfahnderin aus.
auswiegen: → wägen - wiegen
auswringen - ausringen: Standardsprachlich korrekt für "nasse Wäsche auswinden" ist *auswringen*.
auszeichnen, sich: Nach der Wendung *sich auszeichnen als* steht das folgende Substantiv in der Regel im Nominativ, da es sich auf das Subjekt bezieht:
Hemingway zeichnete sich als genauer Beobachter aus.
Autobus: Das Substantiv *der Autobus* bildet die Genitivform: *des Autobusses;* der Plural lautet: *die Autobusse.*
→ Omnibus
Automat: Das Substantiv *der Automat* wird schwach gebeugt, d.h., außer im Nominativ Singular muß die Endung *-en* angehängt werden:
der Automat, des Automaten, dem Automaten, den Automaten (Nicht: *des Automats, dem, den Automat*).
Folglich ist auch die Formulierung *am Automat* falsch:
Er zieht sich die Briefmarken am Automaten (Nicht: *... am Automat*).
Automation - Automatisierung: Das Substantiv *die Automation* bezeichnet einen erreichten Zustand in der Entwicklung der Automatisierung, eine Stufe der Mechanisierung. Das Substantiv *die Automatisierung* meint den Vorgang der Einführung einer Mechanisierung.
autonom: [griech. autónomos "nach eigenen Gesetzen lebend"]
unabhängig, selbständig.
Autor: Das Substantiv der *Autor* wird in der Einzahl stark dekliniert:
Der Autor, des Autors, dem Autor, den Autor (Nicht: *des Autoren, dem, den Autoren*). Der Plural heißt: *die Autoren.*

Komposita mit dem determinierenden Substantiv *Autor* werden meist mit dem Fugenzeichen *-en* gebildet:
Autorenlesung, Autorenhonorar, Autorenverband etc.
Ausnahmen sind:
Autorkollektiv oder *Autorenkollektiv, Autorkorrektur* oder *Autorenkorrektur, Autorreferat* oder *Autorenreferat.*
Autotypenbezeichnung: Autotypenbezeichnungen wie VW Käfer, Mercedes Benz schreibt man ohne Bindestrich. Ohne Beugungsendung stehen diese Bezeichnungen auch im Genitiv Singular oder im Plural:
des VW Käfer, des Renault Alpine; mehrere BMW, 10 Mercedes Benz.
Automarken und Typenbezeichnungen sind in der Regel männlichen Geschlechts:
Der Käfer, der Daimler, der Porsche.
Ausnahmen sind:
Die Isabella (Borgward), die Dauphine (Renault), die Isetta (BMW), das Gogomobil.
Motorradmarken und Typenbezeichnungen sind in der Regel weiblichen Geschlechts:
die Moto Guzzi, die BMW, die Honda Gold Wing.
Avantgarde, die: [franz. avantgarde "Vorhut"]
Vorkämpfer einer Idee oder Richtung; Vorhut einer Armee (veraltet).
Avenue, die: [franz. avenue "Ankunft" von lat. advenire "ankommen"; gleichbed.]
Mit Bäumen gesäumte städtische Prachtstraße.
Avocado, die: [span. avocado gleichbed.]
Birnenförmige, eßbare Frucht eines südamerikanischen Baumes.
Azzurri, die: [it. azzurri "die Blauen"]
Bezeichnung für Sportmannschaften in Italien; besonders die italienische Fußballnationalmannschaft.

B

Baby: Das Substantiv *Baby* bildet die Pluralform: *die Babys.*

Backe - Backen: Standardsprachlich korrekte Bezeichnung für "Wange" ist das weibliche Substantiv *die Backe.* Im süddeutschen Sprachraum wird auch häufig die männliche Form der *Backen* gebraucht. Das gleiche gilt, wenn die Bezeichnung für einen "Teil des menschlichen Gesäßes, Pobacke" steht.

backen: Das ursprünglich unregelmäßige Verb *backen (buk, gebacken)* entwickelte sich im Sprachgebrauch zu einem regelmäßigen Verb. Deshalb sind die Formen möglich:
du bäckst; du backst: er bäckt; er backt; sie buk; sie backte.

backpfeifen: Das Verb *backpfeifen* bildet die Formen: *backpfeifte, hat gebackpfeift, um zu backpfeifen:*
Er backpfeifte seinen Nachbarn. Sie hat ihn gebackpfeift. Sie stellt sich ihm in den Weg, um ihn zu backpfeifen.

Background, der: [engl. background "Hintergrund"]
Hintergrund einer Filmhandlung; durch Ensemble gebildeter Klanghintergrund, vor dem sich ein Solist abhebt; geistige Herkunft, Erfahrung, Kenntnisse, Milieu.

Bad: Ohne Bindestrich schreibt man Ableitungen von Ortsnamen mit vorangehendem *Bad:*
Bad Wörishofener Kurkliniken sind berühmt.

Bad- - Bade-: Komposita mit dem determinierenden Substantiv *Bad* (Verbalstamm von *baden*) werden standardsprachlich korrekt mit einem Fugen-e gebildet:
Bademeister, Badeanstalt, Badezimmer, Badehaube etc.

Im süddeutschen Sprachraum entfällt das Fugen-e häufig:
Badmeister, Badanstalt, Badzimmer, Badhaube etc.

Baguette, das: [franz. baguette "Stab, Leiste"; gleichbed.]
Französisches Stangenweißbrot.

bairisch: → bayerisch - bayrisch - bairisch

Baisse, die: [franz. baisse gleichbed.]
Starkes Fallen der Börsenkurse oder Preise.

bald: Das Adverb wird unregelmäßig gesteigert:
bald - eher - am ehesten.
Die veralteten Vergleichsformen *balder/bälder, am baldesten/am bäldesten* gelten nicht mehr als korrekt.
Die mehrteilige Konjunktion *bald - bald* bezeichnet die abwechselnde und schnelle Aufeinanderfolge, wobei vor dem zweiten und jedem weiteren *bald* ein Komma gesetzt wird:
Er ist bald hier, bald dort, bald an einem dritten Ort. Bald lachten sie, bald weinten sie.

Bälde: Nur in der Wendung *in Bälde* gebraucht, was soviel wie "in Kürze, in relativ kurzer Zeit" bedeutet:
Der Fall muß in Bälde entschieden werden.

baldig - baldigst: Das Adjektiv *baldig* wird nur attributiv, ohne Komparativ gebraucht. Adverbial dagegen wird es nur im Superlativ verwendet:
Auf baldiges Wiedersehen! Gute Wünsche zur baldigen Genesung! Das muß baldigst erledigt sein.

baldmöglichst: Aus der Wendung *so bald wie möglich* ist das zusammengesetzte Adjektiv *baldmöglichst* entstanden, das vorwiegend in der Amts- und Geschäftssprache benutzt wird:
Ich ersuche um baldmöglichste Bearbeitung meines Anliegens. Kommen Sie baldmöglichst vorbei. Besser: *Ich ersuche Sie, mein Anliegen möglichst bald* oder *mög-*

lichst rasch zu bearbeiten. *Kommen Sie bitte möglichst bald vorbei.*

Balg: In der Bedeutung "Tierhaut" besitzt der Begriff männliches Geschlecht: *Der Balg.* Der Plural heißt *die Bälge.* In der Bedeutung "Kind" bzw. "unartiges Kind" ist das Geschlecht sächlich (selten männlich): *das (der) Balg.* Der Plural heißt *die Bälger.*

Balkon: Das Substantiv der *Balkon* bildet als eingedeutschtes Wort den Plural die *Balkone,* sonst die Pluralform die *Balkons.*

Ballettheater: Diese Zusammensetzung wird nur mit zwei *t* geschrieben, da *th* als ein Buchstabe gilt.
→ Konsonant

Balletttruppe: Diese Zusammensetzung schreibt man mit drei *t,* da ein vierter Konsonant, das *r* folgt.
→ Konsonant

Ballon: Das Substantiv der *Ballon* bildet als eingedeutschtes Wort den Plural die *Ballone,* sonst die Pluralform die *Ballons.*

Bambino: Die Mehrzahl dieses aus dem Italienischen übernommenen Substantiv heißt korrekt: *die Bambini.* In der Umgangssprache ist auch *die Bambinos* üblich.

Band: *Der Band* als "eingebundenes Buch" hat männliches Geschlecht, der Plural lautet *die Bände.* Im Sinne von "Streifen zum Binden" hat *Band* das sächliche Geschlecht: *das Band,* der Plural lautet *die Bänder.* In der übertragenen Bedeutung von "Bindung, tiefe Beziehung" ist *Band* ebenfalls sächlich, der Plural heißt aber *die Bande.* In der gehobenen Sprache, z. B. der Literatur stehen diese *Bande* auch für "Fesseln":
Die Bande der gemeinsamen Herkunft. Die Bande der Liebe. Geschwisterliche Bande. Wer nie in Banden war, weiß nichts von Freiheit (Jakob Boßhart, Bausteine).

bange: Komparativ und Superlativ können mit oder ohne Umlaut gebildet werden:

bang - banger - bangste oder *bang - bänger - bängste.*
Auf die Wendung *bange machen* folgt meist ein Dativ, zuweilen ist ein Akkusativ möglich:
Sie machen ihm bange. Sie machen ihn bange. Mir ist angst und bang(e).
Das Substantiv die *Bange* kommt in der Regel nur in Verbindung mit dem Verb *haben* vor und bedeutet "Angst, Furcht":
Ich habe keine Bange, daß ich diese Prüfung nicht bestehe. Nur keine Bange!

bangen: Die Kombination *bangen* mit der Präposition *um* bedeutet "in großer Sorge sein um ..." und wird persönlich gebraucht:
Alle bangen um die Geiseln. Die Mutter bangte sich um das Kind.
Mit der Präposition *vor* wird die unpersönliche Verwendung gebildet, die "Angst haben vor ..." bedeutet und einen Dativ verlangt:
Ihm bangt es vor dieser Prüfung.

Bank: In der Bedeutung "Sitzgelegenheit" (auch im weitesten Sinn), wird der Plural die *Bänke* gebildet. Im Sinne eines "Instituts" wird als Plural die *Banken* gebildet:
Sitzbänke, Ofen-, Fenster-, Fuß- und Sandbänke; Geldbanken, Organ-, Blut- und Datenbanken.

bankrott - bankerott - Bankrott - Bankerott: Das Adjektiv *bankrott* bedeutet "zahlungsunfähig" und wird klein geschrieben:
Sie wurde bankrott. Ihr Unternehmen ist bankrott gegangen.
Das Substantiv wird groß geschrieben, es bedeutet "Zahlungsunfähigkeit":
Das Unternehmen steht kurz vor dem Bankrott. Der Manager hat den Bankrott zu verantworten.
Die gleichbedeutenden Formen mit *e* sind heute veraltet.

Bär: Das Substantiv *der Bär* wird schwach gebeugt, d.h., außer im Nominativ Singular muß die Endung *-en* angehängt werden:

der Bär, des Bären, dem Bären, den Bären (Nicht: *des Bärs, dem, den Bär*).
Barbar: Das Substantiv *der Barbar* wird schwach gebeugt, d.h., außer im Nominativ Singular muß die Endung *-en* angehängt werden: *der Barbar, des Barbaren, dem Barbaren, den Barbaren* (Nicht: *des Barbars, dem, den Barbar*).
Barock: Das Substantiv hat zwei Geschlechter, sowohl *der Barock* als auch *das Barock* sind korrekt. Der Genitiv lautet: *des Barocks* (in der Kunstwissenschaft meist: *des Barock*).
Barometer: In der Standardsprache steht dieses Substantiv mit sächlichem Artikel, regional auch mit männlichem: *das Barometer, der Barometer.*
Baron: → Kapitel Titel und Berufsbezeichnungen
basieren: Der Verbindung *basieren auf* im Sinne von "sich stützen, beruhen auf" folgt der Dativ:
Seine ganze Theorie basiert auf einer einzigen phantastischen Annahme.
Im Sinne von "gründen, aufbauen" kann auch ein Akkusativ folgen:
Er basierte seine Theorie auf einer einzigen phantastischen Annahme.
Bau: Im Sinn von "Bauwerk" bildet *Bau* den Plural *die Bauten*:
Neubauten; Hochbauten;
In der Bedeutung von "Erdbehausung von Säugetieren" und bei Fachausdrücken des Bergbaus lautet der Plural *die Baue*:
Biber-, Dachs-, Fuchs- oder Kaninchenbaue; die Untertagebaue, die Abbaue; die Grubenbaue.
Keinen Plural bildet das Wort in der Bedeutung "das Bauen, Errichten":
der Bau der Siedlungen; der Bau der Straße; Hausbau, Wohnungs-, Fahrzeug-, Apparate-, Maschinenbau; Acker-, Berg-, Garten-, Obst-, Raubbau;
Auch in der Bedeutung "Struktur, Bauart" existiert kein Plural:
der Bau des menschlichen Körpers; der Satzbau; der Bau des klassischen Dramas; Gliederbau, Versbau, Knochenbau.

bauchreden: In der Regel wird dieses Verb nur im Infinitiv gebraucht:
Sie kann bauchreden. (Selten: *Sie bauchredete*)
Baudenkmal: Als Pluralbildung sind korrekt:
die Baudenkmale und *die Baudenkmäler.*
bauen: Nach der Wendung *bauen auf* in der Bedeutung "sich verlassen auf, Vertrauen setzen in" folgt ein Akkusativ:
Sie baut auf ihn. Auf diesen Fels will ich meine Kirche bauen. Ich baue auf dein Wort.
bauen - anbauen: → anbauen - bauen
Bauer: Im Sinne von "Landwirt" wird *der Bauer* schwachgebeugt:
Des, dem, den Bauern; Plural: *die Bauern.*
Im Sinne von "Erbauer", z. B. Städtebauer, wird das Substantiv stark gebeugt:
Des Städtebauers, dem, den -bauer; Plural: *die -bauer.*
Auch in der Bedeutung von "Käfig" wird stark dekliniert, und ist meist sächlichen Geschlechts:
Das (selten: *der*) *Vogelbauer.*
Baulichkeit: → Gebäulichkeiten
bausparen: In der Regel wird dieses Verb nur im Infinitiv gebraucht:
Laßt uns bausparen!
In der Werbesprache kommen jedoch auch andere Formen vor:
Gescheit ist, wer bauspart!
Bauten: Das Substantiv *Bauten* ist die Pluralform zu *die Bau* im Sinne von "Gebäude".
Bayer: Der Volksname wird schwach dekliniert. Es heißt:
Der Bayer, des Bayern, dem Bayern, den Bayern (Nicht: *des Bayers, dem, den Bayer*).
bayerisch - bayrisch - bairisch: Als Adjektive zu *Bayern* sind sowohl *bayerisch* als auch *bayrisch* korrekt, wobei in offiziellen Namen und in der Standardsprache *bayerisch* bevorzugt wird:
der Bayerische Wald; Bayerische Motorenwerke; der bayrische Grant;

Das Adjektiv *bairisch* wird in der Sprachwissenschaft verwendet, wenn es um die Sprache des Dialektraumes Bayern und Österreich geht.

beachten - achten: → achten

Beamte: Von der grammatikalischen Bestimmung ist das Wort ein substantiviertes Adjektiv und wird wie ein attributives Adjektiv gebeugt:
Der Beamte verließ das Büro. Fünf Beamte erschienen nicht zur Arbeit. Er verstand sich als Beamter eines Staatenbundes. Ein Beamter trat in Ruhestand. Wenige Beamte waren überfordert.

Nach einem starken Adjektiv wird im Genitiv Plural stark gebeugt:
Auf Bestechung hochrangiger Beamter (Nicht: *Beamten*) *lautete die Anklage.*

Bei einem Dativ in der Einzahl wird nach einem starken Adjektiv schwach dekliniert:
Vorgeladenem Beamten (Nicht: *Beamtem*) *war ein Vergehen zu Unrecht vorgeworfen worden.*

Als Apposition verwendet, kann die starke oder schwache Deklination erfolgen:
Ihm als Beamtem oder *Ihm als Beamten* bzw. *Ihr als Beamter* oder *Ihr als Beamten wurde dieser Fehler nicht zum Verhängnis.*

Die weibliche Form heißt: *die Beamtin* (Nicht: *die Beamte*).

Beantwortung: Die amtliche Floskel *in Beantwortung Ihrer Anfrage* gilt als umständlich und unschön. Besser ist z. B.:
Auf Ihre Anfrage vom ... oder *Zu Ihrer Anfrage vom ...* .

Beaujolais, der: Rotwein aus dem Gebiet der Monts du Beaujolais in Mittelfrankreich.

Bedacht - bedacht: Großschreibung in bestimmten Verbindungen:
mit Bedacht; auf etwas Bedacht nehmen; mit Bedacht auswählen; seine Worte voll Bedacht wählen; ohne Bedacht gab er zur Antwort ...;
Kleinschreibung bei:
auf etwas bedacht sein.

Bedarf: Die einzig korrekte Präposition nach *Bedarf* ist *an,* nicht *für:*
Im Osten ist der Bedarf an Gebrauchtfahrzeugen gestiegen. Sie haben keinen Bedarf mehr an Trabanten.

In der Kaufmannssprache ist dagegen auch noch die Anbindung mit *in* möglich:
Bedarf in Heizöl, in exotischen Früchten haben.

Bedenken: Nach *Bedenken* sind die Präpositionen *gegen* und *über* möglich:
Bedenken gegen etwas haben, äußern, erheben, vortragen; Bedenken über etwas vorbringen.

Schwierigkeiten bereitet oft die Verneinung der abhängigen Infinitivgruppe; in ihr steht das Gegenteil dessen was der Bedenken Habende für richtig hält. Der Satz *Ich habe Bedenken, diese Nachricht weiterzuleiten* bedeutet, daß ich die Nachricht lieber nicht weiterleiten möchte. Der Satz *Ich habe Bedenken, diese Nachricht nicht weiterzuleiten* meint hingegen, daß es besser wäre, die Nachricht weiterzuleiten. Die Verneinung bedeutet also keine Verstärkung der *Bedenken.*

bedeuten: Wird dieses Verb im Sinne von "heißen, besagen" verwendet, folgt in der Regel ein Akkusativ. Steht in solchen Sätzen ein bestimmter oder unbestimmter Artikel, darf nach *bedeuten* kein Nominativ folgen:
Diese Aufnahme bedeutete für die Band den ersten Hit (Nicht: *Diese Aufnahme bedeutete für die Band der erste Hit*).

Wenn das Verb im Sinne von "soviel sein wie" gebraucht wird, kann in Sätzen mit Artikel ein Nominativ folgen:
Dieser Hit bedeutete für die Band das erste große Geld.

Wird das Verb im Sinne von "zu verstehen geben, signalisieren" gebraucht, folgt ein Dativ:
Sie bedeutete ihm, zu gehen.

bedeutend: Bei adverbialem Gebrauch wird *bedeutend* auch mit vorangehendem Artikel klein geschrieben:

bedeutend

Das bedeutendste war, daß er das gesagt hat. Der Kranke hat um ein bedeutendes (= sehr) abgenommen. Er sah um ein bedeutendes (= viel) älter aus.
Groß wird das substantivierte Adjektiv geschrieben:
Von diesem Autor ist noch Bedeutendes zu erwarten. Das Bedeutendste der ganzen Veranstaltung war sein Vortrag.
bedeutend - bedeutsam: Die beiden Adjektive werden in unterschiedlichen Zusammenhängen gebraucht. Im Sinne von "hervorragend, außergewöhnlich" drückt *bedeutend* Anerkennung und Wertschätzung aus:
Sie war eine bedeutende Journalistin. Goethe hinterließ ein bedeutendes Werk. Der Kniefall Brandts in Polen war ein bedeutendes Ereignis.
Das Adjektiv *bedeutsam* wird meist nicht auf Personen bezogen, sondern auf etwas, das als wichtig, bedeutungsvoll erscheint:
Die Rede Kennedys war nicht nur für die Berliner bedeutsam. Sie sah ihn bedeutsam an.
Bedeutung: Hat das Substantiv einen beifügenden Genitiv bei sich, folgt eine mit *als* angeschlossene Apposition normalerweise im Nominativ, ein Genitiv ist selten:
Die Bedeutung Hemingways als großer Schriftsteller ist unbestritten. (Selten: *Die Bedeutung Hemingways als großen Schriftstellers ist unbestritten*). *Er leugnet die Bedeutung des Urnengangs als demokratischer Akt der Partizipation.* (*Er leugnet die Bedeutung des Urnengangs als demokratischen Aktes der Partizipation*).
Folgt nach dem *als* ein Artikel, muß die Apposition im Genitiv stehen:
Die Bedeutung Hemingways als eines großen Schriftstellers ist unbestritten. Er leugnet die Bedeutung des Urnengangs als eines demokratischen Aktes der Partizipation.
bedienen, sich: Nach *sich bedienen als* steht ein unmittelbares Substantiv im Nominativ:

Sie bedienten sich dieses Schuppens als Ruheplatz. Die Firma bediente sich dieses Sportlers als Werbeträger.
Gehört zu dem folgenden Substantiv ein Artikel oder ein Adjektiv, müssen Artikel bzw. Adjektiv und Substantiv im Genitiv stehen:
Sie bedienten sich dieses Schuppens als des schönsten Ruheplatzes. Die Firma bediente sich dieses Sportlers als attraktiven Werbeträgers.
Bedienstete: Diese Bezeichnung wird wie ein attributives Adjektiv gebeugt:
Der Bedienstete verließ das Amt. Fünf Bedienstete erschienen nicht zur Arbeit. Er verstand sich als Bediensteter eines Weltkonzerns. Ein Bediensteter trat in Streik.
Nach einem starken Adjektiv wird im Genitiv Plural stark gebeugt:
Die Gewinnbeteiligung hochrangiger Bediensteter (Nicht: *Bediensteten*) *war umstrittenes Experiment.*
Bei einem Dativ in der Einzahl wird nach einem starken Adjektiv schwach dekliniert:
Zitiertem Bediensteten (Nicht: *Bediensteten*) *war ein Vergehen zu Unrecht vorgeworfen worden.*
Als Apposition verwendet, kann die starke oder schwache Deklination erfolgen:
Ihm als Bedienstetem oder *Ihm als Bediensteten* bzw. *Ihr als Bediensteter* oder *Ihr als Bediensteten wurde dieser Fehler nicht verziehen.*
Bediente: Obwohl das diesem Substantiv zugrundeliegende Partizip einen passiven Sinn hat, wird es aktivisch verwendet. *Ein Bedienter* ist nicht jemand, der bedient wird, sondern jemand, der einen anderen bedient. Bezeichnet wird damit ein Diener oder eine Dienerin in einem privaten Dienstverhältnis.
Diese Bezeichnung wird wie ein attributives Adjektiv gebeugt:
Der Bediente verließ das Haus. Fünf Bediente erschienen nicht zur Arbeit. Er ver-

*stand sich als Bedienter eines Adeligen.
Ein Bedienter trat in Streik.*
Nach einem starken Adjektiv wird im Genitiv Plural stark gebeugt:
Die Bevorzugung älterer Bedienter (Nicht: *Bedienten*) *war in diesem Dienst üblich.*
Bei einem Dativ in der Einzahl wird nach einem starken Adjektiv schwach dekliniert:
Zitiertem Bedienten (Nicht: *Bedientem*) *war ein Vergehen zu Unrecht vorgeworfen worden.*
Als Apposition verwendet, kann die starke oder schwache Deklination erfolgen:
Ihm als Bedientem oder *Ihm als Bedienten* bzw. *Ihr als Bedienter* oder *Ihr als Bedienten wurde dieser Fehler nicht verziehen.*
bedingen: Regelmäßig konjugiert wird bedingen im Sinne von "voraussetzen, zur Folge haben":
Diese Anforderung bedingte Witz und Intelligenz. Die Verzögerung ist durch das Wetter bedingt. Sie signalisierte nur ein bedingtes Einverständnis.
Unregelmäßig würde *bedingen* in der veralteten Bedeutung von "vereinbaren, als Bedingung stellen" konjugiert. Meist wird für diesen Fall das zusammengesetzte Verb ausbedingen benutzt: *die (aus)bedungene Besoldung.*
Bedingungssatz: → Konditionalsatz
bedünken: → dünken
bedürfen: Nach dem Verb *bedürfen* folgt ein Genitivobjekt:
Sie bedurfte eines tröstlichen Wortes. Der Invalide bedarf der Betreuung.
In Kombination mit *es* und wenn das Objekt keinen Artikel bei sich hat, kann auch ein Akkusativ folgen:
Dazu bedarf es hauptsächlich umfangreiches Wissen (Statt: *Dazu bedarf es hauptsächlich eines umfangreichen Wissens*).
beeiden - beeidigen - vereidigen: Ohne einen Bedeutungsunterschied werden die Verben *beeiden* und *beeidigen* im Sinne von "beschwören" gebraucht. Das Verb *vereidigen* meint dagegen "unter Eid nehmen":

Die Zeugin der Anklage mußte ihre Aussage beeiden oder beeidigen. Sie wurde vom Gericht vereidigt.
beerben: In der Regel wird das Verb beerben in der Bedeutung von "ein Erbe antreten" gebraucht:
Die Söhne haben ihren Vater beerbt.
Die ältere Bedeutung "jmdn. als Erbe einsetzen" ist gelegentlich noch in der Rechtssprache üblich:
Der Verstorbene hat seine Söhne zu gleichen Teilen beerbt.
Beete - Bete: Das Substantiv *Beete* bezeichnet ein "zum Anbau von Zier- oder Nutzpflanzen bearbeitetes, kleineres Stück Erdboden", während das Substantiv *Bete* die Bezeichnung für eine "Rübenart, rote Bete" ist.
befähle - befehle - beföhle: Der Konjunktiv I des Verbs *befehlen* lautet: *befehle.* Diese Form wird vor allem in der indirekten Rede verwendet:
Der Lehrer antwortete, er befehle ihnen mitzugehen. Man glaubte, er befehle diese Gruppe.
Der Konjunktiv II lautet: *befähle,* selten auch: *beföhle.* Diese Form steht hauptsächlich im Konditionalsatz:
Die Aufgabe könnte erfüllt werden, wenn er befähle, sofort auszurücken.
befallen: Attributiv kann das 2. Partizip des Verbs *befallen* nur im passivischen Sinn gebraucht werden:
Die von der Pest befallene Bevölkerung starb rasch.
Die aktivische Verwendung ist falsch:
Die die Bevölkerung befallene Pest raffte alle dahin (Richtig: *Die Pest, die die Bevölkerung befallen hat, raffte alle dahin*).
befassen: In der Amtssprache kommt *befassen* (analog zu *beschäftigen*) auch transitiv verwendet vor:
Er befaßte die Gerichte mit Beschwerden. Ein junger Referendar wurde mit dem Fall befaßt.
Standardsprachlich ist der reflexive Gebrauch des Verbs *befassen*:
sich mit jmdm., mit etw. befassen.

befehlen: Der Indikativ Präsens dieses Verbs lautet: *Ich befehle, du befiehlst, er, sie, es befiehlt.* Der Imperativ heißt: *Befiehl!* (Nicht: *Befehle!*)
→ befähle - befehle
Befehlsform: → Imperativ
Befehlssatz: → Aufforderungssatz
befestigen: Nach *befestigen* muß heute ein Dativ folgen, der mir den Präpositionen *auf* oder *an* angeschlossen wird:
Sie befestigt ein Band an ihrem Kleid. Er befestigt die Ladung auf seinem Lastwagen.
befinden - finden: Diese Verben werden unterschiedlich gebraucht. Im Sinne von "nach genauer Prüfung zu einer Ansicht kommen" wird *befinden* gebraucht und mit *als* oder *für* kombiniert:
Der Angeklagte wurde von den Geschworenen für bzw. *als schuldig befunden.*
In der Bedeutung "eine persönliche Meinung über jmdn. oder etw. haben ist der Gebrauch von *finden* korrekt:
Ich finde, er ist ein guter Kerl. Die Frau findet er aufregend. Das Theaterstück fanden sie ziemlich langweilig.
befindlich: Wiewohl das Adjektiv *befindlich* zu *sich befinden* gehört, darf es nie mit dem Reflexivpronomen *sich* gebraucht werden:
der im Ofen befindliche Teig (Nicht: *der sich im Ofen befindliche Teig*) oder *der sich im Ofen befindende Teig.*
befleißen - befleißigen: Beide Verben werden in der gleichen Bedeutung "sich eifrig um etw. bemühen" gebraucht. Das unregelmäßige *sich befleißen, er befliß sich, hat sich beflissen* ist in der Literatur noch gebräuchlich:
Sie haben sich besonderer Zensuren befleißigt. Sie haben sich außerordentlicher Höflichkeit beflissen.
Befriedigung - Befriedung: *Befriedigung* und das dazugehörende Verb *befriedigen* werden in der Bedeutung "zufriedenstellen" verwendet, *Befriedung* und das Verb *befrieden* im Sinne von "einem Land den Frieden geben":

Die Befriedigung der Exilanten war groß, als sie von der Befriedung ihres Heimatlandes hörten.
begegnen - treffen: Bei der Verwendung dieser Verben ist zu beachten, daß mit *begegnen* nur das zufällige Zusammentreffen gemeint ist, während *treffen* sowohl die zufällige als auch die beabsichtigte Zusammenkunft bezeichnen kann:
Wir begegneten uns auf dem Oktoberfest. Wir trafen uns (zufällig) auf dem Oktoberfest. Also gut, treffen wir uns vor dem Riesenrad um 15 Uhr!
Begehr: Das Substantiv *Begehr* kann sowohl mit sächlichem als auch - seltener - mit männlichem Artikel stehen:
das Begehr und der Begehr.
beginnen: Das zweite Partizip *begonnen* kann nur auf ein Substantiv bezogen werden, wenn es einen passivischen Sinn ausdrückt, und zu einer Passivkonstruktion auflösbar ist:
Das begonnene Werk muß zu Ende geführt werden. Das Werk, das begonnen wurde, muß zu Ende geführt werden.
Aktivisch kann *begonnen* nicht als Beifügung stehen; das Partizip muß zu einer aktiven Tatform aufgelöst werden:
Der Anstieg der Arbeitslosenzahlen, der in den Wintermonaten begonnen hat, ist gestoppt (Nicht: *Der begonnene Anstieg der Arbeitslosenzahlen ...*).
Richtig wäre auch der Gebrauch des ersten Partizips *beginnend,* das sich auch auf Vergangenes beziehen kann:
Der beginnende Anstieg der Arbeitslosenzahlen ... .
Folgt nach *beginnen* ein erweiterter Infinitiv mit *zu,* kann durch ein Komma getrennt werden, muß aber nicht. Die Kommasetzung hängt davon ab, ob man *beginnen* als Vollverb (ohne Komma) oder als Hilfsverb (mit Komma) versteht:
Sie begann ihn zu bereden. Sie begann, ihn zu bereden.
Kommt aber zu *beginnen* ein Ergänzungswort hinzu, muß der nachfolgende erweiterte Infinitiv mittels Komma abgetrennt werden:

Sie begann sofort, ihn zu bereden. Sie begann zum wiederholten Male, ihn zu bereden.
Der Konjunktiv II lautet: *begänne*, seltener: *begönne*.

begleichen: Das Verb *begleichen* im Sinne von "bezahlen" kann nur verwendet werden, wenn durch die Handlung eine bis dato offene Schuld egalisiert wird:
Nach fünf Monaten hat er seine Rechnung beglichen. Du mußt noch den Betrag in der Werkstatt begleichen! Heute werde ich meine Mietschulden begleichen.
Um auszudrücken, daß man eine Ware oder eine Leistung bezahlt, kann dieses Verb nicht verwendet werden. Falsch ist also:
Ich muß die Miete, die Lebensmittel etc. begleichen.

begleiten: Auf das Verb *begleiten* folgt gewöhnlich ein Akkusativ des Ortes oder der Richtung (wohin?):
Er begleitete sie in den dunklen Hausflur. Wir begleiteten sie auf den Flugplatz.
Wird das Verb mit der Präposition *auf* verbunden, und will man die Gemeinsamkeit ausdrücken, folgt ein Dativ:
Wir begleiteten ihn auf dieser Expedition (Selten:... *auf diese Expedition*). *Die liebsten Grüße begleiteten mich auf meiner Wanderschaft.*
In der Bedeutung "einen Solisten unterstützen" wird *begleiten* immer mit einem Dativ verbunden:
Der Geiger wurde von dem Orchester einfühlsam begleitet.

begründen - gründen: Hier ist ein Bedeutungsunterschied zu beachten. Im Sinne von "eine Grundlage schaffen für etwas" wird das Verb *begründen* verwendet und in der Regel auf Abstraktes bezogen:
Diese Aktion hat seinen Ruhm begründet. Jmds. Reichtum, Ansehen, Ruf begründen; eine Schule, Theorie, Herrschaft, Macht begründen.
Im Sinne von "neu schaffen, ins Leben rufen" steht *gründen*; dies wird im allgemeinen auf Formen und Organisationen menschlicher Gemeinschaft bezogen:
eine Familie, eine Existenz, eine Stadt gründen.
Dabei kann auch *begründen* gebraucht werden, wenn die Vorsilbe als Verstärkung verstanden wird:
einen Hausstand, ein Kloster gründen bzw. *begründen*.

Begründungssatz: → Kausalsatz

begrüßen - grüßen: Nach der Wendung *begrüßen als* steht das folgende Substantiv im Akkusativ wenn es sich auf den Begrüßten bezieht:
Wir begrüßen Sie als neuen Mitarbeiter in unserem Team (Nicht: ... *als neuer Mitarbeiter*).
Wird ein Gruß als Vorgang am Anfang einer Begegnung ausgedrückt muß es *begrüßen* heißen:
Die Reiseleiterin begrüßte jeden einzelnen der Gruppe persönlich mit Handschlag. Er begrüßte sie mit einem Küßchen.
Folglich kann sinngemäß am Schluß einer Begegnung, z.B. eines Schreibens, nur das Verb *grüßen* verwendet werden:
Wir grüßen Sie und verbleiben ...
(Nicht: *Wir begrüßen Sie und verbleiben ...*).

behangen - behängt: Das transitive Verb *behängen* bildet das 2. Partizip *behängt*:
Sie hatten den Weihnachtsbaum mit bunten Kugeln behängt (Nicht: ... *behangen*).
In der Bedeutung "mit etw. Herabhängendem versehen", das aber nicht dort aufgehängt worden war, wird ein selbständiges 2. Partizip *behangen* in adjektivischer Funktion gebraucht:
Der Baum war mit schönen roten Äpfeln behangen.
In einigen Fällen ist beides möglich, es kommt auf den Sinn der Aussage an:
Die Wände des Saales waren mit schweren Tapisserien behängt (= die Betonung liegt auf dem Behängen durch jmd.). *Die Wände des Saales waren mit schweren Tapisserien behangen* (= die Betonung liegt

beharren

auf der Einrichtung und Ausschmückung des Saales als Zustand).
beharren: Die Verbindung *beharren auf* verlangt den Dativ:
Er beharrt auf seinem Vorschlag (Nicht: *Er beharrt auf seinen Vorschlag*).
beheizen - heizen: Wenn kein Objekt genannt wird, kann nur das Verb *heizen* verwendet werden:
Im Sommer wird nicht geheizt. Man heizt hier sehr sparsam.
Mit dem Objekt ist zu unterscheiden, ob man nur die "Tatsache des Heizens" ausdrücken will, oder ob angegeben wird, "auf welche Art geheizt wird" bzw. daß "etw. mit Wärmeenergie versehen" wird:
Im Sommer wird das Haus nicht geheizt. Morgens heizt die Mutter den Ofen. Der Ofen wird mit Holz beheizt. Das Anwesen wird mit Fernwärme beheizt. Die Stadtwerke beheizen über 10.000 Wohnungen.
behelfen: Auf das Verb *helfen* folgt ein Dativ, beim reflexiven Verb *sich behelfen* steht *sich* im Akkusativ:
Sie hilft dem Freund bei der Arbeit. Ich helfe mir selbst. Ich behelfe mich (Nicht: *mir*) *mit einem Provisorium. Wirst du dich* (Nicht: *dir*) *solange damit behelfen können?*
behende: Bei der Steigerung entfällt das *e* der vorletzten Silbe in der Regel nicht:
behende, behendeste, am behendesten.
behindern - hindern - verhindern: Das Verb *behindern* wird im Sinne von "stören, hemmen, erschweren" gebraucht:
Der parkende Wagen auf dem Gehsteig behindert die Fußgänger. Die Verteidiger behinderten sich im Torraum gegenseitig.
Das Verb *verhindern* dagegen drückt aus, daß etwas "nicht getan wird"; etwas wird also nicht nur erschwert, sondern unmöglich gemacht:
Diese Entschließung wurde von der Opposition verhindert. Die lückenhaften Gesetze verhindern keine Waffenexporte.
Das Verb *hindern* kann sowohl für *behindern* als auch für *verhindern* eingesetzt werden. Die Kombination des Verbs *hindern* mit der Präposition *an* bedeutet immer "verhindern":
Die Verletzung hinderte ihn beim Gehen. Die Frühjahrsmüdigkeit hinderte ihn an der Arbeit. Die Konstrukteure wurden nicht an der Entwicklung neuer Waffen gehindert.
behufs: Die Präposition *behufs* verlangt den Genitiv und gehört in dieser Kombination der Amtssprache an. Die stilistisch unschöne Wendung kann durch *zum Zweck*, die Präposition *zu* oder eine Infinitivgruppe ersetzt werden:
Behufs Bearbeitung ihrer Anfrage benötigen wir die Unterlagen. Zum Zweck der Bearbeitung ...; Zur Bearbeitung ...; Um Ihre Anfrage zu bearbeiten, benötigen wir die Unterlagen.
bei: Die Präposition *bei* verlangt ausschließlich den Dativ:
Wir gehen bei Onkel Otto vorbei.
Soll die Richtung angegeben werden, muß *bei* durch *zu* ersetzt werden:
Wir gehen zu Onkel Otto (Nicht: *Wir gehen bei Onkel Otto. Dies war regional und umgangssprachlich gebräuchlich, ist aber veraltet.*)
bei was - wobei: Die Verbindung *bei was* ist umgangssprachlicher Gebrauch. Korrekt muß es *wobei* heißen:
Wobei haben sie dich überrascht?
bei dem, bei der - wobei: Bei relativischem Gebrauch muß das Relativpronomen, nicht das Pronominaladverb *wobei* folgen:
Die Reise, bei der (Nicht: *wobei*) *er sie kennenlernte, wird er nie vergessen. Der Film, bei dem* (Nicht: *wobei*) *er mitspielte, war spannend.*
beide: Auch wenn ein Artikel davorsteht wird *beide* immer klein geschrieben:
Die beiden kommen gut aus miteinander. Ihr geht beide dahin. Mir gefällt keines von beiden.
Vor einem Substantiv ohne Artikel bzw. Pronomen wird *beide* stark gebeugt:
beide Söhne; beide jungen Menschen; die Finger beider Hände.

Geht ein Artikel bzw. Pronomen voraus, wird schwach gebeugt: *die, diese, meine beiden Söhne; diese beiden jungen Menschen; die Finger meiner beiden Hände.*
Nach Personalpronomen wird gewöhnlich stark gebeugt: *das ist unser beider, euer beider, ihrer beider Anliegen; das gehört uns beiden, euch beiden, ihnen beiden; das geht uns beide, euch beide, sie beide an.*
Eine Ausnahme ist der Nominativ nach *wir* und *ihr*; in diesen Fällen kann stark und schwach gebeugt werden. Steht *beide* zwischen *wir* oder *ihr* und dem Substantiv, wird schwach gebeugt: *wir beiden Geschwister; ihr beiden Feinde.*
Nach *dies, dieses, alles* wird stark gebeugt: *Dies(es) beides habe ich gekauft. Alle beide sind sehr gewandt.*
Auf *beide* folgende Adjektive, substantivierte Adjektive oder Partizipien werden heute in der Regel schwach gebeugt; die starke Deklination ist veraltet: *beide sichtbaren Merkmale; die Eltern beider jungen* (selten: *beider junger) Leute.*

beiderseitig - gegenseitig: Geht es um das Verhältnis zweier Personen zu einer Sache, wird *beiderseitig* verwendet, geht es um das Verhältnis der Personen zueinander in bezug auf eine Sache, wird *gegenseitig* gebraucht. Das Adjektiv *beiderseitig* drückt aus, daß für zwei Partner eine Sache in gleicher Weise gilt:
Sie trennten sich in beiderseitigem Einvernehmen.
Das Adjektiv *gegenseitig* setzt die Partner unmittelbar zueinander in Verbindung:
Bei der Arbeit an diesem Projekt behindern sie sich gegenseitig.

beiderseits: Als Präposition verlangt *beiderseits* den Genitiv, wobei auch ein folgender Ortsname gebeugt werden muß:
Die Äcker beiderseits des Weges; beiderseits Münchens.

Bei der Möglichkeit mit *von* entfällt der Genitiv, *beiderseits* ist dann ein Adverb:
Die Äcker beiderseits vom Weg; beiderseits von München.

beieinander: Fungiert *beieinander* als selbständiges Adverb im Sinn von "zusammen" schreibt man es vom folgenden Verb, in der Regel dem Verb *sein*, getrennt:
Die ganze Familie wird beieinander sein. Sie sind beieinander gewesen. Dicht beieinander stehen.
Entsteht durch die Kombination von *beieinander* und *sein* eine neue übertragene Bedeutung, wird zusammengeschrieben:
Sie ist gut beieinandergewesen (= gesund gewesen; auch ugs.: dick gewesen).
In der Regel zusammen schreibt man die Verbindung mit anderen Verben:
Sie wollten immer beieinanderbleiben. Das Geld für ein Auto wollen sie in zwei Jahren beieinanderhaben. Ich sah sie neulich beieinanderstehen.

Beifügung: → Attribut
Beifügungssatz: → Attributsatz

beige: Die Farbbezeichnung *beige* kann nicht gebeugt werden. Dies ist nur mit der Zusammensetzung *beigefarben* möglich:
Ein beige Kleid (Nicht: *ein beiges Kleid); ein beigefarbenes Kleid.*

Beilage - Beilegung: Das Substantiv Beilage bedeutet "Zutat", das Substantiv *Beilegung* entstammt dem Verb *beilegen* und meint "eine Differenz schlichten, aus der Welt schaffen":
Bitte ein Schnitzel mit Beilagen! Die Beilage in der Tageszeitung über die Weltraumforschung war interessant. Die Beilegung des Konflikts war schwierig.

beim: Die Verschmelzung von *bei* mit dem *zu beim* schreibt man ohne Apostroph:
Gestern beim Wirt war es zünftig.

beinhalten: Dieses Verb wird regelmäßig konjugiert: *beinhalten, er beinhaltet, hat beinhaltet:*

Die Resolution beinhaltete auch die Androhung von Sanktionen. Die Protestnote hat schwere Vorwürfe beinhaltet.

beisammen: Fungiert *beisammen* als selbständiges Adverb im Sinn von "zusammen" schreibt man es vom folgenden Verb, in der Regel dem Verb *sein*, getrennt:
Die ganze Familie wird beisammen sein. Sie sind beisammen gewesen. Dicht beisammen stehen.
Entsteht durch die Kombination von *beisammen* und *sein* eine neue übertragene Bedeutung, wird zusammengeschrieben:
Sie ist gut beisammengewesen (= noch rüstig, gesund gewesen). *Er wird wohl nicht mehr ganz richtig beisammensein* (= ugs. für: bei Verstand sein).
In der Regel zusammen schreibt man die Verbindung mit anderen Verben:
Sie wollten immer beisammenbleiben. Das Geld für ein Auto wollen sie in zwei Jahren beisammenhaben. Ich sah sie neulich beisammenstehen.

Beisatz: → Apposition

beiseite: Das Adverb *beiseite* wird immer als ein Wort geschrieben und bleibt vom folgenden Verb immer getrennt:
beiseite gehen; beiseite stehen; indem er beiseite fuhr.

beißen: Ist nur das gebissene Objekt angegeben, steht dieses im Akkusativ:
Die Katze beißt ihn.
Ist der Körperteil angegeben folgt nach *beißen* die betroffene Person meist im Dativ; es kann aber auch der Akkusativ stehen, wenn ausgedrückt werden soll, daß die Person selbst Handlungsträger ist:
Die Katze beißt dem bzw. *den Besucher in die Hand. Ich habe mir* bzw. *mich in die Zunge gebissen.*
Auch bei bildlichem oder übertragenen Gebrauch wird in der Regel der Dativ gesetzt:
Der Rauch biß mir (selten: *mich*) *in die Augen.*

beistehen: Das Perfekt des Verbs *beistehen* wird mit *haben* gebildet:
Sie haben ihm in seiner Notlage beigestanden.

Beistrich: → Kapitel Zeichensetzung

beitragen: In den Wendungen: *das Seine beitragen; das Seinige beitragen; das Ihre, Ihrige beitragen* schreibt man die Pronomen groß:
Zur Eskalierung des Konflikts hat jeder das Seinige beigetragen. Sie trägt das Ihre bei, das allgemeine Bewußtsein zu erweitern.

bekannt: Wenn *bekannt* und das folgende Verb in ursprünglicher Bedeutung verwendet werden, schreibt man getrennt:
Der Skandal hat das Buch bekannt gemacht. Dieses Lied ist durch Zufall bekannt geworden. Wirst du mich mit ihr bekannt machen?
Entsteht dabei ein neuer Begriff wird zusammen geschrieben:
Sie haben ihre Hochzeit bekanntgegeben (=mitgeteilt). *Das Bulletin wurde bekanntgemacht* (=veröffentlicht). *Ein Geheimnis darf nicht bekanntwerden* (=veröffentlicht, weitererzählt werden).
Steht aber die finite Form, muß wieder getrennt geschrieben werden:
Wenn das Geheimnis bekannt wird...

bekannt wegen - durch - für: Die Präposition *wegen* steht bei der Angabe des Grundes:
Er ist wegen seines Mutes bekannt.
Die Präposition *durch* bezeichnet das Mittel, durch das jmd. bekannt wurde:
Er ist durch seinen Mut bekannt.
Auch die Präposition *für* kann in diesen Fällen, in denen jmd. schon bekannt ist, stehen:
Er ist bekannt für seinen Mut. Er ist bekannt dafür, daß er mutig ist.

Bekannte: Diese Bezeichnung wird wie ein attributives Adjektiv gebeugt:
Der Bekannte verließ das Haus. Fünf Bekannte erschienen nicht zum Umzug. Er verstand sich als Bekannter eines Königs. Ein Bekannter wurde überfahren. Wenige Bekannte helfen, wenn man sie braucht.

Nach einem starken Adjektiv wird im Genitiv Plural stark gebeugt:
Die Gewinnbeteiligung guter Bekannter des Politikers (Nicht: *Bekannten*) *war ein Skandal.*
Bei einem Dativ in der Einzahl wird nach einem starken Adjektiv schwach dekliniert:
Zitiertem Bekannten (Nicht: *Bekanntem*) *war ein Vergehen zu Unrecht vorgeworfen worden.*
Als Apposition verwendet, kann die starke oder schwache Deklination erfolgen:
Ihm als Bekanntem oder *Ihm als Bekannten* bzw. *Ihr als Bekannter* oder *Ihr als Bekannten wurde dieses Verhalten nicht verziehen.*

bekennen, sich: Nach der Wendung *sich bekennen als* steht das folgende Substantiv in der Regel im Nominativ, da es sich auf das Subjekt bezieht; der Gebrauch des Akkusativs ist selten:
Er bekennt sich als friedlicher Mensch (Selten: *Er bekennt sich als friedlichen Menschen*).

Beklagte: Diese Bezeichnung wird wie ein attributives Adjektiv gebeugt:
Der Beklagte verlas seine Erklärung. Fünf Beklagte erschienen nicht zur Verhandlung. Er verstand sich als Beklagter eines unrechtmäßigen Tribunals. Ein Beklagter trat in Hungerstreik.
Nach einem starken Adjektiv wird im Genitiv Plural stark gebeugt:
Die Verurteilung politischer Beklagter (Nicht: *Beklagten*) *war umstritten.*
Bei einem Dativ in der Einzahl wird nach einem starken Adjektiv schwach dekliniert:
Zitiertem Beklagten (Nicht: *Beklagtem*) *war ein Vergehen zu Unrecht vorgeworfen worden.*
Als Apposition verwendet, kann die starke oder schwache Deklination erfolgen:
Ihm als Beklagtem oder *Ihm als Beklagten* bzw. *Ihr als Beklagter* oder *Ihr als Beklagten wurde dieser Fehler nicht verziehen.*

In der Verbindung von *Beklagter* und Namen können Kommas gesetzt werden, wenn man den Namen als Apposition auffaßt und die Betonung auf *Beklagter* liegt:
Der Beklagte Aloys Onkel hatte kein reines Gewissen. Der Beklagte, Aloys Onkel, hatte kein reines Gewissen.

bekommen: In Kombination mit dem 2. Partizip bestimmter Verben kann *bekommen* statt eines Passivs verwendet werden:
Sie bekam die Konzertkarten geschenkt. Er bekam von seiner Mutter alles nachgetragen.

Belag: Das Substantiv *der Belag* bildet die Pluralform: *die Beläge*.

belämmert: → belemmert

belemmert: Dieses Adjektiv entstammt der Umgangssprache und bedeutet "betreten, verlegen; übel". Es ist ursprünglich das 2. Partizip des niederdeutschen Verbs *belemmern*, das "in Verlegenheit bringen" bedeutet, und wird deshalb mit *e* geschrieben:
Als ich ihn sah, hat er ziemlich belemmert dreingeschaut. Der Vorfall war ja auch einfach belemmert.

beleuchten - erleuchten: Das Verb *beleuchten* verwendet man, wenn man ausdrücken will, daß "etwas von außen her erhellt wird", während das Verb *erleuchten* ausdrückt, daß "etwas von innen erhellt wird". Zu merken ist, daß beim Gebrauch von *erleuchten* nie ein Mensch, sondern immer eine Lichtquelle im Subjekt steht:
Das Opernhaus wurde von riesigen Scheinwerfern beleuchtet. Die Oper ist noch nicht beendet, das Haus ist noch erleuchtet. Viele Kerzen erleuchteten den Spiegelsaal in Versailles (Nicht: *Die Diener erleuchteten den Spiegelsaal*).

belieben: Der persönliche Gebrauch des Verbs *belieben* bedeutet "es gefällt mir":
Ich beliebe zu scherzen. Sie beliebt, die Menschen nicht ernst zu nehmen.
Der unpersönliche Gebrauch des Verbs bedeutet "ich wünsche, ich pflege":

Es beliebt mir, gut zu essen und viel spazieren zu gehen.
beliebig: Auch mit vorangehendem Artikel wird *beliebig* im Sinne von "irgend jemand, irgend etwas" klein geschrieben: *ein beliebiger; jeder beliebige; alles beliebige.*
Im Sinne von "Belieben, Geschmack" wird groß geschrieben: *Du kannst dir etwas Beliebiges* (=nach deinem Belieben) *aussuchen.*
benedeien: Dieses Verb bildet das 2. Partizip *benedeit* oder *gebenedeit.* Als Bezeichnung für die Jungfrau Maria ist nur *die Gebenedeite* üblich.
Bengel: Die standardsprachlich korrekte Pluralform heißt: *die Bengel.* Das häufig gebrauchte *die Bengels* entstammt der Umgangssprache.
benutzen - benützen: Beide Verben sind bedeutungsgleich, beide Formen korrekt.
benutzen - gebrauchen - verwenden: Diese drei, von ihrer Bedeutung her nahe verwandten Verben sollten aus stilistischen Gründen differenziert gebraucht werden.
Das Verb *benutzen* sollte man einsetzen, wenn man eine Sache ihrem Zweck entsprechend verwendet:
Für diese Fahrt ist es besser, das Auto zu benutzen. Kann ich mal dein Fahrrad benutzen? Benutzen Sie doch den Hintereingang!
Das Verb *verwenden* sollte man einsetzen, wenn man eine Person oder eine Sache für einen bestimmten Zweck entsprechend verwendet:
Verwende doch den Hotelpagen als Boten! Die Taxen werden auch als Werbeträger verwendet. Den Film können sie als Anschauungsmaterial verwenden.
Das Verb *gebrauchen* sollte man einsetzen, wenn man eine Sache, die man selbst besitzt bzw. zur Verfügung hat ihrem Zweck oder den Umständen gemäß verwendet:
Er gebrauchte seine ganzen Verführungskünste, um sie zu erobern. Er gebrauchte seinen neuen Füllhalter zum Unterschreiben. Sie gebrauchte die zärtlichsten und einschmeichelnsten Worte, um das Vertrauen des Kindes zu gewinnen.
Bereich: Das Substantiv *Bereich* kann sowohl mit männlichem als auch mit sächlichem Artikel stehen: *der Bereich, das Bereich.* Gebräuchlicher ist heute die maskuline Form:
Davon ausgeschlossen ist der Bereich der Erotik. Im privaten Bereich ist das möglich, im öffentlichen Bereich wäre es ein Skandal.
bereit: Wenn *bereit* als selbständiges Adjektiv im Sinne von "fertig, vorbereitet, willig, entschlossen" verwendet wird, wird es vom folgenden Verb getrennt geschrieben:
Das Essen wird bereit stehen, wenn ihr kommt! Alles wird zum Aufbruch bereit sein. Dieses Unternehmen durchzuführen, hat er sich bereit gezeigt.
Entsteht ein neuer Begriff in der Bedeutung von "zurechtlegen, verfügbar sein", wird zusammen geschrieben:
Ich habe die Kleider für die Reise bereitgelegt. Du mußt das Geld für die Visa bereithalten.
Berg- - Berges: Bei Komposita mit dem determinierenden Substantiv *Berg* schwankt der Gebrauch eines Fugenzeichens. Kein Fugenzeichen enthalten folgende Verbindungen:
Bergwacht, Bergmann, Bergführer, bergwandern, Bergbau, Bergkristall, Bergbahn etc.
Manche Substantive können ohne Fugenzeichen stehen, wenn sie sachlich gemeint sind; werden sie in dichterischer Sprache verwendet, enthalten sie ein -es als Bindungsglied:
Berggipfel oder *Bergesgipfel, Bergzinne* oder *Bergeszinne, Berghöhe* oder *Bergeshöhe* etc.
bergab - bergan - bergauf: Diese selbständigen Adverbien dürfen nicht mit nachfolgenden Verben zusammengeschrieben werden:

Bergab laufen geht schneller als bergan steigen. Bergauf quälen sich nur Bergfreunde.
bergen: Die indikativen Formen dieses Verbs im Präsens lauten: *ich berge; du birgst; er, sie, es birgt.* Der Imperativ heißt: *birg!* (Nicht: *berge!*). Die Formen des Konjunktiv II sind: *bärge, börge* und *bürge*, wobei die Formen *börge* und *bürge* heute veraltet sind.
bergsteigen: In der Regel wird dieses Verb nur als Infinitiv oder 2. Partizip gebraucht:
Laßt uns bergsteigen! Früher bin ich oft berggestiegen. Am Wochenende gehen wir bergsteigen.
Manchmal werden auch finite Formen gebraucht:
Immer wenn ich bergsteige, bekomme ich Freiheitsgefühle.
Bericht: Bezieht sich ein *Bericht* auf eine Person oder eine Sache, wird diese mit den Präpositionen *über* oder *von* angeschlossen:
Der Kriegsberichterstatter gab seinen Bericht über die oder *von der Invasion direkt von der Front durch. Der Bericht über die Kindsmißhandlungen hatte keine gesetzlichen Konsequenzen.*
Der Gebrauch der Präposition *für* und die Verwendung eines Genitivanschlusses können mißverständlich sein und müssen deshalb vermieden werden:
Der Bericht des Lehrers für den Schüler (= der Bericht, den der Lehrer macht, ist für den Schüler bestimmt). *Der Lehrer gab einen Bericht für den Schüler* (= der Bericht, den der Lehrer macht, ist für den Schüler bestimmt).
Der Bericht des Schülers (= der Schüler erstattet Bericht).
Soll vom Lehrer nicht *für*, sondern *über* den Schüler berichtet werden, muß es korrekt heißen:
Der Bericht des Lehrers über den Schüler ... Der Lehrer gab einen Bericht über den Schüler ... Der Bericht über den Schüler ...

berichten: Auf das Verb *berichten* folgt entweder ein Dativ der Person oder eine Kombination von *sein* mit dem 2. Partizip von *berichten*. Der früher übliche Gebrauch eines Akkusativs gilt als veraltet: *Sie berichtet ihm* (Nicht: *ihn*) *von ihrer Prüfung. Er hat seinem Direktor* (Nicht: *seinen Direktor*) *nicht alles berichtet. Darüber bin ich falsch berichtet* (Auch: *unterrichtet*). *Die Schüler waren davon berichtet* (Auch: *unterrichtet*), *daß heute die Lehrerin krank ist.*
berichten über - berichten von: Beide Möglichkeiten des präpositionalen Anschlusses sind korrekt, der Bedeutungsunterschied ist minimal. Ist eine umfassende Informationserstattung gemeint, verwendet man die Präposition *über*, handelt es sich eher um eine Vermittlung von Einzelheiten, gebraucht man die Präposition *von:*
Beim Elternabend berichtete der Lehrer über die Leistungen der Klasse und von den Problemfällen.
bersten: Die indikativen Formen dieses Verbs im Präsens lauten: *ich berste; du birst; er, sie, es birst.* Der Imperativ heißt: *birst!* (Nicht: *berste!*). Die Formen des Konjunktiv II sind: *bärste*, und *börste*, wobei die Form *börste* heute veraltet ist.
berüchtigt wegen - durch - für: Die Präposition *wegen* steht bei der Angabe des Grundes:
Er ist wegen seines Zornes berüchtigt.
Die Präposition *durch* bezeichnet das Mittel, durch das jmd. berüchtigt ist:
Er ist durch seinen Zorn berüchtigt.
Auch die Präposition *für* kann in diesen Fällen, in denen jmd. schon berüchtigt ist, stehen:
Er ist berüchtigt für seinen Zorn. Er ist berüchtigt dafür, daß er zornig ist.
→ bekannt; berühmt.
Berufsbezeichnungen:
→ Titel und Berufsbezeichnungen
beruhen: Nach dem Verb *beruhen* wird standardsprachlich mit der Präposition *auf* ein Dativ angeschlossen:

Ihr Wissen beruht auf einer gründlichen Arbeitsweise verbunden mit einem großen Spaß am Lesen.
berühmt wegen - durch - für: Die Präposition *wegen* steht bei der Angabe des Grundes:
Er ist wegen seines Mutes berühmt.
Die Präposition *durch* bezeichnet das Mittel, durch das jmd. *berühmt* wurde:
Er ist durch seinen Mut berühmt.
Auch die Präposition *für* kann in diesen Fällen, in denen jmd. schon berühmt ist, stehen:
Er ist berühmt für seinen Mut. Er ist berühmt dafür, daß er mutig ist.
→ bekannt; berüchtigt.
besagt: Dieses Wort entstammt der Amts- und Kanzleisprache und wird wie ein Adjektiv gewertet; ein folgendes zweites Adjektiv wird deshalb parallel dekliniert:
Die besagte innere Unruhe trieb mich dazu. Ich konnte aus besagtem trifftigem Grund nicht kommen. Besagter streunender Kater schrie wieder die ganze Nacht.
Besäufnis: Dieses Substantiv der Umgangssprache kann mit weiblichem oder sächlichem Artikel stehen: *die Besäufnis, das Besäufnis.* Beide Geschlechter sind möglich, wenn das Substantiv im Sinne von "Zecherei, Saufgelage" verwendet wird. Im Sinne von "Volltrunkenheit" ist nur die feminine Form üblich:
Die Geburtstagsfeier artete in eine schöne Besäufnis aus oder *... artete in ein schönes Besäufnis aus. In seiner Besäufnis hat er den Wagen zu Schrott gefahren* (Nicht: *In seine Besäufnis hat er ...*).
Bescheid: Auch in Verbindungen mit Verben wie: *Bescheid geben, Bescheid wissen, Bescheid sagen* etc. wird *Bescheid* immer groß geschrieben:
Bis wann werde ich darüber Bescheid erhalten? Sie hatten sich Bescheid getan.
bescheren: Gewöhnlich folgt auf das Verb *bescheren* - auch in übertragener Bedeutung - ein Dativ der Person und ein Akkusativ der Sache:

Sie beschert ihm ein teures Hemd. Der Zufall hat ihm diese Bekanntschaft beschert.
Wird das Geschenk nicht genannt, kann auch ein Akkusativ der Person folgen:
Die Freundin beschert ihn mehrmals.
Bei passivischer Konstruktion stehen die Bescherten im Nominativ, die Geschenke im Dativ der Sache:
Er wurde mit einem teuren Schreibutensil beschert.
beschließen - schließen: Das Verb *beschließen* bedeutet sowohl "entscheiden" als auch "beenden". Hier trifft es sich in der Bedeutung mit dem Verb *schließen*, das aber auch im Sinne von "schlußfolgern, einen Schluß aus etw. ziehen" gebraucht wird:
Nach der Diskussion beschließt er (= entscheidet er), *die Runde zu beschließen* oder *zu schließen* (= zu beenden). *Er schließt aus der Beteiligung auf das Interesse der Hörer* (= schlußfolgert).
Beschuldigte: Diese Bezeichnung wird wie ein attributives Adjektiv gebeugt:
Der Beschuldigte verlas seine Erklärung. Fünf Beschuldigte erschienen nicht zur Verhandlung. Er verstand sich als Beschuldigter eines unrechtmäßigen Tribunals. Ein Beschuldigter trat in Hungerstreik.
Nach einem starken Adjektiv wird im Genitiv Plural stark gebeugt:
Die Folterung politischer Beschuldigter (Nicht: *Beschuldigten*) *war ein Skandal.*
Bei einem Dativ in der Einzahl wird nach einem starken Adjektiv schwach dekliniert:
Zitiertem Beschuldigten (Nicht: *Beschuldigtem*) *war ein Vergehen zu Unrecht vorgeworfen worden.*
Als Apposition verwendet, kann die starke oder schwache Deklination erfolgen:
Ihm als Beschuldigtem oder *Ihm als Beschuldigten* bzw. *Ihr als Beschuldigter* oder *Ihr als Beschuldigten wurde für diese unterstützende Aussage Strafminderung versprochen.*

In der Verbindung von *Beschuldigter* und Namen können Kommas gesetzt werden, wenn man den Namen als Apposition auffaßt und die Betonung auf Beschuldigter liegt:
Der Beschuldigte Aloys Onkel hatte kein reines Gewissen. Der Beschuldigte, Aloys Onkel, hatte kein reines Gewissen.

beschützen: Auf das Verb *beschützen* kann nur die Präposition *vor* folgen: *Er beschützte sie vor allen Unannehmlichkeiten* (Nicht: *Er beschützte sie von allen Unannehmlichkeiten*). *Die Bürgerwehr beschützte die Stadt vor den feindlichen Horden* (Nicht: *Die Bürgerwehr beschützte die Stadt von den feindlichen Horden*).

Beschwer: Dieses meist in Wendungen ohne Artikel wie: *Beschwer verursachen, ohne Beschwer* auftretende Substantiv kann sowohl mit weiblichem als auch mit sächlichem Artikel stehen:
die Beschwer, das Beschwer.
Diese Verwicklungen zu klären ging nur mit viel Beschwer. Das andere Problem wird kein Beschwer machen.

beschwören: Perfekt und 2. Partizip des Verbs *beschwören* lauten: *beschwor, beschworen:*
Er beschwor sie, ihn zu erhören. Er beschwor seine ernsten Absichten.
→ schwören

besessen: Das Wort *besessen* ist das 2. Partizip des Verbs *besitzen*, sein attributiver Gebrauch ist falsch:
Sie verschenkte lange besessene Dinge (Richtig: *Sie verschenkte Dinge, die sie lange besessen hat*).
→ besitzen

besinnen: Perfekt und 2. Partizip des Verbs *besinnen* lauten: *besann, besonnen.* Der Konjunktiv II lautet: *besänne*, die Form *besönne* ist veraltet. In der Regel wird das Verb mit der Präposition *auf* verbunden; in bestimmten Wendungen ist auch ein Genitiv möglich:
Sie konnte sich auf diesen Roman nicht mehr besinnen. Er besann sich ihrer nicht mehr. Nach der Rüge besann er sich eines Besseren.

Besitzanzeigendes Fürwort: → Possessivpronomen

besitzen: Zwar ist die Grundbedeutung von *besitzen* "auf etwas sitzen", die Entwicklung der Bedeutung zu "als Besitz, als Eigentum haben" macht aber eine Differenzierung des Gebrauchs der Verben *besitzen* und haben notwendig. Das Verb *besitzen* kann man für alles verwenden, was man als geistigen oder materiellen Besitz erwerben kann oder schon erworben hat. Darunter fallen auch positive und negative Eigenschaften:
Er besitzt eine gute Plattensammlung. Er besitzt die Mittel, dreimal jährlich in Urlaub zu fahren. Sie besitzt einen extravaganten Geschmack, und sie besitzt zudem viel Phantasie. Er hat die Unverschämtheit besessen, das Verhalten anderer zu kritisieren. Die Dame besitzt sehr viel Charme. Man sagt, er besäße den Stein der Weisen.
Das Verb *haben* drückt nur das Vorhandensein von etwas aus, es sagt über den Besitz nichts:
Er hat Geld dabei (= bei sich). *Sie hat keinen Fahrschein.*
Manchmal ist beides möglich:
Er besitzt viel Geld (= ist reich) oder *Er hat viel Geld* (= ist reich).
Auch wo die Vorstellung eines Besitzes nicht möglich ist, muß *haben* gebraucht werden:
Sie hat eine gute Stellung beim Verlag (Nicht: *Sie besitzt eine gute Stellung beim Verlag*). *Er hat eine große Familie* (Nicht: *Er besitzt eine große Familie*). *Sie hat schöne Lippen* (Nicht: *Sie besitzt schöne Lippen*).
In den meisten Fällen kann also *haben* für *besitzen* stehen; soll jedoch *besitzen* für *haben* stehen, ist genau zu prüfen, ob der Ausdruck nicht sinnwidrig ist. Auch in bestimmten festen Wendungen kann das Verb *haben* nicht durch *besitzen* ersetzt werden:

besondere

Er hat keine Ahnung (Nicht: *Er besitzt keine Ahnung*). *Sie hat keine Geduld mit ihm* (Nicht: *Sie besitzt keine Geduld mit ihm*). *Er hat ein Faible für bestimmte Typen* (Nicht: *Er besitzt ein Faible für bestimmte Typen*). *Der Kerl hat kein Herz* (Nicht: *Der Kerl besitzt kein Herz*). Das 2. Partizip heißt *besessen*.
→ besessen

besondere: Auch mit Artikel oder Präposition wird *besondere* klein geschrieben, wenn beide Wörter für ein einfaches Adjektiv stehen:
Er interessierte sich im besonderen (=vornehmlich, hauptsächlich) *für die Ausgrabungen.*
Groß schreibt man die Substantivierungen:
Sie liebte das Besondere. Aber es war nichts Besonderes an ihm.

besonders: Wenn es einen Zusatz einleitet, muß *vor besonders* ein Komma gesetzt werden:
Sie fährt gerne Auto, besonders mit schnellen Flitzern. Er liebt Griechenland, besonders die Inseln.
Folgt nach *besonders* noch ein *wenn, als, weil* oder ähnliches, steht dazwischen in der Regel kein Komma:
Die Nächte im Süden sind schön, besonders wenn sie klar sind.
Um *besonders* hervorzuheben kann aber ebenfalls ein Komma gesetzt werden:
Ganz besonders, wenn die Nacht klar ist, ist es schön.

besorgniserregend - Besorgnis erregend
Bei adjektivischem Gebrauch schreibt man zusammen; wenn *Besorgnis* durch eine nähere Bestimmung als Substantiv zu erkennen ist, schreibt man getrennt:
Am Golf ist eine besorgniserregende Situation entstanden. Seine Stimmung ist besorgniserregend. Diese äußerste Besorgnis erregende Situation am Golf beschäftigt alle Welt.

besorgt: Als Präpositionen sind möglich: *um, wegen, über, für.*

Wird das Objekt, auf das sich die Sorge bezieht, genannt, steht die Präposition *um:*
Die Eltern sind um das Wohlergehen ihrer Kinder sehr besorgt.
Wegen, seltener *über,* steht, wenn der Grund der Sorge angegeben wird:
Die Bevölkerung war wegen der Unruhen besorgt. Die Bevölkerung war über die Unruhen besorgt.

besser: *besser* und das nachfolgende Verb werden getrennt geschrieben, wenn beide Worte ihren eigenständigen Sinn behalten:
Mit den neuen Zähnen wirst du besser beißen können. In der ersten Reihe werden wir besser sehen.
Entsteht durch die Verbindung ein neuer übertragener Begriff, werden das Verb und *besser* zusammengeschrieben:
Durch die Umschulung kann ich mich in der Firma besserstellen (= sozial oder monetär verbessern). *Bald wird es ihm wieder bessergehen* (= Zustandsverbesserung).
Als substantiviertes Adjektiv wird *besser* groß geschrieben:
Man hat schon was Besseres gesehen als diese Darbietung. In dieser Sache ist jetzt eine Wendung zum Besseren eingetreten.
Klein geschrieben wird *besseres* auch wenn ein Artikel vorangeht, wenn die Verbindung als einfaches Adjektiv fungiert:
Es wäre das bessere (=besser), *wenn du die Sache auf diese Weise anpacktest.*

bestanden: Dieses 2. Partizip des Verbs *bestehen* im Sinne von "etwas erfolgreich absolvieren" darf nur passivisch gebraucht werden:
Nach der bestandenen Prüfung genießt die Kandidatin ihre Freizeit (Nicht: *Die bestandene Prüfungskandidatin genießt ihre Freizeit*).
Auch wenn das Verb im Sinne von "existieren, vorhanden sein" verwendet wird, muß man einen Nebensatz bilden:
Die Gesetze, die bis 1945 bestanden, waren unmenschlich (Nicht: *Die bis 1945 bestandenen Gesetze waren unmenschlich*).
Ein nicht mehr gebräuchliches Verb *bestehen* im Sinne von "stehen an etwas, stehen

in oder auf etwas" bildet ebenfalls das 2. Partizip *bestanden*. So verwendet ist möglich:
Die mit Obstbäumen bestandene Wiese blüht. Der Feldweg ist zu beiden Seiten mit hohen Bäumen bestanden.

bestätigen: Das Verb *bestätigen* wird in kaufmännischem Sprachgebrauch im Sinne von "die Tatsache mitteilen, daß man etwas erhalten hat, daß etwas eingetroffen ist" gebraucht:
Hiermit bestätigen wir den Erhalt Ihres Schreibens vom ... Wir bestätigen dankend Ihren Brief vom ... Wir ersuchen Sie, diese Anweisung zu bestätigen.

Bestätigung: Nach dem Substantiv *Bestätigung* wird das, was bestätigt werden soll mit der Präposition *als* angeschlossen; der Genitiv ist selten:
Nach der Versammlung wurde die Bestätigung des Schatzmeisters als neues Vorstandsmitglied oder *als neuen Vorstandsmitglieds bekanntgegeben.*
Folgt auf die Präposition *als* ein Artikel, muß allerdings die Genitivkonstruktion verwendet werden:
Nach der Versammlung wurde die Bestätigung des Schatzmeisters als neuen Vorstandsmitglieds bekanntgegeben.

bestbewährt: Dieses mit *best-* zusammengesetzte Adjektiv kann nicht mehr gesteigert werden, da es bereits die höchste Steigerungsstufe, den Superlativ, ausdrückt:
Dieses Hausmittel ist immer noch das bestbewährte (Nicht: *das bestbewährteste*) *Mittel gegen den Husten.*

bestbezahlt: Dieses mit *best-* zusammengesetzte Adjektiv kann nicht mehr gesteigert werden, da es bereits die höchste Steigerungsstufe, den Superlativ, ausdrückt:
Auch der bestbezahlte Autor (Nicht: *der bestbezahlteste*) *ist noch zu schlecht bezahlt.*

beste: Als substantiviertes Adjektiv wird *beste* groß geschrieben:
In der Mannschaft ist dieser Spieler der Beste. Das Beste aus unserem Angebot haben wir ihnen präsentiert.

Steht das Stichwort auch mit vorausgehendem Artikel anstelle eines Adjektivs im Sinne von "sehr gut", wird es klein geschrieben:
Am besten wäre es, wir gingen erst gar nicht außer Haus. Er unterstützte uns auf das beste.

Auch in folgenden feststehenden Wendungen wird klein geschrieben:
jmdn. zum besten halten; etw. zum besten geben; der erste beste.

Besteck: Die standardsprachlich korrekte Pluralform des Substantivs *das Besteck* lautet: *die Bestecke.* Die Form *die Bestecks* entstammt der Umgangssprache.

bestehen: Der Konjunktiv II dieses Verbs kann *bestünde* oder *bestände* lauten. Beide Formen sind korrekt und gebräuchlich. In der Regel wird heute nach der Wendung *bestehen auf* mit einem Dativ angeschlossen, im Sinne von "auf einem Standpunkt (Frage: Wo?) beharren":
Beide Seiten bestanden auf der Einhaltung der Abmachung. Sie bestand auf einer Wiedergutmachung.

Handelt es sich um "etwas Erstrebtes, Gewolltes", ist auch der Akkusativ gebräuchlich:
Er bestand auf sofortige Einstellung der kriegerischen Handlungen.

bestehenbleiben: Das Verb *bestehenbleiben* wird im Infinitiv, in den Partizipien und in einem mit einem Einleitewort angeschlossenen Nebensatz immer zusammen geschrieben:
bestehenzubleiben, bestehenbleibend, bestehengeblieben. Er wünschte, daß die Beziehung bestehenbleibt.

bestehenlassen: Das Verb *bestehenlassen* wird im Infinitiv, in den Partizipien und in einem mit einem Einleitewort angeschlossenen Nebensatz immer zusammen geschrieben:
bestehenlassen, bestehenlassend, bestehengelassen. Man sagt, daß die Fassaden des abzubrechenden Hauses bestehengelassen werden sollen.

bestellen: Nach dem Verb *bestellen* kann ein Dativ in dem Sinne "für jmdn. bestellen" folgen:
Bitte bestellen Sie mir (= für mich) *Exemplare! Ich bestelle Ihnen* (= für Sie) *ein besonderes Exemplar.*
Die Firma oder Person, bei der etwas geordert wird, wird mit der Präposition *bei* angeschlossen:
Ich bestelle bei Ihnen (= Firma, Person) *einhundert Exemplare.*
Bestellung: Das Substantiv kann die Präpositionen *auf, von, über, für* nach sich ziehen.
Wird das Bestellte in Zahlen angegeben, kann nie die Präposition *für* folgen:
Die Bestellung für Anzüge muß erledigt werden. Die Bestellung von 25 Anzügen (Nicht: *für 25 Anzüge*) *muß erledigt werden.*
bestmöglich: Dieses mit *best-* zusammengesetzte Adjektiv kann nicht mehr gesteigert werden, da es bereits die höchste Steigerungsstufe, den Superlativ ausdrückt:
Die bestmögliche Lösung (Nicht: *die bestmöglichste*) *wäre eine sofortige Friedenskonferenz.*
bestreiten: Von *bestreiten* abhängige Satzteile dürfen nicht mehr verneint werden, da *bestreiten* die Negation schon enthält:
Sie bestreiten, daran schuld zu sein (Nicht: *Sie bestreiten, daran nicht schuld zu sein*).
Bestseller, der: [engl. bestseller gleichbed.]
Buch, Schallplatte o.ä., die einige Zeit sehr erfolgreich verkauft wird.
Bete: → Beete - Bete
beteiligen: Nach dem Verb *beteiligen* wird mit der Präposition *an* angeschlossen. Dieses Präpositionalobjekt kann mit der Frage "Woran?" abgefragt werden:
Sie haben sich an der Mahnwache beteiligt. Wer war an der Demonstration beteiligt? Er hat sich an der Bürgersprechstunde beteiligt.

Auch der Anschluß einer Umstandsbestimmung (Wo?) ist möglich:
Er hat sich in der Bürgersprechstunde lebhaft beteiligt.
Beteiligte: Diese Bezeichnung wird wie ein attributives Adjektiv gebeugt:
Der Beteiligte gab eine Erklärung ab. Fünf Beteiligte erschienen nicht zur Verhandlung. Er verstand sich als Beteiligter einer völkerverbindenden Bewegung. Ein Beteiligter der in den Skandal verwickelten Personen trat zurück. Wenige Beteiligte meldeten sich.
Nach einem starken Adjektiv wird im Genitiv Plural stark gebeugt:
Die Anhörung genannter Beteiligter (Nicht: *Beteiligten*) *war ein Teil des Verfahrens.*
Bei einem Dativ in der Einzahl wird nach einem starken Adjektiv schwach dekliniert:
Anwesendem Beteiligten (Nicht: *Beteiligtem*) *war ein Vergehen zu Unrecht vorgeworfen worden.*
Als Apposition verwendet, kann die starke oder schwache Deklination erfolgen:
Ihm als Beteiligtem oder *Ihm als Beteiligten* bzw. *Ihr als Beteiligter* oder *Ihr als Beteiligten wurde für diese unterstützende Aussage Strafminderung versprochen.*
In der Verbindung von *Beteiligter* und Namen können Kommas gesetzt werden, wenn man den Namen als Apposition auffaßt und die Betonung auf *Beteiligter* liegt:
Der Beteiligte Aloys Onkel hatte kein reines Gewissen. Der Beteiligte, Aloys Onkel, hatte kein reines Gewissen.
Nach *Beteiligte* wird mit der Präposition *an* angeschlossen. Die Kombination mit einem Genitiv ist falsch:
Die an der Demonstration Beteiligten wurden observiert (Nicht: *Die Beteiligten der Demonstration wurden observiert*).
Beton: Das Substantiv *der Beton* ist in der Regel nur in der Einzahl üblich. In fachspezifischem Sprachgebrauch sind die

Mehrzahlformen: *die Betone* und *die Betons* gebräuchlich.
betrachten: Im Sinne von "ansehen, anblicken" folgt nach *betrachten* ein *wie:*
Sie betrachten ihn wie ein Wesen von einem anderen Stern.
In der Verwendung "für etw. ansehen, etw. halten" steht *betrachten als:*
Sie betrachten ihn als Genie.
Hierbei steht das folgende Substantiv in der Regel im Nominativ:
Er betrachtet sich als mein Blutsbruder (Selten: *... als meinen Blutsbruder*).
beträchtlich: Klein schreibt man das Wort *beträchtlich* auch dann, wenn ihm ein Artikel oder eine Präposition vorangeht, die Kombination aber als einfaches Adjektiv fungiert:
Diese Fahrt war um ein beträchtliches (= sehr, bedeutend) *angenehmer als die letzte.*
Betrag: Beim Hinweis auf die Geldsumme muß es heißen:
Ein Betrag von (Nicht: *über*) *5.- DM.*
Aber:
Ein Scheck über 5.- DM.
betragen: Die auf das Verb *betragen* folgende Maßangabe steht im Akkusativ:
Das Budget für den Umweltschutz beträgt nur einen Bruchteil des Gesamthaushalts.
Betreff: Dieses Leitwort im Schriftverkehr wird in der Regel nicht abgekürzt und steht ohne Doppelpunkt, das auf *Betreff* folgende Substantiv steht im Nominativ:

Betreff

Unser Schreiben vom 11. 10. 1990

betreffen: → betreffend → betroffen
betreffend: Bei der präpositionalen Verwendung von *betreffend* braucht kein Komma gesetzt werden, es sei denn, der Satzteil ist sehr lang und kann als Apposition verstanden werden:
Ihren Antrag betreffend ergeht folgende Entscheidung im Sinn des BGB ... Folgende Entscheidung, Ihren Antrag des Zeichens OST 7HICP von letzter Woche betreffend, ergeht im Sinn des BGB ...
betreffs: Auf die Präposition *betreffs* folgt ein Genitiv:
Betreffs des Bebauungsplanes teilen wir Ihnen mit, daß ...
Betrieb: Die feste Fügung lautet: *in Betrieb*, nicht *im Betrieb*:
Der Flughafen wird bald in Betrieb genommen. Die Maschine war in Betrieb. Wir werden das Ding schon in Betrieb setzen.
Betrieb- - Betriebs-: Komposita mit dem determinierenden Substantiv *Betrieb* werden meist mit Fugen-s geschrieben:
Betriebskapital, Betriebsangehörige, Betriebsunfall, Betriebswirtschaftslehre etc.
betroffen: Nur noch das 2. Partizip des Verbs *betreffen* im Sinne von "heimsuchen, widerfahren" wird heute verwendet; andere Formen sind nicht mehr üblich:
Ein heftiger Schneesturm hat oder *hatte diesen Landstrich betroffen* (Nicht: *Ein heftiger Schneesturm betrifft* oder *betraf diesen Landstrich*).
Es darf nur passivisch gebraucht werden:
In den vom Schneesturm betroffenen Landstrichen sind viele Menschen von der Außenwelt abgeschnitten (Nicht: *Der die Landstriche betroffene Schneesturm schnitt viele Menschen von der Außenwelt ab*).
Auch wenn das 2. Partizip im Sinne von "unangenehm überraschen" verwendet wird, ist es eine isolierte Form; eine andere ist nicht möglich:
Dieser Film machte mich betroffen (Nicht: *Dieser Film betraf mich*).
Im übrigen ist heute dieses 2. Partizip *betroffen* sowie das Substantiv *Betroffenheit* durch ständigen Gebrauch zu einer Floskel und Worthülse verkommen; man sollte ihre Verwendung möglichst vermeiden.
Betroffene: Diese Bezeichnung wird wie ein attributives Adjektiv gebeugt:
Der Betroffene gab sich zerknirscht. Fünf Betroffene erschienen nicht zur Verhandlung. Er verstand sich als Betroffener ei-

ner weltweiten Verschwörung. Ein Betroffener war zu einer Aussage bereit. Wenige Betroffene meldeten sich.
Nach einem starken Adjektiv wird im Genitiv Plural stark gebeugt:
Die Anhörung genannter Betroffener (Nicht: *Betroffenen*) *war ein Teil des Verfahrens.*
Bei einem Dativ in der Einzahl wird nach einem starken Adjektiv schwach dekliniert:
Anwesendem Betroffenen (Nicht: *Betroffenem*) *war ein Vergehen zu Unrecht vorgeworfen worden.*
Als Apposition verwendet, kann die starke oder schwache Deklination erfolgen:
Ihm als Betroffenem oder *Ihm als Betroffenen* bzw. *Ihr als Betroffener* oder *Ihr als Betroffenen begegnete man mit Nachsicht.*
In der Verbindung von *Betroffener* und Namen können Kommas gesetzt werden, wenn man den Namen als Apposition auffaßt und die Betonung auf *Betroffener* liegt:
Die Betroffene Maria Maier hatte sich wieder erholt. Die Betroffene, Maria Maier, hatte sich wieder erholt.
Nach Betroffene wird mit der Präposition von angeschlossen. Die Kombination mit einem Genitiv ist falsch:
Die vom Unglück Betroffenen erhalten eine Entschädigung (Nicht: *Die Betroffenen dieses Unglücks erhalten eine Entschädigung*).
Bett: Das Substantiv *das Bett* bildet die Pluralform: *die Betten*. Veraltet bzw. dichterisch sind die Formen: *das Bette* (= Einzahl) und *die Bette* (= Mehrzahl). In Komposita ist allerdings die veraltete Pluralform noch üblich: *die Flußbette*.
betten: Nach den Fügungen *betten an, betten auf, betten in* folgt in der Regel ein Akkusativ. Der Gebrauch eines Dativ ist selten:
Sie bettet ihr Haupt an seine Schulter (Selten: *... an seiner Schulter*)*. Er bettet müde seinen Kopf auf ihren Schoß* (Selten: *... auf ihrem Schoß*)*. Man bettete ihn auf ein weiches Kissen* (Selten: *... auf einem weichen Kissen*).
Betttruhe: Da nach den drei *t* ein vierter Konsonant folgt, darf kein *t* entfallen. Getrennt wird: *Bett/truhe*.
→ Konsonant
Bettuch - Betttuch: Beim aus *Bett* und *Tuch* gebildeten Kompositum entfällt das dritte *t*, da ein Vokal folgt. Bei der Silbentrennung erscheint es wieder: *Bett/tuch*. Das (Ge)*Bettuch* der Juden, zusammengesetzt aus *bet(en)* und *Tuch*, kann auch mit Bindestrich geschrieben werden, um Mißverständnisse zu vermeiden: *Bet-tuch*.
→ Konsonant
beugen - biegen: Das Verb *beugen* (Nicht: *biegen*) wird heute als grammatischer Fachausdruck für "flektieren, deklinieren, konjugieren" verwendet.
Bevollmächtigte: Diese Bezeichnung wird wie ein attributives Adjektiv gebeugt:
Der Bevollmächtigte unterschrieb die Verordnung. Fünf Bevollmächtigte stritten sich um den Vorsitz. Er verstand sich als Bevollmächtigter einer weltweiten Hilfsorganisation. Ein Bevollmächtigter war zu einer Aussage bereit. Wenige Bevollmächtigte unterzeichneten.
Nach einem starken Adjektiv wird im Genitiv Plural stark gebeugt:
Die Anhörung genannter Bevollmächtigter (Nicht: *Bevollmächtigten*) *war ein Teil des Verfahrens.*
Bei einem Dativ in der Einzahl wird nach einem starken Adjektiv schwach dekliniert:
Anwesendem Bevollmächtigten (Nicht: *Bevollmächtigtem*) *war ein Vergehen zu Unrecht vorgeworfen worden.*
Als Apposition verwendet, kann die starke oder schwache Deklination erfolgen:
Ihm als Bevollmächtigtem oder *Ihm als Bevollmächtigten* bzw. *Ihr als Bevollmächtigter* oder *Ihr als Bevollmächtigten begegnete man mit Respekt.*
bevor: Die Konjunktion bevor definiert ein zeitliches Verhältnis und leitet einen Nebensatz ein. Ist der Hauptsatz schon

negiert, darf der Nebensatz nicht mehr verneint werden:
Er geht nie aus dem Haus, bevor er die Zeitung gelesen hat (Nicht: *Er geht nie aus dem Haus, bevor er nicht die Zeitung gelesen hat*).
Wenn aber der Nebensatz dem Hauptsatz vorausgeht und im Nebensatz eine Bedingung gestellt wird, muß die Verneinung stehen:
Bevor du den Artikel nicht vorgelesen hast, darfst du nicht gehen.
Immer durch ein Komma getrennt wird ein mit *bevor* eingeleiteter Nebensatz:
Sie müssen mit dem Projekt beginnen, bevor es zu spät ist.
Wird die Konjunktion durch ein zusätzliches, eng damit verbundenes Wort ergänzt, steht das Komma vor dem Zusatzwort:
Sie beschäftigten sich mit dem Projekt, lange bevor es aktuell war. Wir haben uns zufällig kennengelernt, schon bevor wir offiziell bekanntgemacht wurden. Er muß aufstehen, noch bevor es hell wird.
Steht die Zeitangabe inhaltlich im Hauptsatz, steht das Komma direkt vor *bevor*:
Viele Jahre, bevor er sich hier niederließ, hat er die Welt bereist (= *Er hat viele Jahre die Welt bereist, bevor er sich hier niederließ*).

bewahren: In von *bewahren* abhängigen Satzteilen darf nicht mehr verneint werden:
Er bewahrte sie davor, Unsinn zu machen (Nicht: *Er bewahrte sie davor, keinen Unsinn zu machen*). *Die Sicherung bewahrte ihn davor, daß er abstürzte* (Nicht: *Die Sicherung bewahrte ihn davor, daß er nicht abstürzte*).

bewähren, sich: Nach *bewähren* muß heute der Nominativ folgen; der Akkusativ ist veraltet:
Er hat sich als hartnäckiger Verhandlungspartner bewährt (Nicht: *Er hat sich als hartnäckigen Verhandlungspartner bewährt*).

bewegen: Im Sinne von "eine Veränderung von Ort oder Lage veranlassen oder durchführen" wird das regelmäßige Verb *bewegen* gebraucht: *bewegen, bewegte, hat bewegt:*
Langsam bewegten sie sich vorwärts. Plötzlich hat sich der Scheintote bewegt.
Das unregelmäßige Verb *bewegen, bewog, bewogen* bedeutet "jmdn. zu etw. veranlassen":
Die Verhältnisse haben ihn zu dieser Ansicht bewogen. Die Mutter bewog den Sohn, den Kriegsdienst zu verweigern.

Beweis: Um das Verb *beweisen* in seiner Aussage zu verstärken, wird oft die gleichbedeutende Wendung *unter Beweis stellen* benutzt.

Bewerbung: → Kapitel Schriftverkehr

bewohnt: Dieses 2. Partizip kann attributiv nur gebraucht werden, wenn die im Satz ausgeführte Handlung gleichzeitig mit dem Bewohnen vor sich geht:
Die von mir bewohnte Wohnung ist zu teuer. Das von den Urgroßeltern bewohnte Haus wurde damals zum Denkmal erklärt.
Falsch wäre eine Aussage wie folgt:
Das von den inzwischen verstorbenen Urgroßeltern bewohnte Haus wird heute zum Denkmal erklärt.
Grenzt man *bewohnt* zeitlich ein, kann man es in einer als abgeschlossen geltenden Handlung verwenden:
Das von den verstorbenen Urgroßeltern 50 Jahre bewohnte Haus wird heute zum Denkmal erklärt.

bewußtmachen - bewußt machen - bewußt werden: Immer getrennt schreibt man *bewußt machen* im Sinne von "etwas mit Absicht machen":
Ich werde diese Tat bewußt machen.
Auch die Fügung *bewußt werden* wird immer getrennt geschrieben:
Er muß sich seiner Aufgabe erst bewußt werden.
Das Verb *bewußtmachen* im Sinne von "klarmachen, vergegenwärtigen" schreibt man dagegen immer zusammen:

Man sollte sich seine Position zu den Dingen ab und zu bewußtmachen.

Bewunderer - Bewundrer: Die weiblichen Entsprechungen zu diesen Substantiven lauten: *die Bewunderin* bzw. *Bewundrin*. Alle vier Formen sind standard-sprachlich korrekt.

bezahlen - zahlen: Der diffizile Bedeutungsunterschied im Gebrauch dieser beiden Verben wird heute kaum mehr empfunden, so daß in der Regel beide Wörter füreinander stehen können. Korrekt verwendet man das Verb *bezahlen* im Sinne von "einen Geldbetrag für eine Arbeitsleistung, eine Dienstleistung, eine Ware geben":
Ich muß noch das Taxi bezahlen. Welcher Job ist schon wirklich gut bezahlt? Ich werde dir deine Hilfe bezahlen.

Dagegen wird das Verb *zahlen* gebraucht, wenn es sich auf Wörter bezieht, "die einen Betrag, einen Preis bezeichnen":
Das Museum war bereit, diese gigantische Summe für den van Gogh zu zahlen. Für dieses Vergnügen hat er einen hohen Preis gezahlt.

Beide Verben können verwendet werden in Fällen wie:
Herr Ober, wir wollen zahlen oder *bezahlen! Wir müssen noch die Stromrechnung zahlen* oder *bezahlen. Zahlst* oder *Bezahlst du heute das Taxi? Ich muß noch mein Bier zahlen* oder *bezahlen.*

bezeichnen, sich: Nach dem reflexiven Verb *sich bezeichnen* kann nur mit *als* angeschlossen werden. Der Gebrauch von *für* ist falsch:
Er bezeichnet sich als friedlich (Nicht: *Er bezeichnet sich für friedlich*).

Nach der Wendung *sich bezeichnen als* steht das folgende Substantiv in der Regel im Nominativ, da es sich auf das Subjekt bezieht; der Gebrauch des Akkusativ ist selten:
Er bezeichnet sich als friedlicher Mensch (Selten: *Er bezeichnet sich als friedlichen Menschen*).

bezeigen - bezeugen: *bezeigen* bedeutet "zeigen, ausdrücken", *bezeugen* dagegen meint "von etw. Zeugnis ablegen":
Jmdm. Dankbarkeit, Trauer, Respekt, Hochachtung bezeigen (= zeigen, erweisen, ausdrücken); *jmds. Schuld oder Unschuld bezeugen; die Wahrheit unter Eid bezeugen* (= davon Zeugnis ablegen).

Manchmal können beide Verben gleich verwendet werden, ihr kleiner Bedeutungsunterschied führt jedoch oft zu Verwechslungen. In folgendem Beispiel ist der Gebrauch beider Verben möglich:
Er bezeigte der Witwe seine Trauer (= gab seiner Trauer Ausdruck). *Er bezeugte der Witwe seine Trauer* (Er bekundete, legte von seiner Trauer Zeugnis ab).

Beziehung - Bezug: *Beziehung* drückt den Tatbestand eines wechselseitigen Zusammenhanges aus, während *Bezug* den Vorgang des Zusammenhangs, die Erzeugung der Beziehung meint:
Er hat keine Beziehung zur Literatur. Die Beziehung zwischen Politikern und Bürgern könnte besser sein. In dieser Beziehung muß noch viel aufgearbeitet werden. In bezug auf Ihr Anliegen wurde so entschieden. Der Bezug von Kleidung durch das Versandhaus ist bequem.

beziehungsweise: Die Konjunktion *beziehungsweise* stammt aus der Kanzleisprache und kann durch *oder, vielmehr, besser gesagt, genauer gesagt* ersetzt werden, was stilistisch schöner ist:
Den April verbringen wir heuer in Griechenland genauer gesagt auf Santorini (Nicht: *Den April verbringen wir heuer in Griechenland beziehungsweise auf Santorini*). *Er wohnt jetzt in München vielmehr in einem Vorort von München* (Nicht: *Er wohnt jetzt in München beziehungsweise in einem Vorort davon*).

beziffern, sich: Die Wendung *sich beziffern auf* ist standardsprachlich korrekt nur bei bestimmten Angaben zu verwenden. Der Gebrauch bei unbestimmten Angaben ist zu vermeiden:

Die Ausgaben beziffern sich auf 5000 Mark. Die Einnahmen dagegen beziffern sich auf eine Summe von 4999 Mark. (Nicht: *Die Ausgaben beziffern sich auf einen immensen Betrag.*)
Bezug - Beziehung: → Beziehung - Bezug
Bezug nehmend - in bezug: Beide Wendungen werden immer getrennt geschrieben. Groß geschrieben wird *Bezug* in folgenden Wendungen:
mit Bezug auf; Bezug nehmend; unter Bezug auf.
Dagegen wird klein geschrieben:
in bezug auf.
Die in der Amtssprache verwendete Floskel *Bezug nehmend auf* ... ist stilistisch unschön und kann durch Umschreibung oder durch die Verwendung einer Bezugszeichenzeile vermieden werden:
Ich habe Ihren Antrag geprüft und teile Ihnen mit ... (Statt: *Bezug nehmend auf Ihren Antrag teile ich Ihnen mit* ...).
Ihr Antrag vom 11. 10. 1990.
bezüglich: Die in Behörden- und Geschäftssprache noch häufig verwendete Präposition *bezüglich* wirkt schwerfällig und wird besser ersetzt durch *in, von, wegen, über*:
Über diesen Fall läßt sich noch nichts Konkretes sagen (Statt: *Bezüglich dieses Falles* ...). *In Ihrer Angelegenheit wurde folgendes entschieden.* (Statt: *Bezüglich Ihrer Angelegenheit* ...).
In der Regel folgt nach diesen Präpositionen ein Genitiv.
bezweifeln - zweifeln: Das Verb *bezweifeln* bedeutet "einen Sachverhalt in Frage stellen, Zweifel hegen". Ein Nebensatz darf nur mit *daß*, nicht mit *ob* angeschlossen werden:
Man bezweifelte seine Aussagen. Er bezweifelt, daß sie das korrekt wiedergegeben hat (Nicht: *..., ob sie das korrekt wiedergegeben hat*).
Das Verb *zweifeln* bedeutet "unsicher sein bezüglich einer Person oder einer Sache". Es kann mit *ob*, d.h. einem indirekten Fragesatz, oder mit *daß*, d.h. einem Inhaltssatz, angeschlossen werden:
Sie zweifelt an seiner Standhaftigkeit. Sie zweifelt daran, ob er standhaft ist. Sie zweifelt daran, daß er standhaft ist.
Biathlon, das: [aus lat. bi "zwei" und griech. athlon "Kampf"]
Wintersportliche Diszplin aus Skilanglauf in Verbindung mit Scheibenschießen.
Bibliophile: Das substantivierte Adjektiv *Bibliophile*, "der oder die Bücherliebhaber(in)", wird wie ein attributives Adjektiv dekliniert:
Ein Bibliophiler, eine Bibliophile, fünf Bibliophile, die Bibliophilen, wenige Bibliophile etc.
In der Fachsprache der Antiquare ist auch die schwache Deklination üblich:
Ein Bibliophile, fünf Bibliophilen.
Bibliothekar: Dieses Substantiv wird stark dekliniert. Es muß heißen:
Der Bibliothekar, des Bibliothekars, dem Bibliothekar, den Bibliothekar (Nicht: *des Bibliothekaren, dem, den Bibliothekaren*).
Der Plural lautet: *die Bibliothekare.*
bieder: Wird *bieder* gebeugt oder gesteigert, bleibt das *e* der Endsilbe erhalten:
Sie war ein durch und durch biederer Typ. Aber manche sind noch biederer als bieder.
Biedermann: Die Pluralform zu diesem Substantiv lautet: *die Biedermänner.*
Biedermeier: Diese kunst- und literaturwissenschaftliche Epochen- und Stilbezeichnung besitzt sächliches Geschlecht: *das Biedermeier.* In der Wissenschaftssprache entfällt in der Regel die Genitivendung: *des Biedermeier.* In der allgemeinen Sprache heißt es: *des Biedermeiers.*
biegen: → beugen
Billett: Dieses Substantiv bildet die Pluralformen: *die Billetts* und *die Billette.*
Bindestrich: → Kapitel Zeichensetzung
Bindewort: → Konjunktionen
Bindewortsatz: → Konjunktionalsatz
binnen: In der Regel folgt auf die Präposition *binnen* ein Dativ, besonders wenn der

Fall nicht - z. B. an einem Attribut - zu erkennen ist. Nur in der gehobenen Sprache kann in diesen Fällen ein Genitiv stehen:
binnen fünf Wochen; binnen kurzem; binnen wenigen Sekunden; binnen knapper sechs Wochen; binnen eines Monats.
Biographie - Biografie: → f - ph
bis: *bis* kann als Adverb, als Präposition aber auch als Konjunktion fungieren.
Das Adverb *bis* steht vor anderen Präpositionen, die den Kasus des nachfolgenden Substantivs regieren:
bis zum Kragen; bis zum Morgengrauen; bis in den Morgen; bis über den Kopf.
Die Präposition *bis* zieht bei Ortsnamen, Ortsadverbien und Zeitangaben den Akkusativ nach sich:
bis München; bis dahin; bis Ende März; bis nächsten Mittwoch; bis kommende Weihnachten; bis Freitag, den 13.
In der Verbindung *von ... bis* folgt ebenfalls der Akkusativ:
Von Dienstag, dem 11. Dezember, bis Mittwoch, den 20. März, wird durchgearbeitet.
bis auf - bis zu: Bei räumlichen und zeitlichen Angaben der Erstreckung wird heute allgemein der dem *bis* folgende Begriff eingeschlossen:
Das Seminar findet von Januar bis April statt (= einschließlich April). *Urlaub mache ich von April bis November* (= einschließlich November). *Sie tranken alles bis auf den letzten Tropfen* (= einschließlich des Tropfens).
In der Verbindung mit *zu* gibt diese Kombination die mögliche Höchstgrenze eines Wertes an:
Das kann ihm bis zu zwölf Monaten Führerscheinentzug einbringen. Kleinkinder bis zu zwei Jahren sind frei.
In der Umgangssprache kann dabei das *zu* wegfallen:
Kleinkinder bis zwei Jahre sind frei.
Falsch ist die ugs. häufige Kombination von *bis ... zu* und *mehr, öfter* da sich ein *mehr* über die Höchstgrenze hinaus widerspricht:

Diese Reifen halten bis zu 20.000 km und mehr.
bisher - bislang - seitdem - seither:
bisher und *bislang* bezeichnen die Dauer von einem vergangenen unbestimmten Zeitpunkt bis zu einem gegenwärtigen bestimmten Zeitpunkt:
Bisher ging alles schief. (=bis zum Zeitpunkt des gesagten oder geschriebenen Satzes) *Bislang konnte dagegen nichts unternommen werden.*
seitdem und *seither* bezeichnen die Zeitspanne von einem bestimmten Punkt in der Vergangenheit bis zur Gegenwart:
Wir studierten zusammen, seither habe ich ihn nicht mehr gesehen.
bislang: Das Adverb *bislang* im Sinne von "bis jetzt" darf nicht beifügend vor einem Substantiv stehen. Es muß heißen:
Meine bisherigen (Nicht: *bislangen*) *Erfahrungen haben das gezeigt.*
bißchen: Dieses Wort wird heute als unbestimmtes Fürwort im Sinne von "wenig" angesehen und deshalb klein geschrieben. Dieses Pronomen bleibt auch in Kombination mit einem bestimmten oder unbestimmten Artikel immer undekliniert:
Das oder *ein bißchen Kleid; des* oder *eines bißchen Kleides wegen; mit dem* oder *einem bißchen Kleid.*
Bit, das: [engl. aus: bi(nary digi)t "binäre Ziffer"]
Binäre Einheit, kleinste Darstellungseinheit für Daten in binären Systemen.
bitte: Als bloße Höflichkeitsfloskel wird *bitte* nicht durch Kommas abgetrennt. Will man es betonen, wird, wo immer im Satz es steht, durch Kommas abgetrennt:
Die Tiere bitte nicht füttern. Bitte nicht rauchen. Bitte, helfen Sie mir! Helfen Sie mir, bitte! Schicken Sie mir, bitte, den Scheck bald.
bitten: Das Verb *bitten* steht meist mit der Präposition *um* und kann einen doppelten Akkusativ nach sich ziehen:
Ich bitte Sie um die versprochenen Materialien.

Die Kombination *bitten* plus erweiterter Infinitv kann mit Kommas oder ohne stehen, je nachdem, ob es als Vollverb oder Hilfsverb verstanden wird. Wird *bitten* ergänzt durch eine Umstandsbestimmung ist es immer ein Vollverb, es muß ein Komma gesetzt werden:
Wir bitten, das Rauchen einzustellen. Wir bitten das Rauchen einzustellen. Wir müssen Sie bitten, das Rauchen einzustellen.

bitter: Wird *bitter* gebeugt oder gesteigert, bleibt das *e* der Endsilbe in der Regel erhalten; nur in der gebeugten Form des Komparativs entfällt das erste *e* zuweilen:
Das war schon eine bittere Erfahrung, aber diese wurde noch bitterer. Diese noch bitterere oder *bittrere Frucht entpuppte sich als ungenießbar.*

bitterböse: Das durch den Ausdruck *bitter* verstärkte Adjektiv schreibt man in der Satzaussage und in beifügender Stellung zusammen:
Er wandte ihm eine bitterböse Miene zu. Er war ihm bitterböse.

bitterernst: Das durch den Ausdruck *bitter* verstärkte Adjektiv schreibt man in der Satzaussage und in beifügender Stellung zusammen:
Sie meinte das bitterernst. Sie führten ein bitterernstes Gespräch.

bitterkalt: Das durch den Ausdruck *bitter* verstärkte Adjektiv schreibt man nur in beifügender Stellung zusammen:
Es geschah in einem bitterkalten Wintermonat.
In der Satzaussage schreibt man getrennt:
Dieser Wintermonat war bitter kalt.

bitter Klage führen - bittere Klage führen: Diese zweite Variante ist falsch, da nur die ganze Fügung *eine Klage führen* durch das Adjektiv *bitter* erweitert werden kann; es wird nicht das Substantiv *Klage* durch die Beifügung *bittere* näher bestimmt:
Der kleine Junge führte bitter Klage über die verständnislosen Eltern (Nicht: *Der kleine Junge führte bittere Klage über die verständnislosen Eltern*).

Blackout, das oder der: [engl. blackout "Verdunkelung"]
Plötzliches Abdunkeln der Szene im Theater; Unterbrechung eines Funkkontakts. Umgangssprachlich wird *Blackout* heute auch für einen plötzlichen Ausfall des Denkvermögens verwendet.

blamabel: Wird *blamabel* gebeugt oder gesteigert, entfällt das *e* der Endsilbe:
Sein blamables Verhalten gereichte ihm nicht zur Ehre. Ein blamableres Verhalten hat es noch nicht gegeben.

blank: Das selbständige Adjektiv schreibt man vom nachfolgenden Verb getrennt:
Der Junge wird den Wagen blank putzen. Das macht er, weil er total blank ist (= ugs. für: kein Geld haben).
Entsteht durch die Kombination ein neuer Begriff, schreibt man zusammen:
Im Morgengrauen haben die Duellanten blankgezogen (= die Säbel, die Pistolen gezogen).
Das Adjektiv *blank* wird mit dem folgenden 2. Partizip zusammen geschrieben, wenn die Kombination in adjektivischem Sinn verwendet wird; auf der ersten Silbe liegt die Betonung:
Mit blankgezogenen Säbeln standen sie sich gegenüber. Der blankpolierte Wagen glänzte in der Sonne.
Dominiert die Vorstellung der Tätigkeit, schreibt man getrennt; beide Wörter sind betont:
Der blank polierte Wagen glänzte in der Sonne.
In der Satzaussage werden beide Wörter immer getrennt geschrieben:
Der Wagen ist blank geputzt und blank poliert.
Gesteigert wird ohne Umlaut:
blank, blanker, am blanksten.

Blasebalg: Das Substantiv Blasebalg ist männlichen Geschlechts. Es heißt: *der Blasebalg* (Nicht: *das Blasebalg*). Die Pluralform lautet: *die Blasebälge* (Nicht: *die Blasebälger*). → Balg

blasen: Im Indikativ Präsens wird der Stammvokal umgelautet. Es heißt: *ich blase; du bläst; er, sie, es bläst.*
Die präsentische Form *du bläsest* ist veraltet; in der Vergangenheit muß es dagegen *du bliesest* heißen. Die Vergangenheitsform *blus* ist standardsprachlich falsch.

Blasphemie, die: [lat. und griech. blasphemía "Schmähung"] Gotteslästerung; verletzende Äußerung über Heiliges.

blaß: Im Komparativ und Superlativ von *blaß* sind als Formen standardsprachlich korrekt:
blaß, blasser oder *blässer, blassest* oder *blässest.* Die Formen ohne Umlaut sind heute gebräuchlicher.

Blatt: Der Plural lautet Blätter aber als Mengenangabe folgt nach Zahlen das Stichwort im Singular:
Ich kaufte 20 Blätter in diesem Laden. Ich erstand 50 Blatt Briefpapier.
Nach *Blatt* hat sich heute der Gebrauch der Apposition durchgesetzt:
50 Blatt handgeschöpftes Papier (Statt: *50 Blatt handgeschöpften Papiers*).

blau: Groß zu schreibende Eigennamen mit dem Bestandteil *blau* wären zum Beispiel:
der Blaue Reiter; die Blauen Berge; der Blaue Nil etc.
Fungiert die Farbbezeichnung als selbständiges Adjektiv, schreibt man es vom nachfolgenden Verb getrennt:
Er hat die rosaroten Wolken blau gefärbt. Sie ist vor Kälte ganz blau gewesen. Gestern abend ist er wieder ganz schön blau gewesen (= ugs. für: betrunken gewesen). *Das Kind hat mit dem Stift die Wand blau gemacht.*
Entsteht durch die Kombination ein neuer Begriff, wobei *blau* nur Verbzusatz ist, schreibt man zusammen:
Am Montag haben die meisten blaugemacht (= ugs. für: nicht zur Arbeit erscheinen).
Das Farbadjektiv und ein folgendes 2. Partizip schreibt man zusammen, wenn diese Kombination adjektivisch verwendet wird; nur das Farbadjektiv ist betont:
Er trägt nur blaugefärbte Kleidungsstücke.
Dominiert die Vorstellung des Tuns, schreibt man getrennt; beide Wörter sind betont:
Er trägt nur blau gefärbte Kleidungsstücke.
In der Satzaussage werden beide Wörter immer getrennt geschrieben:
Seine Kleidungsstücke sind alle blau gefärbt.
→ Farbbezeichnungen

bläuen - bleuen: *bläuen* ist eine falsche Schreibweise des Verbs *bleuen.* → bleuen

Blei: Das Substantiv als Bezeichnung für das Metall hat sächliches Geschlecht: *das Blei.* Die Kurzform *Blei* für (ugs.) *Bleistift* kann sowohl sächlich als auch männlich sein:
Das ist aber ein stumpfes oder *stumpfer Blei.*
→ Bleistift

bleibenlassen - bleiben lassen: Werden beide Wörter in ihrer ursprünglichen Bedeutung verwendet, werden sie getrennt geschrieben:
Kannst du uns nicht noch ein wenig bleiben lassen?
Ergibt sich aus der Kombination ein neuer Sinn, wird zusammen geschrieben:
Wir werden diese Unsitte nie bleibenlassen (= unterlassen).
Umgangssprachlich ist *bleibenlassen* für "etw. nicht tun" akzeptiert:
Das wirst du schön bleibenlassen!

bleichen: Das transitive Verb *bleichen* in der Bedeutung "bleich machen, aufhellen" beugt man regelmäßig:
bleichen, bleichte, gebleicht.
Das intransitive Verb *bleichen* im Sinne von "Farbe verlieren, bleich werden" wird unregelmäßig gebeugt, eine Regel, die allerdings veraltet ist. Auch hier wird heute schon meist regelmäßig gebeugt:

Die Vegetation ringsum blich oder *bleichte dahin. Seine Haut war schon stark geblichen* oder *gebleicht.*
Bei den mit *bleichen* als Stamm zusammengesetzten Verben schwankt der Gebrauch. Meistens tendiert man heute zur regelmäßigen Beugung:
Mit diesem ätzenden Mittel hat man die Farben ausgebleicht. Er erbleichte und sah aus wie die Wand hinter ihm.
Das Verb *verbleichen* allerdings wird meist noch unregelmäßig gebeugt:
In ihren verblichenen Kleidungsstücken sahen sie aus wie Schemen. Sein Ruhm verblich schnell.
In der gehobenen Sprache wird das aus dem 2. Partizip gebildete Substantiv der *Verblichene* im Sinne von "der Verstorbene" gebraucht:
Der liebe Verblichene hat uns ein Vermögen hinterlassen.
Bleistift: Standardsprachlich besitzt das Substantiv *Bleistift* männliches, nicht sächliches Geschlecht. Es heißt: *der Bleistift*. Im süddeutschen Sprachraum wird umgangssprachlich auch *das Bleistift* gebraucht. → Blei
bleu: Dieses Farbadjektiv ist der französischen Sprache entlehnt. Es kann weder gebeugt noch gesteigert werden. Um es als Beifügung verwenden zu können, behilft man sich durch Zusammensetzung mit *-farben* oder *-farbig*:
Sie trug ein bleufarbenes Kostüm. Auch ihre Handschuhe waren bleufarbig.
In Kombination mit einem Artikel oder einer Präposition schreibt man *bleu* groß:
ein Traum in Bleu; das märchenhafte Bleu.
→ Farbbezeichnungen
bleuen: Dieses Verb geht auf das mittelhochdeutsche *bliuwen* zurück und hat nichts mit *blau* zu tun. Die Schreibweise *bläuen* ist falsch. Das gilt auch für die zusammengesetzten Verben: *durchbleuen*, *verbleuen* und *einbleuen*.
blind: Werden *blind* und das folgende Verb in ihrer ursprünglichen Bedeutung verwendet, werden sie getrennt geschrieben:
Kätzchen werden blind geboren.
Ergibt sich aus der Kombination ein neuer Sinn, wird zusammen geschrieben:
Im Maschinenschreibkurs lernte er blindschreiben (=ohne hinzusehen).
blindfliegen: Das fachsprachliche Verb *blindfliegen* ist eine unfeste Zusammensetzung. Es heißt:
Sie fliegt blind. Er flog blind. Sie sind zusammen blindgeflogen. Man wollte üben, blindzufliegen.
Blitzesschnelle - blitzschnell: Beide Schreibweisen sind korrekt, können aber in ihrer Verwendung nicht ausgetauscht werden:
Das ging in Blitzesschnelle (Nicht: *in blitzschnelle*) *vor sich. Das ging blitzschnell* (Nicht: *Blitzesschnell*) *vor sich.*
Block: Hierzu gibt es zwei Pluralbildungen: *die Blocks*, *die Blöcke*. Die *Blocks* heißt es bei allen geschichteten und aneinander gelegten Dingen, z. B. in folgenden Zusammensetzungen:
Schreib-, Rezept-, Papier-, Notiz-, Brief-, Rechnungsblock; Häuser- und Wohnblocks.
Bei klotzigen oder kompakten Gegenständen oder Organisationen verwendet man *Blöcke:*
Beton-, Eis-, Holz-, Marmor-, Zylinderblöcke; Macht-, Wirtschafts-, Militärblöcke.
Bei Bündnissen (siehe letzte Beispiele) kann auch *die Blocks* verwendet werden.
blöd - blöde: Beide Schreibweisen dieses Adjektivs sind korrekt. Im Sinne von "schwachsinnig" gebraucht man in der Regel die Form mit der Endung auf e:
Dieser Mensch war von Geburt an blöde.
blond: Das Adjektiv und ein folgendes 2. Partizip schreibt man zusammen, wenn diese Kombination adjektivisch verwendet wird; nur *blond* ist betont:
Er verabscheute blondgefärbte Haare.

Blonde

Dominiert die Vorstellung des Tuns, schreibt man getrennt; beide Wörter sind betont:
Ihre blond gefärbten Haare gefielen allen.
In der Satzaussage werden beide Wörter immer getrennt geschrieben:
Sie hatte ihre Haare blond gefärbt.
Blonde: Das Substantiv *die* oder *der Blonde* im Sinne von "blondhaariger Mensch" und das Substantiv *das* oder *die Blonde* im Sinne von "helles Bier, Weißbier (in Berlin)" werden wie ein attributives Adjektiv gebeugt:
eine Blonde, zwei kleine Blonde (Nicht: Blonden). *Er schäkerte mit einer Blonden. Er trank ein kühles Blondes* oder *eine kühle Blonde. Er streichelte eine kühle Blonde* (Nicht: *ein kühles Blondes*).
Blondine: Im Gegensatz zu *Blonde* ist *Blondine* ein echtes Substantiv. Der Genitiv Singular lautet: *der Blondine*.
Die Pluralform ist: *die Blondinen*. Es heißt also:
Ich traf drei hübsche, echte Blondinen (Nicht: *Ich traf drei hübsche, echte Blondine*).
Bluejeans - Blue jeans, die: [engl.-amerik. blue jeans "blaue Arbeitshose"]
Beide Schreibweisen sind korrekt.
Blut: Das Substantiv *das Blut* wird in der Regel nur in der Einzahl gebraucht. In der medizinischen Fachsprache gibt es auch die Pluralform: *die Blute*.
Blut- - Bluts-: Komposita mit dem determinierenden Substantiv *Blut* werden mit Fugen-s gebildet, wenn es sich bei *Blut* um "die Adernflüssigkeit von menschlichen oder tierischen Organismen" handelt:
Blutdruck, Blutbild, Blutbad, Blutgerinsel, Bluterguß etc.
Ausnahme ist hier: *der Blutstropfen*.
Ohne Fugen-s geschrieben sind auch Übertragungen und Metaphern:
Blutsauger, Blutbuche etc.
Dasselbe gilt für Wörter, bei denen der determinierende Teil als Verstärkung der Aussage verwendet wird:
Sie war blutjung (= sehr jung).

Wenn *Blut* in der Bedeutung "verwandtschaftliche Beziehung" gebraucht wird, stehen die Komposita mit Fugen-s:
Blutsbande, blutsverwandt, Blutsbrüderschaft.
Ausnahme ist hier: *die Blutschande.*
blutstillend: Dieses Kompositum steht immer ohne Fugen-s.
Boden: Das Substantiv *der Boden* bildet die Pluralformen: *die Böden* und *die Boden*, wobei letztere nicht umgelautete Form nicht mehr gebräuchlich ist.
Bodybuilding: [engl. bodybuilding "Körper bilden im Sinne von aufbauen"] Methode der Körperbildung und Perfektionierung der Körperformen durch gezieltes Muskeltraining mit dafür entwickelten Geräten.
Bogen: Die standardsprachlich korrekte Pluralform dieses Substantivs lautet: *die Bogen*. Im süddeutschen Sprachraum ist auch die umgeleitete Form *die Bögen* gebräuchlich. Das Kompositum *der Ell(en)bogen* hat nur die Pluralform: *die Ell(en)bogen.*
Boheme, die: [franz. bohémien "Zigeuner"]
Künstlerkreise außerhalb der bürgerlichen Gesellschaft; unkonventionelles Künstlermilieu, Künstlertum. Der *Bohemien* ist Mitglied solcher Kreise; leichtlebige und unbekümmerte (Künstler)natur.
bohnen - bohnern: Die standardsprachlich korrekte Form des Verbs ist *bohnern*:
Sie bohnert das Parkett. Er rutscht auf dem gebohnerten Boden aus.
Bolz - Bolzen: Die standardsprachlich korrekte Form des Substantivs lautet: *der Bolzen.*
Bonbon: Das Substantiv *Bonbon* kann sowohl mit männlichem als auch mit sächlichem Artikel stehen: *der Bonbon* oder *das Bonbon*. Beide Möglichkeiten sind korrekt.
Bonus: Dieses Substantiv kann in allen Kasus unverändert verwendet werden, da-

neben gibt es aber auch die Möglichkeit mit deutschen Endungen:
der Bonus, des Bonus, dem Bonus, den Bonus; Plural: *die Bonus.* Oder: *der Bonus, des Bonusses, dem Bonus, den Bonus;* Plural: *die Bonusse.*
Boot: Der standardsprachlich korrekte Plural zum Substantiv *das Boot* lautet: *die Boote.* Im norddeutschen Sprachraum kommt auch *die Böte* vor.
Bord: Das männliche Substantiv *der Bord* bedeutet "Schiffsrand, Schiffsdeck". Das sächliche Substantiv *das Bord* bedeutet "Bücherbrett, Wandbrett". Zu beachten ist, daß Komposita mit dem determinierenden männlichen Substantiv *der Bord* wieder sächlich sind: *das Steuerbord, das Backbord.*
borgen - leihen: Beiden Verben gemeinsam ist die Verwendung in den Bedeutungen "jmdm. etwas geben mit der Bedingung der Rückgabe", "von jmdm. etwas nehmen mit dem Versprechen der Rückgabe":
Würdest du mir bitte dieses Buch eine Woche borgen oder *... leihen? Sie borgt* oder *leiht ihm selbstverständlich den benötigten Betrag.*
Das Verb *leihen* kann im Gegensatz zu *borgen* auch im übertragenen Sinne von "etwas gewähren" gebraucht werden:
Willst du mir in dieser Angelegenheit deinen Beistand leihen? (= geh. für: Unterstützung geben, gewähren) *Sie mußte ihm den ganzen Abend ihr Ohr leihen* (= zuhören).
böse: Wird das Adjektiv in der Bedeutung "ärgerlich" gebraucht, kann die Person, auf die man sich bezieht, im Dativ folgen oder durch die Präposition *mit, über, auf* angeschlossen werden:
Ich bin dir böse. Ich bin böse auf dich. Ich bin böse über dich, weil du das Buch nicht zurückgegeben hast.
Bezieht sich der Ärger auf eine Sache, ist nur die Präposition *über* korrekt:
Er war böse über meine Schlamperei.

Als Adjektiv wird *böse* klein geschrieben; auch dann, wenn ihm ein Artikel vorausgeht, die Kombination aber für ein einfaches Adjektiv steht:
Die bösen Kinder ärgern ihre Nachbarn. Die Hexe hat den bösen Blick. Sie haben sich im bösen getrennt (= unversöhnlich).
Als substantiviertes Adjektiv wird es groß geschrieben:
Jesus soll Böses mit Gutem vergolten haben. Nichts Böses ahnend kam ich in diese Stadt. Dieser Mensch ist jenseits von Gut und Böse.
Bösewicht: Beide diesem Substantiv zugehörigen Pluralformen: *die Bösewichte, die Bösewichter* sind korrekt und ohne einen Bedeutungsunterschied zu gebrauchen.
Bordeaux, der: Wein aus der Umgebung der französischen Stadt *Bordeaux.*
Bouillabaisse, die: [franz. bouillabaisse "Siede und senk dich!" gleichbed.] Würzige Fischsuppe.
Bouillon, die: [franz. bouillir "sieden, kochen"]
Kraft-, Fleischbrühe; bakteriologisches Nährsubstrat.
Boulevard, der: [franz. boulevard] Breite (Ring)straße.
Bourgeois, der: [franz. bourgeois "Bürger"]
Wohlhabender, selbstzufriedener Bürger (wird in diesem Sinn ugs. oft negativ verwendet); politischer Stand, Bürgertum; herrschende Klasse der kapitalistischen Gesellschaft im Besitz der Produktionsmittel (Karl Marx).
bourgeois: Das aus dem Französischen kommende Adjektiv *bourgeois* wird wie ein deutsches Adjektiv gebeugt:
Er kultiviert einen ziemlich bourgeoisen Lebensstil. Das ist eine bourgeoise Einstellung. Die Geschichte zeigt, daß nicht jeder Revolutionär von bourgeoisem Verhalten frei ist.
→ Bourgeois, der
Boutique, die: [franz. boutique "kleiner Laden, Vorratsraum"]

boxen

Kleiner Laden für modische und exklusive Neuheiten.

boxen: Ist nur das geboxte Objekt angegeben, steht dieses im Akkusativ:
Er glaubte, Cassius Clay boxe ihn.
Ist der Körperteil angegeben, folgt nach *boxen* die betroffene Person meist im Dativ:
Cassius Clay boxte ihm mitten ins Gesicht.
Es kann aber auch der Akkusativ stehen, wenn die Bestroffenheit der geboxten Person ausgedrückt werden soll:
Cassius Clay boxte ihn mitten ins Gesicht.

Brainstorming, das: [engl.-amerik. brainstorm "Geistesblitz"] Verfahren, durch Sammeln spontaner Einfälle die beste Lösung eines Problems zu finden; Methode, Material z. B. für einen Artikel oder Aufsatz zu bekommen.

Brandmal: Das Substantiv *das Brandmal* bildet die Pluralform: *die Brandmale.* Selten heißt es auch: *die Brandmäler.*

braten: Im Indikativ Präsens wird der Vokal des Verbs *braten* umgelautet. Es heißt korrekt:
Ich brate; du brätst; er, sie, es brät.

brauchen: Dem Verb in der Verwendung von "benötigen, bedürfen, verwenden, benutzen" folgt der Akkusativ:
Die Kinder brauchen neue Winterstiefel.
Er sollte mal sein Gehirn und nicht seine Fäuste brauchen.
Bei unpersönlichen Konstruktionen folgt in der gehobenen Sprache ein Genitivobjekt, umgangssprachlich kann auch ein Akkusativ stehen:
Dazu braucht es keines Zeugen mehr. Dazu braucht es keinen Wünschelrutengänger.
Von der Konstruktion *brauchen* plus Infinitiv mit *zu* sollte in der Schriftsprache das *zu* immer dabeistehen, umgangssprachlich wird es oft weggelassen. Diese Konstruktion in verneinter bzw. mittels *nur* oder *erst* eingeschränkter Form bedeutet, daß etw. nicht oder nur unter bestimmten Bedingungen notwendig ist. Auch hier sollte in der Schriftsprache das *zu* nicht fehlen:
Ihr braucht mich nicht zu besuchen (Statt: *Ihr braucht mich nicht besuchen*). *Ihr braucht erst im Sommer zu kommen* (Statt: *Ihr braucht erst im Sommer kommen*).
Die Konjunktivformen *bräuchte, bräuchtest* sind standardsprachlich nicht korrekt. Es muß heißen: *brauchte, brauchtest.*
Das Verb *gebrauchen* sollte man einsetzen, wenn man eine Sache, die man selbst besitzt bzw. zur Verfügung hat ihrem Zweck oder den Umständen gemäß verwendet:
Er gebrauchte seine ganzen Verführungskünste, um sie zu erobern. Er gebrauchte seinen neuen Füllhalter zum Unterschreiben. Sie gebrauchte die zärtlichsten und einschmeichelnsten Worte, um das Vertrauen des Kindes zu gewinnen.

braun: Das Farbadjektiv und ein folgendes 2. Partizip schreibt man zusammen, wenn diese Kombination adjektivisch verwendet wird; nur das Farbadjektiv ist betont:
Er trägt nur braungefärbte Kleidungsstücke.
Dominiert die Vorstellung des Tuns, schreibt man getrennt; beide Wörter sind betont:
Er trägt nur braun gefärbte Kleidungsstücke.
In der Satzaussage werden beide Wörter immer getrennt geschrieben:
Seine Kleidungsstücke sind alle braun gefärbt. → Farbbezeichnungen

Bräutigam: Zu diesem Substantiv heißt die - selten verwendete - Pluralform standardsprachlich korrekt: *die Bräutigame.* In der Umgangssprache wird auch *die Bräutigams* gebraucht.

brav: Die Vergleichsformen von *brav* werden ohne Umlaut gebildet:
brav, braver, am bravsten; der Bravste (Nicht: *brav, bräver, am brävsten; der Brävste*).

brechen: Im Indikativ Präsens wird der Vokal des Verbs brechen verändert. Es heißt korrekt:

Ich breche; du brichst; er, sie, es bricht. Der Imperativ lautet: *brich!* (Nicht: *breche!*).
Nach der Wendung *den Stab brechen über* in der Bedeutung "jmdn. (voreilig) verurteilen" folgt heute ein Akkusativ, den die Präposition *über* bei übertragenem Gebrauch fordert:
Sie haben den Stab über ihren Sohn gebrochen (Nicht: *Sie haben den Stab über ihrem Sohn gebrochen*).
In alten Texten findet man vereinzelt einen Dativ:
Die Richter brachen den Stab über dem Angeklagten.
Bredouille, die: [franz. bredouille "Matsch"]
Verlegenheit, Bedrängnis, Not.
breit: Auch in Verbindung mit einem Artikel schreibt man *breit* klein, wenn die beiden Begriffe für ein einfaches Adjektiv stehen:
Ihre Reiseerlebnisse haben sie uns des langen und des breiten (= umständlich) *erzählt. Die Zuhörer wollten seine Abenteuer des breiteren* (= ausführlicher) *erfahren.*
Groß geschrieben wird das substantivierte Adjektiv:
ins Breite gehen; ins Breite fließen.
Adverb und nachfolgendes Verb werden getrennt geschrieben, wenn beide Wörter ihre ursprüngliche Bedeutung behalten:
Er hat das Maß zu breit genommen. Der Pfad ist schon ganz breit getreten.
Besteht eine bedeutungsmäßig enge Verbindung oder entsteht eine neue Bedeutung, wird zusammen geschrieben:
In der Terminfrage hat er sich breitschlagen lassen (= überreden lassen). *Ein Gerücht breittreten* (= weitererzählen, wiederholen) *ist seine Sache nicht. Wenn sie sich nur nicht überall breitmachen* (= zuviel Platz beanspruchen) *würden.*
Breite: Man sagt korrekt:
Das Haus mißt 25 m in der Breite (Nicht: *Das Haus mißt 25 m in die Breite).*

brennen: Nach *brennen* im Sinne von "schmerzen" stehen die Person oder die angegebenen Körperteile im Dativ; dies trifft ebenfalls zu, wenn eine übertragene Bedeutung vorliegt:
Nach diesem Marsch brennen mir die Füße. Das exotische Gericht brannte mir wie Feuer im Mund.
Brennessel: Dieser Pflanzenname, der aus *Brenn-* und *Nessel* zusammengesetzt ist, verliert vor dem Vokal das dritte *n*. Bei der Silbentrennung muß es geschrieben werden: *Brenn/nessel.*
Brief: → Kapitel Schriftverkehr
Brigadier: Dieses Substantiv bildet zwei Pluralformen: *die Brigadiers, die Brigadiere*. In der Bedeutung "Leiter einer Arbeitsbrigade" sind beide Pluralformen üblich. Im ursprünglichen Sinne von "Befehlshaber einer Brigade" ist nur der Plural *die Brigadiers* korrekt.
bringen - erbringen: Im Unterschied zu *bringen* drückt *erbringen* besonders die Erzielung eines Ergebnisses aus und wird in der Regel amtlich, sachlich feststellend verwendet:
Die Nachforschungen erbrachten den Nachweis eines Versäumnisses maßgeblicher Stellen. Die Sammelaktion erbrachte einen Reingewinn von 35.000 Mark.
Das Verb *bringen* steht dagegen oft in Nominalfügungen:
Die Fraktion hatte das zur Kenntnis gebracht (= bekanntgegeben). *Er wollte alles über sie in Erfahrung bringen* (= durch Nachforschen, Untersuchen erfahren). *Schließlich haben sie das Projekt zu einem guten Abschluß gebracht* (= beendet). *Was willst du damit zum Ausdruck bringen?* (= ausdrücken, sagen).
→ Nominalstil
Brösel: In der Einzahl ist dieses Substantiv männlich, es heißt: *der Brösel.* Die Pluralform ist: *die Brösel* (Nicht: *die Bröseln*). Landschaftlich umgangssprachlich ist im Singular auch *das Brösel* üblich.
Brot: Der Plural dieses Substantiv lautet: *die Brote.*

Bruch: Das Substantiv *Bruch* in der Bedeutung "sumpfige Niederung" steht sowohl mit männlichem als auch mit sächlichem Geschlecht: *der Bruch, das Bruch.* Der Plural heißt: *die Brüche,* regional auch *die Brücher.*

bruchlanden: Vom Verb *bruchlanden* wird in der Regel nur das 2. Partizip gebraucht:
Sie sind schon mehrmals bruchgelandet. Die bruchgelandete Boing ging in Flammen auf.

bruchrechnen: Vom Verb *bruchrechnen* ist in der Regel nur der Infinitiv gebräuchlich:
Sie konnte noch nie bruchrechnen.
Vereinzelt kommen aber auch andere Formen vor:
Verspotte sie nicht, wenn sie falsch bruchrechnet.

Bruchteil: Es heißt standardsprachlich korrekt *der Bruchteil:*
Sie war nicht den Bruchteil einer Sekunde unsicher (Nicht: *Sie war nicht das Bruchteil einer Sekunde unsicher*). *Er forderte nur einen Bruchteil* (Nicht: *ein Bruchteil*) *der tatsächlichen Kosten.*

Bruchzahlen: *Bruchzahlen* werden groß geschrieben, wenn sie als Substantiv gebraucht werden:
ein Viertel; vier Siebtel; mein Drittel; ein Zehntausendstel.
Als Beifügung, wenn eine Mengen- oder Maßangabe folgt, schreibt man klein:
ein viertel Pfund Butter; fünf tausendstel Sekunden Vorsprung.
Bruchzahlen, die zu festen Maßeinheiten geworden sind, schreibt man zusammen:
eine Viertelstunde; ein Viertelpfund; drei Zehntelsekunden.
Immer richtig ist die Getrenntschreibung auch solcher feststehender Begriffe, will man die Bruchteile betonen:
eine viertel Stunde; ein viertel Pfund; drei zehntel Sekunden.
Besteht der Satzgegenstand aus einer *Bruchzahl* plus Substantiv im Genitiv, folgt das Verb der *Bruchzahl:*
Ein Viertel der Spieler ist verletzt (Nicht:... *sind verletzt*). *Zwei Drittel der Passagiere wurden krank.*
Steht das Substantiv aber im Nominativ Singular, kann das Verb immer im Singular stehen:
Zwei Drittel Passagiere wurde krank.

Bruder - Gebrüder: Wird die Bezeichnung *Bruder* mit der Anrede *Herr* kombiniert, muß *Bruder* im Genitiv gebeugt werden:
Der literarische Erfolg Ihres Herrn Bruders erfreut uns.
Brüder bezeichnet die Mehrzahl des Substantivs *Bruder,* während *Gebrüder* die Gesamtheit der Brüder einer Familie meint.

Bruderschaft - Brüderschaft: Im heutigen Sprachgebrauch wird zwischen beiden Substantiven ein Unterschied gemacht. Dabei bezeichnet *die Bruderschaft* eine "kirchliche Körperschaft" (der Laien und Geistliche angehören können), *die Brüderschaft* meint dagegen eine "enge Freundschaftsbeziehung":
Laßt uns (Bluts-)Brüderschaft schließen, Winnetou! Sie stoßen auf gute Brüderschaft an.

Brünette: Versteht man *Brünette* als substantiviertes Adjektiv (von: *brünette*), wird es wie ein attributives Adjektiv gebeugt:
eine Brünette, fünf Brünette etc.
Versteht man *die Brünette* als echtes, weibliches Substantiv, wird es wie folgt dekliniert:
Die Brünette war nett. Der Blick einer Brünette streifte mich. Er flirtete mit einer Brünette. Ich traf drei hübsche, echte Brünetten (Nicht: *Ich traf drei hübsche, echte Brünette*). → Blondine

Brunft - Brunst: Sowohl *die Brunft* als auch *die Brunst* bedeuten "Zeit der Paarung bzw. der Paarungsbereitschaft bei Säugetieren". Im Sinne "geschlechtlicher Erregung" wird meist *die Brunst* gebraucht.

brustschwimmen: Vom Verb *brustschwimmen* ist in der Regel nur der Infinitiv gebräuchlich:
Sie konnte noch nie brustschwimmen.
Vereinzelt kommen aber auch andere Formen vor:
Lache nicht, wenn sie brustschwimmt.
Buch führen - buchführen: In der Regel schreibt man diesen Ausdruck getrennt. Nur das beifügend verwendete 1. Partizip schreibt man gewöhnlich zusammen:
Er hat fünfunddreißig Jahre in dieser Firma Buch geführt. Der buchführende Angestellte ging in den verdienten Ruhestand.
buchen - abbuchen - verbuchen: Das Verb *buchen* sowie das Verb *verbuchen* können in der Bedeutung von "registrieren, eintragen" verwendet werden. Dabei hebt *verbuchen* eher die Rechtsverbindlichkeit des Vorgangs hervor:
Er hat die Beträge auf das Firmenkonto gebucht. Die Summe wurde auf ihrem Konto verbucht.
Wenn das Verb *abbuchen* ebenfalls in diesem Sinne verwendet werden kann, so ist doch seine Hauptbedeutung "von einem Konto o.ä. wegnehmen":
Die Fixkosten werden vom Konto monatlich abgebucht.
In der Bedeutung "vorbestellen, reservieren" wird nur das Verb *buchen* verwendet:
Ich habe diese Nord-Ost-Passage gebucht.
Buchstabe: Das Substantiv *der Buchstabe* wird im Genitiv Singular in der Regel stark, seltener auch schwach gebeugt: *des Buchstabens* (Selten: *des Buchstaben*).
→ Einzelbuchstaben
Buchtitel: Zitierte *Buchtitel* werden in Anführungszeichen gesetzt, wobei der Artikel miteinbezogen wird. Sehr bekannte Werke können ohne Anführungszeichen stehen. Sind Akkusativ und Nominativ identisch, kann der Artikel außerhalb bleiben. Außerhalb und klein geschrieben muß er stehen, wenn sich durch Beugung des Buchtitels der Artikel ändert:
Für ihn war "Die letzte Welt" ein schönes Leseerlebnis. Goethes Faust liebt er sehr. Der Dichter der "Letzten Welt" ist Christoph Ransmayr.
Das erste Wort des Titels innerhalb der Anführungszeichen wird groß geschrieben. Fällt der Artikel aus, wird das folgende Wort ganz gleich welcher Wortart es angehört, ob mit oder ohne Anführungszeichen, groß geschrieben:
Er las gerade "Die schlaflose Welt" von Stefan Zweig. Er las gerade die "Schlaflose Welt" von Stefan Zweig. Was meinst du zu Schnitzlers Weitem Land.
In gutem Deutsch werden die *Buchtitel* immer gebeugt, auch wenn sie in Anführungszeichen stehen:
Er zitierte laufend aus Zweigs "Silbernen Saiten". Der "Gefährliche Sommer" Ernest Hemingways ist ein spannender Stierkampfroman.
Steht der *Buchtitel* im Plural folgt auch das Verb; hat ein Titel aber mehrere Subjekte, wird er als Einheit verstanden, das Verb steht dann im Singular:
"Die Räuber" wurden (Nicht: *wird*) *schon wieder neu inszeniert. Leonce und Lena wird* (Nicht: *werden*) *vom Spielplan abgesetzt.*
Buddha, der: [sanskr. "der Erleuchtete", Beiname des indischen Prinzen Siddharta] Name für frühere oder spätere Verkörperungen des historischen *Buddha,* die göttlich verehrt werden.
Budget, das: [engl. budget "Haushalt"] Haushaltsplan; bestimmter Betrag für bestimmte Zwecke.
Bulletin, das: [franz. bulletin gleichbed.] Tagesbericht, amtliche Bekanntmachung; Krankenbericht; Sitzungsbericht.
bummeln: Das Perfekt des Verbs *bummeln* im Sinne von "langsam und ohne besonderes Ziel spazierengehen" kann sowohl mit *sein* als auch mit *haben* umschrieben werden. Liegt die Betonung auf der durch das *Bummeln* entstehenden Veränderung des Ortes, also auf der Bewegung, umschreibt man mit *sein:*

Bund

Wir sind die Maximilianstraße entlang gebummelt. Anschließend bin ich noch über den Christkindlmarkt gebummelt. Dominiert die Vorstellung einer Dauer der Bewegung, wird mit *haben* umschrieben: *Im Urlaub hatten wir nach dem Essen immer gebummelt.* Wird das Verb *bummeln* im Sinne von "langsam arbeiten, trödeln" gebraucht, kann nur mit *haben* umschrieben werden: *Diese Helfer haben beim Umzug nur gebummelt.*

Bund: Das männliche Substantiv *der Bund* bedeutet "Bündnis, von Personen organisierter Zusammenschluß" oder "das Verbindende; Bindestück; oberer Rand von Röcken und Hosen" und bildet den Plural: *die Bünde.* Dazu gehören auch die maskulinen Komposita:
Liebesbund, Freundschaftsbund, Staatenbund, Völkerbund und Hosenbund, Hemdenbund etc.
Das sächliche Substantiv *das Bund* bedeutet "etwas zu einem Bündel zusammengebundenes" und bildet den Plural: *die Bunde.* Dazu gehören auch die neutralen Komposita:
Strohbund, Reisigbund etc.
Eine Ausnahme ist *der* oder *das Schlüsselbund*, im Plural: *die Schlüsselbunde.*
Zur Beugung des in Bunde Gemessenen → Bündel

Bündel: Das Gemessene *nach Bündel: ein Bund* oder *Bündel Radieschen* (Nicht: *Radieschens); ein Bündel frisches Stroh* (geh. *frischen Strohes); der Preis eines Bündels Stroh* (Nicht: *Strohes); mit fünf Bündeln altem Heu* (geh. *alten Heues); von einem Bündel verschmutzter Taschentücher* oder *verschmutzte Taschentücher.*

bunt: Das Adjektiv *bunt* wird auch in festen Wendungen klein geschrieben:
In diesem Viertel war er bekannt wie ein bunter Hund. Sie haben einen bunten Abend veranstaltet.
Groß schreibt man die substantivierte Farbbezeichnung:
Von diesem Motiv möchte ich drei Abzüge in Bunt. Die Vergrößerung in Bunt wirkte nicht gut.
Das Adjektiv und ein folgendes 2. Partizip schreibt man zusammen, wenn diese Kombination adjektivisch verwendet wird; nur das erste Wort ist betont:
Er benutzt nur buntgefärbte Taschentücher.
Dominiert die Vorstellung des Tuns, schreibt man getrennt; beide Wörter sind betont:
Die bunt gefärbten Taschentücher mag er besonders.
In der Satzaussage werden beide Wörter immer getrennt geschrieben:
Die Taschentücher sind bunt gefärbt.
Manchmal kann das *e* beim Superlativ von *bunt* ausfallen, man sollte dies jedoch vermeiden:
Das ist das bunteste (Nicht: *buntste) Taschentuch, das ich je sah.*

Bus: Der Genitiv dieser Kurzform von Omnibus lautet: *des Busses*, der Plural: *die Busse.* → Omnibus

Busineß, das: [engl. business "Geschäft, Gewerbe"]
Vom Profitstreben bestimmtes Geschäft.

Byte, das: [engl. byte gleichbed.] Zusammenfassung (Speicherstelle) von acht Binärstellen (Datenverarbeitung).

bzw.: → beziehungsweise

C

Cabriolet - Kabriolett, das: [franz. cabriolet "leichter, einspänniger Wagen"]
Auto mit zurückklappbarem Stoffverdeck.

Café - Kaffee, das: [franz. café "Kaffee"] Gaststätte, die vorwiegend Kaffee und Kuchen anbietet; Kaffeehaus.

canceln: [engl. to cancel "streichen, durchstreichen, aufheben"] Im jugendlichen Szenejargon wird dieses Verb in der Bedeutung "ausfallen, nicht stattfinden, absagen" gebraucht:
Die Party bei mir heute abend ist wegen meiner Alten gecancelt.

Cappuccino, der: [it. cappuccino gleichbed.] Kaffeegetränk, das mit geschlagener Milch oder Sahne und Kakaopulver serviert wird.

Cartoon, der oder das: [engl. cartoon gleichbed.] Parodistische Zeichnung, Karikatur; gezeichnete oder gemalte Bildergeschichte; im Plural → Comic strips.

Cello: Als Plural von Cello ist entweder *die Cellos* oder *die Celli* möglich. Die Cellis ist falsch.

Cellophan, das: [franz. cellophane gleichbed.] Durchsichtige Folie aus Kunststoff.

Celsius: → Grad

chamois: Dieses Farbadjektiv "gelbbräunlich, gemsfarben" ist nicht beugungsfähig und nicht attributiv verwendbar. Man behilft sich, indem man ein -farben oder -farbig anhängt:
ein chamoisfarbener Teppich, ein chamoisfarbiger Wandbehang.
Als Substantiv oder in Kombination mit einem Artikel oder einer Präposition schreibt man groß:
Beige, Creme und Chamois sind als Modefarben im Kommen. Der Teppich in Chamois sieht hier gut aus.
→ Farbbezeichnungen

champagner: Dieses Farbadjektiv "blaß weingelb" ist nicht beugungsfähig und nicht attributiv verwendbar. Man behilft sich, indem man ein -farben oder -farbig anhängt:

Sie trug ein champagnerfarbenes Kleid. Die champagnerfarbigen Schuhe passen dazu.
Als Substantiv oder in Kombination mit einem Artikel oder einer Präposition schreibt man groß:
Beige, Creme und Champagner sind als Modefarben im Kommen. Das Kostüm in Champagner sieht gut aus.
→ Farbbezeichnungen

Champion, der: [engl. champion "Kämpfer, Sieger"] Meister, Bester in einer (sportlichen) Disziplin, Richtung. Wird ugs. für alles mögliche verwendet, was mit einem Konkurrenzverhältnis zu tun hat.

Chanson, das: [franz. chanson "Lied"] Liebes- oder Trinklied des 15.-17. Jahrhunderts; geistreiches Lied mit oft sozial- oder zeitkritischem Inhalt.

Charakter, der: [lat. character gleichbed.] Gesamtheit der geistig-seelischen Anlagen eines Menschen; der Mensch als Träger bestimmter Wesenszüge. Ohne Pluralbildung: charakteristische Eigenart; Gesamtheit einer Personengruppe oder einer Sache spezifischen Merkmale und Wesenszüge; spezifische Geschlossenheit einer künstlerischen Äußerung oder Gestaltung. Nur im Plural: Schriftzeichen.

Charter, der: [engl. charter gleichbed.] Urkunde, Freibrief; Frachtvertrag im Seerecht; als Verb *chartern* im Sinne von "ein Flugzeug oder Schiff mieten".

Chauvi, der: [ugs. abwertend] Vertreter des männlichen Chauvinismus mit übertriebenem Selbstwertgefühl unter Zurücksetzung der Frau.

checken: [engl. to check gleichbed.] Die Bedeutungen von *checken* sind "überprüfen, kontrollieren" und "behindern, anrempeln":
Vor einem Start ist ein Check des Flugzeuges obligatorisch. Der Eishockeyspieler lag nach dem Bodycheck des Gegners betäubt auf dem Eis.

Heute hat das Verb in der Bedeutung "etw. begreifen, kapieren" Eingang in die Alltagssprache gefunden:
Erst wollte ich das Problem allein auschecken. Interessant, aber ich habe es immer noch nicht gecheckt.
chic: [franz. chic "niedlich, famos"] Standardsprachliche Bedeutungen sind "modisch, schön, geschmackvoll"; bei den Verwendungen als "erfreulich, nett" und "modern, in Mode" handelt es sich um ugs. Gebrauch.
Auch die deutsche Schreibweise *schick* ist korrekt. Wird das Wort gebeugt, muß die deutsche Schreibweise verwendet werden.
chicer, chices ist nicht korrekt, wird aber ugs. verwendet.
→ schick
Chiffre: [franz. chiffre gleichbed.]
Ziffer; geheimes Schriftzeichen; Kennziffer einer Zeitungsanzeige. Das zugehörige Verb *chiffrieren* bedeutet "eine Nachricht o.ä. verschlüsseln, etwas in einer Geheimschrift abfassen". → dechiffrieren
Chinchilla: Das weibliche Substantiv *die Chinchilla* bezeichnet das südamerikanische Pelztier. Die sächliche Variante *das Chinchilla* bezeichnet das Fell dieses Pelztieres. Sächlich ist auch der Name der Kaninchenrasse: *das Chinchilla.*
Chip, der: [engl. chip gleichbed.]
Einzusetzende Spielmarke bei Glücksspielen; in Fett gebackene Scheibchen roher Kartoffeln (in dieser Bedeutung meist im Plural *Chips*); dünnes, nur wenige Quadratmillimeter großes Halbleiterplättchen, auf dem sich mikroelektronische Schaltelemente befinden und auf dem Informationen gespeichert werden können.
Chor: In den Bedeutungen als "Sängergruppe, Komposition für mehrstimmigen Gesang" ist *der Chor* männlich und bildet den Plural *die Chöre*. Im Sinne einer "Empore, erhöhter Kirchenraum" kann *Chor* männlich und sächlich sein, der Plural ist *die Chore* oder *die Chöre.*
Chor - Korps: In der gesprochenen Sprache ist zwischen den beiden Begriffen ihres Gleichklangs (Homophone) wegen kein Unterschied erkennbar, was zu Verwechslungen führen kann.
Zu Chor → Chor
Ein *Korps* ist eine fest verbundene Personengruppe, die eigene Bräuche, Rituale, Gruppengesetze befolgt:
Das diplomatische Korps; Armee- oder *Offizierskorps.*
Christus: Zur Beugung des Namen Jesus Christus → Jesus (Christus)
Chronometer: Standardsprachlich handelt es sich hierbei um ein sächliches Substantiv. Es heißt *das Chronometer.* In der Umgangssprache ist auch *der Chronometer* üblich.
Chrysantheme, die: [griech.-lat. chrysánthemon "Goldblume"]
Zierpflanze mit großen strahlenförmigen Blüten.
Cineast, der: [franz. cineaste gleichbed.]
Filmschaffender, begeisterter Kinogänger, Filmkenner und -spezialist.
City, die: [engl. city "(Haupt)stadt"] Innenstadt, Geschäftsviertel einer Großstadt. Im Deutschen wird der Plural von *City* meist durch ein Mehrzahl-s gebildet: *die Citys* (Selten: *die Cities*).
ck: Bei der Silbentrennung wird *ck* in k-k aufgelöst:
Hek-ke, Bäk-ker, Blik-ke etc.
Dies gilt auch bei der Trennung von Eigennamen:
Ek-kermann, Habek-ker, Bek-kett etc.
Nach einem Konsonanten bleibt *ck* erhalten; es wird nicht getrennt:
Fal-ckenberg etc.
clever: [engl. clever gleichbed.]
Als *clever* wird heute jemand bezeichnet, der "taktisch geschickt, klug, gerissen" handelt oder seine Mittel einsetzt, um sein Ziel zu erreichen.
Clinch, der: [engl. clinch gleichbed.]
Das Halten und Umklammern des Gegners im Boxkampf. Dieses Substantiv wird heute im jugendlichen Jargon in der Verbindung mit dem Verb *liegen* allge-

mein im Sinne von "mit jmdm. Streit haben" gebraucht:
Mit meinem Chef liege ich im Clinch. Der Dauerclinch mit den Eltern nervt mich.
Clique, die: [franz. clique gleichbed.] Freundes- oder Bekanntenkreis. Wird auch abwertend für einen Kreis von Personen gebraucht, die nur ihren eigenen Interessen folgt.
Clochard, der: [franz. clochard gleichbed.] Stadtstreicher, Landstreicher, Herumtreiber in Großstädten.
Club - Klub: Beide Schreibweisen sind korrekt. Vor allem bei Vereinsnamen und Barnamen ist die Schreibweise mit *C* üblich.
c/o: Dieses Adressenkürzel kommt aus dem Englischen *care of* "wohnhaft bei". Es hat dieselbe Funktion wie die Fügungen *im Hause* oder *in Firma*. Sie geben keine eindeutige Auskunft über die Position des Empfängers.
Co. - Co: Diese in Firmennamen vorkommende Abkürzung für Kompanie kann mit oder ohne Punkt geschrieben werden. Die Schreibweise mit *C* kommt vom alten Begriff *Compagnie*.
Coca Cola: Eingetragenes Warenzeichen für ein Erfrischungsgetränk. Als Kurzform ist ugs. *Cola* eingeführt. Bei diesem Substantiv kann sowohl der sächliche als auch der männliche Artikel stehen:
Ein Coca Cola oder *eine Coca Cola; das Cola* oder *die Cola.*
cognac: Dieses Farbadjektiv "goldbraun" ist nicht beugungsfähig und nicht attributiv verwendbar. Man behilft sich, indem man ein *-farben* oder *-farbig* anhängt:
Sie trug ein cognacfarbenes Kleid. Die cognacfarbigen Vorhänge wirken vornehm.
Als Substantiv oder in Kombination mit einem Artikel oder einer Präposition schreibt man groß:
Beige, Cognac und Champagner sind als Modefarben im Kommen. Das Kostüm in Cognac steht ihr gut.

→ Farbbezeichnungen
Coiffeur, der: [schweiz. gleichbed.] Friseur. Wird der gehobenen Sprache zugeordnet.
Cola: Kurzform von → Coca Cola
Comeback, das: [amerik. comeback "Wiederkehr"] Erfolgreiches Wiederauftreten eines Sportlers, Politikers etc. in der Öffentlichkeit nach einer längeren Pause. Neuanfang oder Fortsetzung einer früheren Karriere.
Comic: Die Kurzform *der Comic* von *Comic strips* bildet den Plural: *die Comics*
→ Comic strips
Comic strips, die: [engl.-amerik. comic strips "drollige Streifen"] Bilderfortsetzungsgeschichten, die mit Texten versehen sind.
Container, der: [engl. container gleichbed.] Großbehälter zur Güterbeförderung. Kann von verschiedenen Verkehrsmitteln benutzt werden, ohne daß die Güter umgeladen werden müssen.
Wird heute allgemein für größere fest aufgestellte Behälter der Recyclingindustrie gebraucht:
Altpapier-, Altglascontainer.
cool: [engl. cool gleichbed.]
Das aus dem Englischen stammende Adjektiv *cool* im Sinne von "kühl, gelassen, leidenschaftslos" hat sich besonders im jugendlichen Szenejargon durchgesetzt und wird dabei sowohl im obigen Sinn als auch in der Bedeutung "traumhaft, toll" gebraucht:
Gestern habe ich einen coolen Typen kennengelernt. Er hat einen coolen Job im Club Med.
Copyright, das: [engl. copyright gleichbed.] Urheberrecht des britischen und amerikanischen Rechts.
Corpus - Korpus: Das Substantiv sächlichen Geschlechts: *das Corpus*, Plural: *die Corpora* wird in der Bedeutung von "Sammlung von Texten und Äußerungen als Forschungsgrundlage" in der Sprach-

wissenschaft, als "Hauptteil eines Organs oder Körperteils" in der Medizin und im Singular als Bezeichnung für den Klangkörper eines Saiteninstruments verwendet. Dafür kann auch das eingedeutschte *das Korpus, die Korpora* stehen.
Das Substantiv männlichen Geschlechts *der Korpus*, Plural: *die Korpusse* bezeichnet dagegen den "menschlichen Körper" und in der bildenden Kunst die "Christusfigur am Kreuz". Hierfür kann innerhalb der deutschen Sprache nicht *Corpus* gebraucht werden.
Countdown, der oder das: [engl. countdown "Herunterzählen"]
Bis zum Startzeitpunkt Null zurückgehende Zählweise der Zeiteinheiten z. B. beim Abschuß einer Weltraumrakete. Gesamtheit aller letzten Kontrollen vor einem Start. Countdown kann männlich oder sächlich sein: *der* oder *das Countdown*. Der Genitiv heißt *des Countdown* oder *des Countdowns*.
creme: Dieses Farbadjektiv "mattgelb" ist nicht beugungsfähig und nicht attributiv verwendbar. Man behilft sich, indem man *-farben* oder *- farbig* anhängt:
Sie trug ein cremefarbenes Kleid. Die cremefarbigen Vorhänge dämpfen das Licht.
Als Substantiv oder in Kombination mit einem Artikel oder einer Präposition schreibt man groß:
Beige, Creme und Champagner sind als Modefarben im Kommen. Das Kostüm in Creme steht ihr gut.
→ Farbbezeichnungen
Creme - Krem: Zwischen beiden Schreibweisen existiert kein Bedeutungsunterschied. Die Pluralendungen lauten: *die Cremes, die Krems.*
Meist wird aber heute im Sinne von "Salbe, Paste" das Wort *Creme* benutzt. In der Bedeutung von "Süßigkeit, Tortenfüllung" ist *Krem* gebräuchlich. Die ironische Formulierung *Creme der Gesellschaft* für "die sogenannte Oberschicht" muß mit *C* wie die Paste, nicht wie die Süßigkeit geschrieben werden.

Crew, die: [engl. crew gleichbed.]
Flugzeugbesatzung oder Schiffsmannschaft; Bootsmannschaft im Sport; Personengruppe, die sich einer bestimmten Aufgabe widmet.
Curry: Das scharfe Gewürz ist sächlich oder männlich: *das Curry, der Curry.* Da es als Farbbezeichnung "dunkelgelb" nicht beugungsfähig und nicht attributiv verwendbar ist, behilft man sich, indem man *-farben* oder *-farbig* anhängt:
Er trug einen curryfarbenen Anzug und curryfarbige Schuhe.
Als Substantiv oder in Kombination mit einem Artikel oder einer Präposition schreibt man groß:
Curry, Cognac und Champagner sind als Modefarben im Kommen. Der Anzug in Curry stand ihm gut.

D

da: Die Konjunktion *da* wird immer durch ein Komma abgetrennt:
Da es so schön war, bin ich länger geblieben.
Fungieren die Adverbien *da, daher, dahin* etc. als Hinweis oder als Ortsangabe, schreibt man sie vom folgenden Verb getrennt:
Bleib ja da stehen! Als er von daher kam, war er noch ganz verwirrt. Ja, ich werde dahin gehen.
Entsteht ein neuer Begriff, sind diese Adverbien zu Verbzusätzen geworden; man schreibt zusammen:
Du mußt heute pünktlich dasein (= anwesend sein). *Eine Kopie haben sie dabehalten* (= zurückbehalten). *Er wollte vor den*

anderen immer gut dastehen (= in günstigem Licht erscheinen, etw. gelten).

da - weil: Der Bedeutungsunterschied der beiden Konjunktionen ist oft nicht erkennbar. Die Konjunktion *weil* wird anstelle von *da* verwendet, wenn die Wichtigkeit des Geschehens im Nebensatz betont werden soll:
Weil es so schön war, bin ich länger geblieben.
Mit *weil* wird auch die Frage *warum?* beantwortet:
Warum hast du das Buch noch nicht gelesen? Weil ich keine Zeit hatte.

da - wo: Beides sind Relativadverbien, die sich auf Adverbien oder Substantive, die Ort oder Zeit ausdrücken, beziehen. Dabei wird *da* nur noch in gehobener Sprache gebraucht; es ist eigentlich veraltet. Die gängige Meinung, *wo* sei nicht temporal verwendbar, ist falsch. *Wo* als Relativanschluß ist korrekt; *der wo* oder *da wo* ist zwar ugs. aber falsch:
Keine Stunde vergeht, da du nicht nörgelst! Jetzt kommst du erst, wo ich schon fertig bin. In dem Augenblick, da oder wo (Nicht: *da wo*) *er sie erblickte, war es um ihn geschehen.*

dabehalten - da behalten: Fungieren die Adverbien *da, daher, dahin* etc. als Hinweis oder als Ortsangabe, schreibt man sie vom folgenden Verb getrennt:
Man hat ihn da (= dort, an dem Ort) *behalten, wo er hinging.*
Entsteht ein neuer Begriff, sind diese Adverbien zu Verbzusätzen geworden; man schreibt zusammen:
Diesen netten jungen Mann werden wir dabehalten (= nicht wieder weglassen).

dabei: Fungieren die Adverbien *da, daher, dabei* etc. als Hinweis oder als Ortsangabe, schreibt man sie vom folgenden Verb getrennt:
Er wollte nur dabei stehen (= dort stehen).
Entsteht ein neuer Begriff, sind diese Adverbien zu Verbzusätzen geworden; man schreibt zusammen:

Er war dabeigestanden (= zugegen gewesen).

dableiben - da bleiben: Fungieren die Adverbien *da, daher, dahin* etc. als Hinweis oder als Ortsangabe, schreibt man sie vom folgenden Verb getrennt:
Bleiben Sie ja da (= dort, an der Stelle) *stehen, wo Sie sind.*
Entsteht ein neuer Begriff, sind diese Adverbien zu Verbzusätzen geworden; man schreibt zusammen:
Wir würden uns freuen, wenn Sie noch ein wenig dableiben (= länger anwesend sein).

dafür - davor: In Mundart und ugs. häufig verwechselte Wörter:
Das Gerät taugt nicht dafür (Nicht: *Das Gerät taugt nicht davor*). Satzverbindend steht vor *dafür* ein Komma oder ein Strichpunkt:
Dominik ist stark, dafür ist Stefan hübscher. Die Kinder sind sehr selbstbewußt; dafür sind ihre Eltern um so ruhiger.

dafürkönnen - dazukönnen: Neben dem umgangssprachlichen *dafür-* ist im norddeutschen Sprachraum auch *dazu* gebräuchlich:
Sie kann nichts dafür. Sie kann nichts dazu.

dagegen: Fungieren die Adverbien *da, dagegen, dahin* etc. als Hinweis oder als Ortsangabe, schreibt man sie vom folgenden Verb getrennt:
Wirst du dich dagegen wehren? (= gegen etwas)
Entsteht ein neuer Begriff, sind diese Adverbien zu Verbzusätzen geworden; man schreibt zusammen:
Dieser Behauptung muß man etwas dagegensetzen (= Contra geben).
Satzverbindend steht vor *dagegen* ein Komma oder ein Strichpunkt:
Der Bub ist so frech,(;) dagegen ist kein Kraut gewachsen.

daher: Fungieren die Adverbien *da, daher, dahin* etc. als Hinweis oder als Ortsangabe, schreibt man sie vom folgenden Verb getrennt:

Er kam von daher geschlendert (= von dort).
Entsteht ein neuer Begriff, sind diese Adverbien zu Verbzusätzen geworden; man schreibt zusammen:
Er kam dahergeschlendert (= gebummelt).
Satzverbindend steht vor *daher* ein Komma oder ein Strichpunkt:
Sie ist überarbeitet, (;) daher ist sie so streitbar.
dahin: Fungieren die Adverbien *da, daher, dahin* etc. als Hinweis oder als Ortsangabe, schreibt man sie vom folgenden Verb getrennt:
Er ist dahin gegangen, um sich vorzustellen (= an diesen Ort).
Entsteht ein neuer Begriff, sind diese Adverbien zu Verbzusätzen geworden; man schreibt zusammen:
Er ist nach langer Krankheit dahingegangen (= gestorben).
dahinfahren, -fliegen, -gehen - hinfahren, -fliegen, -gehen: Die Kombination des Richtungsadverbs *dahin* mit einem Verb der Bewegung wird umgangssprachlich häufig ersetzt durch eine Kombination des Lageadverbs *da* mit einem Verb der Bewegung mit der Vorsilbe *hin-*:
Wir müssen noch dahinfahren oder *Wir müssen noch da hinfahren. Die Show ist gut, laß uns dahingehen* oder *..., laß uns da hingehen.*
dahin gehend: Diese Fügung schreibt man immer getrennt:
Die dahin gehende Entwicklung machte ihnen Sorgen. Sie äußerten sich dahin gehend, daß etwas geändert werden müsse.
dahinter: Fungieren die Adverbien *da, dahinter, dahin* etc. als Hinweis oder als Ortsangabe, schreibt man sie vom folgenden Verb getrennt:
Wenn du an den Fluß kommst, siehst du die Ortschaft dahinter liegen.
Entsteht ein neuer Begriff, sind diese Adverbien zu Verbzusätzen geworden; man schreibt zusammen:

Man war ihm schnell dahintergekommen (= durchschauen, auf die Schliche kommen).
dalassen - da lassen: Fungiert das Adverb *da* als Hinweis oder als Ortsangabe, schreibt man es vom folgenden Verb getrennt:
Er wird den Hund da lassen (= an dem Ort).
Entsteht ein neuer Begriff, ist das Adverb zu einem Verbzusatz geworden; man schreibt zusammen:
Er hat seine Brieftasche dagelassen (= vergessen).
daliegen - da liegen: Fungiert das Adverb *da* als Hinweis oder als Ortsangabe, schreibt man es vom folgenden Verb getrennt:
Laß die Pistole da liegen, sonst knallt es (= an der Stelle).
Entsteht ein neuer Begriff, ist das Adverb zu einem Verbzusatz geworden; man schreibt zusammen:
Er hat völlig verkrümmt dagelegen (= nicht der Ort, sondern die Tatsache und das Wie sind gemeint).
daneben: Fungieren die Adverbien *da, daneben, dahin* etc. als Hinweis oder als Ortsangabe, schreibt man sie vom folgenden Verb getrennt:
Siehst du den Baum? Wir werden daneben halten (= an der Seite).
Entsteht ein neuer Begriff, sind diese Adverbien zu Verbzusätzen geworden; man schreibt zusammen:
Der Jäger hatte danebengehalten (= vorbeigeschossen).
dank: Der Präposition folgt ein Dativ oder - häufiger - ein Genitiv:
Dank seinem Durchsetzungsvermögen oder *seines Durchsetzungsvermögens ist er dieser Erfolgsmensch geworden.*
dankbar: Bleibt das Subjekt das gleiche, kann nach der Wendung *dankbar sein* mit einem Infinitiv mit *zu* angeschlossen werden:
Sie ist dankbar, dies ausführen zu können.

Tritt ein Subjektwechsel ein, muß ein Nebensatz gebildet werden:
Sie ist dankbar, daß er das getan hat. Sie wäre dankbar, wenn er ihr den Wasserhahn reparieren würde (Nicht: *Sie wäre dankbar, ihr den Wasserhahn zu reparieren*).

danke schön - Dankeschön: Nur als substantivierte Wendung schreibt man zusammen:
Ich soll dir ein herzliches Dankeschön ausrichten.
Aber:
Er wollte mir nur danke schön sagen, also sagte er: "Danke schön!" und ging.

danksagen - Dank sagen: Ist die Vorstellung des Tuns vorherrschend, schreibt man zusammen; wird das Substantiv näher bestimmt, schreibt man getrennt:
Für Ihre selbstlose Hilfe wollen wir danksagen. Für Ihre selbstlose Hilfe wollen wir Ihnen unseren aufrichtigen Dank sagen.

daran: Fungieren die Adverbien *da, daneben, daran* etc. als Hinweis oder als Ortsangabe, schreibt man sie vom folgenden Verb getrennt:
Daran ist nichts mehr zu reparieren (= z. B. an der alten Heizung).
Entsteht ein neuer Begriff, sind diese Adverbien zu Verbzusätzen geworden; man schreibt zusammen:
Der Hausherr sollte sich endlich daranmachen (= damit beginnen), *eine neue Heizanlage einzubauen.*
Die Kurzform *dran* ist umgangssprachlich:
Hast du was dran auszusetzen?
Getrennt wird *dar/an*.

darauf: Vom nachfolgenden Verb wird *darauf* immer getrennt geschrieben. Auch vom Verb *folgen* wird getrennt geschrieben, außer in der Bedeutung "nächste, nächster, nächsten":
Er hat sich so sehr darauf gefreut. Darauf folgen herbe Enttäuschungen. In der darauffolgenden (= nächsten) *Stunde lachte er schon wieder.*

Die Kurzform *drauf* (ugs.) wird mit einigen Verben zusammengeschrieben:
draufgehen; draufhalten; drauflegen; drauflosgehen, drauflosschimpfen, draufloswerken u.a.
Getrennt wird darlauf.

daraufhin - darauf hin: Das Pronominaladverb *daraufhin* in der Bedeutung "infolgedessen, unter diesem Gesichtspunkt" schreibt man zusammen:
Der Waffenschein wurde daraufhin eingezogen. Man untersuchte die Kriegsberichterstatter daraufhin, ob sie für diesen Einsatz gesund genug wären. Daraufhin gingen sie auf die Straße.
Getrennt schreibt man, wenn es sich um das Pronominaladverb *darauf* handelt und *hin-* zum Verbzusatz des nachfolgenden Verbs wird:
Sie wollten darauf hingehen und sich beschweren. Das Zeichen sollte darauf hinweisen.

daraus daß - daraus wenn: Nur die Wendung *daraus daß* ist korrekt: *Daraus folgt, daß ich richtig liege.*
Als Kurzform ist *draus* (ugs.) geläufig.
Getrennt wird darlaus.

darein: Fungiert das Adverb *darein* als Hinweis oder als Ortsangabe schreibt man es vom folgenden Verb getrennt. Entsteht durch die Kombination ein neuer Begriff, schreibt man zusammen:
Er konnte sich nicht darein versetzen (z. B. in das Problem). *Dabei hat er seinen ganzen Willen dareingesetzt* (= mit eingebracht).
Als Kurzform ist *drein* (ugs.) gebräuchlich. Getrennt wird dar/ein.

darein - darin - worein - worin: Die Adverbien *darin* und *worin* bezeichnen eine Lage und können daher nicht zur Angabe einer Richtung verwendet werden. Die der gehobenen Sprache angehörenden Adverbien *darein* und *worein* dagegen können als Richtungsangabe fungieren:
Hier ist die Zeitung, in die (Nicht: *worin*) *ich den Fisch gewickelt hatte. Hier ist die Zeitung, worein ich den Fisch gewickelt*

hatte. *Dies ist die Situation, in die* (Nicht: *darin*) *ich mich begebe. Dies ist die Situation, darein ich mich begebe.*
Dies ist auch bei Zusammensetzungen von Verben mit *darein* zu beachten: *sich dareinfinden, dareinfügen, sich dareinmengen, dareinreden, dareinlegen, dareinsetzen etc.*
darin: Vom nachfolgenden Verb wird darin immer getrennt geschrieben. Mit der Kurzform *drin* (ugs.) werden manche Verben zusammengeschrieben:
Ja, ich habe darin gelesen (z. B. in der Zeitung). *Es soll ein Artikel drinstehen* (zu lesen sein).
Getrennt wird *dar/in*.
darstellen: Nach der Wendung *sich darstellen als* steht das folgende Substantiv in der Regel im Nominativ, da es sich auf das Subjekt bezieht; der Gebrauch des Akkusativs ist selten:
Er stellte sich als Held dar. (Selten: *Er stellte sich als Helden dar.*)
darüber: Fungieren die Adverbien *da, darüber, darein etc.* als Hinweis oder als Ortsangabe, schreibt man sie vom folgenden Verb getrennt:
Mit dem Flugzeug waren wir darüber geflogen (z. B. über das Haus).
Entsteht ein neuer Begriff, sind diese Adverbien zu Verbzusätzen geworden; man schreibt zusammen:
Heute wollte er sich darübermachen (z.B. das Manuskript bearbeiten).
Die Verbindungen mit der Kurzform *drüber* (ugs.) werden ebenso behandelt.
Getrennt wird *dar/über*.
darüber hinaus: Die Wendung *darüber hinaus* wird immer getrennt geschrieben:
Darüber hinaus gibt es keine weiteren Angaben. Auf dem Weg zur Erleuchtung, war er schon darüber hinaus gegangen.
darum: Getrennt vom folgenden Verb schreibt man *darum* im Sinne von "deshalb", sowie die Wendung *darum bitten.*
Die Veranstaltung war darum ausverkauft.
Zusammen schreibt man, wenn andere Bedeutungen zugrunde liegen:
Er hat die Zeitung darumgewickelt.
Wenn *darum* Sätze verbindet, steht vor dem Wort ein Komma oder ein Strichpunkt:
Hoffentlich bringt er das Buch mit, (;) darum freue ich mich doch so.
Die Kurzform *drum* ist umgangssprachlich. Getrennt wird *dar/um*.
darunter: Fungieren die Adverbien *da, darunter, darein etc.* als Hinweis oder als Ortsangabe, schreibt man sie vom folgenden Verb getrennt.
Könnten Sie sich mal darunter legen und die Bremsen überprüfen?
Entsteht ein neuer Begriff, sind diese Adverbien zu Verbzusätzen geworden; man schreibt zusammen:
Die Salatsoße muß man darunterziehen.
Wird *darunter* als Pronominaladverb gebraucht, kann die Präposition *in* mit einem Dativ folgen, wobei die Präposition entfallen kann. Es wird aber auch mit einem Nominativ angeschlossen. Beide Möglichkeiten sind korrekt:
Mehrere Schriftsteller, darunter drei Ausländer oder *Ausländern, wurde die Stiftung zuerkannt.*
Die Kurzform *drunter* ist umgangssprachlich:
Drunter und drüber gings im Wirtshaus.
Getrennt wird *dar/unter*.
das - daß: Das dem sächlichen Artikel gleichende Relativpronomen *das* wird häufig mit der Konjunktion *daß* verwechselt. Um über die richtige Verwendung entscheiden zu können, sind zwei Hilfsmittel ausreichend. Erstens muß sich das Relativpronomen *das* auf ein vorangegangenes Wort beziehen lassen:
Das Pudelhündchen, das (Bezug auf *Pudelhündchen*) *er eingelassen hatte, entpuppte sich als Mephisto. Sie fühlten sich gar nicht wohl in dem Haus, das* (Bezug auf *Haus*) *sie gekauft hatten.*
Zweitens muß es grammatikalisch möglich sein, das Relativpronomen *das* durch

welches oder *dieses* zu ersetzen. Dies ist mit der Konjunktion *daß* nie möglich:
Das Getränk, das er bestellt hatte, kam nicht. Das Getränk, welches er bestellt hatte, kam nicht. Er hat den Ober erinnert, daß ein Getränk vergessen wurde. (Nicht möglich ist: *Er hat den Ober erinnert, welches ein Getränk ...*).
Das Relativpronomen bezieht sich also auf ein Wort, die Konjunktion leitet einen Nebensatz ein:
Das Lama, das ihn anspuckte, war dem Zoobesucher zuwider. Er erzählte dem Wärter, daß ihn das Lama angespuckt hat.
das, das - das, was: Will man sich auf eine Person oder einen bestimmten Gegenstand beziehen, muß *das* stehen; bezieht man sich auf einen ganzen Satz oder auf etwas Unbestimmtes, gekennzeichnet durch *vieles, manches, alles, etwas,* muß *was* stehen:
Das Mädchen, das das Essen versalzte, war verliebt. Das Hemd, das sie ihm geschenkt hat, ist schön. Sie tut vieles, was er gar nicht will.
das gleiche - dasselbe: Beide Begriffe drücken eine Identität aus, wobei unterschieden wird in eine Identität der Gattung und eine Identität der Einzelperson und des Einzelgegenstands:
Das gleiche Deodorant wird von der ganzen Familie benutzt. (Gemeint ist: Das Deodorant desselben Fabrikats, Modells). *Dasselbe Deodorant wird von der ganzen Familie benutzt* (Gemeint ist: Das einzige Deodorant der Familie).
das heißt: Werden damit Zusätze eingeleitet, muß vor *das heißt* ein Komma stehen:
Wir werden am 24. Dezember, das heißt an Weihnachten, die Familie besuchen.
Kommt nach der Wendung ein unter- oder beigeordneter Satz oder eine Infinitivgruppe, steht ein Komma:
Wir wollen anschließend, das heißt, wenn mit dem Buch alles klappt, in Urlaub fahren. Er versuchte den Kopf aus der Schlinge zu ziehen, das heißt, die Schuld seinem Freund anzulasten.

Ohne Komma nach *das heißt* folgt ein nur erläuternder Satzteil:
Morgens, das heißt vor dem Frühstück, ist er ungenießbar.
Die Abkürzung lautet: *d. h.*
das ist: Leitet *das ist* Zusätze ein, muß davor ein Komma gesetzt werden:
Ein Aficionado, das ist ein Stierkampfbegeisterter.
Kommt nach der Wendung ein unter- oder beigeordneter Satz oder eine Infinitivgruppe, steht ein Komma:
In den Hundstagen, das ist, wenn die Sonne fast im Zenit steht, besuchen wir die Fiesta in Pamplona.
Ohne Komma nach *das ist* folgt ein nur erläuternder Satzteil:
Wir wollen anschließend, das ist nach dem Essen, zum Schwimmen gehen.
Die Abkürzung lautet: *d. i.*
dasein - da sein: Fungiert das Adverb *da* als Hinweis oder als Ortsangabe, schreibt man es vom folgenden Verb getrennt:
Ich hoffe, er wird pünktlich da sein (= an dem Ort).
Entsteht ein neuer Begriff, ist das Adverb zu einem Verbzusatz geworden; man schreibt zusammen:
Bei diesem Gespräch wird sie nicht dasein (= nicht zugegen sein).
Die finiten Formen schreibt man immer getrennt:
Er ist da. Sie war da.
dasitzen - da sitzen: Fungiert das Adverb *da* als Hinweis oder als Ortsangabe, schreibt man es vom folgenden Verb getrennt:
Ich hoffe, er bleibt endlich da sitzen (= an dem Ort).
Entsteht ein neuer Begriff, ist das Adverb zu einem Verbzusatz geworden; man schreibt zusammen:
Wie kann man nur so flegelhaft dasitzen (= nicht der Ort, sondern die Tatsache und das Wie sind gemeint).
dasjenige: Das Demonstrativpronomen *dasjenige* wirkt in Kombination mit einem Relativsatz stärker als ein einfaches *das*

dasjenige, was

und kann Mißverständnisse vermeiden helfen:
Sie verbannte das Spielzeug, das sie nicht mehr sehen konnte, auf den Speicher (= es handelt sich nur um dieses Spielzeug; es wird kein anderes davon unterschieden).
Sie verbannte dasjenige Spielzeug, das sie nicht mehr sehen konnte, auf den Speicher (= es handelt sich nur um einen bestimmten Teil - den sie nicht mehr sehen kann - des Spielzeugs).
→ derjenige, diejenige, dasjenige

dasjenige, was: Nach dem Demonstrativpronomen *dasjenige* wird der Relativsatz mit dem Relativpronomen *was*, nicht *das* angeschlossen:
Dasjenige, was (Nicht: *das*) *sie beschäftigt, interessiert ihn auch.*

daß: Wird mit *daß* ein Nebensatz eingeleitet, muß immer ein Komma gesetzt werden. Steht vor *daß* eine beigeordnete Konjunktion wie *und, denn, auch, aber* oder ein Adverb mit dem *daß* eine konjunktionale Fügung bildet, steht das Komma vor der Verbindung:
Es war ausgemacht, daß sie mitmachen. Daß dies eintreffen würde, überraschte alle. Er hat eine Kerze gestiftet, auf daß alles gutgehe. Er war zuversichtlich gewesen, aber daß es so gut klappen würde, hatte er nicht geglaubt.
Stilistisch unschön ist die Aneinanderreihung von mehreren *daß* - Sätzen:
Ich ersuche dich, daß du, falls Maria dich anruft, ihr mitteilst, daß der Galerist mir gesagt hat, daß er in diesem Jahr keine Ausstellung mehr veranstaltet, und daß sie doch im neuen Jahr noch mal anrufen soll, daß sie dann über einen Termin reden könnten.
Durch Umformung könnte man besser schreiben:
Ich ersuche dich, Maria, falls sie dich anruft, mitzuteilen, der Galerist hätte mir erklärt, in diesem Jahr keine Ausstellung mehr zu veranstalten, sie solle ihn aber im neuen Jahr noch mal anrufen, um über einen Termin zu reden.

dasselbe: → derselbe, dieselbe, dasselbe
dasselbe - das gleiche: → der gleiche - derselbe

dasselbe, was: Nach dem Demonstrativpronomen *dasselbe* wird der Relativsatz mit dem Relativpronomen *was*, nicht *das* angeschlossen:
Dasselbe, was (Nicht: *das*) *sie mir geschrieben hat, hat sie ihm erzählt.*

dastehen - da stehen: Fungiert das Adverb *da* als Hinweis oder als Ortsangabe, schreibt man es vom folgenden Verb getrennt:
Ich hoffe, er bleibt endlich da stehen (= an dem Ort).
Entsteht ein neuer Begriff, ist das Adverb zu einem Verbzusatz geworden; man schreibt zusammen:
Wie kann man nur so lasch dastehen (= nicht der Ort, sondern die Tatsache und das Wie sind gemeint).

Date, das: [engl.-amerik. date gleich- bed.] Verabredung, Treffen. Wird heute im Szenejargon auch für "einen Termin haben" verwendet und soll die Bedeutung des Sprechers unterstreichen:
Ich hab heute noch wahnsinnig viele Dates.

Dativobjekt: Ein Dativobjekt ist eine Satzergänzung im 3. Fall, die auf die Fragen *wem?* oder *was?* antwortet:
Er antwortet dem Lehrer (Wem antwortet er? *Dem Lehrer*). *Er ist an einem Geschenk interessiert* (An was ist er interessiert? *An einem Geschenk*).

Datum: Die reine Datumsangabe kann wie folgt aussehen:
1. Oktober 1954; 1. Okt. 54; 01.10.54; 01.10.1954.
In Verbindung mit einer Ortsangabe bestehen die Möglichkeiten:
München, 11. April 1952; München, den 11.04.1952; München, am 11. April 1952.
In Verbindung mit einem Wochentag bestehen hinsichtlich der Kommasetzung die Möglichkeiten:

Die Besucher kommen Mittwoch, den 7. Mai an; Die Besucher kommen Mittwoch, den 7. Mai, an. Steht vor dem Wochentag die Präposition *am*, muß vor die Datumsangabe ein Artikel *den* oder *dem* erscheinen. Der Anschluß mit *den* ist eine Aufzählung, es steht ein Komma davor; der Anschluß mit *dem* ist eine Apposition, die innerhalb zweier Kommas eingschlossen wird: *Die Prüfung ist am Samstag, den 15. Dezember in Hörsaal 01. Die Prüfung ist am Samstag, dem 15. Dezember, in Hörsaal 01.*
Wird die Datumsangabe durch eine Uhrzeit ergänzt, wird diese auch durch ein Komma abgetrennt; nach der Zeitangabe steht kein Komma: *Die Prüfung ist am Samstag, dem 15. Dezember, 9 Uhr im Hörsaal 01. Die Prüfung ist am Samstag, dem 15. Dezember, um 9 Uhr im Hörsaal 01.*
Dauer: Das Substantiv *die Dauer* wird in der Regel nur in der Einzahl verwendet. Allerdings kommt in Fachsprachen auch die Pluralform *die Dauern* vor.
davon: Fungieren die Adverbien *da, darunter, davon etc.* als Hinweis oder als Ortsangabe, schreibt man sie vom folgenden Verb getrennt: *Man kann davon trinken, so viel man will.* Entsteht ein neuer Begriff, sind diese Adverbien zu Verbzusätzen geworden; man schreibt zusammen: *Das spätere Siegerpferd ist schon in der ersten Runde den anderen davongezogen.*
davon, daß: Bei dieser Kombination wird das Komma immer zwischen *davon* und *daß* gesetzt: *Davon, daß du dich ärgerst, wird es auch nicht besser. Das hat man nun davon, daß man so gutmütig ist.*
davor: Fungieren die Adverbien *da, darunter, davor etc.* als Hinweis oder als Ortsangabe, schreibt man sie vom folgenden Verb getrennt: *Man kann davor stehen und doch nichts sehen.* Entsteht ein neuer Begriff, sind diese Adverbien zu Verbzusätzen geworden; man schreibt zusammen: *Sie ist weinend davorgestanden* (= nicht der Ort, sondern die Tatsache und das Wie sind gemeint).
Entsprechendes ist zu beachten bei den Verben: *davorhalten, davorstellen, davorlegen, davorschieben, davorsitzen, davorsetzen etc.*
davor - dafür
→ dafür - davor
dazu: Fungieren die Adverbien *dazu, darüber, davon etc.* als Hinweis oder als Ortsangabe, schreibt man sie vom folgenden Verb getrennt: *Um mir das anzuhören, dazu bin ich nicht gekommen* (= hierher).
Entsteht ein neuer Begriff, sind diese Adverbien zu Verbzusätzen geworden; man schreibt zusammen: *Ich bin nicht dazugekommen* (= keine Zeit gefunden für etw.), *dies Buch zu lesen.*
dazugehörend - dazugehörig: Beide Formen sind korrekt und werden unterschiedslos gebraucht.
dazukönnen: → dafürkönnen
dazwischen: Fungieren die Adverbien *da, dazwischen, davon etc.* als Hinweis oder als Ortsangabe, schreibt man sie vom folgenden Verb getrennt: *Wir dürfen dazwischen reden* (= in der Pause, z. B. zwischen zwei Vorträgen).
Entsteht ein neuer Begriff, sind diese Adverbien zu Verbzusätzen geworden; man schreibt zusammen: *Wir dürfen nicht dazwischenreden* (= unterbrechen; in die Vorträge hineinreden).
dealen: [engl. to deal "Handel treiben"] Illegal mit Rauschgift handeln. Wird umgangssprachlich salopp - vor allem in der jugendlichen Szenesprache - für einen Handel oder Tausch allgemeiner Art gebraucht.
Debakel, das: [franz. débâcle "Zusammenbruch"]

dechiffrieren 92

Zusammenbruch, Niederlage, unglücklicher Ausgang.
dechiffrieren: [franz. dechiffrer gleichbed.]
entziffern, den wirklichen Text aus einer verschlüsselten, chiffrierten Nachricht herausfinden. → chiffrieren
Deck: Das Substantiv *das Deck* bildet in der Regel die - durch die Seemannssprache bekannt gewordene - Pluralform: *die Decks.* Die hochdeutsche Pluralform: *die Decke* wird selten gebraucht.
de facto: [lat.]
tatsächlich bestehend. Gegensatz zu → de jure
Defätismus, der: [franz. defaitisme "Niederlage"]
Schwarzseherei; geistig-seelischer Zustand der Hoffnungslosigkeit, der Mutlosigkeit, der Resignation; Pessimistische Einstellung.
dein: Als Pronomen wird *dein* klein geschrieben:
deine Freundin; deine Zigaretten.
Klein schreibt man auch, wenn ein Artikel vor dem Pronomen steht, es sich aber auf ein vorhergehendes Substantiv bezieht:
Wessen Freundin ist das? Die deinige.
Groß schreibt man das substantivierte Pronomen:
Um den Streit beizulegen, mußt du das Deine (Deinige) dazutun.
Groß schreibt man *dein* und die Zusammensetzungen *deinetwillen, deinerseits etc.* in schriftlichen Mitteilungen wie Briefen, Erlassen, Widmungen, Inschriften, Mitteilungen, Fragebögen:
Ich habe mich über Deinen Brief gefreut.
Grüße auch an Deine Familie, Dein Ernest.
deinerseits - deinesgleichen - deinetwegen - deinetwillen: Groß schreibt man *dein* und die Zusammensetzungen *deinetwillen, deinerseits etc.* in schriftlichen Mitteilungen wie Briefen, Erlassen, Widmungen, Inschriften, Mitteilungen, Fragebögen etc.

deinetwegen - wegen dir: Nur *deinetwegen* ist korrekt, obwohl die Alternative häufig zu hören ist:
Deinetwegen habe ich jetzt Streit mit meiner Frau (Statt: *Wegen dir habe ich jetzt Ärger* ... (ugs.))
deinige - Deinige: → dein
de jure: [lat.]
von Rechts wegen, rechtlich betrachtet. Gegensatz zu → de facto
deklinabel: Bei diesem Adjektiv entfällt das *e* der Endsilbe, wenn es gebeugt wird:
Dies ist ein deklinables (= deklinierbares) *Substantiv.*
Deklination: Deklination oder Beugung nennt man die Formveränderung im Zusammenhang des Satzes. Dekliniert werden können: Substantive, Adjektive, Artikel, Pronomen und Numerale.
deklinieren: Deklinieren oder beugen bedeutet, ein Substantiv, Adjektiv, Pronomen, Numerale oder einen Artikel im Zusammenhang des Satzes in seiner Form abwandeln.
Dekolleté, das: [schweiz. u. franz. Décolleté "den Ausschnitt machen"]
Tiefer Ausschnitt an Damenkleidern.
Dekorateurin: Die weibliche Form zu *Dekorateur* heißt: *die Dekorateurin* (Nicht: *Dekorateuse*). → Kapitel Titel und Berufsbezeichnungen
dekuvrieren: [franz. decouvrir "abdecken, aufdecken"] Entlarven, bloßstellen.
delegieren: Im Sinne von "eine Person zu etwas senden" wird das Verb *delegieren* mit den Präpositionen *zu* oder *in* verbunden:
Zwei Betriebsratsmitglieder hat man zu dem Meeting delegiert. Je drei Vertreter der Regierung und der Opposition wurden in die Verhandlungsrunde delegiert.
In der Bedeutung "eine Sache an eine Person übertragen" wird das Verb *delegieren* mit den Präpositionen *an* oder (seltener) *auf* verbunden:
Die Verantwortung in dieser Frage wurde vom Bund an die Länder delegiert (Selten:

... wurde vom Bund auf die Länder delegiert).
Delegierte: Diese Bezeichnung wird wie ein attributives Adjektiv gebeugt:
Der Delegierte sprach über die gefährliche Belastung der Ozonschicht. Drei Delegierte unterstützen den Reformvorschlag. Der Betrüger gab sich als Delegierter aus. Nur wenige Delegierte kannten die Tagesordnung.
Nach einem starken Adjektiv wird im Genitiv Plural stark gebeugt:
Die Beteiligung einflußreicher Delegierter (Nicht: *Delegierten*) *an der Demonstration war eine Sensation.*
Bei einem Dativ in der Einzahl wird nach einem starken Adjektiv schwach dekliniert:
Zitiertem Delegierten (Nicht: *Delegiertem*) *war ein Fehler unterlaufen.*
Als Apposition verwendet, kann die starke oder schwache Deklination erfolgen:
Ihm als Delegiertem oder *Ihm als Delegierten* bzw. *Ihr als Delegierter* oder *Ihr als Delegierten wurde dieser Fehler nicht verziehen.*
Nach *Herr* ist die schwache Beugung üblich, nach *Frau* die starke oder schwache:
Er hat mit Herrn Delegierten Fliege heute verhandelt. Er hat mit Frau Delegierten oder *Delegierter Müller heute gestritten.*
Fehlt *Herr* bzw. *Frau* wird stark gebeugt:
Mit Delegiertem bzw. *Delegierter Meier betrat ein guter Redner das Podium.*
demjenigen: → derjenige, diejenige, dasjenige
Demonstrativpronomen: Die Demonstrativpronomen oder hinweisenden Fürwörter weisen mit besonderem Nachdruck auf etwas hin, was bekannt ist oder erst näher bestimmt werden muß. Sie sind deklinabel. Zu den Demonstrativpronomen gehören:
der, die, das; dieser, diese, dieses; derjenige, diejenige, dasjenige; derselbe, dieselbe, dasselbe; jener, jene, jenes.
demselben: → derselbe, dieselbe, dasselbe

Demut: Das Substantiv Demut hat weibliches Geschlecht: *die Demut.*
demzufolge - dem zufolge: Im Sinne von "deshalb, infolgedessen" schreibt man zusammen:
Die Feier war lustig und demzufolge blieben wir noch lange.
Die Verbindung des Relativpronomens im Dativ *dem* und der Präposition *zufolge* muß dagegen getrennt geschrieben werden:
Hier ist der Zeuge, dem zufolge Sie sich gestern getroffen haben sollen.
denkbar: Fungiert das Adjektiv *denkbar* im Sinne von "sehr" als Bekräftigung, kann es nicht gesteigert werden:
Sie fühlt sich denkbar (= sehr) *wohl* (Nicht: *Sie fühlt sich denkbarst wohl*).
Wird aber *denkbar* mit einem Superlativ kombiniert, bedeutet es "aller-":
Sie fühlt sich am denkbar wohlsten (= am allerwohlsten). *Die Frage, wer der denkbar interessanteste* (= der allerinteressanteste) *Schriftsteller war, ist nicht zu entscheiden.*
denken: Wird das Verb *denken* in der Bedeutung "beabsichtigen, vorhaben" mit einem erweiterten Infinitiv mit *zu* kombiniert, kann man ein Komma setzen oder nicht, je nachdem, ob *denken* Hilfs- oder Vollverb ist. Versteht man *denken* als Hilfsverb, wird kein Komma gesetzt; fungiert es als Vollverb, muß ein Komma stehen:
Sie denkt Blumen zu kaufen. Sie denkt, Blumen zu kaufen.
Kommt zu *denken* ein Pronomen oder ein Adverb hinzu, muß ebenfalls ein Komma gesetzt werden, da es dann immer Vollverb ist:
Sie denkt daran, Blumen zu kaufen. Sie denkt sich, das tun zu müssen.
Denkmal: Das Substantiv *das Denkmal* bildet die Pluralformen: *die Denkmale* und *die Denkmäler.* Komposita mit dem determinierenden Substantiv *Denkmal* können mit und ohne Fugen-s gebildet werden:

Denkmal(s)pflege, Denkmal(s)schutz, Denkmal(s)sockel, Denkmal(s)enthüllung etc.
denn: Verbindet *denn* Sätze, wird davor ein Komma oder ein Strichpunkt gesetzt:
Er ging früh nach Hause,(;) denn er war müde.
Die Anwendung in Vergleichssätzen ist veraltet und nur mehr in der gehobenen Sprache zur Vermeidung eines doppelten als zu finden:
Caesar war als Politiker bedeutender denn als Dichter (Statt: *... als als Dichter*).
dennoch: Verbindet *dennoch* Sätze, wird davor ein Komma oder ein Strichpunkt gesetzt:
Er brach früh auf,(;) dennoch kam er spät an.
Getrennt wird: *den/noch.*
denselben: → derselbe, dieselbe, dasselbe
der - er: Die Verwendung der Demonstrativpronomen *der, die, das,* wenn korrekt ein Personalpronomen *er, sie, es* stehen müßte, gilt als sehr unhöflich:
Peter habe ich lange nicht mehr getroffen, er hat nie Zeit (Nicht: *Peter habe ich lange nicht mehr getroffen, der hat nie Zeit*).
Ich will mit ihm nichts mehr zu schaffen haben (Nicht: *Ich will mit dem nichts mehr zu schaffen haben*).
der gleiche - derselbe: Beide Begriffe drücken eine Identität aus, wobei unterschieden wird in eine Identität der Gattung und eine Identität der Einzelperson und des Einzelgegenstands:
Der gleiche Ski wird von der ganzen Familie benutzt. (Gemeint ist: Skier desselben Fabrikats, Modells). *Dasselbe Paar Ski wird von der ganzen Familie benutzt* (Gemeint ist: das einzige Paar Ski der Familie).
derartig: Substantiviert wird *derartig* groß, in der Bedeutung von "solch" wird es klein geschrieben:
Etwas Derartiges ist mir noch nie vorgekommen. Du hast derartiges sicher auch noch nicht erlebt.

Derartig und ein nachfolgendes (substantiviertes) Adjektiv oder Partizip werden parallel dekliniert:
Derartige unverschämte Behauptungen sind noch nie gehört worden. Mit derartigem künstlichem Gehabe werden Sie bloß ausgelacht. Die Anerkennung derartiger hoher Auszeichnungen war allgemein.
Derartig kann auch wie das Adverb *derart* ungebeugt vor einem Adjektiv stehen:
Derartig oder *derart unverschämte Behauptungen sind noch nie gehört worden. Mit derartigem* oder *derart künstlichem Gehabe werden Sie bloß ausgelacht. Die Anerkennung derartig* oder *derart hoher Auszeichnungen war allgemein.*
dereinst[ig] - einst[ig]: *dereinst* bzw. *dereinstig* wird heute in der Regel nur noch auf die Zukunft bezogen:
Dereinst(ig) wird man sich über unsere heutige Lebensweise wundern.
Während das Adverb *einst* auf Vergangenheit und Zukunft bezogen sein kann, wird das Adjektiv *einstig* nur auf Vergangenes bezogen:
Einst (früher) *war es schön mit dir. Ich werde noch einst* (später) *daran denken. Dort habe ich eine einstige Freundin wiedergetroffen.*
deren: *Deren* ist ein beifügender Genitiv. Dieser hat keinen Einfluß auf die Beugung folgender Wortgruppen. Ein nachfolgendes (substantiviertes) Adjektiv oder Partizip wird deshalb stark dekliniert:
Er traf sich mit Anna und deren jungem (Nicht: *jungen*) *Verehrer. Der Eintritt war für Teilnehmer und deren Angehörige* (Nicht: *Angehörigen*) *frei.*
deren - derer: Das Relativpronomen *deren* verbindet einen Nebensatz durch Rückbezug mit dem Hauptsatz:
Die Astronauten, deren Mission schwierig war, werden jetzt gefeiert.
Das Demonstrativpronomen *derer* hat vorausweisende Funktion:
Der Ruhm derer, die vor ihnen auf dem Mond waren, ist schon verblaßt.

Die beiden Pronomen können nie ausgetauscht werden.

derjenige, diejenige, dasjenige: Diese Demonstrativpronomen wirken in Kombination mit einem Relativsatz stärker als ein einfaches *der, die, das* und können Mißverständnisse vermeiden helfen:
Sie verschenkte die Schallplatten, die sie nicht mehr hören wollte, an ihre Freundinnen (= es handelt sich nur um diese Schallplatten; es werden keine anderen davon unterschieden). *Sie verschenkte diejenigen Schallplatten, die sie nicht mehr hören konnte, an ihre Freundinnen* (= es handelt sich nur um einen bestimmten Teil - den sie nicht mehr hören kann - der Schallplatten).

Die Verbindung *derjenige, welcher* sollte wegen ihrer Schwerfälligkeit vermieden werden:
Es war derjenige, welcher den Satz geschrieben hat (Besser: *Es war derjenige, der den Satz geschrieben hat*).

derselbe, dieselbe, dasselbe: Das Pronomen *derselbe, dieselbe, dasselbe* wird - auch wenn es betont werden soll - als ein Wort geschrieben. Verbindet sich der darin enthaltene Artikel mit einer Präposition, wird abgetrennt:
zur selben Stunde (= zu derselben); *vom selben Autor* (= von demselben); *ins selbe Zugabteil* (= in dasselbe).

Stilistisch unschön ist die Ersetzung eines Possessivpronomens *mein, dein, sein* oder eines Personalpronomens *er, sie, es* durch *derselbe, dieselbe, dasselbe:*
Kaum waren die Plätzchen gebacken, als dieselben (Besser: *..., als sie ...*) *schon verspeist waren. Robert spart. Der Wunsch desselben ist ein größeres Motorrad* (Besser: *Sein Wunsch ist ein größeres Motorrad*).

derzeit: Dieses Adverb wird heute in der Regel nur noch auf die Gegenwart bezogen und bedeutet "zur Zeit, augenblicklich":
Diese Platte ist derzeit ausverkauft.
Das gilt auch für das Adjektiv *derzeitig:*
Die derzeitige Sommermode ist eine Augenweide.

deshalb: Verbindet *deshalb* Sätze, wird davor ein Komma oder ein Strichpunkt gesetzt:
Er brach früh auf,(;) deshalb kam er rechtzeitig an.
Das Adverb *deshalb* gibt einen Grund an, es bezieht sich also auf einen Kausalsatz:
Er brach deshalb früh auf, weil er rechtzeitig ankommen wollte (Nicht: *Er brach deshalb früh auf, um rechtzeitig anzukommen* = Finalsatz).

Will man einen Bezug zu einer Sache deutlicher ausdrücken, kann *deshalb* durch *dieserhalb* ersetzt werden:
Man hat mich dieserhalb (= in dieser Sache) *angerufen.*

Design: [engl. design gleichbed.] Plan, Entwurf, Muster, Modell.

desselben: → derselbe

dessen: *Dessen* ist ein beifügender Genitiv. Dieser hat keinen Einfluß auf die Beugung folgender Wortgruppen. Ein nachfolgendes (substantiviertes) Adjektiv oder Partizip wird deshalb stark dekliniert:
Er traf sich mit Georg und dessen junger (Nicht: *jungen*) *Verlobter. Der Eintritt war für den Behinderten und dessen Angehörige* (Nicht: *Angehörigen*) *frei. Der Clown, von dessen philosophischem* (Nicht: *philosophischen*) *Humor alle begeistert waren, betrat die Arena.*

desto: → je - desto

deswegen: Verbindet *deswegen* Sätze muß ein Komma oder ein Strichpunkt gesetzt werden:
Er hatte Angst vor dem Vater. Deswegen kam er nicht nach Hause. Er hatte Angst vor dem Vater, (;) deswegen kam er nicht nach Hause.

Detektiv: Das Substantiv *Detektiv* wird stark dekliniert: *der Detektiv, des Detektivs, dem Detektiv, den Detektiv* (Nicht: *des Detektiven, dem, den Detektiven*). Der Plural lautet: *die Detektive.*

deutlich: Die Kombination von *deutlich* und Verb wird immer getrennt geschrieben:
Daraus ist deutlich geworden, daß er ihm etwas deutlich machen wollte. Kannst du nicht deutlich sprechen?
deutsch: Als Adjektiv gebraucht wird *deutsch* klein geschrieben:
der deutsche Idealismus; die deutsche Sturheit; die deutsche Sprache; der deutsche Fleiß.
Steht das Adjektiv alleine bei einem Verb, und kann man es mit Wie? erfragen, wird es ebenfalls klein geschrieben:
Er spricht deutsch. (Wie spricht er?) *Der Vortrag wurde in deutsch gehalten.* (Wie wurde der Vortrag gehalten?)
Steht *deutsch* als Substantiv, schreibt man groß. Es ist dann auf die Frage Was? erfragbar:
Sie studiert Deutsch. (Was studiert sie?) *Er spricht kein Deutsch.* (Was spricht er nicht?) *Nach zwanzig Jahren in Amerika spricht sie besser Englisch, aber ihre Muttersprache ist Deutsch.* (Was spricht sie besser? Was ist ihre Muttersprache?)
Ist *deutsch* Bestandteil eines Namens, schreibt man es immer dann groß, wenn das Adjektiv am Anfang des Namens steht:
die Deutsche Bundespost; die Deutsche Mark; der Deutsche Bundestag; Deutsches Wörterbuch von Jacob und Wilhelm Grimm.
Steht das Adjektiv nicht am Anfang, ist die Schreibweise unterschiedlich:
Zweites Deutsches Fernsehen; das Heilige Römische Reich Deutscher Nation; Deutscher Gewerkschaftsbund.
Aber:
Gesellschaft für deutsche Literatur; Handwörterbuch des deutschen Aberglaubens.
deutschsprachig - deutschsprachlich: Das Adjektiv deutschsprachig bedeutet "die deutsche Sprache sprechend" und "in deutscher Sprache", *während deutschsprachlich* "die deutsche Sprache betreffend" bedeutet:

Auch die deutschsprachige Literatur ist reich an guten Schriftstellern. Der deutschsprachliche Kurs, den das Goetheinstitut in Peking abhielt, war überfüllt.
Dezember: → Monatsnamen
d. h.: → das heißt
d. i.: → das ist
Diagonale: Dieses substantivierte Adjektiv wird wie ein echtes Substantiv dekliniert; in der Einzahl endungslos, in der Mehrzahl auf -n. Steht das Wort ohne Artikel, wird auch stark dekliniert: *fünf Diagonalen* oder *fünf Diagonale*.
Diakonat: In der Regel ist dieses Substantiv sächlich; von Theologen wird es auch männlich gebraucht: *das Diakonat, der Diakonat.*
Diakonisse - Diakonissin: Beide Formen der weiblichen Entsprechung zu *Diakon* sind korrekt.
diät - Diät: Das Adjektiv wird klein, das Substantiv groß geschrieben:
Der Zuckerkranke sollte diät leben. Er wurde vom Arzt auf strenge Diät gesetzt und versucht nun, Diät zu halten.
dicht: Adjektiv und nachfolgendes Verb schreibt man getrennt, wenn beide Wörter in ihrer ursprünglichen Bedeutung stehen:
Dieser Propfen wird das Faß dicht halten.
Zusammen schreibt man, wenn *dicht* zu einem Verbzusatz wird und eine neue Bedeutung entsteht:
Die Gangster haben beim Verhör dichtgehalten (= geschwiegen).
In Verbindung mit einem Partizip wird getrennt geschrieben, wenn das Partizip nur näher bestimmt werden soll; beide Wörter sind dann betont:
Der Wald ist dicht (= sehr) *verschneit. Seine Brust, dicht behaart, zog viele Blicke an.*
Man schreibt zusammen, wenn die Kombination aus Adjektiv und Partizip adjektivisch gebraucht wird; das erste Wort wird dann betont:

Die Loipe führt durch einen dichtverschneiten Wald. Eine dichtbehaarte Brust gilt beim Mann als attraktiv.
Bei Steigerungen sollte man immer getrennt schreiben, da beide Wörter ihre Bedeutung behalten:
Beim Wettbewerb im Feriendorf wurde die am dichtesten behaarte Brust prämiert (Nicht:... die dichtbehaarteste Brust ...).

dichtmaschig: Das Adjektiv *dichtmaschig* wird als Ganzes gesteigert: *dichtmaschig, dichtmaschiger, am dichtmaschigsten.*

dick: In der festen Wendung *durch dick und dünn* wird klein geschrieben:
Sie gingen zusammen durch dick und dünn.

die - sie
Die Verwendung der Demonstrativpronomen *der, die, das,* wenn korrekt ein Personalpronomen *er, sie, es* stehen müßte, gilt als sehr unhöflich:
Anastasia habe ich lange nicht mehr getroffen, sie hat nie Zeit (Nicht: *Anastasia habe ich lange nicht mehr getroffen, die hat nie Zeit*). *Ich will mit ihr nicht mehr ausgehen* (Nicht: *Ich will mit der nicht mehr ausgehen*).

die gleiche - dieselbe: Beide Begriffe drücken eine Identität aus, wobei unterschieden wird in eine Identität der Gattung und eine Identität der Einzelperson und des Einzelgegenstands:
Die ganze Familie benutzt die gleiche Zahnbürste (Gemeint ist: Zahnbürsten desselben Fabrikats, Modells). *Die ganze Familie benutzt dieselbe Zahnbürste* (Gemeint ist: Die einzige Zahnbürste der Familie).

diejenige: → derjenige, diejenige, dasjenige

Dienstag: Ist in der Kombination von Wochentag und Tageszeit der Wochentag der Hauptbegriff, der durch die Zeitangabe näher definiert wird, schreibt man getrennt:
Dienstag abends waren wir aus (= ein ganz bestimmter Dienstag).

Fungiert die Zeitangabe als Grundwort, das durch den Wochentag spezifiziert werden soll, schreibt man zusammen:
Am Dienstagabend ist Theaterkurs, am Mittwochabend ist Literaturkurs (= kalendarisch unbestimmte Dienstage und Mittwoche).
Gleiches gilt für: *Morgen, Mittag* und *Nacht. Früh* als nachgestelltes Adverb wird getrennt geschrieben:
Dienstag früh gings los.
Getrennt wird: *Diens/tag.*

Dienstmann: Der Plural lautet: *die Dienstmänner* oder *die Dienstleute.*

dieselbe, dieselben: → derselbe, dieselbe, dasselbe

dieselbe - die gleiche: → der gleiche - derselbe

dieser, diese, dieses: Die Demonstrativpronomen werden immer stark gebeugt:
Ein Mann dieses (Nicht: *diesen*) *Typs war gesucht.*
Diese hinweisenden Fürwörter können allein oder beifügend stehen:
Die Ureinwohner dieses Landstrichs versammelten sich. Dieser war es!
Ein alleinstehendes *dieses* kann durch ein ungebeugtes *dies* ersetzt werden:
Dies war geschehen, bevor ich kam.
Ist in einem Satz von zwei Dingen oder Personen die Rede, auf die man sich mit *dieser - jener* bezieht, benennt *dieser* das zuletzt Genannte, *jener* das zuerst Genannte:
Lehrer und Schüler wandelten auf dem Philosophenpfad, dieser langweilte sich, jener philosophierte.
Ein nach *dieser* folgendes besitzanzeigendes Fürwort wird immer stark gebeugt:
Mit dieser seiner (Nicht: *seinen*) *letzten Komposition gewann er den Preis. In diesem seinem* (Nicht: *seinen*) *umstrittenen Werk erkannte man die Absicht.*

diesseits: Die Präposition *diesseits* wird mit einem Genitiv verbunden oder es folgt ein *von:*
Diesseits Münchens oder *diesseits von München.*

Ding: Der Plural zu *Ding* lautet *die Dinge:*
... und was sich als groß gezeigt hatte, stand als Kleines am Wege, und das Unbeachtete schwoll an und entdeckte sich als Schwerpunkt der Dinge ... (Adalbert Stifter, Der Waldgänger)
Der Plural *die Dinger* (ugs.) bezieht sich in minderer Wertung auf Gegenstände oder auf junge Mädchen:
Ihr armen, armen Dinger! (Goethe)
Diplomat: [franz. diplomatique "urkundlich, die Noten des zwischenstaatlichen Umgangs betreffend"]
Vertreter des auswärtigen Dienstes, der in anderen Staaten als Vertreter seines Staates anerkannt ist. Jemand, der seine Ziele so geschickt verfolgt und erreicht, ohne andere zu verärgern. Gehört zu den wenigen männlichen Substantiven, deren Endung -en ist, und die schwach gebeugt werden:
der Diplomat, des Diplomaten, dem Diplomaten, den Diplomaten, die Diplomaten (Nicht: *des Diplomats, dem Diplomat, den Diplomat*).
direkte Rede: Die direkte oder wörtliche Rede wird in Anführungszeichen gesetzt und steht, wenn sie angekündigt wird, nach einem Doppelpunkt:
Ich sagte: "Jetzt schlaf mal." Jack antwortete: "Ich werde schlafen" und drehte sich zur Wand.
Steht die Ankündigung nach der direkten Rede, wird sie durch ein Komma abgetrennt:
"Ich seh dir in die Augen, Kleines", sagte er.
Endet die direkte Rede jedoch mit einem Fragezeichen oder einem Ausrufezeichen, entfällt das Komma:
"Wie fühlst du dich, Jack?" fragte ich. "Ole!" rief er und lachte.
Ist eine kurze direkte Rede in einen Satz integriert, können Kommas und Doppelpunkt entfallen:
Bevor er noch "Bleib doch" sagen konnte, war sie schon aus der Tür.

Der Gegensatz zur direkten Rede ist die → indirekte Rede.
direkter Fragesatz: → Interrogativsatz
Dirigent: Als schwach gebeugtes Substantiv hat *Dirigent* außer im Nominativ Singular die Endung -en:
der Dirigent, des, dem, den Dirigenten, die Dirigenten (Nicht: *des Dirigents, dem, den Dirigent*).
Diskjockey, der: [engl. disc jockey gleichbed.]
Wähler, Ansager und Kommentator von Schallplatten in Rundfunk, Fernsehen und bei öffentlichen Tanzveranstaltungen.
Diskus: Dieses Substantiv hat zwei Pluralformen: *die Disken* und *die Diskusse*.
diskutabel: Bei diesem Adjektiv entfällt das *e* der Endsilbe, wenn es gebeugt oder gesteigert wird:
Dies ist ein diskutables Vorhaben. Durch dieses Ereignis wird das Vorhaben auch nicht diskutabler.
Display, das: [engl. display "Auslage, Dekoration"]
Optisch betontes Aufstellen von Waren, um den Werbeeffekt zu erhöhen. Mittel um den ausgestellten Gegenstand optimal zu präsentieren.
d. M.: Die Abkürzung von *dieses Monats* ist *d. M.,* (Nicht *d. M. s*).
DM: Die Abkürzung für *DM* kann vor oder nach der Zahlenangabe stehen:
1.000,95 DM, DM 1.000,95.
Ohne Zahlenangabe wird auch *D-Mark* geschrieben.
doch - jedoch: Werden damit Zusätze eingeleitet, steht vor *doch* ein Komma oder ein Strichpunkt. Es kann aber auch ein neuer Satz angeschlossen werden:
Er wartete sehr lange auf seine Freundin, (;) doch umsonst. Er wartete lange, (;) doch sie kam nicht. Er wartete schon so lange. Doch sie kam nicht.
Jedoch hat dieselbe Funktion wie *doch*, muß aber im angeschlossenen Satz bzw. Satzteil nicht am Anfang stehen:

Sie ist klug, (je)doch fehlt es ihr an Energie. Sie ist klug, es fehlt ihr jedoch an Energie.
Kombinationen mit anderen Konjunktionen kann nur *doch* bilden:
Er ist nicht klug, aber doch klug genug, um dies zu durchschauen. Und doch hat er es nicht geschafft, das Problem zu lösen.

Doktor: → Kapitel: Titel und Anreden

dominieren: Das Verb *dominieren* im Sinne von "beherrschen" wird mit einem Akkusativ verbunden:
Der Meister dominierte den Sklaven.

Domino: Das männliche Substantiv *der Domino* bedeutet "Maskenkostüm, Maskenmantel". Die Bezeichnung für ein Gesellschaftsspiel ist dagegen: *das Domino.*

Donnerstag: Ist in der Kombination von Wochentag und Tageszeit der Wochentag der Hauptbegriff, der durch die Zeitangabe näher definiert wird, schreibt man getrennt:
Donnerstag abends waren wir aus (= ein ganz bestimmter Donnerstag).
Fungiert die Zeitangabe als Grundwort, das durch den Wochentag spezifiziert werden soll, schreibt man zusammen:
Am Donnerstagabend ist Theaterkurs, am Freitagabend ist Literaturkurs (= kalendarisch unbestimmte Donnerstage und Freitage).
Gleiches gilt für: *Morgen, Mittag* und *Nacht. Früh* als nachgestelltes Adverb wird getrennt geschrieben:
Donnerstag früh gings los.
Getrennt wird: *Don/ners/tag.*

doppelt - zweifach: In der Regel wird heutzutage folgende Unterscheidung getroffen: *doppelt* meint "zweimal dasselbe"; *zweifach* meint "zweierlei", also Verschiedenes:
Der Händler hat das Auto zum doppelten Preis weiterverkauft. Für sein Handeln wird er zweifach belohnt werden: auf Erden und im Himmel.

dorthin: → dahin

Dossier, das: [franz. dossier "Aktenbündel"] Aktenheft, wichtige Unterlagen (meist im Plural gebraucht). Veraltet kann (männlich) *der Dossier* stehen.

Dotter: *Dotter* kann männlich oder sächlich sein, *der Dotter* oder *das Dotter* ist korrekt.

Dozent: Als schwach gebeugtes Substantiv hat *Dozent* außer im Nominativ Singular die Endung -en:
der Dozent, des Dozenten, dem Dozenten, den Dozenten, die Dozenten (Nicht: *des Dozents, dem, den Dozent*).
In der Anschrift in Kombination mit *Herr* und *Namen* kann die Beugung wegfallen:
Herrn Dozenten Dr. Pollock oder *Herrn Dozent Dr. Pollock.*

Drache - Drachen: Der *Drache* im Sinne von "Fabeltier" bildet den Genitiv *des Drachen*. Der Drachen im Sinne von "Kinderspielzeug" oder "zänkische, streitsüchtige Person" bildet den Genitiv *des Drachens*. Da nur im Nominativ Singular und im Genitiv Singular diese Unterscheidung sichtbar ist, alle anderen Kasus werden gleich gebildet, ist die Differenzierung schwierig.

Drama: Der Plural von *Drama* heißt *die Dramen* (Nicht: *die Dramas*).

drängen - dringen: Das transitive Verb *drängen* wird regelmäßig gebeugt:
drängen, drängte, gedrängt.
Das intransitive Verb *dringen* wird unregelmäßig gebeugt:
dringen, drang, gedrungen.
Beim zusammengesetzten Verb *aufdrängen* kommen regelmäßige und unregelmäßige Formen vor, die aber heute nicht mehr als korrekt angesehen werden:
Er drängte (Nicht: *drang*) *ihr den Ring auf. Dieses Billett wurde mir aufgedrängt* (Nicht: *aufgedrungen*).

Drangsal: In der Regel steht bei diesem Substantiv heute der weibliche Artikel, der sächliche gilt als veraltet: *die Drangsal* (Veraltet: *das Drangsal*). Der Plural lautet: *die Drangsale.*

drei: Das Zahlwort wird klein, seine Substantivierung groß geschrieben:

dreiviertel

Wir drei im Cafe. Punkt drei waren wir verabredet. Der Junge ist erst drei. Er hat eine Drei in Deutsch bekommen. Die Ziffer Drei. Sie übten, eine Drei zu schreiben.
In Namen wird das Zahlwort ebenfalls groß geschrieben:
die Heiligen Drei Könige.
Steht *drei* ohne Artikel oder Fürwort bei einem Substantiv, wird es im Genitiv gebeugt:
Der Bericht der drei Unfälle (= mit Artikel); *der Bericht dreier Unfälle.*
Folgt auf *dreier* ein Adjektiv, wird dies stark gebeugt:
Die Schreie dreier unschuldiger Opfer hörte man weit.
Folgt ein substantiviertes Adjektiv oder ein Partizip, wird dies schwach gebeugt:
Die Entlassung dreier Bedienten (Selten: *Bedienter*) *war eine Strafmaßnahme.*
→ Numerale
dreiviertel - drei viertel - Dreiviertel: In substantivischer Verwendung und als beifügend gebrauchte ungebeugte Form wird zusammengeschrieben:
Er hat Dreiviertel der Arbeit hinter sich. In einer dreiviertel Stunde war er zu Hause.
Wird in vierteln - bzw. Vierteln gezählt, schreibt man getrennt:
Ein viertel Pfund, zwei viertel Pfund, drei viertel Pfund. Es war drei Minuten vor drei Viertel drei.
dreschen: Im Indikativ Präsens heißt es: *ich dresche; du drischst; er, sie, es drischt.* Der Imperativ lautet: *drisch!* (Nicht: *dresche!*). Die Vergangenheit heißt: *drosch.* Der Konjunktiv II lautet: *drösche.* Die Form *dräsche* ist veraltet.
dringen - drängen: → drängen - dringen
dritte: Das Zahlwort wird klein, seine Substantivierung groß geschrieben:
Im Wettlauf war er der dritte. Jeder dritte Befragte war dagegen. Er ist der Dritte im Wettlauf. Der Dritte (= des Monats) *ist ein Sonntag.*
In Namen wird das Zahlwort ebenfalls groß geschrieben:

Richard der Dritte; das Dritte Reich; der Dritte Weltkrieg.
→ Numerale
Dritteil: Getrennt wird: *Drit/teil.*
drittel: Als Beifügung vor Maß- und Gewichtsangaben schreibt man *drittel* klein:
Ein drittel Liter saure Sahne.
Die Substantivierung schreibt man groß:
Er hat drei Drittel dieses Rotweins und ein Wasser getrunken.
Im Dativ Plural wird *Drittel* in der Regel dekliniert, aber auch die undeklinierte Form ist möglich:
Er wurde mit zwei Dritteln oder *zwei Drittel der geforderten Schadensersatzsumme abgefunden. In dieser Zeit schafft er die Strecke nur zu zwei Dritteln* oder *zwei Drittel.*
drohen: Es hängt von der Bedeutung ab, ob man *drohen* und den nachfolgenden erweiterten Infinitiv mit zu durch ein Komma trennt oder nicht. Wird *drohen* im Sinne "eine Drohung aussprechen" als Vollverb gebraucht, muß ein Komma gesetzt werden:
Er drohte, das Flugzeug in die Luft zu sprengen.
Als Hilfsverb verwendet, bedeutet *drohen* "es ist zu befürchten, im Begriff sein"; hier steht kein Komma:
Die Streiks der Metaller drohen andere Gewerbe in Mitleidenschaft zu ziehen.
Druck - Drücke: Das Substantiv *Druck* bildet den Plural *Drucke* und entspricht dem Verb *drucken.* Es steht für "das Gedruckte" und bildet z. B. die Komposita:
Abdrucke; Aufdrucke; Nachdrucke; Neudrucke; Vordrucke.
Das Substantiv mit der anderen Pluralform *Drücke* entspricht dem Verb *drücken.* Es steht für "Zusammenpressen, Krafteinwirkung":
Wasserdrücke; Über- oder Unterdrücke; Gipsabdrücke; Wachsabdrücke; Finger- oder Fußabdrücke.
→ Abdruck - Abdrücke
drucken: Die Wendung *drucken auf* kann einen Dativ oder einen Akkusativ nach

sich ziehen. Der Dativ, dessen Verwendung überwiegt, bezeichnet die Stelle, das Material, wo der Druckvorgang vor sich geht:
Die Widmung wird auf handgeschöpftem Papier gedruckt.
Der Akkusativ bezeichnet das Material als Ziel des Druckvorganges:
Diese Handzettel drucken wir auf schlechtes Recyclingpapier.
drücken: Wie bei anderen Verben der körperlichen Berührung kann auch hier die betroffene Person im Dativ oder im Akkusativ stehen. Es besteht dabei kein grundsätzlicher Unterschied mehr. Der Dativ ist heute allgemein üblicher:
Der Kasten drückt mir ins Kreuz.
Direkt auf eine Person bezogen, steht nur der Akkusativ:
Dieser Hüfthalter hat mich schon immer gedrückt.
Dies gilt auch für den übertragenen Gebrauch von *drücken* im Sinne von "nicht tun wollen":
Vor den Referaten in den Seminaren hat sie sich immer gedrückt.
→ beißen
Drugstore, der: [engl.-amerik. drugstore "Kaufhaus, Lager für Drogerieware"] Verkaufsgeschäft in den USA mit Schnellrestaurant, Schreibwaren-, Tabak- und Kosmetikabteilung.
du: Analog zu *dein* etc. schreibt man *du* in Briefen immer groß, wenn die Person direkt angesprochen wird.
→ dein
du oder wir: Besteht das Satzsubjekt aus mehreren Teilen, die mit ausschließenden Konjunktionen verbunden sind und in der Person nicht übereinstimmen, richtet sich das Verb nach der nächststehenden Person des Subjekts:
Du oder wir haben geschlafen (Nicht: *Du oder wir hast geschlafen*).
du und er: Besteht das Satzsubjekt aus mehreren Teilen, die mit anreihenden Konjunktionen verbunden sind und in der Person nicht übereinstimmen, gilt folgende Regel: Wird im Subjektteil eine zweite Person, *du* oder *ihr*, mit einer dritten Person, *er* oder *sie* verbunden, kann das Gesamtsubjekt durch *ihr* ersetzt werden, das Verb (und Pronomen) stehen in der zweiten Person Plural:
Du und er habt euch über die Flugpläne erkundigt (Nicht: *Du und er haben sich über die Flugpläne erkundigt*).
Möglich ist auch der Einschub eines pluralischen Pronomens zur Verdeutlichung:
Du und er, ihr habt euch über die Flugpläne erkundigt.
du und ich: Besteht das Satzsubjekt aus mehreren Teilen, die mit anreihenden Konjunktionen verbunden sind und in der Person nicht übereinstimmen, gilt folgende Regel: Wird im Subjektteil eine erste Person genannt, *ich* oder *wir*, kann das Gesamtsubjekt durch *wir* ersetzt werden, das Verb (und Pronomen) stehen in der ersten Person Plural:
Du und ich haben uns über die Überraschung sehr gefreut (Nicht: *Du und ich haben sich über die Überraschung sehr gefreut*).
Möglich ist auch der Einschub eines pluralischen Pronomens zur Verdeutlichung:
Du und ich, wir haben uns über die Überraschung sehr gefreut.
du und sie: Besteht das Satzsubjekt aus mehreren Teilen, die mit anreihenden Konjunktionen verbunden sind und in der Person nicht übereinstimmen, gilt folgende Regel: Wird im Subjektteil eine zweite Person, *du* oder *ihr*, mit einer dritten Person, *er* oder *sie* verbunden, kann das Gesamtsubjekt durch *ihr* ersetzt werden, das Verb (und Pronomen) stehen in der zweiten Person Plural:
Du und sie habt euch über die Flugpläne erkundigt (Nicht: *Du und sie haben sich über die Flugpläne erkundigt*).
Möglich ist auch der Einschub eines pluralischen Pronomens zur Verdeutlichung:
Du und sie, ihr habt euch über die Flugpläne erkundigt.

du und wir: Besteht das Satzsubjekt aus mehreren Teilen, die mit anreihenden Konjunktionen verbunden sind und in der Person nicht übereinstimmen, gilt folgende Regel: Wird im Subjektteil eine erste Person genannt, *ich* oder *wir*, kann das Gesamtsubjekt durch *wir* ersetzt werden, das Verb (und Pronomen) stehen in der ersten Person Plural:
Du und wir haben uns über die Überraschung sehr gefreut (Nicht: *Du und wir haben sich über die Überraschung sehr gefreut*).
Möglich ist auch der Einschub eines pluralischen Pronomens zur Verdeutlichung:
Du und wir, wir haben uns über die Überraschung sehr gefreut.

dubios - dubiös: Beide Formen dieses Wortes mit der Bedeutung "unsicher, zweifelhaft" sind korrekt; die Form dubios ist gebräuchlicher.

dumm: Die Vergleichsformen werden mit Umlaut gebildet: *dümmer, am dümmsten.*

dumpf: Die Vergleichsformen werden ohne Umlaut gebildet: *dumpf, dumpfer, am dumpfsten* oder *am dumpfesten.*

dunkel: Das Adjektiv schreibt man auch bei vorangehendem Artikel klein, wenn es in festen Fügungen steht:
Im dunkeln tappen (= nicht Bescheid wissen); *im dunkeln lassen* (= im ungewissen); *im dunkeln bleiben* (= anonym bleiben).
Als substantiviertes Adjektiv schreibt man groß:
Im Dunkeln fühlte er sich unsicher. Im Dunkeln ist gut munkeln.
Bei diesem Adjektiv entfällt das *e* der Endsilbe, wenn es gebeugt oder gesteigert wird:
Im dunklen Saal sah er Gespenster. Es wurde immer dunkler.

dünken: Neben den regelmäßigen Formen dünkte, gedünkt bildet das Verb auch die unregelmäßigen Formen *deuchte, gedeucht.* Diese Formen sind allerdings veraltet. Das Verb kann mit einem Akkusativ oder - seltener - mit einem Dativ verbunden werden:
Mich dünkt dies richtig (Selten: *Mir dünkt dies richtig*).
Bei dem Verb bedünken steht nur noch der Akkusativ. Nach *sich dünken* folgt heute ein Nominativ, d. h. es wird auf das Subjekt bezogen. Ein Akkusativ ist selten:
Ich dünke mich ein Sieger (Selten: *Ich dünke mich einen Sieger*).

dünn: In der festen Fügung *durch dick und dünn* schreibt man das Adjektiv klein:
Sie ging mit ihm durch dick und dünn.
Das selbständige Adjektiv schreibt man vom nachfolgenden Verb getrennt:
Du mußt die Farbe dünn auftragen.
Entsteht durch die Kombinaton ein neuer Begriff, schreibt man zusammen:
Dein Freund hat sich wie immer dünngemacht (= weglaufen).

Dur: Nach heutigen Rechtschreibregeln werden die Bezeichnungen der Tongeschlechter groß geschrieben, wobei die Durtonarten mit einem großen Buchstaben bezeichnet werden:
A-Dur-Tonleiter; in A-Dur.

durch: → auf Grund - durch - infolge - zufolge - wegen - von - vor

durch: *durch* kann mit Verben feste und unfeste Kombinationen bilden. Bei den unfesten Verbindungen liegt die Betonung auf *durch*. Das *zu* des Infinitivs wird in den Infinitiv miteinbezogen:
durchdringen, ich dringe durch, ich drang durch, habe/bin durchgedrungen. Er versuchte, trotz der Masse der Neugierigen durchzudringen.
Bei den festen Verbindungen liegt die Betonung auf den Verben. Das *zu* des Infinitivs steht vor dem Verb:
durchdringen, ich durchdringe, ich durchdrang, habe durchdrungen. Er versuchte, das Schweigen zu durchdringen.
Mit *durch* verbundene Verben in diesem Sinne sind: *durchbohren, durchbrechen, durchdenken, durchdringen, durchgehen, durchkämmen, durchlüften, durchschwimmen, durchstechen, durchziehen.*

durch was - wodurch: *durch was* ist eine umgangssprachliche Ersetzung für *wodurch* und stilistisch unschön. In der Standardsprache ist nur das Pronominaladverb *wodurch* korrekt:
Wodurch ist er so kauzig geworden? (Nicht: *Durch was ist er so kauzig geworden?*)
durchbohren: → durch
durchbrechen: → durch
durchdenken: → durch
durchdringen: → durch
durcheinander: Fungiert *durcheinander* als selbständige Umstandsangabe, schreibt man es vom nachfolgenden Verb getrennt:
Er soll nicht so viel durcheinander trinken. Die Frau soll recht durcheinander (= verwirrt) *sein.*
In den übrigen Fällen schreibt man zusammen:
Die Schüler sollen nicht durcheinanderreden. Alles war durcheinandergelaufen. Der Chaot wird alles durcheinanderbringen.
durchführen - ausführen: → ausführen - durchführen
durchgehen: → durch
durchgehend - durchgehends: Standardsprachlich korrekt ist die Form ohne *-s:*
Sie ist durchgehend zu Hause.
durchkämmen: → durch
Durchlaß: Der Plural heißt: *die Durchlässe.* Die Form: *die Durchlasse* gilt als veraltet.
durchlüften: → durch
durchs: Die Verschmelzung von *durch* und *das* schreibt man ohne Apostroph:
Er ist durchs Meer geschwommen.
durchschwimmen: → durch
durchstechen: → durch
durchweg - durchwegs: Standardsprachlich korrekt ist die Form ohne *-s:*
Das wird durchweg auf diese Weise gehandhabt.
durchziehen: → durch
dürfen: Das 2. Partizip des Vollverbs *dürfen* heißt: *gedurft.* Fungiert *dürfen* als Hilfsverb, steht nach einem Infinitiv nicht das 2. Partizip, sondern der Infinitiv *dürfen:*
Die Kinder hatten spielen dürfen (Nicht: *Die Kinder hatten spielen gedurft*).
Man sollte die Kombination von *dürfen* mit Wörtern, die schon eine Erlaubnis ausdrücken, vermeiden:
Gestatten Sie mir, das zu benutzen? oder *Darf ich das benutzen?* (Nicht: *Gestatten Sie mir, das benutzen zu dürfen?*)
dürfen - können - müssen: Das Modalverb *dürfen* bedeutet "die Erlaubnis haben", das Modalverb *können* bedeutet "imstande sein, in der Lage sein, vermögen", das Modalverb *müssen* bedeutet "gezwungen sein". Dabei kann *können* für *dürfen* eingesetzt werden: *Kann* (= darf) *ich heute ausgehen? Manch einer glaubt, er könne* (= dürfe) *machen was ihm beliebt.*
In negierten Sätzen kann *müssen* für *dürfen* stehen:
So frech mußt (= darfst, sollst) *du nicht sein.*
In Briefen oder Anreden kann der Gebrauch von *dürfen* ein Ausdruck der Höflichkeit sein, der nichts mit "Erlaubnis haben" zu tun hat:
Wir dürfen Ihnen mitteilen ...(= haben die Ehre mitzuteilen).
dursten - dürsten: Im Sinne von "Durst haben" ist heute nur mehr *dursten* gebräuchlich. Die Verwendung von *dürsten* in diesem Zusammenhang ist unpersönlich und gilt als gehobener Sprachgebrauch:
Als ihn durstete (oder *dürstete*), *kehrte er in einem Gasthaus ein.*
Dagegen wird *dürsten* im übertragenen Sinn von "begehren, Verlangen haben" verwendet:
In seiner Einsamkeit dürstet ihn nach einer menschlichen Seele.
durstig - dürstig: → dursten - dürsten
düster: Bei *düster* bleibt, wenn es gebeugt oder gesteigert wird, das *-e* der Endsilbe erhalten:

Dutzend

Ihm blieb die düstere Aussicht auf den morgigen Tag. Der Tag war noch düsterer geworden.
Nur in den gebeugten Formen des Komparativs kann es entfallen:
Diese noch düsterere oder *düstrere Miene verriet alles.*
Dutzend: *Dutzend* ist ein Substantiv und wird immer groß geschrieben. Fungiert der Begriff als Zähleinheit von 12 Stück, wird im Plural nicht gebeugt:
Er kam mit drei Dutzend Talern nach Hause.
Als Bezeichnung einer unbestimmten Menge muß *Dutzend* im Nominativ, Dativ und Akkusativ dekliniert werden, wenn der Kasus nicht durch ein anderes Wort zu erkennen ist:
Es gab Dutzende von Mißverständnissen (Aber: *Es gab einige Dutzend Mißverständnisse*).
Im Genitiv Plural wird es wie ein substantiviertes Adjektiv dekliniert:
Die Bitten Dutzender von Mitgliedern beschäftigten das Komitee.
Das Gezählte steht nach *Dutzend* gewöhnlich im gleichen Fall, außer im Genitiv:
drei Dutzend blanke Taler; mit drei Dutzend blanken Talern; für drei Dutzend blanke Taler.
Als "unbestimmte Menge" wird das Gezählte mit den Präpositionen *von* oder im gleichen Fall angeschlossen:
Er kam mit Dutzenden von getreuen Gefolgsleuten. Er kam mit Dutzenden getreuer Gefolgsleute.
Das folgende Prädikat steht in der Einzahl, wenn die Vorstellung einer "12er Einheit" dominiert, in der Mehrzahl, wenn es sich auf das Gezählte bezieht:
Ein Dutzend Flaschen Bier kostet 12 Mark. Ein Dutzend Flaschen Bier kosten 12 Mark.
dutzend(e)mal - viele Dutzend Male: Ist das *Mal* an der Deklination als Substantiv zu erkennen, schreibt man getrennt und groß:
Einige Dutzend Male besuchte er mich.

In den übrigen Fällen schreibt man zusammen:
Ich habe ihn ein dutzendmal gesehen. Sie waren einige dutzendmal in Athen. Ein halbes dutzendmal war er verwundet worden.
Dynamit: Dieses Substantiv besitzt sächliches Geschlecht, es heißt: *das Dynamit* (Nicht: *der Dynamit*).
Dynamo, der: [griech. dynamis "Kraft"] Kurzform von (veraltet) Dynamomaschine. Wegen dieser Herkunft wurde früher mit weiblichem Artikel *die Dynamo* gebildet. Standardsprachlich ist heute nur mehr der männliche Artikel gebräuchlich.

E

Eau de Cologne, das oder die: [franz. eau de Cologne "Wasser aus Köln"] Kölnischwasser.
Der französische Name des Parfüms kann im Deutschen einen sächlichen oder einen weiblichen Artikel führen. In der Regel wird jedoch der sächliche Artikel verwendet.
eben: Wird *eben* dekliniert oder gesteigert, bleibt in der Regel das *e* in der Endsilbe erhalten:
Die ebene Landschaft ist malerisch. Jetzt ist die Fahrbahn ebener als vorher.
ebenso: *ebenso* schreibt man zusammen mit dem folgenden Adverb und den undeklinierten Formen der bestimmten Zahlwörter *viel* und *wenig*:
ebensoselten; ebensooft; ebensoviel; ebensowenig.
Auch mit einem folgenden undeklinierten Adjektiv schreibt man *ebenso* zusammen, wenn die Betonung auf der ersten Silbe liegt

Sein zweiter Roman wurde ebensohäufig gekauft wie sein Erstling. Er läuft ebensoschnell wie ich.
Sind beide Wörter betont, schreibt man getrennt:
Er läuft ebenso schnell wie ich.
Getrennt schreibt man aber auch, wenn das folgende Adjektiv dekliniert ist und bei den deklinierten Formen der unbestimmten Zahlwörter *viel* und *wenig*:
ebenso lange Haare; ebenso gute Freunde; ebenso viele Bücher; ebenso wenige Urlaubstage.
Bei Vergleichen und Vergleichssätzen muß *ebenso* mit *wie* kombiniert werden; die Verbindung *ebenso ... als* gilt nicht als standardsprachlich:
Sie arbeitet ebenso langsam wie gründlich. Er muß das ebenso von der Pike auf lernen, wie ich das lernen mußte.
ebenso auch: Die beiden Wörter haben dieselbe Bedeutung, deshalb können sie nicht gekoppelt werden:
Er könnte das Problem ebenso selbst lösen. Er könnte das Problem auch selbst lösen. ((Nicht: *Er könnte das Problem ebenso auch selbst lösen*).
ebensolch: Nach *ebensolch* wird ein folgendes (substantiviertes) Adjektiv oder Partizip in der Regel stark dekliniert:
Mit ebensolcher bedingungsloser Hingabe war er ihr treu. Mit ebensolchem verrostetem Wagen fuhr er in Urlaub.
→ solch
echt: Als adjektivische Verbindung gebraucht schreibt man *echt* und das nachfolgende Adjektiv zusammen; nur auf dem ersten Glied liegt die Betonung:
Sie essen von echtgoldenen Tellern.
Bewahren dagegen beide Wörter ihren ursprünglichen Sinn, beide sind dann betont, schreibt man getrennt:
Sie erbten echt goldene Teller.
Immer zusammen schreibt man, wenn das Adjektiv fachsprachlich klassenbildend (z. B. in der Chemie) ist:
Der Stoff ist echtblau.

Immer getrennt schreibt man, wenn beide Wörter ausssagend gebraucht werden:
Diese Teller sind echt gold.
Eck - Ecke: Standardsprachlich korrekt heißt es: *die Ecke*. Im süddeutschen Sprachraum kann umgangssprachlich auch *das Eck* gebraucht werden, wie es in den Komposita: *das Fünfeck, das Achteck, das Vieleck* erscheint. In der Sportsprache bedeutet *das Eck* "die Ecke des Tores bei Ballspielen".
edel: Wird *edel* dekliniert oder gesteigert, entfällt das *e* der Endsilbe:
Das war ein edles Wort eines edleren Mannes.
Effekte - Effekten: Das männliche Substantiv *der Effekt* bildet die Pluralform: *die Effekte* und bedeutet "Wirkungen, Erfolge, Leistungen". *Die Effekten* in der Bedeutung "Wertpapiere" werden nur im Plural gebraucht:
Er legte seinen Lottogewinn in Effekten an.
Egotrip, der: [engl. ego-trip gleichbed.] Egozentrische, ganz auf sich selbst bezogene Lebenshaltung.
eh - eh': Das Adverb *eh* schreibt man ohne Apostroph:
Er ging zur Arbeit wie eh und je. Wir haben uns seit eh und je nicht vertragen.
Die Verkürzung der Konjunktion *ehe* zu *eh'* wird mit Apostroph geschrieben:
Sie wird kommen, eh' es dunkel wird.
eh. - e. h. - E. h.: → ehrenhalber
ehe: Die Konjunktion *ehe* meint, daß zum Zeitpunkt eines Geschehens etwas anderes noch nicht geschieht:
Er kam hereinspaziert, ehe ich auf sein Klopfen reagieren konnte.
Nach einem verneinten Hauptsatz darf man den mit *ehe* angeschlossenen Satz nicht zusätzlich verneinen:
Er kam nicht hereinspaziert, ehe ich auf sein Klopfen reagierte (Nicht: *Er kam nicht hereinspaziert, ehe ich auf sein Klopfen nicht reagierte*).

ehebrechen

Soll eine Bedingung formuliert werden, kann man den verneinten Nebensatz vor den ebenfalls verneinten Hauptsatz stellen: *Ehe du nicht deine alten Schulden bezahlt hast, kann ich dir das Geld nicht geben.*
Grundsätzlich wird ein mit der Konjunktion *ehe* eingeleiteter Nebensatz durch ein Komma abgetrennt. Legt aber eine Angabe im Nebensatz den im Hauptsatz gemeinten Zeitpunkt fest, bilden Zeitangabe und Konjunktion eine Einheit, die nicht abgetrennt wird: *Fünf Minuten ehe ihr ankamt, sind die anderen weggefahren.*
Fungiert die Konjunktion als Teil einer festen Fügung, steht ebenfalls kein Komma vor *ehe:*
Du wirst mich dreimal verleugnen, noch ehe der Hahn kräht. Kurz ehe sie gingen, trafen die Freunde ein.

ehebrechen: Vom Verb *ehebrechen* ist nur der Infinitiv üblich:
Du sollst nicht ehebrechen!
Werden finite Formen gebraucht muß es heißen:
Er hat die Ehe gebrochen. Sie werden die Ehe brechen.

ehrenhalber: In der Regel wird *ehrenhalber e. h.* abgekürzt, seltener *eh.* Die Form *E. h.* kommt von der veralteten Schreibweise *Ehren halber.*

Ehrenmal: Dieses Substantiv bildet die Pluralformen: *die Ehrenmale* und *die Ehrenmäler.*

Eid: Richtig muß es heißen: *an Eides Statt* (Nicht: *an Eides statt*).

Eidotter: → Dotter

Eigelb: Diese Bezeichnung für das Gelbe vom Ei wird wie üblich dekliniert: *des Eigelbs, dem Eigelb, den Eigelb.* Der Plural lautet: *die Eigelbe, wenige Eigelbe.*
In der Kombination mit Kardinalzahlen, wird *Eigelb* nicht dekliniert:
Für den Kuchen brauchst du drei Eigelb. Ich mache ihn mit vier Eigelb.
Standardsprachlich korrekt ist das Substantiv: *das Eigelb* (Nicht: *das Gelbei,* wie im Norden gebräuchlich).

eigen: Wird *eigen* dekliniert, bleibt in der Regel das *e* in der Endsilbe erhalten: *Seinen eigenen Wagen fuhr er zu Schrott.*
Das Adjektiv wird auch in festen Wendungen klein geschrieben:
Sie gab sich ihm zu eigen. Dieses Grundstück nennt sie ihr eigen. Diese Ansicht macht sich ihr Nachbar nicht zu eigen.
Groß schreibt man Substantivierungen sowie das Substantiv der gehobenen Sprache: *das Eigen* im Sinne von "Besitz, Eigentum":
Mit dem Bausparvertrag sparen sie auf etwas Eigenes. Er kämpfte um sein Eigen.

Eigennamen: → Personennamen

Eigenschaft: Der Wendung *in seiner Eigenschaft als* folgt immer ein Nominativ: *Ich schrieb ihm in meiner Eigenschaft als zuständiger Sachbearbeiter. Ich sprach mit ihm in seiner Eigenschaft als Betreuender* (Nicht: *... als Betreuendem*).

Eigenschaftswort: → Adjektiv

eilen: Das Perfekt wird mit *sein* gebildet, wenn das Verb *eilen* im Sinne von "laufen, sich schnell bewegen" gebraucht ist:
Wir sind in die Vorlesung geeilt. Sie war sehr geeilt.
In der Bedeutung von "drängen, schnell erledigt werden müssen", wird das Perfekt mit *haben* gebildet:
Die Bestellung hat sehr geeilt.

eilen - sich eilen: Auf Personen bezogen drückt das Verb *eilen* unmittelbar eine schnelle Fortbewegungsart aus:
Ich eile.
Das Reflexivum *sich eilen* bezeichnet dagegen allgemein eine notwendige schnelle Ausführung einer Tätigkeit in der Bedeutung "schnell machen":
Ich werde mich eilen, dies zu erledigen.

ein: Der unbestimmte Artikel wird immer klein geschrieben. Innerhalb fester Wendungen kann damit eine Aussage hervorgehoben werden; ein stilistisches Mittel, das nur bei sparsamer Verwendung wirkt: *Anstelle einer wirkmächtigen Unterstützung* (Statt: *anstelle wirkmächtiger Unterstützung*); *mit einer machtvollen Stimme*

(Statt: *mit machtvoller Stimme*); *mit einer großartigen Geste* (Statt: *mit großartiger Geste*).

Die Wendungen *ein wenig* und *ein paar* werden nicht gebeugt; in der Verbindung *ein bißchen* wird der unbestimmte Artikel gebeugt.

Auch als unbestimmtes Fürwort wird *ein* immer klein geschrieben. Der Genitiv Singular Maskulinum und Neutrum lautet *eines*, das Femininum lautet *einer*:
Bei der Hochzeit eines unserer Bekannten... Mit der Verheiratung einer unserer Schwestern...

Als Adverb bildet *ein* unfeste Verbindungen mit Verben, die eine Richtung angeben und in der Regel mit der Präposition *in* und einem Akkusativ kombiniert sind:
Er ist in eine Sackgasse eingebogen.

Als Zahl wird *ein* immer klein geschrieben, außer in der Verwendung *der Eine* (=Gott). Zum Rechnen und Zählen wird *eins* verwendet; in Verbindung mit nachfolgenden Substantiven oder größeren Zahlen wird *ein* gebraucht. Steht dieses Substantiv in der Einzahl, bleibt *ein* ungebeugt; steht es im Plural, wird *ein* dekliniert:
Eins, zwei, drei; 1,7 (eins Komma sieben); eine Geschichte aus Tausendundeiner Nacht; man begrüßte den Gast mit hundertundein Rosen.

Steht *ein* allein vor einem Substantiv wird es immer gebeugt; ebenso bei Maß- und Mengenangaben.

einander - gegenseitig: Die beiden Wörter haben dieselbe Bedeutung, deshalb können sie nicht gekoppelt werden:
Sie halfen einander. Sie halfen sich gegenseitig. (Nicht: *Sie halfen einander gegenseitig*).

einarbeiten: Dem Verb *einarbeiten* folgt in der Regel ein Akkusativ, weil die Vorstellung der Richtung (Frage: Wohin?) dominiert:
Diese wahre Episode ist in den Roman geschickt eingearbeitet. Sie muß sich in diesen Bereich erst einarbeiten.

Es ist aber auch - seltener - ein Dativ möglich:
Sie muß sich in diesem (= innerhalb) *Bereich erst einarbeiten.*

einbauen: Dem Verb *einbauen* folgt in der Regel ein Akkusativ, weil die Vorstellung der Richtung (Frage: Wohin?) dominiert:
Sie bauten in den Wagen eine Standheizung ein.

Es ist aber auch - seltener - ein Dativ möglich:
Sie bauten in dem Wagen eine Standheizung ein.

Beim Zustandspassiv ist der Dativ gebräuchlicher:
In dem Wagen ist die Standheizung bereits eingebaut.

einbegriffen: *einbegriffen* (oder: *inbegriffen*) steht nach dem Substantiv, auf das es sich bezieht. Dabei steht dieses Substantiv im Nominativ, wenn es an ein Subjekt angeschlossen ist:
Alle Menschen, die Unsympathischen einbegriffen, sind Brüder. Der gesamte Verkehr mußte umgeleitet werden, die Fußgänger einbegriffen.

Im Akkusativ steht es, wenn es an ein Objekt im Genitiv, Dativ oder Akkusativ angeschlossen ist:
Er erinnerte sich seiner Studentenzeit gerne, den Ferien einbegriffen. Er mißtraute seinen Angestellten, den Leibwächtern einbegriffen. Die Firma zahlte alles, den Fahrschein für die U-Bahn einbegriffen.

Nach der Fügung *einbegriffen in* kann sowohl der Dativ (häufiger) als auch der Akkusativ folgen:
In diesem oder *diesen Mietpreis sind alle Nebenkosten einbegriffen. Flug, Vollpension und Leihwagen sind im Preis (mit) einbegriffen.*

einbleuen - einbläuen: Das Verb *einbleuen* heißt "jmdn. etwas mit Nachdruck einschärfen":
Uns hat man das Einmaleins noch mit Prügel eingebleut.

Das Verb *einbläuen* bedeutet "mit Wäscheblau färben". → bleuen

einbrechen: Wird das Verb *einbrechen* mit der Präposition *in* kombiniert, folgt ein Akkusativ, wenn die Vorstellung der Richtung (Frage: Wohin?) dominiert. Das Verb ist dann in der Bedeutung "gewaltsam eindringen" gebraucht. Das Perfekt muß mit *sein* umschrieben werden:
Die Schüler sind in das Direktorat eingebrochen. Die Diebe wollten in den Videoladen einbrechen.
Dominiert die Vorstellung des Ortes (Frage: Wo?), wird ein Dativ gesetzt. Das Verb erscheint in der Bedeutung "einen Einbruch verüben". Das Perfekt muß mit *haben* umschrieben werden:
Die Diebe wollten in dem Videoladen einbrechen. Sie haben irrtümlich in dem Blumenladen eingebrochen.

eindeutig - unzweideutig: *Eindeutig* heißt "klar, unmißverständlich" und wird verwendet, wenn man ausdrücken will, daß keine andere Deutung möglich ist oder für möglich gehalten wird:
Der Hergang war eindeutig, was jeder einsah.
Unzweideutig negiert mit Nachdruck eine mögliche andere Deutung:
Für das Verhalten im Katastrophenfall gab es unzweideutige Anweisungen.

eindringen: Dem Verb *eindringen* folgt in der Regel ein Akkusativ, weil die Vorstellung der Richtung (Frage: Wohin?) dominiert:
Die Expedition drang in den Urwald ein.
Der Gegner war in die besetzten Gebiete eingedrungen.
Im Perfekt ist aber auch - seltener - ein Dativ möglich:
Der Gegner war in den besetzten Gebieten eingedrungen.

eineinhalb: Das Zahlwort *eineinhalb* bleibt immer unverändert, außer man löst es auf:
Das Wunderkind konnte mit eineinhalb Jahren schon sprechen. Das Wunderkind konnte mit einem und einem halben Jahr schon sprechen.

einerseits - andererseits: Diese mehrere Glieder aneinander anreihende Konjunktion verbindet aufgezählte Sätze oder Satzteile. Dabei steht das Komma immer vor *andererseits*, auch wenn die einleitende Konjunktion *einerseits* fehlt:
Einerseits ist er sehr ehrgeizig, andererseits kann man nicht behaupten, daß er sich sehr anstrengt. Er ist sehr ehrgeizig, andererseits kann man nicht sagen, daß er sich sehr anstrengt.
Die Teile der Konjunktion können in ihre Teilsätze integriert sein; *andererseits* kann auch in einen *separaten* zweiten Satz eingebaut sein:
Er ist einerseits sehr ehrgeizig, man kann aber andererseits nicht behaupten, daß er sich sehr anstrengt. Er ist sehr ehrgeizig. Man kann aber andererseits nicht behaupten, daß er sich sehr anstrengt.

einesteils - anderntteils: Die Kommasetzung wird analog der Konjunktion *einerseits...andererseits* gehandhabt.

Einfahrt- - Einfahrts-: Komposita mit dem determinierenden Substantiv *Einfahrt* können mit oder ohne Fugen-s gebildet werden:
Einfahrt(s)signal, Einfahrt(s)erlaubnis etc.

einfügen: Dem Verb *einfügen* folgt in der Regel ein Akkusativ, weil die Vorstellung der Richtung (Frage: Wohin?) dominiert:
Diese Stichworte müssen noch in den zweiten Teil eingefügt werden.
Beim Zustandspassiv ist aber auch - seltener - ein Dativ möglich; es dominiert die Vorstellung des Ortes (Frage: Wo?):
Wieviel Worte sind in dem zweiten Teil eingefügt?

einführen: Auf die Wendung *einführen in* folgt ein Akkusativ, wenn der Vorgang des Einführens oder die Person oder Sache, die eingeführt wird, dominiert. Die Vorstellung der Richtung (Frage: Wohin?) ist vorherrschend:
Die Tochter wurde in die Gesellschaft eingeführt. Der Meister führte den Lehrling in sein neues Arbeitsgebiet ein. Die Indu-

strienationen haben Waffen in die Krisengebiete eingeführt.
Soll die Angabe des Ortes (Frage: Wo?), wo etwas oder jmd. eingeführt wird, dominieren, folgt ein Dativ:
Die Tochter wurde in der Gesellschaft eingeführt. Man versuchte, die eigenen politischen Vorstellungen in diesem fremden Land einzuführen.
Bei Orts- und Ländernamen, die allein stehen, wird *in* durch *nach* ersetzt:
Das wird nach Frankreich eingeführt (Ausnahme: *Das wird in die Schweiz eingeführt*).

eingebettet: Auf die Wendung *eingebettet in* folgt ein Akkusativ, wenn der Vorgang des Einbettens dominiert. Die Vorstellung der Richtung (Frage: Wohin?) ist vorherrschend:
Der kleine See, der in den Park eingebettet ist, lockt die Spaziergänger.
Ein Dativ drückt aus, daß das Eingebettete mit der Umgebung fest verbunden ist. Die Angabe des Ortes (Frage: Wo?), wo etwas eingebettet ist, dominiert:
Eingebettet im Gebirge liegt diese Schlucht.

eingehen: Im Sinne von "hineingehen" wird das Perfekt des Verbs *eingehen* mit *sein* gebildet:
Sie sind Verbindlichkeiten eingegangen.

eingeschlossen: Auf die Wendung *eingeschlossen in* kann sowohl ein Dativ als auch ein Akkusativ folgen:
Diese Bedingungen waren in diesem oder *in diesen Vertrag eingeschlossen.*
Meist wird der Dativ gebraucht:
Der Flug ist im Preis (Selten: *in den Preis*) *eingeschlossen.*

eingliedern: Das Verb wird entweder mit einem Dativ oder der Präposition *in* und einem Akkusativ kombiniert:
Der Asylant wird der Dorfgemeinschaft eingegliedert. Der Asylant wird in die Dorfgemeinschaft eingegliedert.

einhauen: → hauen

einheften: Auf die Wendung *einheften in* oder *einheften zwischen* folgt ein Akkusativ, wenn die Vorstellung der Richtung (Frage: Wohin?) vorherrscht:
Sie heftete das Testament in die Nachlaßpapiere ein. Man heftete das Bild zwischen den Umschlag und das Vorsatzblatt ein.
Soll die Angabe des Ortes (Frage: Wo?), wo etwas eingeheftet wird, dominieren, folgt ein Dativ:
Sie heftete das Testament in den Nachlaßpapieren ein. Man heftete das Bild zwischen dem Umschlag und dem Vorsatzblatt ein.

einhüllen: Der Wendung *einhüllen in* folgt in der Regel ein Akkusativ:
Eingehüllt in den Mantel ging er spazieren.

einig sein - sich einig sein: Beide Formen sind standardsprachlich korrekt:
Die Parteien sind in diesem Punkt einig oder *Die Parteien sind sich in diesem Punkt einig.*
Entsteht durch die Verbindung von *einig* und einem nachfolgenden Verb eine neue Bedeutung, schreibt man zusammen:
Dann werden wir einiggehen (= übereinstimmen).
Die Kombinationen *einig sein* und *einig werden* schreibt man getrennt:
Wir werden bald einig sein. Laßt uns endlich einig werden!

einige: Im Nominativ Singular Maskulinum sowie im Genitiv und Dativ Femininum wird das Adjektiv nach *einige* stark dekliniert:
Einiger politischer Verstand durchschaut dies. Die Akzeptanz einiger ungewöhnlicher Vorstellung.
Im Genitiv Singular Maskulinum und Neutrum sowie im Dativ Singular Maskulinum und Neutrum überwiegt die schwache Beugung:
Einigen politischen Verstandes hätte es schon bedurft. Mit einigem politischen Verstand hätten sie die Aufgabe gelöst.
Im Nominativ und Akkusativ Neutrum kommt beides vor:

Einges junge Gemüse oder *einiges junges Gemüse war vorhanden.*
Im Plural wird das auf *einige* folgende Adjektiv in der Regel parallel dekliniert:
Einige hervorragende Schauspieler wurden beklatscht. Nur einiger hervorragender Schauspieler wegen fiel das Stück nicht durch. Das Theater war mit einigen hervorragenden Schauspielern in die neue Saison gestartet.
Im Genitiv kann auch schwach gebeugt werden:
Nur einiger hervorragenden Schauspieler wegen fiel das Stück nicht durch.
Ein substantiviertes Adjektiv oder Partizip wird wie ein attributives Adjektiv dekliniert:
Einiges Gute; mit einigem Guten; einige Beamte; einiger Bedienter wegen.
einiges, was - einiges, das: Als Relativpronomen zu *einiges* ist nur *was* korrekt:
Der Juwelier hat einiges im Schaufenster, was ich gerne hätte (Nicht: *...,das ich gerne hätte*).
einkalkulieren: Dem Verb *einkalkulieren* folgt in der Regel ein Akkusativ, weil die Vorstellung der Richtung (Frage: Wohin?) dominiert:
Er hatte die Reaktion auf seine Provokation einkalkuliert.
Beim Zustandspassiv steht häufiger ein Dativ; es dominiert die Vorstellung des Ortes (Frage: Wo?):
Eventuelle Maschinenausfälle sind im Kostenvoranschlag einkalkuliert.
einkehren: Wird das Verb *einkehren* mit der Präposition *in* kombiniert, folgt in der Regel ein Dativ; es dominiert die Vorstellung des Ortes (Frage: Wo?):
Nach der Parisrundfahrt waren sie im Ritz eingekehrt.
Der Gebrauch des Akkusativ ist selten:
Kehren wir in dem französischen Restaurant oder in der griechischen Taverne ein?
Einklang: In der Verbindung mit dem Verb *stehen* ist standardsprachlich beides korrekt:

Er steht mit dem Universum in Einklang oder auch *...mit dem Universum im Einklang.*
In der Verbindung mit dem Verb *bringen* ist standardsprachlich nur *in* korrekt:
Sie müssen ihre Lebensweisen in Einklang bringen.
einladen: Wird das Verb *einladen* mit der Präposition *in* kombiniert, folgt ein Akkusativ, wenn die Vorstellung der Richtung (Frage: Wohin?) dominiert. Das Verb ist dann in der Bedeutung "zum Kommen auffordern" gebraucht:
Sie haben ihn in ihre Villa in der Toscana eingeladen. Er ließ sich gern in das Kino einladen.
Wird das Verb in der Bedeutung "zu einer Sache einladen" gebraucht, steht die Ortsangabe im Akkusativ:
Er lud sie zum Essen in den Club ein.
Fungiert die Ortsangabe als Beifügung, kann sie im Dativ stehen:
Wir laden Sie zum Essen in unserem Club für Mittwoch, 20 Uhr ein.
Bei Orts- und Ländernamen, die allein stehen, wird *in* durch *nach* ersetzt:
Sie wurde nach Frankreich eingeladen (Ausnahme: *Sie wurde in die Schweiz eingeladen*).
einleben, sich: Folgt eine konkrete Raum- oder Ortsangabe, wird *sich einleben* in mit einem Dativ verbunden:
Sie lebten sich in dem Dorf gut ein. Die Großeltern haben sich in dem Altenheim nicht eingelebt.
Bei übertragenem Gebrauch wird ein Akkusativ angeschlossen:
In diese Seminarsituation werde ich mich nie einleben. In die Atmosphäre Marquezscher Romane kann man sich so schön einleben.
einlenken: In der konkreten Bedeutung von "einbiegen" wird das Perfekt des Verbs *einlenken* mit *sein* gebildet:
Der Demonstrationszug ist soeben in die Hauptstraße eingelenkt.
Bei übertragenem Gebrauch, z. B. in der Bedeutung "von etwas abrücken, Abstand

nehmen" wird das Perfekt mit *haben* gebildet:
Er hätte noch lange gestritten, aber sie hat schließlich eingelenkt.
einlernen: Etwas *einlernen* im Sinne von "einpauken, einprägen durch mechanisches Lernen" kann man sich selbst oder jemand anderen:
Erst habe ich mir die Lateinvokabeln eingelernt, dann habe ich sie ihr eingelernt. Personen des öffentlichen Lebens geben oft nur eingelernte Floskeln von sich.
→ lehren - lernen
einliefern: Der Wendung *einliefern in* folgt in der Regel ein Akkusativ, weil die Vorstellung der Richtung (Frage: Wohin?) dominiert:
Der Verurteilte wurde in das Gefängnis eingeliefert. Den Verletzten lieferte man in die Spezialklinik ein.
einmarschieren: Der Wendung *einmarschieren in* folgt in der Regel ein Akkusativ, weil die Vorstellung der Richtung (Frage: Wohin?) dominiert:
Die Putschisten marschierten in die Hauptstadt ein.
Folgt ein alleinstehender Orts- oder Ländername, sieht man dies als Angabe des Ortes an; es folgt ein Dativ (Frage: Wo?):
Die Alliierten werden im Irak einmarschieren.
Soll die Richtungsvorstellung verdeutlicht werden, muß der Name mit Artikel und Attribut versehen werden:
Die Alliierten werden in den zerbombten Irak einmarschieren.
Der Gebrauch der Präposition *nach* ist standardsprachlich falsch:
Sie sind nach Rußland einmarschiert (Richtig: *Sie sind in Rußland einmarschiert*).
einnähen: Dem Verb *einnähen* folgt in der Regel ein Akkusativ, weil die Vorstellung der Richtung (Frage: Wohin?) dominiert:
Sie nähten die Papiere in den Mantelsaum ein.
Beim Zustandspassiv ist der Dativ gebräuchlicher:

Die Papiere waren in dem Mantelsaum eingenäht.
einordnen: Nach den Formulierungen *sich einordnen in, unter* etc. kann ein Akkusativ oder ein Dativ folgen. Der Akkusativ folgt, wenn die Vorstellung der Richtung (Frage: Wohin?) dominiert:
Er ordnet sich in den Schweigemarsch ein. Er ordnet sich nur schwer in diesen Massenbetrieb ein.
Der Dativ folgt, wenn die Vorstellung des Ortes (Frage: Wo?) dominiert:
Er ordnet sich nur schwer in diesem Massenbetrieb ein.
ein paar: Diese feste Wendung in der Bedeutung "wenige, einige" wird nie dekliniert:
Ein paar hundert Mark reichten für den Anfang. Mit ein paar Helfern wird der Umzug ein Kinderspiel. Vor ein paar Rowdys weichst du besser aus.
einpflanzen: Nach der Wendung *einpflanzen in* kann ein Akkusativ oder ein Dativ folgen. Der Akkusativ folgt, wenn die Vorstellung der Richtung (Frage: Wohin?) dominiert:
Er hat den Tännling in den Garten eingepflanzt.
Soll festgehalten werden, daß man etwas an bestimmter Stelle einpflanzt, folgt ein Dativ; die Vorstellung des Ortes (Frage: Wo?) dominiert:
Er hat den Tännling im (= in dem) *Garten eingepflanzt.*
Bei übertragener Anwendung schwankt der Gebrauch:
Sie wollen Vernunft in die Hirne oder *in den Hirnen der Menschen einpflanzen.*
Einräumungssatz: → Konzessivsatz
einreisen: Folgt auf *einreisen in* ein alleinstehender Orts- oder Ländername, sieht man dies als Angabe des Ortes an; es folgt ein Dativ (Frage: Wo?):
Die Reisegruppe ist in Kurdistan eingereist.
Soll die Richtungsvorstellung verdeutlicht werden, muß der Name mit Artikel und Attribut versehen oder die Präposition *nach* eingesetzt werden:

einrichten 112

Die Reisegruppe ist in das wilde Kurdistan eingereist. Die Reisegruppe ist nach Kurdistan eingereist.
Bei Ländernamen mit Artikel verwendet man die Präposition *in* mit Akkusativ:
Die Reisegruppe ist in die Schweiz eingereist.

einrichten: Nach *einrichten in* folgt ein Dativ, weil die Vorstellung des Ortes (Frage: Wo?) dominiert:
Im hellsten Zimmer richtete er sich eine Bibliothek ein.

eins: Das Numerale und das unbestimmte Fürwort schreibt man klein:
Es hat gerade eins geschlagen. Von den Formularen brauche ich noch eins. Eins und eins gibt zwei. Laß uns noch eins trinken! Jetzt ist alles eins (= gleichgültig). *Das ist eins wie das andere* (= dasselbe). *Kommen wir zum Punkt eins der Tagesordnung.*
Groß schreibt man das Substantiv:
Er hat in Deutsch eine Eins bekommen. Von sechs Noten viermal die Note Eins ist nicht schlecht.

einsalzen: Das 2. Partizip dieses Verbs kann *eingesalzt* und *eingesalzen* lauten.

einschalten: Nach der Wendung *sich einschalten in* folgt in der Regel ein Akkusativ, weil man dabei die Vorstellung der Richtung (Frage: Wohin?) hat:
Die Gewerkschaft hat sich in den Konflikt eingeschaltet.
Ist nur ein Bereich gemeint, in den man sich einmischt, folgt ein Dativ; die Vorstellung des Ortes (Frage: Wo?) dominiert:
Die Gewerkschaft hat sich in dieser Affäre eingeschaltet.

einschlafen: Hier muß ein Dativ folgen, weil die Gelegenheit oder der Ort angesprochen ist, nicht die Richtung:
Sie ist über ihrer (Nicht: *ihre*) *Stickerei eingeschlafen.*

einschlagen: Wird das Verb *einschlagen* mit der Präposition *in* kombiniert, folgt in der Regel ein Akkusativ, da die Vorstellung der Richtung (Frage: Wohin?) dominiert:
Die Granaten haben in das Nachbarhaus eingeschlagen. Der Blitz schlägt in den Blitzableiter ein.
Ist nur eine allgemeine Ortsangabe (Frage: Wo?) möglich, folgt ein Dativ:
Die Granaten haben im Nachbarhaus eingeschlagen. Der Blitz schlägt im Turm ein.
In der Regel steht der Akkusativ auch, wenn *einschlagen* im Sinne von "einwickeln, einhüllen" gebraucht ist:
Das Geschenk war in kostbares, handgeschöpftes Papier eingeschlagen.
Das Perfekt wird meist mit *haben*, selten mit *sein* umschrieben:
Diese Enthüllung hat eingeschlagen oder *ist eingeschlagen.*

einschlägig: Dieses Adjektiv darf nicht wie eine Verbform verwendet werden. Es kann nur heißen:
Ich lese alle einschlägigen Artikel oder *Ich lese alle in mein Ressort schlagenden Artikel* (Nicht: *Ich lese alle in mein Ressort einschlägigen Artikel*).

einschleichen, sich: Nach der Wendung *sich einschleichen in* folgt der Akkusativ, wenn die Vorstellung der Richtung (Frage: Wohin?) dominiert:
Der Fuchs hatte sich in den Hühnerstall eingeschlichen.
Der Dativ folgt, wenn die Vorstellung des Ortes (Frage: Wo?), wo sich der Vorgang abspielt, dominiert:
In einem so gut gesicherten Hühnerstall hat sich der Fuchs einschleichen können!
Das 2. Partizip von *sich einschleichen* darf nicht beifügend gebraucht werden. Falsch ist:
Der (sich) in den Hühnerstall eingeschlichene Fuchs war schlau.

einschließen - einschließen, sich: Nach der Wendung *einschließen in* folgt der Akkusativ, wenn die Vorstellung der Richtung (Frage: Wohin?) im Sinne "etwas in einen Raum bringen und abschließen" dominiert:
Er hat die Liebesbriefe in den Safe eingeschlossen. Über Nacht wurden die Gefangenen in ihren Zellen eingeschlossen.

Dies gilt auch bei übertragener Verwendung:
Wir wollen unsere Nächsten in unser Gebet einschließen!
Der Dativ steht, wenn der Ort (Frage: Wo?), wo sich das Eingeschlossene befindet, betont wird:
Er hat die Liebesbriefe im Safe eingeschlossen. Der Rundflug ist im Angebotspreis eingeschlossen.
Diese Fälle sind auch bei der Verwendung des reflexiven Verbs *sich einschließen in* möglich und richtig:
Er schloß sich schmollend in das oder *im* (= in dem) *Schlafzimmer ein.*
einschließlich: Die Präposition kann den Genitiv oder den Dativ nach sich ziehen.
Der Genitiv folgt, wenn der Fall des nachfolgenden Substantivs deutlich ist und bei Länder- und Ortsbezeichnungen:
einschließlich des Portos; einschließlich Münchens.
Ein alleinstehendes, stark gebeugtes Substantiv - auch Namen und substantivierte Infinitive gehören hierher - bleibt nach der Präposition in der Einzahl in der Regel ungebeugt:
einschließlich Porto; einschließlich Iris.
Ist im Plural der Genitiv undeutlich, kann man den Dativ verwenden:
einschließlich Büchern und Stiften (Statt: *einschließlich Bücher und Stifte*).
einschließlich - zuzüglich: *einschließlich* bedeutet, daß etwas enthalten ist, während bei *zuzüglich* etwas hinzukommt:
Die Rechnung beträgt 100 DM einschließlich Mehrwertsteuer (= die Mehrwertsteuer ist enthalten). *Die Rechnung beträgt 100 DM zuzüglich Mehrwertsteuer* (= diese kommt noch zum Rechnungsbetrag hinzu).
Allerdings sind Sätze möglich, in denen beide Wörter synonymisch füreinander stehen können:
Er forderte die Rückerstattung seiner Auslagen einschließlich oder *zuzüglich Übernachtungskosten* (= er fordert beides: die Auslagen und die Übernachtungskosten).

einschlummern: Hier muß ein Dativ folgen, weil die Gelegenheit oder der Ort angesprochen ist, nicht die Richtung:
Das Fräulein ist über ihrer (Nicht: *ihre*) *Stickerei eingeschlummert.*
einschreiben: Nach der Wendung *einschreiben in* folgt der Akkusativ, wenn die Vorstellung der Richtung (Frage: Wohin?) dominiert:
Leporello schrieb ihren Namen in sein Register ein.
Der Dativ folgt, wenn die Vorstellung des Ortes (Frage: Wo?), wo sich der Vorgang abspielt, dominiert, z. B. beim Zustandspassiv:
Don Giovannis Eroberungen sind im (= in dem) *Leporelloregister eingeschrieben.*
einsetzen: Wird das Verb *einsetzen* mit der Präposition *in* kombiniert, folgt in der Regel ein Akkusativ, wenn die Vorstellung der Richtung (Frage: Wohin?) dominiert:
Er setzte ein weiteres Steinchen in das Mosaik ein.
Ist ein größerer Bereich genannt oder die Ortsangabe (Frage: Wo?), wo jmd. oder etwas eingesetzt wird gemeint, folgt ein Dativ:
Der junge Reporter wurde im Krisengebiet eingesetzt.
In Kombination mit der Präposition *zwischen* sind beide Fälle möglich:
Zwischen dem oder *den Baum und dem* oder *den Strauch könnte man noch etwas einsetzen.*
einsperren: → einschließen
einst: → dereinst(ig) - einst(ig)
einstellen: Bei dem Verb *einstellen in* steht ein Akkusativ, wenn die Vorstellung der Richtung (Frage: Wohin?) dominiert:
Wir konnten die Möbel in einen Schuppen einstellen.
Es folgt ein Dativ, wenn die Vorstellung des Ortes (Frage: Wo?), dominiert:
Wir konnten die Möbel in einem Schuppen einstellen. Wir haben ein neues Lehrmädchen in unserem (Selten: *unseren*) *Laden eingestellt.*

einst(ig) - dereinst(ig): → dereinst(ig) - einst(ig)

einstufen: Bei dem Verb *einstufen in* steht ein Akkusativ, wenn die Vorstellung der Richtung (Frage: Wohin?) dominiert:
Bei der Musterung wurde er in den niedrigsten Tauglichkeitsgrad eingestuft.
Es folgt ein Dativ, wenn die Vorstellung des Ortes (Frage: Wo?), dominiert:
Er ist in einer anderen Kategorie eingestuft als ich.

einteilen: Nach dem Verb *einteilen in* folgt nur ein Akkusativ:
Das Theaterstück ist in drei lange und einen kurzen Akt eingeteilt.

einträchtig - einträglich: Das Adjektiv *einträchtig*, das oft auch adverbial gebraucht wird, bezeichnet den Zustand einer Übereinstimmung, eines Gleichklangs bzgl. Denken, Handeln oder Neigung zweier oder mehr Menschen:
Das Liebespaar spazierte einträchtig durch den Park. Die einträchtigen Freunde hatten nie Streit.
Schlägt etwas zu Gewinn oder Vorteil aus, "lohnt es sich", nennt man dies *einträglich:*
Das war ein einträgliches Geschäft für den Händler. Die Mineralölsteuer ist eine einträgliche Angelegenheit für den Staat.

Eintrag - Eintragung: Das Substantiv *der Eintrag* wird in der Regel in der Bedeutung "schriftliche Notiz, Bemerkung" verwendet:
Der Autor hat in seinem Manuskript noch einen Eintrag vorgenommen.
Dagegen benennt das Substantiv *die Eintragung* sowohl "den Vorgang des Eintragens" als auch die Notiz selbst:
Die Eintragung der Noten in den Klassenspiegel muß die Lehrerin selbst ausführen.
Der Autor hat in seinem Manuskript noch eine Eintragung vorgenommen.

eintragen: Nach der Wendung *eintragen in* folgt der Akkusativ, wenn die Vorstellung der Richtung (Frage: Wohin?) dominiert:
Leporello trug ihren Namen in sein Register ein.
Der Dativ folgt, wenn die Vorstellung des Ortes (Frage: Wo?), wo sich der Vorgang abspielt, dominiert, z. B. beim Zustandspassiv:
Don Giovannis Eroberungen sind im (= in dem) *Leporelloregister eingetragen.*

einverleiben: Dieses Verb kann in fester und unfester Form vorkommen:
Er verleibte sich das Brathuhn ein. Er einverleibte sich das Brathuhn.

Einwand - Einwendung: Diese beiden Substantive können füreinander stehen, jedoch drückt *die Einwendung* noch eher den Vorgang des Einwendens aus:
Dazu machte er folgenden Einwand oder folgende Einwendung.

einwandern: Folgt auf *einwandern in* ein alleinstehender Orts- oder Ländername, sieht man dies als Angabe des Ortes an; es folgt ein Dativ (Frage: Wo?):
Der Onkel war nach dem Krieg in Australien eingewandert.
Soll die Richtungsvorstellung verdeutlicht werden, muß der Name mit Artikel und Attribut versehen oder die Präposition *nach* eingesetzt werden:
Er möchte in das schöne Griechenland einwandern. Er möchte nach Griechenland einwandern.
Bei Ländernamen mit Artikel verwendet man die Präposition *in* mit Akkusativ:
Der Cowboy möchte in die USA einwandern.

einweihen: Nach *einweihen* steht heute in der Regel ein Akkusativ, der Dativ gilt als veraltet:
Der Knabe wurde in das Geheimnis des Kultes eingeweiht (Veraltet: *Der Knabe wurde in dem Geheimnis des Kultes eingeweiht*).

ein wenig: *Ein wenig* im Sinne von "etwas" kann dekliniert werden, wenn es allein steht; in Kombination mit einem Substantiv bleibt es ungebeugt:

Zu dieser Tat möchte er auch ein weniges beitragen. Mit ein wenig Nachgiebigkeit hätte man viel mehr erreicht.
einwickeln: → einschlagen
Einzelbuchstaben: Werden Einzelbuchstaben substantiviert gebraucht, haben sie sächliches Geschlecht:
Diese Devise war das A und O des Unternehmens. Diese Behauptungen sind von A bis Z gelogen. Der Kandidat will seinen Wählern ein X für ein U vormachen.
Im Genitiv Singular und im Plural darf kein -s angehängt werden, es heißt korrekt:
des H, des X; die I, die Z (Nicht: *des Hs, des Xs; die Is, die Zs*).
einzeln: Wie *andere, jeder, keiner* etc. wird auch *einzeln* klein geschrieben, auch wenn ein Artikel davor steht:
der, die, das einzelne; jeder einzelne; im einzelnen; zu sehr ins einzelne gehen; alles einzelne.
Groß schreibt man das substantivierte Adjektiv nur in den Wendungen:
vom Einzelnen ins Allgemeine kommen; vom Einzelnen ins Ganze; vom Einzelnen zur Gesamtheit schreiten.
Der Begriff hat dabei die Bedeutung von "Einzelheit, Singularität".
Heute wird *einzeln* als Adjektiv und nicht als unbestimmtes Pronomen angesehen, so daß ein nachfolgendes Adjektiv parallel dekliniert wird:
das einzelne gekaufte Produkt; einzelner Politiker; einzelnes gebrauchtes Auto.
Einzelteil: Das Substantiv hat im Gegensatz zu Teil sächliches Geschlecht, es heißt: *das Einzelteil.*
einziehen: Der Wendung *einziehen in* folgt in der Regel ein Akkusativ, weil die Vorstellung der Richtung (Frage: Wohin?) dominiert:
Die Putschisten zogen in die Hauptstadt ein.
Folgt ein alleinstehender Orts- oder Ländername, sieht man dies als Angabe des Ortes an; es folgt ein Dativ (Frage: Wo?):

Die französischen Soldaten waren im Ruhrgebiet eingezogen.
Soll die Richtungsvorstellung verdeutlicht werden, muß der Name mit Artikel und Attribut versehen werden:
Die französischen Soldaten waren in das industriell wichtige Ruhrgebiet eingezogen.
Der Gebrauch der Präposition *nach* ist standardsprachlich falsch:
Sie sind nach Rußland eingezogen (Richtig: *Sie sind in Rußland eingezogen*).
Einziehung - Einzug: Das Substantiv *die Einziehung* wird in der Bedeutung "jmdn. oder etwas einziehen" verwendet. Das Substantiv *der Einzug* hat die Bedeutung "Einmarsch, in einen Ort hereinkommen":
Die Einziehung von Auskünften gehört zu ihrer Aufgabe. Der Einzug der Nationalisten ins Parlament ist ein erschreckendes Faktum. Nach einem Absatz ist die erste Zeile mit einem Einzug zu schreiben.
Eine Ausnahme ist *der Einzug* im Sinne von "einkassieren":
Der vierteljährliche Einzug der Mitgliedsbeiträge.
einzig: Wie *andere, jeder, keiner, einzeln* etc. wird auch *einzig* klein geschrieben, auch wenn ein Artikel davor steht:
der, die, das einzige; das ist einzig in der Art; kein einziges; sie als einzige.
Eine der seltenen Substantivierungen, die man groß schreibt wäre:
Er (sie, es) ist unser(-e) Einziger (Einzige, Einziges).
Wird *einzig* in seiner ursprünglichen Bedeutung "nur einmal existent" verwendet, darf es nicht gesteigert werden:
Im Seminar habe ich als einzige kein Referat gehalten (Nicht: *...ich als einzigste kein Referat gehalten*).
Wird es in übertragener Bedeutung "hervorragend, ausgezeichnet, besonders" verwendet, darf *einzig* - aber nur als Ausdruck besonderen Überschwanges - gesteigert werden:
Meine Liebste, Einzigste, Beste Margarita!

Einzug - Einziehung: → Einziehung - Einzug
eisern: Das Adjektiv als konkrete Stoffbezeichnung wird nicht gesteigert:
Der eiserne Nagel stak im Fuß.
Bei übertragenem Gebrauch ist eine Steigerung möglich:
Mit eisernster Ausdauer schaffte sie das Pensum.
eislaufen: Das Verb *eislaufen* wird als unfeste Zusammensetzung verwendet:
Sie lief eis, du liefst eis, da bin ich auch eisgelaufen. Wir haben uns getroffen, um eiszulaufen.
eitel: Wird *eitel* dekliniert oder gesteigert, entfällt das *e* der Endsilbe:
Das war das eitle Wort des eitelsten Mannes.
Eiweiß: → Eigelb
Ekel: Zu unterscheiden ist das männliche Substantiv *der Ekel* mit der Bedeutung "großer Widerwille" vom sächlichen Substantiv der Umgangssprache *das Ekel* in der Bedeutung "widerlicher Mensch", das die Pluralform *die Ekel* (Nicht: *die Ekels*) bildet.
ekeln: Steht das Verb in unpersönlicher Konstruktion, kann die Person im Akkusativ oder im Dativ folgen:
Dabei ekelt mich oder *mir.*
In transitiver oder reflexiver Verwendung ist nur der Akkusativ korrekt:
Das Fleisch ekelt mich (Nicht: *mir*)*. Ich ekele mich* (Nicht: *mir*) *vor dem Fleisch.*
Ekklektizismus, der: [griech. eklektikós gleichbed.]
Arbeitsweise, bei der Ideen anderer übernommen oder zu einem System neu formiert werden. Wird abwertend für eine unschöpferische, nicht originelle Arbeitsweise gebraucht.
eklig - ekelhaft - ekelerregend: Erregt jemand oder etwas Ekel, wirkt jemand oder etwas abstößig, nennt man es bzw. den Betreffenden *eklig:*
Der schmutzige Geselle sieht ziemlich eklig aus.

Ekelhaft wird wie "widerlich, widerwärtig, abscheulich, scheußlich" gebraucht und drückt die persönliche Ablehnung des Sprechers/Schreibers aus:
Manchmal können Kinder einfach ekelhaft sein.
Das Adjektiv *ekelerregend* bezieht sich auf konkret Faßbares, Äußeres und bezeichnet das Hervorrufen von Gefühlen des Ekels oder der Übelkeit:
Die Luft im Zug war heute wieder ekelerregend.
Ekstase, die: [griech. ékstasis gleichbed.]
religiöse Verzückung, rauschhafter Zustand, in dem der Mensch (Ekstatiker) der Kontrolle des normalen Bewußtseins entzogen ist.
Elefant: Dieses Substantiv wird schwach gebeugt und hat deshalb außer im Nominativ Singular die Endung *-en:*
der Elefant, des Elefanten, dem Elefanten, den Elefanten, die Elefanten. (Nicht: *des Elefants, dem, den Elefant*).
Elixier, das: [mlat. elixirium gleichbed.]
Heiltrank, Zaubertrank, Verjüngungsmittel.
Elle: In der gehobenen Sprache kann das Gemessene im Genitiv stehen:
drei Ellen Tuch (Nicht: *Tuchs*)*; drei Ellen indischer Stoff* (geh.: *drei Ellen indischen Stoffes*)*; mit drei Ellen indischem Stoff* (geh.: *mit drei Ellen indischen Stoffes*)*.*
Email - Emaille: Das Substantiv *Email* hat sächliches Geschlecht und sowohl im Genitiv Singular als auch im Plural ein *-s* als Endung: *das Email, des Emails, die Emails.*
Das Substantiv *Emaille* hat weibliches Geschlecht, ist im Singular endungslos und hat im Plural ein *-n* als Endung: *die Emaille, des Emaille, die Emaillen.*
Embryo: Dieses Substantiv hat in der Standardsprache männliches Geschlecht, im süddeutschen Sprachraum ist auch der sächliche Artikel gebräuchlich: *der Embryo, das Embryo.* Es sind zwei Pluralformen korrekt: *die Embryos und die Embryonen.*

empfähle - empfehle: Die konjunktivische Form *empfehle* (Konjunktiv I von *empfehlen*) wird vor allem in der indirekten Rede gebraucht:
Sie fragte den Dozenten, welches Buch er empfehle.
Die konjunktivische Form *empfähle* (Konjunktiv II) verwendet man in indirekter Rede, im Konditionalsatz und im Wunschsatz:
Sie würde es sofort lesen, wenn er es empfähle.
empfehlen: Nach der Wendung *sich empfehlen als* können der Nominativ und der Akkusativ stehen. Meist ist heute der Nominativ gebräuchlich:
Vor den Wahlen empfehlen sich gar viele als volkstümliche Politiker, mancher gar als denkender Kopf.
Selten:
Mancher empfahl sich als denkenden Kopf.
Der Imperativ lautet hier *empfiehl!*, nicht *empfehle!* Als Konjunktiv II sind *empföhle* und *empfähle* korrekt.
empfinden: Nach der Wendung *sich empfinden als* können der Nominativ und der Akkusativ stehen. Meist ist heute der Nominativ gebräuchlich:
Philip Marlow empfand sich als leidlich guter Detektiv.
Selten:
Philip Marlow empfand sich als leidlich guten Detektiv.
Die Anschlußpartikel *als* darf nie weggelassen werden.
empfindlich - empfindsam: *empfindlich* kann sich auf Dinge und Personen beziehen und bedeutet sowohl "spürbare, besonders unangenehme Empfindung verursachend" als auch "leicht verletzbar, leicht reizbar sein". In der Regel nur auf Personen bezogen wird *empfindsam* und bedeutet soviel wie "einfühlsam, sensibel":
Ein empfindsamer Mensch merkt, wie empfindlich sein Gegenüber ist.

Emphase, die: [franz. emphase gleichbed.]
Eindringlichkeit, Nachdrücklichkeit.
Enfant terrible, das: [franz. enfant terrible gleichbed.]
Jemand, der seine Umgebung durch sein Verhalten oder seine Äußerungen schokkiert und in Verlegenheit bringt.
eng: Das Adjektiv *eng* schreibt man klein, auch wenn ihm ein Artikel vorausgeht, die Kombination aber für ein einfaches Adjektiv steht:
Sie bewohnte ein enges Zimmer. Die Kinder sind auf das engste (= sehr eng) befreundet.
Das substantivierte Adjektiv schreibt man groß:
Alles Enge konnte sie nicht ausstehen.
Das Adjektiv *eng* schreibt man mit einem nachfolgenden 2. Partizip zusammen, wenn die Kombination in adjektivischem Sinn verwendet wird; nur *eng* ist betont:
Dieser Mensch hat einen engbegrenzten Horizont. Enggegürtete Kleider werden wieder modern.
Getrennt schreibt man, wenn die Vorstellung des Tuns dominiert; beide Wörter sind betont:
Das eng gegürtete Kleid war ihr unbequem.
In der Satzaussage werden beide Wörter immer getrennt geschrieben:
Sein Horizont war eng begrenzt.
Engagement, das: [franz. engagement gleichbed.]
Bindung an eine Sache oder eine Person, ideologische Verbundenheit mit etwas, persönlicher Einsatz; besonders bei Künstlern eine Anstellung oder Stellung; Aufforderung zum Tanz.
Engel- - Engels-: Komposita mit dem determinierenden Substantiv *Engel* bilden folgende Gruppen. Ohne Fugen-s werden gebildet:
Engelchor, Engelschar, Engelmacher, Engelwurz, engelschön, engelhaft, engelrein, engelsüß.
Mit Fugen-s werden gebildet:

Engelsgewand, Engelsmiene, Engelshaar, Engelsgeduld, Engelsburg, Engelszungen.
Beides ist möglich bei:
Engel(s)flügel, Engel(s)kopf, Engel(s)stimme, engel(s)gleich, engel(s)gut.
englisch: Das Adjektiv *englisch* schreibt man klein; als Bestandteil von Namen schreibt man das Adjektiv groß:
Er tanzte mit einem englischen Mädchen einen englischen Walzer in einem Park, der im Stil eines englischen Gartens des 18. Jahrhunderts angelegt war. Er traf die Englischen Fräulein (= ein Nonnenorden) *im Englischen Garten* (= ein Park in München).
englischsprachig - englischsprachlich: → deutschsprachig - deutschsprachlich
en masse: [franz. en masse "in Masse"]
in großer Menge, massenhaft.
en passant: [franz. passer "vorbeigehen"]
im Vorübergehen; beiläufig, nebenbei.
Ensemble, das: [franz. ensemble gleichbed.]
Eine zusammengehörende, aufeinander abgestimmte Gruppe von Künstlern; Kleine Besetzung in der Instrumental- oder U-Musik; Szene mit mehreren Solostimmen oder von Solo und Chor; aufeinander abgestimmte Kleidungsstücke, Kleid mit Jacke oder Mantel etc.; künstlerische Gruppierung städtischer Bauten.
entbehren: Das Verb *entbehren* fordert einen Akkusativ, wenn es im Sinne von "verzichten auf etwas oder jmdn." gebraucht wird:
Heutzutage müssen viele Menschen sogar das Notwendigste entbehren. Seinen Computer kann er nicht entbehren.
In der Bedeutung "ohne etwas sein" folgt ein Genitiv:
Seine Politik entbehrt jeder Seriosität. Er entbehrt jeder Glaubwürdigkeit.
entblöden: Im heutigen Sprachgebrauch wird das Verb *entblöden* nur mehr reflexiv und verneint im Sinne von "sich erfrechen, sich erdreisten, sich nicht schämen" verwendet:
Er entblödete sich nicht, von Ehre und Mannheit zu schwätzen. ...der sich nicht entblödet, den Vorteil seiner Geburt ... auszunutzen. (Klaus Mann)
Entertainer, der: [engl. entertainer gleichbed.]
Unterhalter.
entgegen: Diese einen Dativ fordernde Präposition steht gewöhnlich vor dem Substantiv, eine Nachstellung ist korrekt aber selten:
Der Soldat soll entgegen seinem Wunsch zu überleben handeln. Entgegen meiner Absicht war das geschehen (Selten: *Meiner Absicht entgegen war das geschehen*).
Entgelt: In der Standardsprache hat sich heute für dieses Substantiv der sächliche Artikel durchgesetzt, es heißt: *das Entgelt*. Komposita mit dem determinierenden Substantiv *Entgelt* können mit oder ohne Fugen-s gebildet werden:
Entgelt(s)leistung, Entgelt(s)forderung etc.
enthalten: Eine vom reflexiv und verneint gebrauchten Verb *enthalten* abhängige Infinitivgruppe darf nicht mehr negiert werden:
Er konnte sich nicht enthalten, das Kind zu ärgern (Nicht: *Er konnte sich nicht enthalten, das Kind nicht zu ärgern*).
enthalten - beinhalten: → beinhalten
entheben: Dieses Verb wird mit dem Akkusativ der Person und dem Genitiv der Sache verbunden:
Man hatte den Professor seines Lehrauftrages enthoben.
entladen, sich: Wird die Wendung *sich entladen über* in seiner ursprünglichen Bedeutung verwendet, schließt man einen Dativ an:
Das Unwetter entlud sich über dem Gebirge.
Bei übertragenem Gebrauch kann der Dativ und der Akkusativ stehen:

Der Zorn des Patriarchen entlud sich über die Familienmitglieder oder *über den Familienmitgliedern.*
Nach der Wendung *sich entladen auf* folgt immer ein Akkusativ:
Das Unwetter entlud sich auf die Berge.
Nach der Wendung *sich entladen in* folgt immer ein Dativ:
Strapazen und Angst entluden sich in hemmungslosem Weinen.

entlang: Steht die Präposition *entlang* vor dem Substantiv, wird sie in der Regel mit einem Dativ, seltener mit einem Genitiv verbunden:
Er blickte auf die Blumen, die entlang dem Zaun oder *entlang des Zaunes wuchsen.*
Steht die Präposition nach dem Substantiv, wird sie in der Regel mit einem Akkusativ, seltener mit einem Dativ verbunden:
Den Zaun entlang wuchsen Blumen. Er sah der die Straße entlang schlendernden Frau lange nach.

entnehmen: Das Verb *entnehmen* kann mit einem Dativobjekt oder einem Prä-positionalobjekt verbunden werden:
Sie entnahm seiner Gestik oder *aus seiner Gestik die wahre Absicht. Diese Information wurde einem geheimen Dossier* oder *aus einem geheimen Dossier entnommen.*

Entree, das: [franz. entrée gleichbed.]
Eintrittsgeld; Eingang, Eintritt; Vorzimmer, Eingangssaal; Vorspeise oder Zwischengericht; Eröffnungsmusik bei einem Ballett; Ouvertüre.

entscheiden: *Sich entscheiden* kann sich auf Personen, Dinge und Handlungen beziehen. Nach *entscheiden* folgt die Präposition *für*, nie die Präposition *zu*:
Er entschied sich für ein Auto anstelle eines Fahrrads (Nicht: *...zu einem Auto anstelle...*).

entschließen: Dieses Verb kann nur auf Handlungen oder etwas, was Handlungen ausdrückt bezogen werden. Nach *entschließen* folgt die Präposition *zu*:
Er hat sich zum Kauf eines Wagens entschlossen.

entschuldigen, sich: Nach diesem reflexiven Verb kann mit den Präpositionen *wegen* oder *für* angeschlossen werden:
Er hat sich wegen der üblen Nachrede oder *für die üble Nachrede entschuldigt.*

entsenden: Vergangenheit und 2. Partizip des Verbs *entsenden* lauten entweder: *entsendete, entsendet* oder: *entsandte, entsandt:*
Jede Gruppierung entsandte oder *entsendete einen Redner in die Versammlung. Man hat ihn als Diplomaten in den Kongo entsendet* oder *entsandt.*

entsprechen: Das 1. Partizip des Verbs *entsprechen* kann wie eine Präposition mit Dativ gebraucht werden:
Er hat ihren Bedingungen entsprechend agiert. Entsprechend unserer Abmachung wurde dies durchgesetzt.

entweder - oder: Ein Komma wird gesetzt, wenn *entweder - oder* ganze Sätze verbindet; bei der Verbindung von Satzteilen wird kein Komma gesetzt:
Entweder sind sie mit dem Auto gefahren, oder sie haben den Zug genommen. Entweder fahren sie mit dem Auto oder mit dem Zug.
Bei *entweder-oder*-Sätzen, die zwei oder mehrere Subjekte miteinander verbinden, steht das Verb im Singular und richtet sich nach dem zunächststehenden Subjekt:
Entweder Brigitte oder Dieter kann (Nicht: *können*) *besser skifahren. Entweder sie oder ich bin* (Nicht: *ist*) *langsamer.*

Enzyklopädie, die: [franz. encyclopédie gleichbed.]
Eine übersichtliche und umfassende Darstellung des gesamten menschlichen Wissensstoffes aller Disziplinen oder eines Fachgebietes in alphabetischer oder anderer systematischer Anordnung.

er oder ich: Besteht das Satzsubjekt aus mehreren Teilen, die mit ausschließenden Konjunktionen verbunden sind und in der Person nicht übereinstimmen, richtet sich das Verb nach der nächststehenden Person des Subjekts.

Er oder ich habe geschlafen (Nicht: *Er oder ich hat geschlafen*).
er und du: Besteht das Satzsubjekt aus mehreren Teilen, die mit anreihenden Konjunktionen verbunden sind und in der Person nicht übereinstimmen, gilt folgende Regel: Wird im Subjektteil eine zweite Person, *du* oder *ihr*, mit einer dritten Person, *er* oder *sie* verbunden, kann das Gesamtsubjekt durch *ihr* ersetzt werden, das Verb (und Pronomen) stehen in der zweiten Person Plural:
Er und du habt euch nach den Flugplänen erkundigt (Nicht: *Er und du haben sich nach den Flugplänen erkundigt*).
Möglich ist auch der Einschub eines pluralischen Pronomens zur Verdeutlichung:
Er und du, ihr habt euch nach den Flugplänen erkundigt.
er und ich: Besteht das Satzsubjekt aus mehreren Teilen, die mit anreihenden Konjunktionen verbunden sind und in der Person nicht übereinstimmen, gilt folgende Regel: Wird im Subjektteil eine erste Person genannt, *ich* oder *wir*, kann das Gesamtsubjekt durch *wir* ersetzt werden, das Verb (und Pronomen) stehen in der ersten Person Plural:
Er und ich haben uns über die Überraschung sehr gefreut (Nicht: *Er und ich haben sich über die Überraschung sehr gefreut*).
Möglich ist auch der Einschub eines pluralischen Pronomens zur Verdeutlichung:
Er und ich, wir haben uns über die Überraschung sehr gefreut.
er und ihr: Besteht das Satzsubjekt aus mehreren Teilen, die mit anreihenden Konjunktionen verbunden sind und in der Person nicht übereinstimmen, gilt folgende Regel: Wird im Subjektteil eine zweite Person, *du* oder *ihr*, mit einer dritten Person, *er* oder *sie* verbunden, kann das Gesamtsubjekt durch *ihr* ersetzt werden, das Verb (und Pronomen) stehen in der zweiten Person Plural:
Er und ihr habt euch nach den Flugplänen erkundigt (Nicht: *Er und ihr haben sich nach den Flugplänen erkundigt*).
Möglich ist auch der Einschub eines pluralischen Pronomens zur Verdeutlichung:
Er und ihr, ihr habt euch nach den Flugplänen erkundigt.
er und wir: Besteht das Satzsubjekt aus mehreren Teilen, die mit anreihenden Konjunktionen verbunden sind und in der Person nicht übereinstimmen, gilt folgende Regel: Wird im Subjekt teil eine erste Person genannt, *ich* oder *wir*, kann das Gesamtsubjekt durch *wir* ersetzt werden, das Verb (und Pronomen) stehen in der ersten Person Plural:
Er und wir haben uns über die Überraschung sehr gefreut (Nicht: *Er und wir haben sich über die Überraschung sehr gefreut*).
Möglich ist auch der Einschub eines pluralischen Pronomens zur Verdeutlichung:
Er und wir, wir haben uns über die Überraschung sehr gefreut.
erachten - Erachten: Das Verb kann die Präposition *als* und *für* nach sich ziehen:
Ich erachte dies als bzw. *für wichtig. Er erachtete die Bemerkung als Beleidigung* bzw. *für eine Beleidigung.*
Als substantivische Wendungen sind korrekt:
Meines Erachtens ist das korrekt. Nach meinem Erachten ist das korrekt. Meinem Erachten nach ist das korrekt.
Falsch ist die Kombination:
Meines Erachtens nach...
erbarmen, sich: Dieses Verb hat entweder ein Genitivobjekt bei sich, oder es wird ein Präpositionalobjekt mit der Präposition *über* angeschlossen:
Man erbarmte sich der hilflosen Kriegsopfer nicht. Man erbarmte sich über die hilflosen Kriegsopfer nicht.
Erd- - Erden-: Komposita mit dem determinierenden Substantiv *Erd-* haben kein Fugenzeichen oder ein *-en* als Bindeglied:
Erdenrund, Erdenglück, Erdenbürger etc.
Kein Fugenzeichen haben:

Erdapfel, Erdarbeiten, Erdball, Erdbeben, Erdbeere, Erdboden, Erdgeschichte, Erdgas, Erdnuß, Erdreich, erdbraun etc.
erfahren: In der Kombination mit einem Substantiv wird dieses Verb anstelle eines einfachen Verbes im Passiv verwendet. Diese schwerfällige und umständliche Konstruktion sollte vermieden werden: *Dieses Gesuch hat eine Ablehnung erfahren* (Besser: *... ist abgelehnt worden). Die Tagesordnung hat keine Veränderung erfahren* (Besser: *... blieb unverändert oder ... ist nicht verändert worden).*
erfolgen: In der Kombination mit einem Substantiv wird dieses Verb anstelle eines einfachen Verbes im Passiv verwendet. Diese schwerfällige und umständliche Konstruktion sollte vermieden werden: *Sobald der Befehl erfolgt ist, schießen sie* (Besser: *Sobald es befohlen wird,...*). *Die Ziehung der Lottozahlen erfolgt am Samstagabend* (Besser: *Die Lottozahlen werden am Samstagabend gezogen*).
erfordern - fordern: Während das Verb *erfordern* "bedürfen, notwendig sein" bedeutet, meint das Verb *fordern* "etwas verlangen": *Diese Arbeit erfordert viel Ausdauer. Der Krieg fordert viele Opfer* (Nicht: *Der Krieg erfordert viele Opfer).*
erfreuen, sich: Die Wendung *sich erfreuen* mit folgendem Genitiv bedeutet "etwas genießen": *Er erfreute sich bester Gesundheit und einer netten Frau.*
Die Wendung *sich erfreuen* mit einem folgendem Präpositionalobjekt mit *an* bedeutet "an etwas Freude haben": *Er erfreute sich an einem schönen Roman.*
ergeben: Wird ergeben gebeugt oder gesteigert, bleibt das *e* der Endsilbe in der Regel erhalten: *Der sehr ergebene Verehrer der Dame wartete.*
ergeben, sich: Wird das reflexive Verb mit der Präposition *in* kombiniert, folgt danach ein Akkusativ, kein Dativ:
Sie ergeben sich in das Schicksal (Nicht: *... in dem Schicksal).*
ergiebig: → ausgiebig
erhaben: Wird das reflexive Verb mit der Präposition *über* kombiniert, folgt danach ein Akkusativ, kein Dativ:
Kein Mensch ist über jede Anfechtung erhaben (Nicht: *... über jeder Anfechtung erhaben).*
erhängen: In der Regel wird das Verb reflexiv gebraucht:
Sie hat sich mit einem Kabel erhängt.
Die Verben *hängen* oder *henken* verwendet man, wenn Subjekt und Objekt verschieden sind:
Die ehrbaren Bürger wollten den Pferdedieb ohne Gerichtsverhandlung hängen. Sie haben ihn gehenkt.
Transitiv und reflexiv ist das Verb *aufhängen* verwendbar:
Sie wollten den Pferdedieb aufhängen. Er hatte sich schon erhängt.
erinnern: Standardsprachlich korrekt ist erinnern plus Präpositionalobjekt oder in der gehobenen Sprache mit dem Genitiv:
Ich erinnere mich an den Namen. Ich erinnere mich des Namens.
Regional begrenzt kann auch der Akkusativ folgen. So heißt es beispielsweise in Norddeutschland umgangssprachlich:
Ich erinnere den Namen.
erkennbar - erkenntlich: Während das Wort *erkennbar* "wahrnehmbar" bedeutet, wird *erkenntlich* im Sinne von "dankbar sein" gebraucht:
Die gut getarnte Kaserne war von weitem kaum erkennbar. Er zeigte sich für ihre Hilfe erkenntlich.
erkennen: Das auf dieses Verb folgende Substantiv steht heute in der Regel im Nominativ; der auch mögliche Akkusativ ist veraltet:
Er gab sich als ihr Vater zu erkennen. Er gab sich als ihren Vater zu erkennen.
erkenntlich - kenntlich: Da *erkenntlich* heute nicht mehr in der Bedeutung "zu sehen, für das Auge wahrnehmbar" verwendet wird, können diese beiden Wörter

erklären

nicht synonymisch füreinander gebraucht werden:
Bei diesem Quiz sollten sie an ihren Handbewegungen kenntlich (Nicht: *erkenntlich*) *sein*.
erklären, sich: Nach der Wendung *sich erklären als* folgt in der Regel ein Nominativ, da es auf das Subjekt bezogen wird. Der Akkusativ kommt selten vor:
Er erklärte sich als aggressiver Nichtstuer (Selten: *...als aggressiven Nichtstuer*).
Ermessen: Nur die Wendung *nach meinem (deinem, ihrem, unserem etc.) Ermessen* ist korrekt.
Falsch sind die Wendungen: *meines Ermessens; meines Ermessens nach*.
Erneu(e)rin: Die weibliche Entsprechung zum männlichen *Erneu(e)rer* heißt: *Erneu(e)rin*.
ernst: Wird *ernst* als Adjektiv benützt, schreibt man klein:
Die Lage im Nahen Osten ist ernst. Er wurde nie ernst genommen. Das wird eine ernste Angelegenheit.
Als Substantiv wird *ernst* wie in folgenden Wendungen groß geschrieben:
Diesmal ist es mir Ernst; im Ernst; Ernst machen; es wird jetzt Ernst.
Wenn *ernst* plus ein 2. Partizip adjektivisch verwendet wird, schreibt man zusammen; die Betonung liegt auf dem ersten Teil der Verbindung:
Es waren ernstgemeinte Ratschläge, die er mir gab.
Getrennt schreibt man diese Fügung, wenn die Vorstellung der Tätigkeit überwiegt; beide Wörter sind betont:
Es waren ernst gemeinte Ratschläge.
Diese Ratschläge, die er mir gab, waren ernst gemeint.
Folgt nach dem Adjektiv *ernst* ein Verb, schreibt man immer getrennt:
Diese Ratschläge werde ich ernst nehmen.
erretten: Das Verb *erretten* kann mit den Präpositionen *von* oder *vor* verbunden werden:
Er hat seinen Freund vor dem Untergang errettet oder *vom Untergang errettet*.

→ auf Grund - durch - infolge - zufolge - wegen - von - vor
erschallen: Das Verb *erschallen* wird sowohl regelmäßig als auch unregelmäßig gebeugt. Es heißt: *erschallte* oder *erscholl, erschallt* oder *erschollen*.
erschrecken: Regelmäßig konjugiert wird das transitiv gebrauchte Verb *erschrecken: erschreckte, erschreckt*. Intransitives *erschrecken* wird unregelmäßig gebeugt: *erschrak, erschrocken:*
Die erste Eisenbahn erschreckte die Menschen. Die Menschen erschraken beim Anblick der ersten Eisenbahn. Der Verfall des Großvaters hat mich erschreckt. Ich bin über seinen Verfall erschrocken.
erste: Das Zahlwort wird klein, seine Substantivierung groß geschrieben:
Im Wettlauf war er der erste. Der dritte Befragte war schon dagegen. Fürs erste (= vorerst) *war er zufrieden. Er ist der Erste im Wettlauf. Der Erste* (= des Monats) *ist ein Sonntag.*
In Namen wird das Zahlwort ebenfalls groß geschrieben:
Ludwig der Dritte; der Erste Mai; der Erste Weltkrieg.
→ Numerale
erste Steigerungsstufe: → Komparativ
erste Vergangenheit: → Präteritum
erste Zukunft: → Futur I
ersterer - letzterer: Diese Fügung kann nur noch auf zwei näher oder ferner liegende Dinge oder Personen bezogen werden, und zwar im Sinne von "dieser-jener, der eine-der andere":
Er besaß einen Porsche und einen Trabant. Ersteren (jenen) benutzte er für Fahrten mit der Freundin, letzteren (diesen) für Fahrten mit der Ehefrau.
Handelt es sich um mehr als zwei Dinge oder Personen, kann diese Fügung nicht verwendet werden. Auch in reinen Aufzählungen ohne Gegensätzlichkeiten ist der Gebrauch nicht korrekt.
Letzterer kann auch nicht anstatt "dieser, diese, dieses" oder "der-, die-, dasselbe" benutzt werden, z. B.:

Auf dem Tisch lag eine Orange. Diese war angefault (Nicht: *Auf dem Tisch lag eine Orange. Letztere war angefault).*
erstes Mittelwort: → erstes Partizip
erstes Partizip: Das erste Partizip wird gebildet, indem man die Endungen -end oder -nd an den Präsensstamm des Verbs anhängt:
schreibend, singend, tanzend, handelnd, wandelnd.
Das Partizip I drückt aus, das ein Geschehen soeben abläuft oder ein Zustand gerade andauert. Es wird wie ein Adjektiv verwendet und ebenso dekliniert:
Der schreibenden Zunft fällt nichts mehr ein. Der Wald war voll singender und tanzender Elfen.
Das erste Partizip kann die Funktion eines Substantivs einnehmen; es muß dann groß geschrieben werden:
Auf dem großen Markt konnte man Handelnde und Wandelnde beobachten. Das Verblüffende war die Konstruktion des Romans.
Das Partizip von einigen Verben hat eine eigenständige Bedeutung erfahren:
spannen, spannend; leiden, leidend etc.
Diese Partizipien können als Ergänzung zum Prädikat oder zur Satzaussage verwendet werden:
Dieser Roman war spannend. Sie sah entzückend aus.
erstklassig: Dieses Wort ist bereits ein Superlativ und kann deshalb nicht mehr gesteigert werden:
Das ist erstklassige Ware (Nicht: *Das ist erstklassigste Ware*).
erstmalig - erstmals: Das Adjektiv *erstmalig* steht beifügend bei einem Substantiv und kann nicht für das Adverb *erstmals* stehen:
Die erstmalige Ausstellung des Künstlers war gut besucht. Diese Ausstellung wurde erstmals (Nicht: *erstmalig*) *im Ausland gezeigt.*
erweisen, sich: Hiernach folgt nur ein Substantiv im Nominativ, nicht im Akkusativ:

Er erwies sich als wahrer Freund.
Das 2. Partizip kann nicht beifügend gebraucht werden. Falsch ist also:
Die sich als notwendig erwiesenen Arbeitskräfte kamen nicht.
erweiterter Infinitiv: → Infinitiv
Erwerb - Erwerbung: Im Sinne von "kaufen, sich aneignen" können die beiden Substantive füreinander stehen:
Der Erwerb oder *die Erwerbung einer Eigentumswohnung war ihr Lebensinhalt. Das kam dem Erwerb* oder *der Erwerbung von Kenntnissen zugute.*
In den Bedeutungen "Lohn, Verdienst" und "Tätigkeit, mit der man den Unterhalt verdient" kann nur das Substantiv Erwerb gebraucht werden:
Ihr Erwerb reicht zum Leben nicht. Ein fester Erwerb kommt für ihn nicht in Frage.
es: Aus stilistischen Gründen sollte man das sächliche Personalpronomen *es* nicht unmittelbar nach Präpositionen wie: *an, auf, über, neben etc.* stellen. Kann nicht durch *daran, darauf, darüber, daneben etc.* ersetzt werden, sollte man besser ein Synonym oder eine Umschreibung verwenden:
Morgen findet das Verhör statt. Hast du dich darauf vorbereitet? (Nicht: *Hast du dich auf es vorbereitet?*). *Das Baby war krank. Sie dachte ununterbrochen an die Kleine* (Nicht: *Sie dachte ununterbrochen an es*).
es sei denn, daß: Das Komma wird wie bei *daß* gesetzt:
Ich fahre mit, es sei denn, daß es regnet.
Essen- - Essens-: Komposita mit dem determinierenden Substantiv *Essen* können mit und ohne Fugen-s gebildet werden:
Essen(s)bon, Essen(s)marke, Essen(s)ausgabe, Essen(s)zeit etc.
Establishment, das: [engl. establishment gleichbed.]
Oberschicht der einflußreichen Personen in wirtschaftlicher, politischer und gesellschaftlicher Hinsicht; abwertend für die

Etablissement

bürgerliche Gesellschaft, die den status quo erhalten will.
Etablissement, das: [franz. établissement gleichbed.]
Unternehmen, Betrieb, Geschäft; kleineres gepflegtes Restaurant; Vergnügungsstätte.
Etikett - Etikette: Das sächliche Substantiv *das Etikett* bildet die Pluralformen: *die Etikette* und *die Etiketts.* Es wird in der Bedeutung "aufgeklebtes Schild" gebraucht. Das weibliche Substantiv *die Etikette* bildet die Pluralform: *die Etiketten* und kann auch in der Bedeutung wie *das Etikett* verwendet werden. Im Sinne von "gesellschaftliche Umgangsformen" ist nur die Einzahl gebräuchlich.
etliche: Ein (substantiviertes) Adjektiv oder Partizip wird nach *etliche* gewöhnlich parallel dekliniert:
Die Auseinandersetzung forderte etliche Tote. Nach etlichen Erfolgen zog er sich aus dem Geschäft zurück.
Nur im Genitiv ist auch schwache Beugung möglich:
Die Lieferung etlicher großer (Selten: *großen*) *Chemieanlagen war ein gutes Geschäft.*
Dies gilt auch für die singulare Form *etlicher.*
etwaig: Da *etwaig* heute in der Regel als Adjektiv fungiert, werden folgende (substantivierte) Adjektive und Partizipien parallel dekliniert:
Wegen etwaiger lukrativer Geschäfte in Krisengebieten sollte eine Untersuchung stattfinden. Etwaige negative Ergebnisse konnte man verkraften.
Nur im Dativ Singular Maskulinum und Neutrum ist auch schwache Beugung möglich:
Mit etwaigem gemeinsamen Gebet wollte man den Tag beschließen.
etwas, was - etwas, das: Ein folgender Nebensatz wird in der Regel mit *was* angeschlossen, auch wenn *etwas* mit einem substantivierten Adjektiv gekoppelt ist:

Ich habe etwas gesehen, was du noch nie gesehen hast. Es war etwas anderes, Rührendes, was ich von ihr gehört habe.
Hat der Sprecher oder Schreiber etwas Bestimmtes im Sinn, kann auch *das* verwendet werden. Diese Sprachregelung wird manchmal auch aus Gründen des Wohllauts angewandt:
Er erzählte mir etwas, das ich einfach nicht glauben kann.
euer: Man schreibt das Pronomen klein, wenn ein Artikel vorangeht, aber ein Substantiv zu vervollständigen ist:
Wessen Skier sind das? Sind es die euren? Wir haben unsere Skistöcke. Habt ihr die euren?
Groß schreibt man in Briefen etc. analog zu *Du, Dein* und in Titeln:
Euer Hochwürden.
→ du → dein → Kapitel Schriftverkehr
Auch das substantivierte Pronomen schreibt man groß:
Ihr müßt das Eure oder *Eurige tun für eine saubere Umwelt. Grüßt mir die Euren* oder *Eurigen* (= die Angehörigen).
Der Genitiv Plural heißt *euer*, nicht *eurer* oder *euerer.*
euretwegen: Korrekt müßte es *euretwegen* heißen, wenn umgangssprachlich *wegen euch* gesagt oder geschrieben wird:
Euretwegen bin ich so weit gefahren (Nicht: *Wegen euch bin ich so weit gefahren*).
e. V. - E. V.: Wird die Abkürzung für "eingetragener Verein" als Zusatz zum Namen verstanden, schreibt man klein. Ist die Fügung Teil des Namens, schreibt man groß.
Examen: Das Substantiv hat zwei Pluralformen: *die Examina* und *die Examen.* Die zweite Form ist heute die gebräuchlichere, wiewohl beide korrekt sind. Getrennt wird das Substantiv:
Ex/amen, Ex/amina.
Exchange, die: [engl. exchange gleichbed.]
Tausch, Kurs; Börsenkurs, Börse.

exklusive: Ein Substantiv in der Einzahl wird nach *exklusive* nicht gebeugt; in der Mehrzahl wird es im Dativ angeschlossen:
die Kosten exklusive Anfahrt; der Preis der Veranstaltung exklusive Mahlzeiten und Getränken; exklusive Kindern war das erlaubt.
Ein auf *exklusive* folgendes Substantiv mit Begleitwort steht im Genitiv:
die Miete exklusive aller Nebenkosten; exklusive der vielen Kinder.
Exponent, der: [lat. exponere "herausstellen"]
Besonders herausgehobener Vertreter einer Richtung, Partei, Linie etc.; in der Mathematik die Hochzahl bei der Wurzel- und Potenzrechnung.
Das Substantiv wird schwach dekliniert: *des Exponenten, dem Exponenten, den Exponenten* (Nicht: *des Exponents, dem, den Exponent*).
extra: *extra* und ein folgendes Adjektiv schreibt man zusammen, wenn die Kombination adjektivisch gebraucht wird; nur *extra* ist betont:
Er benutzte extrascharfe Rasierklingen.
Stehen beide Wörter selbständig, schreibt man getrennt; beide Wörter sind betont:
Für das Rendezvous machten sich beide extra fein.
Exzeß, der: [lat. excessus "das Abweichen, Herausgehen"]
Ausschreitung, Ausschweifung; Maßlosigkeit.

F

f - ph: Nur bei den Wortgruppen *Telefon, Telegraf* und *Fotografie* wird infolge von Eindeutschung das *ph* durch ein *f* ersetzt.

Fabrik- - Fabriks-: Komposita mit dem determinierenden Substantiv *Fabrik* werden in der Regel ohne Fugenzeichen gebildet:
Fabrikgelände, Fabrikarbeiter, Fabrikbesitzer, fabrikneu etc.
Fabrikant: Dieses Substantiv wird schwach gebeugt und hat daher außer im Nominativ Singular immer die Endung -en:
der Fabrikant, des Fabrikanten, dem Fabrikanten, den Fabrikanten; die Fabrikanten.
Facette, die: [franz. facette gleichbed.]
kleine eckige Fläche, die durch das Schleifen eines Edelsteines oder eines Glas- oder Metallkörpers entsteht.
fähig: Nach der Wendung *fähig sein* wird ein Genitiv oder ein Präpositionalobjekt mit *zu* angeschlossen:
Sie war einer solchen Lüge nicht fähig.
Sie war zu einer solchen Lüge nicht fähig.
Fahr- - Fahrt-: Beide Varianten sind bei der Kompositabildung gebräuchlich:
Fahrgast, Fahrplan, Fahrrinne; Fahrtziel, Fahrtrichtung, Fahrtwind; Fahrkosten oder *Fahrtkosten, Fahrzeit* oder *Fahrtzeit etc.*
fahren: Das transitive Verb *fahren* bildet die Perfektformen mit *haben*:
Er hat den Wagen an den Baum gefahren.
Wird das Verb intransitiv verwendet, umschreibt man mit *sein:*
Sie sind mit dem Käfer in sechs Stunden von München nach Berlin gefahren.
fahren lassen - fahrenlassen: Stehen beide Verben in ihrer ursprünglichen Bedeutung, schreibt man getrennt:
Der Vater hat seine Tochter nie mit seinem Auto fahren lassen.
Entsteht durch die Kombination ein neuer, oft übertragener Begriff, schreibt man zusammen:
Der Teufel hat die Seele seines Opfers fahrenlassen (=losgelassen). *Die Gruppe hat ihr ehrgeiziges Projekt fahrenlassen* (=aufgegeben).
Faible, das: [franz. faible "Schwäche"]

Vorliebe; Neigung.
fair: [engl. fair gleichbed.]
Anständig, gerecht; unparteiisch, ehrlich, kameradschaftlich.
Faksimile, das: [engl. facsimile gleichbed.]
Nachbildung oder Reproduktion, die mit dem Original in Größe und Ausführung genau übereinstimmt. Wird bzgl. alter Handschriften gebraucht.
Fakt: Dieses Substantiv existiert mit männlichem und sächlichem Geschlecht: *der Fakt; das Fakt.* Der Plural lautet: *die Fakten* oder *die Fakts.*
Faktotum: Dieses Substantiv bildet die Pluralformen: *die Faktotums* oder *die Faktoten.*
fallen lassen - fallenlassen: Stehen beide Verben in ihrer ursprünglichen Bedeutung, schreibt man getrennt:
Der Schüler hat vor Schreck seinen unter dem Pullover versteckten Krimi fallen lassen.
Entsteht durch die Kombination ein neuer, oft übertragener Begriff, schreibt man zusammen:
Der Vater hat seine Tochter fallenlassen (= sich von ihr losgesagt). *Sie hatte eine böse Bemerkung über ihn fallenlassen* (= beiläufig aber bewußt gemacht). *Die Gruppe hat ihr ehrgeiziges Projekt fallenlassen* (= aufgegeben).
In der Wendung *die Maske fallen lassen* werden die Verben ebenfalls getrennt geschrieben, obwohl eine übertragene Bedeutung ausgesagt wird:
Als er an der Macht war, hat er seine Maske fallen lassen (= sein wahres Gesicht, seine wahren Absichten gezeigt).
Fallout, der: [engl. fall-out gleichbed.]
Radioaktiver Niederschlag aus Kernexplosionen.
falls: Mit *falls* eingeleitete unvollständige Nebensätze, die einen Umstand angeben, sind oft zu Formeln geworden; eine Kommasetzung ist möglich aber nicht zwingend:

Ich werde dir, falls nötig, die Sterne vom Himmel holen. Ich werde dir falls nötig die Sterne vom Himmel holen. Sie wird, falls möglich, dieses Zimmer untervermieten, Er wird, falls möglich, die Sterne dort lassen, wo sie hingehören. Er wird falls möglich die Sterne dort lassen, wo sie hingehören.
falsch: Stehen *falsch* und das nachfolgende Verb in ihrer ursprünglichen Bedeutung, schreibt man getrennt:
Der Musiker hat falsch gespielt (= unrichtig).
Entsteht durch die Kombination ein neuer, oft übertragener Begriff, schreibt man zusammen:
Der Berufsspieler hat falschgespielt (= betrügerisch).
In Namen und substantiviert wird das Adjektiv groß geschrieben:
Falscher Jasmin; Falscher Safran etc. Es ist kein Falsch an ihm. Mit dieser Bemerkung ist er bei ihr an die Falsche geraten.
Familiennamen: → Personennamen
Famulus: Sowohl der deutsche Plural *die Famulusse* als auch der lateinische *die Famuli* sind korrekt.
Fantasie - Phantasie: Vielfach wird heute *Fantasie* (vom italienischen fantasia kommend) als Bezeichnung für ein frei improvisiertes Musikstück verwendet. Im Zuge von Eindeutschungstendenzen kann auch das Substantiv im Sinne von "Vorstellungskraft, Erfindungsfähigkeit" mit *F* geschrieben werden. Dies ist aber nicht die Regel. → f - ph
Farbbezeichnungen: Klein schreibt man die Farbbezeichnungen, die adjektivisch verwendet werden, groß schreibt man ihre Substantivierungen und ihre Verwendung in Eigennamen:
Sie hatte blaue Augen und trug ein rotes Kleid. Auf der Fahrt ins Blaue kamen wir bis zum Roten Meer.
Farbbezeichnungen aus zwei oder mehr Adjektiven schreibt man zusammen, wenn die Farben vermischt sind, oder wenn das Nebeneinander der einzelnen Farben (z.B.

in Nationalitätskennzeichen) unmißverständlich ist:
Die Bluse ist rotblau schillernd (= blau ins Rote changierend).
Ihre Augen sind grüngrau (= grau mit grüner Schattierung). *Auf dem Schwarzweißfilm konnte man die Farben der blauweißroten Fahne der Franzosen nicht erkennen.*
Zwischen die Adjektive wird ein Bindestrich gesetzt, wenn die Farben unvermischt nebeneinander vorkommen:
Ihr Kleid war aus schwarz-weißem Stoff (= beide Farben sind unvermischt im Stoff).
Substantivierte Farbbezeichnungen werden nicht gebeugt, erhalten aber im Genitiv Singular ein -s. Vorkommende Mehrzahlbildungen mit -s (ugs.) sind nicht korrekt:
des Blaus, die beiden Blau (Nicht: *die beiden Blaus*).
Als Adjektive werden Farbbezeichnungen gebeugt, bei Zusammensetzungen wird nur der letzte Teil gebeugt:
Ein grünes Hemd; ein grünweißes Tuch; eine braun-gelbe Hose.
Nicht gebeugt werden aus anderen Sprachen stammende Farben wie: *beige, creme, chamois, champagner, cognac, lila, ocker, oliv, orange, reseda, rosa, türkis.*
Hier behilft man sich, indem man *-farben* oder *-farbig* anhängt:
Ein lilafarbenes Kleid (Nicht: *ein lilanes* oder *lilaes Kleid*). *Die beigefarbigen Schuhe* (Nicht: *Die beigen Schuhe*).
Diese Farbadjektive können auch nicht gesteigert werden. Die übrigen Farbbezeichnungen sind dagegen steigerungsfähig:
Das Kleid ist blauer als deine Augen. Am blauesten (= ugs. für: betrunken) *aber ist wieder mal er.*
farbig - farblich - -farben: Das Adjektiv *farbig* wird in der Bedeutung von "bunt, nicht schwarz-weiß" verwendet:
Die Buchumschläge werden immer farbiger. Das farbige ist ein wenig zu grell.

Das Adjektiv *farblich* wird in der Bedeutung von "die Farbe betreffend" verwendet:
Ihre Garderobe ist farblich aufeinander abgestimmt. Die farbliche Gestaltung entwarf ein Werbegraphiker.
Als Endungen können *-farbig, -farben* gebraucht werden, um mit undeklinierbaren Farbadjektiven Zusammensetzungen zu bilden:
Das orangefarbene Tuch paßt nicht zu dem champagnerfarbenen Kostüm mit dem lilafarbigen Revers.
Farce, die: [franz. farce gleichbed.]
Derbes und komisches Lustspiel; abgeschmackter, billiger Scherz; gehackte Fleischfüllung für Fisch oder Fleisch.
faschistisch - faschistoid: Das Adjektiv *faschistisch* bedeutet "den Faschismus oder eine totalitäre und nationalistische Bewegung (Regierung, System etc.) betreffend oder ihnen angehörend"; *faschistoid* drückt aus, daß etwas oder jemand "dem Faschismus ähnlich" ist, oder "faschistische Züge" aufweist.
Fashion, die: [engl. fashion gleichbed.]
Mode; Vornehmheit, gepflegter Lebensstil
Faß: Der Plural dieses Substantives lautet *die Fässer*. Als Maß- und Mengenangabe wird aber meistens die Einzahl benutzt. Das in *Faß* Gemessene kann in gehobener Sprache gebeugt werden:
Fünf Faß griechischer Wein (geh.: *fünf Faß griechischen Weines*); *die Lieferung eines Fasses Bier* (geh.: *eines Faß Bieres*); *mit zehn Fässern kühlem Bier* (geh.: *mit zehn Fässern kühlen Bieres*).
faßbar - faßlich: Das Adjektiv *faßbar* drückt eine Möglichkeit aus, daß etwas "erfaßt, verstanden" werden kann:
Es war unfaßbar, wie dieser Zeuge gelogen hat. Kaum faßbare Unstimmigkeiten zeitigen oft große Wirkungen.
Dagegen bezeichnet *faßlich* das Merkmal, daß etwas "begreiflich und verständlich" ist:

Dieses Nachschlagewerk will auf leicht faßliche Weise über Zweifelsfragen Aufschluß geben.

fatal - fatalistisch: Die Verwendung von *fatal* geschieht im Sinne von "verhängnisvoll, äußerst unangenehm". *Fatalistisch* dagegen heißt eine "Überzeugung von der Unabänderlichkeit eines Schicksals", ist eine "resignative Haltung":
Ist fatal bemerkte Schlich, diesmal leider auch für mich. (Wilhelm Busch) *Mit fatalistischer Ruhe ließ er das Verhör über sich ergehen.*

Fauteuil, der: [franz. fauteuil gleichbed.] Lehnsessel, Armstuhl.

Fauxpas, der: [franz. faux pas "Fehltritt"] Taktlosigkeit; Verstoß gegen gesellschaftliche Umgangsformen.

Feature, das oder die: [engl. feature gleichbed.]
Aktueller Dokumentarbericht für Funk und Fernsehen, der aus Reportagen, Kommentaren und Dialogen zusammengesetzt ist; besonders aufgemachter, zu einem aktuellen Anlaß herausgegebener Text- oder Bildbeitrag in einer Zeitung.

Februar: → Monatsnamen

Feedback, das: [engl. feedback gleichbed.]
Zielgerichtete Steuerung eines technischen, biologischen oder sozialen Systems durch Rückmeldung der Ergebnisse, wobei die Eingangsdaten durch die Änderung der Ausgangsdaten beeinflußt werden können.

Feeling, das: [engl. feeling gleichbed.] Gefühl, Einfühlungsvermögen, Stimmung.

fehlschlagen: Das Perfekt dieses Verbs wird mit *sein* umschrieben:
Sein Projekt ist fehlgeschlagen.

fein: Das Adjektiv *fein* und das folgende 2. Partizip schreibt man getrennt, wenn eine Vorstellung des Tuns ausgedrückt werden soll; beide Wörter sind betont:
Dieses Garn ist fein gesponnen. Er hat sich für den Abend extra fein gemacht.

Wird die Kombination im adjektivischen Sinne benutzt, schreibt man zusammen; auf *fein* liegt die Betonung:
Dies feingesponnene Garn läßt sich gut verarbeiten. Seine feingemachte Tischdame paßte zu ihm.

feind - Feind: In den festen Fügungen *jmdm. feind sein, werden, bleiben* wird *feind* klein geschrieben:
Wir waren uns lebenslang feind. Jeglichen Lebenslügen wollten sie feind werden und bleiben.

Das Substantiv *der Feind* schreibt man groß:
Sie waren Feinde aller Lebenslügen.

feindlich - feindselig: In den Bedeutungen "zum Feind gehörend oder von ihm ausgehend" und "in der Art und Weise eines Feindes, nicht freundlich" wird *feindlich* verwendet. Das Adjektiv *feindselig* kennzeichnet vor allem eine (innere) Einstellung wie "böse, haßerfüllt gegen jmd. sein":
Der feindliche Beschuß auf die Stadt hielt auch über Nacht an. ... man muß auch zuweilen hinaus ins feindliche Leben. (Arthur Schnitzler, Reigen) *Feindselig starrten sich die Konkurrenten an. Er nahm eine feindselige Haltung an.*

Fels - Felsen: Das in der Regel undekliniert verwendete Substantiv *der Fels* hat die Bedeutung "hartes Gestein":
Das Klettern im nackten Fels wird Mode.
Demgegenüber wird *der Felsen (des Felsens, die Felsen)* im Sinne von "vegetationsloser, schroffer Gesteinsbildung" gebraucht:
Ein steiler Felsen ragt unheildrohend hinter dem Dorf auf.

Femininum: Unter einem *Femininum* versteht man ein Substantiv mit weiblichem Artikel: *die.*

Femme fatale, die: [franz. femme fatale "verhängnisvolle Frau"]
Charmante und geistvolle, verführerische Frau, die durch ihren extravaganten Lebenswandel und mit ihren Verführungskün-

sten manchen Männern zum Verhängnis wird.

fern: Das Adjektiv schreibt man klein, das substantivierte Adjektiv sowie Eigennamen groß:
Sie kamen von nah und fern, um ihn von fernen Ländern erzählen zu hören. Sie schweifen gerne in die Ferne. Der Ferne Osten interessiert sie. Auch vom Fernen Orient muß er erzählen.
Als Präposition steht *fern* mit dem Dativ, nicht mit einem (ugs.) Genitiv:
Er versuchte sein Glück allein, fern den Getreuen (Nicht: *... allein, fern der Getreuen*).

fernsehen: Die unfeste Zusammensetzung *fernsehen* darf nicht mit *schauen*, wie es umgangssprachlich in der Wendung *Fernseh schauen* häufig der Fall ist, gekoppelt werden:
Sie haben den ganzen Abend ferngesehen (Nicht: *Sie haben den ganzen Abend Fernseh geschaut*). *Er sieht gern fern* (Nicht: *Er sieht gern Fernseh*).

fertig: Mit einem folgenden Verb schreibt man *fertig* immer zusammen mit Ausnahme von *sein* und *werden*, in der Wendung *fix und fertig* und wenn es im Sinne von "im endgültigen Zustand" gebraucht wird:
Er wird zur rechten Zeit fertig sein. Die Arbeit wird fertig werden. Danach war er fix und fertig. Die Erklärung war fix und fertig formuliert. Bis zum Geburtstag wird sie den Pullover schon fertig stricken.
Aber:
Willst du das Trompetensolo nicht fertigüben? Das Gebäude wird erst im nächsten Jahr fertiggestellt. Ich habe es fertiggebracht, daß der Stargast für uns singt.

fest: Stehen *fest* und das nachfolgende Verb in ihrer ursprünglichen Bedeutung, schreibt man getrennt:
Den Blumenkasten muß man fest montieren.
Entsteht durch die Kombination ein neuer, oft übertragener Begriff, schreibt man zusammen:

Es war festgelegt, daß wir darüber diskutieren (= war beschlossen). *Sie haben sich vertraglich festgelegt* (= gebunden).
Das Adjektiv *fest* und das folgende zweite Partizip schreibt man getrennt, wenn eine Vorstellung des Tuns ausgedrückt werden soll; beide Wörter sind betont:
Er hat den Sattelgurt fest angezogen.
Wird die Kombination in adjektivischem Sinne benutzt, schreibt man zusammen; auf *fest* liegt die Betonung:
Der festangezogene Sattelgurt war durchgeschnitten worden.

festbinden: Nach der Wendung *festbinden an* folgt ein Dativ:
Sie banden den Hund am Zaun fest.

festhalten: Nach der Wendung *sich festhalten an* folgt ein Dativ:
Sie hielt sich an ihrem Verlobten fest (Nicht: *... an ihren Verlobten fest*).

festrennen: Nach der Wendung *sich festrennen in* folgt ein Dativ:
In diesem Problem haben sich schon viele festgerannt.

festsetzen, sich: In Kombination mit den Präpositionen *in, an, auf* etc. folgt nach dem Verb *sich festsetzen* in der Bedeutung von "haften, bleiben, sich einnisten" ein Dativ:
In den Ritzen setzt sich der Staub fest (Nicht: *In die Ritzen ...*).

fett: Das Adjektiv *fett* und das folgende 2. Partizip schreibt man getrennt, wenn die Vorstellung des Tuns ausgedrückt werden soll; beide Wörter sind betont:
Das Essen heute abend war ziemlich fett gekocht.
Wird die Kombination in adjektivischem Sinne benutzt, schreibt man zusammen; auf *fett* liegt die Betonung:
Das fettgekochte Essen lag ihm noch lange im Magen.

Fetus: Standardsprachlich ist die Pluralform: *die Fetusse.* Im medizinischen Sprachgebrauch kennt man auch: *die Feten.*

Feuilleton, das: [franz. feuilleton gleichbed.]

Fidel

Kultureller Teil einer Zeitung; stilistisch und sprachlich ausgewogener Beitrag im Feuilletonteil einer Zeitung.
Fidel - Fiedel: *Fidel* ist die Benennung für eine mittelalterliche, aus Asien stammende Vorform der Geige. *Fiedel* ist eine geringschätzige Bezeichnung in der Umgangssprache für eine Geige.
Filter: Dieses Substantiv kann mit männlichem oder sächlichem Geschlecht stehen: *der Filter* oder *das Filter*. Im technischen Sprachgebrauch heißt es meist *das Filter*.
Finalsatz: Ein Finalsatz oder Absichtssatz drückt einen Zweck oder eine Absicht aus. Er wird mit den Konjunktionen: *daß, damit, auf daß* angeschlossen, oder durch einen Infinitiv mit *zu* ausgedrückt:
Er drehte sich etwas, damit er sie richtig sehen konnte. Wir sind gekommen, um zu feiern.
Fin de siècle, das: [franz: fin de siècle "Jahrhundertende"]
Epochenbegriff für die Zeit der Wende vom 19. zum 20. Jahrhundert als Ausdruck eines dekadenten, bürgerlichen Lebensgefühls in der Gesellschaft, der Kunst und der Literatur.
finden - befinden: → befinden - finden
fingerbreit - einen Finger breit - einen Fingerbreit: Alle drei Schreibvarianten sind möglich. Die adjektivische Zusammensetzung schreibt man klein und zusammen:
Der fingerbreite Rand reichte nicht aus. Die Stoßstangen der beiden Autos waren fingerbreit voneinander entfernt.
Groß und zusammen schreibt man die Maßangabe:
Der Rand war einen (zwei, drei etc.) Fingerbreit. Die Stoßstangen der beiden Autos waren einen Fingerbreit voneinander entfernt.
Getrennt wird geschrieben, wenn *breit* durch *Finger* und durch einen vorangehenden Artikel, Zahlwort o. ä. näher definiert wird:
Das ist ein einen Finger breiter Rand. Die Stoßstangen der beiden Autos waren kaum einen Finger breit voneinander entfernt.
Finite Verbform: Unter finiter oder bestimmter Verbform versteht man alle jene Formen, die Auskunft geben über Person, Numerus, Modus und Tempus:
Sie singt; wir singen; er hat gesungen; sie ist gegangen; wir sind gekommen; ihr habt gelacht; ich sei; wir sängen.
Der Gegensatz dazu sind die infiniten Verbformen. → Infinite Verbform
finster: Die Substantivierung im ursprünglichen Sinn verwendet, schreibt man groß:
Als der Strom ausfiel, suchten sie im Finstern den Ausgang.
Klein schreibt man die feste Fügung *im finstern tappen* mit der übertragenen Bedeutung "im Ungewissen sein":
Dem Privatdetektiv konnte es nur recht sein, wenn die Polizei solange im finstern tappte.
Firmennamen: Firmennamen müssen auch in Anführungszeichen dekliniert werden. Soll der Firmenname im Original erscheinen, muß umschrieben werden:
Die Angestellten der "Deutschen Lufthansa" streiken. Die Angestellten der Fluglinie "Deutsche Lufthansa" streiken.
Flair, das: [franz. flair "Witterung, Spürsinn"]
Atmosphäre, Fluidum, persönliche Note; feiner Instinkt, Spürsinn.
Flasche: Das in *Flasche* Gemessene kann in gehobener Sprache gebeugt werden:
Fünf Flaschen griechischer Wein (geh.: *fünf Flaschen griechischen Weines*); *die Bestellung einer Flasche Bier* (geh.: *einer Flasche Bieres*); *mit zehn Flaschen kühlem Bier* (geh.: *mit zehn Flaschen kühlen Bieres*).
flattern: Das Perfekt des Verbs *flattern* kann mit *haben* gebildet werden; damit wird das Ereignis in seiner Dauer ausgedrückt:
Der Papagei hat heute in seinem Käfig erregt geflattert.

Das Perfekt kann aber auch mit *sein* gebildet werden, wenn es eine ortsverändernde Bewegung ausdrücken soll:
Anschließend ist er durch die ganze Wohnung geflattert.

Fleck - Flecken: Beide Substantive sind möglich zur Bezeichnung von "schmutzigen Stellen" sowie "Flicken". Gebeugt wird: *der Fleck, des Fleck(e)s, die Flecke; der Flecken, des Fleckens, die Flecken.*

Fleisch- - Fleisches-: Komposita mit dem determinierenden Substantiv *Fleisch* werden in der Regel ohne Fugen-s gebildet:
Fleischsalat, Fleischbrühe, fleischfarben, Fleischkloß, fleischfressend etc.
Eine Ausnahme bildet das Wort: *Fleischeslust.*

flexibel: Wird das Adjektiv gebeugt oder gesteigert, entfällt das *e* der Endsilbe:
Er ist ein flexibler Mensch. Eine flexiblere Unterrichtsgestaltung wäre wünschenswert.

Flexion: Flexion bedeutet Beugung und ist der Oberbegriff zu Deklination und Konjugation. Das zugehörige Verb heißt: *flektieren.*

fliegen: Das Perfekt des Verbs *fliegen* wird bei transitivem Gebrauch mit *haben* gebildet:
Er hat den Starfighter in die Baumkrone geflogen.
Das Perfekt wird mit *sein* gebildet, wenn es eine ortsverändernde Bewegung ausdrücken soll:
Er ist über den halben Erdball geflogen.

fliehen: In der Bedeutung von "meiden" wird das Perfekt von *fliehen* mit *haben* gebildet:
Den Ausbrecher hat das Glück geflohen, er wurde gefangen.
Im Sinne von "die Flucht ergreifen, davonlaufen" wird das Perfekt mit *sein* umschrieben:
Nach der Zeugnisverteilung ist der Junge aus Angst geflohen.

flott: Stehen *flott* und das nachfolgende Verb in ihrer ursprünglichen Bedeutung, schreibt man getrennt:
Die Reparatur an seinem Wagen wollen sie flott machen.
Entsteht durch die Kombination ein neuer, oft übertragener Begriff, schreibt man zusammen:
Den Wagen flottmachen, hat viel Schweiß gekostet (= zum Fahren bringen). Das Adjektiv *flott* und das folgende 2. Partizip schreibt man getrennt, wenn die Vorstellung des Tuns ausgedrückt werden soll; beide Wörter sind betont:
Sie waren es, die den Wagen wieder flott gemacht haben.
Wird die Kombination in adjektivischem Sinne benutzt, schreibt man zusammen; auf *flott* liegt die Betonung:
Der flottgemachte Wagen ist eine Menge wert.

Flucht: Der standardsprachlich korrekte Plural lautet: *die Fluchten.* Unterschiedliche Pluralbildungen sind möglich bei Komposita. So heißt es z. B. korrekt: *die Zimmerfluchten,* aber auch: *die Ausflüchte.*

Fluidum: die Pluralform zum Substantiv *Fluidum* heißt: *die Fluida.*

Flur: Dieses Substantiv kann mit männlichem oder weiblichem Artikel stehen. Im Sinne von "Hausgang, Korridor" heißt es *der Flur,* im Plural *die Flure.* In der gehobenen Sprache wird für "Feld und Wiese" das weibliche Substantiv *die Flur,* im Plural *die Fluren* gebraucht.

flüssig: Stehen das Adjektiv *flüssig* und das nachfolgende Verb in ihrer ursprünglichen Bedeutung, schreibt man getrennt:
Die Sonne wird auch den letzten Schnee flüssig machen (= schmelzen).
Entsteht durch die Kombination ein neuer, oft übertragener Begriff, schreibt man zusammen; *flüssig* wird zum Verbzusatz:
Der Erpreßte muß, das Geld flüssigmachen (= zur Verfügung zu haben).

Flußnamen: Deutsche Flußnamen haben in der Regel weibliches Geschlecht:

Föhn 132

Die Donau, die Oder, die Neiße, die Mosel, die Isar, die Weichsel.
Männlich sind:
Der Rhein, der Main, der Neckar, der Inn.
Ausländische Flußnamen haben überwiegend männliches Geschlecht:
Der Mississippi, der Nil, der Amazonas, der Jangtsekiang, der Don, der Ganges, der Euphrat, der Po.
Weiblich sind in der Regel die ausländischen Flußnamen auf -a und -e:
Die Seine, die Themse, die Loire, die Rhône, die Wolga.
Für Zusammensetzungen mit einem Flußnamen auf -e gibt es keine feste Regel. Es kann heißen:
Elbeufer oder *Elbufer; Saalebrücke* oder *Saalbrücke.*

Föhn - Fön: Die Bezeichnung für den "warmen, trockenen Fallwind" heißt *der Föhn;* dementsprechen heißt es: *es föhnt,* oder *es ist föhnig.* Das Substantiv für "Heißluftgebläse" lautet *der Fön;* das Verb heißt *fönen.*

folgen: Dieses Verb bildet das Perfekt mit *sein,* wenn es im Sinne von "nachgehen, nachkommen" sowie "zuhören, sich nach jemandem richten" verwendet wird:
Der Detektiv ist den Gaunern unauffällig gefolgt. Können Sie mir folgen?
In der Bedeutung "gehorchen" wird das Perfekt mit *haben* gebildet:
Weil die Kinder gefolgt haben, wurden sie belohnt.

folgend: Fungiert *folgend* als Pronomen, schreibt man klein, auch wenn ein Artikel davorsteht.
Ich muß Ihnen noch folgendes (= dieses) *mitteilen. Alle folgenden* (= alle anderen) *müssen sich dort drüben anstellen. Mit folgendem Schreiben* (= hiermit) *teile ich Ihnen mit ...*
Wird das Partizip in substantivischem Sinn verwendet, schreibt man groß:
Die Folgenden (= hinterherkommenden Wagen) *prallten alle auf das Hindernis auf der Fahrbahn. Das Folgende* (= Geschehen) *konnte später nicht mehr rekonstruiert werden.*
In vielen Fällen ist beides möglich:
In folgendem oder *im Folgenden; aus, mit, von folgenden* oder *aus, mit, von dem Folgenden.*

Folgesatz: → Konsekutivsatz

Fön - Föhn: → Föhn - Fön

Fond - Fonds: Das männliche Substantiv *der Fond* bezeichnet den "Rücksitz eines Wagens, Hinter- oder Untergrund; Bratensaft". Das Substantiv *der Fonds* meint dagegen "finanzielle und materielle Reserven, Mittel".

fordern - erfordern: → erfordern - fordern

Forderung: Die Sache, die gefordert wird, wird mit der Präposition *nach* angeschlossen:
Die Forderung nach Arbeitszeitverkürzung war bei den Verhandlungen vom Tisch. Die Bürgerversammlung nahm die Forderung nach Verkehrsberuhigung mit Beifall auf.
Die Instanz oder die Person, von der etwas gefordert wird, schließt man mit der Präposition *an,* im juristischen Sprachgebrauch mit *gegen* an:
Sie wandten sich mit ihrer Forderung an den Papst. Die Forderung an die Regierung wurde von dieser nicht zur Kenntnis genommen. Ihre Forderung gegen den Schuldner Meier vom 31.12.1990 ...

formal - formell: Das Adjektiv *formal* wird in der Bedeutung "die Form betreffend" verwendet:
Der Antrag wurde aus formalen Gründen abgelehnt.
Formell hingegen meint "den äußeren Formen gemäß, förmlich":
Die Begrüßung der beiden Geschäftspartner war sehr formell.

fort - weg: In der Verwendung "zur Seite, beiseite" kann *fort* nicht für *weg* eingesetzt werden:
Nach seiner Liebeserklärung wendete sie den Blick weg (Nicht: *... den Blick fort*).

In der Verwendung "vorwärts, voran, in Zukunft" kann *weg* nicht für *fort* eingesetzt werden:
Die Arbeit an seinem Buch schreitet zügig fort (Nicht: *... zügig weg*). *In ihrem Studium ist sie gut fortgekommen* (Nicht: *... gut weggekommen*).
Weg und *fort* können synonymisch ersetzt werden, wenn sie im Sinne von "weg von einer Stelle, entfernt sein, abwesend sein" gebraucht werden:
Die Schneeschmelze riß viele Bäume mit sich fort oder *weg. Wir fahren heute noch fort* oder *weg. Das Paket muß noch weggebracht* oder *fortgebracht werden. Fünf Jahre lang sind sie nun schon fort* oder *weg. Solange waren sie noch nie fortgeblieben* oder *weggeblieben*.
Forum: Dieses Substantiv bildet drei korrekte Pluralformen: *die Fora, die Foren, die Forums*.
Fötus: → Fetus
Frack: Dieses Substantiv bildet zwei korrekte Pluralformen: *die Fracks, die Fräcke*.
fragen: Das Verb *fragen* kann einen doppelten Akkusativ nach sich haben, den Akkusativ der Person und einen Akkusativ der Sache:
Er hatte den Jungen einiges gefragt.
Das Verb wird regelmäßig gebeugt. Die Formen *frug, frägt, frägst* sind standardsprachlich nicht korrekt; richtig ist vielmehr: *fragen, fragte, gefragt*.
Fragesatz: → Interrogativsatz
Fragezeichen: → Kapitel Zeichensetzung
fraglich - fragwürdig: Das Adjektiv *fraglich* wird in den Bedeutungen "unsicher, ungewiß; in Frage kommend, betreffend" verwendet:
Es ist fraglich, ob er heute noch nach Hause kommt.
Im Sinne von "zu Bedenken Anlaß gebend, zweifelhaft, verdächtig" wird *fragwürdig* gebraucht:
Dieser Zeuge war von höchst fragwürdigem Charakter.
französisch: Das Adjektiv wird klein geschrieben:

Seit der Abfahrt las sie einen französischen Roman ... (Stefan Zweig)
Fungiert das Adjektiv als fester Bestandteil eines Namens, schreibt man es groß:
Die Französische Revolution, die Französische Republik.
französischsprachig - französischsprachlich: → deutschsprachig - deutschsprachlich
Frau - Gattin - Gemahlin: Ist von der eigenen Frau die Rede, sagt man: *meine Frau* (Nicht: *meine Gattin, Gemahlin*). Die Bezeichnung *Gattin* wird nur auf die Frau eines anderen angewendet, wenn man sich höflich oder distanziert ausdrücken will. Auch der Ausdruck *Frau Gemahlin* bezeugt Ehrerbietung und Hochschätzung und wird in der Regel auf die Frau des Gesprächspartners angewandt, nicht auf die Gattin eines abwesenden Mannes.
→ Kapitel Titel und Berufsbezeichnung
Fräulein: Unabhängig von Alter und Familienstand hat sich die Bezeichnung *Frau* für *Fräulein* durchgesetzt. In Kombination mit *Tochter, Schwester, Braut* etc. wird *Fräulein* nicht gebeugt. *Fräulein* mit einem Namen verbunden fordert die Deklination des Namens. Geht ein Artikel oder Pronomen voran, wird weder *das Fräulein* noch der Name gebeugt:
Die Schönheit Ihres Fräulein Braut ist ohne Vergleich. Der Anblick von Fräulein Emmas wogendem Busen beruhigte den Knaben. Der Anblick des Fräulein Wunder entzückte die Soldaten.
Die Verwendung der Abkürzung *Frl.* in Briefanschriften gilt als unhöflich.
→ Kapitel Schriftverkehr
frei: Fungiert *frei* als allein betonter Verbzusatz, schreibt man zusammen:
Die Angeklagten wurden heute freigesprochen. Er mußte den Wagen erst freischaufeln.
Das Adjektiv und ein nachfolgendes Verb schreibt man getrennt, wenn *frei* im Sinne von "nicht abhängig, nicht gestützt, unbedeckt, nicht besetzt" selbständig steht; die Betonung liegt auf beiden Wörtern:

Der Professor hat seine Vorlesung frei gehalten. Du mußt dich endlich von diesen Vorurteilen frei machen.

Das Adjektiv *frei* wird klein geschrieben, seine Substantivierung oder bei Verwendung in Namen schreibt man groß:

Er ist als freier Mitarbeiter tätig. Ich bin ein freier Mann und singe ... (G. Herwegh). Wir wollen am Strand im Freien campieren. Leibeigene und Freie verbündeten sich gegen die Herrschaft. Freier Deutscher Gewerkschaftsbund; Freie Reichsstadt.

freigebig - freigiebig - freizügig: In der Bedeutung "gerne gebend" ist nur das Adjektiv *freigebig* korrekt. *Freigiebig* wurde analog zu *ergiebig, ausgiebig etc.* gebildet und ist falsch, weil dazu kein Verb existiert. *Freizügig* wird in den Bedeutungen "nicht an Ort oder Vorschrift gebunden, uneingeschränkt" gebraucht:

Der alte Geizkragen ist alles andere als freigebig. Sie ging äußerst freizügig mit seinem Besitz um.

freimütig - freisinnig: Mit *freimütig* bezeichnet man denjenigen, der furcht- und rückhaltslos seine Meinung ohne Hintergedanken mitteilt oder eine dementsprechende geistige Haltung:

Sie sprachen freimütig über ihre Probleme.

Das Adjektiv *freisinnig* ist heute kaum mehr gebräuchlich; es ist ein Begriff des 19. Jahrhunderts und meint "unabhängig, vorurteilslos, undogmatisch sein":

Er war als freisinniger Denker bekannt, als Gesprächspartner geschätzt.

Freitag: Ist in der Kombination von Wochentag und Tageszeit der Wochentag der Hauptbegriff, der durch die Zeitangabe näher definiert wird, schreibt man getrennt:

Freitag abends waren wir aus (= ein ganz bestimmter Freitag).

Fungiert die Zeitangabe als Grundwort, das durch den Wochentag spezifiziert werden soll, schreibt man zusammen:

Am Montagabend ist Theaterkurs, am Freitagabend ist Literaturkurs (= kalendarisch unbestimmte Montage und Freitage). Gleiches gilt für: *Morgen, Mittag* und *Nacht. Früh* als nachgestelltes Adverb wird getrennt geschrieben:

Freitag früh gings los.

fremdsprachig - fremdsprachlich: Das Adjektiv fremdsprachig heißt "in einer fremden Sprache sich bewegend":

Man versucht fremdsprachige Gastarbeiter zu integrieren. Lieschen Müller meidet fremdsprachige Urlaubsländer.

Dagegen meint *fremdsprachlich* "eine fremde Sprache betreffend, aus einer fremden Sprache kommend, einer fremden Sprache angehören":

Der fremdsprachliche Unterricht fällt heute aus. Die fremdsprachliche Schreibweise macht Schwierigkeiten.

Fremdwort: Bezüglich des Geschlechts von Fremdwörtern existieren keine verbindlichen Regeln. Man behilft sich, indem man den Artikel der deutschen Entsprechung auf das Fremdwort überträgt:

Das Chanson (von: *das Lied*); *der Star* (von: *der Stern*); *die Avenue* (von: *die Straße*).

Man versucht etwas zu vereinheitlichen, indem man Wörtern mit gleicher Endung den gleichen Artikel zuteilt:

Die Abstraktion, die Frustration, die Akklamation, die Suggestion; das Feeling, das Happening, das Dumping, das Training; der Direktor, der Sektor, der Faktor.

Bezüglich der Pluralbildung ist festzustellen, daß manche Fremdwörter dieselben Mehrzahlendungen haben wie deutsche Wörter:

Die Nationen, die Ponys, die Dollars.

Andere nehmen eine deutsche Pluralendung an:

Die Firma, die Firmen; das Museum, die Museen.

Wieder andere haben ihre eigenen Endungen bewahrt:

Der Pater, die Patres; das Cello, die Celli.

Dabei darf an eine Fremdwortendung nicht noch eine deutsche hinzugefügt werden. Nicht *die Cellis,* sondern *die Celli;* nicht: *die Lexikas,* sondern *die Lexika.* Nur bei eingedeutschten Wörtern können zwei Pluralformen möglich sein: *Die Balkons, die Balkone; die Taxis, die Taxen; die Themen, die Themata.*
freuen, sich: Nach der Wendung *sich freuen* wird ein Genitiv oder ein Präpositionalobjekt mit *über* angeschlossen: *Sie freute sich seiner Zuneigung. Er freute sich über die rege Beteiligung.*
freund - Freund: Das Substantiv wird großgeschrieben; ist es in stehender Wendung mit einem Verb verblaßt, schreibt man es klein: *Er war schon immer mein bester Freund. Er bleibt mir freund.*
freundlich: Das von *freundlich* abhängende Substantiv schließt man heute in der Regel mit der Präposition *zu* an; der Anschluß mit *gegen* oder *mit* ist seltener: *Man war freundlich zu den Flüchtlingen. Sie waren freundlich gegen ihn.*
Friede - Frieden: Beide Formen für den Nominativ sind korrekt. Der Genitiv dazu lautet für beide: *des Friedens.*
frieren: Dieses Verb kann persönlich und unpersönlich gebraucht werden: *ich friere* oder *es friert mich.* Ein mit *an* angeschlossenes Objekt steht im Dativ: *Ich friere an den Ohren.*
Sind die frierenden Körperteile Subjekt des Satzes, steht das Objekt in der Regel im Dativ: *Mir frieren die Ohren. Die Ohren frieren ihm.*
frisch: Vom nachfolgenden Verb und auch in Verbindung mit einem 2. Partizip schreibt man *frisch* getrennt; beide Wörter sind betont: *Wie kann ich die Getränke frisch halten? Dort können Sie sich frisch machen. Das Zimmermädchen bringt die frisch gewaschene Wäsche. An der frisch getünchten Wand warnt ein Schild: Vorsicht frisch gestrichen!.*

Friseur - Frisör; Friseurin - Frisörin; Friseuse - Frisöse: Alle Schreibweisen der Berufsbezeichnung sind korrekt.
froh: In der Standardsprache korrekt heißt die Wendung *über etwas froh sein.* Im süddeutschen Sprachgebrauch kann es auch *um etwas froh sein* heißen. Veraltet ist die Kombination mit einem Genitiv: *Er war über dieses Engagement sehr froh. Sie waren froh um die Beilegung des Streits.* (Veraltet: *Er war des Engagements sehr froh.*)
Korrekt sind auch die Wendungen in Verbindung mit dem Verb *sein: Frohen Mutes sein, frohen Sinnes sein* (Nicht: *frohes Mutes, frohes Sinnes sein*).
fromm: Die Steigerungsformen von *fromm* können mit oder ohne Umlaut gebildet werden: *frommer* oder *frömmer, am frommsten* oder *am frömmsten.*
fruchten: Das Verb *fruchten* kann mit *nicht* oder *nichts* negiert werden: *Die Vorhaltungen haben nicht* oder *nichts gefruchtet.*
frugal: Dieses Adjektiv wird in der Umgangssprache häufig falsch verwendet. Es bedeutet "einfach, kärglich, bescheiden", nicht: "üppig".
früh: Von Wochentagsnamen schreibt man die unbestimmte Zeitangabe *früh* immer getrennt: *Sonntag früh müssen wir losgehen.*
Frühling- - Frühlings-: Komposita mit dem determinierenden Substantiv *Frühling* werden in der Regel mit Fugen-s gebildet: *Frühlingsrolle, Frühlingsanfang, Frühlingswetter; frühlingshaft* oder *frühlinghaft.*
fühlen: Nach der Wendung *sich fühlen als* oder *wie* steht das folgende Substantiv im Nominativ, es ist auf das Satzsubjekt bezogen: *Von der Lektüre beeinflußt fühlte der Junge sich als Ritter der Tafelrunde. Sie fühlte sich wie ein Mauerblümchen, da sie niemand zum Tanz holte.*

Fülle

Nach einem Infinitiv ohne *zu* kann der Infinitiv *fühlen*, aber auch das 2. Partizip *gefühlt* verwendet werden:
Sie haben das Außergewöhnliche kommen fühlen oder *kommen gefühlt.*
Fülle: Steht nach dieser unbestimmten Mengenangabe das Gezählte in der Mehrzahl, richtet sich der Numerus des Verbs in der Regel nach der Einzahl des Subjekts *Fülle.* Wird nach dem Sinn konstruiert, kann das Verb aber auch im Plural stehen:
Eine Fülle von Neuheiten war zu bestaunen. Eine Fülle von Neuheiten waren zu bestaunen.
Fund: Als Pluralform ist nur noch *die Funde* standardsprachlich korrekt.
fünf - Fünf: Das Zahlwort wird klein, seine Substantivierung groß geschrieben:
Wir waren fünf im Cafe. Punkt fünf waren wir verabredet. Der Junge ist erst fünf. Die Ziffer Fünf. Er bekam in Deutsch eine Fünf.
→ Numerale
fünfte - Fünfte: Das Zahlwort wird klein, seine Substantivierung groß geschrieben:
Im Wettlauf war er der fünfte. Jeder fünfte Bürger ist zufrieden. Er ist der Fünfte im Wettlauf. Der Fünfte (= des Monats) ist ein Sonntag. Die Fünfte von Beethoven.
In Namen wird das Zahlwort ebenfalls groß geschrieben:
Die Fünfte Republik; Ludwig der Fünfte; Heinrich der Fünfte.
→ Numerale
fünftel - Fünftel: Als Beifügung vor Maß- und Gewichtsangaben schreibt man fünftel klein:
Ein fünftel Liter Rahm.
Die Substantivierung schreibt man groß:
Er hat drei Fünftel der Arbeit gemacht.
Im Dativ Plural wird *Fünftel* in der Regel dekliniert:
Er wurde mit drei Fünfteln dieser Arbeit beauftragt.
Funke - Funken: *Der Funken* ist heute die üblichere Nominativform von beiden. Nur in der übertragenen Bedeutung *göttlicher Funke, der zündende Funke* wird die ältere Form benutzt. Beider Formen Genitiv ist: *des Funkens.*
funktional - funktionell: Beiden Wörtern gemeinsam ist die Grundbedeutung "auf die Funktion bezogen". In der Bedeutung von "wirksam" kann nur *funktionell* verwendet werden:
Funktionelle Störungen im Magen-Darm-Trakt waren die Ursache.
für - gegen: Der Gebrauch von *für* anstelle von *gegen* im Sinne von "wider, zum Schutze vor" ist umgangssprachlich und nicht korrekt. In gutem Deutsch muß es heißen:
Er verschreibt ein Mittel gegen Schnupfen (Nicht: *... ein Mittel für Schnupfen*).
für was - wofür: → wofür
fürchten: Wird das Verb *fürchten* mit einem erweiterten Infinitiv mit *zu* verbunden, muß man ein Komma setzen, wenn *fürchten* als Vollverb fungiert. Ist es als Hilfsverb verwendet, kann das Komma wegfallen:
Er fürchtete, ihre Liebe verloren zu haben.
Er fürchtete ihre Liebe verloren zu haben.
Kommt ein Adverb o. ä. hinzu, wird *fürchten* zum Vollverb, ein Komma muß gesetzt werden:
Er fürchtete schon, ihre Liebe verloren zu haben.
füreinander: Vom folgenden Verb wird *füreinander* immer getrennt geschrieben, weil es eine Gegenseitigkeit ausdrückt:
Sie wollen weiterhin füreinander sorgen.
für'n: Diese umgangssprachliche Verschmelzung von *für* mit *den* oder *einen* wird mit einem Apostroph geschrieben:
Das Bier ist für'n Vater.
fürs: Diese umgangssprachliche Verschmelzung von *für* mit *das* wird ohne Apostroph geschrieben:
Der Lutscher ist fürs Baby.
Furunkel: Dieses Substantiv kann sowohl mit männlichem als auch mit sächlichem Artikel stehen: *der Furunkel, das Furunkel.*
Fuß: Man schreibt getrennt, wenn etwas durch das Maß *Fuß* näher bestimmt wird,

wobei ein Artikel, ein Zahlwort o. ä. vorausgehen kann:
Der Durchschlupf war kaum drei Fuß breit und vielleicht fünf Fuß hoch.
Adjektivische Zusammensetzungen mit *Fuß* schreibt man zusammen:
Die Büffel standen unbeweglich im fußhohen Präriegras. Der Durchschlupf ist fußbreit.
Das Substantiv *der Fußbreit* wird zusammen und groß geschrieben:
Das Tor gab keinen Fußbreit nach.
Als Maßbezeichnung wird *Fuß* nicht gebeugt:
Drei Fuß breit; 10.000 Fuß hoch.
Fußboden: Der Plural von *der Fußboden* lautet korrekt *die Fußböden*. Die Mehrzahlbildung *die Fußboden* ist veraltet.
Fussel: Dieses Substantiv kann sowohl mit männlichem als auch mit weiblichem Artikel stehen; beide Formen sind korrekt: *der Fussel, die Fussel.*
fußen: Nach der Fügung *fußen auf* folgt heute nur noch ein Dativ:
Die Entscheidung fußt auf dem Gedanken der unantastbaren Würde des Menschen. Diese seltsame Meinung fußt auf einer esoterischen Grundeinstellung.
Futur: Das Futur oder die Zukunft bezeichnet ein zukünftiges Geschehen in zwei Zeitstufen. Das Futur I oder die unvollendete Zukunft zeigt an, daß ein Geschehen noch nicht begonnen hat, es aber erwartet wird. Gebildet wird das Futur I mit dem Hilfsverb *werden* und dem Infinitiv des Vollverbs oder mit dem Passiv:
Ich werde kommen. Sie werden diesen Befehl auf der Stelle ausführen! Ihr Antrag wird nächste Woche bearbeitet.
Im Passiv heißt es dann:
Sie wird berühmt werden. Das Gebäude wird diesen Winter nicht mehr fertiggestellt werden.
Das Futur II oder die vollendete Zukunft zeigt an, daß ein Ereignis in der Zukunft beendet sein wird oder daß ein Ereignis vermutlich vergangen und beendet ist.
Das Futur II wird gebildet, indem man das Hilfsverb *werden* mit einem Partizip Perfekt und *haben* oder *sein* verbindet:
Ich werde gekommen sein. Sie wird gesungen haben. Er wird den Befehl ausgeführt haben.
Im Passiv heißt es dann:
Sie wird berühmt geworden sein. In einem Monat um diese Zeit wird sie ihre Prüfungen schon hinter sich gebracht haben.

G

Gage, die: [franz. gage "Pfand, Löhnung"]
Gehalt von Künstlern; Bezahlung.
Galan, der: [span. galan gleichbed.]
Vornehm erscheinender Mann, der sich höflich um eine Dame bemüht; Liebhaber, Freund (iron.).
Galanterie, die: [franz. galanterie gleichbed.]
In geschmeidigen Umgangsformen sich äußerndes, zuvorkommendes Verhalten dem weiblichen Geschlecht gegenüber.
galoppieren: Wird das Geschehen in seiner Dauer bezeichnet, umschreibt man das Perfekt von *galoppieren* mit *haben,* inzwischen hat sich auch dafür die Bildung mit *sein* durchgesetzt:
Während dieser Übung haben wir zehn Minuten galoppiert. Sie sind über zwei Stunden galoppiert.
Liegt der Sinn auf der Angabe einer Ortsveränderung, bildet man das Perfekt dieses Verbs mit *sein:*
Sie sind durch den Englischen Garten galoppiert.
gang und gäbe: Diese feste Wendung kann nur in Verbindung mit dem Verb *sein* gebraucht werden:

Diese Unsitte ist doch heute schon gang und gäbe.
gangbar - gängig: *Gangbar* wird real und bildlich gebraucht für "derart Beschaffenes, daß ein Begehen möglich ist":
Das Gipfeltreffen eröffnet einen gangbaren Weg zu gegenseitigem Verständnis.
"Üblich, weit verbreitet" ist dagegen die Bedeutung von *gängig:*
Bei Meinungsverschiedenheiten dem Gegner den Mund zu verbieten, ist ein gängiges Verfahren.
Gangway, die: [engl. gangway gleichbed.]
Laufgang oder Treppe, über die die Passagiere von Flugzeugen oder Schiffen ein- und aussteigen.
ganz: Als Adjektiv schreibt man klein, als substantiviertes Adjektiv schreibt man groß:
Wenn er im großen und ganzen damit klar kommt, ist er ein ganzer Kerl. Auf dem ganzen Erdball gibt es keine Dinosaurier mehr. Der ganze Kerl wird aufs Ganze gehen. Als großes Ganzes betrachtet, war es doch ein Erfolg. Seine Strategie ist nichts Ganzes und nichts Halbes, dabei geht es ums Ganze.
Mit einem nachfolgenden Adjektiv wird ganz zusammengeschrieben, wenn die Verbindungen das Bezugswort einordnen:
Der weiße, ganzseidene Schal war ein schönes Geschenk.
Soll etwas in seiner Gesamtheit angesprochen werden, verwendet man die Substantivierung *das Ganze* als Apposition:
Das Militär als Ganzes ist eine Farce. Vom Militär als Ganzem hält er nicht viel.
In der Umgangssprache wird heute häufig *ganze* für *alle* verwendet, was standardsprachlich nicht korrekt ist:
An Sylvester gehen die ganzen Leute auf die Straße.
Richtig muß es heißen:
An Sylvester gehen alle Leute auf die Straße.
Sobald *ganz* als Beifügung zu einem Adjektiv hinzutritt, darf es nicht gebeugt werden:

Die Spritze piekste nur ein ganz kleines bißchen (Nicht: *...ein ganzes kleines bißchen*).
gar: *Gar* und ein nachfolgendes 2. Partizip schreibt man zusammen, wenn die beiden Wörter adjektivisch gebraucht werden; nur das erste Wort ist betont:
Dieser gargekochte Fisch paßte gut zu dem gargekochten Gemüse.
Soll die Vorstellung des Machens hervorgehoben werden, schreibt man getrennt; beide Wörter sind betont:
Sie hat das Gemüse zuerst gar gekocht, weil das länger braucht als der Fisch.
In der Satzaussage werden beide Wörter immer getrennt geschrieben:
Das Gemüse ist gar gekocht.
Das Adverb im Sinne von "ganz, sehr, sogar" wird von *nichts* und *kein* immer getrennt geschrieben:
Das besagt gar nichts. Sie haben hier gar nichts zu wollen. Nur Hausfrau und Mutter zu sein, ist für sie gar kein Ideal.
gären: Dieses Verb kann auf zweierlei Weise konjugiert werden:
gärte, gegärt oder *gor, gegoren.*
In der konkreten Bedeutung verwendet, stehen in der Regel die unregelmäßigen Formen:
Dieser Wein gor zu lange. Der Traubensaft ist gegoren.
Wird das Verb in übertragenem Sinn verwendet, gebraucht man die regelmäßigen Formen:
In den Zuschauern gärte es. Im lange unterdrückten Volk hatte es gegärt.
Gattin: → Frau
Gau: Standardsprachlich ist nur der männliche Artikel korrekt; umgangssprachlich wird das Substantiv auch mit sächlichem Geschlecht versehen:
der Gau, das Gäu; das Allgäu.
Gaze, die: [franz. gaze gleichbed.]
Weitmaschiges Gewebe aus Baumwolle, Seide o.ä.; Verbandsstoff, Mullbinde.
geb.: Verwendet man diese Abkürzung für *geborene,* wird kein Komma gesetzt. Man kann die Abkürzung aber auch als nachge-

stellte Apposition verstehen und Kommas setzen:
Frau Zweig geb. Altmann ging mit ihrem Mann in den Freitod. Frau Zweig, geb. Altmann, ging mit ihrem Mann in den Freitod.
→ geboren

gebärden, sich: Folgt auf die Wendung *sich gebärden als* ein Substantiv, steht dieses gewöhnlich im Nominativ, d.h. es wird auf das Subjekt des Satzes bezogen. Der Akkusativ als Bezug auf das Reflexivpronomen wirkt veraltet:
Er gebärdete sich als Wilder. (Veraltet: *Er gebärdete sich als einen Wilden.*)

Gebäudenamen: Gutes Deutsch erfordert die Deklination des Gebäudenamens, auch wenn dieser in Anführungszeichen steht. Soll der Gebäudename original stehen, muß umschrieben werden:
Die Putzfrauen des "Wilden Mannes" räumen den Dreck weg. Die Putzfrauen des Hotels "Wilder Mann" haben viel Arbeit.
Geschlechtslose Bezeichnungen, die als Namen für Kinos, Hotels etc. verwendet werden, stehen in der Regel analog dazu mit sächlichem Artikel:
das (Kaffeehaus) Central; das (Hotel) Hilton; das (Kino) Rex.

geben: Folgt auf die Wendung *sich geben als* ein Substantiv, steht dieses gewöhnlich im Nominativ, d.h. es wird auf das Subjekt des Satzes bezogen. Der Akkusativ als Bezug auf das Reflexivpronomen wirkt veraltet:
Er gab sich als unerschrockener Held. (Veraltet: *Er gab sich als einen unerschrockenen Helden.*)

Gebirgsnamen: Gebirgsnamen sind meist männlich, selten weiblich. Häufig kommen Gebirgsnamen nur in der Mehrzahl vor:
Der Himalaja, der Harz, der Taunus, der Spessart, der Hunsrück. Die Rhön, die Silvretta, die Eifel, die Sierra Nevada. Die Karpaten, die Alpen, die Kordilleren, die Anden, die Rocky Mountains.

Bergnamen sind ebenfalls meist männlich, bis auf einige Bergnamen, die auf ein -a enden:
Der Vesuv, der Brocken, der Popocatepetl, der Kilimandscharo, der Großglockner. Die Marmolata; aber: *der Ätna.*

geboren: Um den Geburtsnamen der Ehefrau anzuschließen sind drei Möglichkeiten grammatikalisch korrekt:
Stefan Zweig ist mit seiner zweiten Ehefrau Lotte, geborene oder *geborener* oder *geborenen Altmann in den Tod gegangen.*
→ geb.
Zur Angabe des Geburtsortes sind die Wendungen möglich:
Ich bin in München geboren. Ich wurde in München geboren.
Will man weitere Angaben anschließen, ist nur die passivische Wendung möglich:
Ich wurde als drittes Kind ...geboren. (Nicht: *Ich bin als drittes Kind...geboren*). *Ich wurde am 1. April in Buxtehude geboren* (Nicht: *Ich bin am 1. April in Buxtehude geboren*).
Ein *geborener Münchner* ist derjenige, der in München geboren ist und dort lebt. Ein *gebürtiger* Münchner ist derjenige, der in München geboren ist, aber nicht dort lebt.

gebrauchen - brauchen: Das Verb gebrauchen kann nicht im Sinne von "benötigen, bedürfen, nötig haben" verwendet werden.
Ich brauche jetzt schnell etwas Eßbares (Nicht: *Ich gebrauche jetzt schnell etwas Eßbares*).
→ brauchen

gebürtig: Wird in der Bedeutung "stammend aus" verwendet. → geboren

Geck: Korrekt dekliniert wird *der Geck* wie folgt:
des Gecken, dem Gecken, den Gecken (Nicht: *des Gecks, dem, den Geck*).

Gedanke - Gedanken: Von beiden Nominativen ist *der Gedanke* der üblichere, *der Gedanken* ist gehobener Sprachgebrauch. Der Genitiv beider Formen heißt: *des Gedankens.*

Gedankenstrich: → Kapitel Zeichensetzung

gedenken: Wird das Verb gedenken mit einem erweiterten Infinitiv mit *zu* verbunden, muß man ein Komma setzen, wenn *gedenken* als Vollverb fungiert. Ist es als Hilfsverb benutzt, kann das Komma wegfallen:
Er gedachte, den Ort zu verlassen. Er gedachte den Ort zu verlassen.
Kommt ein Adverb o.ä. hinzu, wird *gedenken* zum Vollverb, ein Komma muß gesetzt werden:
Er gedachte nach langem Ringen, den Ort zu verlassen.

geehrt - verehrt - wert: Als Ausdruck der Höflichkeit in Briefanschriften ist heute *geehrt* üblich. *Verehrt* sollte nur gebraucht werden, wenn man seine besondere Verehrung ausdrücken will. Veraltet ist die Anredeform mit *wert*.
→ Kapitel Schriftverkehr: Brief.

Gefahr: Wörter wie *gefahrdrohend, gefahrbringend, gefahrverkündend* schreibt man zusammen, die Fügung *Gefahr laufen* hat den Wert eines Satzgliedes und wird deshalb getrennt geschrieben:
Angesichts der gefahrdrohenden Stimmung wollen wir nicht Gefahr laufen, hier in Schwierigkeiten zu kommen.

Gefallen: Korrekte Artikel dieses Substantivs sind: *der Gefallen, das Gefallen.* Das männliche Substantiv wird in der Bedeutung "Freundschaftsdienst Gefälligkeit" benutzt, das sächliche in der Bedeutung "Freude, Wohlgefallen". Die Nominativform *der Gefallen* ist heute üblich; *der Gefalle* ist veraltet. Genitivform zu beiden ist: *des Gefallens.*

gegeben: Als substantiviertes Partizip wird *gegeben* groß geschrieben. Klein schreibt man, auch wenn ein Artikel vorangeht, beide Wörter aber ein Partizip ersetzen:
Dem Undankbaren war das Gegebene zu wenig. Die Situation damals war wie die gegebene (= die jetzt gegebene).

gegen eine - in eine: Wenn man wogegen stößt, rennt etc. wird durch die beiden Fügungen ein Bedeutungsunterschied hergestellt. Ist das Gegenüber in Bewegung während der Kollision muß *in eine* verwendet werden; heißt *es gegen etw.,* ist man selbst der sich bewegende Teil:
Ich bin in einen dicken Fußgänger gelaufen (= er war in Bewegung). *Ich bin gegen einen dicken Fußgänger gelaufen* (= ich bin an ihn gestoßen).

gegen was - wogegen: → wogegen

gegeneinander: Wird eine Wechselbezüglichkeit oder Gegenseitigkeit formuliert, schreibt man *gegeneinander* vom nachfolgenden Verb getrennt:
Sie versuchte, die beiden Freunde gegeneinander auszuspielen. Die Schauspieler wollten sich gegeneinander ausstechen.
Fungiert *gegeneinander* als Verbzusatz, wobei eine übertragene Bedeutung entstehen kann, schreibt man zusammen:
Sie werden sich bald gegeneinanderstehen (= feindlich gegenüberstehen). *Der dicke und der dünne Fußgänger sind gegeneinandergeprallt.*

gegenüber: Im Sinne von "dort drüben, auf der anderen Seite" steht *gegenüber* vom folgenden Verb getrennt:
Der Feldweg muß genau gegenüber abzweigen.
Besteht zwischen den Wörtern eine bedeutungsmäßig enge Verbindung, schreibt man zusammen:
Die privat verfeindeten Boxer werden sich auch im Ring bald gegenüberstehen.
Bei Pronomen wird gegenüber immer nachgestellt; einem Substantiv kann es auch vorangestellt werden:
Ihm gegenüber macht sie nie den Mund auf. Gegenüber ihrem Mann schweigt sie. Ihrem Mann gegenüber ist sie ruhig.
Standardsprachlich ist nur die Verknüpfung mit einem Dativ korrekt:
Gegenüber dem Bauernhof befindet sich ein kleiner Nutzwald (Nicht: *Gegenüber des Bauernhofs* ...).

Ortsnamen können mit *von* angeschlossen werden. In der Umgangssprache wird dieser Anschluß auch für andere Fälle gebraucht:
München liegt nicht gegenüber von Hamburg. Das Lokal liegt gegenüber vom Theater (ugs.).
Stilistisch unschön ist dieser Anschluß bei Pronomen:
Er wohnt gegenüber von ihr.
Besser: *Er wohnt ihr gegenüber.*

Gehabe - Gehaben: Das Substantiv Gehabe wird in der Regel in der negativen Bedeutung "Getue, auffälliges Verhalten oder Gebaren" verwendet:
Das Gehabe des eitlen Laffen war ihm zutiefst zuwider.
Gehaben wird im Sinne "Verhalten, Benehmen" gebraucht:
Der Tod seiner Frau hatte sein gedrücktes Gehaben noch verstärkt.

gehabt: Vor allem in der Umgangssprache und den Dialekten werden Perfekt und Plusquamperfekt von Verben, die diese Vergangenheitsformen mit dem Hilfsverb *haben* bilden, durch ein zusätzliches *gehabt* doppelt umschrieben. Dies ist nicht korrekt. Zu unterscheiden sind davon die richtigen Vergangenheitsformen des Vollverbs *haben*.
Falsch ist diese Perfektbildung:
Wir haben schon geschlafen gehabt.
Falsch ist diese Bildung des Plusquamperfekts:
Wir hatten schon geschlafen gehabt.
Falsch ist diese Bildung des Konjunktivs:
Er sagte, das wäre passiert, nachdem der Mann die Frau gesehen gehabt hätte.
Korrekt ist:
Wir haben schon geschlafen. Wir hatten schon geschlafen. Er sagte, das wäre passiert, nachdem der Mann die Frau gesehen habe oder *... gesehen hatte.*
Ist *haben* Vollverb müssen die Formen der Vergangenheit wie folgt gebildet werden:
Wir haben für heute genug gehabt. Wir hatten damals genug gehabt. Er erzählte, *daß der Mann die Pistole gehabt habe bzw. hatte.*

Gehalt: Das Substantiv *Gehalt* hat zwei Geschlechter, die verschiedenen Bedeutungskomplexen zugeordnet werden können. Das männliche Wort *der Gehalt* hat die Bedeutung "Inhalt, Wert" und bildet den Plural *die Gehalte;* mit der Bedeutung "Entgeld, Besoldung, Lohn" ist *das Gehalt* sächlich und bildet den Plural *die Gehälter.*

geheim: Das Adjektiv *geheim* wird klein geschrieben, auch wenn ein Artikel vorausgeht, die Verbindung aber adjektivisch verwendet wird:
Ein Positivum in einer Demokratie sind die geheimen Wahlen. Da kann jeder im geheimen seine Meinung kundtun.
In Titel und Namen wird dagegen groß geschrieben:
Der Geheime Rat Goethe hielt Teile seines Faust-Dramas geheim.
Bleiben beide Wörter selbständig, werden *geheim* und das nachfolgende Verb getrennt geschrieben; beide Wörter behalten ihren Wert als Satzglied; beide sind betont:
Wir müssen geheim vorgehen! Vor allem die Gelegenheit geheim auskundschaften!
Werden beide Wörter als Einheit verstanden oder entsteht durch die Kombination eine Bedeutungsnuancierung, schreibt man zusammen; das erste Glied ist betont:
Du mußt den Plan unbedingt geheimhalten!

gehen lassen - gehenlassen: Werden beide Verben in ihrer urprünglichen Bedeutung verwendet, schreibt man getrennt:
Der Vater will sie nicht alleine gehen lassen.
Entsteht durch die Kombination ein neuer, oft übertragener Begriff, schreibt man zusammen:
Die Mutter sagte, er solle sie endlich gehenlassen (= in Ruhe lassen). *Seit dem Unglück hat er sich gehenlassen* (= ver-

nachlässigt). Aber: *Man soll den Teig gehen lassen.*
gehören: Die Konstruktion gehören mit dem 2. Partizip eines Verbs ersetzt in der Umgangssprache häufig die passivische Konstruktion mit *müssen:*
Der Verbrecher gehört eingesperrt.
Korrekt müßte es heißen:
Der Verbrecher muß oder *sollte eingesperrt werden.*
gehörend - gehörig: Das 1. Partizip gehörend darf in der Verwendung nicht mit dem Adjektiv *gehörig* ausgetauscht werden. Während *gehörend* ein Besitzverhältnis ausdrückt, bedeutet das Adjektiv *gehörig* "gebührend, wie es sein soll" oder "tüchtig, nicht gering" (ugs.).
Sie hat die mir gehörende (Nicht: *gehörige*) *Jeans völlig ausgebeult zurückgebracht. Da hat sie es an gehörigem* (Nicht: *gehörendem*) *Respekt fehlen lassen. Weil er mit einem gehörigen* (= nicht geringen) *Rausch heimgekommen ist, hat sie ihm gehörig den Kopf gewaschen* (= tüchtig die Meinung gesagt).
Geisel - Geißel: Das Substantiv *Geisel* kann mit männlichem oder weiblichem Geschlecht verwendet werden. Heute hat sich *die Geisel* durchgesetzt. Während man darunter einen Menschen versteht, der seiner Freiheit beraubt wurde, um erpresserischen Forderungen Nachdruck zu verleihen, ist *eine Geißel* eine Peitsche mit mehreren Riemen, die zur Züchtigung - im religiösen Kontext auch der eigenen - benutzt wurde. In übertragenem Sinn wird *Geißel* für Heimsuchungen wie z. B. Seuchen oder Krankheiten gebraucht.
geistig - geistlich: Diese beiden Adjektive können nicht füreinander stehen und sollten deshalb nicht verwechselt werden. Die Bedeutung von *geistig* ist "den Geist betreffend, gedanklich" sowie "alkoholisch", da Geist auch "Essenz, Alkohol" bedeutet:
In ihrem Kolleg sprachen die Professoren neben den geistigen Gesprächen auch geistigen Getränken zu.

Dagegen meint *geistlich* "die Religion betreffend, theologisch, kirchlich":
Geistliche Würdenträger suchten die Dritte Welt auf.
Geistliche: Diese Bezeichnung wird wie ein attributives Adjektiv gebeugt:
Er war einmal Geistlicher. Im Beichtstuhl saß ein Geistlicher. Drei Geistliche wurden ausgezeichnet. Die Geistlichen begrüßten das Gesetzesvorhaben.
Nach einem starken Adjektiv wird im Genitiv Plural stark gebeugt:
Die Begrüßung evangelischer Geistlicher (Nicht: *Geistlichen*) *aus dem Ausland wurde mit einem Festmahl abgeschlossen.*
Bei einem Dativ in der Einzahl wird nach einem starken Adjektiv schwach dekliniert:
Mit angekündigtem Geistlichen (Nicht: *Geistlichem*) *wurde der Festgottesdienst zelebriert.*
Als Apposition verwendet, kann die starke oder die schwache Deklination erfolgen:
Mit ihm als Geistlichen oder *als Geistlichem wurde der Festgottesdienst zelebriert.*
gelangen: Die Umschreibung des Passivs durch die Fügung *gelangen* mit *zu* und einem Substantiv wird besonders in der Amts-, Geschäfts- und Zeitungssprache verwendet und dienen der Betonung einer Aussage:
Ihr Vorschuß konnte vor den Feiertagen nicht mehr zur Auszahlung gelangen (= nicht ausgezahlt werden).
Stilistisch unschön ist die pure Ersetzung eines passivisch gebrauchten Verbs in der Normalsprache:
Diese Personalakte ist noch nicht zu meinem Mitarbeiter gelangt.
Besser:
Diese Personalakte wurde meinem Mitarbeiter noch nicht vorgelegt.
Gelatine, die: [franz. gelatine gleichbed.] Gallertartige Masse; feiner geschmack- und farbloser Knochenleim, der zum Eindicken von Säften verwendet wird.

gelaunt: Wird *gelaunt* durch ein Adjektiv näher bestimmt, schreibt man beide Wörter zusammen; nur das erste Glied ist betont:
Der immer schlechtgelaunte Nachbar ist nicht sehr tolerant.
Wird dagegen das Adjektiv durch *gelaunt* erläutert, schreibt man getrennt; auf beiden Wörtern liegt Betonung:
Die gut gelaunten Jungen sind eine Freude für ihre Großeltern.
Wenn beide Wörter aussagend gebraucht werden, muß immer getrennt geschrieben werden:
Der Chef war heute ausgesprochen gut gelaunt.
gelb: Groß zu schreibende Eigennamen mit dem Bestandteil *gelb* wären zum Beispiel:
Der Gelbe Fluß; das Gelbe Meer.
Das Farbadjektiv und ein folgendes 2. Partizip schreibt man zusammen, wenn die Kombination adjektivisch verwendet wird; nur das Farbadjektiv ist betont:
Das gelbbemalte Pferd erregte allerhand Aufsehen.
Dominiert die Vorstellung des Tuns, schreibt man getrennt; beide Wörter sind betont:
Die beiden Lausbuben hatten das Pferd heimlich gelb bemalt.
In der Satzaussage werden beide Wörter immer getrennt geschrieben:
Das Pferd wurde gelb bemalt.
→ Farbbezeichnungen
Geldbezeichnungen: → Maß-, Mengen- und Münzbezeichnungen
Gelee, das oder der: [franz. gelée gleichbed.]
Halbfeste gallertartige Masse; eingedickter, gallertartiger Frucht- oder Fleischsaft.
Im Deutschen kann es *der Gelee* oder *das Gelee* heißen.
gelegentlich: Die als schwerfällig empfundene Präposition *gelegentlich* zieht einen Genitiv nach sich und weist darauf hin, daß sich etwas bei einem bestimmten Anlaß ereignet:

Diese Einkäufe und Erledigungen habe ich gelegentlich eines Stadtbummels erledigt. Ich habe ihn gelegentlich einer Vernissage getroffen.
Stilistisch besser kann es heißen:
Diese Einkäufe und Erledigungen habe ich bei meinem Stadtbummel erledigt. Ich habe ihn bei einer Vernissage getroffen.
Gelehrte: Diese Bezeichnung wird wie ein attributives Adjektiv gebeugt:
Der Gelehrte sprach über die gefährliche Belastung der Ozonschicht. Drei Gelehrte unterstützen das Reformvorhaben, zwei opponierten dagegen. Der Scharlatan gab sich als ein Gelehrter aus.
Nach einem starken Adjektiv wird im Genitiv Plural stark gebeugt:
Die Berufung bedeutender Gelehrter (Nicht: *Gelehrten*) *an die Münchner Universität war eine Sensation.*
Bei einem Dativ in der Einzahl wird nach einem starken Adjektiv schwach dekliniert:
Abgewiesenem Gelehrten (Nicht: *Gelehrtem*) *war ein Fehler unterlaufen.*
Als Apposition verwendet, kann die starke oder die schwache Deklination erfolgen:
Ihm als Gelehrtem oder *als Gelehrten* bzw. *ihr als Gelehrte* oder *Gelehrten wurde der Fehler nicht verziehen.*
Geleise - Gleis: Beide Formen sind korrekt, wobei *das Geleise* eher der gehobenen Sprache zugeordnet wird.
Geliebte: Diese Bezeichnung wird wie ein attributives Adjektiv gebeugt:
Wo man die Geliebte sucht, sind Ungeheuer selbst willkommen. (Goethe, Faust I) *Sind die Geliebten im entschwinden, muß man wieder neue finden.* (Volksmund) *Zwei Geliebte sind besser als gar nichts.*
Nach einem starken Adjektiv wird im Genitiv Plural stark gebeugt:
Wegen treuloser Geliebter (Nicht: *Geliebten*) *Revolver gesucht.*
Bei einem Dativ in der Einzahl wird nach einem starken Adjektiv schwach dekliniert:

Von hingabefähigem Geliebten (Nicht: *Geliebtem*) *verwöhnt, blühte sie auf.*
Als Apposition verwendet, kann die starke oder die schwache Deklination erfolgen:
Ihm als Geliebtem oder *Geliebten* bzw. *ihr als Geliebter* oder *Geliebten waren alle anderen gleich.*
gelten: Nach *gelten* sind die Präpositionen *als* und *für* möglich. Nach *als* steht das folgende Substantiv mit oder ohne Artikel im Nominativ:
Der Junge galt als Held, weil er das kleine Mädchen gerettet hatte. Sie hat als eine besonders schöne Frau gegolten.
Nach der Präposition *für* steht das folgende Substantiv immer mit bestimmtem oder unbestimmtem Artikel im Akkusativ:
Der Junge galt für einen Helden, weil er das kleine Mädchen gerettet hatte. Sie hat für eine besonders schöne Frau gegolten.
Die Wendung *geltende Bestimmungen* ist möglich, wenn sie zum Zeitpunkt der Aussage noch Gültigkeit haben:
Die geltenden Gesetze müssen eingehalten werden (= Sie gelten noch zur Zeit der Aussage).
Falsch ist:
Die bis vorgestern geltenden bzw. *gegoltenen Gesetze ...* (= Sie gelten nicht mehr zur Zeit der Aussage).
Hier muß statt *gelten gültig* verwendet werden:
Die bis vorgestern gültigen Gesetze...
Gemache: Das Substantiv *Gemache* hat zwei Pluralformen: *die Gemächer* und *die Gemache*. Letztere Form ist allerdings veraltet.
Gemahlin: → Frau
gemäß: Die Präposition *gemäß* fordert einen Dativ und steht in der Regel nach, selten vor dem Substantiv:
Seinem Begehren gemäß bekam er eine Trompete. Gemäß seinem Begehren...
genau: Als Adjektiv schreibt man *genau* auch mit vorangehendem Artikel klein, wenn die Kombination adverbial verwendet wird:

Sie haben sich den Unfallort auf das genaueste angesehen.
Die Substantivierung schreibt man groß:
Hiermit teilen wir Ihnen mit, daß wir noch nichts Genaues mitteilen können.
Getrennt schreibt man bei der Fügung *etw. genau nehmen;* ein im Sinne von "eigentlich, richtig betrachtet" gebrauchtes *genaugenommen* schreibt man zusammen:
Wenn es um Geld oder Liebe geht, soll man es genau nehmen. Bei der Auswahl seiner Urlaubslektüre hat er es genau genommen. An diesem Malheur ist sie genaugenommen selbst schuld.
→ genaugenommen
In der Bedeutung "gerade" darf *genau* nicht beifügend gebraucht werden. Möglich ist:
Genau den Widerspruch habe ich gemeint. (Nicht: *Den genauen Widerspruch habe ich gemeint*). *Das genau zulässige Gesamtgewicht wurde erreicht.* (Nicht: *Das genaue zulässige Gesamtgewicht wurde erreicht*).
Ein zustimmendes *Genau!* statt "Stimmt!" oder "Ja!" ist ein Modewort und sollte besser vermieden werden.
genaugenommen: Das Adverb *genaugenommen* wird ohne Kommas in den Satz integriert: *Sie hat den Beruf genaugenommen nie ernsthaft ausgeübt.*
Genaugenommen ist die Warnung auf den Zigarettenpackungen eine Farce.
genauso - genau so: Getrennt schreibt man, wenn das betonte Adverb *so* in der Bedeutung "auf diese Weise" durch das *genau* in der Bedeutung "exakt, gerade" näher bestimmt wird:
Um diese Leute aufzustacheln reichte eine Provokation. Genau so wirkte seine Rede auf die Zuhörer.
In den übrigen Fällen schreibt man zusammen; nur *genau* ist betont:
Dieses neue Medikament wirkt genauso wie das alte.
Zusammen schreibt man *genau* mit einem folgenden Adverb, den undeklinierten Formen der unbestimmten Zahlwörter *viel*

und *wenig* sowie mit einem folgenden undeklinierten Adjektiv, wenn die Betonung auf *genau* liegt:
genausoselten, genausooft, genausolieb; genausoviel, genausowenig. Der Jäger hätte genausogut mich erschießen können.
Sind beide Wörter betont, schreibt man getrennt:
Dieses neue Medikament wirkt genauso gut wie das alte.
Von den deklinierten Formen der unbestimmten Zahlwörter *viel* und *wenig* sowie von einem nachfolgenden deklinierten Adjektiv schreibt man immer getrennt:
Wir haben genauso viele Stunden gebraucht. Genauso wenige Sonnentage waren das wie letztes Jahr. Ich kaufe hier genauso gutes Obst. Diese Meinung ist genauso blödes Geschwätz.

Gendarm, der: [franz. gendarme "Polizeisoldat"]
Angehöriger des Polizeidienstes in der Umgangssprache oder in regionalem Gebrauch (bes. auf dem Land).
Das Substantiv wird wie folgt gebeugt:
des Gendarmen, dem Gendarmen, den Gendarmen (Nicht: *dem, den Gendarm*).

General: Das Substantiv bildet zwei korrekte Pluralformen: *die Generale* und *die Generäle.*
Zu der Verbindung von Titel und Namen → Titel und Berufsbezeichnungen

Genitivattribut: Der Genitiv wird meistens als Beifügung oder Attribut verwendet, d. h. er bildet eine nähere Bestimmung zu einem Bezugswort. Der besitzanzeigende Genitiv gibt einen Besitz oder die Zugehörigkeit zu einer Person oder Sache an:
das Haus meiner Eltern; die Meinung der Erwachsenen; Inges Streben.
Das Zugehörigkeitsverhältnis kann auch mit der Präposition *von* ausgedrückt werden:
das Haus von meinen Eltern; die Meinung von den Erwachsenen; das Streben von Inge.
Das Bezugswort bezeichnet einen Teil, das Genitivattribut bezeichnet das Ganze:
Die Hälfte der Reise hatten wir hinter uns. Ein Viertel seines Vermögens hatte er schon verjubelt.

Genitivobjekt: Ein Genitivobjekt ist eine Satzergänzung im 2. Fall, die auf die Fragen *wessen?* antwortet:
Er traf den Sohn seines ehemaligen Lehrers (Wessen Sohn traf er? Den, seines ehemaligen Lehrers).

Gentleman, der: [engl. gentleman gleichbed.]
Mann von Lebensart und Charakter, Mann von vornehmer Gesinnung.

genug: In Verbindung mit einem Adjektiv steht *genug* immer dahinter, bei einem Substantiv kann es sowohl davor als auch dahinter stehen:
Sie ist jung genug (Nicht: *Sie ist genug jung). Er war nicht aufmerksam genug* (Nicht: *Er war nicht genug aufmerksam). Genug* und das nachfolgende Verb schreibt man getrennt, wenn beide Wörter in ihrer ursprünglichen Bedeutung gebraucht werden:
Wir haben jetzt genug (= ausreichend, genügend) *geschrieben.*
Entsteht durch die Kombination ein neuer Begriff, schreibt man zusammen:
Er muß mir genugtun (= eigentlich: *Genugtuung gewähren* oder *Genugtuung leisten). Er konnte sich nicht genugtun* (= nicht genug kriegen), *den anderen schlechtzumachen.*

Genus: Mit Genus bezeichnet man das grammatische Geschlecht von Substantiven. Man unterscheidet: Maskulinum oder männlich, Femininum oder weiblich und Neutrum oder sächlich.

Genus verbi: Darunter ist die Handlungsart zu verstehen. Man unterscheidet Aktiv und Passiv:
Dieser Mann schrieb ein Buch (= Aktiv). *Dieses Buch wurde von dem Mann geschrieben* (= Passiv).

Geographische Namen: Deklination:

Geographische Namen

Länder- und Ortsnamen, die ohne Artikel gebraucht werden, gelten als Neutra. Im Genitiv erhalten sie ein -s, in den übrigen Fällen sind sie endungslos:
Deutschlands Vereinigungseuphorie; Frankreichs Revolutionsfeiern; Die Verhandlungen mit Polen; die Versorgungslage in Ungarn; die politischen Gespräche mit England.
Bei geographischen Namen, die auf "s, ß, z, tz oder x" enden, ist es stilistisch schöner, den Genitiv, der durch einen Apostroph angezeigt werden müßte, zu umgehen:
Graz' Gründungsfest; Florenz' Museen; Paris' Boulevards; Honduras' Entwicklung.
Besser heißt es: das Gründungsfest von Graz, das Gründungsfest der Stadt Graz; die Museen von Florenz; die Boulevards in Paris; die Entwicklung von oder *in Honduras.*
Eine ehemals gehobene Form des Genitivs ist die Endung auf -en. Diese Form gilt heute als veraltet:
Grazens Gründungsfest; Florenzens Museen etc.
Männliche und sächliche geographische Namen mit vorangehendem Artikel erhalten in der Regel ein -s im Genitiv; es gibt aber auch endungslose Namen:
Des Balkans; des Mains; des Großglockners; des Inn(s); des Kongo(s); des Nil(s); des Iran(s).
Von den Namen, die auf einen Zischlaut enden, müssen einige dekliniert werden, einige nicht, bei dritten ist beides möglich:
des Harzes; des Rieses; des Taunus; des Elsaß oder *des Elsasses.*
Geographische Namen, die zusammengesetzt sind mit: *-see, -fluß, -strom, -bach, -berg, -gebirge, -wald, -delta* müssen immer dekliniert werden:
Des Walchensees, des Donaudeltas, des Riesengebirges, des Schwarzwaldes.
Steht ein Name mit Artikel und Adjektiv ist das Genitiv -s beim Namen korrekt, ebenso die endungslose Form:

Des bombadierten Dresden(s); des angegriffenen London(s); die Länder des damaligen Europa(s); ein Eindruck des lebenslustigen Italien(s).
Mit oder ohne Artikel:
Länder- und Ortsnamen haben in der Regel keinen Artikel:
Griechenland, Italien, München, Oslo.
Ausnahmen davon sind meist Landschaftsnamen:
Die Peloponnes, der Kongo, der Irak, das Elsaß, das Saarland, die Riviera, die Champagne.
Immer mit Artikel stehen Ländernamen in der Mehrzahl und zusammengesetzte Bezeichnungen:
Die Philippinen, die Azoren, die Steiermark, die UdSSR, die USA, die Vereinigten Staaten, die Sahelzone.
Ebenfalls steht der Artikel immer dann, wenn ein Name näher bestimmt ist (z.B. durch ein Adjektiv, Genitivattribut o.ä.):
Das schöne Bayern, das ganze Europa (Aber: *ganz Europa*), *das halbe Saarland* (Aber: *halb Saarland*).
Berg- Fluß- und Seenamen haben immer einen Artikel:
Der Roßkopf, die Alpen, der Amazonas, die Isar, der Titicacasee, das Mittelmeer.
Groß- oder Kleinschreibung:
Von geographischen Namen abgeleitete Wörter mit der Endung -er schreibt man immer groß:
Die Münchner Frauenkirche, das Andechser Gefühl (H. Achternbusch), *die Schweizer Uhren.*
Adjektive und Partizipien werden nur als Bestandteile des Namens groß geschrieben:
Das Adriatische Meer, das Rote Meer, die Hohen Tauern.
Aber:
Die böhmischen Dörfer, die griechischen Säulen, bayerische Biere.
Zusammen- oder Getrenntschreibung:
Kombinationen mit geographischen Namen schreibt man meistens zusammen,

außer es treffen drei gleiche Vokale aufeinander:
Isarstrand, Donaudelta, Mittelmeerküste, Watzmanngruppe, Kykladeninsel, Hawaii-Insel.
Ebenso bei Zusammensetzungen mit ungebeugten Adjektiven oder mit Himmelsrichtungen:
Großbritannien, Hinterindien, Ostindien, Nordkorea (Auch: *Nord-Korea*).
Mit Bindesstrich schreibt man Zusammensetzungen aus mehreren geographischen Bezeichnungen oder wenn die Zusammensetzung unübersichtlich ist:
Rhein-Main-Donau-Kanal, Franz-Joseph-Strauß-Flughafen, Donau-Dampfschiffahrtsgesellschaft.
Eine Zusammensetzung, der eine Ableitung eines geographischen Namens auf *-er* angehört, schreibt man in der Regel getrennt; es existieren aber Ausnahmen:
Schweizer Jura, Thüringer Wald, Vierwaldstätter See, Brandenburger Tor.
Aber:
Böhmerwald, auch: *Vierwaldstättersee, Wienerwald.*
Bindestrich oder Zusammenschreibung:
Politisch geteilte Staaten können mit Bindestrich geschrieben werden:
Süd-Vietnam oder *Südvietnam; West-Deutschland* oder *Westdeutschland.*
Mit Bindestrich werden nichtamtliche Zusätze geschrieben, Zusammensetzungen aus Adjektiven auf *-isch,* die von Länder- und Ortsnamen abgeleitet sind oder bei Zusammensetzungen mit Familiennamen, wenn dieser hervorgehoben werden soll:
Ost-Berlin, Alt-Heidelberg; Britisch-Kolumbien, Französisch-Polynesien (Aber: *Bayrischzell, Schwäbisch Hall*); *Cook-Insel* oder *Cookinsel, Viktoria-Land* oder *Viktorialand.*
Ebenfalls mit Bindestrich geschrieben werden geographische Namen, die sich aus Ortsnamen zusammensetzen und bei Ortsnamen mit nachgestellten näheren Bestimmungen:

Schleswig-Holstein, Berlin-Schöneberg; München-Ost, Berlin-West.
Zusammen schreibt man bestimmte Verbindungen mit Personennamen, die zu einem festen Ausdruck geworden sind sowie die Kombination aus geographischem Namen und einem Adjektiv:
Magellanstraße, Beringmeer; israelhörig, moskautreu, amerikafeindlich.

gerade: Wird *gerade* in der Bedeutung von "nicht krumm, aufrecht, in gerader Richtung" verwendet, schreibt man es mit dem folgenden Verb zusammen. Ebenso, wenn durch die Kombination ein neuer Begriff entsteht:
Beim Militär müssen sie geradestehen (= aufrecht stehen). *Er muß für die Schulden seines Partners geradestehen* (= die Folgen auf sich nehmen). *Der Schmied soll die Eisenstange geradebiegen* (= in gerade Form bringen). *Der Vater soll die Eskapaden seines mißratenen Sohnes geradebiegen* (= einrenken).
Wird *gerade* in der Bedeutung von "soeben, vor kurzer Zeit" verwendet, schreibt man es vom folgenden Verb getrennt. Ebenso, wenn das Verb selbst schon zusammengesetzt ist:
Ich habe gerade (= soeben) *telephoniert. Ich habe mich gerade hingelegt. Du sollst den Weihnachtsbaum gerade hinstellen.*

geradewegs - geradenwegs - geradeswegs: Alle drei Formen sind korrekt.

geradezu: Folgt *geradezu* nach der Präposition *in,* bezieht es sich auf das folgende Adjektiv; steht es am Anfang des präpositionalen Gefüges, bezieht es sich auf die gesamte Aussage:
In geradezu infamer Manier spielte man die Leute gegeneinander aus. Geradezu in infamer Manier spielte man die Leute gegeneinander aus.

gerechnet: Adverbial gebrauchte Wendungen *wie gut gerechnet etc.* müssen nicht durch Kommas abgetrennt werden. Versteht man sie aber als Ersatz für einen vollständigen Nebensatz, kann man Kommas setzen:

gering

Das sind gut gerechnet ein Drittel der Bevölkerung. Das sind, gut gerechnet, ein Drittel der Bevölkerung.
Ebenso bei:
hoch gerechnet, grob gerechnet, rund gerechnet, schwach gerechnet.

gering: Das Adjektiv *gering* wird klein geschrieben, auch wenn ein Artikel vorausgeht, die Verbindung aber adjektivisch oder adverbial verwendet wird:
Die noch geringen Preise wurden wieder um ein geringes erhöht. Während seines Berichts denkt er nicht im geringsten daran, daß mich das alles nicht das geringste angeht.
Die Substantivierung dagegen wird groß geschrieben:
Der eintrat, war kein Geringerer als der König. Sie interessiert sich noch für das Geringste in meinem Leben. Er will auch im Geringsten genau sein. Dem neugierigen Nachbarn entgeht auch nicht das Geringste.
Vom nachfolgenden Verb getrennt schreibt man, wenn die Kombination beider Wörter die Bedeutung "den Wert niedrig veranschlagen, einschätzen" hat:
Die Brosche ist, gering geschätzt, 100 Mark wert.
Zusammen schreibt man, wenn ein neuer Begriff entsteht:
Du sollst das Angebot nicht geringachten. Er hat diese Freundschaft ringgeschätzt (= verachtet).

Gerundiv: Das Gerundiv wird aus dem Partizip Präsens und *zu* gebildet. Mit dem Gerundiv wird die Notwendigkeit oder Möglichkeit eines Geschehens bezeichnet:
die unbedingt zu führenden Verhandlungen (= sie müssen geführt werden); *ein leicht zu vermeidendes Problem* (= leicht zu vemeiden).

gesagt: Adverbial gebrauchte Wendungen wie *wie gesagt* etc. müssen nicht durch Kommas abgetrennt werden. Versteht man sie aber als Ersatz für einen vollständigen Nebensatz, kann man Kommas setzen:

Dies ist offen gesagt nicht meine Meinung. Dies ist, offen gesagt, nicht meine Meinung. Ich habe, im Vertrauen gesagt, gar keine Zeit für solche Scherze. Das ist wie gesagt lachhaft.

gesalzen - gesalzt: Beide Formen des Partizips von *salzen* sind korrekt. *Gesalzt* wird aber seltener gebraucht und ist nicht in übertragener Bedeutung verwendbar:
Ich bekam dafür eine gesalzene (Nicht: *gesalzte*) *Tracht Prügel.*

Gesandte: Diese Bezeichnung wird wie ein attributives Adjektiv gebeugt:
der Gesandte, die Gesandte, die Gesandten, fünf Gesandte, ein Gesandter etc.
Nach einem starken Adjektiv wird im Genitiv Plural stark gebeugt:
Die Forderung arabischer Gesandter (Nicht: *Gesandten*) *blieb unbeantwortet.*
Bei einem Dativ in der Einzahl wird nach einem starken Adjektiv schwach dekliniert:
Geladenem Gesandten (Nicht: *Gesandtem*) *wurde das Wort erteilt.*
Als Apposition verwendet, kann die starke oder die schwache Deklination erfolgen:
Ihm als Gesandten oder *als Gesandtem war es eine Ehre, hier zu sprechen.*

Geschädigte: Diese Bezeichnung wird wie ein attributives Adjektiv gebeugt:
der Geschädigte, die Geschädigte, die Geschädigten, fünf Geschädigte, ein Geschädigter etc.
Nach einem starken Adjektiv wird im Genitiv Plural stark gebeugt:
Die Vorwürfe besagter Geschädigter (Nicht: *Geschädigten*) *waren heftig.*
Bei einem Dativ in der Einzahl wird nach einem starken Adjektiv schwach dekliniert:
Besagtem Geschädigten (Nicht: *Geschädigtem*) *wurde das Wort erteilt.*
Als Apposition verwendet, kann die starke oder die schwache Deklination erfolgen:
Ihr als Geschädigter oder *Geschädigten* bzw. *ihm als Geschädigtem* oder *Geschädigten war zu helfen.*

geschäftig - geschäftlich: Das Adjektiv *geschäftig* wird in der Bedeutung "unentwegt tätig", das Adjektiv *geschäftlich* im Sinne von "das Geschäft betreffend, dienstlich" verwendet. Die beiden Wörter können nicht füreinander stehen:
Auf dem Marktplatz herrscht geschäftiges Treiben. Der Funktionär lief geschäftig hin und her. Ich fahre morgen geschäftlich nach Berlin. Die geschäftlichen Kontakte nach China sind zufriedenstellend.

Geschichten- - Geschichts-: Wenn Geschichte im Sinne von Erzählung verwendet wird, werden Zusammensetzungen ohne Fugen-s, dafür mit der Endung *-en* gebildet:
Er war ein guter Geschichtenerfinder und Geschichtenerzähler. Aus einem Geschichtenbuch hat er das nicht.

Im Sinne von "sich mit historischen Vorgängen befassend" werden Zusammensetzungen mit Fugen-s gebildet:
Die Geschichtsauffassung des Politikers war zweckorientiert. Die Geschichtsforschung sollte Geschichtsfälschungen auch verhindern helfen. Ein Geschichtsbuch kann ebenso spannend sein wie ein Geschichtenbuch.

geschieden: Um die Namen der Ehefrau anzuschließen sind drei Möglichkeiten grammatikalisch korrekt:
Stefan Zweig ist mit seiner ersten Ehefrau Friederike Zweig, geschiedene von Winternitz oder *geschiedener* oder *geschiedenen von Winternitz, in New York zusammengetroffen.*

Verwendet man die Abkürzung *gesch.* für *geschiedene*, wird kein Komma gesetzt. Man kann die Abkürzung aber auch als nachgestellte Apposition verstehen und Kommas setzen:
Frau Zweig gesch. von Winternitz fuhr nach Wien. Frau Zweig, gesch. von Winternitz, fuhr nach Wien.

-geschlechtig - -geschlechtlich: Die nicht selbständig vorkommende Form *-geschlechtig* bedeutet "ein Geschlecht haben" und wird hauptsächlich in der Fachsprache der Biologie gebraucht:
Zweigeschlechtig, andersgeschlechtig.

Die Endung *-geschlechtlich* kann auch als selbständiges Adjektiv erscheinen und bedeutet "sexuell, das Geschlecht betreffend":
Geschlechtliche Liebe; gleichgeschlechtlich.

Geschmack: Die einzig korrekte Pluralform von *Geschmack* heißt: *die Geschmäcke*. Landschaftlich kommt in der Umgangssprache auch die nicht korrekte Bildung *die Geschmäcker* vor:
Die Geschmäcke sind verschieden (Nicht: *die Geschmäcker sind verschieden*).

geschweige (denn): Der Begriff kann nur stehen, wenn eine verneinte bzw. eingeschränkte Aussage vorausgeht. Auf diese Aussage bezieht sich *geschweige (denn)* verstärkend. Innerhalb der Fügung *geschweige denn* steht kein Komma:
Er kann nicht lesen, geschweige schreiben. Er kann nicht lesen, geschweige denn schreiben.

In der Wendung *geschweige denn, daß* muß ein Komma stehen, während *geschweige daß* als Einheit betrachtet, kein Komma verlangt. Es kann aber ein Komma gesetzt werden, wenn die Wendung als Auslassungssatz verstanden und besonders hervorgehoben werden soll:
Ich denke nicht, daß er gern spazieren geht, geschweige denn, daß er eine Wandertour mitmacht. Ich denke nicht, daß er gern spazieren geht, geschweige daß er eine Wandertour mitmacht. Er trinkt nicht, geschweige, daß er raucht.

gesehen: Ohne Kommas zu setzen, wird die adverbial gebrauchte Wendung *so gesehen* in den Satz einbezogen:
So gesehen hat er ganz recht gehabt. Er hat so gesehen recht gehabt.

gesetzt (den Fall): Nach *gesetzt (den Fall)* muß ein Komma folgen:
Gesetzt, daß er ihn mitbringt, was wollen wir sagen? Gesetzt den Fall, es schneit, dann fahren wir in Skiurlaub. Wann müs-

gesinnt

sen wir los, gesetzt den Fall, die Veranstaltung beginnt um 20 Uhr?
In dieser Fügung muß *Fall* immer im Akkusativ stehen:
Gesetzt den Fall (Nicht: *der Fall*), *er ruft an* ...

gesinnt: Ein vorangehendes Adjektiv wird mit diesem Partizip zusammengeschrieben, wenn die Kombination adjektivisch gebraucht wird; nur der erste Teil ist betont:
Die positivgesinnten Menschen leben leichter.
Wird durch das Partizip das Adjektiv näher bestimmt, schreibt man getrennt; beide Wörter sind betont:
Dies sind alles positiv gesinnte Menschen.
Stehen beide Wörter in der Satzaussage, schreibt man immer getrennt:
Dieser Lehrer ist wirklich positiv gesinnt.

gesonnen - gesinnt: Diese beiden Partizipien dürfen nicht verwechselt werden. *Gesinnt* bedeutet "von einer bestimmten Haltung, Gesinnung, Einstellung sein":
Dort treffen sich lauter gleichgesinnte (Nicht: *gleichgesonnene*) *Menschen.*
Dagegen bedeutet *gesonnen* "willens sein, gewillt sein" und wird nur mit dem Verb *sein* kombiniert:
Er war nicht gesonnen (Nicht: *gesinnt*), *mir zu gratulieren.*

gespenstig - gespenstisch: Korrekt und gleichbedeutend sind beide Formen, wiewohl *gespenstig* allmählich veraltet.

gesund: *Gesund* und das folgende Verb werden getrennt geschrieben, wenn beide Wörter in der ursprünglichen Bedeutung gebraucht werden:
Sie hat den Kranken gesund gepflegt. Der Arzt hat ihn gesund gemacht.
Entsteht durch die Kombination ein neuer Begriff, schreibt man zusammen:
Der Waffenschieber hat sich an dem Konflikt gesundgemacht (= viel verdient). *Der Hausbesitzer wird sich an der Sanierung gesundstoßen* (ugs. für viel verdienen).
Korrekt sind die Steigerungsformen sowohl mit als auch ohne Umlaut:

gesund, gesunder, am gesundesten oder *gesund, gesünder, am gesündesten.*
Den Superlativ *gesündeste* schreibt man auch mit vorangehendem Artikel klein, wenn beide Wörter in der Bedeutung "sehr gesund" stehen:
Es wäre das gesündeste, jeden Tag Sport zu treiben. Wenig Schlaf ist nicht das gesündeste.

getrauen, sich: Dem reflexiven Verb kann ein Akkusativ oder ein Dativ folgen:
Ich getraue mich bzw. *mir, die Wahrheit zu sagen.*
Hängt von *sich getrauen* ein Akkusativ der Sache ab, muß das rückbezügliche Fürwort im Dativ stehen:
Ich getraue mir (Nicht: *mich*) *diese Entscheidung nicht zu.*

Getrennt- oder Zusammenschreibung:
→ Kapitel Zusammen- oder Getrenntschreibung

getreu: Das Wort, auf das sich *getreu* bezieht, muß im Dativ stehen:
Getreu meinem Versprechen bin ich gekommen. Meinem Vorhaben getreu hab ich gehandelt.

Getto - Ghetto: Beide Formen dieses Substantivs sind möglich.

gewahr werden: Das Objekt, auf das sich *gewahr werden* bezieht, kann im Genitiv oder im Akkusativ stehen:
Er sprach mit ihr, ohne ihre Tränen bzw. *ohne ihrer Tränen gewahr zu werden.*

Gewähr - Gewährung: Die beiden Substantive können nicht synonymisch füreinander verwendet werden. *Gewähr* bedeutet "Garantie", während *Gewährung* aus dem Wortfeld "geben, bewilligen, erlauben" stammt:
Der Antragsteller rechnet mit der Gewährung eines Miet- und Heizkostenzuschusses (Nicht: *...mit der Gewähr eines Zuschusses*).

Gewähr leisten - gewährleisten: Hierbei gibt es keinen Bedeutungs- aber einen Konstruktionsunterschied. Nach *Gewähr leisten* wird das Objekt mit der Präposition

für angefügt, nach *gewährleisten* folgt ein Akkusativobjekt ohne Präposition:
Der Hersteller gewährleistet die Sicherheit des Gerätes. Er leistet Gewähr für die Sicherheit des Gerätes.

Gewerbe treibend - gewerbetreibend: Bei adjektivischem Gebrauch der Kombination beider Wörter, schreibt man zusammen; ist *Gewerbe* durch eine nähere Bestimmung (Adjektiv o.ä.) als Substantiv erkennbar, schreibt man getrennt:
Die gewerbetreibenden Einwohner versammelten sich. Die ein seltsames Gewerbe treibenden Fremden wurden verjagt.

Gewerkschafter - Gewerkschaftler: Beide Formen des Begriffs sind korrekt.

gewesen: Zur falschen Umschreibung der Vergangenheitsformen Perfekt und Plusquamperfekt sowie des Konjunktivs mit *gewesen* gelten die zu *gehabt* formulierten Bemerkungen. → gehabt
Von diesen falschen Formen sind die korrekten Bildungen des Vollverbs *sein* zu unterscheiden:
Das ist falsch gewesen; das war falsch gewesen; das sei (wäre) falsch gewesen.

gewieft - gewiegt: *Gewieft* ist ein Wort aus der Umgangssprache und bedeutet soviel wie "schlau, durchtrieben, gerissen". *Gewiegt* ist jemand, der durch Erfahrung und Geschick fähig ist, klug vorzugehen, ohne daß dabei Skrupellosigkeit mitschwingt wie bei *gewieft*:
Der gewiefte Bursche hat ihn ausgestochen. Ein gewiegter Geschäftsmann nutzt die Gunst der Stunde.

gewiß: Nach *gewiß* folgende (substantivierte) Adjektive oder Partizipien werden parallel dekliniert:
Gewisse unerfüllbare (Veraltet: *unerfüllbaren*) *Forderungen; die Wünsche gewisser Alter* (Veraltet: *Alten*); *die Forderungen gewisser grün gesinnter* (Veraltet: *gesinnten*) *Wählerschichten; gewisse auf den Kasernenbetrieb bezogene* (Veraltet: *bezogenen*) *Vollmachten.*

gewohnt - gewöhnt: *Gewohnt* wird heute in der Bedeutung "durch allmähliche, unbewußt wirkende Gewohnheit mit etwas vertraut werden" gebraucht und mit einem Akkusativ verbunden. Auch die Wendung *gewohnt zu* plus Infinitiv ist gebräuchlich. In gehobener Sprache kann ein Genitiv folgen:
Er war es gewohnt, zu trinken. Die heutigen Stars sind den Ruhm gewohnt. Der König ist der Bürde gewohnt (geh.).
Dagegen wird *gewöhnt* im Sinne von "durch bewußte Gewöhnung mit etwas vertraut werden" benutzt. Der Anschluß erfolgt mit der Präposition *an*. Der Gebrauch von Akkusativ, Genitiv oder Infinitiv wie bei *gewohnt* ist falsch, wie der Gebrauch von *an* bei *gewohnt* falsch ist:
Er war an dumme Menschen gewöhnt. Sie ist gewohnt (= es ist Brauch bei ihr), *sehr früh aufzustehen. Sie ist daran gewöhnt* (= durch regelmäßige Gewohnheit), *sehr früh aufzustehen. Er ist an harte Drogen gewöhnt (worden), durch jemand, der harte Drogen gewohnt war* (= durch Übung, Erfahrung damit).

Geysir, der: [island. geysir gleichbed.]
Durch Vulkanismus entstandene heiße Springquelle.

Ghetto: → Getto

Ghostwriter, der: [engl. ghost writer gleichbed.]
Autor, der für eine andere Person schreibt und nicht als Verfasser genannt wird.

Gigolo, der: [franz. gigolo "junger Mann, der Tanzlokale aufsucht"]
Eintänzer; junger Mann, der sich von Frauen aushalten läßt (ugs.).

giltig - gültig: Der Ausdruck *giltig* ist veraltet, kommt aber in Mundarten noch vor anstelle des standardsprachlich korrekten *gültig*. Das gilt auch für *endgiltig - endgültig*.

Gischt: Dieses Substantiv hat zwei mögliche Geschlechter: *der Gischt, die Gischt*. Genitiv und Plural lauten:
Der Gischt, des Gischtes, die Gischte; die Gischt, der Gischt, die Gischten.

Glamour, der oder das: [engl.-schott. glamour "Blendwerk, Zauber"]

glänzend

Bezaubernde Schönheit; betörende, raffinierte Aufmachung.

glänzend: *Glänzend* und das folgende Adjektiv schreibt man zusammen, wenn die Kombination adjektivisch verwendet wird; nur der erste Teil ist betont:
Er hat glänzendschwarze Augen.
Behalten beide Wörter ihre ursprüngliche Bedeutung, schreibt man getrennt; beide Wörter sind betont:
Er hat glänzend schwarze Augen.
In der Satzaussage werden beide Wörter immer getrennt geschrieben:
Seine Augen sind glänzend schwarz.

Glas: Als Maß- und Mengenangabe bleibt das Substantiv meist ungebeugt:
Ich trank dort zwei Glas Bier.
Das in Glas gemessene kann in gehobener Sprache gebeugt werden:
Fünf Glas griechischen Wein; fünf Glas griechischen Weines (geh.); *mit fünf Gläsern griechischem Wein* (geh. *griechischen Weines*).

Glaube - Glauben: Beide Formen des Nominativs sind korrekt. Der Genitiv zu beiden lautet: *des Glaubens*. Heute üblich ist die ältere Form: *der Glaube*.

glauben: Wenn dieses Verb mit einem erweiterten Infinitiv mit *zu* kombiniert ist, kann man Kommas setzen oder nicht, je nachdem, ob das Verb als Vollverb oder Hilfsverb steht:
Er glaubte, den Prüfungsstoff zu wissen.
Er glaubte den Prüfungsstoff zu wissen.
Kommt zu *glauben* ein Adverb o.ä. hinzu, kann es nur ein Vollverb sein; das Komma muß gesetzt werden:
Er glaubte zuversichtlich, den Prüfungsstoff zu wissen.
Die Wendungen *glauben machen* und *glauben lassen* verlangen einen Akkusativ:
Sie will ihn (Nicht: *ihm*) *glauben machen, sie liebe ihn. Sie wollte ihn* (Nicht: *ihm*) *glauben lassen, daß er der Vater des Kindes sei.*

gleich: Groß schreibt man nur die Substantivierung:
Der Präsident wollte als Gleicher unter Gleichen gelten. Wir wünschen ihnen für die Festtage das Gleiche. Man wünscht ein Gleiches. Der wahre Glaube verbietet, Gleiches mit Gleichem zu vergelten.
Klein schreibt man *gleich*, auch wenn ein Artikel vorangeht, die beiden Wörter aber wie ein Pronomen verwendet werden:
Das läuft auf das gleiche hinaus. Die alten Kameraden sind die gleichen geblieben.
Ebenfalls klein wird in den unveränderlichen Wendungen geschrieben:
Eine alte Rede sagt, gleich und gleich gesellt sich gern. Er wird das schon ins gleiche bringen.
Gleich und ein nachfolgendes 2. Partizip schreibt man zusammen, wenn die beiden Wörter adjektivisch gebraucht werden; nur das erste Wort ist betont:
Die in dieser Frage gleichgesinnten Bürger demonstrierten gemeinsam.
Soll die Vorstellung des Machens hervorgehoben werden, schreibt man getrennt; beide Wörter sind betont:
Es sind lauter gleich gesinnte Bürger, die hier demonstrieren.
In der Satzaussage werden beide Wörter immer getrennt geschrieben:
Diese Bürger sind gleich gesinnt.
Ausnahmen sind Wörter mit ordnendem Charakter, die immer zusammen geschrieben werden:
gleichlautend; gleichberechtigt; gleichbedeutend; gleichartig; gleichförmig; gleichgeschlechtlich.
Von den folgenden Adjektiven: *gut, schnell, groß, weit* u.a. schreibt man *gleich* getrennt:
Die beiden gleich schnellen Buben bilden die Sturmspitzen der Mannschaft.
Vom nachfolgenden Verb schreibt man getrennt, wenn *gleich* in der Bedeutung "sofort, sogleich" steht:
Wir hatten ihr geschrieben, und sie ist gleich gekommen. Dieses Projekt wollen wir gleich anpacken.

Wird die Kombination von *gleich* plus Verb in übertragener Bedeutung verwendet, schreibt man immer zusammen:
sich gleichbleiben (= nicht verändern); *gleichschalten* (= vereinheitlichen, parallel schalten); *gleichstehen* (= auf einer Stufe sein, gleich sein); *gleichsehen* (= ähneln); *gleichziehen* (= in gleicher Weise handeln); *gleichmachen* (= angleichen) *etc.*
Fungiert *gleich* innerhalb von Vergleichen als Präposition, muß ein Dativ folgen:
Der Mond hing gleich einem blaßbleichen Gesicht am nächtlichen Himmel. Der Mond hing einem blaßbleichen Gesicht gleich am nächtlichen Himmel.
gleiche: → der gleiche → derselbe
gleichsam als; - ob; - wenn: Es muß vor *als* kein Komma stehen, *da gleichsam als (ob; wenn)* als Einheit betrachtet kein Komma verlangt. Es kann aber ein Komma gesetzt werden, wenn die Wendung als Auslassungssatz verstanden wird und besonders hervorgehoben werden soll:
Ich ging auf ihn zu, gleichsam als ob ich ihn angreifen wollte. Ich ging auf ihn zu, gleichsam, als ob ich ihn angreifen wollte (Statt: *..., es war, als ob ich ihn angreifen wollte*).
gleichviel ob; - wo: Es muß kein Komma stehen, da *gleichviel ob etc.* als Einheit betrachtet kein Komma verlangt. Es kann aber ein Komma gesetzt werden, wenn die Wendung als Auslassungssatz verstanden wird und besonders hervorgehoben werden soll:
Ich werde das durchstehen, gleichviel ob du mir hilfst oder nicht. Ich werde das durchstehen, gleichviel, ob du mir nun hilfst oder nicht (Statt: *..., das geschieht, ob du mir nun hilfst oder nicht*).
gleichzeitig - zugleich: Die Verwendung von *gleichzeitig* ist auf den Sinn von "zur gleichen Zeit" begrenzt:
Sie trafen gleichzeitig am Bahnhof ein.
Zugleich bedeutet darüber hinaus auch "ebenso, auch noch, in gleicher Weise":
Der Wagen ist für ihn zugleich ein Statussymbol.

Im heutigen Sprachgebrauch vermischt sich beides, auch *gleichzeitig* wird in diesem erweiterten Sinn benutzt:
Das Auto ist ein Beförderungsmittel und gleichzeitig (Richtiger: *zugleich*) *ein Statussymbol.*
Gleis: → Geleise
Globetrotter, der: [engl. globe-trotter gleichbed.]
Weltenbummler
Go-go-girl, das: [amerik. go-go-girl gleichbed.]
Vortänzerin in einem Beat- oder anderen Tanzlokal.
golden: Grundsätzlich schreibt man das Adjektiv klein; als Bestandteil von Eigennamen schreibt man jedoch *golden* groß:
Der goldene Oktober bescherte uns eine schöne Landschaft. Alle kamen sie, die goldene Hochzeit der Großeltern zu feiern.
Aber:
Das Goldene Buch der Stadt; Das Goldene Vließ; die Goldene Bulle; der Goldene Schnitt; das Goldene Zeitalter.
good bye!: [engl. good bye (zusammengezogen aus God be with you) "Gott sei mit dir"]
Englischer Gruß: Leb(t) wohl!
Gott: Die Fügung *Gott der Herr* o.ä. kann mit oder ohne Kommas geschrieben werden:
Gott der Herr; Gott, der Herr; Gott(,) der Allwissende; Gott(,) der Allmächtige.
Eine erweiterte Beifügung muß aber durch Kommas abgetrennt werden:
Gott, der Schöpfer des Himmels und der Erde, geruhte am siebten Tag eine Pause einzulegen. Gott, der Herr über Mensch und Tier, sah, daß es gut war.
Gourmand, der: [franz. gourmand gleichbed.]
Vielfraß; Schlemmer.
Gourmet, der: [franz. gourmet gleichbed.]
Feinschmecker.
Graf: Dieses Substantiv wird schwach dekliniert. Es muß heißen: *des Grafen, dem*

gram

Grafen, den Grafen (Nicht: *des Grafs, dem Graf, den Graf*).
Als Teil des Familiennamens wird der Titel *Graf* zwischen Vornamen und Familiennamen bzw. zwischen Vornamen und einem *von* vor dem Familiennamen gestellt:
Dagobert Sigismund Graf von Wurmser erzwang 1793 die Kapitulation von Mainz.
→ Kapitel Titel und Berufsbezeichnungen
gram - Gram: Als Adjektiv ist *gram* veraltet und wird in der Funktion nicht mehr verwendet. Man gebraucht es, klein geschrieben, nur noch als Angabe der Art; *Sie sind uns gram. Die gramgebeugten Menschen...* (Aber nicht mehr: *Die gramen Menschen...*).
Als Substantiv gebraucht, schreibt man das Wort groß:
Gleichzeitig von Freude und Gram ausgefüllt, gewann sein Gram allmählich die Oberhand.
grammatikalisch - grammatisch: Zwischen beiden Wörtern ist die Grenze nicht eindeutig zu ziehen. Beide haben die Bedeutung "die Grammatik betreffend". Darüber hinaus bedeutet *grammatisch* auch noch "den Regeln der Grammatik gemäß; sprachkorrekt":
Dieser Satz ist grammatisch richtig gebildet. Grammatikalisch ist dieser Satz richtig aber nicht inhaltlich.
Korrekt deckt man heute mit *grammatisch* den gesamten Bedeutungsbereich ab, während *grammatikalisch* langsam veraltet.
grammatisches Geschlecht: → Genus
Grandseigneur, der: [franz. grand seigneur gleichbed.]
Vornehmer und weltgewandter, erfahrener Mann.
Graph: Das in der Naturwissenschaft gebräuchliche, männliche Substantiv *der Graph* bildet den Genitiv: *des Graphen,* den Plural: *die Graphen.* Das sächliche Substantiv *das Graph* der Literaturwissenschaft hat den Genitiv: *des Graphs,* den Plural: *die Graphe.*

grau: Groß zu schreibende Eigennamen mit dem Bestandteil *grau* wären zum Beispiel:
Die Grauen Panther (= Organisation von und für Senioren); *Die Grauen Schwestern* (= eine katholische Kongregation).
Das Farbadjektiv und ein folgendes 2. Partizip schreibt man zusammen, wenn die Kombination adjektivisch verwendet wird; nur das Farbadjektiv ist betont:
Der graugekleidete Herr kaufte den Schatten von Peter Schlemihl. (Im Roman "Peter Schlemihls wundersame Geschichte" von Adalbert Chamisso)
Dominiert die Vorstellung des Tuns, schreibt man getrennt; beide Wörter sind betont:
Der als einziger grau gekleidete Herr kaufte den Schatten.
In der Satzaussage werden beide Wörter immer getrennt geschrieben:
Der Herr war grau gekleidet.
→ Farbbezeichnungen
grauenerregend - Grauen erregend:
Wird die Kombination der beiden Wörter adjektivisch verwendet, schreibt man zusammen:
Schon wieder geschah in den Straßen Londons ein grauenerregender Mord.
Wird *Grauen* durch eine nähere Bestimmung, durch ein Adjektiv o.ä., als Substantiv erkennbar, schreibt man getrennt und groß:
Die Leiche war in einem furchtbares Grauen erregenden Zustand.
gräulich - greulich: Das Adjektiv *gräulich* kommt von der Farbe *grau* und bedeutet soviel wie "ein wenig grau, etwas grau". Das Wort *greulich* kommt vom Substantiv *Greuel* und meint "entsetzlich, abscheulich":
Dein neues gräuliches Kleid mit den himmelblauen Punkten finde ich einfach greulich.
grausen: Dieses Verb kann sowohl einen Dativ als auch einen Akkusativ nach sich ziehen:

Es grauste sie vor Mäusen. Auch wenn von Spinnen die Rede war, grauste ihr. Mir oder *Mich graust, wenn ich an den Unfall denke.*

grazil - graziös: Das Adjektiv *grazil* bezeichnet eine Gestaltform und bedeutet "zartgliedrig, schmächtig, zierlich, schlank", während sich *graziös* auf harmonisch abgestimmte Bewegungen, die ästhetisches Gefallen auslösen, bezieht:
Er sah nur noch das blonde Mädchen mit der grazilen Gestalt in der Masse der Leute. Nie hatte er ein graziöseres Dahinschreiten gesehen.
Im Sinne von "zierlich" können die Wörter synonymisch verwendet werden.

Greenhorn, das: [engl. greenhorn gleichbed.]
Neuling, Unerfahrener, Grünschnabel.

Greenpeace, der: [engl. green peace "grüner Friede"]
In mehreren Ländern bestehende Gruppe von Menschen, die gewaltfrei mit spektakulären Aktionen gegen Walfischfang, Umweltverschmutzung u.ä. demonstriert und dabei Gesundheit und das eigene Leben einsetzt.

greulich: → gräulich

Groll: Normalerweise werden an das Substantiv *Groll* Sachen und Personen mit der Präposition *über*, nur Personen auch mit *auf* angeschlossen:
Sie spürte seinen Groll über ihre Unpünktlichkeit. Der Groll der Schüler über die Strafarbeit hielt an, ihr Groll über oder *auf die Lehrerin war schon verflogen. Der Groll der Arbeiter auf die Bonzen hält an.*
Bei bestimmten Verben wird *Groll* mit der Präposition *gegen* verbunden:
Der Sohn fühlte einen tiefen Groll gegen seinen Vater in sich aufsteigen. Dieser hegte keinen Groll gegen den Sohn. Der aber war vom Groll des Verschwenders gegen den Geizigen erfüllt.

groß: Das Adjektiv wird klein geschrieben; ebenso wenn ihm ein Artikel vorangestellt ist, beide Wörter aber für ein Pronomen stehen:
In dieser großen Schule übt man für das große Latinum. Der Aufwand dafür war um ein großes (= viel, sehr) zu hoch.
Klein wird auch in folgenden festen Wendungen geschrieben:
Im großen und ganzen war das richtig. Auf dem Volksfest kam groß und klein (= jedermann) zusammen. Er machte seine Geschäfte im großen und kleinen.
Groß schreibt man *groß*, wenn es sich um ein substantiviertes Adjektiv handelt oder *groß* Bestandteil eines Namens ist:
Die Großen und die Kleinen trafen sich im Zirkus. Auf diesem Festival war wenig (viel, nichts) Großes. Er hatte gelernt, im Kleinen wie im Großen genau zu arbeiten. Karl der Große; Katharina die Große; das Große Los; der Große Preis; der Große Wagen.
Werden beide Wörter in ihrer urprünglichen Bedeutung verwendet, schreibt man *groß* vom folgenden Verb getrennt:
Ein Substantiv muß man groß schreiben. Der Junge wollte endlich groß werden.
Entsteht durch die Kombination ein neuer, oft übertragener Begriff, schreibt man zusammen:
Gehorsam wird hier großgeschrieben (= Wert darauf legen). Sie mußte den Jungen allein großziehen (= aufziehen).
Das Wort *groß* und ein folgendes 2. Partizip schreibt man zusammen, wenn die Kombination adjektivisch verwendet wird; nur das erste Wort ist betont:
Das großangekündigte Projekt verlief im Sand.
Dominiert die Vorstellung des Tuns, schreibt man getrennt; beide Wörter sind betont:
Das groß angekündigte Projekt verlief im Sand.
In der Satzaussage werden beide Wörter immer getrennt geschrieben:
Dieses Projekt war groß angekündigt.

Groß- oder Kleinschreibung: → Kapitel Groß- oder Kleinschreibung

größtmöglich: → möglich

grün: Groß zu schreibende Eigennamen mit dem Bestandteil *grün* wären zum Beispiel:
Der Grüne Donnerstag; die Grüne Insel (= Irland); *"Der Grüne Heinrich"* (= Roman vor Gottfried Keller); *das Grüne Gewölbe* (= Kunstsammlung in Dresden).
Das Farbadjektiv und ein folgendes 2. Partizip schreibt man zusammen, wenn die Kombination adjektivisch verwendet wird; nur das Farbadjektiv ist betont:
Das grünbemalte Pferd erregte allerhand Aufsehen.
Dominiert die Vorstellung des Tuns, schreibt man getrennt; beide Wörter sind betont:
Die beiden Lausbuben hatten das Pferd heimlich grün bemalt.
In der Satzaussage werden beide Wörter immer getrennt geschrieben:
Das Pferd wurde grün bemalt.
gruseln: Dieses Verb kann sowohl einen Dativ als auch einen Akkusativ nach sich ziehen:
In dem Sterbezimmer gruselte es sie oder *ihr. Ihm* oder *Ihn gruselte es, als er eine Minute vor zwölf das Heulen hörte.*
Guerilla, die oder der: [span. guerrilla gleichbed.]
Das weibliche Substantiv bedeutet sowohl "Guerillakrieg" als auch "den Guerillakrieg führende Personen". Dagegen wird *der Guerilla* in der Bedeutung "Partisan, Angehöriger der Guerillatruppe" gebraucht.
Guillotine, die: [franz. guillotine gleichbed.]
Mit einem Fallbeil funktionierendes Hinrichtungsgerät, das nach dem französischen Arzt Guillotin benannt ist.
Gulasch, das oder der: [ung. gulyas gleichbed.]
Scharf gewürztes Fleischgericht. Heute wird das Substantiv häufiger mit dem sächlichen Geschlecht gebraucht.
gültig: → giltig
Gummi: In der Bedeutung "Klebstoff, vulkanisierter Kautschuk" hat das Substantiv sächliches oder männliches Geschlecht, es heißt: *das Gummi* oder *der Gummi.* Der Genitiv lautet: *des Gummis;* der Plural: *die Gummi* oder *die Gummis.* Im Sinne von "Radiergummi" ist der Begriff männlich, der Genitiv lautet: *des Gummis,* der Plural: *die Gummis.* Sächlich ist die Kurzform *das Gummi* für "Gummiband" in der Umgangssprache.
gut: *Gut* wird selbst dann klein geschrieben, wenn ihm ein Artikel vorausgeht, die beiden Wörter aber für ein einfaches Adverb oder ein Adjektiv stehen:
Er schoß um ein gutes (= weit) *daneben. Er hat sich um ein gutes* (viel, sehr) *verschätzt.*
Bei Substantivierungen schreibt man groß:
Gleichermaßen war Gutes und Böses in der Welt. Sie waren schon jenseits von Gut und Böse. Er wollte Gutes tun, aber man ließ ihn nicht.
Ebenfalls groß schreibt man in Eigennamen:
Der Gute Hirte (= Christus); *das Kap der Guten Hoffnung; Frau Gutemiene* (= Frauenfigur in "Asterix").
Wird *gut* im ursprünglichen Sinn gebraucht, schreibt man es vom folgenden Verb getrennt:
Bei dem Herrchen wird es die Katze gut haben. Er gelobt Reue und will gut werden.
Bei übertragenen Bedeutungen schreibt man zusammen:
etwas guthaben (= zu fordern haben); *gutheißen* (= zustimmen, billigen); *etwas gutschreiben* (= anschreiben, anrechnen); *gutgehen* (= guten Verlauf nehmen; gut leben, in guten Verhältnissen sein; gesund sein).
Gut und ein folgendes 2. Partizip schreibt man zusammen, wenn die Kombination adjektivisch verwendet wird; nur das erste Wort ist betont:
Der gutgelaunte Chef gab seinen Leuten zwei Tage frei.

Dominiert die Vorstellung des Tuns, schreibt man getrennt; beide Wörter sind betont:
Der gut gelaunte Chef gab seinen Leuten zwei Tage frei. Gut gelaunt zu sein, bedarf es wenig.
In der Satzaussage werden beide Wörter immer getrennt geschrieben:
Der Chef war heute auch gut gelaunt.
Die Wendung *gut für etwas sein* im Sinne von "zum Schutz gegen" ist umgangssprachlich, aber nicht korrekt; es muß heißen:
Dieses Medikament ist gut gegen den Durchfall (Nicht: *Dieses Medikament ist gut für den Durchfall*). *Die Decke ist gut gegen die Kälte* (Nicht: *Die Decke ist gut für die Kälte*).
Gesteigert wird:
gut, besser, am besten.
gut - schön: Die Ersetzung von *gut* durch *schön* bei Wertungen des Geschmacks oder Geruchs ist umgangssprachlich und vor allem in Norddeutschland gebräuchlich:
Dieses Essen schmeckt schön (Richtig: *Das Essen schmeckt gut*).
Güte: Das Substantiv *Güte* wird nur mit den Präpositionen *gegen* oder *gegenüber* gekoppelt. Die Verwendung der Präpositionen *für* oder *zu* ist standardsprachlich falsch:
Seine Güte gegen mich war groß. Seine Güte mir gegenüber war groß.
gütig - gütlich: Das Adjektiv *gütig* wird im Sinne von "freundlich, voll Güte" gebraucht. Dagegen bedeutet *gütlich* "im guten, ohne Streit":
Dieser weise und gütige Mensch war leider nur wenigen ein Vorbild. Sie hatten sich für eine gütliche Trennung entschieden.
Die Wendung *sich an etwas gütlich tun* bedeutet "etwas mit Genuß, reichlich und ausgiebig konsumieren (meist Speisen und Getränke)".
gutschreiben: Dem Verb folgt in der Regel ein Dativ- und ein Akkusativobjekt:
Ich werde Ihnen die überbezahlte Summe gutschreiben. Wir schreiben den Restbetrag Ihrem Vater gut.
Manchmal heißt es auch *etwas auf etwas gutschreiben:*
Wir werden den Betrag auf Ihr oder *Ihrem Konto gutschreiben.*

H

habe - hätte: Die konjunktivische Form *habe* (Konjunktiv I von *haben*) wird vor allem in der indirekten Rede gebraucht; die konjunktivische Form *hätte* (Konjunktiv II) verwendet man in indirekter Rede, im Konditionalsatz und im Wunschsatz:
Er sagte, er habe den Urlaub schon gebucht. Hätte ich Urlaub, würde ich mich erholen. Ach, hätte ich doch schon Urlaub!
Wenn sich Indikativ und Konjunktiv I nicht unterscheiden lassen, kann auch der Konjunktiv II stehen:
Er sagte, daß sie den Urlaub gebucht hätten (Statt: *haben*).
Habitus, der: [lat. habitus "Gehabe, äußere Erscheinung; Kleidung; persönliche Eigenschaft, Haltung"]
Aussehen, Erscheinungsbild.
Hacke - Hacken: *Die Hacke* und seltener *der Hacken* sind regional umgangssprachliche Synonyme für "die Ferse". Beide Substantive bilden die Pluralform: *die Hacken.*
Hahn: Die standardsprachliche Pluralform lautet: *die Hähne.* In technischen Fachsprachen kann auch der Plural *die Hahnen* vorkommen.

halb: Die Beugung erfolgt wie bei einem Adjektiv; in formelhaften Wendungen wird nicht dekliniert:
Ein halbes Pfund Butter zum halben Preis; ein halber Ochse; mit halber Energie. Ein halb Dutzend Eier oder *ein halbes Dutzend Eier.*
Die Form *halber* ist nur regional umgangssprachlich gebräuchlich:
Es geschah um halb sieben. Es geschah um halber sieben.
Nur die Substantivierung schreibt man groß; vor Zeit- und Mengenangaben schreibt man klein:
Eine Halbe (bayr. für: eine halbe Maß); *ein Halbes* (=Glas); *einen Halben* (= Schoppen). *Ein halber Zentimeter; eine halbe Stunde; ein halbes tausendmal.*
Kombinationen mit *halb* schreibt man zusammen, wenn sie adjektivisch gebraucht werden; nur der erste Teil ist betont:
Ein halbvolles Glas stand noch auf dem Tisch.
Werden beide Wörter in ihrer ursprünglichen Bedeutung verwendet, schreibt man getrennt; beide Wörter sind betont:
Die halb vollen Gläser wurden gefüllt.
In der Satzaussage werden beide Wörter immer getrennt geschrieben:
Die Gläser waren halb voll.
Steht *halb* vor den Richtungsangaben *links* bzw. *rechts,* schreibt man ebenfalls getrennt, wie auch dann, wenn *halb* im Sinne von "teilweise" gebraucht wird:
Nach der halb rechts stehenden Tankstelle mußt du halb links abbiegen. Halb lachte, halb weinte sie. Sie machte eine halb freudige, halb traurige Miene.

halber: Fungiert *halber* als Präposition nach einem durch Zusätze kenntlich gemachten Substantiv, schreibt man getrennt:
Bezeichnen wir das doch der Einfachheit halber als Fehler. Das Motorrad ist gewisser Umstände halber zu verkaufen.
In Kombination mit einem vorausgehendem Substantiv und bei adverbialem Gebrauch dieser Kombination, schreibt man zusammen:
Bezeichnen wir das doch einfachheitshalber als Fehler. Das Motorrad ist umständehalber zu verkaufen.
Die Präposition verlangt einen Genitiv und wird dem Bezugssubstantiv immer nachgestellt:
Der Ereignisse halber; der Situation halber; bedeutender Aufträge halber.

Hälfte: Folgt nach *Hälfte* das Gezählte oder Gemessene im Plural, so steht das Verb im Singular, wenn man nach dem Numerus des Satzsubjekts *die Hälfte* konstruiert:
Die Hälfte der Gerichte hat vorzüglich geschmeckt.
Konstruiert man dagegen nach dem Sinn, folgt das Verb im Plural:
Die Hälfte der Gerichte haben vorzüglich geschmeckt.

Halfter: Der Begriff kann sowohl mit männlichem als auch mit sächlichem Artikel stehen, wenn er in der Bedeutung "Zaum ohne Gebiß zum Halten eines Tieres" verwendet wird:
Das Pferd muß sich erst an den oder *das Halfter gewöhnen.*
Mit weiblichem und sächlichem Artikel stehen kann *Halfter* im Sinne von "Pistolentasche":
Er hatte dem Gangster die Pistole aus der bzw. *dem Halfter gezogen.*

Halluzination, die: [lat. alucinatio "gedankenloses Reden, Träumerei"] Trugwahrnehmung, Sinnestäuschung; Erlebnis, einen nicht existenten Gegenstand wahrzunehmen.

halten: Wird das Verb *halten* plus Präposition im Sinne von "etwas in eine Lage, Stellung, Zustand bringen und darin bewahren" verwendet, folgt ein Akkusativ:
Sie hielt sich die Hand vor die Augen. Er hielt die Hände schützend vor den Kopf.
Soll das "reine Bewahren in einer Lage, Stellung Zustand" ausgedrückt werden, folgt ein Dativ:

Er konnte den schleudernden Wagen auf dem Weg halten. Er hielt die verschränkten Hände hinter dem Kopf.
In Zweifelsfällen, wo beides möglich wäre, hat sich heute weitgehendst der Gebrauch des Akkusativs durchgesetzt:
Der Allmächtige hält seine Hand schützend über mich (Veraltet:*...über mir*).

Hand: Die Wendung *eine Handvoll* schreibt man zusammen, wenn sie als Mengenangabe verstanden wird:
Eine Handvoll Erde würde genügen.
Getrennt schreibt man die Wendung im Sinne von "die gefüllte Hand":
Er stand da mit der Hand voll Erde.
Die Wendung *jmd. an der Hand nehmen* bezieht sich auf die *Hand* des anderen, die Wendung *jmd. an die Hand nehmen* bezieht sich auf die eigene *Hand:*
Wenn wir über die Straße gehen, nehme ich das Kind an der Hand (= des Kindes).
Wenn wir über die Straße gehen, nehme ich das Kind an die (eigene) Hand.
Zur Wendung *zu Händen* → zu Händen

handbreit - eine Handbreit - eine Handbreit: Alle drei Schreibvarianten sind möglich. Die adjektivische Zusammensetzung schreibt man klein und zusammen:
Der handbreite Rand reichte nicht aus.
Die Stoßstangen der beiden Autos waren handbreit voneinander entfernt.
Groß und zusammen schreibt man die Maßangabe:
Der Rand war eine (zwei, drei etc.) Handbreit. Die Stoßstangen der beiden Autos waren eine Handbreit voneinander entfernt.
Getrennt wird geschrieben, wenn *breit* durch *Hand* (mit vorangehendem Artikel, Zahlwort o.ä.) näher definiert wird:
Das ist ein eine Hand breiter Rand. Die Stoßstangen der beiden Autos waren kaum eine Hand breit voneinander entfernt.

Händedruck: Der Plural von *Händedruck* heißt: *die Händedrücke.*
→ Druck - Drücke

handelteibend - Handel treibend: Wird diese Kombination in adjektivischer Bedeutung verwendet, schreibt man zusammen; der erste Teil ist betont:
Die handeltreibenden Wucherer wurden von Jesus aus dem Tempel gejagt.
Wenn die Vorstellung des Tuns hervorgehoben werden soll, schreibt man getrennt; beide Wörter sind betont:
Die einen regen Handel treibenden Wucherer wurden von Jesus aus dem Tempel gejagt.

handgroß - Hand groß: Beide Schreibweisen sind möglich und korrekt. Die adjektivische Zusammensetzung schreibt man klein und zusammen:
Die Strumpfhose hat ein handgroßes Loch. Das Loch in der Schaufensterscheibe ist handgroß.
Getrennt wird geschrieben, wenn *groß* durch *Hand* (mit vorangehendem Artikel, Zahlwort o.ä.) näher definiert wird:
In der Strumpfhose sind zwei Hand große Löcher. Das Loch in der Schaufensterscheibe ist kaum eine Hand groß.

handhaben: *Handhaben* gehört zu den fest zusammengesetzten Verben. Es muß also wie folgt lauten:
Ich handhabe; ich habe gehandhabt; um zu handhaben.

Handikap, das: [engl. handikap gleichbed.]
Nachteil, etwas, was sich als Hindernis, als nachteilig für etwas erweist; Bei sportlichen Wettkämpfen der Ausgleich durch Vorgabe von Punkten oder Längen bei unterschiedlichen Leistungsklassen der Teilnehmer; Reit- oder Laufwettbewerb mit Streckenvorgabe für leistungsschwächere Teilnehmer.

handlang - Hand lang: Beide Schreibweisen sind möglich und korrekt. Die adjektivische Zusammensetzung schreibt man klein und zusammen:
Du hast einen handlangen Riß in deinem neuen Hemd. Der Riß in deinem Hemd ist handlang.
Getrennt wird geschrieben, wenn *lang* durch *Hand* (mit vorangehendem Artikel, Zahlwort o.ä.) näher definiert wird:

hängen

Du hast einen eine Hand langen Riß in deinem neuen Hemd. Der Riß in der Stuckdecke ist über drei Hand lang.

hängen - hangen: Das Verb *hängen* kann in der Gegenwart sowohl transitiv als auch intransitiv verwendet werden:
Sie hängt die Wäsche an die Leine. Die Wäsche hängt an der Leine.
Die Vergangenheitsformen müssen dagegen unterschieden werden. Standardsprachlich heißt es bei transitivem Gebrauch: *hängte, gehängt;* bei intransitiven Gebrauch werden die Formen des unregelmäßigen Verbs: *hing, gehangen* verwendet. Diese Regel gilt auch für die zusammengesetzten Verben:
Sie hängte das Mobile in das Kinderzimmer (=transitiv). *Das Mobile hing im Kinderzimmer* (= intransitiv). *Sie hat das Mobile in das Kinderzimmer gehängt* (=transitiv). *Das Mobile hat im Kinderzimmer gehangen* (= intransitiv). *Man hängte den Adventskranz in der Kirche auf. Sie haben einen Pferdedieb aufgehängt. Die Fertigstellung des Films hing von der Förderung ab. Das Fleisch war gut abgehangen.*

→ henken - hängen

hängen bleiben - hängenbleiben: Stehen beide Wörter in ihrer ursprünglichen Bedeutung, schreibt man getrennt:
Der Picasso muß an dieser Wand hängen bleiben.
Entsteht durch die Kombination ein neuer Begriff, schreibt man zusammen:
Mit ihrem weiten Rock ist sie an der Türangel hängengeblieben. An dem Kerl wird sie hängenbleiben (ugs. für: nicht mehr loskommen). *Er ist in der Schule mehrmals hängengeblieben* (ugs. für: sitzengeblieben, durchgefallen), *weil bei ihm nie etwas hängenblieb* (ugs. für: sich nichts merken können).

hängen lassen - hängenlassen: Stehen beide Wörter in ihrer ursprünglichen Bedeutung, schreibt man getrennt:
Für den Pferdediebstahl wollen sie ihn hängen lasssen.

Entsteht durch die Kombination ein neuer Begriff, schreibt man zusammen:
In seinem Rausch hat er seinen Mantel in der Kneipe hängenlassen (= vergessen).

Hang-over, der: [engl. hangover gleichbed.]
Katerstimmung; Durchhänger.

Happening, das: [engl. happening gleichbed.]
Öffentliche Veranstaltung, oft unter Mitwirkung des Publikums, wobei Kunst bzw. ein künstlerisches Erlebnis oder Ereignis mit überraschender oder schockierender Wirkung vermittelt werden soll.

harmonieren - harmonisieren: Das Verb *harmonieren* wird im Sinne von "mit jemand oder etwas übereinstimmen, in Einklang sein" verwendet, während *harmonisieren* "mehrere Dinge miteinander in Einklang bringen; sie aufeinander abstimmen; einer Ordnung anpassen" bedeutet:
Beim Arbeiten harmonieren wir gut zusammen. Diese Widersprüche müssen harmonisiert werden.

harren: Dieses Verb gehört der gehobenen Sprache an. In der Regel folgt darauf ein Genitiv, manchmal wird das Objekt auch mit der Präposition *auf* angeschlossen:
Er harrte der Geliebten, die da kommen sollte. Er harrte auf die Geliebte - stundenlang.

hart: Wird die Kombination von Adjektiv und nachfolgendem 2. Partizip in adjektivischer Bedeutung verwendet, schreibt man zusammen; der erste Teil ist betont:
Der hartgewordene Ton ist nicht mehr knetbar. Den hartgeworfenen Ball konnte er nicht fangen.
Wenn die Vorstellung des Tuns hervorgehoben werden soll, schreibt man getrennt; beide Wörter sind betont:
Der hart gewordene Ton ist nicht mehr knetbar. Diesen hart geworfenen Ball fing niemand.
In der Satzaussage werden beide Wörter immer getrennt geschrieben:

Der Ton ist hart geworden. Der Ball war hart geworfen.

hartgesotten: In der ursprünglichen Bedeutung von "hartgekocht" wird das Verb wie folgt gesteigert:
härter gesotten, härtest gesotten.
In der übertragenen Bedeutung von "abgebrüht, verstockt" steigert man:
hartgesottener, hartgesotteste:
Die zweite Portion Krebs war härter gesotten als die erste. Er war der hartgesottenste Gauner, den der Kommissar je verhört hatte.

Harz: Bezeichnet dieses Substantiv das Sekret, das manche Pflanzen und Bäume ausscheiden, ist es sächlichen Geschlechts. Es heißt *das Harz*. Als Namen für das Gebirge ist *der Harz* männlich.

Haß: Nach dem Substantiv *Haß* folgen die Präposition *auf* oder *gegen*:
Merkwürdigerweise empfindet er keinen Haß auf oder gegen seinen Nebenbuhler.
Der Gebrauch der Präpositionen *zu* und *für* ist falsch.

hauen: Wird *hauen* auf einen Körperteil bezogen, steht die betroffene Person gewöhnlich im Dativ, der Akkusativ ist selten:
Sie haute ihm (Veraltet: *ihn*) *auf die Finger.*
Die unregelmäßige Form *hieb* statt *haute* wird verwendet: In der geschriebenen Sprache, wenn mit Waffen geschlagen oder verwundet wird und in der gehobenen Sprache, wenn nicht mit Waffen geschlagen oder verwundet wird. Dies gilt auch für zusammengesetzte Verben:
Die Kiowas hieben entfesselt um sich. Sie hieben mit ihren Tomahawks auf die Siedler ein und hieben ihnen schwere Wunden. Sie hieben dem Goldsucher den Kopf ab. Sie hieb mit ihren Fäusten auf das Kissen.
Von diesen Anwendungen abgesehen, wird das regelmäßige *haute* - immer auch in Redewendungen - gebraucht:
Sie hauten ein Loch in die Wand (= schlagen). *Die Kinderbanden hauten sich* (= prügelten). *Er haute den Kopf gegen die Wand* (= stieß). *Erst haute er diesen übers Ohr* (= betrog ihn), *dann haute er jenen aufs Ohr* (= schlug ihn), *dann haute er sich aufs Ohr* (= ging schlafen).
Ungeachtet welche Form in der Vergangenheit verwendet wird, als Partizip wird nur noch *gehauen* gebraucht:
Die Alpinisten haben sich eine Höhle ins Eis gehauen.

Haufe - Haufen: Beide Nominativformen dieses Substantivs sind korrekt, es bestehen keine Bedeutungsunterschiede. Folgt nach *Haufe* oder *Haufen* das Gezählte oder Gemessene im Plural, so steht das Verb im Singular, wenn man nach dem Numerus des Satzsubjekts *der Haufe* oder *Haufen* konstruiert:
Ein Haufen Kastanien war von den Kindern gesammelt worden.
Konstruiert man dagegen nach dem Sinn, folgt das Verb im Plural:
Ein Haufen Kastanien waren von den Kindern gesammelt worden.
Die Angabe, woraus *der Haufe* oder *Haufen* besteht, kann als Apposition oder im Genitiv angefügt werden:
Der Haufen zuviel geerntete Tomaten wurde vernichtet. Der Haufen zuviel geernteter Tomaten wurde vernichtet. Ein Haufe ausgediente Soldaten randalierte auf der Straße. Ein Haufe ausgedienter Soldaten randalierte auf der Straße.

hauptsächlich: Dieses Adjektiv kann nicht gesteigert werden. Ein Gebrauch wie *der hauptsächlichste Punkt* ist falsch.

Hauptsatz: Ein Hauptsatz ist ein vollständiger, unabhängiger Satz, der einem Nebensatz übergeordnet ist.

Hauptwort: → Substantiv

Haus: Präpositionale Wendungen mit dem Substantiv *Haus* werden immer getrennt geschrieben:
Nach Hause; außer Haus; von Haus aus; zu Hause.
Das Wort *Zuhause* jedoch ist ein eigenständiges Substantiv: *das Zuhause.*

Hausse, die: [franz. hausse gleichbed.]

Aufschwung der Wirtschaft; Steigen der Börsenkurse; Griff am unteren Bogenende bei Streichinstrumenten.
Haute Couture, die: [franz. haute couture gleichbed.]
Für die elegante Mode tonangebende Schneiderkunst.
Hautevolee, die: [franz. de haute volee "von hohem Rang"]
Vornehmste Gesellschaftsschicht, die oberen Zehntausend. (Der Begriff wird oft ironisch gebraucht.)
Hawaii-Insel: Der Begriff muß mit Bindestrich geschrieben werden, da drei gleiche Vokale aufeinandertreffen.
→ Geographische Namen
Headline, die: [engl. headline gleichbed.]
Schlagzeile; Überschrift in einer Zeitung, Anzeige o.ä.
Hearing, das: [engl.-amerik. hearing gleichbed.]
Öffentliche (parlamentarische) Anhörung verschiedener Ansichten durch Ausschüsse o.ä.
Heer: Folgt nach *Heer* das Gezählte oder Gemessene im Plural, so steht das Verb im Singular, wenn man nach dem Numerus des Satzsubjekts *das Heer* konstruiert:
Ein Heer von Mosquitos quälte uns.
Konstruiert man dagegen nach dem Sinn, folgt das Verb im Plural:
Ein Heer von Mosquitos quälten uns.
Die Angabe, woraus *das Heer* besteht, kann als Apposition oder im Genitiv angefügt werden:
Ein Heer dienstbare Geister stand uns zur Verfügung. Ein Heer dienstbarer Geister standen uns zur Verfügung.
Heide: Das Substantiv in der Bedeutung von "Nichtchrist" ist männlich. Es heißt *der Heide.* In der Bedeutung von "unbebautes Land" ist *die Heide* weiblich.
heilig: Als Adjektiv verwendet schreibt man heilig klein, als Teil eines Namens jedoch wird es groß geschrieben:
Die heilige Taufe; der heilige Stephan; der heilige Apostel Petrus; der Heilige Abend;
die Heiligen Drei Könige; das Heilige Römische Reich Deutscher Nation; die Heilige Schrift; die Heilige Dreifaltigkeit; der Heilige Geist.
Mit den Verben *halten* und *sprechen* wird *heilig* zusammengeschrieben:
Die Jungfrau von Orleans wurde heiliggesprochen. Den Sonntag wollte man heilighalten.
heißen: Standardsprachlich heißen die Vergangenheitsformen *hieß, geheißen* (Nicht: *gehießen* (ugs.)). Nach einem Infinitiv ohne *zu* folgt *heißen* in der Regel auch im Infinitiv:
Sie hat ihn morden heißen (Selten: *... morden geheißen*).
Nach *heißen* steht, wenn ein Verb allein folgt, ein Infinitiv ohne *zu*; ohne oder mit *zu* steht der Infinitiv, wenn das Verb eine Ergänzung bei sich hat:
Sie hieß ihn morden. Sie hieß ihn den Gatten morden oder *Sie hieß ihn, den Gatten zu morden.*
Immer steht der Infinitiv mit *zu*, wenn das Verb mehrere Angaben bei sich hat:
Sie hieß ihn, ihren alten und reichen aber geizigen Gatten zu morden.
Held: Bei der Deklination dieses Substantivs ist zu beachten, daß in der Einzahl Dativ und Akkusativ lauten: *dem Helden, den Helden* (Nicht: *dem, Held, den Held*).
helfen: Standardsprachlich folgt auf das Verb *helfen* ein Dativ. Der veraltete Gebrauch des Akkusativs gilt heute als falsch:
Der Zuspruch hilft mir sehr.
Nach einem Infinitiv ohne *zu* folgt *helfen* auch im Infinitiv oder im Partizip *geholfen:*
Sie hat ihm morden helfen. Sie hat ihm morden geholfen.
Nach *helfen* steht, wenn ein Verb allein folgt, ein Infinitiv ohne *zu* ; ohne oder mit *zu* steht der Infinitiv, wenn das Verb eine Ergänzung bei sich hat:
Sie half ihm morden. Sie half ihm den Gatten morden oder *Sie half ihm, den Gatten zu morden.*

Immer steht der Infinitiv mit *zu*, wenn das Verb mehrere Angaben bei sich hat:
Sie half ihm, ihren alten und reichen, aber geizigen Gatten zu morden.
Wird *helfen* mit einem erweiterten Infinitiv mit *zu* kombiniert, kann man ein Komma setzen, muß aber nicht. Je nachdem, ob *helfen* als Vollverb oder als Hilfsverb verstanden wird:
Er half ihr umzuziehen. Er half ihr, umzuziehen
Kommt zu *helfen* ein Adverb o.ä. hinzu, muß ein Komma gesetzt werden, weil *helfen* dann Vollverb ist:
Eilig half er ihr, in ein schönes, großes, neues Haus umzuziehen.

helleuchtend: Wird die Kombination in adjektivischer Bedeutung verwendet, schreibt man zusammen; der erste Teil ist betont:
Die helleuchtenden Sterne funkeln am Firmament.
Wenn die Vorstellung des Tuns hervorgehoben werden soll, schreibt man getrennt; beide Wörter sind betont:
Die hell leuchtenden Sterne sieht man besser.
Bei Silbentrennung kommt der ausgefallene dritte Konsonant wieder hinzu: *hell/leuchtend.*

hellodernd: Wird die Kombination in adjektivischer Bedeutung verwendet, schreibt man zusammen; der erste Teil ist betont:
Hellodernde Flammen züngeln aus dem Lagerfeuer.
Wenn die Vorstellung des Tuns hervorgehoben werden soll, schreibt man getrennt; beide Wörter sind betont:
Die hell lodernden Flammen bescheinen die Gesichter der Lagernden.
Bei Silbentrennung kommt der ausgefallene dritte Konsonant wieder hinzu: *hell/lodernd.*

hellstrahlend: Wird die Kombination in adjektivischer Bedeutung verwendet, schreibt man zusammen; der erste Teil ist betont:
Die hellstrahlenden Sterne funkeln am Firmament.
Wenn die Vorstellung des Tuns hervorgehoben werden soll, schreibt man getrennt; beide Wörter sind betont:
Die hell strahlenden Sterne sieht man besser.

Hemisphäre, die [griech. hemisphaírion "Halbkugel"]
Eine der beiden bei einem gedachten Schnitt durch den Erdmittelpunkt entstehenden Hälften der Erde, Erdhalbkugel; Himmelshalbkugel.

henken - hängen: Das Verb *henken* vom Substantiv *der Henker* kommend, ist veraltet. Will man die Bedeutung "durch den Strang hinrichten" ausdrücken, wird das Verb *hängen* gebraucht.
→ hängen - hangen

her: Fungiert *her* als selbständiges Adverb, schreibt man vom folgenden Verb getrennt:
Vom Türspalt her zieht es.
Als Verbzusatz schreibt man *her* mit dem Verb zusammen:
Die Katze war hinter mir hergelaufen. Als ich Milch trank, war sie hergekommen. Jetzt werden sie über mich als Katzenfänger herziehen (= schlecht über mich sprechen).

her - hin: *her* drückt die Richtung "auf den Sprecher zu" aus, *hin* drückt die Richtung "vom Sprecher weg" aus:
Geld her! Willst du wohl herkommen! Geh' her! Man soll mir die Nachricht herschicken. Gehst du da auch hin? Wo werden sie hinfahren? Ich werde hinlaufen.
Werden die Verben in übertragenem Sinne gebraucht, gilt dies nicht:
Die Soldaten fielen über die Zivilisten her (= griffen sie an). *Das ehemalige Fürstenschloß ist völlig heruntergekommen* (= verfallen, ruiniert).
Diese Unterscheidung entfällt häufig bei Adverbien, die mit *-ab, -unter, -auf, -aus etc.* zusammengesetzt sind:
Alle Dachziegel, die er herunterfallen ließ, mußte ich wieder hinaufreichen. Er hatte

herausstellen, sich

das Essen so schnell hinuntergeschlungen, daß er es wieder herausspeien mußte.
Folgende umgangssprachliche Kurzformen sind - mit regionalen Unterschieden - gebräuchlich:
Komm rüber (= herüber); *Lauf nüber* (= hinüber); *Komm rein* (= herein); *Komm raus* (= heraus); *Geh' naus* (= hinaus); *Steig rauf* (= herauf); *Steig nauf* (= hinauf); *Steig nunter* (= hinunter); *Steig runter* (= herunter).
herausstellen, sich: Das der Wendung *sich herausstellen als* folgende Substantiv wird im Nominativ angeschlossen, der Gebrauch des Akkusativ ist veraltet:
Er stellte sich als (ein) Katzenliebhaber heraus. (Veraltet: *...als einen Katzenliebhaber heraus.*)
Heros: Die korrekte Pluralform zu *Heros* heißt: *die Heroen* (Nicht: *die Herosse*).
Herr: Die Singularformen lauten: *des, dem, den Herrn* (Nicht: *Herren*), der Plural lautet: *die Herren* (Nicht: *Herrn*). Die Wendung *Herr sein* steht mit einem Genitiv, nicht mit einem Dativ:
Er war seiner Beine (Nicht: *seinen Beinen*) *nicht mehr Herr. Sie war ihrer Sinne* (Nicht: *ihren Sinnen*) *nicht mehr Herr.*
→ Kapitel Titel und Berufsbezeichnungen
herrschen: Gebraucht man die Wendung *herrschen über* in der Bedeutung von "regieren", folgt ein Akkusativ:
Polykrates herrschte von Samos aus über das Ägäische Meer.
In der Bedeutung "vorhanden sein, befinden, liegen" gebraucht, folgt ein Dativ:
Ein tiefer Frieden herrscht über dem Land. Strenger Frost herrschte über dem größten Teil des Landes.
herum - umher: *herum* hat die Bedeutung "rundherum, ringsum, im Kreise"; *umher* bedeutet dagegen "kreuz und quer, dahin und dorthin":
Er wickelte den Verband um die Hand herum. Er spazierte um den Block herum. Er spazierte im Stadtviertel umher.
Sowohl in der Umgangssprache als auch in der Standardsprache wird heute nicht mehr genau unterschieden. Vor allem bei andauernden, aber erfolglosen Tätigkeiten wird auch standardsprachlich nur noch *herum* verwendet:
Sinnlos wanderte er im Haus herum.
hervortun, sich: Das der Wendung *sich hervortun als* folgende Substantiv wird im Nominativ angeschlossen, der Gebrauch des Akkusativ ist veraltet:
Bei diesem Turnier tat er sich als Weltbester hervor. (Veraltet: *...als Weltbesten hervor.*)
Herz: Dieses Substantiv wird wie folgt dekliniert: *das Herz, des Herzens, dem Herzen, das Herz.* Der Plural lautet: *die Herzen.* Komposita, die auf das menschliche Organ bezogen sind, werden mit *Herz* gebildet, Komposita mit übertragener Bedeutung mit der Form *Herzens-: Der Herzinfarkt, ein Herzfehler, die Herzschwäche, die Herztätigkeit; die Herzallerliebste; ein Herzensbrecher; ein Herzensbedürfnis, der Herzenswunsch, die Herzensbildung.*
Eine Ausnahme ist: *das Herzeleid.*
herzerfreuend - Herz erfreuend: Man schreibt diese und andere Kombinationen mit dem Substantiv *Herz* zusammen, wenn sie in adjektivischer Bedeutung verwendet werden:
Die Ankunft in der Heimat war ein herzerfreuender Augenblick. In dieser herzbeklemmenden Situation war alles still. Das war eine herzergreifende Szene.
Ist *Herz* durch eine nähere Bestimmung (Artikel, Zahlwort o.ä.) als Substantiv kenntlich, schreibt man getrennt:
Die Ankunft in der Heimat war ein mein Herz erfreuender Augenblick. In dieser das Herz beklemmenden Situation war alles still. Das war eine jedes Herz ergreifende Szene.
herzhaft - herzig - herzlich: Die Begriffe *herzhaft* und *herzlich* werden im Sinne von "aus dem Herzen, aus dem Innersten kommend" verwendet. Dabei wird bei *herzhaft* die Art und Weise, mit der etwas geschieht, hervorgehoben, während in der

Ausage von *herzlich* die Intensität dominiert:
Er konnte einen herzhaften Spaß vertragen (= derb, kräftig). *Sie hatten einen herzhaften Appetit* (= kräftig). *Sie waren sich herzlich zugetan* (= innig). *Die einen lachten herzhaft* (= kräftig), *die anderen lachten herzlich* (= sehr).
Herzig bedeutet soviel wie "niedlich, liebenswert, goldig". Während *herzig* eine Eigenschaft bezeichnet, durch die das Gefühl angesprochen wird, also die Wirkung dominiert, gibt *herzlich* den Ursprung an:
Das herzige Mädchen wurde von allen verwöhnt. Sie waren des herzigen Kindes herzlich froh.
Herzog: Als Pluralform hat sich heute die Form *die Herzöge* durchgesetzt. Die Form *die Herzoge* ist veraltet.
→ Kapitel Titel und Berufsbezeichnungen
heute: Nur die Form *heute* ist standardsprachlich korrekt, die Form *heut* findet sich umgangssprachlich in festen Wendungen:
Es ist für heute abend ein Tisch reserviert.
Aber: *heut früh; heut abend etc.*
hier her; hin - hierher; hierhin: Vom nachfolgenden Verb schreibt man *hier, hierher, hierhin* getrennt, wenn sie als Hinweis fungieren:
Er soll bis hierher kommen (= bis zu dieser Stelle). *Sie werden bis hierhin fahren* (= bis zu der Stelle). *Er soll das Geld hier lassen* (= an dieser bezeichneten Stelle).
Handelt es sich um Verbzusätze, schreibt man zusammen:
Du sollst herkommen (= anwesend sein) *und immer hierbleiben* (= nicht mehr weggehen). *Ein Vertreter ist hiergewesen* (= zugegen gewesen) *und hat die Prospekte hiergelassen* (= zurück-, dagelassen).
Highlife, das: [engl. high life gleichbed.]
Das exklusive Leben der vornehmen Gesellschaftsschicht.
Highlight, das: [engl. high light gleichbed.]

Höhepunkt, Glanzpunkt eines (kulturellen) Ereignisses; Lichteffekt auf Bildern oder Fotografien in der bildenden Kunst.
High Society, die: [engl.-amerik. gleichbed.]
Die vornehme Gesellschaft, die oberen Zehntausend.
Hilfe: In Kombination mit den Verben *eilen; rufen; kommen* heißt es:
Zu Hilfe eilen; rufen; kommen (Nicht: *Zur Hilfe eilen; rufen; kommen*).
hilfebringend - Hilfe bringend: Man schreibt diese und andere Kombinationen mit dem Substantiv *Hilfe* zusammen, wenn sie in adjektivischer Bedeutung verwendet werden:
Die hilfesuchenden Verletzten irrten umher.
Ist *Hilfe* durch eine nähere Bestimmung (Artikel, Zahlwort o.ä.) als Substantiv kenntlich, schreibt man getrennt:
Die ärztliche Hilfe suchenden Verletzten irrten umher.
hilfsbereit - hilfreich: Beide Wörter können in der Bedeutung "bereit zu helfen, wohltätig" verwendet werden. Heute wird *hilfreich* jedoch vor allem im Sinne von "nützlich" gebraucht:
Der hilfsbereite Nachbar war beliebt. Das ganze Dorf steht den Asylanten hilfreich zur Seite. Sorgfältige Kritik kann dem jungen Autor hilfreich sein. Mit hilfreichen Ratschlägen wurde nicht gespart.
Hilfsverben: Hilfsverben oder Hilfszeitwörter sind die Verben *haben, sein* und *werden*. Mit ihrer Hilfe bildet man die zusammengesetzten Verbformen:
Man hat gearbeitet. Sie sind gefahren. Ich werde bleiben.
hin: Verwendet man *hin* als Umstandswort des Ortes, schreibt man es vom nachfolgenden Verb getrennt:
Er muß den Gehsteig bis zum Nachbargrundstück hin räumen. Der alte Grieche hat die ganze Zeit vor sich hin gesungen.
Entsteht durch die Kombination ein neuer Begriff, schreibt man zusammen:

Sie glaubten ihr Blut für das Vaterland hingegeben zu haben (= geopfert, vergossen).
Der Bindestrich muß gesetzt werden, wenn eine Wiederholung des Verbs vermieden werden soll:
Die Kinder sind den langen Weg hin- und hergerannt (= hin und wieder zurück).
Die unruhigen Kinder sind den ganzen Tag hin und her gerannt (= ohne Ziel).
Als substantivisches Wortpaar schreibt man *hin* bzw. *her* groß:
Nach langem Hin und Her kam man zu einer Einigung. Dieses ewige Hin und Her war letztendlich überflüssig.
hin - her: - her - hin
hindern: Ein vom Verb *hindern* abhängiger Nebensatz oder eine Infinitivgruppe dürfen nicht verneint werden, da *hindern* schon eine Negation enthält:
Sie hinderten den Taschendieb daran, im Gedränge zu flüchten (Nicht: *..., im Gedränge nicht zu flüchten*). *Der Husten hinderte sie nicht, noch mehr zu rauchen* (Nicht: *..., nicht noch mehr zu rauchen*).
hinnehmen: Ein nach *hinnehmen* folgendes Adjektiv oder Substantiv kann mit den Präpositionen *als* oder *wie* angeschlossen werden; der Gebrauch der Präposition *für* ist veraltet:
Er nahm die Hilfe als oder *wie selbstverständlich hin. Der Prediger forderte auf, das Schicksal als Wille Gottes hinzunehmen. Der naive Knabe nahm die Flunkerei wie Wahrheit hin.* (Veraltet: *Er nahm das Angebot für selbstverständlich hin.*)
hinsichtlich: Auf die Präposition *hinsichtlich* folgt in der Regel ein Genitiv; ist dieser - z. B. im Plural - nicht zu erkennen, vermeidet man Verwechslungen mit Nominativ oder Akkusativ, indem man den Dativ setzt:
Hinsichtlich des Preises verhandelte man noch. Hinsichtlich Preisen verhandelte man noch.
hinstellen, sich: Das der Wendung *sich hinstellen als* folgende Substantiv wird im Nominativ angeschlossen, der Gebrauch des Akkusativ ist veraltet:
Der Devisenschieber versuchte sich als (ein) Ehrenmann hinzustellen. (Veraltet: *Der Devisenschieber versuchte sich als einen Ehrenmann hinzustellen*).
Nach der Wendung *(sich) hinstellen vor* folgt der Akkusativ:
Er stellte den Müllbeutel vor den Nachbarn hin. Bei Konzerten stellen sich immer die längsten Fans vor die kleineren hin.
hinter: Drückt das Verb des Satzes eine Lagebeziehung aus, wird das der Präposition *hinter* folgende Substantiv im Dativ angeschlossen:
Er sonnt sich hinter der Sandburg. Das erste Examen habe ich schon hinter mir.
Drückt das Verb des Satzes eine Richtungsbeziehung aus, wird das der Präposition *hinter* folgende Substantiv im Akkusativ angeschlossen:
Er geht hinter die Sandburg. Das zweite Examen habe ich bald hinter mich gebracht.
hintereinander: Wird *hintereinander* als selbständiges Adverb verwendet, schreibt man es vom nachfolgenden Verb getrennt:
Ihr sollt hintereinander laufen (= nicht gehen). *Er wird diese Bände hintereinander lesen* (= sofort, in einem Zug, in Folge).
Fungiert *hintereinander* als Verbzusatz, schreibt man zusammen:
Ihr sollt hintereinanderlaufen, nicht nebeneinander! (= in einer Schlange). *Im Skikurs müssen sie hintereinanderfahren* (= in einer Schlange).
Hirt - Hirte: Beide Formen bilden den Genitiv: *des Hirtes* (Nicht: *des Hirts*); Dativ und Akkusativ lauten: *dem Hirten, den Hirten* (Nicht: *dem, den Hirt*). Die Form ohne *-e* ist veraltet und wird nur noch in Zusammensetzungen gebraucht: *der Kuhhirt, der Schafhirt, der Schweinehirt* etc.
hitchhiken: [amerik. to hitchhike gleichbed.]
Autos anhalten, um unentgeltlich mitzufahren.

hitzefrei - Hitzefrei: Als Adjektiv verwendet wird der Begriff kleingeschrieben, das Substantiv schreibt man groß:
Heute bekamen sie nicht hitzefrei, weil nach der Verordnung über Hitzefrei die Hitze nicht groß genug war.
In manchen Formulierungen ist beides zulässig:
Bekommt ihr hitzefrei oder Hitzefrei? Warum habt ihr nicht hitzefrei oder Hitzefrei?
Hobby, das: [engl. hobby gleichbed.] Steckenpferd, Liebhaberei, Freizeitbeschäftigung.
hoch: Das Adjektiv schreibt man klein, in Namen und Titeln schreibt man groß:
Sie bestiegen diesen hohen Berg. Das Hohe Haus (= Parlament); *die Hohen Tauern.*
Wird *hoch* als Gegenteil von "tief, niedrig" verwendet, schreibt man es vom folgenden Verb getrennt:
Sie haben ihre Erwartungen zu hoch geschraubt. Diese Leistung wurde hoch geschätzt.
Im Sinne von "in die Höhe" und bei übertragenem Gebrauch, schreibt man zusammen:
Du sollst die Hände hochnehmen! Diese Freundschaft hat er immer hochgehalten (= geschätzt). *Der Soldat hatte die Fahne hochgehalten.*
Wird die Kombination von Adjektiv und nachfolgendem 2. Partizip in adjektivischer Bedeutung verwendet, schreibt man zusammen; der erste Teil ist betont:
Der hochbegabte Physiker hat sich für eine menschlichere Welt eingesetzt. Der hochgeworfene Ball verfing sich in den Ästen des Baumes.
Wenn die Vorstellung des Tuns hervorgehoben werden soll, schreibt man getrennt; beide Wörter sind betont:
Der hoch geworfene Ball kam lange nicht zum Boden zurück.
In der Satzaussage werden beide Wörter immer getrennt geschrieben:
Der Physiker war hoch begabt. Dieser Ball wurde hoch geworfen.
→ hochbetagt

Als standardsprachlich korrekte Verwendung von *hoch* gilt nur der Gebrauch im Sinne von "in die Höhe". Im Sinne von "herauf, hinauf" - regional zwar häufig gebraucht - ist die Verwendung falsch:
Etwas aus dem Keller heraufholen (Nicht: *hochholen*); *auf die Aussichtsplattform hinaufklettern* (Nicht: *hochklettern*).
hochachtungsvoll - Hochachtungsvoll: Steht diese Grußformel am Schluß eines Briefes allein, schreibt man sie groß; als Teil des Schlußsatzes, schreibt man sie klein:
Hochachtungsvoll Dr. Pollock. ...und verbleibe hochachtungsvoll Ihr ergebener Dr. Pollock.
Nach *Hochachtungsvoll* wird weder ein Punkt noch ein Ausrufezeichen gesetzt.
hochbetagt: Dieses Adjektiv in der Bedeutung "sehr alt" wird immer zusammen geschrieben. → hoch
hochfliegend - hoch fliegend: In der übertragenen Bedeutung "überspannt, ehrgeizig" schreibt man dieses Wort immer zusammen:
Seine hochfliegenden Erwartungen wurden gründlich enttäuscht.
Gesteigert wird:
hochfliegender, hochfliegendste.
Hochfliegend im ursprünglichen Sinn wird getrennt geschrieben, häufig ist aber auch Zusammenschreibung möglich:
Die hoch fliegenden Drachen verfingen sich in den Wipfeln der Bäume. Die hochfliegenden Drachen verfingen sich in den Wipfeln der Bäume.
Gesteigert wird:
höher fliegende, am höchsten fliegende.
hochgelegen: Gesteigert wird:
höher gelegen oder *höhergelegen, höchstgelegen:*
Auf den höher gelegenen Hängen liegt Schnee. Die höchstgelegene Hütte ist geschlossen.
hochgestellt: Gesteigert wird:
höhergestellt, höchstgestellt:
Die höhergestellten Gäste bekamen die besten Zimmer. Man hieß die höchstge-

stellten Würdenträger der Partnerstadt willkommen.
hochliegend - hoch liegend: Gesteigert wird:
höherliegend oder *höher liegend, am höchsten liegend:*
Der höherliegende Siedepunkt wurde nicht erreicht. Der höchstliegende Ton in der Tenorarie des Radames in Verdis Aida ist das Hohe C.
höchste: Auch wenn der Begriff einen Artikel vor sich stehen hat, die Fügung aber als einfaches Adverb fungiert, schreibt man klein; nur die Substantivierung schreibt man groß:
Sie waren auf das höchste gespannt, wie der Fall ausgeht. Er lenkte seine Energie auf das Höchste. Anstrengend ist es, immer nach dem Höchsten zu streben.
hochstehend: Gesteigert wird:
höherstehend, höchststehend:
Die höherstehenden Militärs wurden in Hotels untergebracht. Man hieß die höchststehenden Würdenträger willkommen.
höchstens: Das Wort kann als Beifügung fungieren oder sich auf ein Präpositionalgefüge im Sinne von "bestenfalls" beziehen:
Das trifft bei höchstens zwanzig Prozent zu (= Beifügung zu zwanzig Prozent).
Das trifft höchstens bei zwanzig Prozent zu (= bestenfalls, nicht mehr als zwanzig Prozent).
höchstmöglich: Es kann nur *höchstmöglich* heißen. Die Form *höchstmöglichst* ist falsch.
hochtrabend: Gesteigert wird:
hochtrabender, hochtrabendste:
Einer redete hochtrabender als der andere. Diese hochtrabendsten Floskeln hören wir uns nicht länger an.
Hode - Hoden: In der Regel wird das Wort nur im Plural verwendet: *die Hoden.* Die übliche Einzahlform ist: *der Hoden* mit dem Genitiv: *des Hodens.* Nicht mehr gebräuchlich ist: *die Hode* (Genitiv: *der Hode*) oder *der Hode* (Genitiv: *des Hodens*).
hoffen: Wird *hoffen* mit einem erweiterten Infinitiv mit *zu* kombiniert, kann man ein Komma setzen, muß aber nicht. Je nachdem, ob *hoffen* als Vollverb oder als Hilfsverb verstanden wird:
Er hoffte viel Geld zu verdienen. Er hoffte, viel Geld zu verdienen.
Kommt zu hoffen ein Adverb o.ä. hinzu, muß ein Komma gesetzt werden, weil *hoffen* dann Vollverb ist, und ebenso wird ein erweiterter Infinitiv als Zwischensatz mit Kommas abgetrennt:
Er hoffte schon lange, viel Geld zu verdienen. Wir hoffen, Ihre Erwartungen erfüllt zu haben, und freuen uns auf ein Wiedersehen.
Hoffnung: In der Regel wird *Hoffnung auf jemanden* oder *etwas* gesetzt:
Nur die Hoffnung auf Rettung hielt die Verschütteten am Leben. Die Hoffnung auf den Messias erfüllte das Volk der Juden.
hofieren: Das Verb *hofieren* kann mit einem Dativ oder einem Akkusativ verbunden werden:
Vor der Wahl hofieren die Politiker den Wähler. Sie hofieren dem Wahlvolk.
höher: Auch als Bestandteil fester Begriffe schreibt man *höher* klein; nur in Namen schreibt man groß:
Das höhere Lehramt; die höhere Gewalt. Er ging auf eine höhere Schule, sie besuchte die Höhere Handelsschule, München.
hölzern - holzig: *Hölzern* ist das aus Holz bestehende, *holzig* ist etwas, was wie Holz beschaffen, dem Holze ähnlich ist:
Mit einem hölzernen Stock wurde uns das Kopfrechnen beigebracht. Der Rettich war ziemlich holzig.
Homonym, das: Ein Wort, das mit einem anderen gleich lautet, manchmal auch in der Schreibweise übereinstimmt, von Herkunft und Bedeutung aber verschieden ist:
Die Lerche (der Vogel) - die Lärche (der Baum); der Heide (der Nichtchrist) - die Heide (das mit Heidekraut bewachsene

sandige Land); der Schimmel (das weiße Pferd) - der Schimmel (der Pilz) etc.

Homöopathie, die [griech. homoios und páthos gleichbed.] Heilverfahren, bei dem die Kranken nach dem Prinzip 'Gleiches wird durch Gleiches geheilt' mit solchen Mitteln in hoher Verdünnung behandelt werden, die in größerer Menge bei Gesunden ähnliche Krankheitserscheinungen hervorrufen.

Honeymoon, der: [engl. honey-moon gleichbed.] Flitterwochen.

Honneurs, die [franz. honneurs gleichbed.] Ehrenerweisungen; bei Empfängen Gäste willkommen heißen (die Honneurs machen); die vier bzw. fünf höchsten Karten bei Whist und Bridge.

Hooligan, der: [engl. hooligan gleichbed.] Roher, gewalttätiger Mensch, Rowdy; in verschiedenen Ländern Synonym für Halbstarker; jemand, der aus Anlaß von Fußballspielen Schlägereien anzettelt oder in solche hineingezogen werden möchte, der Fußballspiele nur deshalb besucht.

Horde: Folgt nach *Horde* die Bezeichnung, woraus die *Horde* besteht im Plural, so steht das Verb im Singular, wenn man nach dem Numerus des Satzsubjekts *die Horde* konstruiert:
Eine Horde von Fußballbegeisterten machte die Straßen unsicher.
Konstruiert man dagegen nach dem Sinn, folgt das Verb im Plural:
Eine Horde von Fußballbegeisterten machten die Straßen unsicher.
Die Angabe, woraus die *Horde* besteht, kann als Apposition oder im Genitiv angefügt werden:
Eine Horde Fußballbegeisterter oder *Fußballbegeisterte machte die Straßen unsicher.*

hören: Nach einem Verb im Infinitiv ohne *zu* kann heute entweder der Infinitiv oder das 2. Partizip des Verbs *hören* stehen:

Wir haben die Fußballfans auf der Straße singen hören oder *...singen gehört.*

Horn: Das Substantiv im Sinne von "Hornart, das Material" bildet den Plural: *die Horne.* In den anderen Bedeutungen wie z.B. "Körperteil des Tieres, Tierbezeichnung, Signalgerät, Behälter, Musikinstrument" heißt der Plural: *die Hörner.* Dementsprechend heißen die zusammengesetzten Substantive:
Die Naturhorne, die Kunsthorne; die Stierhörner, die Nashörner, die Nebelhörner, die Pulverhörner, die Jagdhörner.

Horsd'œuvre, das: [franz. hors-d'œuvre gleichbed.] appetitanregende Vorspeise oder Beigericht.

Hospital, das: [mlat. hospitale gleichbed.] Krankenhaus; Armenhaus, Altersheim.

Hostess - Hosteß, die [engl. hostess gleichbed.] Sprachkundige Begleiterin, Führerin, Betreuerin, Angestellte zur Erteilung von Auskünften; Angestellte einer Fluggesellschaft, die im Flugzeug oder im Flughafen die Fluggäste betreut; Umschreibung für Prostituierte.
Die Form mit der Endung auf *ß* ist die eingedeutschte Schreibweise.

hundertjährig: Dieses Adjektiv wird nur als Teil von Namen groß geschrieben:
Der Hundertjährige Kalender.

Hurrikan, der: [engl. hurricane gleichbed.] Orkan; heftiger tropischer mittelamerikanischer Wirbelsturm.

hüten: Ein von der Wendung *sich vor etwas hüten* abhängiger Nebensatz oder eine Infinitivgruppe dürfen nicht verneint werden, da die Wendung schon eine Negation enthält:
Sie hütete sich davor, auf die Zigarettenwerbung hereinzufallen (Nicht: *Sie hütete sich davor, auf die Zigarettenwerbung nicht hereinzufallen*).
Diese Regel gilt auch, wenn *davor* wegfällt:

Hüte dich, auf die Werbung hereinzufallen.
Entfällt *davor* und wird ein Nebensatz mit *daß* angeschlossen, ist die Negation im Nebensatz korrekt:
Hüte dich, daß du nicht auf die Werbung hereinfällst.
Hyäne, die: [griech. hyaina gleichbed.]
Der Familie der Schleichkatzen verwandtes Raubtier Afrikas und Asiens; profitgieriger, vor nichts zurückschreckender Mensch.
Hybride, die oder der: [lat. hybrida gleichbed.]
Bastard; aus Kreuzungen entstandenes tierisches oder pflanzliches Individuum, dessen Eltern sich in mehreren erblichen Merkmalen unterscheiden.
Hybris, die: [griech. hybris gleichbed.]
Frevelhafter Übermut (in der Antike); Selbstüberhebung (bes. gegen eine Gottheit); Vermessenheit.
Hydrant, der [engl.-amerik. hydrant gleichbed.]
Größere Zapfstelle zur Wasserentnahme aus Rohrleitungen.
Hydraulik, die: Theorie und Wissenschaft von den Strömungen der Flüssigkeiten; Gesamtheit der Steuer-, Regel-, Antriebs- und Bremsvorrichtungen eines Fahrzeugs, Flugzeugs oder Geräts, dessen Kräfte mit Hilfe des Drucks einer Flüssigkeit erzeugt oder übertragen werden.
Hygiene, die: [griech. hygieine "der Gesundheit zuträglich"]
Gesundheitslehre; Gesundheitsfürsorge, Gesundheitspflege; Sauberkeit.
Hymen, das: [griech.-lat. hymen gleichbed.]
Dünne Schleimhautfalte zwischen Scheidenvorhof und Scheideneingang; Jungfernhäutchen.
Hypochonder, der: Mensch, der sich fortwährend selbst beobachtet, in der Angst krank zu sein oder zu werden, und der schon geringfügige Beschwerden als Krankheitssymptome interpretiert; eingebildeter Kranker.

Hypothek, die: [griech. hypotheke gleichbed.]
Recht an einem Haus, Grundstück o.ä. zur Sicherung einer finanziellen Forderung, die durch die Hypothek entstandene finanzielle Belastung eines Hauses o.ä.; Bürde, ständige Belastung.
Hypothese, die: [griech.-spätlat. hypóthesis gleichbed.]
Vorerst unbewiesene Annahme von Gesetzlichkeiten oder Tatsachen, mit dem Ziel, sie durch Beweise für richtig oder für falsch zu erklären; Rohentwurf für eine Theorie; Unterstellung, unbewiesene Voraussetzung.
Hysterie, die: [griech. hysterikós "die Gebärmutter betreffend, daran leidend"]
Abnorme seelische Verhaltensweise mit vielfachen Symptomen ohne genaues Krankheitsbild, die auf psychotischer Grundlage beruht oder aus starken Gemütserregungen entsteht.

I

i. A. - I. A.: Mit kleinem *i* schreibt man die Abkürzung *im Auftrag*, wenn sie der Nennung eines Firmennamens oder einer Behördenbezeichnung folgt:
*Der Oberstudiendirektor
i. A. Schmidt*
Nach einem abgeschlossenen Text oder allein vor einer Unterschrift schreibt man ein *I*:
*...verbleiben wir bis dahin mit herzlichen Grüßen.
I. A. Schmidt*
ich: Die früher übliche Weglassung von *ich* am Satzanfang des ersten Satzes bei Briefen und Lebensläufen ist stilistisch

unschön und heute überholt. Man schreibt besser: *Ich ersuche Sie hiermit, ...* (Nicht: *Ersuche Sie hiermit, ...*). *Ich bitte zu berücksichtigen, daß ...* (Nicht: *Bitte zu berücksichtigen, daß ...*). *Ich wurde am 11. Oktober 1952 als Sohn ... geboren* (Nicht: *Wurde am 11. Oktober 1952 als Sohn ... geboren*). Der Plural von *Ich* lautet: *die Ichs* oder *die Ich*. Beide Formen sind korrekt.

ich oder du: Besteht das Satzsubjekt aus mehreren Teilen, die mit ausschließenden Konjunktionen verbunden sind und in der Person nicht übereinstimmen, richtet sich das Verb nach der nächststehenden Person des Subjekts: *Ich oder du hast geträumt* (Nicht: *Ich oder du habe geträumt; Ich oder du haben geträumt*).

ich oder er: Besteht das Satzsubjekt aus mehreren Teilen, die mit ausschließenden Konjunktionen verbunden sind und in der Person nicht übereinstimmen, richtet sich das Verb nach der nächststehenden Person des Subjekts: *Ich oder er ist daran interessiert* (Nicht: *Ich oder er bin interessiert; Ich oder er sind interessiert*).

ich und du: Besteht das Satzsubjekt aus mehreren Teilen, die mit anreihenden Konjunktionen verbunden sind und in der Person nicht übereinstimmen, gilt folgende Regel: Wird im Subjektteil eine erste Person genannt, *ich* oder *wir*, kann das Gesamtsubjekt durch *wir* ersetzt werden, das Verb (und Pronomen) stehen in der ersten Person Plural: *Ich und du haben uns über die Überraschung sehr gefreut* (Nicht: *Ich und du haben sich über die Überraschung sehr gefreut*). Möglich ist auch der Einschub eines pluralischen Pronomens zur Verdeutlichung: *Ich und du, wir haben uns über die Überraschung sehr gefreut.*

ich und er: Besteht das Satzsubjekt aus mehreren Teilen, die mit anreihenden Konjunktionen verbunden sind und in der Person nicht übereinstimmen, gilt folgende Regel: Wird im Subjektteil eine erste Person genannt, *ich* oder *wir*, kann das Gesamtsubjekt durch *wir* ersetzt werden, das Verb (und Pronomen) stehen in der ersten Person Plural: *Ich und er haben uns nach den Flugplänen erkundigt* (Nicht: *Ich und er haben sich nach den Flugplänen erkundigt*). Möglich ist auch der Einschub eines pluralischen Pronomens zur Verdeutlichung: *Ich und er, wir haben uns nach den Flugplänen erkundigt.*

ich und ihr: Besteht das Satzsubjekt aus mehreren Teilen, die mit anreihenden Konjunktionen verbunden sind und in der Person nicht übereinstimmen, gilt folgende Regel: Wird im Subjektteil eine erste Person genannt, *ich* oder *wir*, kann das Gesamtsubjekt durch *wir* ersetzt werden, das Verb (und Pronomen) stehen in der ersten Person Plural: *Ich und ihr haben uns in die Sonne gelegt.* (Nicht: *Ich und ihr haben sich in die Sonne gelegt; Ich und ihr habt euch in die Sonne gelegt*). Möglich ist auch der Einschub eines pluralischen Pronomens zur Verdeutlichung: *Ich und ihr, wir haben uns in die Sonne gelegt.*

ich und sie: Besteht das Satzsubjekt aus mehreren Teilen, die mit anreihenden Konjunktionen verbunden sind und in der Person nicht übereinstimmen, gilt folgende Regel: Wird im Subjektteil eine erste Person genannt, *ich* oder *wir*, kann das Gesamtsubjekt durch *wir* ersetzt werden, das Verb (und Pronomen) stehen in der ersten Person Plural: *Ich und sie haben uns in die Sonne gelegt.* (Nicht: *Ich und sie haben sich in die Sonne gelegt*). Möglich ist auch der Einschub eines pluralischen Pronomens zur Verdeutlichung: *Ich und sie, wir haben uns in die Sonne gelegt.*

ideal - ideell: Das Adjektiv *ideal* bedeutet "vollkommen, mustergültig", während das Adjektiv *ideell* "auf einer Idee beruhend, geistig" meint. Beide Wörter können nicht synonymisch füreinander verwendet werden:
Endlich hat er eine für ihn ideale Beschäftigung gefunden. Das Regal ist für dieses Zimmer ideal. Die ideellen Grundlagen der Bewegung waren menschenverachtend.

Ideal - Idol: Als *Ideal* wird jemand oder etwas bezeichnet, der oder das, von jemand als Inbegriff der Vollkommenheit angesehen wird. *Idol* ist die Kennzeichnung für jemand, dem übermäßige Verehrung zufällt, die aufgrund dieser Verehrung oft idealisiert wird:
Ein Ideal vieler Pazifisten war Mahatma Gandhi. Während sie für sich den Beamtenstatus als ein Ideal anstreben, schwärmen sie für ihr Idol aus der Punkszene.

Idiosynkrasie, die: [griech. idiosynkrasia "eigentümliche Mischung der Säfte und daraus hervorgehende Beschaffenheit des Leibes"]
(Angeborene) Überempfindlichkeit gegen bestimmte Stoffe und Reize.

Idyll - Idylle: Das Substantiv Idyll ist sächlich und wird im Sinne von "friedliche, anheimelnde, gemütliche Szenerie" (oft ländlich) gebraucht. Die weibliche *Idylle* bezeichnet in der Regel eine Dichtungsform, die *das Idyll* zum Thema hat.

ihr - Ihr: Als Anrede wird *Ihr* in Briefen o.ä. groß geschrieben. Als Anredeform an eine einzelne Person ist *Ihr* heute veraltet:
Kommt Ihr mich besuchen, Vater?
Als besitzanzeigendes Fürwort wird *ihr* immer klein geschrieben. Bezieht sich dieses Possessivpronomen aber auf die höfliche Anredeform Sie, schreibt man groß:
Das ist ihr Wagen. Gnädige Frau, ist das Ihr Wagen?
Auch bei Titeln in der dritten Person wird das Possessivpronomen groß geschrieben.
→ Kapitel Schriftverkehr → Kapitel Titel und Berufsbezeichnungen

ihr oder sie: Besteht das Satzsubjekt aus mehreren Teilen, die mit ausschließenden Konjunktionen verbunden sind und in der Person nicht übereinstimmen, richtet sich das Verb nach der nächststehenden Person des Subjekts:
Ihr oder sie haben den Brief geschrieben (Nicht: *Ihr oder sie habt den Brief geschrieben*).

ihr und er: Besteht das Satzsubjekt aus mehreren Teilen, die mit anreihenden Konjunktionen verbunden sind und in der Person nicht übereinstimmen, gilt folgende Regel: Wird im Subjektteil eine zweite Person, *du, ihr* mit einer dritten Person *er, sie* verbunden, kann das Gesamtsubjekt durch *ihr* ersetzt werden, das Verb (und Pronomen) stehen in der zweiten Person Plural:
Ihr und er habt euch verabredet (Nicht: *Ihr und er haben sich verabredet*).
Möglich ist auch der Einschub eines pluralischen Pronomens zur Verdeutlichung:
Ihr und er, ihr habt euch verabredet.

ihr und ich: Besteht das Satzsubjekt aus mehreren Teilen, die mit anreihenden Konjunktionen verbunden sind und in der Person nicht übereinstimmen, gilt folgende Regel: Wird im Subjektteil eine erste Person genannt, *ich* oder *wir*, kann das Gesamtsubjekt durch *wir* ersetzt werden, das Verb (und Pronomen) stehen in der ersten Person Plural:
Ihr und ich haben uns in die Sonne gelegt. (Nicht: *Ihr und ich haben sich in die Sonne gelegt*).
Möglich ist auch der Einschub eines pluralischen Pronomens zur Verdeutlichung:
Ihr und ich, wir haben uns in die Sonne gelegt.

ihr und sie: Besteht das Satzsubjekt aus mehreren Teilen, die mit anreihenden Konjunktionen verbunden sind und in der Person nicht übereinstimmen, gilt folgende Regel: Wird im Subjektteil eine zweite Person, *du, ihr* mit einer dritten Person *er, sie* verbunden, kann das Gesamtsubjekt

durch *ihr* ersetzt werden, das Verb (und Pronomen) stehen in der zweiten Person Plural:
Ihr und sie habt euch verabredet (Nicht: *Ihr und sie haben sich verabredet*).
Möglich ist auch der Einschub eines pluralischen Pronomens zur Verdeutlichung:
Ihr und sie, ihr habt euch verabredet.

ihr und wir: Besteht das Satzsubjekt aus mehreren Teilen, die mit anreihenden Konjunktionen verbunden sind und in der Person nicht übereinstimmen, gilt folgende Regel: Wird im Subjektteil eine erste Person genannt, *ich* oder *wir*, kann das Gesamtsubjekt durch *wir* ersetzt werden, das Verb (und Pronomen) stehen in der ersten Person Plural:
Ihr und wir haben uns in die Sonne gelegt. (Nicht: *Ihr und wir haben sich in die Sonne gelegt*).
Möglich ist auch der Einschub eines pluralischen Pronomens zur Verdeutlichung:
Ihr und wir, wir haben uns in die Sonne gelegt.

ihre - ihrige: Klein schreibt man *ihre* und *ihrige* selbst dann, wenn ihnen ein Artikel vorangestellt ist, der sich auf ein vorausgehendes Substantiv bezieht:
Das ist nicht mein Füllfederhalter, sondern der Ihrige. Wessen Fahrrad ist das? Es ist das Ihre!
Als substantivierte Pronomen schreibt man diese Wörter groß:
Alle Spieler müssen das Ihrige dazutun, wenn sie gewinnen wollen. Sie bekam das Ihre.

ihrer - unser: Die Kombination mit *wir waren* muß korrekt heißen:
Wir waren unser siebzehn (Nicht: *Wir waren ihrer siebzehn*).

ihrerseits - ihresgleichen - ihrethalben - ihretwegen - ihretwillen: Alle diese Wörter schreibt man bei Anreden in Briefen groß.

Ihretwegen - wegen Ihnen: Standardsprachlich korrekt und richtiges Deutsch ist der Gebrauch von *Ihretwegen*. Wegen *Ihnen* wird aber umgangssprachlich häufig verwendet:
Ihretwegen habe ich Schwierigkeiten bekommen (Nicht: *Wegen Ihnen habe ich Schwierigkeiten bekommen*).

ihrige: → ihre - ihrige

illegal - illegitim: Das Adjektiv *illegal* bedeutet "ungesetzlich, ohne behördliche Genehmigung", während *illegitim* "nicht rechtmäßig, im Widerspruch zur Ordnung" meint:
Der Schmuggler war illegal über die Grenze gegangen. Wegen ihres illegitimen Kindes wurde das Mädchen aus der Stadt verjagt.

Illustrierte: Dieses Substantiv wird wie ein attributives Adjektiv gebeugt:
Diese Illustrierte war neu. Fünf Illustrierte hatten das gleiche Bild auf der Titelseite. Der Inhalt dieser Illustrierten war mäßig.
Im Plural überwiegt die schwache Beugung, auch wenn kein starkes Attribut oder ein Artikel vorangeht. Dies gilt ebenso für den Genitiv Plural wie für den Dativ Singular:
Die Titelseiten verschiedener Illustrierten (Auch: *verschiedener Illustrierter*); *mit geliehener Illustrierten* (Auch: *mit geliehener Illustrierter*).
Auch als Beifügung wird der Dativ schwach dekliniert:
Der Star hat dem Blatt als einziger Illustrierten ein Interview gegeben.

im allgemeinen - im Allgemeinen:
→ allgemein

im Auftrag: → i. A. - I. A.

im Falle - im Fall daß - im Falle, daß: Bei dieser Fügung gehört *im Falle* in der Regel zum Hauptsatz, *daß* muß durch ein Komma abgetrennt werden:
Ich spreche nur im Falle, daß mir zugehört wird. Im Falle, daß sie geht, gehe ich auch.
Betrachtet man die Fügung als Einheit, gehört auch *im Falle* zum Nebensatz, das Komma steht vor der gesamten Fügung:

im folgenden

Ich spreche nur, im Falle daß mir zugehört wird. Im Falle daß sie geht, gehe ich auch.
Im Falle kann auch alleine den Nebensatz einleiten:
Ich spreche nur im Falle mir zugehört wird. Im Falle sie geht, gehe ich auch.

im folgenden - im Folgenden:
→ folgend

im - in: → in - im

im Frieden - in Frieden: Gewöhnlich wird die Form *in Frieden* verwendet. Wenn das Substantiv *Friede* näher bestimmt wird, ist auch *im Frieden* möglich:
Er ruhe in Frieden. Laßt ihn doch in Frieden. Sie sind in Frieden voneinander geschieden. Er ist in Frieden von uns gegangen. Er ist im Frieden mit sich und seinen Nächsten gestorben. Er lebte im Frieden mit der Natur.

im (großen und) ganzen - im Ganzen:
→ ganz

im nachhinein: → nachhinein

im Rahmen: Die Verwendung dieser Fügung ist stilistisch unschön und wird besser durch Umschreibungen mit Präpositionen ersetzt:
In der Vollversammlung wurde auch für die Dritte Welt gesammelt (Statt: *im Rahmen der Vollversammlung...*). *Auf der Ausstellung sprach auch der Minister* (Statt: *Im Rahmen der Ausstellung sprach auch der Minister*).
Nur wenn das Bild vom Rahmen, in den etwas eingepaßt wird stimmt, soll man diese Fügung benutzen:
Er ließ dieses Ergebnis im Rahmen seiner Interpretationsmethode gelten.

im voraus: → voraus

im vorhinein: → vorhinein

Image, das: [engl. image gleichbed.]
Positives Persönlichkeitsbild, Charakterbild; Vorstellungs- und Persönlichkeitsbild, das man von anderen hat, und das andere von einem selbst haben sollen.

Immigrant, der: [lat. immigrare "hineingehen, einziehen"]
Einwanderer aus einem anderen Staat.

Immission, die: [lat. immissio "das Hineinlassen"]
Einsetzung in eine Position, in ein Amt oder einen Besitzstand, Einwirkung auf ein Grundstück durch Gas, Rauch etc. von einem Grundstück aus.

immun: [lat. immunis "frei, unberührt, rein"]
Unempfänglich für Krankheiten, geschützt gegen Ansteckungsgefahr; unter dem Rechtsschutz der Immunität sich befindend; unempfindlich, nicht zu beeindrucken.

Imperativ: Der Imperativ oder die Befehlsform ist eine der drei Modi oder Aussagearten des Verbs. Der Imperativ kennzeichnet einen Befehl, eine Bitte oder eine Warnung an eine oder mehrere Personen. Alle Imperativ-Formen werden aus den Präsens-Formen der Verben gebildet. Eigene Imperativ-Formen haben nur die 2. Person Singular und Plural:
sing! singt! tanz! tanzt!
Die Höflichkeitsform des Imperativs, die man Personen, die man siezt, gegenüber anwendet, wird mit der 3. Person Plural gebildet:
Singen Sie!
Der passive Imperativ wird mit *sein* gebildet:
sei still!

Imperativsatz: → Aufforderungssatz

Imperfekt: → Präteritum

Impression, die: [lat. impressio "Eindruck"]
Sinneseindruck, Gefühlseindruck, Wahrnehmung, Empfindung.

imponierend - imposant: Das 1. Partizip von *imponieren, imponierend* kennzeichnet eine Wirkung "durch diese Art beeindruckend, Bewunderung hervorrufend". Die Betonung liegt auf einem Vorgang oder Geschehen. Das Adjektiv *imposant* bezeichnet eine charakteristische Eigenschaft, die als "eindrucksvoll aufgrund von etwas" empfunden wird:

Es war imponierend, wie er diese Krise meisterte. Das imposante Schloß ragte vor uns auf.

Import - Importe: Das männliche Substantiv *der Import* bedeutet "Einfuhr"; der Plural lautet: *die Importe*. Das weibliche Substantiv *die Importe* bedeutet "Importware"; der Plural lautet: *die Importen*.

in: Gibt das Verb eine Lage an, steht die Präposition mit einem Dativ; handelt es sich um eine Richtungsangabe, folgt ein Akkusativ:
Er sitzt in seinem Wagen. Er setzt sich in den Wagen.

In der Bedeutung "einen bestimmten Weg nehmen" wird unterschieden, ob jemand den Weg erst einschlägt, dann heißt es: *in die Richtung,* oder ob er bereits auf diesem Weg ist, dann heißt es *in der Richtung:*
Er müßte in die (diese) Richtung laufen. Sie muß in der (dieser) Richtung (weiter) laufen.

Farb- und andere Angaben als Substantive werden nach der Präposition *in* groß geschrieben, die den Substantiven beigestellten Adjektive klein:
Das Kleid in Grün; in hellem Grün; das Fenster in mattem Glas.

Steht nur ein Adjektiv statt des Substantivs, wird es groß geschrieben:
Das Fenster in Matt (Besser: *Das Fenster, matt*).

Partizipien können nicht mit *in* angeschlossen werden. Sie müssen mittels Kommas abgesetzt werden:
Brillengläser, getönt (Nicht: *Brillengläser in getönt*). Die Präposition bei einer Jahreszahl ist nicht standardsprachlich korrekt, obschon häufig gebraucht:
1991 wird sich die Situation in der Golfregion verändern (Nicht: *In 1991 wird sich...*).

in - an: → an - auf - in
in - auf: → auf - in - zu
in - im: In Wendungen wie *in, im Urlaub sein; in, im Besitz sein; in, im Bau sein; in, im Betrieb sein* ist der Gebrauch beider Präpositionen korrekt. Ursprünglich marginale Bedeutungsunterschiede werden kaum mehr empfunden.

in - nach - zu - bei: Zur Angabe der Richtung steht vor Substantiven und Namen mit Artikel die Präposition *in* in der Bedeutung "in etwas hinein":
In die Stadt fahren; in die Staaten reisen; in den Kongo gehen.

Vor Orts- und Ländernamen ohne Artikel gebraucht man stattdessen *nach* in der Bedeutung "in eine bestimmte Richtung":
Nach München fahren; nach Texas fliegen, nach Havanna reisen.

Bei Personennamen und -bezeichnungen verwendet man *zu* in der Bedeutung "auf ein Ziel zu":
Zum Zahnarzt gehen; der Bus fährt zur Ausstellung; er geht zur Freundin.

In landschaftlicher Umgangssprache kommt bei Personen auch der Gebrauch der Präposition *bei* statt *zu* vor:
Er ist bei Onkel Fietje gegangen. Sie ist bei dich gekommen.

Auch wo standardsprachlich *in* oder *zu* verwendet werden muß, kann im Norddeutschen *nach* stehen:
Björn ist nach dem Bäcker gegangen.

in Bälde: Diese Floskel ist stilistisch äußerst unschön und umständlich. In fast allen Fällen kann man sie durch ein einfaches *bald* ersetzen:
Bald wird er volljährig (Statt: *In Bälde wird er volljährig*).

in Beantwortung - in Erwartung: Diese Wendungen gehören der Amts- und Kaufmannssprache an. Außerhalb dieser Verwendungszwecke sollten sie vermieden werden, da sie zu distanziert wirken:
In Beantwortung Ihres Gesuches ...; In Erwartung Ihrer Anfrage ...; In Erledigung Ihres Auftrages ...; In Hoffnung auf ein Wiedersehen ...; In der Annahme Ihres Interesses ....

in betreff: Diese Fügung gehört der Amtssprache an und kann durch ein *wegen* oder *zu* ersetzt werden. Ihr muß ein Genitiv folgen:

In Betreff des Bauauftrages teilen wir Ihnen mit ... (Besser: *Wegen des Bauauftrages ...* oder *Zum Bauauftrag teilen wir Ihnen mit ...*).
in bezug auf: → Bezug nehmend - in bezug
in der Annahme, (Erwartung, Hoffnung) daß:
In diesen Wendungen steht vor *daß* immer ein Komma:
In der Annahme (Erwartung, Hoffnung), daß sie gewinnen, spielen sie Lotto. Sie spielen, in der Annahme (Erwartung, Hoffnung), daß sie gewinnen, Lotto.
in der Regel - regelmäßig:
→ regelmäßig
in Erledigung: → in Beantwortung - in Erwartung
in Erwartung: → in Beantwortung - in Erwartung
in etwa: Diese Fügung kann nicht bei Zahlenangaben stehen; es muß *etwa* oder *ungefähr* heißen:
Der Film hat etwa oder *ungefähr drei Stunden gedauert* (Nicht: *Der Film hat in etwa drei Stunden gedauert*). *Wir sind etwa* oder *ungefähr hundert Kilometer gefahren* (Nicht: *Wir sind in etwa hundert Kilometer gefahren*).
Wird in Verbindung mit Verben auf die Hervorhebung des Vorbehalts Wert gelegt, wird *in etwa* gebraucht:
Sie sagte in etwa die Wahrheit. Die Beschreibungen stimmten in etwa überein.
in flagranti: [lat. eigtl. crimine]
Bei Ausführung einer Straftat überführen; auf frischer Tat ertappen.
in Frage kommen - in Frage stellen:
Solche Wendungen werden immer getrennt, das Substantiv *Frage* groß geschrieben. Die Schreibweise *infrage* ist falsch:
Deine Idee, allein nach Paris zu fahren, kommt überhaupt nicht in Frage. Seine Integrität wurde nach diesem Meineid in Frage gestellt.
in Gänze - zur Gänze: Diese Floskeln sind stilistisch äußerst unschön und umständlich. In fast allen Fällen kann man sie durch ein einfaches *ganz* oder *gänzlich* ersetzen:
Ganz kann ich das nicht verstehen (Statt: *In Gänze kann ich das nicht verstehen*).
in Kraft treten (sein):
Solche Wendungen werden immer getrennt, das Substantiv *Kraft* groß geschrieben. Die Schreibweise *inkraft* ist falsch:
Diese Neuregelungen werden ab 1. Januar in Kraft treten.
in Kürze: Diese Floskel ist stilistisch äußerst unschön und umständlich. In fast allen Fällen kann man sie durch ein einfaches *bald* oder *demnächst* ersetzen:
Demnächst beginnt die Probe des neuen Schauspiels (Statt: *In Kürze beginnt die Probe des neuen Schauspiels*).
in memoriam: Der auf in memoriam folgende Name wird nie dekliniert:
In memoriam Ernest Hemingway (Nicht: *In memoriam Ernest Hemingways*).
in sein: [engl. to be in gleichbed.]
Wendung des jugendlichen Szenejargon, die besagt, daß jemand oder etwas dazugehört, modern ist.
inbegriffen: → einbegriffen
indem: Diese Konjunktion leitet untergeordnete Modal- und Temporalsätze ein, die durch ein Komma abgetrennt werden:
Indem er mich fragend musterte, erkundigte er sich nach meinem Wohlergehen. Sie schrieb, indem (= während) wir über das Wetter sprachen, meinen Scheck aus. Sie überholte, indem sie fortwährend hupte.
Der Anschluß *dadurch, daß* kann durch *indem* ersetzt werden:
Die Studenten zeigten ihre Zufriedenheit mit der Vorlesung, indem sie auf die Pulte klopften.
Indemnität, die: [spätlat. indemnitas "Schadloshaltung"]
Nachträgliche Billigung einer Handlung der Regierung, die das Parlament zuvor als verfassungswidrig abgelehnt hatte; Straflosigkeit der Abgeordneten für alle

im Parlament getätigten Äußerungen außer verleumderischen Beleidigungen.
indes: Dieses Wort ist ein Adverb, kann aber auch als unterordnende Konjunktion in der Bedeutung von "während" verwendet werden. Fungiert *indes* als Teil einer als Einheit verstandenen Wendung, wird kein Komma gesetzt:
Aber indes Karl einen Parkplatz suchte, stellte sich Ludwig schon um Karten an.
Auch als Adverb ist *indes* ohne ein Komma in den Satz eingefügt:
Sie brachte indes nur eine verkrampfte Grimasse zusammen. Er konnte indes nur den Kopf darüber schütteln.
Ein Komma muß stehen, wenn *indes* als Adverb einen beigeordneten Satz oder einen Satzteil anschließt:
Die verängstigte Frau versuchte zu lächeln, indes brachte sie nur eine verkrampfte Grimasse zusammen. Der Regisseur versuchte den Schauspieler zu berichtigen, er konnte indes nur den Kopf schütteln.
Wird *indes* als Adverb besonders betont, indem es aus dem Satzgefüge herausgestellt wird, muß ein Komma dahinter stehen:
Indes, sie brachte nur eine verängstigte Grimasse zusammen. Indes, er konnte nur noch den Kopf schütteln.
Wird ein untergeordneter Temporalsatz durch die Konjunktion *indes* angeschlossen, wird ebenfalls ein Komma gesetzt:
Ludwig besorgte die Karten, indes Karl einen Parkplatz suchte. Indes Karl einen Parkplatz suchte, besorgte Ludwig die Karten.
indessen: Dieses Wort wird wie *indes* verwendet, ist aber als unterordnende Konjunktion selten.
Index: Der Genitiv Singular lautet: *des Index* oder *des Indexes*. Als Pluralformen sind möglich: *die Indexe* oder *die Indizes*.
Indikativ: Der Indikativ oder Wirklichkeitsform ist der übliche Aussagemodus. Er wird verwendet, um in allen Zeitstufen ein wirkliches Geschehen zu bezeichnen oder etwas, was der Aussagende als wirklich vorgeben will:
Heute ist ein heißer Tag. Er ist in der Arbeit gewesen. Sie hatten keine Erdbeeren mehr. Ich werde übermorgen welche kaufen.
Der Gegensatz ist der Konjunktiv oder die Möglichkeitsform.
indirekte Rede: In der indirekten oder abhängigen Rede wird die Äußerung nicht - wie in einer direkten Rede - wörtlich wiedergegeben, sondern sie wird von einer anderen Person berichtet. Um dies zu verdeutlichen, setzt man die indirekte Rede in den Konjunktiv:
Petra hat mir erzählt, sie sei den ganzen Tag zu Hause gewesen und habe gelernt.
Da sich bei der indirekten Rede die berichtende Person ändert, ändern sich auch die Personalpronomen. Auch ein Fragesatz oder ein Aufforderungssatz kann indirekt formuliert werden:
Er wollte wissen, wann ich vorbeikäme. Sie fragte, warum er keine Zeit habe. Sie befahl ihm, daß er ruhig sei.
Die Zeitstufe der indirekten Rede richtet sich nach der Zeit der direkten Rede. Für die Gegenwart der direkten Rede steht der Konjunktiv Präsens in der indirekten Rede, für die Vergangenheit der direkten Rede steht der Konjunktiv der Vergangenheit in der indirekten Rede, für etwas Zukünftiges der Konjunktiv Futur I. Im übrigen gilt, daß auf den Konjunktiv II ausgewichen werden muß, wenn sich die Formen von Indikativ und Konjunktiv I nicht unterscheiden.
indirekter Fragesatz: → indirekte Rede → Interrogativsatz
indiskutabel: Wird *indiskutabel* gebeugt, entfällt in der Endungssilbe das *e:*
Das war ein völlig indiskutables Unterfangen eines indiskutablen Teams.
individuell: Dieses Adjektiv wird in der Regel nicht gesteigert. Soll jedoch eine stärkere oder schwächere Beziehung auf einen einzelnen formuliert werden, kann ein Vergleich möglich sein:

Ich bedinge mir einen etwas individuelleren Service aus.
Indoktrination, die: [lat. doctrina "die Belehrung"]
Beeinflussung; Durchdringung.
ineinander: *Ineinander und das nachfolgende Verb schreibt man zusammen, wenn ineinander als Ausdruck einer Richtung gebraucht wird:*
Bei einem Puzzlespiel sind die Teile ineinanderzustecken. Um Platz zu sparen, wird er die Behälter ineinanderschachteln.
Fungiert *ineinander* im Sinne einer Wechselbezüglichkeit oder Gegenseitigkeit, schreibt man vom nachfolgenden Verb getrennt:
Die Stricke haben sich ineinander verhakt. Die Liebenden gehen ineinander auf.
Infinite Verbform: Unter den infiniten oder unbestimmten Verbformen versteht man den Infinitiv oder die Grundform, das Partizip I oder Mittelwort der Gegenwart und das Partizip II oder Mittelwort der Vergangenheit:
singen, singend, gesungen.
Infinitiv: Als Infinitiv bezeichnet man die Grund- oder Nennform eines Verbs. Es gibt drei Arten von Infinitiven. Der reine Infinitiv folgt auf Modal- oder einige andere Verben:
Er soll lernen. Sie muß studieren. Er half mir, das Klavier tragen.
Der Infinitiv mit *zu*, wobei das *zu* entfallen kann:
Mit dir (zu) reisen würde mir auch gefallen. Über andere (zu) weinen ist sinnlos.
Das Komma wird in diesen Sätzen nur im Falle man *zu* verwendet gesetzt. Die dritte Form ist der erweiterte Infinitiv, der immer durch ein Komma vom Satz abgetrennt wird:
Er sagte zu, mir morgen bei meiner unangenehmen Aufgabe zu helfen.
infolge: Nach dieser Präposition kann nur ein Genitiv folgen. Ist z.B. im Plural der Genitiv nicht zu erkennen, kann man die Umschreibung mit *von* gebrauchen:

Infolge des Attentats kam es zu schweren Ausschreitungen. Infolge schlechter Straßenverhältnisse kamen sie nur langsam vorwärts. Infolge von schlechten Straßenverhältnissen kamen sie nur langsam vorwärts.
→ auf Grund - aufgrund → wegen → zufolge
Informand - Informant: Hier ist der letzte Buchstabe zur Unterscheidung besonders wichtig. *Der Informand* ist der, für den die Information bestimmt ist, der informiert werden soll. Der Plural lautet: *die Informanden. Der Informant* ist der, der die Information hat und sie weitergeben soll (an den *Informanden*). Der Plural lautet: *die Informanten.*
informativ - informatorisch: Das Adjektiv *informativ* wird im Sinne von "Wissen vermittelnd, Belehrung bietend, aufschlußreich, aufklärend" gebraucht:
Dieses neue Bastelbuch ist für den Heimwerker sehr informativ.
Das Adjektiv *informatorisch* verwendet man dagegen im Sinne von "einen allgemeinen Überblick vermittelnd, der vorläufigen Schulung, Unterrichtung dienend":
Der Kriegsberichterstatter gab einen ersten, informatorischen Lagebericht durch.
Infusion, die: [lat. infusio "das Hineingießen"]
Einführung größerer Flüssigkeitsmengen in den Organismus.
in genere: [lat.] im allgemeinen, allgemein.
Ingenieur - Ingenieurin: → Kapitel Titel und Berufsbezeichnungen
ingeniös: [lat. ingeniosus gleichbed.]
Erfinderisch; scharfsinnig, geistreich; mit großer Kunst erdacht.
Initiation, die: [lat. initiare "anfangen, einführen, einweihen"]
Aufnahme eines Neulings oder Jünglings in eine Stammes- oder Altersgemeinschaft, die durch festgelegte Bräuche geregelt ist; Aufnahme in einen Geheimbund; bei Naturvölkern vorkommende Einfüh-

rung von Jugendlichen in den Kreis der erwachsenen Frauen und Männer.
Injektion, die: [lat. iniectio "die Einspritzung, das Hineinwerfen"] Einspritzung von Flüssigkeiten in den Körper zum Zwecke der Diagnose oder der Therapie; Einspritzung von stabilisierenden Materialien zur Festigung in nicht festem Bauuntergrund, z. B. Beton, Zement etc.
Injurie, die: [lat. iniuria gleichbed.] Tätliche oder verbale Beleidigung; Unrecht.
Inkarnation, die: [spätlat. incarnatio gleichbed.] Menschwerdung eines göttlichen Wesens, Fleischwerdung; Verkörperung.
inklusive: Diese Präposition ist wie ihre Opposition *exklusive* in der Geschäftssprache gebräuchlich. Analog dem deutschen *einschließlich* wird sie mit einem Genitiv kombiniert:
Inklusive der abzurechnenden Fahrtkosten war sein Spesenkonto erstaunlich hoch. Inklusive aller Nebenkosten war das Haus immer noch preiswert.
Alleinstehende stark deklinierte Substantive werden nach *inklusive* nicht dekliniert: *Inklusive Porto.*
Alleinstehende stark deklinierte Substantive im Plural haben einen Dativ nach sich: *Der Partyservice sorgte für alles, inklusive Gläsern* (Statt: *Gläser*).
inkognito: [lat. incognitus "unerkannt"] Unter einem fremden, nicht dem eigenen, Namen lebend oder in Erscheinung tretend.
inmitten: Nach dieser Präposition kann nur ein Genitiv folgen. Ist z.B. im Plural der Genitiv nicht zu erkennen, kann man die Umschreibung mit *von* gebrauchen:
Inmitten des Platzes wurde der Maibaum aufgestellt. Inmitten einer Großstadt fühlte er sich am wohlsten. Inmitten von Großstädten war er zu Hause.
→ infolge → wegen
innehaben: Dieses Verb wird immer zusammen geschrieben:
Er soll diese Funktion im Verein innehaben. Als sie diese Stellung innehatte, war sie Geheimnisträgerin.
innen: In Kombination mit einer Präposition wird *innen* klein geschrieben:
Von außen nach innen; für innen und außen; nach außen oder nach innen.
innerhalb: Der früher übliche Dativ nach der Präposition *innerhalb* gilt heute nicht mehr als korrekt. Standardsprachlich muß heute ein Genitiv angeschlossen sein:
Innerhalb der Wälder fühlte sie sich wohl (Nicht: *Innerhalb den Wäldern ...*). *Innerhalb zweier Stunden kam kein Kunde* (Nicht: *Innerhalb zwei Stunden ...*). *Innerhalb Münchens war das Verkehrschaos perfekt* (Nicht: *Innerhalb München war ...*).
Die Möglichkeit, bei Länder- oder Ortsbezeichnungen ein *von* zu benutzen und damit *innerhalb* als Adverb zu gebrauchen ist korrekt:
Innerhalb von München war viel los. Innerhalb Bayerns leben eine Menge Preußen.
Auch kann der Genitiv durch einen Dativ ersetzt werden, wenn er nicht erkennbar ist:
Innerhalb fünf Jahren (fünf wird im Genitiv nicht gebeugt) *war er der beste Skiläufer seines Heimatdorfes.*
Geht einem stark deklinierten Substantiv in der Einzahl ein ebenso starkes voraus, benutzt man ebenfalls den Dativ:
Innerhalb Ludwigs schönem Garten war der Kater Sami der Gebieter.
Die Präpositionen *innerhalb* und *zwischen* dürfen nicht füreinander verwendet werden, da sich *innerhalb* auf ein größeres Ganzes bezieht, während *zwischen* bei zwei oder mehreren Größen verwendet wird:
Die Beratungen innerhalb der UNO hielten an. Zwischen den Vertretern der beiden Supermächte herrschte Einvernehmen.
→ zwischen

innesein - innewerden: Diese beiden Verben schreibt man im Infinitiv und im 2. Partizip zusammen:
Sie wird sich seines Versprechens sehr bald innesein. Er wird sich seiner Neider innewerden. Sie ist sich des Versprechens innegeworden.
Die konjugierte Form in Nebensätzen verwendet, schreibt man getrennt:
Da sie sich seines Versprechens inne war, überlegte sie. Wenn er sich seiner Neider inne ist, wird er darauf reagieren.
Innovation, die: [lat. innovatio "Erneuerung, Veränderung"]
Entwicklung neuer Ideen, Produkte oder Techniken o.ä.
insbesondere: Der häufig festzustellende Gebrauch von *insbesonders* ist falsch. Nur die Form *insbesondere* ist korrekt:
Insbesondere (Nicht: *insbesonders*) *der Hauptdarsteller war ein Ärgernis.*
Zur Kommasetzung bei *insbesondere* → besonders
insgeheim: Dieses Adverb kann nicht beifügend verwendet werden:
Die geheime Abmachung wurde eingehalten (Nicht: *Die insgeheime Abmachung ...*).
Insider, der: [engl. insider gleichbed.]
Eingeweihter; jemand, der bestimmte Verhältnisse, Strukturen oder Dinge von innen her, vom Kern her kennt.
insofern - insoweit: Die einzig zugehörige Konjunktion zu *insofern - insoweit* ist *als*. Der Gebrauch von *daß* oder *weil* ist standardsprachlich nicht korrekt:
Sie verhandelte insofern geschickt, als sie einen Aufschub erreichte. Insoweit war er zufrieden, als er sein Ziel erreicht hatte (Nicht: *Insoweit war er zufrieden, daß er sein Ziel erreicht hatte oder ..., weil er sein Ziel erreicht hatte*).
Möglich ist aber der Wegfall des *daß*:
Sie verhandelte geschickt, insofern sie einen Aufschub erreichte. Insoweit er sein Ziel erreicht hatte, war er zufrieden.
Ein Komma steht zwischen *insofern* oder *insoweit* und *als*, wenn *insofern* oder *insoweit* besonders hervorgehoben werden sollen:
Sie verhandelte geschickt, insofern, als sie einen Aufschub erreichte. Insoweit, als er sein Ziel erreicht hatte, war er zufrieden.
Werden *insofern - insoweit* und *als* als konjunktionale Einheit verstanden, entfällt das Komma:
Sie verhandelte geschickt, insofern als sie einen Aufschub erreichte. Insoweit als er sein Ziel erreicht hatte, war er zufrieden.
Entfällt das *als*, fungieren *insofern - insoweit* als einzelne, Nebensätze einleitende Konjunktionen; das Komma steht davor:
Sie verhandelte geschickt, insofern sie einen Aufschub erreichte. Er war zufrieden, insoweit er sein Ziel erreicht hatte.
Inspektor: → Kapitel Titel und Berufsbezeichnungen
instand: Wenn *instand* mit einem Verb kombiniert wird, schreibt man immer getrennt:
Er hatte den Befehl, den Panzer instand zu halten. Bei ihrem Fleiß werden sie den Wagen wieder instand bringen. Dadurch werden sie den Wagen instand bekommen.
Bei der Kombination von *instand* mit einem Partizip vor einem Substantiv ist Zusammen- oder Getrenntschreibung möglich. Schreibt man zusammen ist nur *instand* betont; schreibt man getrennt sind beide Wörter betont:
Der instand gebrachte Wagen lief ausgezeichnet. Der instandgebrachte Wagen lief ausgezeichnet.
Heutzutage wird die Fügung *instand setzen* in der Regel in der Bedeutung von "reparieren" gebraucht und ist auf Personen nicht mehr anwendbar:
Sie werden den Wagen instand setzen.
Der Gebrauch von *instand setzen* im Sinne von "die Möglichkeit bieten" veraltet allmählich:
Der Gewinn hatte sie instand gesetzt, eine Weltreise zu machen (Besser: *Der Gewinn hatte sie in den Stand gesetzt, eine Weltreise zu machen*).

instrumental - instrumentell: Mit *instrumental* ist die Verwendung im Sinne von "durch Musikinstrumente ausgeführt, auf Musikinstrumente bezüglich" oder "als Mittel oder Werkzeug dienend" ausgedrückt:
Die instrumentale Fassung dieser Lieder war interessant zu hören. In der Entwicklung instrumentaler Techniken haben die Kriegsstrategen Fortschritte gemacht.
Instrumentell dagegen meint" auf Instrumente bezüglich, damit ausgestattet, mit Hilfe von Instrumenten":
Die instrumentelle Ausstattung des Labors war auf neuestem Stand. Instrumentell betrachtet war die Komposition zu bewältigen.
integrieren: Analog zu *einfügen* folgt auf *integrieren* ein Akkustiv, da die Frage *wohin?* gestellt werden kann. Im Zustandspassiv mit Betonung der Lage (Frage *wo?*) ist auch ein Dativ möglich:
Man versuchte, diese Familie in die Dorfgemeinschaft zu integrieren. Die Familie ist in diesem Dorf integriert.
Intelligenz, die: [lat. intelligentia gleichbed.]
Spezifische geistige Fähigkeit, Klugheit; Klasse der wissenschaftlich Gebildeten (ohne Plural).
Intension - Intention: *Intension* bedeutet "Anspannung, Eifer, Kraft" und wird heute oft durch *Intensität* oder *Intensivierung* ersetzt. Das Substantiv *Intention* dagegen meint "Absicht, Vorhaben, Bestreben":
Die Intension seiner Gefühle war eine völlig neue Erfahrung. Seine Intention war, Neues zu erleben.
Interesse: Das Substantiv *Interesse* wird nur mit *an* oder *für* korrekt verbunden. Die Kombinationen mit *auf* oder *nach* sind nach standardsprachlichen Maßstäben falsch:
Arthur Schnitzlers Interesse an der Kunst und an seiner Schriftstellerei war größer als sein Interesse für die Medizin. Bei Interesse an (einer) Zusendung schicken Sie bitte ein frankiertes Kuvert (Nicht: *Bei Interesse auf Zusendung schicken Sie bitte ein frankiertes Kuvert*).
interessieren: Hier muß der richtige präpositionale Gebrauch beachtet werden. Das reflexive Verb *sich interessieren* steht mit der Präposition *für*:
Er interessierte sich für die Geschichte und Entwicklung von Kuba.
Soll jemand *interessiert* werden, wird das entsprechende Objekt mit den Präpositionen *für* oder *an* angeschlossen:
Er versuchte seine Freundin für die Geschichte und Entwicklung von Kuba zu interessieren. Er konnte sie leicht an diesem oder *für diesen Plan interessieren* (Nicht: *... an diesen Plan interessieren*). *Er wollte sie an einer* oder *für eine Reise interessieren* (Nicht: *... an eine Reise interessieren*).
Die Wendung *interessiert sein* wird mit der Präposition *an* und einem Dativ verbunden. Dies gilt aber nicht für den reflexiven Gebrauch. Außerdem wird bei dieser Wendung nie die Präposition *für* verwendet:
Der Fußballklub war an dem Vorstadttalent interessiert (Nicht: *Der Fußballklub interessierte sich an dem Vorstadttalent* oder: *Der Fußballklub war für dieses Vorstadttalent interessiert*). *Er war an diesem Job interessiert* (Nicht: *Er interessierte sich an diesem Job* oder: *Er war für diesen Job interessiert*).
Interjektion: Interjektionen sind Ausrufe-, Ausdrucks- oder Empfindungswörter und zeigen Empfindungen an oder ahmen Geräusche nach. Sie können außerhalb eines Satzes oder für sich stehen:
Autsch, du hast mich gebissen. Autsch!
Intermezzo, das: [it. intermezzo gleichbed.]
Zwischenspiel in der ernsten Oper und im Drama; kürzeres Stück für Klavier oder Orchester; Zwischenfall, kleine, oft unwichtige Begebenheit am Rande eines Geschehens.
Interpunktion: → Kapitel Zeichensetzung

Interrogativsatz: Der Interrogativsatz oder direkter, selbständiger Fragesatz hat am Ende ein Fragezeichen. Es gibt im wesentlichen drei Arten von Fragesätzen. Die Entscheidungsfrage oder Satzfrage erkennt man daran, daß das Verb an erster Stelle steht:
Kommst du heute noch vorbei?
Die Ergänzungsfrage oder Wortfrage beginnt mit einem Fragewort:
Warum hast du mich nicht angerufen?
Die rhetorische Frage ist eine Sonderform der Frage, auf die keine Antwort erwartet wird. Sie wird als Mittel des Redners eingesetzt, um eine beabsichtigte Wirkung zu erzielen:
Immer wieder haben wir darauf hingewiesen. Und was wurde getan?
Ein Interrogativsatz kann auch als abhängiger Nebensatz erscheinen. → indirekter Fragesatz.

Intervall, das: [lat. intervallum gleichbed.]
Zeitlicher Abstand; Zeitspanne; Frist, Pause; Abstand zweier zusammen oder nacheinander klingender Töne; Bereich zwischen zwei Punkten einer Strecke oder Skala.

intervenieren: Bei diesem Verb im Sinne von "sich einmischen, eingreifen, dazwischentreten" steht korrekt ein Dativ:
Der Diplomat war von seiner Regierung gehalten, im Weißen Haus zu intervenieren. Die befreundeten Nachbarn intervenierten in diesem Konflikt.

Interview, das: [engl.-amerik. interview gleichbed.]
Befragung einer bekannten Persönlichkeit durch einen (Zeitungs)berichterstatter über aktuelle oder persönliche Themen, die für die Öffentlichkeit bestimmt ist.

intransitive Verben: Intransitive Verben nennt man jene Verben, die kein Akkusativobjekt, d. h. eine Ergänzung im 4. Fall, bei sich haben können:
Ich begegnete ihm (Nicht: *ihn*) *auf der Straße.*
→ transitive Verben

introvertiert: [lat. intro vertere gleichbed.]
Nach innen gewandt, Anlage zur inneren Verarbeitung von Erlebnissen.

Intuition, die: [mlat. intuitio "unmittelbare Anschauung"]
Reflexionsloses Erkennen oder Erfassen eines Wesens, eines Gegenstandes oder eines komplizierten Vorgangs; ahnendes Erfassen, Eingebung.

Invalide, der oder die: [lat. invalidus "krank, schwach"]
Infolge Unfall, Krankheit oder Verwundung dauernd Dienst-, Arbeits- oder Erwerbsunfähige(r).
Dieses Wort wird wie ein echtes Substantiv dekliniert:
Nominativ: *der, ein Invalide;*
Genitiv Singular: *des Invaliden;*
Plural: *die Invaliden.*
Das Adjektiv wird in der Regel nicht substantiviert. Ausdrücke wie *ein Invalider* etc. sind standardsprachlich nicht korrekt.

Invasion, die: [spätlat. invasio "der Angriff, das Eindringen"]
Feindlicher Einfall, feindliches Einrücken, Eindringen von militärischen Einheiten in fremdes Gebiet; großer Andrang oder Zulauf.

Inventar, das: [lat. inventarium gleichbed.]
Die Gesamtheit der zu einem Betrieb, Unternehmen, Haus oder Hof gehörenden Einrichtungsgegenstände und Vermögenswerte einschließlich Schulden.

investieren: Wird das Verb im Sinne von "etwas in eine Sache hineinstecken" gebraucht, folgt ein Akkusativ:
Sie haben ihre Lebensversicherung in ein eigenes Haus investiert.
Verwendet man *investieren* in der Bedeutung "etwas in einer Sache anlegen", folgt ein Dativ:
Er hat seinen Lottogewinn in einem Umweltschutzprojekt investiert.

Investment, das: [engl. investment gleichbed.]
Kapitalanlage in Investmentpapieren.

involvieren: [lat. involvere "einwickeln, hineinwälzen"] Einschließen, enthalten, in sich begreifen; mit sich bringen, nach sich ziehen.

irgend: Da *jemand* und *etwas* mehr Eigenständigkeit behält, schreibt man diese Wörter in der Kombination mit *irgend* getrennt:
Irgend jemand hat zu dem Thema das gesagt. Man will irgend etwas tun und kann nicht.
Zusammen schreibt man:
Irgendein, irgendeine, irgendeines, irgendwas, irgendwo, irgendwer, irgendwelcher, irgendwohin, irgendwoher, irgendworan, irgendworauf, irgendwann, irgendwo, irgendwie, irgendeinmal.

irgendwelcher: Ein Adjektiv, ein substantiviertes Adjektiv oder ein Partizip, das auf das unbestimmte Fürwort *irgendwelcher* folgt, kann stark oder schwach dekliniert werden:
Irgendwelches gescheites oder *gescheite Gerede; von irgendwelcher neuer* oder *neuen Erkenntnis; mit irgendwelchem künstlichem* oder *künstlichen Material; irgendwelcher Beamter* oder *Beamten.*

irr - irre: Beide Formen dieses Adjektivs sind korrekt.

irritieren: Eigentlich bedeutet dieses Verb soviel wie "erregen, erzürnen, reizen". Die ursprünglich inkorrekte Verwendung von "verwirren, stören, unsicher machen" hat sich heute weitgehend durchgesetzt und wird nicht mehr als falscher Gebrauch eingestuft:
Dieses andauernde Geschrei irritiert (= stören) *mich bei dieser Arbeit. Den ihn teils irritierenden* (= verwirrenden) *teils ermutigenden Blick dieser Frau beantwortete er mit einer Einladung.*

Israeli - Israelit: Das Substantiv *Israeli* bezeichnet einen männlichen Staatsbürger des heutigen Staates Israel. Maskulinum und Femininum lauten: *Der Israeli, die Israeli;* der Genitiv lautet: *der Israeli;* als Pluralformen sind möglich: *die Israeli, die Israelis.*

Das Substantiv *Israelit* bezeichnet dagegen einen Angehörigen des alttestamentarischen Volkes Israel.

israelisch - israelitisch: Das Adjektiv *israelisch* bedeutet "zum Staat Israel gehörend", das Adjektiv *israelitisch* bedeutet "jüdisch, die Israeliten, ihre Geschichte und ihre Religion betreffend":
Die israelische Regierung erwägt, eine scharfe Protestnote zu überreichen. Die israelitische Kultusgemeinde führt eine Veranstaltungsreihe über israelitisches Brauchtum durch.

italienisch: Das Adjektiv schreibt man klein; das Adjektiv in Namen schreibt man groß:
Die italienischen Nudeln sind eine Spezialität. Die italienischen Schuhe werden geschätzt.
Die Italienische Republik.
Zu weiteren Regeln der Schreibweise von von Nationalitäten abgeleiteten Adjektiven → deutsch

i. V. - I. V.: Mit kleinem *i* schreibt man die Abkürzung *in Vertretung,* wenn sie der Nennung eines Firmennamens oder einer Behördenbezeichnung folgt:
Der Oberstudiendirektor
  i. V. Schmidt
Nach einem abgeschlossenen Text oder allein vor einer Unterschrift schreibt man ein *I* :
...verbleiben wir bis dahin mit herzlichen Grüßen.
I. V. Schmidt

J

ja: Klein schreibt man *ja* als Partikel in Wendungen wie z. B.:

Er konnte nicht anderes tun, als zu allem ja und amen sagen. Erst heißt es ja, dann heißt es nein.
Groß schreibt man das Substantiv:
Sie haben mit einem deutlichen Ja geantwortet, jetzt sehen Sie die Konsequenzen dieses Ja(s).
Jacht - Yacht: Beide Schreibweisen sind korrekt. Während jene Schreibung aus einem deutschen Wort des 16. Jahrhunderts stammt, leitet sich zweite Schreibweise aus dem Englischen ab.
Jackpot, der: [engl. jackpot gleichbed.]
Einsatz beim Pokerspiel, der in einen gemeinsamen Topf kommt; besonders hohe Gewinnquote beim Toto oder Lotto, die dadurch zustandekommt, daß es in einem oder mehreren vorangegangenen Spielen keine Hauptgewinner gegeben hat.
Jahreszahlen: Als Numerale werden Jahreszahlen klein geschrieben:
Viele denken nostalgisch an die unruhigen siebziger Jahre zurück. Man schrieb das Jahr neunzehnhunderteinundneunzig, als einmal mehr der Friede auf dem Spiel stand. Um das Jahr 50 vor Christus war es, als sich ein kleines Dorf in Gallien den Römern widersetzte.
→ Datum; → Kapitel Schriftverkehr
-jährig - jährlich: Zusammensetzungen mit *-jährig* bedeuten Altersangaben oder Angaben über die Dauer von etwas:
Nach dem ersten Schultag beschloß das sechsjährige Kind, eine langjährige Reise zu machen. Während ihres zweijährigen Aufenthaltes in Paris lernte sie die Sprache.
Zusammensetzungen mit *-jährlich* definieren die Zeitspanne, nach der sich etwas wiederholt:
Der Mietvertrag wurde mit halbjährlicher Kündigungsfrist abgeschlossen. Nur zwei Bewerbungen kamen für das fünfjährliche Stipendium in Frage.
Jalousie, die: [franz. jalousie gleichbed.]
Rolladen; Fensterschutz.
Jam Session, die: [engl. jam session gleichbed.]
Zwanglose Zusammenkunft von (Jazz)Musikern, bei der aus dem Stegreif gespielt wird.
Januar: → Monatsnamen
Jargon, der: [franz. jargon gleichbed.]
(Umgangssprachliche) Ausdrucksweise für Eingeweihte innerhalb einer sozialen Gruppe oder einer Berufsgruppe; saloppe, oft abwertende, Ausdrucksweise.
Jawort: Diese Zusammensetzung schreibt man immer ohne Bindestrich:
Sie haben sich das Jawort gegeben.
je: Wird die Präposition *je* im Sinne von *pro, für* gebraucht, folgt in der Regel ein Akkusativ:
Je verkauften Wagen, bekam er eine Provision. Die Prämie berechnete sich je angeworbenen Abonnenten.
In Verbindung mit dem Numerale *ein* bezieht sich das Verbum auf diesen Singular. Es muß also heißen:
Je ein Exemplar der Neuerscheinungen wurde archiviert (Nicht: *Je ein Exemplar der Neuerscheinungen wurden archiviert*).
je desto - je je - je umso: Die Entsprechungen zu *je* lauten: *desto; je; umso,* wobei die Kombination *je ... je* allmählich veraltet, außer in kurzen Verbindungen. Zwischen den verbunden Sätzen oder Satzteilen muß immer ein Komma gesetzt werden:
Je länger er ging, desto leichter wurde ihm. Je leiser er sprach, je aufmerksamer wurden die Zuhörer. Je länger, je lieber! Je mehr sie forderte, umso weniger bekam sie.
je nachdem: Im Gegensatz zur Abfolge von Präposition *nach* und Artikel *dem* z.B. im Satz *Je nach dem Sinn der Behauptung ...* wird innerhalb der Konjuktion *je nachdem* das Wort *nachdem* zusammengeschrieben:
Je nachdem, wie das Wetter sein wird.
Wenn in der Fügung *je nachdem, ob* oder *je nachdem, wie* die Konjunktion *je nachdem* zum Hauptsatz gehört oder als Auslassungssatz fungiert, muß vor *ob* oder *wie* ein Komma stehen:

Wir fahren mit euch oder nicht, je nachdem, wie ihr wollt. Wir richten uns je nachdem, ob es regnet oder nicht. Je nachdem, ob es regnet oder nicht, richten wir uns dann.

Das Komma steht vor der gesamten Wendung, wenn es sich um einen untergeordneten Verhältnissatz handelt und die konjunktionale Wendung als Einheit betrachtet wird:
Wir fahren mit euch oder nicht, je nachdem wie ihr wollt. Wir richten uns, je nachdem ob es regnet oder nicht. Je nachdem ob es regnet oder nicht, richten wir uns dann.

Jeans, die: [amerik. jeans gleichbed.]
Legere Hose aus Baumwollstoff im Stil der Blue jeans; Kurzform für Blue jeans
→ Blue jeans

jeder: Auf *jeder, jede, jedes* folgende Adjektive werden schwach gebeugt:
Jeder folgende Rat; jeder weiterreichende Entschluß; jedes einzelne Blatt; jedes alten Kernes.

Folgt auf *jeder, jede, jedes* ein stark dekliniertes männliches oder sächliches Substantiv kann im Genitiv Singular sowohl die starke Endung -*es* als auch die schwache Endung -*en* erscheinen; beide Formen sind korrekt:
Jedes Monats, jeden Monats; jeden Überflusses, jedes Überflusses.

Steht aber ein stark deklinierter unbestimmter Artikel voran, wird immer schwach gebeugt:
Eines jeden Monats; eines jeden Überflusses.

Im Genitiv wird das Pronomen immer stark dekliniert, wenn ihm ein Adjektiv nachfolgt:
Die Schale jedes harten Kernes ist weicher.

Auf *jeder, jede, jedes* folgende Relativsätze werden mit *der* oder *das* eingeleitet. Der Gebrauch von *wer* oder *was* ist nicht korrekt:
Jeder, der das macht ... (Nicht: *Jeder, wer das macht ...*).

Werden zwei oder mehrere Subjekte in der Einzahl mit vorangehendem *jeder, jede, jedes* durch die Konjunktion *und* verknüpft, steht das folgende Verb im Singular, wenn *jeder, jede, jedes* als Vereinzelung verstanden wird:
Jeder Befürworter und jeder Gegner wird angesprochen.

Liegt die Hervorhebung auf dem mehrteiligen Subjekte, kann das Verb aber auch in der Mehrzahl stehen:
Jeder Befürworter und jeder Gegner werden angesprochen.

jedoch: Werden Sätze oder Satzteile verbunden, steht vor *jedoch* ein Komma; es können die mit *jedoch* eingeleiteten Sätze auch mit einem Strichpunkt oder einem Punkt abgetrennt werden:
Er lernte schnell und genau, jedoch vergebens. Er wollte sie besuchen, jedoch sie erlaubte es ihm nicht. Er wollte sie besuchen; jedoch sie erlaubte es ihm nicht. Er wollte sie besuchen. Jedoch sie erlaubte es ihm nicht.

Nach *jedoch* ist eine Inversion möglich:
Jedoch er blieb stumm. Jedoch blieb er stumm.

jedweder: Dieses Fürwort wird in gehobener Sprache für *jeder* verwendet. Es wird schwach gebeugt, steht es vor einem Genitiv Singular eines stark deklinierten männlichen oder sächlichen Substantivs:
Jedweden Stuhles; jedweden Blattes; jedweden Fisches.

Folgt jedoch ein Adjektiv, wird *jedweder* ebenfalls stark gebeugt:
Jedwedes wackeligen Stuhles; jedwedes weißen Blattes; jedwedes stinkenden Fisches.

Ein auf *jedweder, jedwede, jedwedes* folgendes Adjektiv oder substantiviertes Adjektiv wird schwach gebeugt:
Jedwedes neue Kleid; jedweder alte Film; jedwede elegante Moderichtung.

Jeep, der: [amerik. jeep gleichbed.]
Kleines, meist offenes, geländegängiges Fahrzeug mit Vierradantrieb, das für das Militär entwickelt wurde.

jeglicher: Dieses Fürwort wird in gehobener Sprache für *jeder* verwendet. Es wird schwach gebeugt, steht es vor einem Genitiv Singular eines stark deklinierten männlichen oder sächlichen Substantivs; ebenso wenn ihm ein Adjektiv folgt: *Der Besitzer jeglichen wackeligen Stuhles; Der Geruch jeglichen stinkenden Fisches.* Ein auf *jeglicher, jegliche, jegliches* folgendes Adjektiv oder substantiviertes Adjektiv wird schwach gebeugt: *Jegliches neue Kleid; jeglicher alte Film; jegliche elegante Moderichtung.*

jeher: Entweder verwendet man *von jeher* oder *seit je.* Nicht korrekt ist der umgangssprachlich häufige Gebrauch der Mischform *seit jeher*: *Ich konnte ihn von jeher* (Nicht: *seit jeher*) *nicht leiden. Sie war mir seit je* (Nicht: *seit jeher*) *eine Stütze.*

jemand: Als Genitivformen sind korrekt: *jemandes* und *jemands.* Dativ und Akkusativ sind dekliniert und undekliniert möglich: *jemand(em), jemand(en): Er suchte jemands* oder *jemandes Vertrauen. Er wollte sein Geheimnis jemand* oder *jemandem anvertrauen. Er versuchte, jemand* oder *jemanden zu lieben.*
In der Gegenwartssprache ist vor dem Wort *anders* und vor gebeugten Adjektiven die endungslose Form *jemand* gebräuchlicher: *Sie liebte jemand anders. Sie liebte jemand Außergewöhnlichen.*

jener: Das Pronomen *jener* wird immer stark dekliniert: *Ich gedenke jenes Vorfalles* (Nicht: *Ich gedenke jenen Vorfalles*). Ein auf das Pronomen folgendes Adjektiv wird immer schwach dekliniert: *Sie machte sich Sorgen wegen jenes hübschen Mädchens* (Nicht: *... jenes hübsches Mädchens*).*Von jenem schönen alten Brauch sprach man lange* (Nicht: *... jenem schönem altem Brauch ...*).
Ein in hinweisender Funktion gebrauchtes *der* oder *derjenige* darf nicht durch ein *jener* ersetzt werden: *Derjenige, der die Verhandlungen geführt hat ...* (Nicht: *Jener, der die Verhandlungen geführt hat ...*). *Der, der dabei war ...* (Nicht: *Jener, der dabei war ...*).
Ebenso darf *jener* nicht für ein einfaches persönliches Fürwort gesetzt werden: *Sie wurde arg getadelt, obschon sie schuldlos war* (Nicht: *Sie wurde arg getadelt, obschon jene schuldlos war*). In der Kombination von *jener - dieser* weist *jener* auf vom Sprecher räumlich oder zeitlich entfernteres hin, *dieser* auf ein dem Sprecher näheres: *Jenes Dorf* (dort) *ist groß, dieses* (hier) *ist klein. Der kürzeste Weg zum Bahnhof verläuft von diesem Platz* (hier) *über jene Brücke* (dort).

jenseits: Nach der Präposition *jenseits* folgt ein Genitiv: *Jenseits des Flusses lag sein Dorf. Sie befanden sich jenseits Münchens.*
Will man den Ortsnamen nicht beugen, kann man mit einem *von* umschreiben; *jenseits* fungiert dann als Adverb: *Sie befanden sich jenseits von München.*

Jersey, der: [engl. jersey gleichbed.] Sammelbezeichnung für Kleiderstoffe aus gewirkter Maschenware; Sporttrikot.

Jesus (Christus): Der Genitiv lautet: *Jesu (Christi);* der Dativ lautet: *Jesu (Christo);* der Akkusativ lautet: *Jesum (Christum).* Außer im Genitiv wird der Name häufig gänzlich ungebeugt gebraucht. Geht ein *Herr* voraus, wird der Name ebenfalls nicht mehr dekliniert.

Jesus People, die: [amerik. Jesus People "Jesusleute"]
Jesusbewegung der Jugend in der zweiten Hälfte des 20. Jahrhunderts.

Jet Set, der: [engl.-amerik. jet-set gleichbed.]
Reiche und einflußreiche Spitze der internationalen High-Society.

jetten: Verb des Szenejargon mit der Bedeutung "schnell mal fliegen müssen, mit dem Jet reisen". Das Verb ist vom engl.-amerik. Substantiv *Jet*, "Düsenflugzeug", abgeleitet.

jetzt - jetzt: Bei dieser wechselbezüglichen Konstruktion muß vor jedem weiteren *jetzt* ein Komma gesetzt werden:
Jetzt lacht er, jetzt weint er, jetzt lacht er wieder.

Jeunesse dorée, die: [franz. jeunesse dorée gleichbed.]
Die leichtlebige und elegante Jugend reicher Familien; monarchisch gesinnte, modisch elegante Jugend von Paris nach dem Sturz Robespierres.

Jiu-Jitsu, das: [jap. jujutsu gleichbed.]
In Japan entwickeltes Verfahren der gewalt- und waffenlosen Selbstverteidigung.

jobben: Dieses Verb der Umgangssprache bedeutet "eine Gelegenheitsarbeit haben, Geld verdienen". Der Ausdruck ist vom engl.-amerik. Substantiv *Job*, "Gelegenheitsarbeit, Arbeit" abgeleitet.

Job-sharing, das: [engl. job sharing gleichbed.]
Aufteilung eines Arbeitsplatzes unter zwei oder mehreren Personen.

Jogging, das: [engl. jogging gleichbed.]
Dauerlauf, der als Freizeitsport, als Ausgleichssport, zur Fitneß betrieben wird.

Joghurt, das oder der: [türk. yogurt gleichbed.]
Sauermilch, die unter Einwirkung von Bakterien hergestellt wird. In der deutschen Umgangssprache ist auch *die Joghurt* zu hören.

Joint, der: [amerik. joint gleichbed.]
Selbstgedrehte Zigarette, deren Tabakfüllung mit Haschisch oder Marihuana angereichert wird.

Joker, der: [engl. joker gleichbed.]
Zusätzliche Spielkarte mit der Abbildung eines Narren, die für jede andere Karte des Spiels gilt und für jede andere Karte gespielt werden kann.

Journalismus, der: [franz. von journal "jeden einzelnen Tag betreffend"]
Spezifische Art der Zeitungsschriftstellerei; schriftstellerische Tätigkeit für die Presse, den Rundfunk und das Fernsehen; Pressewesen.

Jubiläum: Wenn von einem *fünfundzwanzigjährigem Jubiläum* die Rede ist, ist dies eigentlich falsch ausgedrückt. Das heißt nämlich, daß *das Jubiläum* fünundzwanzig Jahre alt sei. Durch häufigen Gebrauch wurde diese Wendung jedoch so geläufig, daß sie nicht mehr als falsch empfunden wird. Richtig wäre es, zu sagen:
Das Jubiläum des fünfundzwanzigjährigen Bestehens dieser Lebensgemeinschaft.
Die Kombination von *Jubiläum* mit einer Ordnungszahl ist nur dann möglich, wenn ein bestimmtes *Jubiläum* in einer Reihenfolge gemeint ist:
Wir feiern in unserem Literaturkreis schon das 5. fünfjährige Jubiläum einer Teilnehmerin.

Juchten: Dieses Substantiv kann mit männlichem und mit sächlichem Geschlecht stehen. Es heißt: *der Juchten* oder *das Juchten*.

jucken: Wird das Verb unpersönlich in der Bedeutung "einen Juckreiz verursachen" verwendet, folgt ein Akkusativobjekt:
Es juckt ihn. Es juckt ihn am Kopf.
Wird ein Körperteil Subjekt des Satzes, kann das Objekt im Dativ oder im Akkusativ folgen:
Der Kopf juckt ihm oder *ihn.*
Beide Möglichkeiten sind standardsprachlich korrekt. Das gleiche gilt, wird ein Körperteil genannt, bei übertragenem Gebrauch:
Ihn oder *Ihm juckt wohl das Fell* (= er ist übermütig). *Bei dieser spanischen Fiesta juckte es sie* oder *ihr in den Beinen* (= sie will tanzen).
Wird aber nur die Person genannt, muß der Akkusativ folgen:
Was juckt mich das (Nicht: *Was juckt mir das*).

Juice, der: [engl. juice gleichbed.]
Obst- oder Gemüsesaft.

Jukebox, die: [engl. juke box gleichbed.]
Musikautomat, der Schallplatten abspielt.

Juli: → Monatsnamen

jung: Klein schreibt man das Adjektiv oder wenn *jung* in unveränderlichen Wendungen steht:
Sie waren jung. Dieser junge Mensch war noch nicht fertig. Er hatte von jung auf das Vertrauen seiner Mutter. Auf dem Platz strömte jung und alt (= jedermann) *zusammen.*
Groß schreibt man *jung* in Namen oder als substantiviertes Adjektiv:
Der Drachentöter war Jung Siegfried. Jakobus der Jüngere. Den Übergang von von Jungen zu Alten (= von einer Generation zur anderen) *muß jeder durchmachen.*

Junge: Dieses Substantiv kann männliches und sächliches Geschlecht haben. In der Bedeutung "junger Mann, Knabe" ist der *Junge* männlich, der Genitiv lautet: *des Jungen,* der Plural: *die Jungen* (ugs.: *die Jungens, die Jungs*). Wird das Wort im Sinne von "neugeborenes oder junges Tier" verwendet, ist das *Junge* sächlich. Der Plural lautet: *die Jungen.*

Juni: → Monatsnamen

junior - Junior: In Kombination mit einem Ruf- oder Familiennamen wird *junior* immer klein geschrieben. Vor *junior* steht kein Komma:
Kann ich bitte Herrn Adam junior sprechen?
Groß schreibt man das substantivierte Adjektiv: *der Junior.* Gemeint ist damit entweder der "Juniorchef einer Firma", oder in der Umgangssprache "der Sohn". Der Genitiv lautet: *des Juniors,* der Plural: *die Junioren.* Diese plurale Form bezieht sich meist auf "Nachwuchsmannschaften", z.B. im Sport.

Junkie, der: [engl.-amerik. junkie gleichbed.]
Drogenabhängiger, der Opium konsumiert.

Junta, die: [span. junta "Vereinigung, Versammlung"] Regierungsausschuß, besonders in Spanien, Portugal und Lateinamerika; diktatorische Militärregierung.

Juwel: In der Bedeutung "Edelstein" verwendet, hat dieses Substantiv männliches und sächliches Geschlecht:
Der Juwel oder *das Juwel.* Der Plural wird schwach dekliniert: *die Juwelen.*
In der übertragenen Bedeutung von "Wertvolles, Kostbarkeit" ist das Substantiv nur sächlich. Der Plural wird stark dekliniert: *die Juwele*:
Unsere Mutter war das Juwel in der Familie.

K

Kabale, die: [franz. cabale gleichbed.] Intrige; hinterhältiger Anschlag.

Kabarett, das: [franz. cabaret gleichbed.] Darbietungen zeitkritischer und sozialkritischer Art; kleines Theater oder Lokalität, in dem Vorführungen zeit- und sozialkritischer Art geboten werden; Künstlerensemble, das an den Darbietungen einer solchen Kleinkunstbühne beteiligt ist. Drehbare Salat- oder Speiseplatte, die mit kleinen Schüsseln oder Fächern ausgestattet ist.

Kabrio - Kabriolett: → Cabriolet

Kaffee: Dieses Substantiv wird stark dekliniert; das Genitiv *-s* darf nicht entfallen:
Die Farbe dieses Kaffees spricht für seine Stärke. (Nicht: *Die Farbe dieses Kaffee ...*).

Kaiser: → Kapitel Titel und Berufsbezeichnungen

Kajak: In der Regel hat *der Kajak* männliches Geschlecht; aber die sächliche Bezeichnung *das Kajak* ist ebenfalls korrekt. Korrekte Pluralformen sind: *Die Kajaks* und *die Kajake.*

Kakao, der: [span. cacao gleichbed.]

Samen des Kakaobaumes; aus dem Samen des Kakaobaumes hergestelltes Pulver; Getränk, das aus Kakaopulver zubereitet wird.

Kaktus: Dieses Substantiv bildet den Genitiv *des Kaktus*. Der standardsprachlich korrekte Plural lautet: *die Kakteen;* bei Einzelstücken dieser Pflanzen wird umgangssprachlich auch die Kaktusse verwendet.

Kalamität, die: [lat. calamitas "Unglück, Schaden"]
Notlage, Übelstand; schlimme Verlegenheit.

Kaleidoskop, das: [engl. caleidoscope gleichbed.]
Lebendige Bilderfolge, bunter Wechsel. Spielzeug, in das man wie in ein Fernrohr blickt, und das beim Drehen bunte Steinchen zu Bildern oder Mustern anordnet.

Kalkül: In der allgemein verwendeten Bedeutung von "Überlegung, im voraus abschätzende Berechnung" kann das Substantiv mit männlichem oder sächlichem Artikel stehen: *der* oder *das Kalkül*. Der Genitiv lautet: *des Kalküls,* der Plural *die Kalküle*. In der fachsprachlichen Verwendung im Sinne von "Methode, mit der mathematische Probleme bestimmter Art systematisch behandelt und automatisch gelöst werden" ist *der Kalkül* männlich, der Plural lautet: *die Kalküle*.

Kalligraph, der: [griech, kalligráphos gleichbed.]
Schönschreiber von Beruf oder als Kunstausübender.

Kalorie, die: [lat. calor "Wärme, Hitze, Glut"]
Physikalische Maßeinheit für die Wärmemenge, die 1 Gramm Wasser bei einem Druck von 1 atm um 1 Grad Celsius von 14,5 auf 15,5 Grad Celsius erwärmt. Maßeinheit für den Energiewert von Lebensmitteln mit dem Zeichen: cal.

kalt: *Kalt* und das nachfolgende Verb schreibt man getrennt, wenn beide Begriffe in ihrer originären Bedeutung verwendet werden; beide Wörter sind betont:

Die Nachspeisen und die Getränke sind kalt gestellt. Morgen wird es kalt werden.
Entsteht durch die Kombination beider Wörter ein neuer Begriff, schreibt man zusammen; nur das erste Wort ist betont:
Deine Werbung wird die Angebetete kaltlassen (ugs. für: nicht beeindrucken). *Bei der Information über den Verlust war er kaltgeblieben* (ugs. für: unbeeindruckt). *Sie haben den Verräter kaltgemacht* (ugs. für: umgebracht). *Weil er zuviele Informationen kannte, wurde er kaltgestellt* (ugs. für: einflußlos gemacht).
Fachsprachliche Begriffe und das Adjektiv *kaltgeschlagen* schreibt man ebenfalls zusammen:
Kaltschweißen; kaltpressen; kaltwalzen etc. Kaltgeschlagenes Öl ist gesünder.

Kamerad: Das Substantiv bildet den Genitiv *des Kameraden*, Dativ und Akkusativ heißen: *dem Kameraden, den Kameraden* (Nicht: *des Kamerads, dem, den Kamerad*).

Kamikaze, der: [jap. kamikaze "göttlicher Wind"]
Japanischer Flieger im 2. Weltkrieg, der sich mit seinem Bombenflugzeug genau in das feindliche Ziel steuerte und dabei sein eigenes Leben opferte.

Kampagne, die: [franz. campagne "Feld, Ebene, Feldzug"]
Militärischer Feldzug; Presse- oder Wahlfeldzug; Aktion politischer oder sonstiger Art.

kämpfen: Das Verb steht mit der Präposition *für*, wenn es in der Bedeutung von "seine Kräfte einsetzen, um etwas zu erreichen" gebraucht wird:
Wer für den Frieden in der Welt kämpft, sollte keine Waffen benutzen.
Die Präposition *um* steht beim Verb, wenn dies in der Bedeutung von "seine Kräfte einsetzen, um etwas zu erhalten, zu bewahren" gebraucht wird:
Jede Partei glaubte daran, um die Erhaltung des Friedens zu kämpfen.

Die Präposition *um* wird manchmal auch dann verwendet, wenn ein "Kampfziel" gemeint ist:
Sie kämpfen um Wertschätzung, um mehr Eigenverantwortung.
Kanaille, die: [franz. canaille "Hundepack, Gesindel"]
Schurke, Schuft; Gesindel.
Kanapee, das: [franz. canape gleichbed.]
Sofa mit Seiten- und Rückenlehne; gefüllte Blätterteigschnitten; geröstetes Weißbrot mit pikantem Belag.
Kanne: Das Gemessene kann in gehobener Sprache gebeugt werden:
Eine Kanne Tee (Nicht: *Tees*).
Fünf Kannen griechisches Olivenöl (geh.: *fünf Kannen griechischen Olivenöles*); *mit zwei Kannen starkem Kaffee* (geh.: *mit zwei Kannen starken Kaffees*).
Kannibale, der: [span. canibal gleichbed.]
Menschenfresser; roher, ungesitteter Mensch.
kanzerogen: [lat. cancer "Krebs, Krebsgeschwür"]
krebserzeugend.
Kaplan: Die korrekte Pluralform zu *Kaplan* lautet: *die Kapläne* (Nicht: *die Kaplane*).
Kapriole, die: [it. capriola gleichbed.]
Luftsprung; launenhafter, toller Einfall; übermütiger Streich. Ein bestimmter Sprung in der Pferdedressur.
kaputt: Der Begriff stammt aus der Umgangssprache und meint "zerstört, nicht mehr funktionsfähig". Das Wort kann nur prädikativ, nie attributiv verwendet werden:
Die Heizanlage ist seit langem kaputt. (Nicht: *Die kaputte Heizanlage...*). *Nach dem langen Marsch waren sie ganz kaputt.* (Nicht: *Der kaputte Typ...*).
Karambolage, die: [franz. carambolage gleichbed.]
Zusammenprall, Zusammenstoß; Auseinandersetzung, Streit. Das Anstoßen des Spielballes an die beiden anderen Bälle beim Billard.
Karamel, der: [franz. caramel gleichbed.]
Gebrannter Zucker.
Karat, das: [franz. carat "Edelstein- und Goldgewicht"]
Maßeinheit für die Gewichtsbestimmung von Edelsteinen. Maß der Feinheit einer Goldlegierung.
karg: Folgende Steigerungsformen sind korrekt:
karg, karger, am kargsten oder *karg, kärger, am kärgsten.*
Karre - Karren: Ein einfaches, kleines, ein- bis vierrädriges Fahrzeug wird in Süddeutschland mit *der Karren*, im Norden mit *die Karre* bezeichnet. Im Norden gebraucht man *Karren* als gehobenen Ausdruck, *die Karre* wird auch abwertend für ein altes Auto verwendet.
Kartoffel: Der Plural von *die Kartoffel* lautet standardsprachlich korrekt: *die Kartoffeln*. Die starke Pluralform *die Kartoffel* ist umgangssprachlich oder mundartlich gebräuchlich.
Karton: Der Plural von *Karton* lautet: *die Kartons*. Als Maßbezeichnung bleibt *Karton* meist undekliniert:
Drei Kartons Bücher oder *drei Karton Bücher.*
Das Gemessene kann in gehobener Sprache gebeugt werden:
Ein Karton Wein (Nicht: *Ein Karton Weins*).
Fünf Kartons griechische Feigen (geh.: *fünf Kartons griechischer Feigen*); *mit zwei Kartons griechischem Kaffee* (geh.: *mit zwei Kartons griechischen Kaffees*).
Karussell: Der Plural zu diesem Substantiv kann heißen: die Karusselle oder die Karussells. Beide Formen sind korrekt.
Kaschemme, die: [zigeunerisch katsima "Wirtshaus"]
Abwertender Ausdruck für eine verrufene Kneipe; Gaststätte mit schlechtem Ruf.
kaskoversichert: Dieses adjektivisch verwendete Partizip ist vom Substantiv *Kaskoversicherung* abgeleitet und wird immer zusammen geschrieben:

Unseren neuen Wagen haben wir (voll)kaskoversichert.

Kasperle: *Kasperle* kann mit männlichem oder sächlichem Artikel stehen: *der Kasperle* oder *das Kasperle.* Beide Formen sind korrekt. Der Plural lautet: *die Kasperle.*

Kassandraruf, der: nach der Seherin Kassandra der griechischen Sage benannte, unheilkündende Warnung.

Kasserolle, die: [franz. casserolle gleichbed.]
Flacher Topf mit Stiel oder Henkeln zum Kochen und Schmoren.

Kassiber, der: [gaunersprachlich kassiwe "Brief, Ausweis"]
Heimlich überbrachtes Schreiben zu Kommunikationszwecken der Strafgefangenen untereinander oder zwischen Inhaftierten und Nichtinhaftierten.

kassieren: Nach *kassieren* in der Bedeutung "Geld einziehen, einnehmen" folgt Akkusativ der Sache, kein Akkusativ der Person:
Sie haben die Prämie kassiert.
In der Umgangssprache wird häufig ein Akkusativ der Person gebraucht:
Alle zwei Monate kassieren sie die freiwilligen Beitragszahler.
Dieser Gebrauch ist falsch.

Kastagnette, die: [span. castañeta gleichbed.]
Rhythmusinstrument aus zwei ausgehöhlten Schälchen aus Hartholz, die durch ein Band gehalten und mit den Fingern gegeneinandergeschlagen werden.

Kasten: In der Regel wird der Plural von *Kasten* mit *die Kästen* gebildet. Die Pluralform *die Kasten* veraltet allmählich. Das Gemessene kann in gehobener Sprache gebeugt werden:
Ein Kasten Bier (Nicht: *Ein Kasten Biers*).
Fünf Kasten chinesisches Bier (geh.: *fünf Kasten chinesischen Bieres*); *mit zwei Kasten chinesischem Bier* (geh.: *mit zwei Kasten chinesischen Bieres*).

Kasus, der: [lat. casus gleichbed.]
Vorkommnis, Fall; Beugungsfall.

Der Plural lautet: *die Kasus.* Mit *Kasus* wird die Beugungsform, in der ein beugungsfähiges Wort, z.B. ein Substantiv, im Satz seiner syntaktischen Funktion gemäß erscheint. In der deutschen Sprache haben wir es mit vier Kasus zu tun: dem 1. Fall oder Nominativ: *der Baum;* dem 2. Fall oder Genitiv: *des Baumes;* dem 3. Fall oder Dativ: *dem Baum;* dem 4. Fall oder Akkusativ: *den Baum.*

Katalog, der: [griech. katálogos "Aufzählung, Verzeichnis"]
Verzeichnis von Waren; lange Reihe, große Anzahl, zusammenfassende Aufzählung. Der Genitiv heißt: *des Katalogs* oder *des Kataloges.* Die Pluralform ist *die Kataloge; die Katalogen* ist veraltet.

Katalysator, der: [griech. katálysis "Auflösung"]
Ein Stoff, der durch seine Existenz chemische Reaktionen auslöst oder in ihrem Verlauf bestimmt und sich dabei selbst nicht verändert.

Katapult, der oder das: [lat. catapulta "Wurfmaschine mit Bogensehne"]
Wurf- oder Schleudermaschine im Altertum; gabelförmige Schleuder mit zwei Gummibändern, mit der Steine o.ä. verschossen werden können; Schleudervorrichtung zum Starten von Flugzeugen.

Katarakt, der: [lat. cataracta "Wasserfall"]
Stromschnelle, Wasserfall; Flut von Ereignissen.

Katarrh, der: [lat. catarrhus "Schnupfen"]
Entzündung der Schleimhäute in den Atmungsorganen mit Absonderungen.

Katharsis, die: [griech. kátharsis "kultische Reinigung"]
Läuterung der Seele von Leidenschaften als Wirkung des Trauerspiels (in der Antike).

Katheder: Dieses Substantiv kann mit männlichem oder sächlichem Artikel stehen: *der Katheder* oder *das Katheder.* Beide Formen sind korrekt.

Katheder - Katheter: *Katheder* bedeutet "Podium, Pult, Lehrerpult", *der Katheter* hingegen ist ein medizinisches röhrenförmiges Instrument, das in den Körper zum Zwecke von Diagnose oder Therapie eingeführt wird.

Kauffrau - Kaufmann: Dies sind die korrekten Bezeichnungen für weibliche bzw. männliche selbständige Handeltreibende.

kaum: Das Adverb *kaum* fungiert als Einschränkung einer Aussage und sollte möglichst am Anfang der einzuschränkenden Aussage stehen:
Als Personalchef ist der junge Mitarbeiter kaum geeignet (Eingeschränkt wird die Annahme der Eignung). *Dieses Theaterstück ist provokant inszeniert und wird kaum als vergnügliche abendliche Zerstreuung gelten können* (Nicht: *Dieses Theaterstück ist provokant inszeniert und wird als vergnügliche abendliche Zerstreuung kaum gelten können*). *Sie werden kaum objektive Auswahlkriterien für diese Art von Entscheidung gehabt haben* (Nicht: *Sie werden objektive Auswahlkriterien für diese Art von Entscheidung kaum gehabt haben*).

kaum daß - kaum, daß: Fungieren beide Wörter als konjunktionale Fügung, die einen untergeordneten Nebensatz einleitet, steht das Komma zwischen Haupt- und Nebensatz, nicht zwischen *kaum* und *daß*:
Der Knabe war schon wieder fröhlich, kaum daß er aus dem Krankenhaus entlassen worden war. Kaum daß es schneite, begann der Run auf die Wintersportgebiete.
Sind beide Wörter eigenständig, wird vor *daß* ein Komma gesetzt; wird *kaum* als Auslassungssatz verstanden, trennt man durch Kommas ab:
Ich glaube kaum, daß er jemals pünktlich war. Ich mußte schon wieder umziehen, kaum, daß ich mich etwas eingelebt hatte.

kaum noch - kaum mehr: Hauptsächlich in Süddeutschland und in Österreich verwendet man häufig *kaum mehr* für das standardsprachlich korrekte *kaum noch*:
Sie konnte vor Angst kaum mehr atmen (Besser: *Sie konnte vor Angst kaum noch atmen*).

Kausalsatz: Ein mit *da* oder *weil* eingeleiteter Nebensatz, der einen Grund für das Ereignis, das im Hauptsatz formuliert wird, angibt, heißt *Kausalsatz* oder *Begründungssatz*:
Er fiel durch die Prüfung, weil er nichts gelernt hatte. Da sie zuviel Arbeit hatte, kam sie diesen Winter nicht zum Skilaufen.

Kavalier, der: [it. cavaliere "Reiter, Ritter"]
Ein - besonders Frauen gegenüber - höflicher, hilfsbereiter und taktvoller Mann; in der Umgangssprache scherzhaft für den Freund oder Begleiter eines Mädchens oder einer Frau; Edelmann.

keep smiling: [engl. keep smiling "fahre fort zu lächeln, höre nicht auf zu lächeln"]
Immer nur lächeln; sei vergnügt; nimm's leicht.

kehren: Der reflexive Gebrauch in der Wendung *sich an etwas kehren* erfordert einen Akkusativ:
Er kehrt sich nicht an der Meinung seiner Nachbarn über ihn.

Kehricht: Dieses Substantiv kann mit männlichem oder sächlichem Artikel stehen: *der Kehricht* oder *das Kehricht*. Allerdings ist der sächliche Gebrauch selten.

kein: Im Nominativ Singular Maskulinum, im Nominativ Singular Neutrum und im Akkusativ Singular Neutrum wird ein (substantiviertes) Adjektiv oder Partizip nach *kein* stark dekliniert:
Kein Beamter streikte. Der Krieg ist kein lustiges Unternehmen. Er macht kein nettes Gesicht. Das war kein guter Plan.
In allen anderen Fällen ist *kein* gebeugt, nachfolgende (substantivierte) Adjektive und Partizipien werden schwach gebeugt:
Er hatte keine guten Argumente. Sie konnte mit keinem Menschen darüber sprechen. Er kauft keine gebrauchten Automobile.
Die sich auf *keiner, keine, keines* beziehenden Relativpronomen sind *der, die, das;* der Gebrauch von *welcher, welche, welches* ist nicht korrekt:

Er war keiner, der viel jammerte (Nicht: *Er war keiner, welcher viel jammerte*). *Unter diesen Frauen gab es keine, die den Krieg nicht verabscheute* (Nicht: *Unter diesen Frauen gab es keine, welche den Krieg nicht verabscheute*).
Bei Vergleichen folgt nach *kein* ein *als*, nicht *wie*:
Sie liebte keine Musik als diese (Nicht: *Sie liebte keine Musik wie diese*).
Kein darf nicht gesteigert werden. Die scherzhafte Fügung *in keinster Weise* wird umgangssprachlich verwendet und ist nicht korrekt:
Sie ist mir in keiner Weise entgegengekommen (Nicht: *Sie ist mir in keinster Weise entgegengekommen*).
Mit der Wendung *nicht ein* kann ein normalerweise mit *kein* verneintes Substantiv besonders betont werden, wenn diesem negierten Substantiv ein positives gegenübersteht:
Er hat sich keinen Hut gekauft. Er hat sich nicht einen Hut gekauft, sondern einen Anzug. Er hat keinen Freund. Er hat nicht einen Freund, sondern nur Freundinnen.

Keks: Sowohl ein männlicher als auch ein sächlicher Artikel kann bei *Keks* stehen. Es heißt: *der Keks* oder *das Keks*, der Genitiv lautet: *des Keks* oder *des Kekses*. Als Pluralformen sind *die Kekse* oder *die Keks* korrekt.

kennenlernen: Dieses Verb schreibt man zusammen, wenn es in infiniter oder partizipialer Form gebraucht wird:
Du mußt ihn unbedingt kennenlernen. Ich habe ihn schon kennengelernt.
Steht das Verb in einem Nebensatz mit dem Wort, das diesen Nebensatz einleitet, schreibt man ebenfalls zusammen:
Wenn du ihn kennenlernst, sag mir, wie du ihn findest.

kenntlich - erkenntlich: Da *erkenntlich* heute nicht mehr in der Bedeutung "zu sehen, für das Auge wahrnehmbar" verwendet wird, können diese beiden Wörter nicht synonymisch füreinander gebraucht werden:

Bei diesem Quiz sollten sie an ihren Handbewegungen kenntlich (Nicht: *erkenntlich*) *sein.*

Kenntnis: Nach dem Substantiv *Kenntnis* muß die Präposition *in* verwendet werden, der Gebrauch von *für* oder *über* ist nicht korrekt:
Seine Kenntnisse in den Prüfungsfächern ließen zu wünschen übrig. Die Kenntnis in der Geographie (Nicht: *über die Geographie*) *war sein Hobby.*

Kentaur: → Zentaur

kentern: Die Vergangenheitsformen des Verbs *kentern* werden mit dem Hilfsverb *sein* gebildet:
Die Fähre ist beinahe gekentert (Nicht: *Die Fähre hat beinahe gekentert*).

Kerl: Die standardsprachlich korrekte Pluralform hierzu lautet: *die Kerle*. In der Umgangssprache wird - in abwertender, verächtlicher Bedeutung - auch *die Kerls* gebraucht.

Keyboard, das: [engl. keyboard gleichbed.]
Elektronisch verstärktes Tasteninstrument.

Kibbuz, der: [hebr. kibbuz gleichbed.]
Siedlung in Israel, in der gemeinschaftlich gewohnt und gearbeitet wird; Siedlung mit Kommunencharakter.

kidnappen: [engl. to kidnap gleichbed.]
Ein Kind (engl. kid) oder allgemein einen Menschen entführen, um Lösegeld zu erpressen.

Kiefer: Dieses Substantiv gehört zu den Homonymen. → Homonym
Die männliche Form *der Kiefer* ist der Name für einen Knochen des Schädels. Der Plural lautet: *die Kiefer*. Die weibliche Form *die Kiefer* ist die Benennung für einen Nadelbaum. Der Plural lautet: *die Kiefern*.

kiffen: [engl. kef, kif "Haschisch"]
Kiffen ist ein Jargonausdruck für Haschischrauchen.

Kilogramm: Die Maßeinheit *Kilogramm* bzw. die Kurzform *Kilo* wird in Verbindung mit Zahlwörtern im Plural nicht dekliniert:

Für das Fondue besorgte er drei Kilo(gramm) Fischfilet. Achtundsechzig Kilo(gramm) betrug sein Gewicht im Durchschnitt.
Das Gemessene kann in gehobener Sprache gebeugt werden:
Ein Kilo(gramm) britischer Tee (geh.: *britischen Tees*). *Fünf Kilo(gramm) griechische Oliven* (geh.: *fünf Kilo(gramm) griechischer Oliven*); *mit zwei Kilo(gramm) starkem Gewürz* (geh.: *mit zwei Kilo(gramm) starken Gewürzes*).
Steht die Maßeinheit *Kilo(gramm)* in der Mehrzahl, richtet sich das Verb danach:
Drei Kilo(gramm) Bananen kosten fünf Mark. Fünfzig Kilo(gramm) Nudeln wurden in der Großküche verarbeitet.
Steht die Maßeinheit in der Einzahl und das Gemessene im Plural, folgt das Verb im Singular, weil es sich formal auf das Subjekt bezieht:
Ein Kilo(gramm) Bananen kostet zwei Mark.
Bildet man den Satz nach dem Sinnzusammenhang, kann das Verb in den Plural gesetzt werden, weil es sich dann auf das Gemessene bezieht:
Ein Kilo(gramm) Bananen kosten zwei Mark.

Kilometer: Die Maßeinheit *Kilometer* besitzt nur männliches Geschlecht; es heißt: der *Kilometer*. Die Maßeinheit in Verbindung mit einer Zahlenangabe bleibt undekliniert, wenn sie attributiv verwendet wird:
Ein Demonstrationszug von über drei Kilometer Länge brachte den Verkehr zum Erliegen. (Oder: *Ein Demonstrationszug von über drei Kilometern brachte den Verkehr zum Erliegen*). *Das Rockkonzert war aus fünf Kilometer Entfernung noch gut zu hören.* (Oder: *Das Rockkonzert war nach fünf Kilometern noch zu hören*).

Kind-- Kinder-- Kindes-- Kinds-: Je nach Zusammensetzung sind alle vier Formen des Grundwortes *Kind* korrekt:
Kindfrau, kindgerecht, Kindheit; kinderfeindlich, Kindergarten, Kindersitz; Kindeskinder, von Kindesbeinen an, Kindesentführung; Kindstod, Kindsmißhandlung, Kindskopf.

kindlich - kindisch: Das Adjektiv *kindlich* wird im Sinne von "nach Art eines Kindes, unschuldig, naiv" gebraucht; das Adjektiv *kindisch* verwendet man meist abwertend in der Bedeutung "sich wie ein Kind benehmend, albern":
Das Volk liebte die kindliche Monarchin. Alle fanden, daß er sich ziemlich kindisch benommen habe.

Kiste: Das Gemessene kann in gehobener Sprache gebeugt werden:
Eine Kiste Obst (Nicht: *Ein Kiste Obsts*).
Fünf Kisten kubanische Zigarren (geh.: *fünf Kisten kubanischer Zigarren*); *mit zwei Kisten kubanischem Tabak* (geh.: *mit zwei Kisten kubanischen Tabaks*).

Klafter: Das Substantiv *Klafter* konnte einst alle drei Artikel führen; mittlerweile ist die feminine Form *die Klafter* veraltet.
Der Klafter und *das Klafter* sind korrekte Bildungen.

Klage: Nach dem Substantiv *Klage* folgt die Präposition *über*; in der juristischen Terminologie ist auch die Präposition *gegen* gebräuchlich:
Die Klagen der Nachbarn über die laute Musik des Untermieters nehmen kein Ende. Die Anwohner der Müllverbrennungsanlage wollen Klage gegen den Freistaat erheben.

klagen: Die Kombination des Verbs mit der Präposition *über* bedeutet "sich beschweren, seine Unzufriedenheit äußern, Beschwerde führen":
Sie klagte über seinen strafenden Blick.
Der Anschluß der Präposition *gegen* ist hauptsächlich in der juristischen Fachsprache üblich und meint "einen Prozeß anstrengen":
Die Kernkraftwerksgegner klagten gegen den Freistaat.

klar: *Klar* und das nachfolgende Verb schreibt man getrennt, wenn beide Begriffe in ihrer originären Bedeutung verwendet werden; beide Wörter sind betont:

Die heutige Nacht wird klar werden. Das verschmutzte Wasser dieses Flusses ist wieder klar geworden.
Entsteht durch die Kombination beider Wörter ein neuer Begriff, schreibt man zusammen; nur das erste Wort ist betont:
Sie haben ihm die Konsequenzen eindringlich klargemacht (= erklärt, erläutert). *Danach konnte er das Problem klarsehen* (= verstehen, begreifen). *Er setzte sich dafür ein, daß alles klarging* (= richtig abläuft, richtig verläuft).
In folgenden festen Kombinationen mit Verben schreibt man *klar* klein:
Nach dieser Entscheidung war er mit sich im klaren. Er mußte erst mit sich ins klare kommen.
Klar als Bestandteil eines Namens oder als Eigenname schreibt man groß:
Er genehmigte sich noch einen Klaren (= ein Kornschnaps) *und ein Bier.*

klasse - Klasse: Wird dieser umgangssprachliche Ausdruck der Begeisterung oder Anerkennung adverbiell oder beifügend gebraucht, ist nur das kleingeschriebene Adjektiv möglich:
Du bist wirklich ein klasse Typ. Das war eine klasse Party gestern.
Kommt zu dem Ausdruck ein Attribut hinzu, kann nur das Substantiv *Klasse* stehen:
Als Typ ist er echt Klasse. Die Party gestern fand ich große Klasse.
In einigen Fällen ist beides möglich:
Du bist klasse oder *Du bist Klasse. Die Party gestern fand ich klasse* oder *Die Party gestern fand ich Klasse.*

klassisch - klassizistisch: Das Adjektiv *klassisch* meint "das Altertum, die Klassik betreffend, als Muster geltend, typisch"; das Adjektiv *klassizistisch* hingegen bedeutet "etwas dem Altertum nachahmend, zum Stil der Klassik gehörend":
Der klassisch gebildete Mensch war lange Zeit eine Idealvorstellung. Er brachte alle klassischen Argumente in die klassisch geführte Diskussion ein. Durch den klassizistischen Stil wirkt das Denkmal etwas streng.

Klaustrophobie, die: [lat. claustrum "Gewahrsam, Verschluß"]
Eine krankhafte Angst, die durch einen Aufenthalt in geschlossenen Räumen hervorgerufen wird.

Kleptomane, die: [griech. kléptein "stehlen"]
Der Trieb zu stehlen, ohne sich dadurch bereichern zu wollen, der auf seelischen Abnormitäten beruht.

kleiden: Nach diesem Verb - auch im Sinne von "jmdm. steht etwas oder paßt etwas" ist nur der Akkusativ korrekt; der Gebrauch des Dativ ist umgangssprachlich:
Der neue Anzug kleidet mich gut. (ugs.: *... kleidet mir gut*).
Nach der Wendung *in etwas kleiden* folgt ebenfalls ein Akkusativ:
Sie waren in kostbare, goldglitzernde Anzüge gekleidet (Nicht: *Sie waren in kostbaren, goldglitzernden Anzügen gekleidet*).

klein: Das Adjektiv *klein* wird auch mit vorangehendem Artikel klein geschrieben, wenn die Kombination für ein anderes Adjektiv oder Adverb steht:
Er mußte über alles bis ins kleinste (= sehr genau, detailliert) *Bescheid wissen. Die Einrichtung war um ein kleines* (= etwas, ein wenig) *zu protzig.*
Auch in bestimmten festen Wendungen schreibt man klein:
Er wurde von klein auf verwöhnt. Sie kam immer ein klein wenig zu spät. Auf dem Platz traf sich alles, ob groß oder klein, ob alt oder jung.
Als substantiviertes Adjektiv oder als Bestandteil von Eigennamen schreibt man groß:
Es existierte nichts Kleines, das ihm zu gering gewesen wäre. Auf dem Platz traf sich Groß und Klein, ... aber wie ehrfurchterregend wird dieses Kleine und wie begeisterungsweckend ... (Adalbert Stifter). *Der Kleine Bär; Kleine Antillen; der Kleine Wannsee.*

Klein und das nachfolgende Verb schreibt man getrennt, wenn beide Wörter eigenständig gebraucht werden; beide Wörter sind betont:
Ein Adjektiv muß man klein schreiben. Schließlich mußte der Aggressor klein beigeben. Sie kalkulierte so, daß die Ausgaben möglichst klein blieben.
Zusammen wird geschrieben, wenn *klein* nur als Verbzusatz fungiert; nur der erste Wortteil ist betont:
Kannst du bitte mal die Zwiebel kleinschneiden? Wir werden ihn schon noch kleinbekommen (= erniedrigen, vom hohen Roß herunterholen). *Der Taxifahrer kann den Fünfhunderter nicht kleinmachen* (= wechseln).

Kleinod: Die schwache Pluralform *die Kleinodien* im Sinne von "Schmuckstücke" wird von der starken Pluralbildung *die Kleinode* in der übertragenen Bedeutung "Kostbarkeit" unterschieden. Getrennt wird: *Klein/od.*

Klein- oder Großschreibung: → Kapitel Klein- oder Großschreibung.

klettern: Bei Verben der Bewegung überwiegt heute die Bildung der Vergangenheitsformen mit dem Hilfsverb *sein*. Standardsprachlich muß aber folgendes unterschieden werden:
Wird die Dauerhaftigkeit eines Vorganges hervorgehoben, bildet man die Vergangenheitsformen mit dem Hilfsverb haben:
Weil sie so lange geklettert haben, sind sie erschöpft.
Die Verwendung von *sein* ist korrekt, wenn die Betonung auf der Bewegungsveränderung liegt:
Der Pilot ist jetzt in das Cockpit seines Doppeldeckers geklettert. Die Expeditionsteilnehmer sind über die gefährliche Eisschlucht geklettert.

klingeln: An das Verb *klingeln* kann sowohl ein Dativobjekt als auch ein Präpositionalobjekt angeschlossen werden:
Er klingelte seinem Butler. Der Gast klingelte nach dem Zimmermädchen.
Die Dativkonstruktion ist in der gehobenen Sprache gebräuchlich.

Klischee, das: [franz. cliché gleichbed.] Druckstockvervielfältigung durch Stereotypie oder Galvanoplastik; einer Phrase ähnliche, abgegriffene Nachahmung ohne Aussagewert, Abklatsch.

klopfen: Bezieht sich das Verb auf einen Körperteil, folgt darauf ein Dativ oder ein Akkusativ der Person - der Akkusativ drückt dabei die direkte Betroffenheit der Person aus - und der Akkusativ der Sache:
Sie klopfte ihn oder *ihm auf den Rücken.*
→ beißen; → kneifen; → schlagen; → treten; → zwicken
Nach der Wendung *klopfen an* folgt entweder ein Dativ oder ein Akkusativ. Wird eine Richtungsangabe ausgedrückt (wohin?), folgt ein Akkusativ:
Der lärmempfindliche Nachbar klopfte mehrere Male empört an die Wand. Die Zelleninsassen klopfen an die Rohre, um sich zu verständigen.
Ist die Vorstellung des Ortes dominant (wo?), wird ein Dativ gebraucht:
An der Tür hat es geklopft.
Wird bei dem Ereignis eine Absicht deutlich, steht immer ein Akkusativ:
Er hat an die Tür geklopft und auf Einlaß gewartet.

Klosett: Standardsprachlich korrekte Pluralformen sind: *die Klosetts* oder *die Klosette.*

Klotz: Die standardsprachlich korrekte Pluralform lautet: *die Klötze.* Der Ausdruck *die Klötzer* gehört der Umgangssprache an.

Kluft: Ist das Substantiv im Sinne von "Spalte" gemeint, bildet es den Plural *die Klüfte;* in der Bedeutung von "Uniform, Kleidung" lautet der Plural *die Kluften.*

klug: *Klug* und das nachfolgende Verb schreibt man getrennt, wenn beide Begriffe in ihrer originären Bedeutung verwendet werden; beide Wörter sind betont:
Sie hat die Veranstaltung klug organisiert.

Entsteht durch die Kombination beider Wörter ein neuer Begriff, schreibt man zusammen; nur das erste Wort ist betont: *Weil er immer klugredet* (= alles besser weiß), *wird er von seinen Mitschülern Klugschwätzer und Klugscheißer genannt.*
Als Adjektiv gebraucht, schreibt man *klug* klein; auch wenn ihm ein Artikel vorangeht, beide Wörter aber für "sehr klug, am klügsten" stehen, schreibt man klein: *Das klügste wäre es, nachzugeben.*
Das substantivierte Adjektiv schreibt man groß:
Der Klügere gibt nach. Er war immer der Klügste in der Klasse.
Klunker: Dieses Substantiv kann mit weiblichem oder mit männlichem Artikel stehen. *Die Klunker* bildet den Genitiv: *der Klunker* und den Plural: *die Klunkern. Der Klunker* bildet den Genitiv: *des Klunkers* und den Plural: *die Klunker.*
Knacki: Im jugendlichen Szenejargon Ausdruck für jemanden, der sich - zu einer Freiheitsstrafe verurteilt - im Gefängnis, im Knast befindet. → Knast
Knast: Im jugendlichen Szenejargon Ausdruck für "Gefängnis".
Knäuel: Dieses Substantiv kann mit sächlichem oder mit männlichem Artikel stehen: *Das Knäuel* oder *der Knäuel.* Beide Formen sind richtig.
kneifen: Bezieht sich das Verb auf einen Körperteil, folgt darauf ein Dativ oder ein Akkusativ der Person - der Akkusativ drückt dabei die direkte Betroffenheit der Person aus - und der Akkusativ der Sache: *Sie kniff ihn* oder *ihm in die Backe.*
→ beißen; → klopfen; → schlagen; → treten; → zwicken
kneipen: Dieses Verb wird einmal regional für das Verb *kneifen* gebraucht und unterliegt den gleichen Regeln wie dieses. In dieser Bedeutung kann es regelmäßig und unregelmäßig gebeugt werden. Beide Möglichkeiten sind korrekt:
kneipen, kneipte, gekneipt; kneipen, knipp, gekneippen.
→ kneifen

Handelt es sich um das vom Substantiv *Kneipe* "Wirtshaus" abgeleitete Verb in der Bedeutung "zechen, in eine Kneipe gehen", sind nur die Formen: *kneipt, gekneipt* korrekt. Sowohl Substantiv als auch Verbum entstammen der Umgangssprache.
kneippen: Dieses Verb darf nicht mit *kneipen* verwechselt werden. Es bedeutet "eine Kneippkur machen" und ist vom Namen des Erfinders der Kneippkur, Pfarrer Sebastian Kneipp, abgeleitet.
Knie: Die Pluralform von *Knie* heißt: *die Knie* (Nicht: *die Kniee*).
knien: Das Verb wird wie das Substantiv *Knie* mit einem *e* geschrieben. Es kann mit oder ohne Reflexivpronomen verwendet werden. Will man den Zustand in der Bedeutung von "sich in kniender Haltung befinden" bezeichnen, gebraucht man *knien.* Will man den Akt der Bewegung im Sinne von "eine kniende Haltung einnehmen, sich in eine solche begeben" hervorheben, benutzt man das rückbezügliche Fürwort oder dafür synonymisch *sich hinknien:*
Die Gläubigen knieten andächtig vor dem Altar. Er mußte sich (hin)knien, um durch das Schlüsselloch sehen zu können.
kniffelig - knifflig: Beide Schreibweisen dieses Adjektivs mit der Bedeutung "schwierig, verzwickt, verwickelt" sind korrekt.
Knolle - Knollen: Regional ist auch das männliche Substantiv *der Knollen* gebräuchlich. Standardsprachlich korrekt ist die weibliche Form: *die Knolle.*
Know-how, das: [engl. know-how gleichbed.]
Wissen oder Kenntnisse technischer oder anderer Natur; das theoretische Gewußtwie für praktische Anwendungen; Wissen, wie man etwas mit minimalem Aufwand verwirklicht.
k. o. - K. o., der: [engl. to knock out "herausschlagen"]
Abkürzung für den Knockout, den Niederschlag beim Boxsport mit anschlie-

ßender Kampfunfähigkeit. Diese Abkürzung schreibt man klein in Wendungen wie *k. o. gehen, k. o. sein, k. o. schlagen: In der dritten Runde ging er k. o. Er hat seine Gegner alle k. o. geschlagen.*
Die Substantivierung der *K.o.* schreibt man groß:
Seinen ersten Kampf gewann er durch einen K. o.
Ebenso: *der K. o.-Schlag.*
Kodex: Der Genitiv dieses Substantivs lautet: *des Kodex* oder *des Kodexes.* In der Regel werden die beiden möglichen Pluralformen verschiedenen Bedeutungen zugeordnet. Die Form *die Kodexe* wird im Sinne von "Gesetze, Gebote, Regeln" verwendet; in der Bedeutung "alte Handschriften" gebraucht man *die Kodizes.*
Kohl- - Kohle- - Kohlen-: Alle Möglichkeiten der Zusammensetzung sind korrekt:
Kohlweißling, kohlrabenschwarz, Kohldampf; Kohleherd, Kohlekraftwerk, kohlehaltig; Kohlenflöz, Kohlenhalde, kohlensauer.
Kokette: Das substantivierte Adjektiv wird wie ein Substantiv gebeugt. Im Singular gibt es keine Endung, im Plural enden alle Kasus auf *-n:*
Die Kokette flirtete mit allen Männern im Raum. Sie umwarben die Kokette. Das Lachen der Kokette klang hübsch. Der junge Graf spazierte mit zwei Koketten durch den Prater.
Kollaborateur, der: [franz. collaborateur gleichbed.]
Bewohner eines von Feinden militärisch besetzten Gebietes, der mit dem Feind zusammenarbeitet.
Kollege - Kollegin: → Kapitel Titel und Berufsbezeichnungen
Kollektive: Diese deutsche Pluralform des Fremdworts *Kollektiv* ist heute üblicher als *die Kollektivs.*
Kollision, die: [lat collisio "das Zusammenstoßen"]
Zusammenstoß widerstreitender, nicht zu vereinbarender Interessen, Meinungen, Rechte und Pflichten (z.B. in Aufgabenbereichen) etc; Zusammenstoß von Fahrzeugen.
Koloratur, die: [it. coloratura "Farbgebung, Ausschmückung"]
Die reiche Auszierung oder Verzierung einer Gesangsstimme mit Läufen, die zusammenhängend auf einer Textsilbe ausgeführt werden und die die Melodie ausschmücken.
Koloß, der: [griech. kolossós "Riesenstandbild"]
Riesengroßes Standbild; ein Ding von gewaltigem Ausmaß; ein Mensch oder Tier von ungeheurer Körperfülle, Ungetüm.
Kolportage, die: [franz. colportage gleichbed.]
Die Verbreitung von Gerüchten; unkünstlerische Darbietung, triviale oder minderwertige Literatur (z.B. der Kolportageroman).
Komet: Dieses Substantiv bildet den Genitiv: *des Kometen* (Nicht: *des Komets*); Dativ und Akkusativ lauten: *dem Kometen, den Kometen* (Nicht: *dem, den Komet*).
komfortabel: Wird dieses Adjektiv gebeugt oder gesteigert, entfällt das *e* in der Endsilbe:
Ihr Haus ist komfortabel eingerichtet. Sie haben eine komfortable Einrichtung. Diese ist viel komfortabler als unsere.
Komma: → Kapitel Zeichensetzung
Kommandant: Dieses Substantiv bildet den Genitiv: *des Kommandanten* (Nicht: *des Kommandants*); Dativ und Akkusativ lauten: *dem Kommandanten, den Kommandanten* (Nicht: *dem, den Kommandant*).
Kommas - Kommata: Beide Pluralformen sind korrekt. Falsch ist dagegen der Gebrauch der Mischform *die Kommatas.*
kommen: Veraltet sind heute die umgelauteten Formen: *du kömmst, sie kömmt etc.*
Werden Verben der Lage mit dem Verb *kommen* kombiniert, ziehen sie einen Akkusativ anstelle eines Dativs nach sich:

Die Katze überschlug sich mehrmals und kam doch auf die Füße zu stehen (Nicht: *...auf den Füßen zu stehen*). *Der Maikäfer kam auf den Rücken zu liegen* (Nicht: *...auf dem Rücken zu liegen*). Stilistisch unschön und schwerfällig sind Wendungen im Nominalstil: *Sie bedauerte, nicht zu ihrer Entfaltung zu kommen* (Besser: *Sie bedauerte, sich nicht zu entfalten*). *Diese Beiträge müssen zur Abrechnung kommen* (Besser: *Diese Beiträge müssen abgerechnet werden*). *Die Kriegshandlungen müssen endlich zum Abschluß kommen* (Besser: *Die Kriegshandlungen müssen endlich beendet werden*). In der Kombination mit der Wendung *zu stehen kommen* ist sowohl der Dativ als auch der Akkusativ korrekt: *Dieser Irrtum ist mir* oder *mich teuer zu stehen gekommen.*

Kommers - Kommerz: Ein Kommers ist ein meist von Korpsstudenten bzw. Burschenschaften veranstaltetes "Trinkgelage", während *Kommerz* "Handel, das Geschäftliche, das Kaufmännische" bedeutet.

Kommilitone, der: [lat. commilito "Waffenbruder, Mitsoldat"]
Studienkollege.

Komparativ: Der Komparativ ist die erste Steigerungsstufe:
Sie ist jünger als ich.

Komparativsatz: Der Komparativsatz heißt auch Vergleichssatz; er drückt einen Vergleich aus:
Dieser Wagen ist teurer als alle anderen dieser Klasse.

kompatibel: [engl. compatible gleichbed.] zusammenpassend, miteinander vereinbar, gegenseitig verträglich.

Kompromiß: Dieses Substantiv kann mit männlichem oder - selten - mit sächlichem Artikel stehen: *der* oder *das Kompromiß*. Beide Formen sind korrekt.

kompromittieren: [franz. compromettre "in Verlegenheit bringen, jmdn. bloßstellen"]

Jemanden oder sich selbst bloßstellen; Dem Ruf oder Ansehen eines anderen oder des eigenen durch ein unangemessenes Verhalten schaden.

Konditionalsatz: Ein Konditionalsatz oder Bedingungssatz drückt aus, unter welcher Bedingung etwas geschieht. Der Konditionalsatz wird häufig mit den Präpositionen *wenn, falls, sofern* eingeleitet:
Falls du teilnehmen möchtest, melde dich. Das schaffst du, wenn du schnell bist. Sofern du dir das zutraust, so tu es.
Der Konditionalsatz steht im Indikativ (oder Wirklichkeitsform), wenn die Bedingung als wirklich oder als möglich empfunden wird:
Wenn er autofahren will, muß er einen Führerschein machen. Wenn sie Migräne hat, soll sie zu Haus bleiben.
Der Konditionalsatz steht im Konjunktiv (oder Möglichkeitsform), wenn die Bedingung als nicht wirklich oder als nicht möglich empfunden wird:
Wäre ich doch gescheiter! Wenn ich im Lotto gewönne, könnte ich zu arbeiten aufhören. Wenn sie doch nur weniger Kinder hätten, dann wäre es im Haus ruhiger.

Konformität, die: [lat. conformis "gleichförmig, ähnlich"]
Übereinstimmung, Anpassung; in der Mathematik die Maßstab- und Winkelgleichheit einer Abbildung.

konfrontieren: In der Regel folgt nach dem Verb konfrontieren die Präposition *mit.* Es ist aber auch die Konstruktion mit einem reinen Dativ möglich:
Der Staatsanwalt konfrontierte den Angeklagten mit einer Zeugenaussage. Man konfrontierte den Angeklagten dem Zeugen.

Kongruenz: Unter Kongruenz versteht man die grammatische Übereinstimmung von Satzteilen. In der Regel handelt es sich dabei um eine Übereinstimmung von Satzgegenstand oder Subjekt und Satzaussage oder Prädikat. Die Übereinstimmung kann sich auf den Numerus, die Person, das Geschlecht oder den Kasus beziehen.

König: Zusammensetzungen mit dem Bestimmungswort *König* werden in der Regel mit Fugen-s geschrieben:
Königsblau, Königstochter, Königsschloß.
→ Kapitel Titel und Berufsbezeichnungen
Konjugation: Unter Konjugation versteht man die Beugung der Verben. Die Konjugation gibt Aufschluß über Numerus, Person, Modus, Tempus und Genus verbi.
Konjunktion: Mit Konjunktion oder Bindewort bezeichnet man eine unveränderliche Wortart, die Sätze, Satzteile oder Wörter miteinander verbindet. Die nebenordnenden Konjunktionen verbinden gleichartige Sätze oder Satzteile:
Ich muß arbeiten, und du liegst in der Sonne. Sie hat zwar gelernt, aber sie ist noch unsicher.
Die unterordnenden Konjunktionen verbinden Haupt- und Nebensätze:
Sie können Ihre Lieblingsbücher lesen und darüber sprechen, wenn Sie unseren Kurs besuchen. Da die Zündkerzen naß waren, sprang der Wagen nicht an.
Konjunktionalsatz: Darunter versteht man einen Bindewortsatz mit einer unterordnenden Konjunktion:
Es ist wichtig, daß die Wahrheit veröffentlicht wird, damit sich jeder von den Bürgern ein Bild machen kann.
Konjunktiv: Mit dem Konjunktiv wird ausgedrückt, daß man etwas als nicht wirklich ansieht oder es nicht definitiv weiß, was wirklich ist. Mit dem Konjunktiv gibt man auch Wünsche, Möglichkeiten und Aufforderungen an. Der Konjunktiv ist der Modus der indirekten Rede und der Konditionalsätze.
Der Konjunktiv I oder Konjunktiv Präsens ist aus dem Präsensstamm der Verben gebildet, hat aber auch Formen für das Perfekt und das Futur und wird vor allem in der indirekten Rede gebraucht:
Seien sie doch so nett! Man nehme 10 Kilo Farbe für 100 Quadratmeter Fläche. Er glaubt, du gehest weg. Sie erzählte, er habe gesungen. Er werde gehen, versicherte
er noch gestern. Er würde laufen, wenn er könnte.
Der Konjunktiv II bildet seine Formen aus dem Stamm der Vergangenheit, kann Gegenwart und Vergangenheit bilden und dient vor allem zur Darstellung des Irrealen, nur Gedachten:
Er glaubte tatsächlich, du wärest gegangen. Sie tat so, als hätte sie davon nie gehört. Wären Sie so freundlich, mir dabei zu helfen? Was könnten sie mir raten? Wenn er eine Stunde später gegangen wäre, hätte er die Schwierigkeiten alle noch mitbekommen.
Konkordat, das: [mlat. concordatum gleichbed.]
Der zwischen einem Land und dem Vatikan geschlossene Vertrag; In der Schweiz ein Vertrag zwischen Kantonen.
Konkubinat, das: [lat. concubinatus gleichbed.]
Das ohne amtliche Eheschließung legitimierte Zusammenleben von Frau und Mann über einen längeren Zeitraum; außereheliche Verbindung.
Konkurrent, der: [lat. concurrens gleichbed.]
Mitbewerber um eine Stelle, einen Preis o.ä.; Rivale, Gegner in Wirtschaft, Sport etc.
Dieses Substantiv bildet den Genitiv: *des Konkurrenten* (Nicht: *des Konkurrents*); Dativ und Akkusativ lauten: *dem Konkurrenten, den Konkurrenten* (Nicht: *dem, den Konkurrent*).
können: Fungiert *können* als Vollverb, bildet es das 2. Partizip mit *gekonnt,* ist es Hilfsverb, wird das 2. Partizip durch den Infinitiv ersetzt, wenn das Hauptverb ebenfalls im Infinitiv steht:
Sie hat ihre Lektionen nicht gekonnt. Wegen dieser Erkältung hat sie nicht singen können (Nicht: *Wegen dieser Erkältung hat sie nicht singen gekonnt).*
In Wendungen wie die Erlaubnis, etwas tun *zu können,* ist das Verb *können* schon in *Erlaubnis* enthalten. Es muß korrekt heißen:

Er bekam vom Chef die Erlaubnis, frei zu nehmen (Nicht: *Er bekam vom Chef die Erlaubnis, frei nehmen zu können*).
Das gleiche gilt für *die Genehmigung, die Zustimmung, die Möglichkeit etc., etwas tun zu können.*
Die Ersetzung von *dafür* durch *dazu* oder *davor* in der Wendung *etwas dafür können* ist standardsprachlich nicht korrekt: *Er konnte nichts dafür* (Nicht: *Er konnte nichts dazu* oder *Er konnte nichts davor*).

können - dürfen: Die Verwendung dieser Verben in Wendungen wie *kann, darf ich das tun* betont die Verbindlichkeit eines geäußerten Wunsches. Gebraucht man *können*, betont man die Abhängigkeit von Umständen; verwendet man *dürfen*, betont man die Gewährung auf Erlaubnis: *Kann ich heute früher gehen?* (= lassen die Umstände (Menge der Arbeit etc.) dies zu). *Darf ich heute früher gehen?* (= erlaubt das jmd.)
Im Gebrauch des Konjunktiv II der beiden Verben ist ebenfalls ein Unterschied festzuhalten. Will man einen Tatbestand ausdrücken, der zwar objektiv möglich, aber keineswegs entschieden ist, gebraucht man *könnte*:
Das könnte der Mann gewesen sein, den ich gesehen habe. Sie könnte den Wagen gefahren haben.
Will man die Tatsache ausdrücken, daß die Umstände etwas ermöglichen, ja sogar zulassen oder dringend nahelegen, verwendet man *dürfte*:
Das dürfte der Mann gewesen sein, den ich gesehen habe. Sie dürfte den Wagen gefahren haben.

Konsekutivsatz: Der Konsekutiv- oder Folgesatz ist ein Nebensatz, in dem die Folge des im Hauptsatz ausgeführten Geschehens genannt wird:
Er war zu alt, als daß sie ihm die Anstrengung zumuten wollte. Er rannte so, daß er außer Atem kam. Im Traum ging er tagelang, ohne daß er vorwärts kam. Er harkte mehrere Stunden den Rasen, so daß er jetzt todmüde war.

Konsonant: Von drei aufeinandertreffenden Konsonanten oder Mitlauten werden nur zwei geschrieben, wenn ein Vokal oder Selbstlaut folgt; wird das Wort getrennt, muß der dritte Konsonant wieder eingefügt werden:
Metalleiter, Metall/leiter; volladen, voll/laden; Schiffahrt, Schiff/fahrt; Fettopf, Fett/topf.
Folgt statt eines Vokales ein vierter Konsonant, müssen alle vier geschrieben werden:
Lazarettrümmer, Lazarett/trümmer; Sauerstoffflasche, Sauerstoff/flasche; Fetttropfen, Fett/tropfen.
Drei *s*, die aus einer Auflösung eines *ß* entstanden, müssen immer geschrieben werden:
Flussstadt, Schlossszene, Schlusssegen, Schlusssatz, Nussschale.
Die Worte *Mittag, Dritteil* und *dennoch* sind Ausnahmen; auch bei Silbentrennung wird kein dritter Konsonant eingefügt:
Mit/tag, Drit/teil, den/noch.
Nach den Buchstabenverbindungen *ck* und *tz* dürfen *k* bzw. *z* nicht ausfallen:
Scheckkarte, Rückkehr, Platzzahl, Schutzzölle, Putzwang, Witzzeichnungen.

Konsortium, das: [lat. consortium "Teilhaberschaft"]
Zweckbestimmter Zusammenschluß von Geschäftsleuten oder Unternehmern, um gemeinsam risikoreiche oder kapitalintensive Transaktionen auszuführen.

kontakten: [engl.-amerik. to contact gleichbed.]
Neue Kontakte, Geschäftsbeziehungen knüpfen.
Dieses Verb des modischen Sprachgebrauchs kann ebenso wie das standardsprachliche Verb *kontaktieren* mit Verben wie *fragen, sprechen, informieren, telephonieren* ersetzt werden.

kontaktieren: → kontakten

Konterfei: Korrekte Pluralformen sind: *die Konterfeie* und *die Konterfeis.*

kontern: In der übertragenen Bedeutung von "schlagfertig antworten" wird das Verb absolut gebraucht:
Er konterte witzig, indem er meinte, ...
In der Bedeutung "einen Angreifer mit gezielten Gegenstößen überraschen" wird das Verb mit einem Akkusativ verbunden:
Wir ließen die andere Mannschaft stürmen und konterten sie dann geschickt aus.
Konto: Zum Substantiv *Konto* können drei korrekte Pluralformen gebildet werden: *die Kontos, die Konten* und *die Konti* (= italienischer Plural).
kontrovers: [lat. controversus "entgegengewandt, entgegenstehend"]
Strittig, bestritten; gegeneinander gerichtet, entgegengesetzt.
konvertieren: In der Bedeutung "die Konfession wechseln" können die Vergangenheitsformen des Verbs *konvertieren* mit dem Hilfsverb *sein* gebildet werden, dann liegt die Betonung auf dem Wechsel als Bewegung (Übertritt), oder mit dem Hilfsverb *haben*, dann wird die Abgrenzung zum transitiven Gebrauch deutlich:
Er hat aus freiem Entschluß konvertiert.
Er ist aus freiem Entschluß konvertiert.
Transitiver Gebrauch liegt z.B. in der Bedeutung "etwas frei umtauschen" vor:
Sie wollen ihre Währung konvertieren.
Konzession, die: [lat. concessio "Zugeständnis"]
Zugeständnis, Entgegenkommen; Zeitlich beschränkte Genehmigung einer Behörde zur Ausübung eines Gewerbes; Das einem Staat vorbehaltene Recht, ein Gebiet zu erschließen und die Bodenschätze auszubeuten.
Konzessivsatz: Ein Konzessivsatz ist ein Nebensatz, in dem eine Einräumung zu dem Geschehen, von dem im Hauptsatz die Rede ist, stattfindet, ohne dieses Geschehen zu entkräften:
Obwohl er sehr aufgepaßt hat, ist ihm doch ein Fehler unterlaufen. Wenngleich sie gut verdient, kommt sie doch mit dem Geld nicht aus. Wenn er auch die Wahrheit zu sagen scheint, so glaube ich ihm doch nicht.
Konzil: Dieses Substantiv bildet die Pluralformen *die Konzilien* und *die Konzile*. Beide Formen sind korrekt.
konziliant: [franz. conciliant gleichbed.]
Freundlich, entgegenkommend, verbindlich, umgänglich; versöhnlich.
Kopf: Steht das Satzsubjekt im Plural und das Substantiv *Kopf* als Objekt, markiert die Verwendung von Singular oder Plural einen Bedeutungsunterschied. Die Verwendung der Pluralform verweist auf das tatsächliche Phänomen:
Sie bekamen vor Begeisterung rote Köpfe.
Der Gebrauch des Singular kennzeichnet die übertragene Bedeutung im Sinne von "sich genieren, rot werden":
Als die Lügner ertappt wurden, bekamen sie einen roten Kopf.
kopfstehen - Kopf stehen: Das Verb ist eine unfeste Verbindung:
sie stand kopf, sie hat kopfgestanden, um kopfzustehen.
Das Verb wird in der Regel nur in übertragenem Sinn verwendet:
Die Fans standen vor Begeisterung kopf (= aus dem Häuschen sein, rasen).
Sonst wird die Wendung *auf dem Kopf stehen* gebraucht:
Er machte das auf dem Kopf stehen zu seiner täglichen Übung.
Korb: Das Gemessene kann in gehobener Sprache gebeugt werden:
Ein Korb Gemüse (Nicht: *Gemüses*). *Fünf Körbe frisches Gemüse* (geh.: *fünf Körbe frischen Gemüses*); *mit zwei Körben frischem Gemüse* (geh.: *mit zwei Körben frischen Gemüses*).
Korinthe, die: getrocknete kernlose Weinbeere.
Kork - Korken: Als Materialbezeichnung wird heute *der Kork* verwendet. Das Substantiv bildet den Genitiv *des Korks* oder *des Korkes;* der Plural lautet: *die Korke.* Als Bezeichnung des Flaschenverschlusses gebraucht man *der Korken*. Die Geni-

tivbildung lautet: *des Korkens;* der Plural: *die Korken.*
Körperteil: Dieses Substantiv führt den männlichen Artikel: *der Körperteil* (Nicht: *das Körperteil*).
Korps: → Chor - Korps
korrupt - korrumpiert: Das Adjektiv *korrupt* bedeutet "bestechlich, moralisch unzuverlässig und verdorben". Das Wort *korrumpiert* bringt zum Ausdruck, daß jemand oder etwas durch äußeren Einfluß so geworden ist:
Eine korrupte Bande von Beamten arbeitete mit den Waffenschiebern zusammen. Ein Schriftsteller, den unsere heutige Gesellschaft an den Busen drückt, ist für alle Zeiten korrumpiert.
(Friedrich Dürrenmatt)
Koryphäe, die: [franz. coryphée gleichbed.]
Persönlichkeit mit außerordentlichen Leistungen auf einem bestimmten Gebiet.
Der Genitiv lautet: *der Koryphäe;* der Plural heißt: *die Koryphäen.* Die männliche Form von *Koryphäe* ist veraltet und nicht mehr gebräuchlich.
kosten: Wird das Verb in der Bedeutung "einen bestimmten Preis, etwas verlangen von jmdm." oder "etwas als Preis verlangen" verwendet, folgt ein doppelter Akkusativ (der Person und der Sache):
Der Wagen kostet mich eine Stange Geld pro Monat. Das kostet mich nur einen Wink mit dem kleinen Finger. Das hat mich fünf Monate Arbeit gekostet.
Wird das Verb in der Bedeutung "jemand anderen um etwas bringen" verwendet, ist der doppelte Akkusativ und die Konstruktion mit dem Dativ der Person und dem Akkusativ der Sache möglich:
Diese Entgleisung kostete ihn den Erfolg. Der Skandal um die Urlaubsreisen kostete den Politiker das Amt. Diese Entgleisung kostete ihm den Erfolg. Der Skandal um die Urlaubsreisen kostete dem Politiker das Amt.
In der festen Wendung *sich eine Sache etwas kosten lassen* kann das rückbezügliche Fürwort sowohl im Dativ als auch im Akkusativ stehen:
Diesen Auftrag lasse ich mir oder *mich schon einen fünfstelligen Betrag kosten.*
Kosten: Nach der Fügung *auf Kosten* wird mit einem Genitiv angeschlossen. Ohne Namen, nur anstelle des Genitivanschlusses ist der Gebrauch der Präposition *von* falsch:
Sie bereicherten sich auf Kosten der Nachbarn (Nicht: *Sie bereicherten sich auf Kosten von den Nachbarn*).
Bei Namen ist der Gebrauch der Präposition *von* dagegen korrekt:
Die ganze Gruppe lebte auf Kosten von Fritz.
Kotelett: Als Bezeichnung für das Rippenstück bildet das Substantiv *das Kotelett* den Plural: *die Koteletts* aber auch *die Kotelette.* Als Benennung für den Backenbart muß es heißen: *die Koteletten.*
kraft: Die Präposition *kraft* zieht den Genitiv nach sich:
Er konnte kraft seines Vermögens die schlimmsten Auswirkungen abmildern.
Kragen: Die standardsprachlich korrekte Pluralform zu diesem Substantiv lautet: *die Kragen. Die Krägen* wird in Dialekten gebraucht.
Kran: Die standardsprachlich korrekte Pluralform zu diesem Substantiv lautet: *die Kräne. Die Krane* wird in der technischen Fachsprache gebraucht.
krank: *Krank* und das nachfolgende Verb schreibt man getrennt; wenn beide Wörter in ihrer originalen Bedeutung verwendet werden; beide Wörter sind betont:
Um sich krank melden zu können, mußte sich der Schüler vom Arzt krank schreiben lassen. Er hat sich wirklich krank gefühlt und geglaubt, daß er krank werde.
Entsteht durch die Kombination ein neuer Begriff, schreibt man zusammen, (mit Ausnahmen der Wendung *sich krank lachen*); nur der erste Teil ist betont:
Der Schüler hat schon zum dritten Mal krankgemacht (= seiner Verpflichtung fernbleiben). *Die Bauarbeiter haben am*

Montag krankgefeiert (= ugs. für: nicht zur Arbeit erscheinen). (Aber: *Der Chef hat sich darüber nicht gerade krank gelacht*) (= ugs. für: sehr amüsiert, sehr gelacht).
Kranke: Diese Bezeichnung wird wie ein attributives Adjektiv gebeugt:
Der Kranke, die Kranke, die Kranken, fünf Kranke, ein Kranker etc.
Nach einem starken Adjektiv wird im Genitiv Plural stark gebeugt:
Die Gesundung zweier Kranker (Nicht: *Kranken*) *war überraschend.*
Bei einem Dativ in der Einzahl wird nach einem starken Adjektiv schwach dekliniert:
Besagtem Kranken (Nicht: *Krankem*) *wurde die letzte Ölung gereicht.*
Als Apposition verwendet, kann die starke oder die schwache Deklination erfolgen:
Ihr als Kranker oder *Ihr als Kranken sieht man die schlechte Laune nach. Ihm als Kranken* oder *Ihm als Kranker treffen die Sparbeschlüsse der Regierung besonders.*
Kredit: Das männliche Substantiv *der Kredit* bedeutet "Darlehen, Glaubwürdigkeit, Zahlungsfähigkeit" und bildet den Genitiv: *des Kredits* oder *des Kredites* und den Plural: *die Kredite*. Das sächliche Substantiv *das Kredit* bedeutet "Haben, Guthaben" und bildet den Genitiv: *des Kredits* und den Plural: *die Kredits*.
kreischen: Nur noch die regelmäßigen Formen *kreischte, gekreischt* sind heute standardsprachlich korrekt.
Krem: → Creme - Krem
Kretin, der: [franz. crétin gleichbed.]
Schwachsinniger, jemand, der an *Kretinismus* leidet; Trottel.
kreuz - Kreuz: Klein schreibt man in der festen Fügung *kreuz und quer*; groß schreibt man das Substantiv:
Er war in seiner Jugend kreuz und quer durch die Welt gewandert. Er wanderte in die Kreuz und in die Quere.
Auch als Bestandteil von Eigennamen schreibt man groß;
Das Eiserne Kreuz, das Rote Kreuz.

Krieg- - Kriegs-: Mit Ausnahme von *Kriegführung* und *kriegführend* haben alle Zusammensetzungen mit *Krieg* als Anfangswort ein Fugen-s:
Kriegsblinder, Kriegsächter, Kriegserklärung, Kriegsdienstverweigerer, Kriegsfall etc.
Kristall: Das männliche Substantiv *der Kristall* im Sinne von "mineralischer Körper" bildet den Plural: *die Kristalle*. Das sächliche Substantiv *das Kristall* bedeutet "geschliffenes Glas" und benennt im Plural gemeinsam die Gesamtheit der kristallenen Gegenstände:
Mein Kristall habe ich in Murano erworben.
Krokette, die: [franz. croquette gleichbed.]
Knuspriges Röllchen oder Bällchen aus Kartoffelbrei oder Fleisch, das in heißem Fett ausgebacken wird.
Krokus: Das Substantiv bildet den Genitiv: *des Krokus* und die Pluralformen: *die Krokusse* und (langsam veraltend) *die Krokus.*
krumm: *Krumm* und das nachfolgende Verb schreibt man getrennt; wenn beide Wörter in ihrer originalen Bedeutung verwendet werden; beide Wörter sind betont:
Uri Geller hat sein Besteck, ohne es zu berühren, krumm gebogen.
Entsteht durch die Kombination ein neuer Begriff, schreibt man zusammen; nur der erste Teil ist betont:
Sie haben ihren Gefangenen krummgeschlossen ins Verließ geworfen (= an Händen und Füßen zusammengebunden).
Dieser Irrtum wurde ihm krummgenommen (= übelgenommen). *Nach dem Krieg mußten sie sich krummlegen* (= hart arbeiten; stark einschränken). *Sein Fehler ließ das Projekt krummgehen* (= fehlschlagen).
Küken: Nur diese Schreibweise ist standardsprachlich korrekt.
Kumpel: Die standardsprachlich korrekte Pluralform heißt: *die Kumpel*. Die Bildung *die Kumpels* ist umgangssprachlicher Gebrauch.

Kunde: Das männliche Substantiv *der Kunde* bedeutet "Käufer" und bildet den Genitiv: *des Kunden* und den Plural: *die Kunden*. Das weibliche Substantiv *die Kunde* bedeutet "Nachricht" und bildet den Genitiv: *der Kunde* und den nur selten verwendeten Plural: *die Kunden*.

kündigen: In Kombination mit Personen oder Abstraktem, Personen Ähnlichem folgt nach dem Verb *kündigen* ein Dativ: *Man hat ihm ohne Grund den Mietvertrag gekündigt. Ihm wurde gekündigt. Diese Art von Glauben verlangt von den Anhängern, ihrem Verstand zu kündigen.*
In der Umgangssprache werden Personen auch im Akkusativ angeschlossen: *Man hat ihn ohne Grund den Mietvertrag gekündigt. Ihn ist gekündigt worden.*
In Kombination mit Dingen folgt nach dem Verb ein Akkusativ: *Die unterbezahlten Arbeiter hatten geschlossen das Arbeitsverhältnis gekündigt.*
Das 2. Partizip des Verbs kündigen kann bezüglich Sachen attributiv verwendet werden: *Die zu Unrecht gekündigten Verträge wurden dem Arbeitsgericht vorgelegt.*
Da umgangssprachlich auch Personen mit dem Akkusativ angeschlossen werden, ist in der Umgangssprache auch hier der attributive Gebrauch möglich: *Die gekündigten Mitarbeiter* (Besser: *Die Mitarbeiter, denen gekündigt worden war ...*) *wurden wieder eingestellt.*

küren: Dieses Verb ist ein Ausdruck der gehobenen Sprache und steht für "wählen". In der Regel werden heute die regelmäßigen Formen: *kürte, gekürt* den unregelmäßigen: *kor, gekoren* vorgezogen.

kurpfuschen: Dieses vom Substantiv *Kurpfuscher* abgeleitete Verb wird in allen Formen zusammen geschrieben: *Sie kurpfuschte am Herd herum. Man hat gekurpfuscht, als man das Mittel zusammenstellte. Um zu kurpfuschen, brauche ich keinen Arzt.*

Kurs - Kursus: Das Substantiv *Kurs* wird in den Bedeutungen "Rennstrecke; Fahrtrichtung; Preis von Wertpapieren und Devisen an der Börse; Lehrgang" verwendet. *Der Kursus* bezeichnet nur einen "Lehrgang".

kurz: Als reines Adjektiv, wenn *kurz* ein Artikel vorangeht, beide Wörter aber für ein einfaches Adjektiv stehen und in festen Wendungen gebraucht, schreibt man klein:
Der kurze Sommer war eine Enttäuschung. Sie konnten das nicht auf das kürzeste (= sehr kurz) *erklären. Vor kurzem hat er noch gearbeitet. Das hat sich binnen kurzem geändert. Er hatte bei der Auseinandersetzung den kürzeren gezogen. Über kurz oder lang werden sie es schaffen.*
Als substantiviertes Adjektiv oder als Bestandteil von Namen gebraucht, schreibt man groß:
Zum Bier genehmigte er sich einen Kurzen. In der Kürze liegt die Würze. Hermann Kurz, Schriftsteller. Pippin der Kurze (der eigentlich *Pippin der Jüngere* hieß).
Kurz und das nachfolgende Verb schreibt man getrennt, wenn beide Begriffe in ihrer originären Bedeutung verwendet werden; beide Wörter sind betont:
Der Spion konnte die geheimen Akten nur kurz einsehen. Während der Prüfungsvorbereitungen waren ihre Mußestunden nur kurz bemessen. Die Steaks dürfen nur kurz angebraten werden.
Auch die feststehenden partizipialen Wendungen werden getrennt geschrieben:
Nach ihrem Streit war sie kurz angebunden. Kurz gesagt, es war alles umsonst. Er griff kurz entschlossen zum Telephon.
Entsteht durch die Kombination beider Wörter ein neuer Begriff, schreibt man zusammen; nur das erste Wort ist betont:
Nachdem sie im Betrieb schon drei Monate kurzarbeiten (= mit Lohneinbußen verbundene, erzwungene Verkürzung der Arbeitszeit), *muß die Familie kürzertreten* (= sich einschränken). *Die Autodiebe hatten die Zündung kurzgeschlossen* (= den

Stromkreislauf überbrücken, um ohne Schlüssel zu starten).
kürzlich: Nicht korrekt ist eine Verwendung dieses Adverbs als Attribut. Falsch ist also der Satz:
Er hat das kürzliche Versprechen nicht gehalten.
Richtig muß es heißen:
Er hat das Versprechen, das er kürzlich gab, nicht gehalten.
kurz und bündig: Diese Fügung kann nur als Angabe des Umstands gebraucht werden:
Die Anweisung des Chefs war kurz und bündig. Diese Anweisung bezeichnete die Sekretärin kurz und bündig als umständlich.
Nicht korrekt ist eine attributive Verwendung:
Der Chef gab eine kurz und bündige Anweisung.
küssen: Auf das Verb *küssen* folgt ein Dativ der Person, die geküßt wird; das geküßte Körperteil der Person steht im Akkusativ:
Die Pilger küßten dem Papst die Hand.
Steht der Körperteil als Raumangabe, folgt der Akkusativ der Person:
Sie küßte den Buben auf das Haar (Nicht: *Sie küßte dem Buben auf das Haar*).
Kuvert, das: [franz. couvert "Tischzeug, Gedeck, Umschlag"]
Brieffumschlag; Tafelgedeck für eine Person.
Kybernetik, die: [engl.-amerik. cybernetics gleichbed.]
Forschungsrichtung, die vergleichende Betrachtungen über Gesetzmäßigkeiten im Ablauf von Steuerungs- und Regelungsvorgängen in Technik, Biologie und Soziologie anstellt. In der evangelischen Religion die Lehre von der Kirchen- und Gemeindeleitung.

L

Label, das: [engl. label gleichbed.]
Etikett einer Schallplatte, Musikverlag; Klebeetikette oder Klebemarke.
Labyrinth, das: [griech. labyrinthos "Haus mit Irrgängen"]
Irrgarten, Irrgang; undurchdringliches Durcheinander; Innenohr.
lachen - Lachen: Gebraucht man den Infinitiv, schreibt man klein; den substantivierten Infinitiv, der durch einen Artikel, ein Pronomen o.ä. näher erläutert ist, schreibt man groß:
Darüber konnte er laut lachen. Sein lautes Lachen klang deplaziert.
Lade - Laden: Das weibliche Substantiv *die Lade* bezeichnet "ein Schubfach in einem Möbel" und bildet die Pluralform: *die Laden.* Das männliche Substantiv *der Laden* wird in der Bedeutung "Räumlichkeit für ein Geschäft, Verschluß, Schutzvorrichtung" verwendet und bildet den Plural: *die Läden* und in Zusammensetzungen auch: *die Laden:*
Alle (Schub)Laden waren durchwühlt. Am Feiertag haben alle Läden geschlossen. Am Abend ließ der Vater alle Rolläden oder *Rolladen herunter.*
laden: Das Verb *laden* in der Bedeutung von "zum Besuch, zum Kommen auffordern, einladen" bildet in der 2. und 3. Person Singular Präsens Indikativ die heute standardsprachlich korrekten Formen: *du lädst, er, sie, es lädt;* die früher üblichen Formen: *du ladest, er, sie, es ladet* gelten dagegen als veraltet.
Das Verb *laden* in der Bedeutung von "etwas aufladen" bildet in der 2. und 3. Person Singular Präsens Indikativ nur die Formen: *du lädst, er, sie, es lädt.*

Die Vergangenheit von beiden Verben lautet: *lud* (Nicht: *ladete*), das 2. Partizip heißt: *geladen* (Nicht: *geladet*).
Lady, die: [engl. lady gleichbed.] Adelstitel für eine Dame in England; Dame. Im Deutschen hat das Substantiv neben der deutschen Pluralbildung *die Ladys* auch die englische Pluralform *die Ladies*.
Lager: Der in der Standardsprache korrekte Plural zu diesem Substantiv lautet: *die Lager*. Im Sinne von Warenvorräte wird in der Kaufmannssprache auch *die Läger* verwendet.
Lama: Das männliche Substantiv *der Lama* ist die Bezeichnung für einen buddhistischen Priester; mit dem sächlichen Wort *das Lama* wird eine südamerikanische Kamelart benannt.
Lampion: In der Regel steht dieses Substantiv mit männlichem Geschlecht. *Das Lampion* ist selten.
lancieren: [franz. lancer "schleudern, vorwärtsstoßen"]
Auf geschickte Art erreichen, daß etwas bekannt wird, daß etwas in die Öffentlichkeit gelangt; eine Person auf geschickte Weise an einen besonderen, wichtigen etc. Posten, Platz etc. bringen.
Land: In der Regel wird heute die Fügung *aus aller Herren Länder* undekliniert verwendet:
Die Gesandten aus aller Herren Länder (Nicht: *...aus aller Herren Ländern...*) *kamen zum Empfang des Präsidenten.*
Land- - Landes- - Lands-: Zusammensetzungen mit dem Wort *Land* werden unterschiedlich gebildet, zum Teil entsprechen den unterschiedlichen Bildungen unterschiedliche Bedeutungsinhalte.
Land in der Bedeutung "Feld, Acker, dörfliches, freies Land" bekommt bei Zusammensetzungen kein Fugen-s:
Landbevölkerung, Landsitz, Landwirtschaft.
Land in der Bedeutung "Festland, Erdboden" bekommt bei Zusammensetzungen ebenfalls kein Fugen-s:

Landratte, Landstrich.
Land in der Bedeutung "Heimat" wird mit anderen Wörtern durch ein Fugen-s zusammengesetzt:
Landsmannschaft, Landsmann.
Entweder ohne Fugen-s oder mit *-es-* wird *Land* mit anderen Wörtern verbunden, wenn es im Sinne von "Staatsgebiet, geographisch oder politisch definiertes Gebiet" verstanden wird:
Landfriedensbruch, Landkarte, Landkreis, landläufig; Landesfarben, Landesamt, Landessprache, Landessitte.
(Ausnahme: *der Landsknecht*).
landen: Das Verb *landen* transitiv verwendet bedeutet "an Land oder auf den Boden bringen, anbringen"; die Vergangenheitsformen werden mit dem Hilfsverb *haben* gebildet:
Der Flugkapitän hat das Flugzeug in Berlin gelandet. Der Champion hat einen K. o.-Schlag gelandet (übertragen für: *angebracht*). *Der Gangster hat einen Coup gelandet* (übertragen für: *gelungen*).
Das Verb *landen* intransitiv verwendet bedeutet "ankommen, anlegen, auf den Erdboden aufsetzen"; die Vergangenheitsformen werden mit dem Hilfsverb *sein* gebildet:
Das Flugzeug ist in Berlin gelandet. Der Gangster ist doch im Gefängnis gelandet (ugs. für: *wider Willen hineingekommen*). *Die Amerikaner sind 1945 in der Normandie gelandet.*
Ländernamen: → Geographische Namen
Landmann - Landsmann: Ein *Landmann* ist ein Bauer, ein Landwirt; ein *Landsmann* ist jemand, der aus derselben Gegend, Nation, demselben Land stammt, wie ein zu diesem in Bezug gesetzter Mensch.
→ Land- - Lands- - Landes-
lang: Das Adjektiv *lang* wird klein geschrieben, auch mit vorangehendem Artikel, wenn die Verbindung als einfaches Adjektiv fungiert:
Dieser lange Mensch versperrt seinem Hintermann die Sicht. Der Beamte hat des

langen und breiten (= umständlich) *seine Vorschriften erklärt.*
Ebenfalls klein schreibt man in festen Wendungen:
Die Verhandlungen werden über kurz oder lang (= bald) *scheitern.*
Das substantivierte Adjektiv schreibt man groß:
Der Lange von den beiden ist mein Freund. Von den vier Teilen passen das Lange und das Kurze nicht zusammen.
Lang und ein folgendes Partizip schreibt man zusammen, wenn die Kombination in adjektivischem Sinn verwendet wird; nur das erste Wort ist betont:
Der langanhaltende Schneesturm sorgte für gute Wintersportverhältnisse. Endlich fand er die langgesuchte Erstausgabe von Hemingways Roman "Wem die Stunde schlägt".
Getrennt schreibt man, wenn die Vorstellung des Machens, der Betätigung hervorgehoben werden soll; beide Wörter sind betont:
Der lang anhaltende Schneesturm sorgte für gute Wintersportverhältnisse. Endlich fand er die lang(e) gesuchte Erstausgabe von Hemingways Roman "Wem die Stunde schlägt".
Adjektivisch verwendete Kombinationen aus mehreren Wörtern schreibt man zusammen:
Die Brieffreundin wartete tagelang auf eine Antwort. Der Reiseschriftsteller war jahrelang unterwegs. Der kilometerlange Stau schreckte die Autofahrer nicht.
Getrennt wird aber, wenn *lang* durch eine Maßeinheit mit Artikel, Pronomen o. ä. näher definiert ist:
Die Brieffreundin wartete zwanzig Tage lang auf eine Antwort. Der Reiseschriftsteller war viele Jahre lang unterwegs. Der mehrere Kilometer lange Stau schreckte die Autofahrer nicht.
lang - lange: Die Form des Adjektivs ist *lang*, das Adverb hat die Form *lange*:
Die Leiter ist lang. Er hat lange um sie geworben.
In der Umgangssprache kann auch das Adverb *lang* heißen; standardsprachlich ist diese Form für den adverbialen Gebrauch nicht korrekt:
Er hat lang um sie geworben.
Langeweile - Langweile: Beide Formen sind standardsprachlich korrekt. Das Substantiv *Langeweile* wird entweder nicht dekliniert: *aus Langeweile, durch die Langeweile, wegen Langeweile, mit Langeweile,* oder es wird der erste Wortteil Lange gebeugt: *aus Langerweile, durch die Langeweile, wegen Langerweile, mit Langerweile.* Diese Formen gehören zum gehobenen Sprachgebrauch.
Langmut: Im Gegensatz zum Substantiv *der Mut* ist *die Langmut* weiblichen Geschlechts.
längs: Nach der Präposition ist der Genitiv die Regel; aber auch der Gebrauch des Dativ ist korrekt:
Längs der Straße waren alle Bäume geknickt. Längs dem Schützengraben lagen die Toten.
Trifft ein stark gebeugtes, von einer Präposition abhängiges Substantiv im Singular auf ein stark dekliniertes Substantiv im Genitiv Singular, verwendet man den Dativ:
Längs Münchens schönem Isarstrand sonnen sich die Menschen.
Lappalie, die: [latinisierte Bildung von dt. Lappen]
Kleinigkeit, Belanglosigkeit; unbedeutende Sache oder Angelegenheit in abwertendem Sinn.
Lapsus, der: [lat. lapsus gleichbed.]
Das Substantiv mit der Bedeutung "Schnitzer, Fehler, Versehen" bildet den Genitiv: *des Lapsus* und den Plural: *die Lapsus.*
larmoyant: [franz. larmoyant gleichbed.]
weinerlich, rührselig; mit zuviel Gefühl, Selbstmitleid.
läse - lese: Der Konjunktiv I des Verbs *lesen* heißt *lese;* er wird hauptsächlich in der indirekten Rede gebraucht:
Er jammerte ständig, er lese viel zu wenig.

Der Konjunktiv II lautet *läse;* er findet vor allem in Bedingungssätzen Verwendung: *Wenn er mehr läse, wäre er nicht so frustriert.*

lassen: Wird ein Verb im Infinitiv mit dem Verb *lassen* im Sinne von "zulassen, erlauben, veranlassen, nicht hindern" kombiniert, steht *lassen* ebenfalls im Infinitiv:
Er hat sich nicht gern herumkommandieren lassen. Sie haben das Unmögliche geschehen lassen. Man wird die Frist verstreichen lassen.
In der Kombination mit zusammengesetzten Verben kann statt des Infinitivs auch ein 2. Partizip stehen:
Nach den Protesten haben sie den Baum stehengelassen (Oder: *...den Baum stehenlassen*). *Die Weltmacht hat ihren Verbündeten fallengelassen* (Oder: *...ihren Verbündeten fallenlassen*).
Kommt noch ein Modalverb dazu, stehen drei Infinitive in Serie, wobei das Modalverb zuletzt stehen muß. In den übrigen Fällen steht der Infinitiv *lassen* am Ende:
Sie haben den Gauner ausreisen lassen. Widerwillig haben sie den Gauner ausreisen lassen müssen. Man hat den Aggressor gewähren lassen. Man hätte ihn nicht gewähren lassen sollen.
Das gilt auch für Nebensätze:
Sie waren erzürnt, weil sie den Gauner haben ausreisen lassen müssen (Nicht: *...weil sie den Gauner ausreisen haben lassen müssen*). *Dafür, daß sie den Aggressor haben gewähren lassen, bekamen sie jetzt die Quittung* (Nicht: *..., daß sie den Aggressor gewähren lassen haben, ...*).
Im Infinitiv Perfekt ist nur *gelassen haben* möglich:
Sie verweist darauf, das Gewünschte schon besorgen gelassen zu haben.
In einer Passivkonstruktion ist nur das 2. Partizip möglich:
Die Verbündeten wurden von der Schutzmacht fallengelassen.

Falsch sind dagegen in dialektalen Umgangssprachen häufig verwendete Passivkonstruktionen wie:
Der Schaden wird richten gelassen.
In Aussagen wie *jmdn. etwas spüren, fühlen, sehen, wissen etc. lassen* steht heute ein Akkusativ:
Er ließ mich seine Verachtung spüren. Wir lassen den Jungen den Kinderfilm sehen. Laßt ihn doch die gute Nachricht sofort wissen. Ich ließ ihn den Irrtum ruhig glauben. Man sollte ihn seinen Irrtum ruhig glauben lassen.
Eine Ausnahme ist die Fügung *etwas merken lassen,* in der ein Dativ steht:
Ich lasse mir meine Wut nicht anmerken. Er darf sich seine Freude schon merken (= anmerken) lassen.
Aber:
Man läßt mich die Wut nicht merken (= anmerken, spüren).
In der Wendung *jmdn. jmdm. etwas sagen lassen* sind Dativ- und Akkusativkonstruktionen möglich:
Die Frau ließ den Mann Schmeicheleien sagen (= erlaubte, daß er dies sagen konnte). *Die Frau ließ dem Mann Schmeicheleien sagen* (= sie ließ ihm dies ausrichten).
Bei reflexiven Verben müßte korrekt das im Akkusativ stehende Fürwort zweifach erscheinen, da ein Fürwort das Akkusativobjekt ist, das andere das Reflexivpronomen des Verbs:
Bitte lassen Sie mich mich erst erfrischen.
Eine solche, stilistisch unschöne und schwerfällige Konstruktion formuliert man besser um:
Erlauben Sie, daß ich mich erst erfrische. Erlauben Sie mir, mich erst zu erfrischen.
Wird dem Akkusativ in der Infinitivkonstruktion ein weiteres Objekt gleichgestellt, stand dieses früher ebenfalls im Akkusativ; heute setzt sich der Gebrauch des Nominativs durch:
Laß mich deinen tapferen Beschützer sein (= früher). *Laß mich dein tapferer Beschützer sein* (= heute eher gebräuchlich).

Laß deinen Ehrentag einen ereignisreichen Tag werden (= früher). *Laß deinen Ehrentag ein ereignisreicher Tag werden* (= heute eher gebräuchlich).
In unveränderlichen Redewendungen ist die Konstruktion mit einem Akkusativ durchaus noch üblich:
Laß den lieben Gott einen guten Mann sein.
Lasso, das oder der: [span. lazo "Schnur, Schlinge"]
Wurfschlinge, mit der Tiere eingefangen werden.
Laudatio, die: [lat. laudatio "Lobrede"]
Rede, die anläßlich einer Preisvergabe auf den Preisempfänger gehalten wird, und in der dessen Verdienste oder Leistungen gewürdigt werden.
laufen: Die Vergangenheitsformen des Verbs *laufen* werden in der Regel mit dem Hilfsverb *sein* gebildet:
Sie sind zu dem Bus gelaufen. Er war auf den gefrorenen See gelaufen.
Die Bildung mit dem Hilfsverb *haben* kann erfolgen, wenn sich laufen auf einen Wettkampf im Sinne "einen Lauf absolvieren" bezieht; meist wird aber auch in diesem Fall die Bildung mit sein vorgezogen:
Sie hat eine phantastische Zeit gelaufen. Dann haben sie Schlittschuh gelaufen. Sie war eine phantastische Zeit gelaufen. Dann sind sie Schlittschuh gelaufen.
laufend: Das Wort *laufend* wird als Adverb im Sinne von "ständig, dauernd" verwendet:
Leider arbeiten sie laufend an der Verbesserung ihrer Waffensysteme. Laufend meldeten sich neue Interessenten für die Wohnung.
In festen Kombinationen mit einem Verb wird *laufend* auch dann klein geschrieben, wenn ein Artikel vorausgeht:
Der Kriegsberichterstatter wollte immer auf dem laufenden bleiben, damit seine Leser auf dem laufenden waren.
laufen lassen - laufenlassen: Werden die beiden Verben in ihrer originären Bedeutung verwendet, schreibt man getrennt; beide Wörter sind betont:
Der Trainer hat seine Spieler lange laufen lassen.
Entsteht durch die Kombination ein neuer Begriff, schreibt man zusammen; nur das erste Wort ist betont:
Man mußte den Verdächtigen wieder laufenlassen (= freilassen, die Freiheit geben).
launig - launisch - launenhaft: *Launig* wird in der Bedeutung "humorvoll, witzig, heiter gestimmt" verwendet und ist meist nicht auf Personen bezogen:
Er trug ein launiges Lächeln im Gesicht.
Nichts damit zu tun haben die Charakterisierungen *launisch* und *launenhaft*. Während *launisch* im Sinne von "wechselhafte Stimmungen, die vor anderen nicht verborgen werden" gebraucht wird, betont *launenhaft* "die Unberechenbarkeit von etwas":
Der launische Kerl hat alle fünf Minuten eine andere Stimmung. Das Glück ist launenhaft, bald flieht es uns, bald überhäuft es uns.
laut: Nur bei einem etwas Gesprochenes oder Geschriebenes bezeichnenden Substantiv ist der Gebrauch der Präposition *laut* möglich:
Laut Ansprache, laut Radio Freies Europa, laut Mitteilung des Weißen Hauses, laut Verordnung etc.
Nach der Präposition *laut* kann ein Genitiv oder ein Dativ folgen:
Laut des Gesetzes oder *laut dem Gesetz; laut eines Antrages* oder *laut einem Antrag; laut elterlichen Rates* oder *laut elterlichem Rat.*
Ein alleinstehendes stark gebeugtes Substantiv in der Einzahl wird nach *laut* nicht dekliniert, steht es in der Mehrzahl, wird es im Dativ angeschlossen:
Laut Brief, laut Briefen; laut Vertrag, laut Verträgen.
Der Dativ steht auch dann, wenn dem von *laut* abhängigen stark gebeugten Substantiv in der Einzahl ein anderes

stark gebeugtes, im Genitiv stehendes Substantiv in der Einzahl folgt oder vorausgeht:
Laut Hoffmanns umfangreichem Buch (Statt: *laut des umfangreichen Buches des Herrn Hoffmann*). *Laut dem Antrag des Vorsitzenden* (Statt: *Laut den Antrag des Vorsitzenden*).

Laut: Der *Laut* ist die kleinste klangliche Unität der gesprochenen Sprache. Der *Laut* wird durch einen oder mehrere Buchstaben abgebildet: *a, b, k, ch, eu, pf, sch*.

lauten: Der Anschluß nach dem Verb *lauten* geschieht durch die Präpositon *auf* mit folgendem Akkusativ:
Das Verdikt lautet auf lebenslange Verbannung. Die Abkommen lauten auf den Namen einer Scheinfirma.

lauter: Das Wort *lauter* behält in der Regel in seinen deklinierten und gesteigerten Formen das *e* in der Endsilbe:
Er zeigt eine lautere Gesinnung.

Law and order: [amerik. law and order "Gesetz und Ordnung"]
Politisches Schlagwort zur Durchsetzung der Forderung nach Polizeimaßnahmen und Gesetzesverschärfungen, um Kriminalität und Gewalt zu bekämpfen.

Layout, das: [engl. layout gleichbed.]
Gestaltung von Text und Bild einer Seite einer Publikation, z.B. eines Buches, einer Zeitung oder eines Werbemittels, z.B. einer Anzeige oder eines Plakats.

Leasing, das: [engl. to lease gleichbed.]
Moderne Form der Industriefinanzierung; Vermietung von Investitionsgütern und Industrieanlagen, wobei bei einem eventuellen späteren Kauf des Gutes der bis dahin bezahlte Mietpreis auf den Kaufpreis angerechnet wird.

Lebehoch: Während man *er lebe hoch!* klein und getrennt schreibt, wird das sächliche Substantiv *das Lebehoch* groß und zusammen geschrieben. Der Plural dazu lautet: *die Lebehochs:*
Laßt uns ein kräftiges Lebehoch auf den Jubilar ausrufen.

Lebemann: Dieses Substantiv bildet den Plural: *die Lebemänner.*

lebenslang - lebenslänglich: Im Strafrecht werden diese beiden Adjektive heute unterschiedslos verwendet. Im standardsprachlichen Gebrauch ist der Unterschied ebenfalls minimal, die beiden Wörter werden synonymisch füreinander verwendet. Will man die Dauer von etwas betonen, verwendet man meist *lebenslang*, handelt es sich nicht so sehr um die Dauer, sondern um die Erstreckung über des Zeitraums hin mit der Betonung des Endpunktes Tod, wählt man *lebenslänglich*:
Seiner lebenslangen Beschäftigung bei der christlichen Seefahrt verdankte er diesen Seemannsgang. Für den Kindsentführer forderte der Staatsanwalt eine lebenslängliche Haftstrafe.
In vielen Fällen ist die synonymische Verwendung durchaus korrekt:
Sie verschafften ihm einen lebenslangen oder *lebenslänglichen Aufenthalt in einer Anstalt.*

Lebewohl: Das sächliche Substantiv *das Lebewohl* bildet die Genitivformen: *des Lebewohls, des Lebewohles,* der Plural heißt: *die Lebewohle* oder *die Lebewohls.* Als syntaktische Fügung schreibt man den Ausdruck getrennt; als Substantiv schreibt man zusammen:
Beim Abschied riefen sie alle: "Lebe wohl!". Sie kamen, ihm Lebewohl zu sagen.

Lebtag: Folgende Fügungen mit dem Substantiv *Lebtag* sind korrekt:
Darum habe ich mein Lebtag gebangt (Nicht: *Darum habe ich meinen Lebtag gebangt*). *Er wird seine Lebtage daran denken. Ich glaubte, meiner Lebtage nicht mehr froh zu werden.*

leer: Fungiert *leer* als Verbzusatz, der die im Verb ausgedrückte Tätigkeit abwandelt, schreibt man zusammen; nur das erste Wort ist betont:
Sie lassen das Lager leerräumen (= ausräumen). *Sie wollen den Krug leertrinken* (= austrinken).

Die Kombination von *leer* mit dem Partizip *stehend* schreibt man ebenfalls zusammen:
Die leerstehenden Häuser verfallen allmählich.
Werden beide Wörter als eigenständige Satzglieder verwendet, schreibt man *leer* und das nachfolgende Verb getrennt; beide Wörter sind betont:
Wirst du jetzt endlich den Krug leer trinken. Sie wollten übers Wochenende den Bach leer fischen.

legal - legitim: *Legal* bedeutet "gesetzlich erlaubt, dem Gesetz entsprechend", *legitim* bedeutet "im Rahmen der Vorschriften erfolgend oder zulässig, rechtmäßig":
Er konnte sein Vermögen nicht legal erworben haben. Gegen dieses Urteil Widerspruch einzulegen war legitim.
Heute wird *legitim* auch in der übertragenen Bedeutung "vernünftig, verständlich, richtig" gebraucht:
Sie hatten nur ein legitimes Bedürfnis nach Frieden ausgedrückt.

Legat: Das männliche Substantiv *der Legat* ist die Bezeichnung für einen "Gesandten" und bildet den Genitiv: *des Legaten* und die Pluralform: *die Legaten.* Das sächliche Substantiv *das Legat* bedeutet "Vermächtnis, Erbschaft" und bildet die Genitivformen: *des Legats* oder *des Legates.* Der Plural lautet: *die Legate.*

legen - verlegen: Im Kontext von "eine Leitung legen" können beide Verben gebraucht werden, wobei in den Fachsprachen *verlegen* üblicher ist:
Die Elektriker legen oder *verlegen eine neue Leitung.*

legitimierem, sich: Nach diesem reflexiven Verb folgt ein Substantiv im Nominativ, das bedeutet, das zu Legitimierende bezieht sich auf das Satzsubjekt:
Er legitimiert sich als der Bewohner des Hauses.

lehren: Die Konstruktion, nach *lehren* mit dem Dativ der Person und dem Akkusativ der Sache anzuschließen, ist historisch korrekt. Im heutigen standardsprachlichen Gebrauch hat sich jedoch die Konstruktion mit doppeltem Akkusativ durchgesetzt:
Man hat ihn den korrekten Gebrauch der deutschen Grammatik gelehrt. Man hat ihm (= veralteter Dativ) *den korrekten Gebrauch der deutschen Grammatik gelehrt.*
Die Person muß immer im Akkusativ stehen, wenn die zu lehrende Sache nicht genannt wird:
Sie lehrten besonders die Gastschüler.
In der Passivkonstruktion dagegen hat sich der Dativ der Person durchgesetzt:
Ihm wurde der korrekte Gebrauch der deutschen Grammatik gelehrt.
Auf ein Verb im Infinitiv wird in der Regel das 2. Partizip *gelehrt,* seltener der Infinitiv *lehren* angeschlossen:
Man hat die Kinder sprechen gelehrt (Selten: *Man hat die Kinder sprechen lehren*).
In Fügungen *jmdn. etwas zu sein lehren* wird in der Regel dieses *etwas* im Nominativ angeschlossen:
Sie lehrten ihn ein Gegner aller Unterdrückung zu sein (Veraltet: *Sie lehrten ihn einen Gegner aller Unterdrückung zu sein*).
Nach dem Verb *lehren* folgt ein nicht durch ein Objekt o.ä. erweiterter Infinitiv ohne *zu:*
Sie lehren argumentieren. Ich lehrte ihn leben und genießen.
Wird der Infinitiv durch ein Objekt oder eine Umstandsangabe erweitert, kann eine Konstruktion mit oder ohne *zu* folgen; je umfangreicher die Erweiterung wird, umso zwingender ist der Gebrauch von *zu:*
Sie lehren, auf dialektische Weise zu argumentieren. Ich lehrte ihn, ohne falsche Reue und Bescheidenheit zu leben und zu genießen.
Die Verben *lehren* und *lernen* dürfen nicht verwechselt werden:
Der Lehrer hat den Schüler rechnen gelehrt (Nicht: *Der Lehrer hat den Schüler rechnen gelernt*). *Der Schüler hat das Rechnen in der Schule gelernt* (Nicht: *Der Schüler hat das Rechnen in der Schule gelehrt*).

Bei Komposita hat sich aber die Verwendung des Verbs *lernen* im Sinne von "sich geistig aneignen" oder "jmdn. unterweisen" durchgesetzt:
Der Meister hat die Hilfsarbeiter angelernt (Nicht: *angelehrt*).

Lehrer: → Kapitel Titel und Berufsbezeichnungen

leicht: Das Adjektiv *leicht* wird klein geschrieben, auch mit vorangehendem Artikel, wenn die Verbindung als einfaches Adjektiv fungiert:
Ein leichtes (= sehr leicht) *war es, das Verbot zu umgehen. In dieser Hinsicht war es das leichteste* (am leichtesten), *was zu tun blieb.*
Das substantivierte Adjektiv schreibt man groß:
Es ist etwas Leichtes in ihrer Erzählweise. Das Leichte, Unbeschwerte in ihrem Dasein beeinflußte auch die anderen.
Leicht und ein folgendes Partizip oder Adjektiv schreibt man zusammen, wenn die Kombination in adjektivischem Sinn verwendet wird; nur das erste Wort ist betont:
Eine nur leichtverschmutzte Umwelt wäre schon ein Fortschritt. Die Lösung des Problems wurde ihm leichtgemacht.
Getrennt schreibt man, wenn die Vorstellung des Machens, der Betätigung hervorgehoben werden soll oder wenn beide Wörter in ihrer originären Bedeutung verwendet werden; beide Wörter sind betont:
Der leicht gemachte Plan ist schwer ausgeführt. Das leicht gelöschte Feuer hat ein Brandstifter gelegt.
In der Satzaussage werden beide Wörter getrennt geschrieben:
Die Umwelt ist nicht nur leicht verschmutzt. Dieser Plan war leicht gemacht. Das kleine Feuer war leicht gelöscht.
Leicht und das folgende Verb werden auch getrennt geschrieben, wenn beide Wörter selbständig stehen oder wenn *leicht* mit Adverbien des Grades verbunden einen eigenen Satzgliedwert einnehmen:
Er wird die Stelle leicht ausfüllen. Man wird den Ausbrecher leicht finden. Die Gewässer sind nicht nur leicht verschmutzt. Das war nahezu leicht getan.
Entsteht durch die Kombination von *leicht* mit einem Verb ein neuer Begriff, schreibt man zusammen:
Man hat es ihm im Ausland nicht leichtgemacht (= es war mit Schwierigkeiten verbunden). *Wer kann einen Krieg schon leichtnehmen* (= keine Anstrengungen darauf verwenden). *Das war mir nicht leichtgefallen* (= hat Mühe gekostet).

leid - Leid: Klein schreibt man das Adjektiv, das heute nur mehr in Kombination mit bestimmten Verben gebräuchlich ist:
Ich bin die Dummheit der Menschen leid. Erst fügen sie anderen ein Leid zu, dann tut es ihnen leid.
Das Substantiv *das Leid* wird groß geschrieben:
Der Krieg brachte großes Leid über die Menschen. Nach so langer Zeit des Friedens war das erneute Leid umso furchtbarer.

leidig - leidlich: Das Adjektiv *leidig* ist eine Ableitung vom Substantiv *Leid* und meint "unangenehm, lästig", während das zum Verb *leiden* gebildete *leidlich* "teilweise, einigermaßen den Erwartungen genügend" bedeutet:
Dieses leidige Problem hängt mir immer noch am Hals. Die leidigen Prüfungsvorbereitungen nehmen zuviel Zeit in Anspruch. Er erholt sich so leidlich. Sie hat leidliche Erfahrung in diesem Metier.

leihen - borgen: Das Verb *leihen* kann - im Gegensatz zu *borgen* - im übertragenen Sinn von "etwas gewähren" verwendet werden:
Er mußte ihr den ganzen Abend sein Ohr leihen (= zuhören). *Kannst du mir in dieser Angelegenheit deinen Beistand leihen?* (= geh. für: Unterstützung geben).
Beiden Verben gemeinsam ist die Verwendung in der Bedeutung von "Jmdm. etwas geben mit der Bedingung der Rückgabe, von jmdm. etwas nehmen mit dem Versprechen der Rückgabe":

Kannst du mir dieses Buch eine Woche leihen oder borgen? Ich leihe oder borge dir selbstverständlich den benötigten Betrag.

leise: Selbst wenn dem Adjektiv ein Artikel vorangestellt ist, die Kombination aber für ein einfaches Adverb steht, schreibt man klein:
Er ahnte nicht im leisesten (= überhaupt nicht) *was sich da zusammenbraute. Sie hatte nicht das leiseste Gespür* (= nicht das geringste, gar keines) *für seine Probleme.*

Leiste - Leisten: Das weibliche Substantiv *die Leiste* bezeichnet entweder "einen schmalen, länglichen Gegenstand zu Einfassungszwecken (z.B. Fußbodenleiste, Rahmen)" oder beim menschlichen Körper "den Teil zwischen Oberschenkel und Rumpf". Das männliche Substantiv *der Leisten* ist ein "zur Herstellung von Schuhen gebrauchtes Formstück" oder "ein Schuhspanner".

Leiter: *Leiter* ist ein Homonym. Das männliche Substantiv *der Leiter* bezeichnet eine "Führungsperson, jmd. in übergeordneter Stellung". Das weibliche Substantiv *die Leiter* ist ein "mit Sprossen versehenes Gerät, um in die Höhe zu steigen".

Leopard: Das Substantiv *der Leopard* bildet die Genitivform: *des Leoparden* (Nicht: *des Leopards*); Dativ und Akkusativ heißen: *dem Leoparden, den Leoparden* (Nicht: *dem, den Leopard*).

lernen: Kombinationen von *lernen* und einem anderen Verb schreibt man zusammen, wenn sie im Sprachgebrauch als Einheit empfunden werden:
Wir mußten uns erst kennenlernen, dann konnten wir uns liebenlernen. Manch einer muß den Frieden erst schätzenlernen.
In den übrigen Fällen schreibt man getrennt:
Lesen lernen, schreiben lernen, rechnen lernen machte ihm nicht so viel Spaß wie Ski fahren lernen oder Schlagzeug spielen lernen.

Nach dem Verb *lernen* folgt ein nicht durch ein Objekt o.ä. erweiterter Infinitiv ohne zu:
Das Mädchen lernt Schlagzeug spielen. Sie lernen argumentieren. Das Baby lernt krabbeln.
Wird der Infinitiv durch ein Objekt oder eine Angabe von Umständen erweitert, kann eine Konstruktion mit oder ohne *zu* folgen; je umfangreicher die Erweiterung wird, umso zwingender ist der Gebrauch von *zu:*
Das Mädchen lernt das Schlagzeug spielen. Das Mädchen lernt, das Schlagzeug zu spielen. Sie lernte die Apparatur bedienen. Sie lernte, die Apparatur zu bedienen. Sie hat die Apparatur bedienen gelernt. Sie hat die Apparatur zu bedienen gelernt. Er lernte, die Instrumente im Cockpit eines Großraumjets zu bedienen.

lernen - lehren: → lehren

lesen: Heute ist nur noch *du liest, er, sie, es liest* für die 2. und 3. Person Singular Indikativ Präsens üblich. Der Gebrauch der Form: *du liesest etc.* ist veraltet. Der Imperativ lautet: *lies!*
→ läse - lese.

Lethargie, die: [griech.-lat. lethargia "Schlafsucht"]
Mit Bewußtseinsstörungen verbundene krankheitsbedingte Schlafsucht; Gleichgültigkeit, Trägheit oder Teilnahmslosigkeit physischer oder seelischer Art.

letzte: Wird mit dem Wort *letzte* der letzte in einer Reihenfolge, der letzte im Sinne einer Zählung gemeint, schreibt man klein:
Den letzten beißen die Hunde. Er ging als letzter nach Haus. Die beiden letzten kamen, wie immer, zu spät. Für die Friedensgruppe gab er sein letztes. Der letzte macht das Licht aus.

Man schreibt *letzte* ebenfalls klein, auch wenn ihm ein Artikel vorangeht, die Kombination aber als ein einfaches Adverb fungiert:
An sich denkt der gute Mann am letzten (= zuletzt). *Er verfolgt den Fall bis ins letzte*

(= äußerste (ins kleinste Detail)). *Sie kämpfte bis zum letzten* (= total, ganz und gar).
Wird mit dem Wort *der Letzte* der letzte bezüglich einer Rangordnung oder einer Leistung bezeichnet oder ist damit ein bestimmter substantivischer Begriff gemeint, schreibt man groß:
Er ist der Letzte oder *Letzter der Rangliste. Am nächsten Spieltag trifft der Erste auf den Letzten der Tabelle. Die Letzten werden die Ersten sein. Er gab dem Bedürftigen sein Letztes* (= das, was er noch hatte). *Bei dieser Verhandlung geht es ums Letzte* (= das Äußerste). *Die Überweisung kam erst am Letzten. Damit ist auch der Letzte dieses Geschlechts von uns gegangen. Der Letzte der Mohikaner* (Auch: *der letzte Mohikaner*)
Groß schreibt man *letzte* auch in Eigennamen:
Die Letzte Ölung; der Letzte Wille.
Letzte kann als Adjektiv sowohl vor als auch nach einem Numerale stehen. Dabei ist jedoch auf einen möglichen Unterschied in der Bedeutung der Aussage zu achten. Liegt der Schwerpunkt auf dem Wort *letzte*, muß es heißen:
Die letzten vier Kursabende waren besonders lehrreich (= nicht die ersten vier Kursabende).
Liegt die Betonung auf dem Numerale, muß es heißen:
Die vier letzten Kursabende waren besonders lehrreich (= nicht die drei letzten oder die fünf letzten Kursabende).
letzterer: Ein auf *letzterer, letztere, letzteres* folgendes Adjektiv wird parallel gebeugt:
Letzterer kurzer Rock; letztere subversive Elemente; letzteres eindeutiges Angebot.
letztmalig - letztmals: *Letztmalig* ist ein Adjektiv, das standardsprachlich korrekt nur attributiv verwendet wird, während *letztmals* adverbiell gebraucht wird:
Auch seine letztmalige Warnung wurde überhört. Diese Versammlung wurde letztmals veranstaltet (Nicht: *...wurde letztmalig veranstaltet*).
Lexikon: Bei diesem sächlichen Substantiv heißen die korrekten Pluralformen: *die Lexika* oder (seltener) *die Lexiken*. Die Form: *die Lexikons* ist falsch.
lfd. J. - lfd. M.: Bei diesen Abkürzungen werden die Beugungen nicht kenntlich gemacht:
im März lfd. J. (= laufenden Jahres; nicht: *im März lfd. J.s*); *am 20. lfd. M.* (= laufenden Monats; nicht: *am 20. lfd. M.s*).
Liaison, die: [franz. liaison gleichbed.] Vereinigung, Verbindung; Liebesverhältnis, Liebschaft.
Licht: Dieses Substantiv bildet die Pluralformen: *die Lichter* und *die Lichte*. Neben "Lichtquellen jeglicher Art" bezeichnet diese Form in der Jägersprache "die Augen des Haarwildes". Der Plural *die Lichte* ist ein veralteter dichterischer Name für "Wachskerzen", in der Bezeichnung "Teelichte" aber noch durchaus gebräuchlich.
lieb: Das Adjektiv *lieb* schreibt man auch dann klein, wenn es mit vorangehendem Artikel für *am liebsten* steht:
Es ist ihr das liebste (= am liebsten), *wenn er Zeit für sie hat.*
Als substantiviertes Adjektiv oder als Bestandteil von Namen schreibt man groß:
Nur kurze Zeit konnte er sich von der Liebsten trennen. An diesen Kindern konnte er nichts Liebes, an jenen konnte er sehr viel Liebes entdecken. Man sagt, etwas Liebes sei in jedem Menschen.
Das Adjektiv *lieb* schreibt man vom nachfolgenden Verb getrennt, wenn beide Wörter in ihrer ursprünglichen Bedeutung verwendet werden; beide Wörter sind betont:
Du mußt lieb sein! Daß du mir ja lieb bist! Er ist sehr lieb gewesen.
Entsteht durch die Kombination ein neuer Begriff, schreibt man zusammen:
Mit dieser Stellung hatte er schon lange geliebäugelt (= war lange schon sein Wunsch). *Sie malt sich aus, wie sie ihren Prinzen allmählich liebgewinnen wird und glaubt, daß sie sich dann immer und ewig*

Lieb

liebbehalten. Ich habe die Musik Mozarts liebengelernt (= schätzengelernt).
Lieb- - Liebe- - Liebes-: Komposita mit dem Bestimmungswort *Liebe* werden durch drei Bindungsvarianten gebildet: *Liebschaft, Liebhaber, Liebreiz, lieblos; liebevoll, Liebediener, liebebedürftig; Liebestöter, liebestoll, Liebesakt.*
Liebe: Nach dem Substantiv *Liebe* wird das Geliebte mit der Präposition *zu*, nicht *für* angeschlossen:
Seine Liebe zur (Nicht: *für die*) *Heimat war kein politischer Patriotismus. Seine Liebe zu den beiden Jungen* (Nicht: *für die beiden Jungen*) *war tief. Die Liebe zu* (Nicht: *für*) *Griechenland war eng mit der Liebe zur* (Nicht: *für die*) *Mentalität der Menschen dort verknüpft.*
liebenswürdig: Nach *liebenswürdig* wird mit der Präposition *zu*, nicht *gegen* angeschlossen:
Er war überaus liebenswürdig zu uns (Nicht: *...liebenswürdig gegen uns*).
liebenswert - liebenswürdig: Das Adjektiv *liebenswert* benennt die Wirkung eines Menschen auf andere und bedeutet "anmutig, wert, geliebt zu werden", während *liebenswürdig* den Menschen selbst im Umgang mit anderen als "höflich, zuvorkommend, verbindlich, angenehm-freundlich" bezeichnet:
Er war ein liebenswerter junger Mann, von allen bewundert, von vielen beneidet. Der junge Mann war so liebenswürdig, uns zu begleiten.
lieb geworden - liebgeworden: Getrennt schreibt man, wenn die Vorstellung des Tuns, der Betätigung hervorgehoben wird; beide Wörter sind betont:
Dieses mir richtig lieb gewordene Ritual will ich beibehalten.
In der Satzaussage werden beide Wörter immer getrennt geschrieben:
Dieses Ritual ist mir lieb geworden.
Wird die Kombination in adjektivischem Sinn verwendet, schreibt man zusammen; nur das erste Wort *lieb* ist betont:
Dieses liebgewordene Ritual vollzieht er jeden Morgen.
liebkosen: Die Partizipbildung dieses Verbs hängt von seiner Betonung ab, wobei kein Bedeutungsunterschied entsteht. Betont man *liebkosen* auf der ersten Silbe, heißt das Partizip: *geliebkost*. Betont man das Verb auf der zweiten Silbe, heißt das Partizip: *liebkost:*
Die Großmutter hat das Baby geliebkost oder *liebkost.*
liefern: Nach dem Verb *liefern* kann mit einem Dativ der Person oder einem Präpositionalobjekt mit der Präposition *an* angeschlossen werden:
Man liefert dem Kunden die Bestellung frei Haus. Man liefert die Bestellung frei Haus an den Kunden. Man liefert auch an Firmen.
liegen: Regional verschieden ist die Perfektbildung dieses Verbs. In der Regel wird das Perfekt mit dem Hilfsverb *haben* gebildet:
Die Schallplatten haben überall herumgelegen. Nachmittags habe ich in der Sonne gelegen.
In Teilen Süddeutschlands wird dagegen das Perfekt mit dem Hilfsverb *sein* umschrieben:
Die Schallplatten sind überall herumgelegen. Nachmittags bin ich in der Sonne gelegen.
Wird *liegen* mit dem Hilfsverb *haben* verbunden, ist die Verwendung der Infinitivkonjunktion *zu* standardsprachlich falsch, mundartlich aber gebräuchlich:
Sie haben noch trockenes Holz im Schuppen liegen (Nicht: *...im Schuppen zu liegen*).
liegenbleiben: Dieses Verb wird immer zusammengeschrieben:
Nach Aussage des Arztes mußt du noch liegenbleiben. Dieser Schlüsselbund ist im Taxi liegengeblieben (= vergessen oder verloren worden). *Der Wagen ist auf freier Strecke liegengeblieben* (= wegen eines Defektes funktionsuntüchtig geworden).

liegen lassen - liegenlassen: Diese Verben schreibt man getrennt, wenn beide Wörter in ihrer ursprünglichen Bedeutung verwendet werden:
Auf der Wanderung haben wir die Kirche links liegen lassen (= sie lag links und wir sind rechts vorbeigegangen). *Du sollst die Katze endlich liegen lassen.*
Entsteht durch die Kombination ein neuer Begriff, schreibt man zusammen:
Diesen Schlüsselbund hat man im Taxi liegenlassen (= vergessen oder verloren worden). *Der Chef hat seinen ältesten Mitarbeiter auf der Feier links liegenlassen* (= nicht beachtet). *Er hat den Einspruch zunächst liegenlassen* (= die Bearbeitung aufgeschoben).

lila: Das Adjektiv wird klein, das substantivierte Adjektiv wird groß geschrieben:
Eine lila Bluse; eine Bluse in Lila; die farbe Lila; das ist ein intensives Lila.
Lila und ein folgendes 2. Partizip schreibt man zusammen, wenn die Kombination in adjektivischem Sinn verwendet wird; nur das erste Wort ist betont:
Die lilagestrichenen Wände sprangen sofort ins Auge.
Getrennt schreibt man, wenn die Vorstellung des Machens, der Betätigung hervorgehoben werden soll; beide Wörter sind betont:
Die lila gestrichenen Wände sind noch nicht trocken.
Dies gilt immer, wenn die beiden Wörter in der Satzaussage stehen:
Diese Wände sind lila gestrichen.
Diese Farbbezeichnung darf nicht dekliniert oder gesteigert werden; man kann sich aber behelfen, indem man ein -farben anhängt:
Die lilafarbene Bluse (Nicht: *die lilane Bluse*) *sticht ins Auge.*
→ Farbbezeichnungen

link - Linke: Das Adjektiv *link* schreibt man klein, das Substantiv *die Linke* schreibt man groß:
Auf der linken Seite der Seine. Das linke Ohr. Er schreibt mit der Linken (= die linke Hand). *Die Linken* (= Linkspartei(en)) *beantragen eine aktuelle Fragestunde im Parlament.*
Der Ausdruck *die Linke* als substantiviertes Adjektiv im Sinne von "die linke Hand" wird nach einem stark gebeugten Adjektiv im Dativ Singular schwach, in den anderen Fällen parallel gebeugt:
Mit geballter Linken grüßte er seine Genossen. Die ausgestreckte Linke hielt den Gegner auf Distanz.

links: Das richtungsangebende Adverb *links* wird immer klein geschrieben:
Viele Menschen können rechts und links nicht auseinanderhalten. Nächste Kreuzung links! Hier müssen sie nach links abbiegen.
Fungiert *links* als Präposition, folgt danach ein Genitiv:
Die berühmten Bouquinisten befinden sich links der Seine.

Liter: Dieses Substantiv kann den männlichen oder den sächlichen Artikel führen: *der* oder *das Liter.*
Das in *Litern* Gemessene kann in gehobener Sprache gebeugt werden:
Ein Liter griechischer Retsina (geh.: *ein Liter griechischen Retsinas*); *mit drei Litern griechischem Retsina* (geh.: *mit drei Litern griechischen Retsinas*); *der Preis eines Liters Retsina* (geh.: *der Preis eines Liter Retsinas*).
Steht das Maß *Liter* in der Mehrzahl, wird in der Regel auch das Verb in den Plural gesetzt:
Zehn Liter Benzin kosten heute zwölf Mark.
Steht die Maßeinheit *Liter* ohne Artikel, wird sie gebeugt, wenn das Gemessene nicht nachfolgt; in Verbindung mit dem Gemessenen gebraucht man die ungebeugte Form von *Liter*:
Mit zehn Litern schaffen wir hundertfünfzig Kilometer. Mit zehn Liter Diesel schaffen wir hunderfünfzig Kilometer.
Steht vor der Maßeinheit *Liter* ein Artikel, wird im Dativ Plural die deklinierte Form verwendet:

Mit den zehn Litern (Diesel) schaffen wir hundertfünfzig Kilometer.
Lkw - LKW: Diese Abkürzung für "Lastkraftwagen" wird häufig gebeugt:
Das linke Hinterrad des Lkws war platt. Die beiden Lkws waren frontal zusammengestoßen.
lobpreisen: Das Verb *lobpreisen* kann regelmäßig und unregelmäßig gebeugt werden:
Du lobpreist oder lobpreisest, du lobpriesest; er hat gelobpreist, er hat lobgepriesen.
locker: Das Adjektiv *locker* schreibt man vom nachfolgenden Verb getrennt, wenn beide Wörter in ihrer ursprünglichen Bedeutung verwendet werden; beide Wörter sind betont:
Du mußt locker sein! Man muß die Halterung vorher locker schrauben.
Entsteht durch die Kombination ein neuer Begriff, schreibt man zusammen:
In den Verhandlungen hat er nicht lockergelassen (= ugs. für: nachgeben), *bis sie mehr finanzielle Unterstützung lockergemacht* (= ugs. für: bereitgestellt, herausgegeben) *haben.*
Wird die Komparativform des Adjektivs dekliniert, kann manchmal ein *e* der Endung wegfallen:
Ein lockereres Mädchen oder ein lockreres Mädchen.
Logarithmus, der: [griech. lógos "Vernunft, Verhältnis" und árithmos "Zahl"]
Eine Zahl mit der man eine andere Zahl, die Basis, potenzieren muß, um eine vorgegebene Zahl, den Numerus, zu erhalten.
Loggia, die: [it. loggia gleichbed.]
Bogengang; offene Bogenhalle, die von Pfeilern oder Säulen gestützt vor das Erdgeschoß gebaut ist oder als selbständiges Bauwerk steht; im Obergeschoß eines Hauses, überdachter, nach einer Seite offener Raum.
lohnen: Diesem Verb in der Bedeutung "berechtigen, rechtfertigen" folgt heute in der Regel ein Akkusativ; in gehobenem Sprachgebrauch findet sich auch der Genitiv:
Zweifellos lohnt das die Sorgen. Zweifellos lohnt das der Sorgen. Das lohnt die Anstrengung nicht. Das lohnt der Anstrengung nicht.
Lokalsatz: Der Lokal- oder auch Ortssatz ist ein Nebensatz, der als Raumangabe fungiert:
Der Atommeiler steht, wo einst unberührte Natur war.
Look, der: [engl. look "Aussehen"]
Modestil, Modeerscheinung; häufig in Zusammensetzungen wie Mao-Look, Marine-Look, Astronauten-Look.
Lorgnon - Lorgnette: Das Substantiv *das Lorgnon* bezeichnet das früher übliche "Glas, das Monokel mit Stil" oder auch "die Lorgnette". Das weibliche Substantiv *Lorgnette* bezeichnet die früher übliche "Brille mit Stil, die vor die Augen gehalten wurde".
los: Vom folgenden Verb getrennt schreibt man *los* nur bei *sein* und *haben;* in allen anderen Fällen schreibt man zusammen:
Auf dieser Demo wird wahrscheinlich nichts los sein (ugs. für: *ereignislos*). *Sie werden ihr Geld bald los haben.*
Aber:
In seinem Fachgebiet soll er eine Menge loshaben (= ugs. übertragen für: *verstehen*).
Loseisen, losfahren, losgehen, loshauen, loskaufen, losreißen etc.
lösbar - löslich: Das Adjektiv *lösbar* wird in der Bedeutung "derart beschaffen sein, daß man es durchführen kann" verwendet:
Dies waren leicht lösbare (Nicht: *lösliche*) *Verwicklungen. Derartige Fragestellungen sind kaum lösbar* (Nicht: *löslich*).
Das Adjektiv *löslich* hat die Bedeutung "derart beschaffen, daß es sich in Flüssigkeiten gelegt auflöst":
In Salzsäure lösliche Materialien. Der lösliche Kaffee ist einfach zuzubereiten.
Lösbar kann in manchen Fällen für *löslich* synonymisch verwendet werden:
Diese Tabletten sind (auf)lösbar.

löschen: Bei transitivem Gebrauch wird dieses Verb regelmäßig konjugiert: *löschen, löschte, gelöscht; auslöschen, auslöschte, ausgelöscht.* Intransitiv verwendet und dabei unregelmäßig konjugiert wird das Verb in der Regel nur noch in Zusammensetzungen: *Erlöschen, erlischt, erloschen; verlöschen, verlischt, verloschen.*

Lösemittel - Lösungsmittel: Standardsprachlich üblich für ein "Mittel, mit dem ein Stoff aufgelöst werden kann" ist das Substantiv *Lösungsmittel*. *Lösemittel* ist ebenfalls gebräuchlich und nicht unbedingt falsch.

loswerden: Dieses Verb schreibt man im Infinitiv und als Partizip zusammen, in allen anderen Fällen getrennt:
Seinen schlechten Ruf möchte er gerne loswerden. Er ist die Krankheit losgeworden. Ich muß etwas tun, damit ich die Krankheit los werde.
→ los

Lot: Das Substantiv *Lot* als Maßbezeichnung wird in der Regel nicht gebeugt:
Er erstand fünf Lot Tabak.

Loyalität, die: [franz. loyauté gleichbed.]
Treue gegenüber der herschenden Regierung, dem Vorgesetzten, Gesetzestreue, Vertragstreue; Anständigkeit, Redlichkeit.

Lump - Lumpen: Das Substantiv *der Lump* bedeutet "Mensch mit niedriger Gesinnung" und bildet den Genitiv: *des Lumpen* und den Plural: *die Lumpen*. Das Substantiv *der Lumpen* meint einen "Lappen, Wischtuch, alter Kleiderfetzen" und bildet den Genitiv: *des Lumpens*, der Plural heißt ebenfalls: *die Lumpen*.

Lust: Nach dem Substantiv *Lust* kann mit drei verschiedenen Präpositionen angeschlossen werden. Wird *Lust* in der Bedeutung "Vergnügen, Freude" gebraucht, schließt man mit *an* an:
Der Journalist hat die Lust an dem Thema verloren. Sie findet Lust an einem intellektuellen Streitgespräch.
Bezieht sich die *Lust* auf ein kulinarisches Vergnügen, verwendet man die Präposition *auf*:
Plötzlich verspürte er Lust auf Krabben. Sie hatte Lust auf einen guten Schluck Wein.
Gebraucht man *Lust* in der Bedeutung "Wunsch, Begierde, Verlangen", wird mit *zu* angeschlossen:
Er hat jetzt keine Lust zu einem Streitgespräch, ja er verspürt nicht die geringste Lust dazu. Sie hatte Lust zu einem Theaterbesuch.

M

machen: In der Verbindung mit dem Verb *lachen* im Sinne von "jmdn zum Lachen bringen, jmdn. lachen machen" wird heute in der Regel das 2. Partizip von *machen*, selten der Infinitiv verwendet:
Mit dieser Geschichte hat sie ihn lachen gemacht (Nicht: *Mit dieser Geschichte hat sie ihn lachen machen*).

Machismo, der: [span. machismo gleichbed.]
Übersteigertes Männlichkeitsgefühl, Männlichkeitswahn; Hervorhebung der (vermeintlichen) Überlegenheit des Mannes.

Mädchen: Das Substantiv *das Mädchen* bildet die standardsprachlich korrekte Pluralform: *die Mädchen*. Der in der Umgangssprache gebrauchte Plural *die Mädchens* ist falsch. Auf *Mädchen* bezogene Pronomen richten sich nach dem grammatischen Geschlecht:
Das Mädchen, das seinen (Nicht: *ihren*) *Liebsten nicht mehr erkannte.*

Steht das Pronomen weiter entfernt vom Bezugswort *Mädchen*, kann man das natürliche Geschlecht berücksichtigen:
Das Mädchen, das seinen (Nicht: *ihren*) *Liebsten nicht mehr erkannte, war in einem Kerker eingesperrt. Sie* (Oder: *Es*) *hieß Gretchen und hatte ihre* (Oder: *seine*) *Unschuld durch Faust verloren.*
Mädel: Das Substantiv *das Mädel* bildet die standardsprachlich korrekte Pluralform: *die Mädel*. Die in der Umgangssprache gebrauchten Ausdrücke *die Mädels* oder *die Mädeln* sind falsch.
made in: [engl. made in "hergestellt in"] Mit dem Ländernamen verbundener Aufdruck auf Waren zur Bezeichnung ihres Herstellungsortes, z.B. made in Germany.
Mademoiselle, die: [franz. mademoiselle "mein Fräulein"]
Französische Anrede für "Fräulein"; die Abkürzung ist: Mlle. Der Plural lautet: *Mesdemoiselles;* die Abkürzung ist: Mlles.
Maestro, der: [it. maestro gleichbed.]
Bedeutender Musiker oder Komponist, Meister; Musiklehrer. Neben der deutschen Pluralbildung *die Maestros* ist auch die italienische Bildung *die Maestri* gebräuchlich. Beide Formen sind korrekt.
Magen: Das Substantiv *der Magen* bildet die Pluralformen: *die Magen* und *die Mägen*. Beide Formen sind korrekt.
mager: Wird der Komparativ dieses Adjektivs gebeugt, kann das erste *e* ausfallen:
Diese Katze ist noch magerer, ihren noch magereren oder *magreren Körper spürt man kaum.*
Magnet: Das Substantiv *der Magnet* kann stark und schwach gebeugt werden:
Der Magnet, des Magnets, die Magnete; der Magnet, des Magneten, die Magneten.
Mahl: Die Pluralformen von *Mahl* lauten: *die Mähler* oder *die Mahle*. Analog heißen die Pluralformen der Zusammensetzung *Gastmahl: die Gastmähler* oder *die Gastmahle*.
Mahl - Mal: Das Substantiv *das Mahl* bedeutet "Essen, (festliche) Mahlzeit". Das Substantiv *das Mal* bedeutet "Zeichen, Fleck, Erkennungszeichen, Monument" oder "Zeitpunkt".
mahlen - malen: Das Verb *mahlen* bedeutet "fein zerreiben, zu Pulverform verkleinern" und bildet ein unregelmäßiges 2. Partizip: *gemahlen:*
Sie hat den Pfeffer frisch gemahlen. Der frisch gemahlene Kaffee schmeckt intensiver.
Das Verb *malen* bedeutet "ein Bild in Farbe herstellen" und bildet ein regelmäßiges 2. Partizip: *gemalt:*
Er hat dieses Motiv erneut gemalt. Das für die Ausstellung gemalte Gemälde war schnell verkauft.
Mähre - Mär(e): Das Substantiv *die Mähre* bedeutet "schlechtes, altes, unzureichend genährtes Pferd". *Die Märe* oder *die Mär* bedeutet "Erzählung, Botschaft, Kunde, Nachricht, scherzhaft: Lügengeschichte, Gerücht". Beide Substantive gehören eher der gehobenen, dichterischen Sprache an und sind wenig gebräuchlich.
Mai - Maie - Maien: *Der Mai* als Bezeichnung für den fünften Monat wird stark gebeugt:
der Mai, des Mais oder *Maies, die Maie.*
In der gehobenen Sprache kommen noch die Formen: *des Maien, die Maien* vor.
Das Substantiv *die Maie* bedeutet "Birkengrün, Laubschmuck, junge Birke" oder "Maibaum". Das Substantiv *der Maien* - früher auch Monatsbezeichnung - ist in der Bedeutung "Blumenstrauß" oder "Bergweide im Frühjahr" in der Schweiz gebräuchlich.
Die Kompositia mit dem Monatsnamen werden in der Regel ohne ein eingefügtes Partikel gebildet:
Maiglöckchen, Maikundgebung, Maikätzchen, Maikäfer, Maibowle, Maibaum u.a.
Der dichterische Sprachgebrauch kennt auch Zusammensetzungen wie:
Maienkönigin, Maienduft etc.
→ Monatsnamen
Majestät: → Kapitel Titel und Berufsbezeichnungen

Major: → Kapitel Titel und Berufsbezeichnungen

Make-up, das: [engl. make-up gleichbed.] Kosmetische Mittel, Verschönerung des Gesichts mit Hilfe kosmetischer Mittel; mit künstlichen Mitteln erreichte Verschönerung eines Gegenstands, Aufmachung.

Mal: Das Substantiv *Mal* im Sinne von "Zeichen, Fleck, Erkennungszeichen, Monument" wird hauptsächlich in Zusammensetzungen verwendet. In den Bedeutungen "(Haut)-Fleck, Zeichen" ist die Pluralform der Komposita: *die Male: Muttermale, Brandmale, Wundmale.*

In den Bedeutungen "Denk- oder Erkennungszeichen, Monument" wird der Plural der mit *Male* zusammengesetzten Komposita mit den Formen *Male* und *Mäler* gebildet. Die Komposita auf - *male* gehören dabei der gehobenen Sprache an: *Denkmale, Denkmäler; Grabmale, Grabmäler; Mahnmale, Mahnmäler.*
Aber: *die Merkmale.*
Das Substantiv in der Bedeutung "Zeitpunkt" bildet die Pluralform: *die Male.*
Klein wird *mal* als Angabe bei der Multiplikation in der Mathematik oder als umgangssprachliches Kürzel für *einmal* geschrieben:
Ein mal eins ist eins. Das ist nun mal (=einmal) *geschehen. Wann wirst du das endlich mal* (= einmal) *kapieren?*
Groß schreibt man das Substantiv:
Beim ersten Mal war alles ganz anders.
Ebenso:
Das vorige Mal; das letzte Mal; von Mal zu Mal; ein um das andere Mal; von einem Mal zum anderen Mal; einige, viele, wenige Male; zu wiederholten, unterschiedlichen Malen; zum x-ten Male, zum hunderttausendsten Male; ein paar Dutzend Mal etc.
Ist - wie oben - *Mal* eindeutig als Substantiv zu erkennen, schreibt man es groß; in den übrigen Fällen schreibt man klein und zusammen:
Dieses eine Mal, einmal; dieses Mal, diesmal; das erste Mal, erstmal; zum (beim) ersten Male, zum (beim) erstenmal; das letzte Mal, letztesmal; zum (beim) letzten Male, zum (beim) letztenmal; einige Male, einigemal; das vorige Mal, vorigesmal; ein paar Male, ein paarmal; wie viele Male, wievielmal; zum x-ten Male, zum x-tenmal; ein paar Dutzend Mal, dutzendmal; viele hundert Mal, vielhundertmal; unzählige Male, unzähligemal etc.

Malaise, die: [franz. malaise gleichbed.] Übelkeit, Unbehagen; Unglück, Widrigkeit, Misere.

malen - mahlen: → mahlen - malen

Malheur, das: [franz. malheur gleichbed.] Kleines Unglück, Pech, Mißgeschick, das peinlich sein kann.

maliziös: [franz. malicieux gleichbed.] hämisch, boshaft.

Malus, der: [lat. malus "schlecht"] Prämienzuschlag, die bei gehäuft vorkommenden Schadensfällen von der Versicherung nachträglich erhoben wird; Punktnachteil, der als Ausgleich für eine bessere Ausgangssituation erteilt wird, z.B. bei Abiturnoten.
Dieses Substantiv kann in allen Kasus unverändert gebraucht werden:
Der Malus, des Malus, dem Malus, den Malus, die Malus.
Im Genitiv Singular und im Plural sind auch eingedeutschte Formen möglich:
Des Malusses, die Malusse.

man: Dieses unbestimmte Fürwort der dritten Person im Nominativ Singular kann nicht gebeugt werden. Dativ und Akkusativ werden mit Hilfe von *einem, einen* gebildet:
Benutzt man dieses Buch, wird einem einiges klarer. Hat man sich in diesen Schriftsteller eingelesen, läßt er einen nicht mehr los.
Im Nominativ kann *man* durch *einer* ersetzt werden:
Da soll sich noch einer auskennen (ugs. für: *Da soll man sich noch auskennen*).

Manager, der: [engl.-amerik. manager gleichbed.]

Leiter eines Unternehmens, Betreuer eines Künstlers, Sportlers etc., Synonym für Impresario.

In der Umgangssprache und im jugendlichen Szenejargon wird das Verb *managen* im Sinne von "bewerkstelligen, organisieren, machen" verwendet.

manch: Nach undekliniertem *manch* wird ein folgendes (substantiviertes) Adjektiv oder Partizip stark gebeugt:

Manch schönes Buch; manch Gelehrter; mit manch Unglücklichem; manch bittere Pillen; das Aussehen manch junger Dame.

Nach dekliniertem *manch* wird ein folgendes (substantiviertes) Adjektiv oder Partizip in der Einzahl schwach gebeugt:

Manches schöne Buch; mancher Gelehrte; mit manchem Unglücklichen; manche bitteren Pillen; das Aussehen mancher jungen Dame.

In der Mehrzahl wird sowohl stark als auch schwach gebeugt:

Manche schöne oder *schönen Bücher; manche Gelehrte* oder *Gelehrten; die Meinung mancher Gesandter* oder *Gesandten; manche bittere* oder *bitteren Pillen; das Aussehen mancher junger Damen* oder *jungen Damen.*

Das auf *mancher* sich beziehende Relativpronomen ist *der*, nicht *welcher*:

Da schrie mancher mit, der (Nicht: *welcher*) *später nichts mehr davon wissen wollte. Da waren manche, die* (Nicht: *welche*) *er nicht leiden konnte.*

Bezieht sich aber das neutrale *manches* weder auf eine Person noch auf einen Gegenstand, sondern auf etwas Unbestimmtes, so lautet das entsprechende Relativpronomen: *was*:

An der Situation war manches, was ihn störte (Nicht: *..., das ihn störte* oder *..., welches ihn störte*).

Die gleiche Regelung gilt für *mancherlei*:

Da gab es mancherlei, was ihm verheimlicht wurde (Nicht: *..., das ihm ... oder ..., welches ihm ...*).

manchenorts - mancherorten - mancherorts: Alle drei Formen sind korrekt, wobei *mancherorten* seltener verwendet wird.

mancherlei: → manch

manches, was: → manch

Mangel: Das männliche Substantiv *der Mangel* bedeutet "Fehlen von etwas", das weibliche Substantiv *die Mangel* ist ein "Gerät zum Glätten von Kleidungsstücken":

An Hemden hat er keinen Mangel. Die Wäsche wird durch die Mangel gedreht.

Umgangssprachlich wird der Ausdruck jmdn. *durch die Mangel drehen* oder *in die Mangel nehmen* im Sinne von "jmd. bedrängen, hart prüfen, hart zusetzen" verwendet:

Der Professor hat sie so richtig in die Mangel genommen. Die Gangster drehen ihr Opfer durch die Mangel.

mangels: Nach der Präposition *mangels* wird im Genitiv angeschlossen:

Der Angeklagte wurde mangels (eines) Beweises (Nicht: *... mangels (einem) Beweis ...*) *freigesprochen. Mangels ausreichender Kenntnisse* (Nicht: *Mangels ausreichenden Kenntnissen*) *fiel er durch die Prüfung.*

Folgt auf die Präposition ein alleinstehendes, stark dekliniertes Substantiv in der Einzahl, wird es nicht gebeugt:

Mangels Geld (Nicht: *Mangels Geldes*) *konnte er nicht verreisen.*

Ist der Kasus nicht eindeutig zu erkennen, weil bei alleinstehenden, stark gebeugten Substantiven der Genitiv Plural dem Nominativ und dem Akkusativ gleich ist, kann ein Dativ verwendet werden:

Der Angeklagte wurde mangels Beweisen (Nicht: *... mangels Beweise ...*) *freigesprochen. Mangels Kenntnissen* (Nicht: *Mangels Kenntnisse*) *fiel er durch die Prüfung.*

Ist der Fall durch ein Attribut o.ä. erkennbar, muß der Genitiv stehen:

Der Angeklagte wurde mangels klarer oder *eines Beweises* (Nicht: *...mangels klarem* oder *einem Beweis ...*) *freigesprochen. Mangels ausreichender Kenntnisse*

(Nicht: *Mangels ausreichenden Kenntnissen*) *fiel er durch die Prüfung.*
Mann: Das Substantiv *der Mann* bildet verschiedene Pluralformen. Die übliche lautet: *die Männer:*
Neue Männer braucht das Land.
Die Pluralform *die Mannen* ist veraltet und wird höchstens noch scherzhaft im Sinne von "treue Gefolgsleute, Kameraden" gebraucht:
Der Trainer und seine Mannen liefen auf den Platz.
Wenn eine Gesamtheit von Personen gemeint ist, kann nach Zahlwörtern auch die alte Pluralform *Mann* stehen:
Alle Mann herhören! Zwanzig Mann hoch. Eine Kompanie von 200 Mann wird vermißt.
Bei Komposita mit dem Grundwort *Mann* heißen die Pluralbildungen: *-männer* oder *-leute*. Steht die Gemeinsamkeit der Funktion oder der Tätigkeit im Vordergrund ohne Rücksicht auf den geschlechtlichen Aspekt, also bei "Berufen, Menschengruppen etc.", wird der Plural mit *-leute* gebildet:
Seeleute, Schauerleute, Edelleute.
Soll die Individualität oder die geschlechtliche Zugehörigkeit betont werden, wird der Plural mit *-männer* gebildet:
Biedermänner, Hampelmänner, Ehemänner, Ehrenmänner.
Bei vielen Komposita sind beide Formen möglich, je nachdem, ob die Gesamtheit (mit *-leute*) oder die Individualität und das Geschlecht (mit *-männer*) betont werden soll:
Feuerwehrleute, Feuerwehrmänner; Geschäftsleute, Geschäftsmänner; Zimmerleute, Zimmermänner.
In der festen Wendung *Manns genug sein, etwas zu tun* ist das Genitiv-s zur Regel geworden:
Er ist Manns genug, das zu erreichen, was er sich vorgenommen hat.
Mann - Gatte - Gemahl: Ist vom eigenen Mann die Rede, sagt man: *mein Mann* (Nicht: *mein Gatte* oder *mein Gemahl*).

Die Bezeichnung *Gatte* wird nur auf den Mann einer anderen Frau angewandt, wenn man sich höflich oder distanziert ausdrücken will. Auch der Ausdruck *Herr Gemahl* bezeugt Ehrerbietung und Hochschätzung und wird in der Regel auf den Mann einer Gesprächspartnerin angewandt, nicht auf den Gatten einer abwesenden Frau.
Mannequin: Die Regel ist der sächliche Gebrauch dieses Substantivs als Bezeichnung für "weibliche und männliche Modelle"; der männliche Gebrauch ist ebenfalls korrekt, aber selten.
Mannschaft: Komposita mit dem determinierenden Wort *Mannschaft* haben immer ein Fugen-s:
Mannschaftswettbewerb, Mannschaftsgeist, Mannschaftswagen, Mannschaftsaufstellung etc.
Marathon: Komposita mit dem Bestimmungswort *Marathon* werden immer in der Bedeutung "sehr lang" gebraucht:
Marathonsitzung, Marathonlauf, Marathondiskussion.
Märe - Mähre: → Mähre - Märe
Marihuana, das: [mex.-span. marihuana gleichbed.]
Aus dem getrockneten Kraut und Blütenständen des indischen Hanfs hergestelltes Rauschgift.
Mark: Das weibliche Substantiv *die Mark* wird als Bezeichnung der deutschen Währungseinheit und in der Bedeutung "Grenzgebiet, Grenzland" verwendet:
Die Deutsche Mark. Wanderungen durch die Mark Brandenburg.
Die Mark als Währungseinheit bleibt im Plural unverändert, umgangssprachlich scherzhaft ist der Plural *die Märker* zu finden. In der Bedeutung "Grenzgebiet, Grenzland" verwendet, lautet der Plural: *die Marken.*
In der Bedeutung "Knochenmark, Innengewebe" hat das Substantiv sächliches Geschlecht und bildet keinen Plural:
Zu Diagnosezwecken wurde ihm etwas Mark abgesaugt.

Marsch: Das männliche Substantiv *der Marsch* bedeutet "Fortbewegung zu Fuß" und bezeichnet zudem ein "Musikstück im Marschtakt". Es bildet die Pluralform: *die Märsche*. Das weibliche Substantiv *die Marsch* bezeichnet "das flache Land am Meer mit fruchtbarem Boden" und bildet die Pluralform: *die Marschen*.
martialisch: [lat. Martialis gleichbed.] Kriegerisch; wild, grimmig, verwegen.
Märtyrer, der: [griech.-lat. mártyr "Zeuge, Blutzeuge"] Ein um seines Glaubens oder seiner Überzeugung willen Verfolgter, jmd. der unschuldig Leiden erträgt; Blutzeuge des christlichen Glaubens.
Märtyrerin - Märtyrin: Beide weiblichen Formen zu *Märtyrer* sind korrekt.
→ Märtyrer
März: → Monatsnamen
Marzipan: In der Standardsprache hat dieses Substantiv in der Regel sächliches Geschlecht: *das Marzipan*.
Maschin- - Maschine- - Maschinen-: In der Regel haben Komposita mit dem determinierenden Wort *Maschine-* das Fugenzeichen *-en:*
Maschinenhaus, Maschinengewehr, Maschinenschlosser etc.
Aber:
Maschineschreiben oder *Maschinenschreiben*.
In Dialekten sind auch Komposita mit *Maschin-* möglich:
Maschinschreiben, Maschinarbeiter.
maschineschreiben - Maschine schreiben: Beide Formen sind möglich. Nicht korrekt ist: *maschinenschreiben*.
→ Kapitel Zusammen- oder Getrenntschreibung
Maskulinum: Unter einem *Maskulinum* versteht man ein Substantiv mit männlichem Artikel: *der*.
Maß: Das sächliche Substantiv *das Maß* bedeutet "Einheit zum Messen, Meßgerät; richtige Größe, Menge; Mäßigung, Angemessenes". In Bayern ist auch *die Maß* in der Bedeutung "ein Liter Bier" üblich. Nach *das Maß* im Sinne von "richtiger Menge, Ausmaß" folgt als Präposition entweder *an* oder *von:*
Er erlaubt sich ein unverschämtes Maß an Frechheit. Er erlaubt sich ein unverschämtes Maß von Frechheit. Sie hat ihm ein hohes Maß an Verständnis entgegengebracht. Sie hat ihm ein hohes Maß von Verständnis entgegengebracht.
Maß-, Mengen- und Münzbezeichnungen: Stehen männliche und sächliche Substantive als *Maß-, Mengen- und Münzbezeichnungen* hinter Zahlen, die größer als 1 sind, werden diese Substantive nicht gebeugt:
3 Faß, 4 Dutzend, 30 Grad Wärme, 15 Mark, diese vier Mann wiegen 400 Kilogramm, 30 Stück Kugelschreiber, 7 Glas Wein, 5 Ballen Rohseide, 10 Schritt, 2 Satz Zünkerzen, etc.
Weibliche Substantive mit der Endung auf *-e* werden dagegen gebeugt:
5 Kisten, 8 Kannen Tee, 9 schwedische Kronen (Aber: *9 Mark*), *3 Gallonen Öl, 750 Tonnen Stahl, 10 Flaschen Wein, 2 Tassen Kaffee, 6 Ellen Seide.*
Bei Substantiven auf die Endungen *-er* und *-el* ist der Gebrauch nach Präpositionen mit Dativ nicht einheitlich. Gebeugt wird, wenn der *Maß-, Mengen- und Münzbezeichnung* ein Artikel vorausgeht:
Mit den 10 Litern Diesel kommen wir 150 Kilometer weit.
Ebenfalls die gebeugte Form wird verwendet, wenn kein Artikel vorangeht und das Gemessene nicht genannt ist:
Mit 10 Litern kommen wir 150 Kilometer weit.
Wird das Gemessene genannt, verwendet man die ungebeugte Form *der Maß-, Mengen- und Münzbezeichnung:*
Mit 10 Liter Diesel kommen wir 150 Kilometer weit.
Substantive als *Maß-, Mengen- und Münzbezeichnungen*, die noch nicht als feste Maßeinheiten gebräuchlich sind sowie Substantive, die den konkreten gezählten

Gegenstand benennen, z.B. durch eine Beifügung, werden immer gebeugt:
Mit zwei Teelöffeln gepreßtem Zitronensaft; mit fünf Messerspitzen frischem Paprika. Er erstand drei Kartons Wein. Sie warf zehn Tassen an die Wand. Vor dem Geschäft stapelten sich leere Kisten, Kannen und Fässer.
Eine Ausnahme ist die Deutsche Mark, da sich hier Einzahl und Mehrzahl nicht unterscheiden:
Er überwies eine Summe von 500 Mark. Er überwies eine Summe von 500 Deutschen Mark.
Treffen ein starkes männliches oder sächliches Substantiv und eine stark gebeugte *Maß-, Mengen-* oder *Münzbezeichnung* zusammen, und wird der Kasus nicht durch ein Begleitwort verdeutlicht, umgeht man einen doppelten starken Genitiv im Singular, indem man entweder die Maßeinheit oder das Gemessene nicht beugt:
wegen eines Stückes Kuchen oder *wegen eines Stück Kuchens; um eines Fasses Wasser willen* oder *um eines Faß Wassers willen; eines Glases Bier* oder *eines Glas Bieres.*
Die Entscheidung, welche Möglichkeit zu wählen ist, hängt von der Intention der zu treffenden Aussage ab. Gebeugt wird immer das, was der Sprecher oder Schreiber hervorheben möchte.
Wird beides, Maß und Gemessenes, gebeugt, ist dies ebenso falsch, wie wenn beides ungebeugt steht:
wegen eines Stückes Kuchens oder *wegen eines Stück Kuchen; um eines Fasses Wassers willen* oder *um eines Faß Wasser willen; eines Glases Bieres* oder *eines Glas Bier.*
Wird das Gemessene durch ein Adjektiv näher definiert, stehen Maß und Gemessenes im Genitiv:
wegen eines Stückes selbstgebackenen Kuchens; um eines Fasses kostbaren Wassers willen; eines Glases kühlen Bieres.

In den Kasus Nominativ, Dativ und Akkusativ wird eine Apposition konstruiert; Maßeinheit und Gemessenes stimmen im Kasus überein:
Eine Gallone arabisches Öl; mit drei Faß griechischem Wein; von einem Dutzend Flaschen; nach zehn Glas kühlem Bier.
Steht ein Adjektiv voran, kann in gehobenem Sprachgebrauch der Genitiv stehen:
Eine Gallone (teuren) arabischen Öles; mit drei Faß griechischen Weines; von einem Dutzend leerer Flaschen; nach zehn Glas kühlen Bieres.
Häufig wird auch der Genitiv gesetzt, wenn die Maßeinheit im Dativ Singular, das Gemessene im Plural steht (auch ein Nominativ ist möglich) oder wenn es sich bei dem Gemessenen um substantivierte Adjektive oder Partizipien handelt:
Der Preis von einem Pfund frischer Kartoffeln (Auch: *von einem Pfund frische Kartoffeln*). *Mit einem Korb selbstgepflückter Pilze* (Auch: *mit einem Korb selbstgepflückte Pilze*).
Eine Gruppe schmusender Liebender; eine Runde diskutierender Gelehrter.
In der Umgangssprache wird häufig die Nennung der Maßeinheit weggelassen; oft auch nur die Zahl genannt:
Fünf Wein und ein Wasser; zwei Eigelb. Fahre nie schneller als hundert! Er ist heute achtzehn geworden.
Währungsangaben werden in fortlaufenden Texten hinter die Zahl geschrieben, in Aufstellungen oder Tabellen können sie auch davor stehen:
Die Rechnung beläuft sich auf 1.500 DM. DM 20, DM 300 etc.
Massaker, das: [franz. massacre gleichbed.]
Blutbad, Gemetzel; Massenmord.
Masseurin - Masseuse: Beide weiblichen Formen zu *der Masseur* sind korrekt.
→ Kapitel Titel und Berufsbezeichnungen
maßgebend - maßgeblich: Beide Adjektive können in der Regel synonymisch füreinander verwendet werden. Ihre Bedeu-

maßhalten

tung ist "entscheidend, wichtig; für Handlung oder Urteil bestimmend".
Maßgebend beteiligte Personen bestimmen etwas mit, während *maßgebliche Personen* für etwas wichtig, zuständig sind. *Maßgebend* hebt die Wirkung von etwas auf jmdn. hervor und wird hauptsächlich attributiv und prädikativ verwendet, während *maßgeblich* die Wichtigkeit, den Wert als Eigenschaft betont und meist attributiv und adverbial gebraucht wird.

maßhalten - Maß halten: *Maßhalten* als Verb schreibt man zusammen; ist *Maß* durch eine nähere Bestimmung (Artikel, Attribut o.ä.) als Substantiv zu erkennen, schreibt man getrennt:
Er versprach ihr, maßzuhalten. Während der Krise müssen alle maßhalten. Auch wir haben maßgehalten.
Er versprach ihr, das Maß zu halten. Während der Krise müssen alle ein vernünftiges Maß halten. Auch wir haben unser Maß gehalten.

maßregeln: Da das Verb vom Substantiv *Maßregel* abgeleitet ist, wird es immer zusammengeschrieben:
Der Lehrer hat seine Schüler gemaßregelt. Ich werde ihn maßregeln. Er ist gekommen, sie zu maßregeln.

Mast: Das männliche Substantiv *der Mast* bedeutet "Ständer, Stange; Segelbaum" und bildet die Pluralformen: *die Masten* und *die Maste*. Das weibliche Substantiv *die Mast* wird in der Bedeutung von "Mästung, Stopfung, Fütterung" verwendet und bildet die Pluralform: *die Masten*.

Matador, der: [span. matador gleichbed.]
Hauptkämpfer im Stierkampf, der den Stier töten muß; hervorragender Mann, Berühmtheit, Hauptperson.
Dieses Substantiv kann sowohl stark als auch schwach gebeugt werden:
des Matadors, die Matadore; des Matadoren, die Matadoren.

Match, das oder der: [engl. match gleichbed.]
Wettkampf

Der männliche Gebrauch *der Match* ist außerhalb der Schweiz selten.

material - materiell: Das Adjektiv *material* bedeutet "sich auf eine Materie, einen Stoff beziehend, als Material gegeben" und bezeichnet eine Zugehörigkeit, eine Beziehung:
Für diese Regierungsform schienen materiale Wertideen unerläßlich.
Das Adjektiv *materiell* kann in den Bedeutungen "stofflich, gegenständlich; wirtschaftlich, finanziell; nach Gelderwerb strebend" gebraucht werden:
Die materiellen Bestandteile für dieses Experiment ließen sich leicht beschaffen. Die materiellen Voraussetzungen für die Expedition waren sichergestellt. Er war ein rein materiell orientierter Mensch.

Matinee, die: [franz. matinée gleichbed.]
Vormittagsveranstaltung meist künstlerischer Art.

Mätresse, die: [franz. maîtresse gleichbed.]
Geliebte eines Herrschers (historischer Gebrauch); außereheliche Geliebte eines verheirateten Mannes (meist abwertend gebraucht).

Matz: Die familiäre Kosebezeichnung für einen "kleinen Jungen" bildet die Pluralformen: *die Matze* oder *die Mätze*. Im süddeutschen Sprachraum wird *die Matz* (von: *die Metze* veraltet für: "Dirne") umgangssprachlich entweder als äußerst abwertend empfundenes Schimpfwort im Sinne von "liederliche (böse) Frau" oder als bewundernder Ausdruck für einen "raffinierten, mit allen Wassern gewaschenen Gesellen, listigen Kerl" verwendet.

maximal: Da *maximal* schon ein Optimum ausdrückt, darf das Wort nicht mehr gesteigert werden:
Mit maximalem Einsatz ging er an die Arbeit (Nicht: *Mit maximalstem Einsatz ...*).

Mayonnaise, die: [franz. mayonnaise gleichbed.]
Cremigfeste, kalte Soße aus Eigelb, Öl und Gewürzen.

MdB - M.d.B.: Beide Schreibweisen dieser Abkürzung sind korrekt. Sie steht für "Mitglied des Bundestages" und kann dem Namen in Klammern gesetzt, oder durch ein Komma abgetrennt, nachgestellt werden:
Michael Jäger (MdB), Michael Jäger, MdB.
Medaille, die: [franz. médaille gleichbed.] Gedenkmünze oder Orden ohne materiellen Wert.
Medaillon, das: [franz. médaillon gleichbed.] Kleines flaches kapselförmiges Gefäß, in das ein Bild oder ein anderes Andenken eingelegt werden kann und das an einem Kettchen getragen wird. Als Kunstwerk ein rundes oder ovales (gerahmtes) Bildnis oder Relief. In der Gastronomie ein rundes oder ovales Fleischstück, meist ein Filet.
Meer- - Meeres-: Komposita mit dem determinierenden Wort *Meer* ohne Fugenzeichen sind:
Meerbusen, Meerungeheuer, Meerwasser, Meerschweinchen, Meerkatze etc.
Komposita, die mit dem Fugenzeichen *-es* gebildet werden sind:
Meeresboden, Meeresfrüchte, Meeresgrund, Meeresspiegel etc.
Meeting, das: [engl. meeting gleichbed.] Zusammenkunft, Treffen; kleinere politische Versammlung; Sportveranstaltung in kleinem Rahmen.
Mega-: Komposita mit *Mega-* lösen im Szenejargon den steigernden Begriff *Super-* ab:
Der neue Megastar (war früher nur ein Superstar und davor nur ein Star).
megaloman: [griech. mégas, megalo- "groß"]
größenwahnsinnig
mehr als (ein): Nach der Fügung *mehr als* plus einem Attribut in der Mehrzahl kann das nachfolgende Verb sowohl in der Einzahl als auch in der Mehrzahl stehen:
Mehr als eine Million Soldaten steht oder *stehen am Golf. Mehr als fünf Gläser Wein jeden Tag ist* oder *sind ungesund.*

mehr - noch: → kaum noch - kaum mehr
→ nur noch - nur mehr
mehrere: Der Ausdruck *mehrere* wird im Sinne von "unbestimmte, aber kleine Anzahl" verwendet. In der Regel versteht man unter *mehrere* mehr als drei Stück von etwas. Das als Adjektiv verstandene *mehrere* wird - auch als substantiviertes Adjektiv - parallel stark gebeugt:
Die Party fand in mehreren hellen Räumen statt. Mehrere Gäste waren betrunken. Das war mehreren anderen Gästen zuwider. Er kam mit mehreren Geliebten. Die Gastfreundschaft mehrerer Einheimischer wurde mißbraucht.
Im Genitiv Plural kann auch noch die schwache Beugung stehen:
Die Gastfreundschaft mehrerer Einheimischen wurde mißbraucht.
Mehrheit: Steht nach *Mehrheit* ein Substantiv im Plural, kann das folgende Verb sowohl im Singular als auch im Plural stehen. Bezieht sich das Verb auf den Satzgegenstand *Mehrheit*, steht es (wie *Mehrheit*) im Singular; konstruiert man nach dem Sinn, d.h., bezieht man das Verb auf das Gezählte, setzt man das Verb in den Plural:
Die Mehrheit der Leser war von dem Roman enttäuscht. Die Mehrheit der Leser waren von dem Roman enttäuscht.
mehrmalig - mehrmals: Als Adjektiv bei einem Substantiv stehend ist nur *mehrmalig* zulässig:
Die mehrmalige Diskussion über das immer gleiche Problem hilft auch nicht weiter.
Falsch ist der Gebrauch von *mehrmalig* an Stelle des Adverbs *mehrmals*:
Er ging mehrmals (Nicht: *mehrmalig*) *am Haus der Geliebten vorbei.*
mehrsten: Dieses Wort ist falsch. Der Superlativ zu *viel* oder *viele* heißt:
am meisten, die meisten:
Am meisten (Nicht: *am mehrsten*) *waren die Anwohner betroffen. Die meisten* (Nicht: *die mehrsten*) *der Versammlungsteilnehmer waren Arbeiter.*

Mehrzahl: Steht nach *Mehrzahl* ein Substantiv im Plural, kann das folgende Verb sowohl im Singular als auch im Plural stehen. Bezieht sich das Verb auf den Satzgegenstand *Mehrzahl*, steht es (wie *Mehrzahl*) im Singular; konstruiert man nach dem Sinn, d.h., bezieht man das Verb auf das Gezählte, setzt man das Verb in den Plural:
Die Mehrzahl der Befragten war für eine sinnvolle Umweltpolitik. Die Mehrzahl der Befragten waren für eine sinnvolle Umweltpolitik.
mein: Als Pronomen wird klein geschrieben:
meine Freundin, meine Bücher.
Klein schreibt man *mein, meinige* auch, wenn ein Artikel vor dem Pronomen steht, es sich aber auf ein vorhergehendes Substantiv bezieht:
Wessen Freundin ist das? Die meine oder *die meinige.*
Groß schreibt man das substantivierte Pronomen:
Um den Konflikt beizulegen, werde ich das Meine oder Meinige tun.
meinetwegen - wegen meiner - wegen mir: Der Gebrauch von *meinetwegen* wird heute als gutes und korrektes Deutsch empfunden. Die Formulierung *wegen meiner* veraltet, die Formulierung *wegen mir* wird in der Umgangssprache verwendet.
meinige - Meinige: → mein
meist: Klein schreibt man *meist* auch dann, wenn ihm ein Artikel vorausgeht:
Für mich ist das meiste von dem, was du gesagt hast, völlig neu. Die meisten glauben, was man ihnen erzählt. Das hat mich am meisten schockiert.
melken: Das Verb wird hauptsächlich regelmäßig konjugiert. Präsens und Indikativ lauten: *melke, melkst, melkt; melke!* In der Vergangenheit wird *melkte* der Form *molk* vorgezogen. Als 2. Partizip wird *gemolken* und *gemelkt* gebraucht.
Membran - Membrane: Wiewohl beide Formen korrekt sind, wird im gegenwärtigen Sprachgebrauch die Form: *die Membran* vorgezogen.
Memoiren, die: [franz. mémoires gleichbed.]
Meist schriftlich fixierte Lebenserinnerungen einer (berühmten) Persönlichkeit, Autobiographie; Denkwürdigkeiten.
Menge: Steht nach *Menge* ein Substantiv im Plural, kann das folgende Verb sowohl im Singular als auch im Plural stehen. Bezieht sich das Verb auf den Satzgegenstand *Menge*, steht es (wie *Menge*) im Singular; konstruiert man nach dem Sinn, d.h., bezieht man das Verb auf das Gezählte, setzt man das Verb in den Plural:
Eine Menge der Befragten war für eine sinnvolle Umweltpolitik. Eine Menge der Befragten waren für eine sinnvolle Umweltpolitik.
Fungiert das Substantiv *Menge* als Subjekt des Satzes im Sinne von "Menschenmenge, Masse, Anzahl", muß das Verb in der Einzahl stehen:
Die Menge versammelte (Nicht: *versammelten*) *sich vor dem Innenministerium.*
Wird *eine Menge* in der Bedeutung "viele" (ugs.) gebraucht, muß das Verb in der Mehrzahl stehen:
Eine Menge (= viele) *versammelten sich vor dem Innenministerium.*
Mengenbezeichnung: → Maß-, Mengen- und Münzbezeichnungen
Mensch: Das männliche Substantiv *der Mensch* bedeutet "menschliches Lebewesen, einzelne Person" und bildet die Formen: *des, dem, den Menschen;* der Plural lautet: *die Menschen.* Das sächliche Substantiv *das Mensch* ist ein abwertender, verächtlich gebrauchter Ausdruck für "Frau". Es bildet die Formen: *des Menschs* oder *des Mensch, dem, den Mensch;* der Plural lautet: *die Menscher.*
Mesalliance, die: [franz. mésalliance gleichbed.]
Eine Ehe, die nicht standesgemäß ist, aufgrund von Ungleichheiten sozialer, altersmäßiger, finanzieller etc. Art. Unglückliche, unebenbürtige Verbindung.

Meß- - Messe-: Komposita mit dem Verb *messen* haben als determinierenden Wortteil *Meß-*:
Meßergebnisse, Meßgerät, Meßtechnik, Meßverfahren etc.
Komposita mit dem Substantiv *Messe* im Sinne von " Handels- oder Verkaufsausstellung, Markt" haben als determinierenden Wortteil *Messe-*:
Messegelände, Messebesucher, Messestände etc.
Komposita mit dem Substantiv *Messe* in der Bedeutung "Gottesdienst" haben als determinierenden Wortteil *Meß-*:
Meßbuch, Meßopfer, Meßdiener etc.
Message: Das Substantiv, das im Amerikanischen fast ausschließlich Werbespot bedeutet, wird im jugendlichen Szenejargon im Sinne von "Botschaft, bedeutende Aussage" gebraucht:
Der bringt die Message echt nicht rüber.
messen: Wird das Verb *messen* im Sinn von "eine bestimmte Höhe haben" mit der Präposition *in* gebraucht, folgt das Substantiv im Dativ:
Der Eiffelturm mißt 300 Meter in der Höhe.
Meteor: Das Substantiv *Meteor* wird in der Standardsprache mit männlichem Artikel, in der astronomischen Fachsprache mit sächlichem Artikel gebraucht: *der* oder *das Meteor*.
Meter: Die Maßbezeichnung kann sowohl mit männlichem als auch mit sächlichem Artikel stehen. Es heißt: *der* oder *das Meter*.
Das Gemessene nach *Meter* kann in gehobener Sprache gebeugt werden:
ein Meter indisches Seidentuch (geh.: *ein Meter indischen Seidentuches*); *ein Sari aus fünf Metern kostbarem indischem Seidentuch* (geh.: *aus fünf Metern kostbaren indischen Seidentuches*); *der Verschnitt eines Meters Seidentuch* oder *der Verschnitt eines Meter Seidentuches*.
Steht die Maßbezeichnung im Plural, folgt in der Regel auch das Verb im Plural:
Zwei Meter Tuch reichen für den Schal aus.
Bei Maßbezeichnungen auf die Endung *-er* ist der Gebrauch nach Präpositionen mit Dativ Plural nicht einheitlich. Gebeugt wird, wenn der Maßbezeichnung ein Artikel vorausgeht:
Mit den 10 Metern Stoffresten drapieren wir das Atelier.
Ebenfalls die gebeugte Form wird verwendet, wenn kein Artikel vorangeht und das Gemessene nicht genannt ist:
Mit 10 Metern drapieren wir das Atelier.
Mit einem Höhenunterschied von 5.000 Metern müssen wir zurechtkommen.
Wird das Gemessene genannt, verwendet man die ungebeugte Form der Maßbezeichnung:
Mit 10 Meter Stoffresten drapieren wir das Atelier. Mit 5.000 Meter Höhenunterschied müssen wir zurechtkommen. Die Almwirtschaft liegt in 1.500 Meter Höhe.
→ Kapitel Maß-, Mengen- und Münzbezeichnungen
Midlife Crisis: Diese modische Zusammensetzung bedeutet "Krise in der Lebensmitte". Sie wird hervorgerufen durch erste Alterserscheinungen und durch das Gefühl, im bisherigen Leben etwas versäumt oder auch ein gestecktes Lebensziel nicht erreicht zu haben.
Miene - Mine: Beide Substantive sind weiblichen Geschlechts. *Die Miene* bedeutet "Gesichtsausdruck", *die Mine* bedeutet "Schreibgeräteinlage (für Kugelschreiber und Bleistifte); Sprengkörper; Bergwerg, Stollen".
Miet- - Mieten- - Miets-: Das Fugen-s ist fest in den Komposita:
Mietshaus, Mietskaserne.
Die meisten Komposita werden mit dem determinierendes Wort *Miet-* gebildet:
Mietpreisbindung, Mietwagen, Mietwohnung, Mietrecht etc.
Bei einigen Komposita ist beides möglich:
Mietsteigerung, Mietssteigerung; Mietverlust, Mietsverlust; Mietstreitigkeiten, Mietsstreitigkeiten.

mild

Bei einigen Komposita ist auch der Wechsel zwischen *Miet-* und *Mieten-* möglich: *Mietfestsetzung, Mietenfestsetzung; Mietregelung; Mietenregelung.*

mild - milde: Beide Formen des Adjektivs sind ohne Bedeutungsunterschied gebräuchlich und können füreinander stehen.

Milde: Nach dem Substantiv *Milde* wird mit der Präposition *gegen* angeschlossen. Die Verwendung der Präpositionen *für* oder *zu* ist falsch:
Die große Milde der verständigen Frau gegen den Jungen (Nicht: *für den Jungen* oder *zu dem Jungen*) *stärkte diesen.*

Militär: Das sächliche Substantiv *das Militär* bedeutet "Streitkräfte, Gesamtheit der Soldaten" und bildet keinen Plural. Das männliche Substantiv *der Militär* bedeutet "(hoher) Offizier" und bildet die Pluralform: *die Militärs.*

Milliarde: Milliarde ist ein Substantiv und wird groß geschrieben:
Eine Milliarde sind 1.000 Millionen. 0,5 Milliarden; eine Milliarde zweihundert Millionen dreihundertzwanzigtausendeinhundertundelf.
Steht nach *Milliarde* das Gezählte im Plural, kann das folgende Verb sowohl im Singular als auch im Plural stehen. Bezieht sich das Verb auf den Satzgegenstand *Milliarde*, steht es (wie *Milliarde*) im Singular; konstruiert man nach dem Sinn d.h., bezieht man das Verb auf das Gezählte, setzt man das Verb in den Plural:
Eine Milliarde Menschen sah das Spektakel am Bildschirm. Eine Milliarde Menschen sahen das Spektakel am Bildschirm.
Nach *Milliarde* kann das Gezählte im Genitiv oder als Apposition folgen; der Genitiv kann auch mit von umschrieben werden:
Milliarden zufriedener Menschen wird es nie geben. Milliarden zufriedene Menschen wird es nie geben. Milliarden von zufriedenen Menschen wird es nie geben.
Die Abkürzung lautet korrekt: *Mrd.*

Million: Million ist ein Substantiv und wird groß geschrieben:
Über eine Million Menschen stehen am Golf unter Waffen. Knapp 0,5 Millionen davon sind Amerikaner. Eine Million siebenhundertdreiundfünfzigtausendvierhundertzwölf.
Steht nach *Million* das Gezählte im Plural, kann das folgende Verb sowohl im Singular als auch im Plural stehen. Bezieht sich das Verb auf den Satzgegenstand *Million*, steht es (wie *Million*) im Singular; konstruiert man nach dem Sinn d.h., bezieht man das Verb auf das Gezählte, setzt man das Verb in den Plural:
Eine Million Menschen demonstrierte weltweit. Eine Million Menschen demonstrierten weltweit.
Nach *Million* kann das Gezählte im Genitiv oder als Apposition folgen; der Genitiv kann auch mit von umschrieben werden:
Millionen obdachloser Menschen sind auf Hilfe angewiesen. Millionen obdachlose Menschen sind auf Hilfe angewiesen. Millionen von obdachlosen Menschen sind auf Hilfe angewiesen.
Die Abkürzung lautet korrekt: *Mio.*

mindeste: Klein schreibt man *mindeste* auch dann, wenn ihm ein Artikel vorausgeht:
Er hat nicht das mindeste verstanden (= gar nichts). *Zum mindesten sollte er Verständnis zeigen* (= wenigstens). *Seine Argumente konnten mich nicht im mindesten beeindrucken* (= überhaupt nicht).

mindestens: → zumindest - mindestens - zum mindesten

Mine: → Miene - Mine

Mineral, das: [mlat. aes minerale "Gruberz"]
Jeder Stoff der Erdkruste, der anorganisch, chemisch und physikalisch einheitlich und natürlich gebildet ist.
Das Substantiv *das Mineral* bildet die Pluralformen: *die Minerale* und *die Mineralien.*

Minister: → Kapitel Titel und Berufsbezeichnungen

Ministerin - Ministerpräsidentin: Bei weiblichen Amtsinhaberinnen kann sowohl die männliche als auch die weibliche Form des Titels stehen. Werden Titel und Name der Person unmittelbar verbunden, gebraucht man besser die weibliche Form des Titels auf *-in*.
→ Kapitel Titel und Berufsbezeichnungen

minus: In der Bedeutung von "abzüglich" wird *minus* heute vor allem in der Kaufmannssprache als Präposition verwendet. Auf diese Präposition folgt in der Regel ein Genitiv:
Hiermit erhalten Sie unsere Kalkulation minus des unseren Stammkunden gewährten Rabatts.
Ein alleinstehendes, stark gebeugtes Substantiv in der Einzahl wird nach *minus* nicht gebeugt:
Hiermit erhalten Sie unsere Kalkulation minus Porto und Rabatt.
Ist bei alleinstehenden Substantiven der Genitiv vom Nominativ oder Akkusativ nicht zu unterscheiden, weicht man auf den Dativ Plural aus:
Hiermit erhalten Sie unsere Kalkulation minus Abzügen.

mir: Die Kombination des persönlichen Fürworts *mir* mit dem Verb *sein* im Sinne von "besitzen, haben" ist standardsprachlich nicht korrekt:
Dieses Geschenk ist mir (Richtig: *Dieses Geschenk gehört mir* oder *Dies ist mein Geschenk*).
Die Kombination des besitzanzeigenden Fürworts *mein* mit dem Verb *sein* im Sinne von "besitzen, haben" ist der gehobenen Sprache zuzuordnen und wird nur noch selten gebraucht:
Dieses Geschenk ist mein. Dein ist mein ganzes Herz.

miserabel: In deklinierten oder gesteigerten Formen von *miserabel* entfällt das *-e* der Endsilbe:
Das war wieder ein miserabler Winter. Der Sommer wird noch miserabler werden.

missen - vermissen: Das Verb *missen* bedeutet "entbehren" und steht in der Regel in Kombination mit einem Modalverb:
Manch langweiliges Seminar könnten sie gerne missen. Er hat sich an das Tier gewöhnt, so daß er es nicht mehr missen möchte.
Das Verb *vermissen* wird im Sinne von "jmd. ist sich des Fehlens einer Person oder Sache bewußt, er sehnt sich eventuell danach" gebraucht; oft steht eine Umstandsangabe dabei:
Diese Ausstellung läßt jedes Kunstverständnis vermissen. Er vermißt die Geliebte ungeheuer. Die Exilanten vermissen ihre Heimat sehr.

Mißtrauen: Nach dem Substantiv *Mißtrauen* wird mit der Präposition *gegen* angeschlossen. Die Verwendung der Präposition *für* ist falsch:
Das Mißtrauen gegen die Politiker ist zuweilen berechtigt (Nicht: *... für die Politiker ...*). *Das gegenseitige Mißtrauen der Brüder führte zu starken Spannungen* (Nicht: *Das Mißtrauen der Brüder füreinander führte ...*).

mit: Nach der Präposition *mit* folgt ein Dativ; stark gebeugte Substantive haben im Dativ Plural ein *-n* als Endung:
Er kaufte Töpfe mit Deckeln (Nicht: *... mit Deckel*). *Sie haben die Schaufenster mit Brettern* (Nicht: *... mit Bretter*) *vernagelt*.
Bei der Kombination von Präpositionen, die unterschiedliche Kasus erfordern, muß der Kasus gebraucht werden, den die zunächst stehende Präposition verlangt. Streng korrekt wäre:
Ich gehe heute mit ihm (= Dativ) oder *ohne ihn* (= Akkusativ) *spazieren. Sie verreisen mit Hunden* (= Dativ) oder *ohne Hunde* (= Akkusativ).
Aus stilistischen Gründen ist standardsprachlich erlaubt:
Ich gehe heute mit oder *ohne ihn* (Nicht: *ohne ihm*) *spazieren. Sie verreisen mit* oder *ohne Hunde* (Nicht: *ohne Hunden*).

Das Wort *mit* als Bestanddteil einer Beifügung hat keinen Einfluß auf den Numerus des folgenden Verbs:
Stefan Zweig mit seiner Frau kam in Brasilien an (Nicht: *Stefan Zweig mit seiner Frau kamen in Brasilien an*).
Die Kombination von *mit* und einem Superlativ ist umgangssprachlicher Gebrauch. Standardsprachlich korrekt sollte dafür die Fügung *einer* plus Genitiv verwendet werden:
Sie ist mit die beste Prüfungskandidatin (Besser: *Sie ist eine der besten Prüfungskandidatinnen*). *Das ist mit die schönste Stadt auf der Welt* (Besser: *Das ist eine der schönsten Städte auf der Welt*).
Bei Datumsangaben im Sinne von "von...bis" ist der Gebrauch von *mit* umgangssprachlich. Standardsprachlich korrekt muß *bis* verwendet werden:
4. August mit 11. Oktober (Besser: *4. August bis 11. Oktober*).
Mit und das folgende Verb schreibt man getrennt, wenn nur eine vorübergehende Teilnahme ausgedrückt werden soll; beide Wörter sind betont:
Tom Sawyer ließ seine Freunde den Zaun mit anstreichen. Die Gegenargumente sind mit zu überlegen. Die neuen Besitzer wollen die Belegschaft nicht mit übernehmen.
Wird durch die Kombination eine dauernde Teilnahme ausgedrückt, oder entsteht durch die Kombination ein neuer Begriff, teilweise mit übertragener Bedeutung, schreibt man zusammen; nur *mit* wird betont:
Ja, ich werde nach Griechenland mitfahren. Wir werden dir auch etwas mitbringen (= schenken). *Wirst du in der Theatergruppe mitmachen? Das werde ich dir noch mitteilen* (= melden, sagen). *Sie ließen sich von Hemingways Begeisterung für Spanien mitreißen.*

mit was - womit: Die Kombination *mit was* ist umgangssprachlicher Gebrauch und stilistisch unschön. Standardsprachlich korrekt verwendet man dafür *womit*:

Womit bist du gefahren? (Nicht: *mit was bist du gefahren?*). *Ich weiß, womit ich sie erfreuen kann* (Nicht: *Ich weiß, mit was ich sie erfreuen kann*).

miteinander: In der Regel schreibt man *miteinander* vom nachfolgenden Verb getrennt:
Sie werden miteinander reden müssen. Wollen wir miteinander schmusen? Sie werden gut miteinander zurechtkommen.

mithaben: Dieses Verb schreibt man zusammen:
Der Koffer ist so schwer, weil sie wirklich alles mithat.

Mitlaut: → Konsonant

mittag - mittags - Mittag: Die Adverbien *mittag* in der Bedeutung "ein bestimmter, einmaliger (Mittwoch) mittag" und *mittags* in der Bedeutung "ein unbestimmter, immer wiederkehrender (Mittwoch) mittags" schreibt man klein, das Substantiv *der Mittag* schreibt man groß:
Am Sonntag mittag habe ich einen alten Freund getroffen. Sonntag mittags frühstückt sie (immer) im Café.
Jeden Mittag ißt er im gleichen Lokal. Vor dem Mittag hat er keinen Termin mehr. Über Mittag fährt sie nach Hause. Gegen Mittag führen sie immer ihren Hund spazieren.
Gertrennt wird: *mit/tag(s), Mit/tag.*

Mitte: Dieses Substantiv wird auch in seiner Verwendung als Angabe einer Lage groß geschrieben:
Das Büro befindet sich im 4. Stock Mitte. Der Golfkrieg begann Mitte Januar. Das Mitte-links-Bündnis war wie immer zerstritten.

mittels: Stilistisch nicht schön aber korrekt sind die Präpositionen *mittels* und *mittelst*. Falsch ist die Fügung: *mittels von*. In der Regel folgt auf diese Präpositionen ein Genitiv:
Mittels falscher Freunde geriet er in den Schlamassel (Besser: *Durch falsche Freunde ...*). *Mittels genauer Analysen kam man zu dem Ergebnis* (Besser: *Mit Hilfe von genauen Analysen ...*).

Ein alleinstehendes, stark gebeugtes Substantiv in der Einzahl kann auch ohne Genitivendung stehen:
Mittels Photoapparat (Statt: *Mittels Photoapparates*).
Ein alleinstehendes, stark gebeugtes Substantiv im Plural, bei dem sich der Genitiv von einem Nominativ oder Akkusativ nicht unterscheiden läßt, kann auch im Dativ folgen:
Mittels Matadoren warb man für Spanien.
Ebenfalls der Dativ steht, wenn ein zusätzliches starkes, im Genitiv Singular stehendes Substantiv hinzukommt:
Der Kampf war mittels Spaniens jüngstem Matador schnell beendet.

Mittelwort: → Partizip

mitten: In der Regel wird *mitten* von einem folgenden Adverb oder einer Präposition getrennt geschrieben:
Er steckt mitten in einer Arbeit. Er erwachte mitten unter dem Eiffelturm. Sie lief mitten durch die Absperrung. Mitten darin sind sie gelegen.
Enge Verbindungen von *mitten* und umgangssprachlich verwendeten Verkürzungen jedoch schreibt man zusammen:
In der Arbeit steckt er mittendrin. Er erwachte mittendrunter. Bei der Absperrung lief sie mittendurch. Sie sind mittendrin gelegen.

mittlere: Das Adjektiv *mittlere* wird klein geschrieben, auch in scheinbar festen Begriffen:
Die mittlere Reife war Charly Häusler nicht genug. Er wollte nicht in die mittlere Beamtenlaufbahn.
Groß schreibt man das Adjektiv, ist es Bestandteil von Eigennamen:
Der Mittlere Ural; der Mittlere Osten.

Mittwoch: Ist in der Kombination von Wochentag und Tageszeit der Wochentag der Hauptbegriff, der durch die Zeitangabe näher definiert wird, schreibt man getrennt:
Mittwoch abends waren wir aus (= ein ganz bestimmter Mittwoch).

Fungiert die Zeitangabe als Grundwort, das durch den Wochentag spezifiziert werden soll, schreibt man zusammen:
Am Montagabend ist Theaterkurs, am Mittwochabend ist Literaturkurs (= kalendarisch unbestimmte Montage und Mittwoche).
Gleiches gilt für: *Morgen, Mittag* und *Nacht. Früh* als nachgestelltes Adverb wird getrennt geschrieben:
Mittwoch früh gings los.

Modalsatz: Der Modalsatz ist ein Nebensatz, in dem angegeben wird, wie sich ein Geschehen oder ein Sachverhalt, von dem im Hauptsatz die Rede ist, vollzieht, und der mit den Präpositionen: *dadurch, indem, wobei, so daß, ohne daß, statt zu, anstatt zu* angeschlossen wird.
Der Modalsatz kann begleitende Umstände angeben:
Er grüßte, indem er mit dem Kopf nickte.
Der begleitende Umstand kann nicht eingetreten sein:
Er redete, ohne daß er gefragt worden war. Sie weinte, anstatt zu lachen.
Der Modalsatz kann einen Vergleich ausdrücken:
Er läuft so ausdauernd, als hätte er jahrelang trainiert.
Der Modalsatz kann die Gültigkeit des Geschehens im Hauptsatz einschränken:
Er wird das besorgen, soweit es ihm möglich ist.

Modalverb: Modalverben nennt man die Gruppe von Verben, die in Kombination mit einem Verb im Infinitiv verwendet werden und dabei die Art und Weise des Geschehens ausdrücken. Modalverben sind: *dürfen, mögen, müssen, können, sollen, wollen* und in bestimmten Fällen *lassen*. Je nach gewähltem Modalverb wird eine Möglichkeit, ein Zwang, ein Zweifel, ein Wunsch oder eine Fähigkeit formuliert:
Wenn ihr ruhig seid, dürft ihr spielen gehen. Sie muß das Ziel erreichen.
Modalverben können in einem Satz auch alleine stehen:

Sie mag kein Fleisch. Lassen Sie mich in Frieden!
Folgen Modalverben auf einen reinen Infinitiv, stehen sie nicht in der Form des 2. Partizips wie andere Verben, sondern ebenfalls im Infinitiv. Das Modalverb im Infinitiv sollte am Schluß des Satzes stehen:
Sie hätte eigentlich diese Rolle singen sollen. Um das mitzukriegen, hätte er viel länger bleiben müssen.
Fungieren die Modalverben als eigenständige Verben, bilden sie die Form des 2. Partizips:
Sie haben mich in Frieden gelassen. Diesen Lehrer habe ich nie gemocht.
Mode- - Moden-: Komposita mit dem Substantiv *Mode* als determinierendem Wort werden in der Regel mit *-e* gebildet, wenn *Mode* im Sinne von "Zeitgemäßes, gegenwärtiger Geschmack" aber auch "Neuheit in Kleidung, Haartracht etc." gemeint ist:
Modewort, Modeschriftsteller, Modewelt, Modeschnitt etc.
Komposita mit dem Plural *Moden* bezeichnen eher "konkrete Erscheinungsformen und Gestaltungen der Mode", aber auch einige Komposita der oberen Gruppe werden so gebildet:
Hutmoden, Ledermoden, Kleidermoden; Modezeitung oder *Modenzeitung, Modeschau* oder *Modenschau, Modewoche* oder *Modenwoche.*
modern - modernistisch: Das Adjektiv *modern* bedeutet "zeitgemäß, der herrschenden Geschmacks- und Stilrichtung angepaßt" oder "noch recht neu, jung, nicht sehr alt; heutig". Dagegen bedeutet *modernistisch* "bewußt modern, oft überbetont modern; etwas Neues unkritisch bejahend, um jeden Preis anstrebend".
Modus, der: [lat. modus "Maß, Art, Weise; Aussageweise; Melodie"]
Art und Weise oder Form oder Verhaltensweise des Zusammenlebens. In der Musik die Bezeichnung für eine Tonart und ein Taktmaß. In der Grammatik bezeichnet man mit Modus die Aussageweise des Verbs. Die Modi sind: Indikativ, Konjunktiv, Imperativ:
Sie singt. Sie sänge gern oder *Sie würde gerne singen. Sing endlich!*
Der Plural lautet: *die Modi.*
mögen: Fungiert *mögen* als Vollverb, bildet es das 2. Partizip *gemocht*:
Diesen Mann hätte sie nicht gemocht.
In seiner Funktion als Modalverb steht nach einem reinen Infinitiv auch der Infinitiv von *mögen*, nicht das 2. Partizip:
Sie hat ihn nicht leiden mögen (Nicht: *... leiden gemocht*).
Um ein Begehren auszudrücken, wird der Konjunktiv I von mögen eingesetzt:
Mögen sich all ihre Wünsche erfüllen! Möge er gesund bleiben!
Um einen irrealen Wunsch auszudrücken, wird der Konjunktiv II verwendet:
Möchte er doch endlich gescheiter werden!
Die Formen des Konjunktiv II werden auch indikativisch als höfliche Wendung an Stelle des Modalverbs *wollen* verwendet:
Er möchte, daß sie ihn begleitet. Ich möchte zahlen.
möglich: *Möglich* wird, auch wenn ein Artikel vorausgeht, beide Wörter aber für ein Fürwort o.ä. stehen, klein geschrieben:
Sie haben das mögliche in dieser Frage unternommen (= alles). *Bei diesen Verhandlungen ist schon das möglichste, das erreicht werden kann, zu wenig* (= alles). *Sie hat alles mögliche studiert* (= allerlei, vielerlei).
Das substantivierte Adjektiv schreibt man groß:
Man muß erstmal das Mögliche vom Tatsächlichen unterscheiden. Das Mögliche wird durch die Kriegstreiber unmöglich gemacht. Diese Lösung liegt im Rahmen des Möglichen.
In der Regel wird *möglichst* nicht gesteigert. Man behilft sich, indem man *möglich* eines den Steigerungsgrad bezeichnendes Adjektiv im Komparativ voranstellt:

In zwei Stunden wäre es besser möglich (Nicht: *In zwei Stunden wäre es möglicher*). *Diese Lösung wäre leichter möglich* (Nicht: *Lösung wäre möglicher*).
Der Superlativ *möglichst* sollte nur adverbial und nicht attributiv verwendet werden:
Diese Verkaufszahlen sind möglichst zu steigern (Nicht: *Eine möglichste Steigerung der ...*).
Vor steigerungsfähigen Adjektiven wird *möglichst* im Sinne von "angestrebter, höchster Grad" gebraucht:
Das Ergebnis muß möglichst schnell vorliegen (= so schnell wie möglich). *Sie versucht, ein möglichst hohes Bewußtsein zu erreichen* (= so hoch wie möglich).
Daneben wird *möglichst* in der Bedeutung von "nach Möglichkeit, wenn es möglich ist" gebraucht:
Der Wagen soll möglichst heute noch repariert werden. Das Ergebnis soll möglichst bis morgen vorliegen.
Die Kombination des Superlativs *möglichst* mit dem Superlativ eines Adjektivs ist falsch. Es muß heißen:
längstmöglich (Nicht: *längstmöglichst*), *größtmöglich* (Nicht: *größtmöglichst*), *höchstmöglich* (Nicht: *höchstmöglichst*) etc.
Da im Wort möglich schon eine Wahrscheinlichkeit zum Ausdruck kommt, darf es nicht mit der Wendung *kann sein*, die ebenfalls eine Wahrscheinlichkeit ausdrückt, kombiniert werden:
Es ist möglich, daß er kommt. Oder: *Es kann sein, daß er kommt* (Nicht: *Es kann möglich sein, daß er kommt*).
Möglichkeitsform: → Konjunktiv
Mohr: Bei diesem Substantiv enden außer dem Nominativ *der Mohr* alle anderen Formen auf *-en*: *des, dem, den Mohren.* Der Plural lautet: *die Mohren.*
Moll: Nach heutigen Rechtschreibregeln werden die Bezeichnungen der Tongeschlechter groß geschrieben, wobei die Molltonarten mit einem kleinen Buchstaben bezeichnet werden:

a-Moll-Tonleiter; in a-Moll.
→ Dur
Moment: Das männliche Substantiv *der Moment* bedeutet "Augenblick, kurzer Zeitraum". Das sächliche Substantiv *das Moment* bedeutet "Merkmal, Gesichtspunkt, Umstand".
-monatig - -monatlich: Komposita mit *-monatig* sind Angaben über die Dauer von etwas:
Während ihres neunmonatigen Aufenthaltes in Paris lernte sie die Sprache.
Zusammensetzungen mit *-monatlich* definieren die Zeitspanne, nach der sich etwas wiederholt:
Der Mietvertrag wurde mit dreimonatlicher Kündigungsfrist abgeschlossen. Nur zwei Bewerbungen kamen für das fünfmonatliche Stipendium in Frage.
Monatsnamen: Die Monatsnamen werden stark gebeugt. Sie können aber im Genitiv ohne die Endung *-s* bzw. *-(e)s* stehen:
des Januar, des Januars; des März, des Märzes; des Mai, des Mais, des Maies; des August, des Augusts, des Augustes.
Die Monatsnamen auf *-er* bewahren häufig ihre Genitivendung:
des Septembers, auch des September; des Oktobers, auch des Oktober.
Ein *-e* als Dativendung kommt nicht mehr vor:
im Januar (Nicht: *im Januare*).
Die undeklinierte und artikellose Form des Monatsnamens wird dann verwendet, wenn ein Substantiv vorangeht:
Anfang Juli bis Ende Oktober; Mitte Januar; Im Lauf des Monats Dezember müssen die Wunschzettel geschrieben werden.
Die Monatsnamen auf *-er* sind im Plural endungslos: *Die September, die Oktober, die November, die Dezember.*
Juni und *Juli* erhalten im Plural die Endung *-s*: Die Junis, die Julis.
Alle übrigen Monatsnamen haben im Plural die Endung *-e*: *Die Januare, die Februare, die Märze, die Aprile, die Maie, die Auguste.*

Bei Angabe eines Zeitraums steht entweder *von...bis* oder *vom...bis zum:*
Der Laden war von August bis Oktober geschlossen. Vom Juni bis zum August sind wir in Urlaub.
Bei Datumsangaben im Sinne von "von...bis" ist der Gebrauch von *mit* umgangssprachlich. Standardsprachlich korrekt muß *bis* verwendet werden:
4. August mit 11. Oktober (Besser: *4. August bis 11. Oktober*).

Mond- - Mondes- - Monden-: Komposita mit dem determinierenden Wort *Mond* haben nahezu ausnahmslos kein Fugenzeichen; Bildungen wie *Mondenschein* oder *Mondenkind* sind meist aus älteren literarischen Werken:
Mondschein, Mondflug, Mondscheintarif, Mondkalb, Mondphase, mondsüchtig, mondförmig etc.

Moneymaker, der: [engl. money-maker "jmd., der gut verdient"]
Cleverer Großverdiener; ugs. abwertend für jmd., der aus allem und jedem Kapital schlägt, gerissener Geschäftsmann.

Monseigneur, der: [franz. monseigneur "mein Herr"]
Titel französischer Ritter und Prinzen; Titel für hohe Geistliche.
Die Abkürzung ist: *Mgr.*

Monsieur, der: [franz. monsieur "mein Herr"]
Französische Bezeichnung für "Herr", steht als Anrede ohne Artikel. Pluralform: *"Messieurs".* Die Abkürzung lautet im Singular: *M.,* im Plural: *MM.*

Montag: Ist in der Kombination von Wochentag und Tageszeit der Wochentag der Hauptbegriff, der durch die Zeitangabe näher definiert wird, schreibt man getrennt:
Montag abends waren wir aus (= ein ganz bestimmter Montag).
Fungiert die Zeitangabe als Grundwort, das durch den Wochentag spezifiziert werden soll, schreibt man zusammen:
Am Montagabend ist Theaterkurs, am Mittwochabend ist Literaturkurs (= kalendarisch unbestimmte Montage und Mittwoche).
Gleiches gilt für: *Morgen, Mittag* und *Nacht. Früh* als nachgestelltes Adverb wird getrennt geschrieben:
Montag früh gings los.

montieren: Nach dem Verb *montieren* wird mit den Präpositionen *an* oder *auf* angeschlossen. Dominiert die Lage- oder Ortsvorstellung, folgt (auf die Frage: Wo?) ein Dativ:
Er hat das Schild an der Tür montiert. Sie montieren die Skier auf dem Autodach.
Dominiert in der Aussage die Richtungsvorstellung, folgt (auf die Frage: Wohin?) ein Akkusativ:
Er hat das Schild an die Tür montiert. Sie montieren die Skier auf das Autodach.

Morast: Das männliche Substantiv *der Morast* bildet die beiden korrekten Pluralformen: *die Moraste, die Moräste.*

Mord- - Mords-: Komposita mit dem determinierenden Wort *Mord* in der Bedeutung "absichtliche Tötung" werden immer ohne Fugen-s gebildet:
Mordgeschichte, Mordkommission, Mordwaffe etc.
Komposita mit dem determinierenden Wort *Mord* in der Absicht der Verstärkung werden immer mit Fugen-s gebildet:
Mordsgeschichte (= tolle Geschichte), *Mordskerl* (= starker, toller, pfiffiger etc. Kerl), *Mordsspaß* (= großer Spaß), *Mordsgaudi* (= Riesengaudi), *Mordswut* (= große Wut, jedoch keine Mordwut!) etc.

morgen - morgens: Die Adverbien *morgen* in der Bedeutung "ein bestimmter, einmaliger (Mittwoch) morgen" und *morgens* in der Bedeutung "ein unbestimmter, immer wiederkehrender (Mittwoch) morgen" schreibt man klein, das Substantiv *der Morgen* schreibt man groß:
Am Sonntag morgen habe ich einen alten Freund getroffen. Sonntag morgens frühstückt sie (immer) im Café. heute morgen; morgen früh; die Brötchen für morgen; von morgens bis abends; bis morgen; auf morgen warten.

Jeden Morgen holt er sich die Zeitung. An einem Morgen wie diesem geschah es. Die Mutter arbeitet vom Morgen bis zum Abend.
Der Gebrauch des Adverbs *morgen* an Stelle der Wendung *am folgenden Tag, am nächsten Tag* in der Vergangenheit kann zu falschem Zeitbezug führen:
Der Dienststellenleiter teilte die U-Bahnfahrer ein, die morgen Dienst tun sollten (Richtig: *..., die am folgenden Tag Dienst tun sollten*).
Morgen: Die Pluralform des Substantivs der *Morgen* lautet: *die Morgen* (Nicht: *die Morgende*).
Zu *Morgen* als Maßeinheit → Maß-, Mengen- und Münzbezeichnungen
morgendlich: Nur diese Schreibweise ist korrekt; die Schreibweise *morgentlich* gilt als veraltet.
Motor: Das Substantiv *der Motor* hat die beiden korrekten Pluralformen: *die Motore* und *die Motoren*. Der Genitiv lautet: *des Motors* (Nicht: *des Motores*).
moussieren: [franz. mousser gleichbed.] Schäumen, brausen (bei Wein oder Sekt).
müde: Die Wendung *müde sein* in der Bedeutung von "ermüdet sein" hat die Präposition *von* nach sich:
Ich bin müde von der Gymnastikstunde. Er war müde von den nächtelangen Prüfungsvorbereitungen.
Die Wendung *müde sein* in der Bedeutung von "überdrüssig sein" hat in der Regel einen Genitiv, selten einen Akkusativ nach sich:
Sie ist müde aller Mühen. Sie waren des Problems müde. Er war der nächtelangen Prüfungsvorbereitungen müde. (Selten: *Sie ist alle Mühen müde*).
Muff - Muffe: Das männliche Substantiv *der Muff* bezeichnet einen "Handwärmer", das weibliche Substantiv *die Muffe* bezeichnet ein "Verbindungsstück zweier Rohre oder Kabel".
mühevoll - mühsam - mühselig: Das Adjektiv *mühevoll* wird in der Bedeutung "schwierig, mit viel Mühe verknüpft" gebraucht.
Mühsam heißt etwas, das "nur mit großen Anstrengungen durchzuführen" ist, etwas "sehr beschwerliches". Der Unterschied zu *mühevoll* liegt in der Betonung der Art und Weise der Arbeit. Während sich *mühevoll* auf die Schwierigkeiten bezieht, die eine auszuführende Arbeit verursachen wird, meint *mühsam* die konkreten Mühen mit der Arbeit:
Den Wald zu roden wird ein mühevolles Stück Arbeit. Auf diesem unter unseren Schritten ständig wegrutschenden Geröll vorwärts zu kommen, war äußerst mühsam.
Mühselig bedeutet "höchst beschwerlich, Geduld erfordernd" und bezeichnet den Zustand, in dem sich jmd. oder etwas bei etwas befindet:
Als wir das Ziel mühselig erreicht hatten, waren alle todmüde.
Häufig können die drei Begriffe füreinander synonymisch verwendet werden.
Mund: Das Substantiv *der Mund* bildet die Pluralformen: *die Münder, die Münde, die Munde*. Alle drei Formen sind korrekt, wenngleich die beiden letzten selten gebraucht werden.
Mündel: Auf Mädchen und Jungen bezogen kann es gleichermaßen *der Mündel* oder *das Mündel* heißen; der Plural lautet: *die Mündel*. Nur auf Mädchen bezogen ist auch *die Mündel* möglich, wenngleich selten; die Pluralform dazu lautet: *die Mündeln*.
In der Rechtssprache ist nur *der Mündel* für Kinder beiderlei Geschlechts gebräuchlich.
münden: Dem Verb *münden* in seiner ursprünglichen Bedeutung "in etwas fließen" folgt ein Akkusativ:
Die Isar mündet in die Donau.
Nach dem Verb *münden* im Sinne von "enden, auslaufen" wird mit den Präpositionen *in* oder *auf* angeschlossen; es folgt ein Dativ oder ein Akkusativ. Dominiert

die Lage- oder Ortsvorstellung, folgt (auf die Frage: Wo?) ein Dativ:
Die Nachforschungen münden alle in der Parteispitze. Die verschiedenen Demonstrationszüge münden auf dem Roten Platz.
Dominiert in der Aussage die Richtungsvorstellung, folgt (auf die Frage: Wohin?) ein Akkusativ:
Die Nachforschungen münden alle in die Parteispitze. Die verschiedenen Demonstrationszüge münden auf den Roten Platz.
Mundvoll: Im Sinne einer Maßangabe wird zusammen geschrieben:
Er stibitzte einen Mundvoll Reis. Einige Mundvoll reichten gegen den Hunger.
Aber:
Er hatte den Mund voll Reis. Warum mußt du immer den Mund (so) voll nehmen (= prahlen).
Münzbezeichnungen: → Maß-, Mengen- und Münzbezeichnungen
Musikus: Der Plural lautet: *die Musizi* oder *die Musikusse.*
Muskel: Das Substantiv *Muskel* ist in der Standardsprache männlich. *Der Muskel* bildet den Plural: *die Muskeln* (Nicht: *die Muskel*).
müssen: Fungiert *müssen* als Vollverb, bildet es das 2. Partizip *gemußt*:
Zum Direktor hatte sie nicht gemußt.
In seiner Funktion als Modalverb steht nach einem reinen Infinitiv auch der Infinitiv von *müssen*, nicht das 2. Partizip:
Sie hat ihn nicht stören müssen (Nicht: *... stören gemußt*). *Sie hat den Wagen verkaufen müssen.*
Mutter: Das Substantiv *Mutter* im Sinne von "mit einem oder mehreren Kindern gesegnete Frau" bildet den Plural: *die Mütter. Die Mutter* in der Bedeutung "Schraubenteil" bildet den Plural: *die Muttern.*
Myrrhe, die: [griech.-lat. myrrha gleichbed.]
Ein als Räuchermittel und für Arzneien verwendetes Harz, das aus nordafrikanischen Bäumen gewonnen wird.

Mysterien, die: [griech. mysteria gleichbed.]
In der Antike griechische und römische, geheime Kulte, die nur Eingeweihten zugänglich waren, wobei ein persönliches Verhältnis zu einer verehrten Gottheit - durch die Kulte als Vermittlungsinstanz - hergestellt werden sollte.
Mystik, die: [lat. mysticus "geheimnisvoll; zur Geheimlehre gehörend"]
Spezielle Form von Religiosität, bei der der Mensch durch Hingabe und Meditation eine persönliche Vereinigung mit Gott anstrebt.
Mythos, der: [griech.-lat. mythos "Wort, Rede; Sage, Erzählung, Fabel"]
Sage oder Dichtung von Göttern, Helden oder Geister - auch der Urzeit - eines Volkes. Legendäre Gestalt oder legendär gewordene Begebenheit, der man große Verehrung erweist.

N

nach was - wonach: Das standardsprachliche Pronominaladverb *wonach* ist aus stilistischen Gründen dem umgangssprachlichen *nach was* vorzuziehen:
Wonach wird dies beurteilt? (Nicht: *Nach was wird dies beurteilt?*).
nachäffen: → nachahmen
nachahmen: Wird das Verb *nachahmen* im Sinne "kopieren, nachäffen" oder "einem Vorbild nachstreben, nacheifern" gebraucht, folgt in der Regel ein Akkusativ:
Der Junge wollte den Zirkusclown nachahmen.
In der gehobenen Sprache kann ein Dativ erscheinen:

Sein Blick ahmte dem Mienenspiel meines Gesichtes nach.
Nach dem Verb kann auch ein Dativ der Person und ein Akkusativ der Sache folgen:
Der Junge wollte der Artistin ihre Kunststücke nachahmen.
Nachbar: Das Substantiv *der Nachbar* kann in der Einzahl stark oder schwach dekliniert werden: *des Nachbars, dem Nachbar, den Nachbar* oder *des Nachbarn, dem Nachbarn, den Nachbarn.* Der Plural lautet: *die Nachbarn.*
nachdem: Untergeordnete Zeitsätze werden durch ein Komma abgetrennt. Fungiert *nachdem* als Teil einer als Einheit empfundenen Wendung entfällt das Komma:
Zwei Jahre, nachdem er mit dem Studium fertig war, fand er keine Beschäftigung.
Zwei Wochen nachdem er vorgesprochen hatte, kam die Zusage.
Die Konjunktion *nachdem* drückt eine Vorzeitigkeit aus, zwischen Präteritum im Hauptsatz und Plusquamperfekt im Nebensatz:
Nachdem sie vorgesungen hatte, ging sie wieder nach Hause.
Zwischen Präsens im Hauptsatz und Perfekt im Nebensatz:
Nachdem sie vorgesungen hat, geht sie nach Hause.
Nur bei fortdauerndem Fortgang des Geschehens kann in Haupt- und Nebensatz die gleiche Zeitform stehen:
Nachdem sie wieder zu singen begann, fragte sie sich, wie das weitergehen sollte.
(Nicht: *Nachdem ich dich sah, war ich verrückt nach dir.*)
Nur noch in der Umgangssprache wird die Konjunktion *nachdem* kausal verwendet:
Nachdem er dazu nicht fähig ist, müssen wir umdisponieren (Richtig: *Weil er dazu ...*).
nachdem - seitdem: Da die Konjunktion *nachdem* die Fortdauer eines Geschehens bis in die Gegenwart nicht mitenthält - im Gegensatz zu der Konjunktion *seitdem* -, dürfen beide nicht füreinander verwendet werden:
Seitdem ich dich sah, war ich verrückt nach dir (Nicht: *Nachdem ich dich sah, war ich verrückt nach dir.*)
nachdunkeln: Dieses Verb kann mit *sein* oder *haben* verknüpft werden. Der Unterschied liegt in der Betonung des Ergebnisses oder des Vorganges:
Das Holz ist nachgedunkelt. Es hat stark nachgedunkelt.
nacheinander: Da *nacheinander* als selbständiges Adbverb verwendet wird oder eine Wechselbezüglichkeit ausdrückt, schreibt man es vom nachfolgenden Verb getrennt:
Die Flugzeuge werden nacheinander starten. Die Beschäftigten können nur nacheinander in Urlaub gehen.
nachfolgend: Fungiert *nachfolgend* als Pronomen, schreibt man klein, auch wenn ein Artikel davorsteht:
Wir teilen Ihnen nachfolgendes (= dieses) *mit. Alle nachfolgenden* (= alle anderen) *müssen warten.*
Wird das Partizip in substantivischem Sinn verwendet, schreibt man groß:
Das Nachfolgende (= spätere Geschehen) *konnte nicht mehr rekonstruiert werden.*
In vielen Fällen ist beides möglich:
aus, mit, von nachfolgenden oder *aus, mit, von Nachfolgenden.*
nachhinein: In der im süddeutschen Sprachraum üblichen Wendung *im nachhinein* wird *nachhinein* klein geschrieben.
Nachlaß: Das Substantiv *der Nachlaß* bildet die korrekten Pluralformen: *die Nachlasse* und *die Nachlässe.*
nachmachen: Auf das Verb *nachmachen* folgt ein Akkusativ oder ein Dativ der Person in Verbindung mit einem Akkusativ der Sache:
Er macht den Clown nach. Sie macht das Kunstwerk nach. Er versucht dem Clown die Gesten nachzumachen.
nachmittag - nachmittags - Nachmittag: Die Adverbien *nachmittag* und *nachmittags* schreibt man klein:

Seit heute nachmittag liegt er mir damit in den Ohren. Am Mittwoch nachmittag ist wieder Literaturgesprächskreis.
Ein an Artikel o. ä. zu erkennendes Substantiv schreibt man groß:
Eines Nachmittags kam er an und erzählte Geschichten. Bis zu dem Nachmittag war sie in ihn verliebt.
Nachsatz: Ein Nachsatz ist ein Nebensatz, der dem übergeordneten Satz folgt: *Er ärgert sich, wenn sie zu spät kommt.*
→ Vordersatz, → Zwischensatz
nachsenden: Das Verb *nachsenden* kann in der Vergangenheit und im 2. Partizip die Formen: *sandte* und *sendete nach, nachgesandt* und *nachgesendet* haben.
nächst: Fungiert *nächst* als Pronomen, schreibt man es klein, auch wenn ein Artikel vorangeht:
Diesen Roman lesen wir als nächstes.
Diese Regel gilt auch, wenn Artikel plus *nächst* oder Präposition plus *nächst* für eine adverbiale Bestimmung stehen:
Das haben wir uns fürs nächste vorgenommen.
Die Substantivierung schreibt man groß:
Jeder ist sich selbst der Nächste.
nachstehend: Fungiert *nachstehend* als Pronomen, schreibt man klein, auch wenn ein Artikel davorsteht:
Wir teilen Ihnen nachstehendes (= dieses) mit.
Wird das Partizip in substantivischem Sinn verwendet, schreibt man groß:
Das Nachstehende (= unten stehende) hat er nicht gelesen.
In vielen Fällen ist beides möglich:
aus, mit, von nachstehenden oder *aus, mit, von Nachstehenden.*
nachsuchen: Als standardsprachlich korrekt ist heute nur noch die Konstruktion eines Präpositionalobjekts mit *um* anzusehen:
Sie haben vergeblich um einen Vorschuß nachgesucht.
nacht - nachts - Nacht: Die Adverbien *nacht* und *nachts* schreibt man klein:

Seit heute nacht liegt sie mit Bauchschmerzen im Bett.
Ein an Artikel o. ä. zu erkennendes Substantiv schreibt man groß:
Eines Nachts war uns die Katze zugelaufen. Bis zu der Nacht war sie in ihn verliebt.
nachtragen: Nach der Wendung *nachtragen in* folgt der Akkusativ, wenn die Vorstellung der Richtung (Frage: Wohin?) dominiert:
Don Giovanni ließ ihren Namen in das Register seiner Liebschaften nachtragen.
Der Dativ folgt, wenn die Vorstellung des Ortes (Frage: Wo?) dominiert:
Don Giovanni ließ ihren Namen im (= in dem) Leporelloregister nachtragen.
nachtragend - nachträglich: Mit *nachtragend* bezeichnet man eine Person, die etwas Negatives nicht vergißt und es die anderen immer wieder merken läßt. Das Adjektiv *nachträglich* wird nur adverbial und attributiv im Sinne von "hinterher, wenn alles vorbei ist" verwendet:
Sie sagt, was ihr nicht paßt und ist nicht nachtragend. Mit dieser Ausrede wollte er seine Tat nachträglich rechtfertigen.
nachtwandeln: Dies ist ein fest zusammengesetztes Verb. Es heißt also:
Ich nachtwandele. Ich habe oder *bin genachtwandelt. Ich bin aufgestanden, um zu nachtwandeln.*
nachwiegen: → wägen - wiegen
Nagelbett: Das Substantiv *das Nagelbett* bildet die korrekten Pluralformen: *die Nagelbette* und *die Nagelbetten.*
nah - nahe: Adjektiv und Adverb schreibt man klein; als Bestandteil von Namen wird groß geschrieben:
Sie kamen von nah und fern. Den angeblich nahen Verwandten habe ich noch nie von nahem gesehen.
Die Nahe-Inseln; der Nahe Osten.
Im konkreten räumlichen Sinn "in der Nähe" verwendet, schreibt man *nahe* vom folgenden Verb getrennt; beide Wörter sind betont:

Das Ziel muß sehr nahe sein. Sie wollen der Unglücksstelle nicht zu nahe kommen. Entsteht durch die Kombination eine übertragene Bedeutung, schreibt man zusammen; nur *nahe* ist betont:
Ihre Krankheit ist mir nahegegangen (= hat mich beschäftigt, seelisch ergriffen). *Endlich sind sie sich nahegekommen* (= vertraut geworden). *Es wurde ihm nahegelegt, zu kündigen* (= eingeredet, empfohlen). *Seine Reaktion auf diese Nachricht hat nahegelegen* (= war verständlich, vorhersehbar).
Die Vergleichsformen von *nah(e)* lauten: *näher, am nächsten.*
Nahe als Präposition hat einen Dativ nach sich:
Immer in der Oper sind die Leute einem Hustenanfall nahe. Die Bahnstation lag nahe dem Dorf.

naheliegend - nahe liegend: Ist die übertragene Bedeutung "leichtverständlich" gemeint, schreibt man den Begriff zusammen; nur *nahe* ist betont:
Es war eine naheliegende Reaktion.
Im konkreten räumlichen Sinn "in der Nähe" verwendet, schreibt man *nahe* vom folgenden Verb getrennt; beide Wörter sind betont:
Sie badeten im nahe liegenden See.

näher: *Näher* wird auch dann klein geschrieben, wenn es mit einem vorangehenden Artikel kombiniert ist, beide Wörter aber für ein einfaches Adverb stehen:
Diese Geschichte will ich des näheren hören (= ausführlicher, detaillierter). *Das müssen sie mir des näheren erklären* (= genauer, detaillierter).
Die Substantivierung schreibt man groß:
Alles Nähere steht in den Anweisungen. Sie konnte sich des Näheren nicht mehr erinnern.
Im konkreten räumlichen Sinn "in der Nähe, noch näher" verwendet, schreibt man *näher* vom folgenden Verb getrennt; beide Wörter sind betont:
Das Ziel muß viel näher sein. Sie wollen nicht näher herangehen.

Entsteht durch die Kombination eine übertragene Bedeutung, schreibt man zusammen; nur *näher* ist betont:
Die Frau hat mir nähergestanden als ihr Mann (= habe ich besser verstanden; mit ihr habe ich mehr zu tun gehabt). *Durch dieses Gespräch sind wir einander nähergekommen* (= vertrauter, verständlicher geworden).

nahestehend - nahe stehend: Ist die übertragene Bedeutung "vertraut, befreundet, eng verbunden" gemeint, schreibt man den Begriff zusammen; nur *nahe* ist betont:
Ein uns nahestehender Freund hat uns verlassen.
Im konkreten räumlichen Sinn "in der Nähe" verwendet, schreibt man *nahe* vom folgenden Verb getrennt; beide Wörter sind betont:
Der nahe stehende Mensch riecht etwas streng.

nahetreten - nahe treten: Entsteht durch die Kombination eine übertragene Bedeutung, schreibt man zusammen:
Er war mir sehr nahegetreten (= vertraut geworden).
Hat *nahe* einen eigenen Wert als Satzglied, schreibt man getrennt:
Er war mir zu nahe getreten (= hat mich beleidigt).

nähme - nehme: *Nähme* ist der Konjunktiv II des Verbs *nehmen*, der vor allem im Konditionalsatz Verwendung findet:
Es wäre das beste, wenn er ihn beim Wort nähme.
Nehme ist die Form des Konjunktiv I, die hauptsächlich in der indirekten Rede gebraucht wird:
Sie antwortete, er nehme sich zuviel heraus.

Name - Namen: Beides sind korrekte Nominativformen, wobei *der Name* heute üblicher ist. Beide Substantive bilden den Genitiv *des Namens* und den Plural *die Namen.*

Namen- - Namens-: Komposita mit dem determinierenden Substantiv *Namen* werden in der Regel mit einem Fugen-s gebil-

namentlich

det, wenn es sich um einen einzigen Namen handelt:
Namensnennung, Namenszeichen, Namensschild, Namenstag etc.
Ausnahmen sind: *namenlos, Namengebung.*
Handelt es sich um mehrere Namen, werden die Komposita ohne Fugenzeichen gebildet:
Namenverwechslung, Namenregister, Namenliste, Namengedächtnis, Namengebung etc.

namentlich: Wird ein Zusatz durch namentlich eingeleitet, steht davor ein Komma:
Inseln, namentlich griechische, liebt er besonders. Sie essen gerne, namentlich exotische Gerichte.
Wird *namentlich* von einer Konjunktion begleitet, steht zwischen dieser und *namentlich* kein Komma, es sei denn, *namentlich* soll besonders hervorgehoben werden:
Ich bin dazu bereit, namentlich wenn du mitmachst. Das passiert einem namentlich, weil man keine Erfahrung hat.

nämlich: Wird ein Zusatz durch *nämlich* eingeleitet, steht davor ein Komma:
Er hat heute noch viel Arbeit, nämlich die Küche tapezieren.
Wird *nämlich* von einer Konjunktion begleitet, steht zwischen dieser und *nämlich* kein Komma, weil sie als Einheit empfunden werden:
Die Meinung vom Krieg wird sich ändern, nämlich wenn die ersten Toten zugegeben werden.
Nämlich wird klein geschrieben, wenn es als Adjektiv verwendet wird, und wenn es mit vorangehendem Artikel für ein Pronomen steht:
Jetzt sagt er wieder das nämliche Sprüchlein auf. Er sagt immer das nämliche (=dasselbe).

Narr: Das Substantiv *der Narr* wird schwach dekliniert. Es muß heißen: *der Narr, des Narren, dem Narren, den Narren* (Nicht: *des Narrs, dem, den Narr*).

nasführen: Dies ist ein fest zusammengesetztes Verb. Es heißt also:
Ich nasführe. Ich habe genasführt, um zu nasführen.

naß: Die Steigerungsformen von *naß* können mit und ohne Umlaut gebildet werden: *naß, nasser* oder *nässer, am nassesten* oder *am nässesten.*

national - nationalistisch: Das Adjektiv *national* wird in der Bedeutung "sich auf die Gemeinschaft des Volkes, die Nation beziehend" verwendet. Da *nationalistisch* - heute in der Regel abwertend gemeint - im Sinne eines "übersteigernden Nationalgefühles" gebraucht wird, sind die Grenzen zu *national* fließend:
Jedes Land hat seine nationalistische Partei, die nationale Werte auf ihre Fahne schreibt. Aus einer nationalen Volkspartei wurde die nationalistische Massenpartei.

naturgemäß - natürlich: Nur in der Bedeutung "der Natur gemäß" sind die beiden Wörter austauschbar. Im Sinne von "selbstverständlich" kann nur *natürlich* verwendet werden, während in der Bedeutung "dem Wesen von etwas entsprechend" der Begriff *naturgemäß* korrekt gebraucht wird:
Die neue Gesundheitsbewegung strebt eine naturgemäße oder *natürliche Lebensweise an. Natürlich werde ich kommen, wenn du mich brauchst* (Nicht: *Naturgemäß werde ich kommen, ...*). *Er ist kein Reisbauer und hat naturgemäß keine Ahnung vom Reisanbau.*

neben: Die Präposition kann einen Akkusativ oder einen Dativ nach sich haben. Drückt das folgende Verb eine Richtung aus (Frage: Wohin?), steht der Akkusativ; soll eine Ortsangabe (Frage: Wo?) gemacht werden, steht der Dativ:
Ich stelle mich neben ihn. Ich stehe neben ihm.

neben was - woneben: Das standardsprachliche Pronominaladverb *woneben* ist aus stilistischen Gründen dem umgangssprachlichen *neben was* vorzuziehen:

Woneben ist das zu stellen? (Nicht: *Neben was ist das zu stellen?*).

nebeneinander: Fungiert *nebeneinander* als eigenständiges Adverb, schreibt man es vom folgenden Verb getrennt; beide Wörter sind betont. Immer getrennt schreibt man, wenn das folgende Verb ein zusammengesetztes ist:
Sie sind nebeneinander spaziert. Sie sind nebeneinander herumspaziert.
Fungiert *nebeneinander* als Verbzusatz, schreibt man zusammen; nur nebeneinander ist betont:
Ich werde die Blumentöpfe nebeneinanderstellen.

Nebensatz: Ein Nebensatz ist ein dem Hauptsatz untergeordneter Satz. Beide zusammen bilden ein Satzgefüge. Der Nebensatz kann vor oder nach dem Hauptsatz stehen oder in diesen eingeschoben sein. Sie werden durch Kommas vom Hauptsatz abgetrennt.
→ Finalsatz → indirekter Fragesatz → Kausalsatz → Komparativsatz → Konditionalsatz → Konsekutivsatz → Konzessivsatz → Modalsatz → Relativsatz → Temporalsatz

nebenstehend: Fungiert *nebenstehend* als Pronomen, schreibt man klein, auch wenn ein Artikel davorsteht:
Wir teilen Ihnen nebenstehendes (= dieses) *mit.*
Wird das Partizip in substantivischem Sinn verwendet, schreibt man groß:
Das Nebenstehende (= daneben stehende) *hat er nicht registriert.*
In vielen Fällen ist beides möglich:
aus, mit, von nebenstehenden oder *aus, mit, von Nebenstehenden.*

nebulos - nebulös: Beide Wörter können im Sinne "unklar, undurchsichtig, verworren" verwendet werden.

Necessaire, das: [franz. nécessaire gleichbed.]
Täschchen oder Beutel für Toilettenutensilien.

Necking, das: [engl.-amerik. necking gleichbed.]
Gegenseitiges Liebkosen, Schmusen; Vorstufe des Pettings.

Negation: Die Negation oder Verneinung eines Sachverhalts geschieht mit Hilfe von Negationswörtern wie *nicht, nichts, nie, nirgends, niemand, kein, weder - noch etc:*
Sie fahren nie mit dem Wagen. Keiner fährt mit dem Wagen.
Einige Verben wie *vermeiden, leugnen, unterlassen etc.* drücken bereits eine Negation aus, davon abhängige Nebensätze dürfen nicht nochmals verneint werden:
Sie sollte es unterlassen, das Kind zu tadeln (Nicht: *Sie sollte es unterlassen, das Kind nicht zu tadeln*).
Auch Verben, die einen Zweifel oder ein Verbot ausdrücken wie *untersagen, zweifeln, bestreiten etc.* dürfen nicht mehr negiert werden:
Der Junge bestreitet, dies getan zu haben (Nicht: *Der Junge bestreitet, dies nicht getan zu haben*).
Mit bestimmten Konjunktionen eingeleitete Nebensätze dürfen nach verneinten Hauptsätzen nicht mehr verneint werden:
Er geht nicht nach Hause, ehe er pleite ist (Nicht: *Er geht nicht nach Hause, ehe er nicht pleite ist*). *Er ruft sie nicht an, bevor sie sich entschuldigt hat* (Nicht: *Er ruft sie nicht an, bevor sie sich nicht entschuldigt hat*).

Négligé, das: [franz. négligé gleichbed.]
eleganter Morgenrock; leichte (verführerische) Morgenbekleidung.

nehmen: Das Verb bildet im Singular Indikativ Präsens die Formen: *ich nehme; du nimmst; er, sie, es nimmt.*
Der Imperativ lautet: *nimm!* (Nicht: *nehme!*) → nähme - nehme

Neigung: Nach *Neigung* im Sinne von "Zuneigung empfinden, eine Vorliebe haben" wird mit der Präposition *zu* angeschlossen:
Werther erfaßte eine tiefe Neigung zu Charlotte (Nicht: *... Neigung für Charlotte*). *Diese hat eine Neigung zur Fütterung "kleine(r) Rotznäschen"* (frei nach Goethe, Werther).

nennen: Das Verb bildet die Perfekt- und Partizipform *nannte, genannt.* Der Konjunktiv II lautet: *nennte* (Nicht: *nännte*). Auf das Verb *nennen* folgt ein doppelter Akkusativ, der Akkusativ der Person und ein Gleichsetzungsakkusativ:
Sie nannte ihn einen unverschämten Macho.

Nerv: Dieses Substantiv wird schwach dekliniert: *der Nerv, des Nervs, dem Nerv, den Nerv* (Nicht: *des Nerven, dem, den Nerven*). Der Plural lautet: *die Nerven.*

nerven: Dieses Verb ist von der Wendung *auf den Nerv gehen* im Sinne von "lästig sein, belästigen" abgeleitet und ist in diesem Sinne in der jugendlichen Szenesprache gebräuchlich:
Nerv mich nicht dauernd! Meine Alten nerven mich heute wieder.

neu: Fungiert *neu* als Adjektiv, schreibt man es klein:
Dieser neue Roman wird ein Bestseller.
Diese Regel gilt auch, wenn *neu* mit einem Artikel kombiniert ist, beide Wörter aber für eine adverbiale Bestimmung oder ein einfaches Adverb stehen:
Er mußte mit der Erklärung von neuem beginnen (= nochmals). *Die Unterhändler trafen sich aufs neue* (= wieder).
Klein schreibt man *neu* auch in festen Wendungen:
Der Händler hat den alten Wagen auf neu getrimmt, nach dem Motto: aus alt mach neu.
Tritt das Adjektiv substantiviert oder als Bestandteil von Namen in Erscheinung, schreibt man es groß:
Heut hat er wieder allerlei Neues zu berichten. Das Neue Testament; die Neue Welt (= Amerika); *die Neue Welle* (= kurzlebiger Kunst- und Lebensstil).
In der Regel schreibt man *neu* vom nachfolgenden Verb getrennt; es kommen aber auch Zusammensetzungen vor:
Er wollte sich neu einkleiden. Der Dekorateur wird das Schaufenster neu gestalten oder *Der Dekorateur wird das Schaufenster neugestalten.*

Neu und ein folgendes 2. Partizip schreibt man zusammen, wenn die Kombination in adjektivischem Sinn verwendet wird; nur das erste Wort ist betont:
Die neugegründete Partei verspricht auch nichts anderes. Die neueröffnete Kunsthalle zieht viele Besucher an.
Wird die Vorstellung des Machens dominant gesetzt, schreibt man getrennt; beide Wörter sind betont:
Die neu gegründete Partei verspricht auch nichts anderes. Die neu eröffnete Kunsthalle zieht viele Besucher an.
In der Satzaussage werden beide Wörter immer getrennt geschrieben:
Diese Kunsthalle wurde gestern neu eröffnet.
Davon ausgenommen sind die Verben *neuvermählt* und *neugeboren,* hier ist beides möglich: *neuvermählt* oder *neu vermählt, neugeboren* oder *neu geboren.* In der Kombination *neu renovieren* ist der Gebrauch von *neu* überflüssig, da im Fremdwort renovieren die Bedeutung von *neu* schon enthalten ist:
Sie mußten die Wohnung erst renovieren (Nicht: *Sie mußten die Wohnung erst neu renovieren*).

neulich: Der attributive Gebrauch des Adverbs *neulich* in der Umgangssprache ist nicht korrekt. Falsch ist also:
Mit ihrer neulichen Behauptung hatte sie recht (Richtig: *Mit ihrer neulich aufgestellten Behauptung hatte sie recht*).

neun - Neun: Das Zahlwort schreibt man klein, seine Substantivierung groß:
Wir waren neun im Cafe. Punkt neun waren wir verabredet. Der Junge ist erst neun. Er hat eine neun gekegelt. Die Ziffer Neun. Sie übten, eine Neun zu schreiben.
→ Numerale

neunte - Neunte: Das Zahlwort wird klein, seine Substantivierung groß geschrieben:
Im Wettlauf war er der neunte. Jeder neunte Befragte war dagegen. Er ist der Neunte im Wettlauf. Der Neunte (= des Monats) *ist ein Sonntag.*

In Namen wird das Zahlwort ebenfalls groß geschrieben:
Ludwig der Neunte; Leo der Neunte.
→ Numerale

Neutrum: Unter einem *Neutrum* versteht man ein Substantiv mit sächlichem Artikel: *das.*

Newcomer, der: [engl. newcomer gleichbed.]
Aufsteiger; jmd., der noch nicht lange bekannt, aber schon erfolgreich ist.

nicht: Nach Verben der Verneinung im Hauptsatz oder nach bestimmten Konjunktionen bei verneintem Hauptsatz ist der Gebrauch von *nicht* im Nebensatz falsch:
Er vermied es, zu lügen (Nicht: *Er vermied es, nicht zu lügen*). *Er geht nicht nach Hause, ehe er pleite ist* (Nicht: *Er geht nicht nach Hause, ehe er nicht pleite ist*).
Die Negationspartikel *nicht* und ein folgendes Adjektiv oder Partizip schreibt man in beifügender Verwendung zusammen, wenn mit der Kombination eine dauernde Eigenschaft, mit der man von anderen Gruppen unterscheidet, bezeichnet wird; *nicht* ist betont:
Die nichtstudierten Menschen sind auch nicht dümmer. Für diesen Auftrag suchen sie einen nichtverheirateten Mann.
Wird dieses Attribut als Relativsatz angeschlossen, muß getrennt geschrieben werden:
Die Menschen, die nicht studiert haben, sind auch nicht dümmer. Für diesen Auftrag suchen sie einen Mann, der nicht verheiratet ist.
Handelt es sich um eine einmalige, keine dauernde Negation bzw. nicht um eine gruppenbildende Aussage, schreibt man immer getrennt; beide Wörter sind betont:
Dieses nicht renovierte Haus steht leer. Auch nicht verheiratete Männer können sich bewerben.

nicht(,) daß; nicht(,) weil; nicht(,) wenn; nicht (,) um etc.: Die Kombination des Negationspartikel mit einer unterordnenden Konjunktion wird häufig als Einheit empfunden; in diesem Fall entfällt das Komma:
Nicht weil sie schön ist, hat er sich verliebt. Nicht um zu gefallen, geht er darauf ein.
Werden beide Wörter als selbständig angesehen, steht das Komma vor der Konjunktion:
Nicht, daß ich das nicht will, aber nicht auf diese Weise.

nicht nur - sondern auch: Bei dieser Konjunktion steht vor *sondern* immer ein Komma:
Sie spielte nicht nur Geige, sondern auch Klavier, Cello und Bratsche. Sie ist nicht nur schön, sondern auch gescheit.
Auch bei der Verknüpfung mehrerer Subjekte folgt das Verb in der Einzahl:
Nicht nur meine Tochter, sondern auch mein Sohn spielt damit (Nicht: *... spielen damit*). *Nicht nur die Brieftasche, sondern auch der Photoapparat wurde ihm gestohlen* (Nicht: *... wurden ihm gestohlen*). *Nicht nur die Brieftasche, sondern auch die Wagenschlüssel wurden ihm gestohlen* (Der Plural ist von *die Schlüssel* abhängig).

nichts: Das unbestimmte Fürwort schreibt man klein, die Substantivierung *das Nichts* groß:
Er tat das für nichts. Sie machte sich nichts daraus und ließ sich durch nichts davon abhalten. Die beiden Parteiprogramme unterscheiden sich in nichts. Von nichts kommt nichts. Gott hat die Welt aus dem Nichts geschaffen. Nach dem Krieg standen sie vor dem Nichts. Dieser Nichts von einem Politiker setzt sich am besten durch.
Nach *nichts* folgende Pronomen werden klein geschrieben; nachfolgende Adjektive oder Partizipien schreibt man groß:
Das war nichts mehr und nichts weniger als eine kluge Bemerkung. Nichts anderes hat er gemeint. Nichts Genaues ist bekannt. Der Kritiker wollte über das Buch

nichts ... als

nichts Gutes sagen. Sie konnten nichts Gegenteiliges berichten.
Die Negationspartikel *nichts* und ein folgendes Partizip schreibt man zusammen, wenn durch die Kombination ein neuer Begriff entsteht, oder die Betonung auf *nichts* liegt:
Der Minister argumentierte mit nichtssagenden Formeln (= inhaltsleer). *Der Schauspieler hatte ein nichtssagendes Gesicht* (= ausdruckslos, farblos, uninteressant). *Nichtsahnend ging er in sein Unglück* (= überhaupt keine Vorahnung haben).
nichts ... als - nichts ... wie: Die standardsprachlich korrekte Vergleichspartikel nach *nichts* ist *als:*
Sie haben mit den Kindern nichts als Freude (Nicht:... *nichts wie Freude*).
In der vergleichenden Wendung *so ... wie* bleibt auch mit davorstehendem *nichts* die Partikel *wie* erhalten:
Es ist nichts so schlimm wie ein leichtfertiger Vertrauensbruch (Nicht: ... *nichts so schlimm als ein ...*).
In Verknüpfung mit einer Beifügung in der Mehrzahl folgt nach *nichts als* das Verb in der Regel in der Mehrzahl:
Ein Film, in dem nichts als schöne Motive abgelichtet waren.
Nickel: Das sächliche Substantiv *das Nickel* ist die Bezeichnung eines Metalls, während das männliche *der Nickel* veraltend für "Groschen, Münze" gebraucht wird.
niederhauen: → hauen
niederknien: Das Perfekt des Verbs *niederknien* wird mit *sein* gebildet:
Sie ist vor dem Bild der Madonna niedergekniet.
niederlassen, sich: Nach der Wendung *sich niederlassen auf* folgt der Akkusativ, wenn die Vorstellung der Richtung des Niederlassens (Frage: Wohin?) dominiert:
Er ließ sich auf den umgestürzten Baum nieder.
Der Dativ folgt, wenn die Vorstellung des Ortes (Frage: Wo?) dominiert:

Man hatte sich zum Picknick auf dem Rasen niedergelassen.
Das 2. Partizip dieses reflexiven Verbs kann nicht adjektivisch gebraucht werden. Standardsprachlich falsch sind Formulierungen wie:
die niedergelassenen Rechtsanwälte, Ärzte etc.
niemand: Die standardsprachlich korrekte Vergleichspartikel nach *niemand* heißt *als:*
Niemand singt schöner als sie (Nicht: ... *wie sie*).
Das zu *niemand* korrespondierende Relativpronomen heißt *der,* nicht *welcher* oder *wer:*
Unter allen Bekannten war niemand, der mir diesen Gefallen getan hätte (Nicht: ... *war niemand, welcher ...; auch nicht: ... war niemand, wer ...*).
Als Genitivform ist korrekt: *niemands* oder *niemandes;* als Dativform: *niemand* oder *niemandem;* als Akkusativ: *niemand* oder *niemanden.*
Vor einem gebeugten substantivierten Adjektiv und vor *anders* ist das undeklinierte *niemand* üblicher als eine deklinierte Form:
Sie wollte niemand anders sehen (Nicht: ... *niemanden anders*). *Sie hatte niemand Vertrautes in ihrer Umgebung* (Nicht: ... *niemanden Vertrautes ...*). *Mit niemand Vertrautem konnte sie sprechen* (Nicht: *Mit niemandem Vertrautes ...*).
Niet - Niete: Beide Substantive bedeuten "Metallbolzen". In der Fachsprache heißt es: *der Niet, des Niets* oder *Nietes. Der Plural lautet: die Niete.* In der Allgemeinsprache heißt es: *die Niete, der Niete. Der Plural lautet: die Nieten.*
Nightclub, der: [engl. night club gleichbed.]
Nachtbar; Striptease-Lokal.
Nikolaus: Der Name *Nikolaus* hat keine Pluralform. Das Substantiv *Nikolaus* in der Bedeutung "den hl. Nikolaus darstellende Person" oder "eßbare Figur aus Marzipan oder Schokolade" bildet dagegen

die Pluralform: *die Nikolause* (Nicht: *die Nikoläuse*).

Niveau, das: [franz. niveau gleichbed.] Stand, Höhenlage; Rang, Standard, Qualitäts- oder Bildungsstufe; feine Wasserwaage mit geodätischen und astronomischen Instrumenten.

nobel: Wird *nobel* gebeugt oder gesteigert, entfällt das *e* der Endungssilbe: *Dies war eine noble Anschauung. Sein Verhalten wird immer nobler.*

noch - mehr: → nur noch - nur mehr

nochmalig - nochmals: Als Adjektiv bei einem Substantiv stehend ist nur *nochmalig* zulässig: *Die nochmalige Diskussion über das immer gleiche Problem hilft auch nicht weiter.*
Falsch ist der Gebrauch von *nochmalig* an Stelle des Adverbs *nochmals: Er ging nochmals* (Nicht: *nochmalig*) *am Haus der Geliebten vorbei.*

no future: [engl. no future "keine Zukunft"] Schlagwort arbeitsloser und resignierter Jugendlicher zu Beginn der 80er Jahre, das dann in die Szenesprache übernommen wurde.

Nomen: *Nomen* ist eine andere Bezeichnung für Substantiv. Der Plural lautet: *die Nomen* oder *die Nomina.* Man unterscheidet:
Das *Nomen acti* ist ein Substantiv, das Abschluß oder Ergebnis eines Geschehens oder Vorgangs bezeichnet: *Tod, Zerstörung, Geburt, Riß.*
Das *Nomen actionis* ist ein Substantiv, das ein Geschehen, eine Handlung, einen Vorgang bezeichnet: *Gebären, Lauf, Übung, Waschung.*
Das *Nomen agentis* ist ein Substantiv, das den Träger eines Geschehens oder eines Vorganges bezeichnet: *Mutter, Schriftsteller, Schauspieler.*

nominal - nominell: In der Grammatik bedeutet *nominal* "das Substantiv betreffend", im Geldwesen "dem Nennwert entsprechend": *Der nominale Satzgliedrahmen wird attributiv gefüllt. Diese Aktie über nominal 200 DM bringt 20 DM Dividende.*
Nominell wird im Sinne von "vorgeblich, nur dem Namen nach" gebraucht: *Nominell ist er noch Ministerpräsident, die Entscheidungen aber trifft schon ein anderer.*

Nominalstil: Mit Nominalstil wird eine Ausdrucksweise bezeichnet, die durch eine Anhäufung von Substantiven charakterisiert ist. Diese unschöne und schwerfällige Ausdrucksweise findet sich häufig im wissenschaftlichen Schrifttum und im Amts- und Kanzleideutsch. Vorteil dieser Ausdrucksweise ist die zuweilen klarere begriffliche Gliederung, dafür wirkt eine verbale Art des Ausdrucks um vieles lebendiger und verständlicher.

Nominativ: Der Nominativ ist der 1. Fall oder Werfall, der im Satz auf die Fragen *Wer?* oder *Was?* antwortet: *Meine Freundin lernt Spanisch* (Wer lernt Spanisch? *meine Freundin). Ich bin Hemingway-Fan* (Wer ist Hemingway-Fan? *Ich* (= 1. Nominativ)) Was bin ich? *Hemingway-Fan* (= 2. Nominativ)).

Nonchalance, die: [franz. nonchalance gleichbed.] Nachlässigkeit; formlose Ungezwungenheit, Unbekümmertheit, Lässigkeit

Nonsens, der: [engl. nonsens gleichbed.] barer Unsinn, eine absurde und unlogische Gedankenverbindung.

Nord - Norden: Die Form *Norden* ist die heute übliche, wenn die Himmelsrichtung gemeint ist. Der Genitiv lautet: *des Nordens,* eine Pluralform existiert nicht: *Zwei kleine, winzige Züge ziehen sie, die einen nach Süden zum Unbekannten, die anderen nach Norden, in die Heimat zurück.* (Stefan Zweig)
Die Kurzform *Nord* ist in festen Wendungen oder als Definition von Stadtteilen gebräuchlich:
Der Nord-Süd-Konflikt; München (Nord).
Diese Kurzform steht ebenfalls für die Be-

nördlich

deutung "Nordwind" mit dem Genitiv: *des Nord(e)s* und der Pluralform: *die Norde: Tagelang kämpfte das Schiff mit dem eisigen Nord.*
nördlich: Nach der Präposition *nördlich* folgt das Substantiv im Genitiv, wenn diesem Substantiv oder geographischem Namen ein Artikel o. ä. vorangeht:
Nördlich des Titicacasees, nördlich dieser Grenze.
Stehen Substantiv oder geographischer Name ohne Artikel o. ä., wird nach *nördlich* mit *von* angeschlossen:
Nördlich von München (Auch: *nördlich Münchens*); *nördlich von Husum.*
Während *nördlich* eine Lage bezeichnet, gibt *nordwärts* eine Richtung an:
Der Badesee liegt nördlich der Stadt. Sie wanderten eine ganze Weile nordwärts.
normen - normieren: Beide Formen sind ohne Bedeutungsunterschied gebräuchlich.
Nostalgie, die: [nlat. nostalgia gleichbed.] Rückwendung zu früheren Zeiten oder Erlebnissen, die in der Erinnerung verklärt werden und häufig mit romantisierenden Sehnsüchten verbunden sind; Rückwendungen zu Erscheinungen der Kunst, Mode etc.
not - Not: Das Substantiv schreibt man groß. Wird es in festen Kombination mit Verben nicht mehr als Substantiv verstanden, schreibt man klein:
Viele leiden heute Not. Die Nachbarn sind in Not geraten. Hilfe wird not tun. Verhandlungen sind jetzt vonnöten.
notieren: Nach den Wendungen *notieren in* und *notieren nach* kann ein Akkusativ oder ein Dativ angeschlossen werden. Der Akkusativ folgt, wenn die Vorstellung der Richtung (Frage: Wohin?) dominiert:
Don Giovanni ließ ihren Namen in das Register seiner Liebschaften notieren.
Der Dativ folgt, wenn die Vorstellung des Ortes (Frage: Wo?) dominiert:
Don Giovanni ließ ihren Namen in dem Register seiner Liebschaften notieren.

In der Börsensprache bedeutet *notieren* sowohl "den Kurs festsetzen" als auch "einen bestimmten Kurs haben":
Das Barrel Öl notierte zum Höchstkurs von... Die Aktien notieren mit 15% über pari.
nötig - notwendig: Beide Adjektive können mit dem Verb *sein* oder anderen Verben kombiniert werden, die Verbindung mit *notwendig* wirkt dabei etwas nachdrücklicher:
Es ist nötig, den Wagen zu reparieren (= es muß sein). *Es ist notwendig, den Wagen zu reparieren* (= es ist zwingend erforderlich). *Eine Neufassung der Gesetze erwies sich als nötig oder notwendig.*
Im Sinne von "brauchen, benötigen" kann nur *nötig* mit *haben* verbunden werden:
Sie hat es nicht nötig, diese Arbeit anzunehmen (Nicht: *Sie hat es nicht notwendig, ...*).
In der Bedeutung "zwangsläufig" kann *notwendig* nicht durch *nötig* ersetzt werden:
Die Kinder brauchen notwendig neue Winterstiefel (Nicht: *... brauchen nötig neue Winterstiefel*).
notlanden: Das Verb *notlanden* wird teils als fest zusammengesetztes Verb, teils als unfest zusammengesetztes Verb verwendet: *ich notlande, ich bin notgelandet* (Nicht: *genotlandet*), *um notzulanden* (Nicht: *um zu notlanden*).
notschlachten: Das Verb *notschlachten* wird teils als fest zusammengesetztes Verb, teils als unfest zusammengesetztes Verb verwendet: *ich notschlachte, ich habe notgeschlachtet* (Nicht: *genotschlachtet*), *um notzuschlachten* (Nicht: *um zu notschlachten*).
Nougat: Dieses Substantiv ist sowohl mit männlichem als auch mit sächlichem Geschlecht gebräuchlich: *der Nougat, das Nougat.* Der Genitiv lautet: *des Nougats,* der Plural: *die Nougats.*
November: → Monatsnamen
Nuance, die: [franz. nuance gleichbed.]

Abstufung, feiner Übergang; Ton, Abtönung; Schimmer, Kleinigkeit, Spur.
null: Das Zahlwort wird klein geschrieben:
Er hat im Diktat null Fehler. Beim Gongschlag ist es null Uhr. Das Rückspiel gewannen sie zwei zu null.
Groß schreibt man das Substantiv, das für die Ziffer oder in der Bedeutung "Nullpunkt" oder "Versager" steht:
Die Ziffer Null; eine Summe mit 4 Nullen vor dem Komma; Der Ertrag in dieser Sache war gleich Null.
Die in der Umgangssprache gebräuchliche Wendung *in Null Komma nichts* wird als Substantiv verstanden, also wird *Null* hier groß geschrieben:
Er hat in Null Komma nichts ein neues Geschäft eröffnet.
Die Maßeinheit muß nach der Zahlenangabe in der Mehrzahl folgen:
Der Sieger hatte 0,002 Sekunden Vorsprung.
Numerale: Numerale ist der Oberbegriff für Zahlwörter. Man unterscheidet Kardinalzahlen oder Grundzahlen, Ordinalzahlen oder Ordnungszahlen. Zu den Zahlwörtern gehören auch die Bruchzahlen, die aus den Ordinalzahlen gebildet werden, indem man die Endung -*el* anfügt:
ein Viertel, fünf Achtel etc.
Zahlwörter, die eine Vervielfältigung ausdrücken sollen, werden gebildet, indem man die Silbe -*fach* an die Kardinalzahl anfügt:
einfach, dreifach, siebenfach etc.
Zahlwörter, die eine Wiederholung angeben, enden auf -*mal*:
einmal, dreimal, siebenmal etc.
Zahlwörter der Gattung sind:
einerlei, dreierlei etc.
Von den Kardinalzahlen wird *ein* komplett gebeugt, *zwei* bis *zwölf* teilweise. Die Ordinalzahlen werden wie attributive Adjektive gebeugt.
→ acht, achte → drei, dritte etc.
numerisch - nummerisch: Beide Formen werden in der Bedeutung "zahlenmäßig" verwendet. Die eingedeutschte Form *nummerisch* wird mit zwei *m* geschrieben.
Numerus: Der Numerus ist der übergeordnete Begriff zu Einzahl und Mehrzahl.
nun - nun da: In der gehobenen Sprache wird das Zeitadverb *nun* auch als kausale Konjunktion gebraucht:
Hast du nun endlich genug? Nun da du genug hast, entferne dich!
Nuntius: Päpstlicher Botschafter. Der Genitiv zu diesem Substantiv heißt: *des Nuntius* (Nicht: *des Nuntiusses*), der Plural: *die Nuntien.*
nur: Das einschränkende *nur* sollte unmittelbar vor dem Bezugswort oder, wenn es sich auf eine Wortgruppe bezieht, vor dieser Gruppe stehen:
Er verschenkte seinen nur wenig getragenen Anzug (geh. *Er verschenkte seinen wenig nur getragenen Anzug*). *Sie verabscheuten die nur in Kosten-Nutzen-Kalkulationen denkenden Menschen* (Nicht: *Sie verabscheuten die in Kosten-Nutzen-Kalkulationen nur denkenden Menschen*).
nur noch - nur mehr: Hauptsächlich in Süddeutschland und in Österreich verwendet man häufig *nur mehr* für das standardsprachlich korrekte *nur noch:*
Sie wollte nur mehr tanzen und singen (Besser: *Sie wollte nur noch tanzen und singen*).
nutz - nütze: Die beiden Wörter unterscheiden sich nicht in der Bedeutung und werden beide nur noch mit dem Verb *sein* gebraucht:
Er wollte auch noch zu etwas nütze sein. Dazu ist sie nicht mehr nütze.
Nutz - Nutzen: Die Form *Nutz* ist nur noch in Wendungen wie *zu Nutz und Frommen* oder Komposita wie *Eigennutz, nutzlos, nutzbringend etc.* erhalten. Das heute übliche Substantiv *der Nutzen* bildet die Genitivform: *des Nutzens.*
nutzen - nützen: Die beiden Wörter unterscheiden sich nicht in der Bedeutung. Transitiv werden sie im Sinne von "aus etwas Nutzen ziehen, etw. benutzen", in-

nutznießen

transitiv werden sie im Sinne von "Gewinn bringen, von Nutzen sein" verwendet. Es wird standardsprachlich korrekt mit einem Dativ angeschlossen; der Anschluß mit einem Akkusativ ist umgangssprachlich im süddeutschen Sprachgebiet gebräuchlich:
Diese Ausrede nutzt oder *nützt dir gar nichts* (ugs.: *Diese Ausrede nutzt* oder *nützt dich gar nichts*).
nutznießen: Dieses Verb ist hauptsächlich im Infinitiv und 1. Partizip gebräuchlich, selten in den finiten Verbformen:
Sie wollen von der Situation nutznießen. Vom Kriegszustand nutznießend zogen sie marodierend duchs Land. (Selten: *Er nutznießte von der Lage.*)

O

ob: *ob* ist eine unterordnende Konjunktion. Sie leitet einen indirekten Fragesatz ein, der mit einem Komma abgetrennt wird:
Ob ich schlafen kann oder nicht, ist keine Frage der Tageszeit. Ob sie auch kommt, wußte er nicht. Sie fragte ihn, ob er traurig sei.
Fungiert *ob* als Bestandteil einer festen Fügung, wird kein Komma gesetzt:
Denn ob sie auch käme, verriet er nicht.
Als Präposition im Sinne von "wegen" wird *ob* in der gehobenen Sprache verwendet und hat dabei einen Genitiv oder auch einen Dativ bei sich:
Er war tieftraurig ob seines Unglückes (Selten: *... ob seinem Unglück*).
Der präpositionale Gebrauch im Sinne von "über, oberhalb" gilt als veraltet, ist aber noch enthalten in:
Rothenburg ob der Tauber.

ob, ... ob: Werden durch die anreihende Konjunktion Sätze oder Satzteile verbunden, steht dazwischen ein Komma:
Ob Sommer, ob Winter, ob Sonne scheint, ob Schnee fällt, er fühlt sich wohl.
In einer Kombination mit einer ausschließenden Konjunktion entfällt das Komma:
Ob ich schlafe oder ob ich wache, ist mir einerlei.
Obelisk: Das männliche Substantiv *der Obelisk* wird schwach dekliniert: *der Obelisk, des Obelisken, dem Obelisken, den Obelisken.* Der Plural lautet: *die Obelisken.*
oben: Das Adverb *oben* schreibt man klein: *Alles Gute kommt von oben. Das oben gegebene Versprechen werde ich einhalten. Die Wanderer kamen von oben her. Nach oben hin verjüngte sich der Flaschenhals.*
Von einem nachfolgenden Verb schreibt man *oben* getrennt, da es ein selbständiges Adverb ist:
Mangels Sprit kann das Flugzeug nicht länger oben bleiben. Er wollte auch einmal auf der Bühne oben stehen.
obenerwähnt - oben erwähnt: *Oben* und das 2. Partizip *erwähnt* schreibt man zusammen, wenn die Kombination in adjektivischem Sinn verwendet wird; nur das erste Wort ist betont:
Der obenerwähnte Vorfall wird noch ein Nachspiel haben.
Soll die Vorstellung des Tuns hervorgehoben werden, schreibt man getrennt; beide Wörter sind betont:
Der schon oben erwähnte Vorfall wird noch ein Nachspiel haben.
In der Satzaussage wird immer getrennt geschrieben:
Der Vorfall wurde oben erwähnt.
Die Substantivierung schreibt man groß:
Das Obenerwähnte wird Sie noch lange beschäftigen.
obengenannt - oben genannt: *Oben* und das 2. Partizip *genannt* schreibt man zusammen, wenn die Kombination in adjektivischem Sinn verwendet wird; nur das erste Wort ist betont:

Die obengenannte Person hat die Stadt verlassen.
Soll die Vorstellung des Tuns hervorgehoben werden, schreibt man getrennt; beide Wörter sind betont:
Die schon weiter oben genannte Person hat die Stadt verlassen.
In der Satzaussage wird immer getrennt geschrieben:
Diese Daten wurden oben genannt.
Die Substantivierung schreibt man groß:
Die Obengenannte schrieb heute einen ausführlichen Bericht.
obenstehend: Fungiert *obenstehend* als Pronomen, schreibt man klein, auch wenn ein Artikel davorsteht:
Wir teilen Ihnen obenstehendes (= dieses) *mit.*
Wird das Partizip in substantivischem Sinn verwendet, schreibt man groß:
Das Obenstehende (= oben stehende) *hat er nicht gelesen.*
In vielen Fällen ist beides möglich:
aus, mit, von obenstehenden oder *aus, mit, von Obenstehenden.*
obenzitiert - oben zitiert: *Oben* und das 2. Partizip *zitiert* schreibt man zusammen, wenn die Kombination in adjektivischem Sinn verwendet wird; nur das erste Wort ist betont:
Die obenzitierte Behauptung muß revidiert werden.
Soll die Vorstellung des Tuns hervorgehoben werden, schreibt man getrennt; beide Wörter sind betont:
Die schon weiter oben zitierte Behauptung erweist sich als falsch.
In der Satzaussage wird immer getrennt geschrieben:
Die verwendete Literatur wurde oben zitiert.
Die Substantivierung schreibt man groß:
Der Obenzitierte schrieb ein neues Werk.
oberhalb: Fungiert oberhalb als Adverb, wird mit von angeschlossen:
Oberhalb von München.
Die Präposition *oberhalb* fordert einen Genitiv:
Oberhalb Münchens. Oberhalb der Tür schraubten sie die Alarmanlage an.
oberst: Das Adjektiv *oberst* schreibt man klein; substantiviert und als Bestandteil von Namen schreibt man es groß:
Er hätte gern das oberste Hemd in diesem Fach probiert. In der obersten Etage blieb der Lift stecken. Die Revolutionäre wollten das Oberste zuunterst und das Unterste zuoberst kehren. Das Oberste Bundesgericht; der Oberste Sowjet.
Oberst: Das Substantiv *der Oberst* kann sowohl stark als auch schwach dekliniert werden. Stark gebeugt heißt es: *der Oberst, des Obersts, dem Oberst, den Oberst;* der Plural ist: *die Oberste.* Schwach gebeugt heißt es: *der Oberst, des Obersten, dem Obersten, den Obersten;* der Plural lautet: *die Obersten.*
oberste - öberste: Nur die nicht umgelautete Form ist standardsprachlich korrekt:
Der oberste Knopf fehlte an der Jacke.
Oberteil: Das Substantiv *Oberteil* kann sowohl mit sächlichem als auch mit männlichem Artikel stehen: *das* oder *der Oberteil.*
obgleich: Die Konjunktion *obgleich* leitet einen Konzessivsatz ein, der durch ein Komma abgetrennt wird:
Sie besuchten sich, obgleich sie sich nicht mehr viel zu sagen hatten.
Steht *obgleich* in einer Wendung, die als Einheit angesehen wird, entfällt das Komma:
Und obgleich er kränkelte, machte er seinen gewohnten Spaziergang.
Objekt: Das Objekt oder die Satzergänzung ergänzt die Aussage eines Verbs, wobei man vier Arten von Satzergänzungen unterscheidet. → Genitivobjekt, → Dativobjekt, → Akkusativobjekt, → Präpositionalobjekt
Objektsatz: Ein Objektsatz oder Ergänzungssatz ist ein Nebensatz, der ein Objekt ersetzt:
Er liebt, wie sie geigt (Statt: *Er liebt ihr Geigenspiel).*

obliegen: Das Verb *obliegen* wird teils als fest zusammengesetztes Verb, teils als unfest zusammengesetztes Verb verwendet: *ich obliege, es liegt mir ob; es oblag mir; es ist mir obgelegen* oder *es ist mir oblegen; um obzuliegen* oder *um zu obliegen.*
Das Perfekt kann *obliegen* sowohl mit *haben* als auch mit *sein* bilden:
Er hatte der Literatur obgelegen oder *oblegen. Er war der Literatur obgelegen* oder *oblegen.*

obligat - oligatorisch: Das Adjektiv *obligat* bedeutet "unentbehrlich, unerläßlich", während *obligatorisch* "verbindlich, vorgeschrieben, nicht dem eigenen Gutdünken überlassen" meint:
Bei seinem Antrittsbesuch überreichte er der Frau des Hauses die obligaten Blumen. Vom obligatorischen Sportunterricht konnte man nur mit Attest befreit werden.

obschon: Die Konjunktion *obschon* leitet einen Konzessivsatz ein, der durch ein Komma abgetrennt wird:
Er ließ sich, obschon gesund, krank schreiben.
Steht *obschon* in einer Wendung, die als Einheit angesehen wird, entfällt das Komma:
Aber obschon gesund, ließ er sich krank schreiben.

obsiegen: Das Verb *obsiegen* wird teils als fest zusammengesetztes Verb, teils als unfest zusammengesetztes Verb verwendet: *ich obsiege, das Böse siegt ob.*
Im 2. Partizip ist mögich: *obgesiegt* oder *obsiegt.* Im Infinitiv mit *zu* kann stehen: *um obzusiegen* oder *um zu obsiegen.*

obwalten: Das Verb *obwalten* wird teils als fest zusammengesetztes Verb, teils als unfest zusammengesetztes Verb verwendet: *ich obwalte, das Böse waltet ob.*
Im 2. Partizip ist mögich: *obgewaltet* oder *obwaltet.* Im Infinitiv mit *zu* kann stehen: *um obzuwalten* oder *um zu obwalten.*

obwohl: Die Konjunktion *obwohl* leitet einen Konzessivsatz ein, der durch ein Komma abgetrennt wird:
Man hatte ihn, obwohl er seine Spuren geschickt verwischt hatte, bald wieder eingefangen.
Steht *obwohl* in einer Wendung, die als Einheit angesehen wird, entfällt das Komma:
Aber obwohl er seine Spuren geschickt verwischt hatte, war er bald wieder gefangen.

obzwar: → obwohl

ocker: Dieses Farbadjektiv "gelbbräunlich" ist nicht beugungsfähig und nicht attributiv verwendbar. Man behilft sich, indem man ein *-farben* oder *-farbig* anhängt: *ein ockerfarbener Wandanstrich.*
Als Substantiv oder in Kombination mit einem Artikel oder einer Präposition schreibt man groß:
Beige, Creme und Ocker sind als Modefarben im Kommen. Ein Topf in Ocker.
→ Farbbezeichnungen

öd - öde: Beide Formen können ohne einen Unterschiede in der Bedeutung verwendet werden.

oder: Die anreihende Konjunktion *oder* dient zur Verbindung von Alternativen. Werden Teile des Subjekts miteinander verbunden, muß darauf geachtet werden, daß sich das Prädikat nur auf einen Subjektteil bezieht. Unterscheiden sich die durch die Konjunktion *oder* verbundenen Subjektteile in der Person, richtet sich das Prädikat nach der Person des nächststehenden Subjektteils:
Ich oder du arbeitest heute am Computer. Du oder ich arbeite heute am Computer.
Stehen beide Subjektteile in der Einzahl, steht auch das Prädikat in der Einzahl:
Der Vater oder der Sohn sorgt für das Baby.
Steht eines der Subjektteile in der Einzahl, das andere in der Mehrzahl, richtet sich das Prädikat nach dem Numerus des nächststehenden Subjektteils:
Die Großeltern oder die Tochter sorgt für das Baby. Die Tochter oder die Großeltern sorgen für das Baby.

Die Konjunktion *oder* wird durch ein Komma abgetrennt:
Wenn die Konjunktion *oder* aneinandergereihte Hauptsätze verbindet:
Ich muß Karten für das Konzert bekommen, oder ich ärgere mich zu Tode.
Wenn die Konjunktion *oder* Hauptsätze verbindet, die in vollem Wortlaut stehen, obwohl sie sich dem Inhalt nach entsprechen:
Ich ärgere mich, oder ich freue mich. Er spielt Schach, oder er spielt Karten.
Wenn der Konjunktion *oder* ein erweiterter Infinitiv oder ein untergeordneter Nebensatz vorausgeht:
Der Meister erteilte dem Lehrling den Auftrag, den Wagen zu reparieren, oder tat es selbst.
Wenn durch die Konjunktion *oder* ein Satzgefüge angegliedert wird, dem ein erweiterter Infinitiv oder ein untergeordneter Nebensatz vorausgeht:
Er spielte gern Schach, oder wenn mehrere Freunde kamen, spielte er auch Karten.
Wenn der Konjunktion *oder* eine Apposition vorausgeht:
Frau Röder, die Lehrerin, oder ihr Mann wird auch erscheinen.
Das Komma vor *oder* entfällt:
Wenn die Konjunktion *oder* kurze oder eng verbundene Hauptsätze aneinanderreiht:
Geld oder Leben! Sie las oder sie schrieb.
Wenn die Konjunktion *oder* Hauptsätze verbindet, die einen gemeinsamen Satzteil haben:
Ich spiele Schach oder Karten.
Wenn die Konjunktion *oder* Nebensätze gleichen Grades verbindet:
Sie glaubt, das Buch ist verlegt oder jemand hat es gestohlen.
Wenn durch die Konjunktion *oder* ein Aufzählungsglied angeschlossen wird:
Morgen oder übermorgen gehe ich ins Kino. Morgen oder, wenn nicht anders möglich, übermorgen gehe ich ins Kino.

Wenn die Konjunktion *oder* einen Nebensatz oder einen erweiterten Infinitiv als Aufzählungsglied anschließt:
Sie liest nur anspruchsvolle Literatur oder was sie dafür hält.

Odyssee, die: [franz. odyssée gleichbed.] Eine lange, von Schwierigkeiten begleitete Reise; Irrfahrt.

Œuvre, das: [franz. œuvre gleichbed.] Gesamtwerk eines Künstlers.

offen: Das Adjektiv schreibt man klein; als Bestandteil von Namen schreibt man es groß:
Er hat offene Füße. Einen Liter offenen Wein, bitte! Er verfaßte den offenen Brief. Sie gründeten eine Offene Handelsgesellschaft, OHG.
Getrennt schreibt man *offen* von den folgenden Verben sein, gestehen, halten, stehen, reden, sprechen:
Die Tür wird offen sein (= geöffnet). *Wir werden miteinander offen sein* (= freimütig, ehrlich). *Wir wollen offen reden, sprechen etc.* (= aufrichtig, freimütig). *Offen gestanden bin ich damit überlastet* (= ehrlich gesagt).
Zusammen schreibt man:
Die Tür muß immer offenstehen. Sie haben wieder den Löwenkäfig offengelassen. Diese Entscheidung hat sie sich offengehalten (= vorbehalten).

offenbaren: Das 2. Partizip des Verbs *offenbaren* lautet: *offenbart* (Selten, in religiösem Kontext: *geoffenbart*):
Sie offenbart ihre wahren Absichten. Gott hat sich uns geoffenbart.
Nach der Wendung *sich offenbaren als* steht das folgende Substantiv im Nominativ, da es sich auf das Satzsubjekt bezieht; ein Akkusativ ist selten:
Er offenbarte sich schließlich als erbitterter Feind (Selten: *Er offenbarte sich schließlich als erbitterten Feind*).

offenbleiben - offen bleiben: In der Bedeutung "geöffnet, ungeklärt geblieben" schreibt man zusammen; nur *offen* ist betont:

offenhalten

Dieses Fenster muß offenbleiben. Das Rätsel ist offengeblieben.
In der Bedeutung "ehrlich, aufrichtig" schreibt man getrennt; beide Wörter sind betont:
Wir wollen doch offen bleiben miteinander.
offenhalten - offen halten: In der Bedeutung "geöffnet, unbesetzt halten; aufpassen, vorbehalten" schreibt man zusammen; nur *offen* ist betont:
Man hat die Tür offengehalten. Sein Arbeitsplatz wurde ihm offengehalten. Sie sollte ihre Augen offenhalten. Diese Möglichkeiten wollen wir uns offenhalten.
In der Bedeutung "frei, allen sichtbar" schreibt man getrennt; beide Wörter sind betont:
Man hat den Ort offen gehalten.
offenlassen: → offen
offenstehen - offen stehen: In der Bedeutung "geöffnet; freistehen" schreibt man zusammen; nur *offen* ist betont:
Der Wärter ließ den Käfig offenstehen.
In der Bedeutung "ehrlich, aufrichtig; frei, allen sichtbar" schreibt man getrennt; beide Wörter sind betont:
Er ist offen zu seinem Fehler gestanden.
Offerte: Das standardsprachlich korrekte Geschlecht dieses Substantivs ist das weibliche: *die Offerte.*
offiziell - offizinell - offizinös: Das Adjektiv *offiziell* bedeutet "förmlich, amtlich", während *offizinös* "halbamtlich, nicht amtlich verbürgt" bedeutet. *Offizinell* ist eine fachsprachliche Bezeichnung für "als Heilmittel anerkannt"; es kommt von *Offizin* "Apotheke".
Offizier- - Offiziers-: Komposita mit dem determinierenden Substantiv *Offizier* werden gewöhnlich mit einem Fugen-s gebildet:
Offiziersuniform, Offiziersmesse, Offizierskasino etc.
oft: Das Adverb *oft* kann nicht als beifügendes Adjektiv verwendet werden. Falsch ist also:
eine ofte Nachfrage war immer vergeblich.
Allerdings wird die Komparativform in diesem Sinne gebraucht:
Seine öftere Nachfrage war immer vergeblich (Besser: *Seine wiederholte* oder *mehrmalige Nachfrage war immer vergeblich*).
öfter - öfters: Von beiden Adverbformen ist *öfter* die gebräuchlichere.
ohne: Auf die Präposition *ohne* folgt heute ein Akkusativ:
Ohne ihren Freund geht sie nicht auf Reisen.
Nach der Präposition *ohne* wird ein folgender Infinitiv ohne *zu* groß geschrieben, da es sich um einen substantivierten Infinitiv handelt. Ein Infinitiv mit *zu*, d. h. die Verbform, wird klein geschrieben:
Sie antwortete ohne Nachdenken. Sie antwortete, ohne nachzudenken. Er kam ohne Warten an die Reihe. Er kam, ohne zu warten, an die Reihe. Er entschied ohne Bedenken. Er entschied, ohne zu bedenken.
ohne daß: *Ohne* und *daß* bilden als mehrteilige Konjunktion eine Bedeutungseinheit, das Komma steht vor der ganzen Fügung:
Er entschied diese Frage, ohne daß er jemanden um Rat gebeten hat.
ohne zu: *Ohne zu* zählt zu den erweiterten Infinitiven, das Komma steht davor:
Er entschied, ohne zu fragen.
→ ohne
ohneeinander: Das Wort *ohneeinander* wird vom folgenden Verb immer getrennt geschrieben:
Das Team kann nicht ohneeinander arbeiten.
Okkasion, die: [lat. occasio "Gelegenheit"] Anlaß, Gelegenheit; Gelegenheitskauf.
Okkultismus, der: [lat. occultus "verborgen, geheim"]
Geheimwissenschaft; Lehren und Praktiken, die sich mit der Wahrnehmung übersinnlicher Kräfte und Ereignisse beschäftigen.

Ökologie, die: [griech. oikos "Haus, Haushaltung"]
Wissenschaft von den Beziehungen der Lebewesen zu ihrer Umwelt.

Ökopaxe: Diese aus den Begriffen Ökologie und Pax [lat. pax "Friede, Friedensgruß"] gebildete Zusammensetzung wird im Jargon zur Bezeichnung für die Friedensbewegung verwendet.

Ökotrophologie, die: [griech. oikos "Haus, Haushaltung" und tréphein "nähren"]
Hauswirtschaftswissenschaft und Ernährungswissenschaft.

Oktober: → Monatsnamen

oktroyieren: → aufoktroyieren

Ökumene, die: [griech. oikouméne "die bewohnte Erde"]
Die bewohnte Erde als menschlicher Lebensraum; heute hauptsächlich: Gesamtheit der Christen, ökumenische Bewegung.

Okzident, der: [lat. occidens gleichbed.]
Abendland, Orient; veraltet für: Westen.

Oldtimer, der: [engl.-amerik. oldtimer gleichbed.]
Altes Modell eines Fahrzeuges; ein Mensch, der bei einer Sache von Anbeginn an dabei war und deshalb einen besonderen Status besitzt.

oliv: Dieses Farbadjektiv "gelbbraungrünlich" ist nicht beugungsfähig und nicht attributiv verwendbar. Man behilft sich, indem man *-farben* oder *-farbig* anhängt:
ein olivfarbener Kampfanzug.
Als Substantiv oder in Kombination mit einem Artikel oder einer Präposition schreibt man groß:
Braun, Oliv und Ocker sind Tarnfarben.
Ein Anzug in Oliv.
→ Farbbezeichnungen

olympisch: Das Adjektiv schreibt man klein; nur als Bestandteil von Namen wird *olympisch* groß geschrieben:
die olympischen Disziplinen, das olympische Feuer, ein olympischer Geist, olympische Bronze erringen; die Olympischen Spiele.

Omnibus: Das Substantiv *der Omnibus* bildet die Genitivform: *des Omnibusses,* der Plural heißt: *die Omnibusse.*

Omkel - Onkels: Die korrekte Pluralform in der Standardsprache heißt: *die Onkel* (Nicht: *die Onkels*).

Open-air, das: [engl. open-air gleichbed.]
Der Begriff meint "im Freien stattfindend" und tritt im Deutschen als determinierendes Substantiv in Zusammensetzungen auf, z. B. Open-air-Konzert.

Open end: [engl. open end "offenes Ende"]
Der Begriff meint "das Ende einer Veranstaltung ist zeitlich nicht festgelegt" und tritt im Deutschen häufig als determinierendes Substantiv in Zusammensetzungen auf, z. B. Open-end-Diskussion.

Opponent, der: [lat. opponens gleichbed.]
Jemand, der eine gegenteilige Meinung etc. vertritt; Gegner in einer Diskussion etc.
Das Substantiv der Opponent wird schwach dekliniert: *des Opponenten, dem Opponenten, den Opponenten* (Nicht: *des Opponents, dem, den Opponent*). Der Plural heißt: *die Opponenten.*

opponieren: Nach dem Verb *opponieren* wird in der Regel mit der Präposition *gegen* angeschlossen, es ist aber auch ein Dativ möglich:
Sie haben gegen den Kanzler opponiert.
Sie unterließen es, dem Kanzler zu opponieren.

Opportunismus, der: [lat. opportunus gleichbed.]
Bereitwillige Anpassung an jede verändernde Situation, wenn das Verhalten einen Vorteil verspricht.

Opposition, die: [spätlat. oppositio "das Entgegensetzen"]
Widerstand, Widerspruch; Gesamtheit der an der Regierung nicht beteiligten oder mit der Regierungspolitik nicht einverstandenen Gruppen; Gegensätzlichkeit sprachlicher Ausdrücke; die Stellung eines Planeten oder des Mondes, bei der Sonne,

Erde und Planet oder Mond auf einer Geraden liegen.
Option: Nach dem Substantiv *die Option* im Sinne von "Voranwartschaft, Vorkaufsrecht" wird mit der Präposition *auf* angeschlossen:
Er besitzt eine Option auf das Nachbarhaus.
Opus, das: [lat. opus "Arbeit; erarbeitetes Werk"]
Künstlerisches, speziell musikalisches oder literarisches Werk.
orange: Dieses Farbadjektiv ist nicht beugungsfähig und nicht attributiv verwendbar. Man behilft sich, indem man *-farben* oder *-farbig* anhängt:
eine orangefarbene Bluse.
Als Substantiv oder in Kombination mit einem Artikel oder einer Präposition schreibt man groß:
Orange, Oliv und Ocker sind Mischfarben. Ein Hemd in Orange.
Auch die Form *orangen* ist üblich:
Die Sonne färbte sich langsam orangen.
→ Farbbezeichnungen
Orchidee, die: [franz. orchidée gleichbed.]
wertvolle Gewächshauszierpflanze, die ihren Namen ihrer Form verdankt: Das griechische *órchis* bedeutet "Hoden, Pflanze mit hodenförmigen Wurzelknollen".
Order: Das Substantiv *die Order* bildet die Pluralformen: *die Orders* und *die Ordern*. *Die Ordern* wird im Sinne von "Weisungen", *die Orders* in der Bedeutung "Aufträge, Bestellungen" gebraucht.
original: Fungiert *original* als Beifügung zu einem Adjektiv, wird es meist undekliniert beigestellt oder mit dem folgenden Adjektiv durch einen Bindestrich verbunden:
Er kann sich für original Russischen Kaviar und original französischen Champagner erwärmen.
In der Kombination mit einem Substantiv werden beide Wörter gewöhnlich zusammen geschrieben:

Originaltext, Originalzeichnung, Originalfassung, Originalaufnahmen.
Wird *original* mit einem Namen kombiniert, setzt man einen Bindestrich:
Das ist ein Original-Picasso.
Ornat: Dieses Substantiv ist männlichen Geschlechts. Es heißt: *der Ornat* (Nicht: *das Ornat*).
Ort: In der Allgemeinsprache bedeutet das Substantiv *der Ort* "Punkt, Stelle; Örtlichkeit, Ortschaft" und bildet den Plural: *die Orte.* In der Seemannssprache sowie als mathematischer Fachterminus heißt der Plural: *die Örter.* Das sächliche Substantiv *das Ort* der Bergmannssprache meint "den Arbeitsort des Bergmannes, das Ende einer Strecke"; die Pluralform hierzu lautet: *die Örter.* Das Substantiv *Ort* kann sowohl mit männlichem als auch mit weiblichem Artikel stehen, wird es im Sinne von "Schusterahle, Pfriem" verwendet. Die Pluralform hierzu ist: *die Orte.*
Orthodoxie, die: [griech. orthodoxia "Rechtgläubigkeit, rechte, richtige Meinung"]
Rechtgläubigkeit; theologische Richtung, die die reine Lehre bewahren will; das dogmatische Festhalten an Lehrmeinungen.
Orthographie, die: [griech.-lat. orthographia gleichbed.]
Nach bestimmten Regeln festgelegte Schreibung der Wörter, Rechtschreibung.
Orthopädie, die: [franz. orthopédie gleichbed.]
Wissenschaft von der Erkennung und Behandlung angeborener oder erworbener Fehler der Haltungs- und Bewegungsorgane.
Ortsangabe: Datumsangabe und Ortsangabe werden durch ein Komma getrennt:
In München, am 18. 6. 1962 ereignete sich eine Sternstunde der Menschheit. In Pamplona, am 6. Juli findet eine Fiesta statt.
Ohne Komma werden Ortsangaben oder Wohnungsangaben mit den Präpositionen *in, aus* an einen Namen angeschlossen:

Frau Centa Mayerhofer in München, Rosenheimer Str. 84, 2. Stock wurde aus der Wohnung saniert.
Ohne Präposition direkt an den Namen angeschlossen, bilden diese Angaben eine Apposition, es müssen Kommas gesetzt werden:
Frau Centa Mayerhofer, München, Rosenheimer Str. 84, 2. Stock wurde aus der Wohnung saniert.
Ortsnamen: In der Regel sind alle Ortsnamen sächlich:
Das schöne München; das kesse Berlin; das ewige Rom; das geheimnisvolle Shanghai.
Ortsnamen ohne Artikel erfordern ein Genitiv-s; die Genitivendung kann bei Ortsnamen auf *-s, -ß, -z, -tz, -x* durch einen Apostroph gekennzeichnet werden:
bei Münchens Schickeria; Roms Historie; Shanghais' Hafen.
Bei Ortsnamen, bei denen der Genitiv durch einen Artikel oder eine Beifügung kenntlich ist, kann das Genitiv -s entfallen:
Des schönen München; des kessen Berlin; des ewigen Rom.
In der Kombination von artikellosem Substantiv mit einem Ortsnamen wird nur der Ortsname dekliniert:
Im Gymnasium Stift Kremsmünsters wurde Adalbert Stifter unterrichtet.
Geht der Kombination ein Artikel o. ä. voraus, wird nur das Substantiv dekliniert, der Ortsname bleibt unverändert:
Im Gymnasium des Stifts Kremsmünster wurde Adalbert Stifter unterrichtet.
Bei Zusammensetzungen wird das Bestimmungswort oder determinierende Wort dem Grundwort, hier dem Ortsnamen, nachgestellt:
München-Schwabing.
Ost - Osten: Die Form *Osten* ist die heute übliche, wenn die Himmelsrichtung gemeint ist. Der Genitiv lautet: *des Ostens*, eine Pluralform existiert nicht:
Im Osten geht die Sonne auf.

Die Kurzform Ost ist in festen Wendungen oder als Definition von Stadtteilen gebräuchlich:
Der Ost-West-Konflikt; München (Ost).
Diese Kurzform steht ebenfalls für die Bedeutung "Ostwind" mit dem Genitiv: *des Ost(e)s* und der Pluralform: *die Oste:*
Tagelang wütete ein stürmischer Ost.
Ostern: Diese Festbezeichnung wird in der Regel als ein Neutrum in der Einzahl verstanden und steht ohne einen Artikel:
Haben Sie auch ein schönes Ostern verbracht? Wie war dein Ostern?
Im süddeutschen Sprachgebiet wird *Ostern* gelegentlich auch als Plural verstanden und in Verbindung mit einem bestimmten Artikel oder einem Pronomen gebraucht:
Wir sehen nach den Ostern weiter. Die Nachbarn werden diese Ostern nach Gran Canaria fliegen.
Standardsprachlich korrekt ist die Pluralform in bestimmten, festen Wendungen:
Heuer wird es endlich einmal grüne Ostern geben. Fröhliche Ostern allerseits!
Ohne Artikel steht die Festbezeichnung als adverbiale Bestimmung:
Nächstes Ostern fliegen wir auch weg.
Die Bezeichnung mit Artikel wird, besonders in der Funktion als Subjekt oder Objekt des Satzes durch ein Kompositum ersetzt:
Die Osterfeiertage verbrachten wir mit der Eiersuche. Die Kinder freuen sich auf die Osterferien.
Während Ostern als weibliches Substantiv kaum mehr üblich ist, wird in Norddeutschland Ostern zuweilen noch maskulin gebraucht:
Nächsten Ostern fahre ich nach Bayern zum Wintersport.
östlich - ostwärts: Nach der Präposition *östlich* folgt das Substantiv im Genitiv, wenn diesem Substantiv oder geographischem Namen ein Artikel o. ä. vorangeht:
Östlich des Polars, östlich dieser Grenze.
Stehen Substantiv oder geographischer Name ohne Artikel o. ä., wird nach *östlich* mit *von* angeschlossen:

Oszillation

Östlich von München (Auch: *östlich Münchens*); *östlich von Husum*.
Während *östlich* eine Lage bezeichnet, gibt *ostwärts* eine Richtung an:
Der Badesee liegt östlich der Stadt. Sie wanderten eine ganze Weile ostwärts.
Oszillation, die: [lat. oscillato "Schaukeln"]
Schwingung (in der Physik).
Otter: Das männliche Substantiv *der Otter* bezeichnet eine Marderart. Der Genitiv hierzu lautet: *des Otters;* der Plural heißt: *die Otter.* Das weibliche Substantiv *die Otter* bezeichnet eine Schlange. Der Genitiv hierzu lautet: *der Otter;* der Plural heißt: *die Ottern.*
Outcast, der: [engl. outcast gleichbed.]
Jemand, der von der Gesellschaft ausgestoßen wurde; außerhalb der Kasten stehender Inder.
Outlaw, der: [engl. outlaw gleichbed.]
Geächteter, Verfemter; Verbrecher; Jemand, der sich nicht an die bestehende Rechtsordnung hält.
Output, der oder das: [engl. output gleichbed.]
Güterausstoß; die von einem Unternehmen produzierten Güter; Ausgangsleistung einer Antenne oder eines Verstärkers; Ausgabe von Daten aus einer Datenverarbeitungsanlage.
Outsider, der: [engl. outsider gleichbed.]
Außenseiter.
Ouvertüre, die: [franz. ouverture gleichbed.]
Instrumentalstück, das eine Oper oder ein Oratorium, ein Schauspiel oder eine Suite einleitet; Konzertstück für Orchester, das aus nur einem Satz besteht; Einleitung, Eröffnung, Auftakt.
Oxyd - Oxid: Die Schreibung mit *y* ist gemeinsprachlich während die Schreibweise mit *i* die fachsprachliche Schreibung der Chemie ist, die nach der Nomenklatur der anorganischen Chemie eine Verbindungsklasse spezifiziert:
-chlorid, - oxid etc.

oxydieren: Das Perfekt des Verbs *oxydieren* wird in der Regel mit *haben,* selten mit *sein* gebildet:
Das Metalldach hat oxydiert (Selten: *Das Metalldach ist oxydiert*).
Ozon, der: [griech. ózon "riechend"]
besondere Form des Sauerstoffs mit der chemischen Formel O_3. Ozon bildet sich besonders unter der Einwirkung ultravioletter Strahlen in der oberen Atmosphäre oder elektrischer Entladungen auf Sauerstoff.

P

paar - Paar: Steht dem kleingeschriebenen Begriff *paar* ein Artikel oder Pronomen voran, bedeutet es "einige, wenige". Der bestimmte Artikel und die Pronomina werden dabei dekliniert; ein unbestimmter Artikel wird nicht dekliniert:
Er kaufte ein paar Blumen. Von den paar Fischen und diesen paar Broten wird keiner satt. Mit deinen paar Groschen wirst du nicht weit kommen.
Der großgeschriebene Begriff *Paar* hingegen ist ein deklinierbares Substantiv und bedeutet "zwei gleiche, zwei entsprechende, zwei zusammengehörige oder einander ergänzende Wesen oder Dinge". Davor stehende Artikel oder Pronomen werden immer dekliniert:
Man ging mit einem befreundeten Paar aus. Diese acht Paar Schuhe mußten geputzt werden. Mit einem Paar Socken verließ er das Geschäft.
Nach *Paar* wird die folgende Angabe im Genitiv oder als Apposition angeschlossen:

Er erstand zwei Paar wollener Socken oder *wollene Socken.*
In der Regel folgt das Verb in der Einzahl, da es sich nach dem singularen Subjekt *Paar* richtet:
Ein Paar Socken kostet 20 DM.
Konstruiert man nach dem Sinn der Aussage, kann das Verb auch in der Mehrzahl stehen:
Ein Paar Socken kosten 20 DM.
Bilden *Paar* und eine Stoffbezeichnung eine Einheit, kann das Adjektiv, das zur Stoffbezeichnung gehört auch vor den Begriff *Paar* gezogen werden:
Ein Paar wollene Socken oder *ein wollenes Paar Socken.*

Pack: Das männliche Substantiv *der Pack* bedeutet "Bündel" und bildet die Pluralformen: *die Packe* oder *die Päcke.* Das sächliche Substantiv *das Pack* wird abwertend im Sinne von "Gesindel" gebraucht und bildet keinen Plural.

paddeln: Das Perfekt des Verbs *paddeln* wird bei transitivem Gebrauch mit *haben* gebildet:
Er hat fünf Stunden gepaddelt.
Das Perfekt wird mit *sein* gebildet, wenn es eine ortsverändernde Bewegung ausdrücken soll:
Er ist den ganzen Fluß entlang gepaddelt.

Paillette, die: [franz. paillette "Flitter, Goldplättchen"]
Als Kleidungsschmuck verwendetes, aufzunähendes glitzerndes Metallplättchen.

Palais, das: [franz. palais gleichbed.]
Schloß, Palast.

Pamphlet, das: [engl. pamphlet gleichbed.]
Streit- und Schmähschrift, oft politischen Inhalts; Flugschrift, mit der Absicht, jmdn. oder etw. zu verunglimpfen.

Pantheismus, der: [griech. pan "ganz, all, jeder" und griech. theós "Gott"]
Allgottlehre, Lehre von der Identität Gott und Welt; in der Philosophie die Meinung, nach der Gott das Leben des Weltalls selbst ist.

Pantheon, das: [griech. Pántheion gleichbed.]
In der Antike ein Tempel für alle Götter; Gesamtheit aller Götter eines Volkes; Ehrentempel.

Pantoffel: Standardsprachlich korrekt ist die Pluralform der schwachen Deklination: *die Pantoffeln.*

Pantomime: Das männliche Substantiv *der Pantomime* bezeichnet den "männlichen Darsteller einer Pantomime", das weibliche Substantiv *die Pantomime* bedeutet "Darstellung einer Szene nur mit Hilfe von Gebärden".

Papagallo, der: [it. papagallo gleichbed.]
Südländischer, in der Regel junger Mann, der erotische Abenteuer sucht.

Papagei: Starke und schwache Deklination ist möglich. Stark gebeugt heißt es: *der Papagei, des Papageis* oder *Papageies, dem Papagei, den Papagei; die Papageie.*
Schwach gebeugt heißt es: *der Papagei, des Papageien, dem Papageien, den Papageien; die Papageien.*

Paperback, das: [engl. gleichbed.]
kartoniertes, in Klebebindung hergestelltes Buch oder Taschenbuch.

Papyrus, der: [griech. pápyros "Papyrusstaude"]
Papierstaude; in der Antike verwendetes Schreibmaterial, das aus der Papierstaude gewonnen wurde, meist in Blatt- oder Rollenform; beschriftetes Papyrusblatt, das aus der Antike oder dem alten Ägypten stammt; Papyrusrolle, Papyrustext.

Parabel: Der Anschluß nach dem Substantiv *Parabel* erfolgt mit der Präposition *von:*
Dies ist eine Parabel von der Vergänglichkeit der Welt.

Paragraph: Das Substantiv wird schwach dekliniert. Es heißt also korrekt: *der Paragraph, des Paragraphen, dem Paragraphen, den Paragraphen* (Nicht: *des Paragraphs, dem, den Paragraph*).
Folgt dem Substantiv eine Zahlenangabe, kann die Beugungsendung entfallen:

parallel 260

Sie kämpfen für die Abschaffung des Paragraphen 218 oder *des Paragraph 218.*
Bei Zitaten oder Verweisen auf Gesetzestexte wird *Paragraph* nicht dekliniert, wenn es ohne Artikel vor der Zahlenangabe steht; mit Artikel wird es dekliniert:
Die Verteidigung baut auf Paragraph 7.
Die Verteidigung baut auf den Paragraphen 7.
Das Paragraphenzeichen steht nur in Kombination mit einer Zahl, nicht anstelle des Substantivs in einem Text:
§7; §7ff; §7-13.
parallel: Nach *parallel* kann mit einem Dativ oder der Präposition *zu* angeschlossen werden:
Dies geht meinen Intentionen parallel.
Dies läuft parallel zu meinen Absichten.
Paralyse, die: [griech.-lat. parálysis gleichbed.]
totale Bewegungslähmung.
Paraphrase, die: [griech. paráphrasis gleichbed.]
Umschreibung mit der Absicht, etwas zu verdeutlichen; freie Übertragung in der Sprachwissenschaft; freie Umspielung oder Ausschmückung einer Idee in der Musik.
Parcours, der: [franz. parcours gleichbed.]
abgesteckte Hindernisbahn für Reit- und Springwettbewerbe.
Pardon: Außer der Höflichkeitsformel *Pardon!* kommt dieses Substantiv nur noch in Kombination mit bestimmten Verben vor:
Obwohl ihn der Gegner um Pardon gebeten hatte, wollte er kein oder *keinen Pardon geben, gewähren, kennen.*
Parfum - Parfüm: Beide Schreibweisen sind korrekt. Die Genitive lauten: *des Parfums, des Parfüms.* Die Pluralformen unterscheiden sich: *die Parfums* und *die Parfüme* (Selten auch: *Parfüms*).
Park-and-ride-System, das: engl.-amerik. park-and-ride-system gleichbed.]

Die Regelung, nach der Kraftfahrer ihre Fahrzeuge auf Parkplätzen am Stadtrand abstellen und mit öffentlichen Verkehrsmitteln in die Stadt fahren.
Parodontose, die: [griech. pará "entlang, neben, bei, gegen, über - hinaus" und griech. odoús "Zahn"]
ohne Entzündungserscheinungen verlaufende Erkrankung des Zahnbettes, wodurch eine Lockerung der Zähne auftritt; Zahnfleischschwund (med.).
parterre - Parterre: Das Adverb mit der Bedeutung "zu ebener Erde" schreibt man klein, das Substantiv im Sinne "Erdgeschoß" groß:
Das Appartement liegt parterre. Im Parterre zog ein neuer Mieter ein.
Partikel: Das Substantiv *Partikel* ist weiblich, der Plural endet auf *-n*:
die Partikel, die Partikeln. Als grammatischer Fachausdruck bezeichnet *Partikel* zusammenfassend alle Wörter, die nicht deklinierbar sind, z. B.:
Adverbien wie *da, hier, stets etc.;* Präpositionen wie *aus, in, gegen etc.;* Konjunktionen wie *und, oder, auch etc.*
Partizip: Das Partizip oder Mittelwort gehört mit dem Infinitiv zu den infiniten Verbformen, d. h., die Form gibt keinen Aufschluß über Person und Numerus. Man unterscheidet zwei Formen des Partizips: das Partizip I oder Partizip Präsens oder Mittelwort der Gegenwart und das Partizip II oder Partizip Perfekt oder Mittelwort der Vergangenheit. Sowohl Partizip I als auch Partizip II können als Adjektiv eingesetzt oder substantiviert verwendet werden. Ein Partizip, das mit einer längeren Ergänzung versehen ist, heißt satzwertiges Partizip.
→ Partizip Perfekt, → Partizip Präsens, → satzwertiges Partizip
Perfekt: Dieses zweite Partizip oder Mittelwort der Vergangenheit wird gebildet, indem man bei den unregelmäßigen Verben die Endung *-en,* bei den regelmäßigen Verben die Endung *-t* oder *-et* anfügt. Meist kommt noch die Vorsilbe *ge-* hinzu:
gesungen, getanzt.

Das Partizip II besagt, daß ein Geschehen, ein Ereignis oder ein Zustand bereits vollendet ist. Es kann adjektivisch verwendet werden:
Daraus hat sie gelernt. Früher hatte sie diese Arie gesungen. Er ist mit diesem Projekt gescheitert. Damals war er auf den rechten Weg gekommen. Die gestern gesungene Arie stand auf dem Übungsprogramm. Die getanzten Szenen waren die besten.
Viele 2. Partizipien können nicht als Adjektiv verwendet werden, z. B. die Partizipien der intransitiven oder der reflexiven Verben:
Nicht: *die geblühte Blume, das geantwortete Schreiben; der sich gefreute Knabe, das sich ereignete Schauspiel.*
Bei substantivischer Verwendung wird das Partizip groß geschrieben:
Der Gelehrte dozierte über Gelehrtes. Wir haben Besuch von Bekannten und Verwandten. Die Verwundeten müssen versorgt werden.
Das Partizip Perfekt wird zudem zur Bildung der zusammengesetzten Zeiten verwendet:
Sie hat die Arie schön gesungen. Ihr Partner aber hatte gepatzt. Trotzdem war er vor den Vorhang getreten. Er ist ausgebuht worden. Er wird nicht wieder engagiert werden.
Partizip Präsens: Dieses erste Partizip oder Mittelwort der Gegenwart wird gebildet, indem man die Endungen *-end*, oder *-nd* an den Präsensstamm des Verbs anfügt: *singend, ärgernd.*
Das Partizip I besagt, daß ein Geschehen, ein Ereignis oder ein Zustand gerade abläuft oder andauert. Es kann adjektivisch verwendet werden:
Der singenden Sopranistin wurden Blumen zugeworfen. Die tanzende Pippa verzauberte alle.
Bei substantivischer Verwendung wird das Partizip groß geschrieben:
Die Tanzenden genießen die Fiesta. Das Entzückende an Papageno ist seine Natürlichkeit. Die Weinenden erregen Aufmerksamkeit.
Das Partizip I und ein vorangestelltes *zu* bilden das Gerundiv:
Alles hängt von diesen unbedingt zu führenden Verhandlungen (= sie müssen geführt werden) *ab. Dies war ein leicht zu vermeidendes Problem* (= leicht zu vermeiden).
Einige erste Partizipien haben einen vom Stammverb differierenden Inhalt bekommen. Diese Partizipien sind sowohl adjektivisch als auch als Ergänzungen zur Satzaussage verwendbar:
Der spannende Roman. Der Roman war spannend (vom Verb spannen). *Das reizende Mädchen. Das Mädchen ist reizend* (vom Verb reizen). *Der wütende Mensch. Der Mensch ist wütend.*
Das Partizip I anderer Verben kann dagegen nicht als Ergänzung des Prädikats verwendet werden:
Der weinende Mensch (Nicht: *Der Mensch ist weinend*). *Der genesende Kranke* (Nicht: *Der Kranke ist genesend*).
passabel: Wird *passabel* gebeugt oder gesteigert, entfällt das *e* der Endsilbe:
Das war ein passables Geschenk. Ihr Vorschlag war passabler als seiner.
Passepartout, das: [franz. passe-partout gleichbed.]
Umrahmung für Bilder, Zeichnungen, Graphiken etc.
Passiv: Das Passiv oder die Leideform ist zusammen mit dem Aktiv oder der Tatform eine der beiden Handlungsarten des Verbs. Mit dem Aktiv wird das Ereignis aus der Sicht des Handelnden betrachtet, mit dem Passiv aus der Sicht dessen, mit oder an dem gehandelt wird:
Der Mann küßt. Der Mann wird geküßt. Er ist geküßt worden.
Grundsätzlich sind zu unterscheiden: Das Zustandspassiv, das mit dem Verb *sein* und dem 2. Partizip des betreffenden Verbs gebildet wird:
Der Mann ist geküßt. Das Kind ist geheilt. Das Licht ist gelöscht.

Das Vorgangspassiv, das mit dem Verb *werden* und dem 2. Partizip des betreffenden Verbs gebildet wird:
Der Mann wird geküßt. Das Kind wird geheilt. Das Licht wird gelöscht.
Die eigentliche Präposition der Passivkonstruktion ist *von*, in einigen Fällen ist auch *durch* möglich. *Von* schließt einen Urheber an, *durch* das Mittel, mit dem etwas erreicht wird:
Der Mann wird von der Frau geküßt. Ödön von Horváth wurde durch einen herabfallenden Ast getötet.
Andere Möglichkeiten der Passivbildung sind Kombinationen von Verben wie: *bekommen, erhalten, kriegen, gehören, bringen* mit einem 2. Partizip:
Er bekam eine Konzertkarte geschenkt (= wurde ihm geschenkt). *Man bringt ihn ins Krankenhaus* (= wird gebracht). *Der Junge kriegt ein Tracht Prügel* (= wird ihm verabreicht).
Reflexive Verben können gewöhnlich kein Passiv bilden, da Subjekt und rückbezügliches Fürwort dieselbe Person bezeichnen:
Ich kämme mich (Aktiv). Aber nicht: *Ich werde von mir gekämmt.*

Pasta asciutta, die: [it. pasta asciutta eigentlich "trockener Teig"]
Italienisches Gericht mit Spaghetti, Hackfleisch, Tomaten, Käse etc.

Pate: Das männliche Substantiv *der Pate* bezeichnet sowohl den "Taufzeugen" als auch den "Täufling". Es bildet den Genitiv: *des Paten*, der Plural heißt: *die Paten*. Das weibliche Substantiv *die Pate* bezeichnet die "Taufzeugin". Es bildet den Genitiv: *der Pate*, der Plural heißt: *die Paten*.

Paternoster: Das männliche Substantiv *der Paternoster* bezeichnet einen "ständig umlaufenden Aufzug", das sächliche Substantiv *das Paternoster* entspricht dem deutschen Wort für das Gebet "Vaterunser".

pathetisch: griech. pathetikos "leidenschaftlich, gefühlvoll"] ausdrucksvoll, feierlich; voller Pathos, salbungsvoll, abwertend im Sinne übertrieben gefühlvoll.

Patient: Dieses Substantiv wird schwach dekliniert: *der Patient, des Patienten, dem Patienten, den Patienten* (Nicht: *des Patients, dem, den Patient*).

Patriarchat: In der Regel hat dieses Substantiv sächliches Geschlecht: *das Patriarchat*. Im Sinne von "Würde oder Amtsbereich eines Patriarchen (= kirchlicher Titelträger)" heißt es auch: *der Patriarchat*.

Patrouille, die: [franz. patrouille gleichbed.]
Streife, Spähtrupp.

Pauschale: Das Substantiv *Pauschale* kann sowohl mit weiblichem als auch mit sächlichem Geschlecht stehen: *die Pauschale*, Genitiv: *der Pauschale*, Plural: *die Pauschalen* oder *das Pauschale*, Genitiv: *des Pauschales*, Plural: *die Pauschalien*.

Peep Show, die: [engl. peep show gleichbed.]
Sich-zur-Schau-stellen einer nackten Person, meist einer Frau, die gegen Geldeinwurf durch ein Fenster von einer Kabine aus betrachtet werden kann.

Pendant, das: [franz. pendant gleichbed.]
Entsprechung oder ein ergänzendes Gegenstück zu Vorhandenem.

penibel: Wird *penibel* gebeugt oder gesteigert, entfällt das *e* der Endsilbe:
Das war ein penibler Beamter. Die penibelste in der Runde war sie.

per: Die in der Behörden- und Kaufmannssprache gebräuchliche Präposition läßt sich durch deutsche Präpositionen ersetzen:
mit dem Flugzeug statt: *per Flugzeug.*
Auf die Präposition per folgt ein Akkusativ:
per Boten (Nicht: *per Bote*); *per Brief; per ersten des Monats* (Nicht: *per erstem des Monats*).

Perfekt: Das Perfekt oder vollendete Gegenwart oder 2. Vergangenheit gibt an, daß ein Geschehen zwar der Vergangenheit angehört, das Ergebnis aber für die Gegenwart noch von Bedeutung ist. Das

Perfekt wird durch die Kombination der Verben *haben* oder *sein* mit einem 2. Partizip gebildet:
Wir sind heute in den Bergen gewandert. Sie hat schön gesungen.

Peripherie, die: [griech. peri-phérein "herumtragen"]
In der Mathematik die Umfangslinie, besonders des Kreises; Rand, Randgebiet, besonders Stadtrand.

Perpendikel: Dieses Substantiv kann sowohl mit männlichem als auch mit sächlichem Artikel stehen: *der* oder *das Perpendikel.*

Persiflage, die: [franz. persiflage gleichbed.]
feiner, geistreicher Spott, Verspottung.

personal - personell: *Personal* bedeutet "die Einzelperson betreffend, als solche existierend", während *personell* "das Personal, die Angestellten etc. einer Fabrik o. ä. betreffend" meint:
Die Idee eines personalen Gottes ist ein Hilfskonstrukt. Der Betriebsrat hat über personelle Angelegenheiten zu entscheiden.

Personalpronomen: Das Personalpronomen oder persönliche Fürwort vertritt eine Person oder eine Sache. Die normale Satzstellung ist: Subjekt-Prädikat- Dativobjekt-Akkusativobjekt:
Der Vorbesitzer überreichte dem Käufer den Wagenschlüssel.
Werden beide Objekte durch Pronomen ausgedrückt, steht das Akkusativobjekt vor dem Dativobjekt:
Der Vorbesitzer überreichte ihn ihm.
Wird nur das Dativobjekt durch ein Pronomen ersetzt, bleibt es bei der Regel, daß der Akkusativ am Schluß steht:
Der Vorbesitzer überreichte ihm den Wagenschlüssel.
Wird nur das Akkusativobjekt durch ein Pronomen ersetzt, steht das Dativobjekt am Schluß:
Der Vorbesitzer überreichte ihn dem Käufer.

Bei der Verwendung von Personalpronomen ist darauf zu achten, daß die Bezüge korrekt sind:
Vier Betrunkene fuhren in einen Polizeiwagen mit zwei Polizisten. Sie waren sofort tot. (Wer: Die vier Betrunkenen? die zwei Polizisten? alle sechs?)
Hier muß umformuliert werden. Z. B.:
Vier Betrunkene fuhren in einen Polizeiwagen mit zwei Polizisten. Die vier waren ... oder *Die Polizisten* ... oder *Alle Beteiligten* ... etc.

Personennamen: Personennamen werden gewöhnlich ohne Artikel verwendet:
Tristan ist verliebt.
Um den Kasus zu verdeutlichen, wird der bestimmte Artikel vorangestellt:
Die Liebe des Tristan gilt Isolde.
Ist den Personennamen ein Adjektiv oder eine Apposition beigegeben, steht ebenfalls der Artikel, außer es handelt sich bei der Apposition um einen Titel oder eine Verwandtschaftsbezeichnung:
Der mutige Tristan liebt die verheiratete Isolde. Der Ritter Tristan ist verliebt. König Marke wird getäuscht. Mutter Courage schimpft.
Fungieren Personennamen als Gattungsbezeichnung, kann der bestimmte Artikel zum Zwecke der Identifizierung, der unbestimmte zum Zwecke der Klassifizierung stehen:
Sie spielt das Gretchen in der neuen Faustinszenierung. So ein Gretchen hast du noch nicht gesehen.
Familiennamen oder fremdsprachige Vornamen von Frauen erfordern ebenfalls zum Zwecke der Identifizierung einen bestimmten Artikel:
Die Romane der Bachmann oder *die Romane von Ingeborg Bachmann.*
Alleinstehende Namen erhalten im Genitiv Singular ein -s, in den übrigen Fällen der Einzahl sind sie endungslos. Mit vorangehendem Begleitwort bleiben sie gewöhnlich undekliniert, da Artikel o. ä. den Kasus deutlich machen. Bei Namenskombinationen wird nur der letzte Name dekliniert.

→ Adelsnamen
Zu den Kombinationen von Artikeln, Anreden, Titeln und Namen → Kapitel Titel und Berufsbezeichnungen
Im Plural bekommen männliche Personennamen ein *-e* oder ein *-s*, wenn sie auf einen Konsonanten enden, ein *-s*, wenn sie auf einen Vokal enden:
die Stephane oder *Stephans, die Dominike* oder *Dominiks; die Hugos.*
Herrschergeschlechter bekommen die Endung *-nen*, wenn sie auf *-o* enden:
die Scipionen, die Ottonen.
Im Plural bekommen weibliche Personennamen ein *-en* oder ein *-s*, wenn sie auf einen Konsonanten enden:
Kirstinen oder *Kirstins; Hildegarden* oder *Hildegards.*
Enden sie auf ein *-s* bleiben die Namen im Plural unverändert:
die (zwei) Iris, die (drei) Ines.
Die Namen bekommen ein *-n*, wenn sie auf *-e* enden:
Margarethen, Carolinen, Annen.
Die Namen bekommen ein *-s*, wenn sie auf *-a, -i, -o, -y* enden:
Marias, Isabellas, Angelikas, Lilis.
Familiennamen werden im Plural mit einem *-s* geschrieben; ohne Endung können Namen auf *-en, -er, -el* stehen:
die Hemingways, die Schnitzler(s).
Für Adjektive, die von Personennamen abgeleitet werden, gibt es keine festen Bildungsregeln. Man kann die Endung *-sch* oder *-isch* an den Namen anhängen:
die Grassschen Romane; der Kantische Imperativ.
Kombinationen aus einem Familiennamen als determinierendem Wort und einem Grundwort werden mit Bindestrich geschrieben, wenn der Familienname betont werden soll oder wenn das Grundwort ein zusammengesetztes Wort ist:
Goethe-Museum, Chanel-Boutique; Zweig- Gedenkstätte.
Ebenso mit Bindestrich geschrieben werden Komposita mit mehrteiligen Bestimmungswörtern, bei Umstellung von Vor- und Familiennamen mit vorangehendem Artikel, wenn der Name als Grundwort steht oder bei Doppelnamen und bei mehrteiligen Adjektiven:
Geschwister-Scholl-Institut; der Graf Maxl; Bäcker-Graf; Lang-Kleefeld; die Pfarrer-Kneippsche Wunderkur.
Komposita von einteiligen Namen und einem Adjektiv schreibt man zusammen; bei mehrteiligen Namen sind Bindestriche zu setzen:
Schillerfeindlich, hoffmannfreundlich; Mao-Tse-tung-treu, Niki-de-Saint-Phall-prall.
Namen sollten nicht getrennt werden; läßt es sich nicht umgehen, gelten die Regeln der Silbentrennung.
Petits fours, die: [franz. petit "klein" und four "Gebäck"]
feines, süßes Kleinbackwerk.
Petting, das: [engl.-amerik. to pet "liebkosen"]
erotisch-sexueller Kontakt, u. U. bis zum Orgasmus, aber ohne den eigentlichen Geschlechtsverkehr auszuüben.
Pfennig: In Verbindung mit Zahlenangaben in der Mehrzahl wird *Pfennig* als Maß- und Münzbezeichnung in der Regel nicht dekliniert; werden die einzelnen Münzen gezählt, setzt man die Mehrzahl ein:
Ein Eis kostet 50 Pfennig. Er hat nur 49 Pfennige in der Geldbörse.
Das Verb steht nach einer pluralischen Preisangabe ebenfalls im Plural:
49 Pfennige reichen nicht für ein Eis zu 50 Pfennige.
Pfingsten: → Ostern
pflegen: Nur noch die regelmäßigen Formen des Verbs *pflegen* gelten heute als standardsprachlich korrekt: *pflegte, gepflegt.*
Wird *pflegen* mit einem Verb im Infinitiv mit *zu* kombiniert, fungiert *pflegen* als Hilfsverb; es wird kein Komma gesetzt:
Die Rolling Stones pflegten als Zugabe "Satisfaction" zu spielen.

Pfund: In Verbindung mit Zahlenangaben in der Mehrzahl wird *Pfund* als Maß- und Mengenbezeichnung in der Regel nicht dekliniert; werden die einzelnen Pfunde gezählt, setzt man die Mehrzahl ein: *Fünf Pfund Kartoffeln reichen. Ein paar Pfunde weniger wären gesünder.*
Das Verb steht nach einer pluralischen Mengenangabe ebenfalls im Plural: *Drei Pfund Fisch sind genug.*
Das in *Pfund* Gemessene kann in gehobener Sprache gebeugt werden: *Fünf Pfund delikater Fisch* (geh.: *Fünf Pfund delikaten Fisches*); *die Lieferung eines Pfundes gesundes Gemüse* (geh.: *gesunden Gemüses*); *mit zehn Pfunden frischem Obst* (geh.: *mit zehn Pfunden frischen Obstes*); *aus einem Pfund frischem Kaffee* oder *frischen Kaffee*.
Steht nach *Pfund* ein Substantiv im Plural, kann das folgende Verb sowohl im Singular als auch im Plural stehen. Bezieht sich das Verb auf den Satzgegenstand *Pfund*, steht es (wie *Pfund*) im Singular; konstruiert man nach dem Sinn, d.h., bezieht man das Verb auf das Gezählte, setzt man das Verb in den Plural: *Ein Pfund Feigen kostet um diese Zeit ein Vermögen. Ein Pfund Feigen kosten um diese Zeit ein Vermögen.*
Phantasie - Fantasie: → Fantasie - Phantasie
Phlegma, das: [griech.-lat. phlégma "kalter, zähflüssiger Körperschleim"]
Trägheit, Schwerfälligkeit, Geistesträgheit; Gleichgültigkeit.
physisch - physiologisch: Das Adjektiv *physisch* bedeutet "körperlich, den Körper betreffend, die Natur betreffend", dagegen meint *physiologisch* "die Pysiologie, die Vorgänge im Organismus betreffend": *Der Gefolterte erlitt nicht nur physische Qualen. Die physiologischen Folgen des Atmungsstillstandes waren unkalkulierbar.*
Piazza, die: [it. piazza gleichbed.]
Italienische Bezeichnung für Platz oder Marktplatz.
Pick-up, der: [engl. pick-up gleichbed.]
Tonabnehmer für Schallplatten; Vorrichtung an landwirtschaftlichen Geräten zum Aufsammeln; einem kleinen Lastwagen ähnlicher Personenwagen mit offener Ladefläche.
Pinakothek, die: [lat. pinacotheca gleichbed.]
Bildersammlung, Gemäldesammlung.
Pin-up-Girl, das: [engl.-amerik. pin-up-girl gleichbed.]
Bild eines hübschen, meist leichtgeschürzten Mädchens aus Illustrierten und Magazinen, das zur erotischen Stimulation an die Wand oder Schranktür geheftet werden kann; Mädchen, das für ein solches Bild posiert.
Pipeline, die: [engl. pipeline gleichbed.]
Rohrleitung für Erdöl, Gas o. ä.
Pirouette, die: franz. pirouette gleichbed.]
Drehung oder Standwirbel um die eigene Körperachse; Drehen auf der Hinterhand beim Dressurreiten.
Pizza, die: [it. pizza gleichbed.]
tellerflaches Hefegebäck aus Neapel.
placieren: → plazieren
Plädoyer, das: [franz. plaidoyer gleichbed.]
Schlußvortrag von Verteidiger und Ankläger bei Gerichtsverhandlungen, in dem die Meinung der jeweiligen Partei dargestellt und das geforderte Strafmaß bzw. der Freispruch begründet werden; engagierte Rede, mit der jemand für etwas oder jemanden eintritt.
Plaid: Das Substantiv *Plaid* mit der Bedeutung "Reisedecke, wollenes Umhängtuch" kann sowohl mit männlichem als auch mit weiblichem Artikel stehen.
Planet: Dieses Substantiv wird schwach dekliniert: Es heißt: *der Planet, des Planeten, dem Planeten, den Planeten* (Nicht: *des Planets, dem, den Planet*).
Plateau, das: [franz. plateau gleichbed.]
Hochebene, hochgelegenes tafelebenes Land.
Plauderin - Plaudrerin: Beide weiblichen Entsprechungen zur männlichen Form

Plauderer sind korrekt. Falsch wäre: *die Plaudererin.*

plausibel: Wird *plausibel* gebeugt oder gesteigert, entfällt das *e* der Endsilbe:
Das war eine plausible Ausrede. Ihr Vorschlag schien plausibler als seiner.

plazieren: Nach den Wendungen *plazieren auf, in, unter etc.* folgt ein Akkusativ, wenn die Vorstellung der Richtung (Frage: Wohin?) dominiert:
Mit einem Schwung plazierte er geschickt seine Schuhe unter das Bett.
Der Dativ folgt, wenn die Vorstellung des Ortes (Frage: Wo?), wo etwas plaziert wird, dominiert:
Er plazierte den Hausschlüssel unter dem Fußabstreifer.

pleite - Pleite: Das Adjektiv wird klein, das Substantiv groß geschrieben:
Erst der Fünfzehnte des Monats und schon pleite. Das Unternehmen hat Pleite gemacht.

Plenum: Das Substantiv *das Plenum* bildet die korrekten Pluralformen: *die Plenen* und *die Plena.*

Pleonasmus: Als Pleonasmus gilt ein inhaltlich überflüssiger Zusatz zu einem Wort oder einer Wendung:
weißer Schimmel, großer Riese, neu renovieren etc.
Ebenso die inhaltliche Verdopplung der Aussage eines Modalverbs:
Sie dürfte dies vermutlich gemerkt haben. Er sah sich genötigt, ihn zum Duell fordern zu müssen.
Auch die Häufung sinngleicher Ausdrücke sollte vermieden werden:
mit meinen eigenen Augen; bereits schon; leider bedaure ich.
Häufig entsteht ein Pleonasmus bei der Verwendung von Verben mit der Vorsilbe *ent-* im Sinne "aus-, heraus-":
Dieses Zitat wurde aus dem Roman entnommen (Besser: *Dieses Zitat wurde dem Roman entnommen*).

Plural: Mit einem Plural wird ausgedrückt, daß Person, Wesen oder Sachen mehrmals vorhanden sind. Eine Pluralform oder Mehrzahl bilden Substantive, Adjektive, Pronomen und Verben. Besondere Pluralformen dieser Wortarten bilden die Maßbezeichnungen oder Namen. → Geographische Namen, → Maß-, Mengen- und Münzbezeichnungen; → Personennamen

plus: Diese Präposition entstammt der Kaufmannssprache und wird in der Regel mit einem Genitiv verbunden:
Anbei die Materialkosten plus der Spesen.
In der Einzahl wird ein alleinstehendes, stark dekliniertes Substantiv nicht gebeugt:
Spesen plus Porto werden überwiesen.
Wenn der Genitiv nicht zu erkennen ist, kann der Dativ Plural dafür gesetzt werden:
Die Spesen plus Erträgen aus Sonderabmachungen.
Bei der mit *plus* ausgedrückten Addition steht das Verb im Singular:
Zwei plus zwei ist vier (Nicht: *Zwei plus zwei sind vier*).

Plusquamperfekt: Das Plusquamperfekt oder die vollendete Vergangenheit (oder auch 3. Vergangenheit) drückt aus, daß sich ein Geschehen vom Sprecherstandpunkt aus vor einem anderen in der Vergangenheit stattgefundenen Geschehen ereignet oder vollendet hat. Das Plusquamperfekt wird gebildet aus der Kombination von *war* oder *hatte* mit einem 2. Partizip:
Nachdem er sein Studium beendet hatte, machte er den Taxischein. Nachdem sie aus dem Theater gekommen waren, debatierten sie noch eine Stunde über das gesehene Stück.

Podest: Das Substantiv *Podest* kann sowohl mit sächlichem als auch - seltener - mit männlichem Artikel stehen: *das Podest, der Podest.*

Pogrom, der oder das: [russ. pogrom gleichbed.]
Hetze; gewalttätige Ausschreitungen gegen nationale, religiöse Gruppen.

Polizist: Dieses Substantiv wird schwach dekliniert: Es heißt: *der Polizist, des Poli-*

zisten, dem Polizisten, den Polizisten (Nicht: des Polizists, dem, den Polizist).
Polygamie, die: [griech. polys "viel" und griech. gámos "Ehe"] Vielehe, Vielweiberei in patriarchalischen Kulturen.
Pony: Das sächliche Substantiv *das Pony* bedeutet "kleinwüchsiges Pferd", das männliche Substantiv *der Pony* meint "Damenfrisur mit Stirnfransen". Beide Wörter bilden die Pluralform: *die Ponys.*
Pop-art, die: [engl.-amerik. pop art gleichbed.] Kunstrichtung, die einen neuen Realismus vertritt und alltägliche Dinge darstellenswert findet und mit Absicht populär darstellt.
Portemonnaie, das: [franz. portemonnaie gleichbed.] Geldbörse, Geldbeutel.
Posse - Possen: Das weibliche Substantiv *die Posse* bedeutet "lustiges Theaterstück", das männliche Substantiv *der Possen* meint "lustiger Streich, Unsinn".
Possessivpronomen: Das Possessivpronomen oder besitzanzeigende Fürwort bezeichnet eine Zugehörigkeit und richtet sich in Genus, Kasus und Numerus nach dem Substantiv, zu dem es gehört:
Er hat die Katzen seiner Mutter in Pflege. Mein Buch gehört mir.
Im Singular entspricht die Beugung des Possessivpronomens dem unbestimmten Artikel. Das Possessivpronomen kann auch substantiviert werden; es wird dann wie ein substantiviertes Adjektiv dekliniert:
Ist das Ihr Buch? Meines habe ich hier. Zum Magistertitel wurde sie von den Ihren großzügig beschenkt.
Potpourri, das: [franz. potpourri gleichbed.] Kombination verschiedenartiger beliebter Musikstücke, die durch Übergänge verbunden werden.
Prädikat: Das Prädikat oder die Satzaussage ist das Zentrum des Satzes und besteht aus einem einfachen oder einem mehrteiligen Verb:
Sie singt. Sie singt eine Arie. Sie hat eine Arie gesungen.
Beziehen sich mehrere Prädikate auf ein Subjekt, braucht bei mehrteiligen Verbformen das konjugierte Hilfsverb nur einmal gesetzt werden:
Sie hat eine Arie gesungen und (hat) Szenenapplaus bekommen.
Prädikatsnomen: Unter Prädikatsnomen oder Prädikativum versteht man ein undekliniertes Adjektiv, ein Substantiv im Nominativ o. ä., das bestimmten Verben wie *sein, werden, bleiben, heißen* folgt:
Er ist mutig. Sie heißt Mercedes. Man bleibt Professor.
Diese Subjektsprädikative beziehen sich auf das Satzsubjekt, wohingegen sich Objektsprädikativa auf Satzobjekte beziehen:
Wer hieß ihn einen Helden? Er glaubte sie glücklich.
praktikabel: Wird *praktikabel* gebeugt oder gesteigert, entfällt das *e* der Endsilbe:
Das war ein praktikabler Entwurf. Ihr Vorschlag schien praktikabler als seiner.
prämiensparen: In der Regel wird dieses Verb nur im Infinitiv gebraucht:
Laßt uns prämiensparen!
In der Werbesprache kommen jedoch auch andere Formen vor:
Gescheit ist, wer prämienspart!
prämieren - prämiieren: Beide Verbformen sind korrekt, ebenso die Substantive *Prämierung* und *Prämiierung.*
Präposition: Präpositionen oder Verhältniswörter nennt man die Wörter, die andere zueinander in Beziehung setzen oder sie verbinden. Diese Relationen können zeitlicher, örtlicher oder begründender Art etc. sein. In der Regel bestimmen die Präpositionen den Kasus der durch sie angeschlossenen Wörter. Präpositionen, die einen Genitiv fordern, sind:
abseits, anläßlich, anstatt, außerhalb, betreffs, diesseits, entlang, laut, trotz, während, wegen.
Präpositionen mit Dativ sind:

Präpositionalattribut

ab, aus, bei, entgegen, entsprechend, gegenüber, mit, nach, samt, weit, von, zu, zuwider.
Präpositionen mit Akkusativ sind:
bis, durch, für, gegen, ohne, um, wider.
Nicht wenige Präpositionen können sowohl mit einem Dativ als auch mit einem Akkusativ oder mit beiden Kasus zugleich stehen:
an, auf, hinter, in, neben, über, unter, vor, zwischen.
Nach diesen Präpositionen steht ein Dativ, wenn die Angabe der Lage oder des Ortes hervorgehoben werden soll und auf die Frage "Wo?" geantwortet werden kann:
Das Buch liegt auf dem Tisch. Sie schrieb sich im Literaturkurs ein.
Nach diesen Präpositionen steht ein Akkusativ, wenn die Angabe der Richtung hervorgehoben werden soll und auf die Frage "Wohin?" geantwortet werden kann:
Er legt das Buch auf den Tisch. Sie schrieb sich in den Literaturkurs ein.
In der Regel stehen die Präpositionen vor dem Wort, zu dem sie gehören. Aber nachgestellt werden:
halber, zuwider, zuliebe.
Einige können vor- und nachgestellt werden. Dazu gehören:
entgegen, gegenüber, nach, wegen etc.
Zu beachten ist, daß sehr viele Präpositionen mit einem nachfolgenden bestimmten Artikel verschmelzen:
an dem = am, an das = ans, in dem = im, in das = ins, zu dem = zum etc.
Besonderheiten zum Gebrauch der Präpositionen sind unter dem Stichwort der Präposition oder des zugehörigen Verbs etc. zu finden.

Präpositionalattribut: Ein Präpositionalattribut ist eine Beifügung als nähere Bestimmung, die aus einer Präposition und einem Substantiv oder Adjektiv oder Adverb besteht:
Die Reise nach Tibet war beschwerlich. Ihre Freude über die bestandene Prüfung war echt. Der Hof von seinen Eltern wird umgebaut.

Präpositionalgefüge: Präpositionalgefüge nennt man die Verbindung von einer Präposition und einem weiteren Wort, in der Regel ein Substantiv, Adjektiv oder Adverb:
Sie hält das für schön. An der Ecke steht ein Kind. Sie handelte aus Ehrgeiz.

Präpositionalobjekt: Präpositionalobjekt nennt man eine Satzergänzung (oder Objekt) mit einer vom Verb geforderten Präposition:
Sie warten auf ein Taxi. (Auf wen warten sie? Auf ein Taxi.)

Präsens: Das Präsens oder die Gegenwart gibt an, daß sich ein Geschehen gerade ereignet. Auch allgemeingültige Tatsachen werden im Präsens formuliert:
Er liest (soeben) ein Buch. Und sie bewegt sich doch! (B. Brecht, Galileo Galilei)
Ein vergangenes Ereignis kann im Präsens (sogenanntes historisches Präsens) wiedergegeben werden, will man die Schilderung besonders lebendig gestalten:
Mackie Messer hat den Kopf schon in der Schlinge. Da taucht plötzlich der reitende Bote des Königs auf.
Mit dem Präsens und einer Zeitbestimmung kann auch zukünftiges Geschehen ausgedrückt werden:
Wir sehen uns morgen. Nächste Woche nehme ich Urlaub.

präsentieren, sich: Nach *sich präsentieren als* folgt in der Regel ein Nominativ, da ein Subjektbezug vorliegt:
Er präsentiert sich als eiskalter Typ.

Präsident: Dieses Substantiv wird schwach dekliniert: Es heißt: *der Präsident, des Präsidenten, dem Präsidenten, den Präsidenten* (Nicht: *des Präsidents, dem, den Präsident*).

Präteritum: Das Präteritum oder erste Vergangenheit, auch Imperfekt genannt, zeigt an, daß ein Geschehen in der Vergangenheit abgeschlossen wurde. Diese Form ist die neutrale Zeitform des Erzählens und Berichtens:
In der kleinen Pension an der Riviera, wo ich damals, zehn Jahre vor dem Kriege,

wohnte, war eine heftige Diskussion ausgebrochen, die unvermutet zu rabiater Auseinandersetzung, ja sogar zu Gehässigkeit und Beleidigung auszuarten drohte. (Stefan Zweig)
Ist das vergangene Geschehen für die Gegenwart des Sprechenden noch von Bedeutung, verwendet man das Perfekt.

Prävention, die: [franz. prévention gleichbed.]
das Zuvorkommen; Vorbeugung, Abschreckung durch Strafmaßnahmen, Sicherung oder Besserung.

Präzedenzfall, der: [lat. von praecedere "vorangehen"]
Musterfall, der für zukünftige Fälle Maßstab ist; richtungsweisender Fall.

preisen, sich: Nach *sich preisen als* folgt in der Regel ein Nominativ, da ein Subjektbezug vorliegt:
Er pries sich als guter Mensch.

Preß- - Presse-: Komposita mit dem determinierenden Wort *Preß-* sind mit dem Stamm des Verbs *pressen* gebildet:
Preßlufthammer, Preßspanplatte, Preßwehe, Preßsack etc.
Komposita mit dem determinierenden Substantiv *Presse* beziehen sich auf das Zeitungswesen:
Pressezensur, Pressekommentar, Pressesprecher, Pressefreiheit.
Die Form *Preßfreiheit* ist veraltet.

Prestige, das: [franz. préstige gleichbed.]
Ruf, Geltung, Ansehen.

preziös - prätentiös: Das Adjektiv *preziös* wird im Sinne von "unnatürlich, geziert, gekünstelt" verwendet, während *prätentiös* "anspruchsvoll" aber auch "anmaßend, selbstgefällig" meint.

Preziosen - Pretiosen: Beide Schreibweisen dieses in der Regel nur im Plural gebrauchten Substantivs mit der Bedeutung "Kostbarkeiten, Geschmeide" sind korrekt.

Primat: Das Substantiv *Primat* bedeutet "Vorrang, oberste Gewalt" und kann sowohl mit männlichem als auch mit sächlichem Artikel stehen: *der Primat, das Primat*.

Prinz: Das Substantiv wird schwach dekliniert. Es heißt: *der Prinz, des Prinzen, dem Prinzen, den Prinzen.*
Als Bestandteil des Familiennamens steht der Adelstitel *Prinz, Prinzessin* hinter dem Vornamen:
Ludwig Prinz von Bayern.
Im Genitiv heißt es:
das Schloß Prinz Ludwigs oder *das Schloß des Prinzen Ludwig.*
→ Kapitel Titel und Berufsbezeichnungen

Prinzip: Beide Pluralformen zu *Prinzip*, *die Prinzipien* und *die Prinzipe* sind korrekt, wenngleich letztere selten verwendet wird.

Prinzipal: Das männliche Substantiv *der Prinzipal* bedeutet "Lehrherr" und bildet den Plural: *die Prinzipale*. Das sächliche Substantiv *das Prinzipal* bezeichnet ein "Orgelregister" und bildet ebenfalls den Plural: *die Prinzipale*.

Prinzipat: Das Substantiv *Prinzipat* kann sowohl mit männlichem als auch mit sächlichem Artikel stehen: *der Prinzipat, das Prinzipat*.

privat: Das Adjektiv schreibt man klein:
Nebenbei und privat gesagt, das finde ich schon schlimm. Dies ist eine private Filmvorführung.
Wird *privat* im Sinne von "Privatperson" verwendet oder in substantivierter Form, schreibt man es groß:
Meine Meinung sag ich dir von Privat zu Privat. Gebrauchtwagen an Privat zu verkaufen.

Privileg, das: [lat. privilegium "Vorrecht, besondere Verordnung"]
Vorrecht, Sonderrecht, Sonderstellung.

pro: Analog zur deutschen Präposition *für* wird *pro* in der Regel mit einem Akkusativ verbunden:
Der Verkäufer bekommt pro verkauften Wagen eine Provision.
In gutem Deutsch sind nach *pro* auch alleinstehende Substantive oder substantivierte Adjektive zu deklinieren:

pro Beamten, pro Genossen, pro Ministranten (Nicht: *pro Beamter, pro Genosse, pro Ministrant*).
Umgangssprachlich wird *pro* in Kombination mit Zeitangaben im Sinne von "je, jeweils" verwendet. Dies sollte man vermeiden:
Er muß zweimal in der Woche zum Arzt (Nicht: *Er muß zweimal pro Woche zum Arzt*). *Man sollte sich jeden Tag mindestens zweimal die Zähne putzen* (Nicht: *Man sollte sich pro Tag mindestens zweimal die Zähne putzen*).

probefahren: Verben, die mit *probe-* verbunden sind, werden in der Regel nur im Infinitiv und im 2. Partizip verwendet:
Der Käufer will den Gebrauchtwagen probefahren. Sie sind lange probegefahren.
Selten sind Formen wie:
Der Käufer fährt noch einmal Probe.
Dies gilt ebenso für: *probelaufen, probeschreiben, probesingen, probeturnen, probewohnen* etc.

Produzent: Dieses Substantiv wird schwach dekliniert. Es heißt: *der Produzent, des Produzenten, dem Produzenten, den Produzenten.*

promovieren: Dieses Verb wird sowohl transitiv als auch intransitiv gebraucht. Bei transitiver Verwendung bedeutet es "jmdm. die Doktorwürde verleihen":
Sie wurde zum Doktor der Philosophie promoviert.
Bei intransitiver Verwendung bedeutet es "die Doktorwürde erlangen":
Sie promovierte zum Dr. phil.

Pronomen: Pronomen oder Fürwörter haben die Funktion, anstelle eines Substantivs zu treten oder ein solches zu begleiten. Man unterscheidet Demonstrativ-, Indefinit-, Interrogativ-, Personal-, Possessiv-, Reflexiv- und Relativpronomen.

Pronominaladjektiv: Unter Pronominaladjektiven versteht man Wörter, nach denen das folgende substantivierte Adjektiv schwach, wie nach einem Pronomen, oder parallel, wie nach einem Adjektiv, dekliniert werden kann. Die jeweilige korrekte Beugung ist bei den einzelnen Stichwörtern zu finden.

Pronominaladverb: Unter Pronominaladverbien oder Umstandsfürwörtern versteht man Wörter, die mit einem Pronomen zusammengesetzt sind. Dazu gehören:
dafür, dahinter, davor, daran, darauf, darüber, hierfür, wobei etc.
Sie können ein einzelnes Substantiv oder auch einen Satz vertreten:
Auf das Wahlergebnis bin ich gespannt. Darauf bin ich gespannt.
Sie können sich nicht auf Personen beziehen:
Er kauft für die Freundin ein Geschenk (Nicht: *Er kauft dafür ...*).
Mit *wo-* verbundene Pronominaladverbien können Frage- und Relativsätze einleiten, sofern sich diese nicht auf Personen beziehen:
Worüber habt ihr gelacht? (bei Personen: *Über wen habt ihr gelacht?*).

Propeller, der: [engl. propeller gleichbed.] Antriebsschraube bei Flugzeugen oder Schiffen.

prophylaktisch - provisorisch: *Prophylaktisch* bedeutet "vorbeugend, rechtzeitig begegnend", während *provisorisch* "behelfsmäßig, vorläufig" meint:
Wegen dieser Reise mußten sie einige prophylaktische Impfungen vornehmen lassen. Eine provisorische Notstandsregierung trat zusammen.

Proportionalsatz: → Modalsatz

Prothese, die: [griech. prósthesis "das Hinzufügen, das Ansetzen"] künstlicher Ersatz eines fehlenden Körperteils.

Prototyp: Die Pluralform zu *der Prototyp* lautet: *die Prototypen.*

Protz: Dieses Substantiv kann sowohl stark als auch schwach dekliniert werden: Stark gebeugt heißt es: *der Protz, des Protzes, dem Protz, den Protz,* Plural: *die Protze.* Schwach gebeugt heißt es: *der Protz, des Protzen. dem Protzen, den Protzen,* Plural: *die Protzen.*

provisorisch: → prophylaktisch - provisorisch

Prozent: Nach Prozentangaben, die die Zahl 1 überschreiten, folgt das Verb im Plural:
Zwei Prozent waren dagegen, ein Prozent war dafür, 97 Prozent hatten keine Meinung.
Besteht das Satzsubjekt aus einer Kombination von Prozentangabe und Substantiv, richtet sich das Verb nach der Prozentangabe, der Numerus des Substantivs wird nicht berücksichtigt:
Ein Prozent der Stimmberechtigten enthielt sich der Stimme. Achzig Prozent der Wähler gingen an die Urnen.
Folgt aber bei einer Prozentangabe in der Mehrzahl das Substantiv im Singular, kann das Verb sowohl im Plural als auch im Singular stehen:
30 Prozent Mieterhöhung ist oder *sind Wucher.*

psychisch - psychologisch: Das Adjektiv psychisch bedeutet "seelisch, den seelischen Bereich betreffend", während *psychologisch* "die Psychologie betreffend, seelenkundlich" meint:
Sie war dem psychischen Druck nicht mehr gewachsen. In einer psychologischen Abhandlung wurde das Problem diskutiert.

Publicity, die: [franz. publicité gleichbed.]
Bekanntsein oder Bekanntwerden in der Öffentlichkeit; Reklame, Propaganda, öffentliche Verbreitung von etwas.

Public Relations, die: [engl.-amerik. public relations gleichbed.]
Öffentlichkeitsarbeit, mit der Absicht, Kontakte zu knüpfen und zu pflegen.

Puff: Das männliche Substantiv der *Puff* bedeutet "Stoß" und bildet die Pluralformen: *die Puffe, die Püffe*. Das umgangssprachliche Substantiv für "Bordell" kann sowohl mit männlichem als auch mit sächlichem Artikel stehen: *der* oder *das Puff*. Der Plural lautet: *die Puffs*.

puffen: → boxen

Punkt: → Kapitel Zeichensetzung

punkto: Die Präposition *punkto* wird im Sinne von "betreffs" verwendet und hat einen Genitiv nach sich. Stark gebeugte, alleinstehende Substantive stehen nach *punkto* undekliniert:
Er war punkto furchtloser Taten ein großer Mann. Punkto Geld war er kleinlich.

Punsch: Das Substantiv *der Punsch* bildet die Pluralform: *die Punsche* (Nicht: *die Punschs, die Pünsche*).

purpurn - Purpur: Das Adjektiv *purpurn* schreibt man immer klein:
Mit purpurnen Segeln trieb die Barke dahin.
Das groß zu schreibende Substantiv *der Purpur* dient als Farbbezeichnung und kann auch in Kombination mit einer Präposition stehen:
Der Schauspieler erschien ganz in Purpur. Die Farben des Krönungsornats sind Purpur und Weiß.
→ Farbbezeichnungen

Pygmäe, der: [griech. Pygmaios "der Fäustling"]
Angehöriger einer zwergwüchsigen Rasse Afrikas oder Südostasiens.

Pyjama, der: [engl. pyjama gleichbed.]
Schlafanzug. Dieses Substantiv wird im süddeutschen Sprachgebiet auch mit dem sächlichen Artikel verbunden: *das Pyjama*.

Pyrrhussieg, der: [benannt nach den Siegen des Königs Pyrrhus von Epirus über die Römer, die große Verluste erforderten]
zu teuer erkaufter Sieg; Sieg mit großen eigenen Verlusten; Scheinsieg.

Q

Quader: Das Substantiv kann sowohl mit männlichem als auch mit weiblichem Artikel stehen. Der maskuline Nominativ, Genitiv und die Pluralform lauten: *der Quader, des Quaders, die Quader;* der feminine Nominativ, Genitiv und Plural heißt: *die Quader, der Quader, die Quadern.*

Quadratmeter: Standardsprachlich korrekt heißt es *der* oder *das Quadratmeter, -dezimeter, -zentimeter, -milimeter,* aber nur *der Quadratkilometer.*

Quadrophonie, die: [lat. quadri "vier" und griech. phone "Laut, Ton"]
über vier Kanäle laufende Übertragungstechnik, durch die eine gegenüber der Stereophonie verbesserte und erhöhte räumliche Klangwirkung erreicht wird.

Qualifikation, die: [mlat. qualificatio gleichbed.]
das Sichqualifizieren; Befähigung, Eignung; Befähigungsnachweis; durch vorangegangene Erfolge erworbene Berechtigung, an sportlichen Endausscheidungen teilzunehmen.

Quarantäne, die: [franz. quarantaine gleichbed.]
räumliche Absonderung oder Isolierung ansteckungsverdächtiger Personen; Absperrung eines Infektionsherdes von der Umgebung als Schutzmaßnahme gegen die Ausbreitung von Ansteckungskrankheiten.

Quarz: Dieser Mineralname wird im Deutschen mit einfachem *z* geschrieben.

Quast - Quaste: Das männlich Substantiv *der Quast* bedeutet "breiter Pinsel" und bildet den Plural: *die Quaste.* Das weibliche Substantiv *die Quaste* bedeutet "Troddel" und bildet den Plural: *die Quasten.*

Quell - Quelle: Beide Substantive werden sowohl konkret als auch übertragen im Sinne "Ursprung eines Wasserlaufs, Ausgangspunkt von etwas" gebraucht. Das männliche Substantiv *der Quell* ist dabei eine dichterische bzw. gehobene Form des weiblichen Substantivs *die Quelle.*

quellen: Das intransitiv im Sinne von "sprudeln, vorwärts oder empor drängen" verwendete Verb *quellen* wird unregelmäßig gebeugt: *ich quell; du quillst; er, sie, es quillt.* Der Imperativ lautet: *quill!;* die Vergangenheit: *quoll;* der Konjunktiv: *quölle;* das 2. Partizip: *gequollen.*

Das transitiv im Sinne von "im Wasser weich werden" gebrauchte Verb wird regelmäßig gebeugt:
ich quell; du quellst; er, sie, es quellt. Der Imperativ lautet: *quelle!;* die Vergangenheit: *er, sie, es quellte;* das 2. Partizip: *gequellt.*

quer: Wird *quer* in eigentlichem Sinne gebraucht, schreibt man es vom folgenden Verb getrennt; beide Wörter sind betont:
Du mußt die Skier quer stellen.
Entsteht durch die Kombination ein neuer Begriff, schreibt man zusammen; nur das erste Wort ist betont:
Der Opponent hat bei der Abstimmung quergeschossen (= hintertrieben). *Das Vorhaben ist ihm quergegangen* (= fehlgegangen).
Quer und ein 2. Partizip schreibt man bei adjektivischem Gebrauch zusammen:
Eine quergestreifte Krawatte.
Soll die Vorstellung des Tuns betont werden, schreibt man getrennt:
Die quer gestreifte Krawatte ist neu.
In der Satzaussage werden beide Wörter immer getrennt geschrieben:
Die Krawatte ist quer gestreift.

Quiz: Das Substantiv ist sächlichen Geschlechts, es heißt: *das Quiz;* der Genitiv lautet: *des Quiz;* die Pluralform ist: *die Quiz.*

R

Rabauke - Raubauke: Nur die erste Form der abwertenden Bezeichnung mit der Bedeutung "Strolch, roher Mensch, Rowdy" ist korrekt.

rächen: Das 2. Partizip des Verbs *rächen* lautet *gerächt*, nicht: *gerochen*.
Racket, das: [franz. raquette eigentlich "Handfläche"] Tennisschläger.
[engl.-amerik. racket eigentlich "Krach, Gaunerei"] Verbrecherbande in Amerika.
radebrechen: Dieses fest zusammengesetzte Verb wird regelmäßig konjugiert: *ich radebreche; du radebrechst; er, sie, es radebrecht; er radebrechte; er hat geradebrecht.*
radfahren: In den finiten Formen wird getrennt und groß geschrieben; der Infinitiv und das 2. Partizip werden zusammen geschrieben: *ich fahre Rad; sie fuhr Rad; er ist radgefahren, um radzufahren.*
Radio: In der Standardsprache ist das Radio ein sächliches Substantiv, im süddeutschen Sprachraum ist umgangssprachlich auch *der Radio* üblich.
radschlagen: In den finiten Formen wird getrennt und groß geschrieben; der Infinitiv und das 2. Partizip werden zusammen geschrieben: *ich schlage Rad; sie schlug Rad; er hat radgeschlagen, um radzuschlagen.*
Ragout, das: [franz. ragoût gleichbed.] Mischgericht aus Fleisch, Wild und Geflügel, Fisch in pikanter Sauce.
Ragtime, der: [engl.-amerik. ragtime gleichbed.]
Pianospielart mit melodischer Synkopierung bei regelmäßigem Beat in Nordamerika; auf dieser Spielart beruhender Gesellschaftstanz.
Rallye, die: [engl.-franz. rallye gleichbed.] In mehreren Etappen ausgeführter Automobilwettbewerb mit verschiedenen Sonder- und Einzelprüfungen.
Raison, die: französische Schreibweise für → Räson
rasch: Das *e* der Endsilbe entfällt bei den Steigerungsformen nicht: *rasch, rascher, am raschesten.*
Räson, die: [lat. ratio gleichbed.] Vernunft, Einsicht.

Raster: In der Allgemeinsprache ist das Substantiv *Raster* männlichen Geschlechts: *der Raster.* Fachsprachlich kann auch *das Raster* vorkommen.
Rat- - Rats-: Komposita mit dem determinierenden Substantiv *Rat* in der Bedeutung "Versammlung, leitendes Gremium" haben ein Fugen-s:
Ratskeller, Ratsdiener, Ratsversammlung etc.
Ohne Fugenzeichen stehen: *Rathaus, Rathaussaal etc.*
raten: In der 2. und 3. Person Indikativ Präsens wird mit Umlaut geschrieben: *ich rate; du rätst* (Nicht: *ratest*); *er, sie, es rät* (Nicht: *ratet*).
rational - rationell: Das Adjektiv *rational* bedeutet "vernunftgemäß, die Vernunft als Maßstab voraussetzend", während *rationell* "zweckmäßig, wirtschaftlich" meint:
Seine rationale Argumentation wird in der emotional geführten Diskussion abgelehnt. Die rationelle Fertigung des Produkts erhöht die Gewinnspanne.
rauh: Die Steigerungsformen lauten: *rauh, rauher, am rauhesten* oder *am rauhsten.*
Razzia: Das Substantiv *die Razzia* bildet die Pluralformen: *die Razzien* und seltener: *die Razzias.*
real - reell: Das Adjektiv *real* bedeutet "auf die Wirklichkeit bezogen, gegenständlich", während *reell* "ehrlich, zuverlässig" und "tatsächlich, wirklich echt" meint:
Der real existierende Sozialismus war keiner. Er war als reeller Geschäftsmann bekannt. Er forderte eine reelle Möglichkeit, sich zu beweisen.
Reb- - Reben-: Komposita mit dem Bestimmungswort *Reb-* werden mit und ohne Fugenzeichen gebildet:
Rebstock, Reblaus, Rebensaft, Rebenzüchtung etc.
Receiver, der: [engl. receiver gleichbed.] Gerät zur Hi-Fi-Wiedergabe, das aus Rundfunkempfänger und Verstärker be-

steht; Dampfaufnehmer zwischen Hoch- und Niederdruckzylinder in der Technik.
Rechaud, der oder das: [franz. réchaud "Kohlebecken, Wärmepfanne"] Warmhalteplatte; Gaskocher.
recht - Recht: Bei adjektivischem oder adverbialem Gebrauch schreibt man *recht* klein:
Diese Forderung war nur recht und billig. Er konnte keinen rechten Winkel bestimmen. Diese Abmachung ist mir recht.
Die Substantivierung wird groß geschrieben:
Jetzt hat sie den Rechten gefunden. Man muß dort öfter nach dem Rechten sehen.
Das Substantiv *das Recht* schreibt man groß:
Von Rechts wegen war er im Recht. Sie wollten immer ihr Recht haben. Er sagte nicht nach Recht und Gewissen aus. Er verteidigte sein Recht auf Unversehrtheit.
Wenn innerhalb fester Wendungen eine neue Bedeutung entsteht oder das Substantiv *das Recht* verblaßt ist, schreibt man es klein:
Sie wollten recht bekommen, deshalb gab er ihnen recht. Damit könnte er recht haben.
Rechte: Hier handelt es sich um ein substantiviertes Adjektiv im Sinne von "rechte Hand". Dieser Ausdruck wird nach einem stark gebeugten Adjektiv im Dativ Singular schwach, in den anderen Fällen parallel gebeugt:
Mit ausgestreckter Rechten begrüßte er seine Freunde. Die wuchtige Rechte zermürbte den Gegner. Wegen seiner kräftigen Rechten war er gefürchtet.
rechtens - Rechtens: In der Wendung *es ist Rechtens* wird *Rechtens* groß geschrieben. Im übrigen gelten die Regeln von → recht Recht
rechts: Das richtungsangebende Adverb *rechts* wird immer klein geschrieben:
Viele Menschen können rechts und links nicht auseinanderhalten. Nächste Kreuzung rechts! Hier müssen sie nach rechts abbiegen.

Fungiert *rechts* als Präposition, folgt danach ein Genitiv:
Das Krankenhaus liegt rechts der Isar.
Recycling, das: [engl. recycling gleichbed.]
Wiederverwendung benutzter Rohstoffe, indem man Abfallprodukte oder anfallende Nebenprodukte aufbereitet und erneut der Produktion zuführt; das Wiederzuführen von Erlösen aus dem Erdölverkauf in die Wirtschaft der erdölexportierenden Länder.
Redakteurin: Die weibliche Entsprechung zur Berufsbezeichnung *der Redakteur* heißt: *die Redakteurin.*
→ Kapitel Titel und Berufsbezeichnungen
reden - Reden: Der Infinitiv wird klein, der substantivierte Infinitiv wird groß geschrieben:
Mit seinem Vermögen hat er leicht reden. Mit ihrem Plan haben sie von sich reden gemacht. Auch Folterungen brachten ihn nicht zum Reden. Das ununterbrochene Reden und Schwätzen stört. Sie machten viel Redens von ihrer Arbeit.
reell: → real - reell
Referee, der: [engl. referee gleichbed.] Schiedsrichter, Ringrichter.
Referendar: Das Substantiv wird stark dekliniert. Es heißt: *der Referendar, des Referendars, dem Referendar, den Referendar.* Der Plural lautet: *die Referendare.*
reflexive Verben: Reflexive Verben oder rückbezügliche Zeitwörter werden mit einem Reflexivpronomen oder rückbezüglichen Fürwort verbunden. Mit diesem Reflexivpronomen wird das Geschehen auf das Satzsubjekt bezogen. Es steht dabei anstelle eines Objekts oder Satzergänzung im 3. oder 4. Fall:
Sie freute sich sehr über die Blumen. Er bestellt sich ein Bier. Er stellt sich im Betrieb vor, indem er sich von seiner besten Seite darstellt.
Man unterscheidet echte und unechte reflexive Verben. Bei festen Verbindungen von Reflexivpronomen und Verb spricht man von echten reflexiven Verben:

Er fühlt sich wohl. Sie ärgert sich. Er eignet sich für diese Aufgabe.
Unechte reflexive Verben können entweder mit einem Reflexivpronomen stehen, also reflexiv verwendet sein, oder sie haben ein anderes Objekt bei sich:
Ich kämme mich. Ich kämme den Jungen. Er holt sich ein Bier. Er holt seiner Freundin ein Glas Sekt.

Reflexivpronomen: Das Reflexivpronomen oder rückbezügliche Fürwort steht dann, wenn sich ein Geschehen auf das Subjekt des Satzes bezieht, und Subjekt und Objekt des Satzes ein und dieselbe Person oder Sache sind:
→ reflexive Verben
In einigen Fällen kann sich das Reflexivpronomen auch auf das Akkusativobjekt beziehen:
Man überredete den Missetäter, sich zu stellen.
In der 1. und 2. Person Einzahl und Mehrzahl sind die Formen des Reflexivpronomens mit den Formen des Personalpronomens identisch. Die 3. Person hat eine eigene Form: *sich,* sowohl für Dativ als auch für Akkusativ Singular und Plural. Dieses *sich* wird, auch wenn es sich auf die Höflichkeitsform *Sie* bezieht, immer klein geschrieben:
Aber Sie brauchen sich dafür doch nicht zu schämen.

Refrain, der: [franz. refrain gleichbed.]
Gleiche Wort- oder Lautfolge in einem Gedicht oder Lied, die in regelmäßigen Abständen wiederkehrt; Kehrreim.

Refugié, der: [franz. réfugié gleichbed.]
Flüchtling; im 17. Jahrhundert aus Frankreich geflüchteter Protestant.

regelmäßig - regelgemäß: Das Adjektiv *regelmäßig* bedeutet "gleichmäßig, einem bestimmten System folgend, in bestimmten Abständen erscheinend":
Er erscheint regelmäßig jeden Vormittag am Zeitungskiosk und geht dann regelmäßig ins Bistro nebenan.

Dagegen wird das Adjektiv *regelgemäß* im Sinne von "einer Vorschrift, Regel entsprechend" verwendet:
Die Kleinschreibung des Adjektivs 'regelgemäß' erfolgt hier regelgemäß.

regelmäßig - in der Regel: Im Gegensatz zu *regelmäßig* im Sinne von "gleichmäßig, einem bestimmten System folgend, in bestimmten Abständen erscheinend" bedeutet die Wendung *in der Regel* "beinahe regelmäßig, fast ohne Ausnahme von der Regelmäßigkeit":
In der Regel geht er morgens erst zum Zeitungskiosk.

Reggae, der: [engl.-amerik. reggae gleichbed.]
Variante in der Rockmusik, die aus der Folklore Jamaikas stammt.

Regime, das: [lat. regimen "Leitung, Lenkung, Regierung"]
Bezeichnung für eine meist totalitäre, volksfeindliche Regierungsform. Die Pluralform zu *Regime* lautet: *die Regimes* und *die Regime,* wobei erstere immer seltener verwendet wird.

Regisseurin: Die weibliche Entsprechung zur Berufsbezeichnung *der Regisseur* heißt: *die Regisseurin.*
→ Kapitel Titel und Berufsbezeichnungen

Reif - Reifen: Das Substantiv *der Reif* gehört der gehobenen Sprache an, bedeutet "Ring, Schmuckstück" und bildet den Genitiv: *des Reifs* oder *des Reifes* und die Pluralform: *die Reife.* Das Substantiv *der Reifen* bedeutet dagegen "größere, der Ringform entsprechende Gegenstände" und bildet den Genitiv: *des Reifens.* der Plural lautet: *die Reifen.*

Reihe: Steht nach *Reihe* ein Substantiv im Plural, kann das folgende Verb sowohl im Singular als auch im Plural stehen. Bezieht sich das Verb auf den Satzgegenstand *Reihe,* steht es im Singular; setzt man es in den Plural, bezieht es sich sinngemäß auf das, was die *Reihe* bildet:
Eine Reihe Leser reagiert empört. Eine Reihe Leser reagierten empört.

Steht das Gereihte als Apposition im gleichen Kasus wie *Reihe* folgt das Verb im Plural:
Wir bearbeiten heute eine Reihe Gesuche.
Das Gereihte nach *Reihe* steht mit Genitiv, mit *von* und Dativ oder aber ohne genaue Kennzeichnung im Fall wie *Reihe:*
Eine Reihe guter Menschen sah ich (Selten: *eine Reihe gute Menschen sah ich*). *Ich habe eine Reihe von guten Menschen gesehen. Ich habe eine Reihe gute Menschen gesehen* (Akkusativ).

rein: Das Adjektiv *rein* wird - auch in unveränderlichen Wendungen - klein geschrieben:
Heutzutage sind reine Luft und reines Wasser Mangelware. Der Lehrer läßt den Schüler den Aufsatz noch ins reine schreiben. Das müssen sie noch ins reine bringen. Sie hat ihm reinen Wein eingeschenkt.
Rein und ein folgendes Adjektiv schreibt man zusammen, wenn die Kombination adjektivisch verwendet wird; nur *rein* ist betont:
Er schenkte ihr einen reinkupfernen Gesundheitsarmreif und ein reingoldenes Kettchen.
Werden beide Wörter in ihrer ursprünglichen Bedeutung verwendet, schreibt man sie getrennt; beide Wörter sind betont:
Er schenkte ihr einen vermeintlich rein kupfernen Gesundheitsarmreif und ein tatsächlich rein goldenes Kettchen.
In der Satzaussage werden beide Adjektive immer getrennt geschrieben:
Der Gesundheitsarmreif ist rein kupfern. Das Kettchen war rein silbern.
Bezeichnet die Kombination eine dauernde Eigenschaft, schreibt man sie zusammen:
Sie brachte aus Indien einen reinseidenen Sari mit.
Steht *rein* vor einem Farbadjektiv oder einem Verb, schreibt man getrennt; als Substantivierung jedoch zusammen:
Der rein purpurne Königsornat leuchtete im Kerzenschein. Die Raumpflegerin wird die Wohnung rein machen. Sie beginnt mit dem Reinemachen.

Reis: Das männliche Substantiv *der Reis* meint "die Nutzpflanze" und bildet den Genitiv: *des Reises* und den Plural: *die Reise.* Das sächliche Substantiv *das Reis* bedeutet "junger Trieb, junger Zweig", bildet den Genitiv: *des Reises* und die Pluralform: *die Reiser.*

reisen: Das Perfekt des Verbs *reisen* wird heute nur noch mit *sein* gebildet:
Er ist immer gern gereist. Sie sind mehrere Monate in Afrika gereist.

Reisende: Diese Bezeichnung wird wie ein attributives Adjektiv gebeugt:
Ein Reisender; drei Reisende. Viele Reisende suchen fremde Länder heim. Nur wenige Reisende suchen mehr als Abwechslung.
Nach einem starken Adjektiv wird im Genitiv Plural stark gebeugt:
Die Unterbringung zahlreicher Reisender war gewährleistet.
Bei einem Dativ in der Einzahl wird nach einem starken Adjektiv schwach dekliniert:
Mit erfahrenem Reisenden (Nicht: *Reisendem*) *als Begleiter scheint die Expedition sicherer.*
Als Apposition verwendet, kann die starke oder die schwache Deklination erfolgen:
Ihm als Reisendem oder *Reisenden* bzw. *ihr als Reisender* oder *Reisenden waren alle anderen gleich.*

reißerisch: Die Steigerungsformen lauten: *reißerisch, reißerischer, am reißerischsten.*

reiten: Das Perfekt des Verbs *reiten* wird bei transitivem Gebrauch mit *haben* gebildet:
Er hat das Pferd zu Schanden geritten.
Das Perfekt wird mit *sein* gebildet, wenn es eine ortsverändernde Bewegung ausdrücken soll:
Er ist über den Besitz seines Feindes geritten.

Heute überwiegt der Gebrauch von *sein* gegenüber den Formen mit *haben*. Man sagt auch:
Er ist ganz toll geritten.

Rekonvaleszent, der: [spätlat. reconvalescere "wieder erstarken"] Genesender; Jemand, der wieder gesund wird.

Relais, das: [franz. relais gleichbed.] Gerät, das einen Steuerimpuls von nur geringer Leistung benötigt, um einen stärkeren Stromkreislauf ein- oder auszuschalten.

Relativadverb: Ein Relativadverb ist ein Adverb, das den damit eingeleiteten Nebensatz mit dem übergeordneten Satz verbindet:
Dort, wo es schattig und feucht ist, wollen wir Pilze suchen. Früher, da er noch unerfahren und schüchtern war, hätte er sich das nicht zugetraut.

Relativpronomen: Das Relativpronomen oder bezügliche Fürwort leitet einen Nebensatz ein und bezieht sich auf die Person oder Sache des vorangehenden und übergeordneten Satzes. Es richtet sich in Genus und Numerus nach dem ihm vorausgehenden Bezugswort, der Kasus des Pronomens wird aber durch den Nebensatz bestimmt. Die Relativpronomina lauten: *der, die, das, welcher, welche, welches*. Da die letzteren sehr schwerfällig wirken, verwendet man sie nur, um Häufungen von gleichlautenden Wörtern, z. B. Relativpronomen und Artikel, zu vermeiden:
Der Verkäufer, der mir das Buch verkauft hat, hat mich gut beraten. Der Roman, den er mir empfohlen hat, war sehr gut. Die Leser, denen ich das Buch empfohlen habe, waren begeistert. Der Roman, dessen Erscheinen freudig erwartet worden war, entpuppte sich als Flop. Der Autor, welcher (Statt: *der*) *der Zeitung ein Interview gab, war von seinem Roman überzeugt.*
Das verallgemeinernde Relativpronomen *was* leitet Relativsätze nach *alles, etwas,* *vieles* oder nach Superlativen wie *das Beste, das Netteste etc.* ein:
Die Inszenierung bot manches, was man nicht erwartet hatte. Da war etwas, was ihm Sorgen machte. Das war das Netteste, was sie ihm je gesagt hatte. Dieser Zufall war das Beste, was ihr passieren konnte.
Es wird auch verwendet, wenn sich der Relativsatz auf den Inhalt des kompletten übergeordneten Satzes bezieht:
Sie sprachen offen über ihre Probleme, was sie einander wieder näher brachte. Er konnte auf unterhaltsame Weise Anekdoten und Geschichtchen erzählen, was seine Zuhörer vergnügte.
Als verallgemeinernde Relativpronomen können auch *wer* und *wie* gebraucht werden:
Die Art, wie sie mit ihren Schülern umgeht, kommt gut an. Wer das nicht gesehen hat, kann nicht mitreden.
Gleichlautende Relativpronomen können nur entfallen, wenn sie im gleichen Kasus stehen:
Sie lasen die Romane, die ich ausgesucht und (die ich) vorgeschlagen hatte. Ich schlug die Romane vor, die ich ausgesucht hatte, die aber von ihnen schon gelesen worden waren (Nicht: *Ich schlug die Romane vor, die ich ausgesucht hatte, aber von ihnen schon gelesen worden waren*).
Im ersten Satz stehen beide Relativpronomen im Akkusativ, im zweiten Satz ist das erste Pronomen ein Akkusativ, das zweite ein Nominativ des passivischen Nebensatzes.

Relativsatz: Ein Relativsatz oder Bezugssatz ist ein Nebensatz, der mit einem Relativpronomen eingeleitet wird und ein vorangehendes Bezugswort im übergeordneten Satz näher bestimmt. Der Relativsatz kann als Attribut fungieren, er kann aber auch als eigenständiges Satzglied (Subjekt) stehen:
Im Kurs wurden die Romane, die ich ausgesucht hatte, gelesen. Wer nicht liest, kann nicht mitreden.

Der Relativsatz soll möglichst nahe bei seinem Bezugswort stehen, um Mißverständnisse bei den Bezügen zu vermeiden:
Er legte das Gedichtbändchen, das er soeben gelesen hatte, auf das Telefonbuch. (Nicht: *Er legte das Gedichtbändchen auf das Telefonbuch, das er soeben gelesen hatte.*)

relaxed: [engl. relaxed gleichbed.]
entspannt, gelöst, locker. In der jugendlichen Szenesprache wird das eingedeutschte Verb relaxen (engl. to relax) im Sinne von "entspannen, sich lockern" verwendet:
Jetzt muß ich erstmal ordentlich relaxen. Der Knabe ist unheimlich relaxed für sein Alter.

Relief: Das Substantiv hat zwei korrekte Pluralformen: *die Reliefs, die Reliefe*.

Reling: Das Substantiv hat zwei korrekte Pluralformen: *die Relings, die Relinge*.

Remake, das: [engl. remake gleichbed.]
Wiederverfilmung eines älteren, schon verfilmten Stoffes; Neufassung, Zweit- oder Drittfassung, Wiederholung einer künstlerischen Produktion.

Reminiszenz, die: [spätlat. reminiscentia "Rückerinnerung"]
Erinnerung, die für den Erinnernden mit spezifischer Bedeutung verknüpft ist; Anklang, Überbleibsel.

remis - Remis: Dieser aus dem Französischen stammende Begriff mit der Bedeutung "unentschieden" wird als Adjektiv klein geschrieben; seine Substantivierung schreibt man groß:
Auch die zehnte Partie des Weltmeisterschaftsturniers endete remis. Das ist jetzt schon das zehnte Remis.

Renaissance, die: [franz. renaissance eigentlich "Wiedergeburt"]
Die in ganz Europa stattfindende Wiederbelebung und Erneuerung der antiken Lebensform in geistiger und künstlerischer Hinsicht im Zeitraum vom 14. bis zum 16. Jahrhundert; nach diesem Phänomen benannte Epoche, von daher stammende Epochenbezeichnung in der Kunstgeschichte; neue Blüte, das Wiederaufleben.

Rendezvous, das: [franz. rendezvous gleichbed.]
Stelldichein, Verabredung; die Begegnung von Raumfahrzeugen im Weltraum.

rentabel: Wird das Adjektiv *rentabel* gebeugt oder gesteigert, entfällt das *e* der Endsilbe:
Das war ein rentables Geschäft. Ein noch rentableres Unterfangen ist kaum denkbar.

Repertoire, das: [franz. répertoire gleichbed.]
Vorrat einstudierter Kompositionen, Bühnenrollen, Theaterstücke o. ä.

Repressalie, die: [mlat. reprensalia "gewaltsame Zurücknahme von etwas"]
Druckmittel; Vergeltungsmaßnahme.

Reptil: Das Substantiv hat zwei korrekte Pluralformen: *die Reptilien, die Reptile*.

Résistance, die: [franz. résistance "Widerstand"]
Französische Widerstandsbewegung gegen die deutsche Besatzung in Frankreich während des Zweiten Weltkriegs.

respektabel: Wird das Adjektiv *respektabel* gebeugt oder gesteigert, entfällt das *e* der Endsilbe:
Man nannte ihn einen respektablen Mann. Sie hatte um einiges respektablere Ergebnisse vorzuweisen.

Ressentiment, das: [franz. ressentiment "heimlicher Groll, Ärger"]
starke Abneigung, die emotional bedingt ist (und oft auf Vorurteilen beruht); heimlicher, stiller Vorbehalt gegen jemanden oder etwas; durch erlittenes Unrecht entstandener Groll.

Ressort, das: [franz. ressort gleichbed.]
Amts-, Geschäftsbereich; Arbeitsgebiet, Aufgabenbereich.

Ressource, die: [franz. ressource gleichbed.]
Natürlicher Stoff als Voraussetzung, Grundstoff für Produktion in der Wirtschaft; Hilfsmittel, Hilfsquelle.

Rest: Das Substantiv *der Rest* hat drei Pluralformen: *die Reste, die Resten, die*

Rester. Standardsprachlich korrekt ist nur die erste Form: *die Reste.* Die beiden anderen entstammen der Kaufmannssprache (*die Rester*) oder sind nur in der Schweiz gebräuchlich (*die Resten*).

Resümee, das: [franz. résumé gleichbed.]
Zusammenfassung, Übersicht, Ergebnis.

retour: [franz. retour "Rückkehr"]
In der Umgangssprache des süddeutschen Sprachraums im Sinne von "zurück" verwendet.

retten: Bei den Wendungen jmdn. *retten* oder etw. *retten* muß die Präposition *vor*, nicht *von* stehen:
Die Suchmannschaft rettete die Verschütteten vor dem Erstickungstod.
→ auf Grund - durch - infolge - zufolge - wegen - von - vor

Revanche, die: [franz. revanche gleichbed.]
Rache, Vergeltung; Rückspiel oder Rückkampf gegen den gleichen Gegner, um eine vorherige Niederlage eventuell auszugleichen; siegreiches Bestehen eines Folgekampfes.

Revers: Das Substantiv *Revers* kann mit männlichem oder sächlichem Artikel stehen. In der Bedeutung "Aufschlag an einem Kleidungsstück" ist es sächlichen Geschlechts: *das Revers.* Im Sinne von "Verpflichtungszertifikat, schriftliche Erklärung" steht das Substantiv mit männlichem Artikel:
Er mußte ihm einen Revers unterzeichnen.
Im Sinne von "Rückseite einer Münze" ist das Substantiv ebenfalls männlichen Geschlechts: *der Revers.*

Rezensent, der: [lat. recensere "prüfend betrachten, mustern"]
Kritiker, Verfasser von Rezensionen, Kritiken.

Rezession, die: [lat. recessio "das Zurückgehen"]
Rückgang der ökonomischen Wachstumsgeschwindigkeit, Konjunkturrückgang.

Rhabarber, der: [mlat. rha barbarum "fremdländische, barbarische Wurzel"]
Knöterichgewächs mit eßbaren Stielen.

Rhapsodie, die: [griech. rhapsoidia "Lied, Gesang"]
Von einem Rhapsoden vorgetragene epische Dichtung, Gedicht in freier Form; Instrumentalfantasie, freie Instrumentalkomposition, der Volksliedmelodien zugrunde liegen; Vokalkomposition mit instrumentaler Untermalung.

Rhetor, der: [griech. rhetor "Redner"]
Redner in der Antike; begabter Redner.

Rhinozeros: Das Substantiv *das Rhinozeros* bildet die Genitivformen: *des Rhinozeros* und *des Rhinozerosses.* Der Plural lautet: *die Rhinozerosse.*

Rhododendron, der, auch das: [griech.-lat. rhododéndron "Oleander, Rosenbaum"]
Planzengattung der Erikagewächse mit zahlreichen verschiedenen Arten.

Rhythm and Blues, der: [engl.-amerik. rhythm an' blues gleichbed.]
Musikstil der nordamerikanischen Neger, der Elemente der Volksmusik, des Blues mit Beatrhythmen verbindet.

Rhythmus, der: [griech. rhythmós "geregelte Bewegung, Gleichmaß"]
Gleichmaß, gliedernde Bewegung in Musik, Sprache, im Wechsel der Jahreszeiten etc.
Das Substantiv bildet den Genitiv: *des Rhythmus,* der Plural lautet: *die Rhythmen.*

richtig: Dieser Begriff wird auch mit vorangehendem Artikel klein geschrieben, wenn beide Wörter ein einfaches Adjektiv ersetzen:
Diese Tätigkeit ist genau das richtige (= richtig, gut) *für ihn.*
Die Substantivierung schreibt man groß:
Wer träumt nicht von sechs Richtigen im Lotto. An seiner Behauptung war nichts Richtiges. Sie hat den Richtigen noch nicht gefunden.
Im Sinne von "auf richtige Weise" verwendet, schreibt man *richtig* vom nachfolgenden Verb getrennt:

Er hat sich bei der Soiree richtig benommen. Sie können noch nicht richtig essen.
Entsteht durch die Kombination ein neuer, oft übertragener Begriff, schreibt man zusammen:
Ein Dementi soll die Behauptung richtigstellen (= berichtigen). *Am Monatsende werden die Schulden richtiggemacht* (= ugs. für: begleichen).

Richtung: In der Bedeutung "einen bestimmten Weg nehmen" wird unterschieden, ob jemand den Weg erst einschlägt, dann heißt es: *in die Richtung*, Richtung steht im Akkusativ oder ob er bereits auf diesem Weg ist, dann heißt es *in der Richtung*, Richtung steht im Dativ:
Er müßte in die (diese) Richtung laufen. Sie muß in der (dieser) Richtung (weiter) laufen.

richtunggebend - richtungweisend: Werden diese Kombinationen adjektivisch verwendet, schreibt man sie zusammen:
Von dieser Regierung kommen selten richtungweisende Impulse. Seine Ideen waren immer richtunggebend.
Wird *Richtung* näher definiert, z. B. durch ein Adjektiv o. ä., und damit als Substantiv kenntlich, schreibt man getrennt:
Von dieser Regierung kommen nie in eine ökologische Richtung weisende Impulse. Seine Ideen waren immer das Richtung gebende Maß für die anderen.

Rind- - Rinder- - Rinds-: Komposita mit dem determinierenden Substantiv *Rind* lassen sich in drei Gruppen unterscheiden. Ganz ohne Fugenzeichen werden gebildet:
Rindvieh, Rindfleisch.
Mit oder ohne Fugen-s können stehen:
rind(s)ledern, Rind(s)leder.
Mit dem Fugenzeichen *-s* oder mit *-er* können zusammengefügt werden:
Rindstück oder *Rinderstück; Rindsbraten* oder *Rinderbraten.* Die Unterschiede sind oft im Dialekt des Sprachraums begründet.

ringsum - rings um: Das Adverb in der Bedeutung "überall, rundherum" schreibt man zusammen:
Ringsum nehmen die Aggressionen zu.
Handelt es sich um das eigenständige Adverb *rings* und um die eigenständige Präposition *um,* schreibt man deren Kombination getrennt:
Rings um den Autor drängten sich seine Verehrer.

Risiko: Dieses Substantiv bildet zwei korrekte Pluralformen: *die Risikos, die Risiken.*

Ritus, der: [lat. ritus gleichbed.]
religiöser Brauch in Wort, Gestik und Handlung; Zeremonie, ein Vorgang nach einer festgelegten Ordnung. Der Plural lautet: *die Riten.*

Ritz - Ritze: Das weibliche Substantiv *die Ritze* wird in der Bedeutung "schmale Spalte" verwendet und bildet die Genitivform: *der Ritze,* der Plural lautet: *die Ritzen.* Das männliche Substantiv *der Ritz* im Sinne "Kratzer, kleine Schramme" bildet den Genitiv: *des Ritzes,* die Pluralform heißt: *die Ritze.* Es wird in der Regel nur noch mundartlich gebraucht.

Roaring Twenties, die: [amerik. roaring twenties "die brüllenden Zwanziger"]
Dieser Begriff bezeichnet die 20er Jahre des 20. Jahrhunderts, als in Europa und den USA infolge der wirtschaftlichen Hochkonjunktur Vergnügungssucht und Gangstertum ebenfalls Hochkonjunktur hatten.

Roastbeef, das: [engl. roast beef gleichbed.]
Rinderbraten oder Rostbraten auf englische Art, das heißt, fast roh.

robben: Das Perfekt des Verbs *robben* wird mit *sein* oder *haben* gebildet:
Er hat oder *ist fünfzehn Minuten gerobbt.*
Das Perfekt wird nur mit *sein* gebildet, wenn es eine ortsverändernde Bewegung ausdrücken soll:
Er ist den ganzen Fluß entlang gerobbt.

rodeln: Das Perfekt des Verbs *rodeln* wird mit *sein* oder *haben* gebildet. Mit *haben* hebt die Aussage die Dauer des Tuns hervor:
Die Kinder haben den ganzen Vormittag gerodelt.

Das Perfekt wird mit *sein* gebildet, wenn es eine ortsverändernde Bewegung ausdrücken soll:
Die Kinder sind den Berg runter gerodelt.
Heute überwiegt der Gebrauch von *sein* gegenüber den Formen mit *haben*. Man sagt auch:
Er ist ganz lang gerodelt.

roh: Auch in den festen Wendungen *etwas aus dem rohen arbeiten* oder *im rohen fertig sein* schreibt man *roh* klein. Von einem folgenden Partizip wird *roh* immer getrennt geschrieben, da beide Wörter einen selbständigen Wert als Satzglied haben:
Die Wände waren aus roh behauenen Quadern gefügt.

Rolladen: Das Substantiv hat zwei korrekte Pluralformen: *die Rolladen, die Rolläden.* Getrennt wird *Roll/laden.*

Rolle: Nach Rolle im Sinne einer Maßbezeichnung kann das Gezählte in der gehobenen Sprache dekliniert werden:
Eine Rolle Garn (Nicht: *Eine Rolle Garnes*).
Fünf Rollen festes Garn (geh.: *fünf Rollen festen Garnes*); *mit zwei Rollen festem Garn* (geh.: *mit zwei Rollen festen Garnes*).

römisch: Das Adjektiv wird klein, als Bestandteil von Eigennamen groß geschrieben:
Er lernt gerade die römischen Zahlen. Er ist römisch-katholischer Konfession. Das römische Recht war Grundlage vieler Rechtsbücher. Auch das Heilige Römische Reich Deutscher Nation zerfiel wie das Römische Reich davor.

rosa: Als Adjektiv schreibt man *rosa* klein, substantiviert wird es groß geschrieben:
Das Mädchen trug ein rosa Schleifchen im Haar. Sie war überhaupt ganz in Rosa. Das Lila und das Rosa werden sich durchsetzen.
Das Farbadjektiv und ein folgendes 2. Partizip schreibt man zusammen, wenn die Kombination adjektivisch verwendet wird; nur das Farbadjektiv ist betont:
Das rosabemalte Pferd erregte allerhand Aufsehen.
Dominiert die Vorstellung des Tuns, schreibt man getrennt; beide Wörter sind betont:
Die beiden Lausbuben hatten das Pferd heimlich rosa bemalt.
In der Satzaussage werden beide Wörter immer getrennt geschrieben:
Das Pferd wurde rosa bemalt.
Dieses Farbadjektiv ist nicht beugungsfähig und nicht attributiv verwendbar. Man behilft sich, indem man *-farben* oder *-farbig* anhängt:
ein rosafarbenes Schleifchen, ein rosafarbiger Wandbehang.
→ Farbbezeichnungen

rot: Als Adjektiv schreibt man *rot* klein, substantiviert wird es groß geschrieben:
Die roten Ureinwohner Amerikas wurden von den Weißen nahezu ausgerottet. Er traf die Frau in Rot.
Groß zu schreibende Eigennamen mit dem Bestandteil *rot* wären zum Beispiel:
Die Rote Armee, das Rote Kreuz.
Das Farbadjektiv und ein folgendes 2. Partizip schreibt man zusammen, wenn die Kombination adjektivisch verwendet wird; nur das Farbadjektiv ist betont:
Die rotbemalten Gestalten waren Weiße.
Dominiert die Vorstellung des Tuns, schreibt man getrennt; beide Wörter sind betont:
Die geschickt rot bemalten Gestalten waren Weiße.
In der Satzaussage werden beide Wörter immer getrennt geschrieben:
Die weißen Schurken hatten sich rot bemalt.
→ Farbbezeichnungen

rotsehen: Infinitiv und Partizip dieses umgangssprachlichen Verbs schreibt man zusammen, bei den finiten Formen wird *rot* abgetrennt:
Deshalb mußt du nicht rotsehen! Er hat zu oft rotgesehen. Ein Mann sieht rot.

Roulett, das: [franz. roulette gleichbed.] ein Glücksspiel.

Routinier, der: [franz. routinier gleichbed.] Jemand, der viel Gewandtheit, Fertigkeit, Routine etc. besitzt; gewandter Praktiker.

Rowdy: Die beiden Pluralformen: *die Rowdys* und *die Rowdies* sind korrekt.

rück- - zurück-: Komposita werden in der Regel mit der verkürzten Form *rück* gebildet:
Rückantwort, Rückbesinnung, Rückfahrkarte, rückfällig, Rückfragen, Rückrunde, Rückspiegel etc.
In einigen Fällen ist auch die Bildung mit *zurück-* möglich:
rückzahlen, zurückzahlen; Rückzieher, Zurückzieher etc.

rückenschwimmen: Dieses Verb wird in der Regel nur im Infinitiv verwendet:
Sie lernen gerade rückenschwimmen.

Rückenteil: Das Substantiv *Rückenteil* kann sowohl mit männlichem als auch mit sächlichem Artikel stehen: *der Rückenteil, das Rückenteil.*

Rücksicht: Standardsprachlich korrekt ist nur die Wendung *Rücksicht auf jmdn.* oder *etwas,* der ein Akkusativ folgen muß:
Er nahm Rücksicht auf die Kinder. Mit Rücksicht auf seine Eltern traf er diese Entscheidung.

rücksichtsvoll: Standardsprachlich korrekt wird nur mit den Präpositionen *gegen* oder *gegenüber* angeschlossen, der Gebrauch von *zu* gilt als falsch:
Sie ist gegen ihn äußerst rücksichtsvoll. Sie ist ihm gegenüber äußerst rücksichtsvoll (Nicht: *Sie ist zu ihm äußerst rücksichtsvoll*).

rückwärts: Das Adverb *rückwärts* bedeutet in der Standardsprache "nach hinten" oder "mit dem Rücken voran". Falsch ist der Gebrauch im Sinne von "auf dem Rückweg". Wird das Adverb mit einem Verb kombiniert, schreibt man beide getrennt:
Er fiel, weil er rückwärts gelaufen war, ohne sich umzusehen. Sie konnte nicht rückwärts einparken.
Wird die Kombination in übertragener Bedeutung verwendet, schreibt man zusammen:
Sein Geist blieb von da an rückwärtsgerichtet (= auf die Vergangenheit fixiert). *Mit dem Geschäft ist es auch immer weiter rückwärtsgegangen* (= hat sich verschlechtert).
In der Kombination mit einem 2. Partizip schreibt man bei adjektivischem Gebrauch zusammen:
Mit rückwärtsfliegenden Vögeln hatte niemand gerechnet.
Dominiert die Vorstellung des Tuns, schreibt man getrennt:
Mit tatsächlich rückwärts fliegenden Vögeln hatte niemand gerechnet.
In der Satzaussage schreibt man immer getrennt:
Diese seltsamen Vögel waren rückwärts geflogen.

Ruderin: Die weibliche Entsprechung zum männlichen *Ruderer* lautet: *die Ruderin* (Nicht: *die Rudererin*).

rudern: Das Perfekt des Verbs *rudern* wird mit *sein* oder *haben* gebildet. Mit *haben* hebt die Aussage die Dauer des Tuns hervor:
Die Kinder haben den ganzen Vormittag gerudert.
Das Perfekt wird mit *sein* gebildet, wenn es eine ortsverändernde Bewegung ausdrücken soll:
Die Kinder sind den Fluß rauf gerudert.
Heute überwiegt der Gebrauch von *sein* gegenüber den Formen mit *haben*. Man sagt auch:
Sie sind ganz lang gerudert.

rufen: Wird *rufen* in der Bedeutung "herbeirufen" gebraucht, folgt ein Akkusativ:
Die Angehörigen des Sterbenden riefen den Priester. Der Gast rief den Ober.
Wird *rufen* in der Bedeutung "zurufen" gebraucht, folgt ein Dativ:

Er rief dem Mädchen einen derben Scherz zu. Die Mutter rief dem Jungen, sofort nach Hause zu kommen.

rühmen, sich: Nach der Wendung *sich rühmen als* steht das folgende Substantiv in der Regel im Nominativ, da es sich auf das Subjekt bezieht; der Gebrauch des Akkusativ ist selten:
Er rühmt sich als begnadeter Dichter (Selten: Er rühmt sich als begnadeten Dichter).

rühren: Bei konkretem Gebrauch der Wendung *an etwas rühren* folgt ein Akkusativ: *Bitte nicht an das Gemälde rühren!*
Bei übertragenem Gebrauch im Sinne von "erwähnen, im Gespräch berühren" können Dativ oder Akkusativ stehen:
Rühre nicht an meinen oder *meinem Schmerz! An dem Thema* oder *An das Thema wollen wir nicht rühren.*

Rumba: Standardsprachlich ist *die Rumba*, Genitiv: *der Rumba*, Plural: *die Rumbas*. Im süddeutschen Sprachgebiet heißt es auch: *der Rumba*.

Rush-hour, die: [engl. rush hour gleichbed.] Hauptverkehrszeit zur Zeit des Arbeitsbeginns und Arbeitsendes.

russisch - Russisch: Das Adjektiv schreibt man klein, fungiert es als Bestandteil in Eigennamen, schreibt man es groß:
Er schwört auf russischen Kaviar mit russischem Krimsekt. Sie kauft russische Eier und Russisch Brot. Die Russische Sozialistische Föderative Sowjetrepublik.
Zu *das Russisch* und *russisch sprechen*
→ deutsch

S

Sachverständige: Diese Bezeichnung wird wie ein attributives Adjektiv gebeugt:
Der Sachverständige sprach über die gefährliche Belastung der Ozonschicht. Drei Sachverständige unterstützen den Reformvorschlag. Der Betrüger gab sich als Sachverständiger aus.
Nach einem starken Adjektiv wird im Genitiv Plural stark gebeugt:
Die Beteiligung einflußreicher Sachverständiger (Nicht: *Sachverständigen*) *an der Demonstration war eine Sensation.*
Bei einem Dativ in der Einzahl wird nach einem starken Adjektiv schwach dekliniert:
Anwesendem Sachverständigen (Nicht: *Sachverständigem*) *war ein Fehler unterlaufen.*
Als Apposition verwendet, kann die starke oder schwache Deklination erfolgen:
Ihm als Sachverständigem oder *Ihm als Sachverständigen* bzw. *Ihr als Sachverständiger* oder *Ihr als Sachverständigen wurde dieser Fehler nicht verziehen.*

Sack: Nach *Sack* im Sinne einer Maßbezeichnung kann das Gezählte in der gehobenen Sprache dekliniert werden:
Ein Sack Pfeffer (Nicht: *Ein Sack Pfeffers*).
Fünf Säcke scharfer Pfeffer (geh.: *fünf Säcke scharfen Pfeffers*); *mit zwei Säcken scharfem Pfeffer* (geh.: *mit zwei Säcken scharfen Pfeffers*).

Safe: Das Substantiv *Safe* kann sowohl mit männlichem als auch mit sächlichem Artikel stehen: *der Safe, das Safe*.

sagen: In der Regel wird das Verb *sagen* mit einem Dativ der Person und einem Akkusativ der Sache verbunden:
Sie sagt dem Chef ihre Meinung.
Die Person kann aber auch mit der Präposition *zu* angeschlossen werden:
Das alles sagte sie zu ihm. "Guten Tag", sagte sie zu mir.

sähe - sehe: *Sähe* ist der Konjunktiv II des Verbs *sehen*, der vor allem im Konditionalsatz Verwendung findet:
Es wäre das beste, wenn er ihn heute noch sähe.

Sehe ist die Form des Konjunktiv I, die hauptsächlich in der indirekten Rede gebraucht wird:
Sie antwortete, er sehe nicht gut aus.
Sahne-: Mit dem determinierenden Substantiv *Sahne* gebildete Komposita haben kein Fugenzeichen:
Sahnetorte, Sahnebonbon; Sahnecreme.
Saite - Seite: Das Substantiv *Saite* bezeichnet den "zu spielenden Teil eines Instruments" und wird insbesondere beim übertragenen Gebrauch mit der *Seite* verwechselt:
Der Roman brachte eine verdeckte Saite seines Charakters zum Klingen. Bei dem Lauser wird die Mutter jetzt andere Saiten aufziehen.
Sakko: Das Substantiv *Sakko* kann sowohl mit männlichem als auch mit sächlichem Artikel stehen: *der Sakko, das Sakko.*
Salbei: Das Substantiv *Salbei* kann sowohl mit männlichem als auch mit weiblichem Artikel stehen: *der Salbei, die Salbei.*
Saldo: Das Substantiv *der Saldo* hat drei Pluralformen: *die Saldi, die Saldos, die Salden.*
Salto: Das Substantiv *der Salto* hat zwei Pluralformen: *die Salti, die Saltos.*
Salmiak: Das Substantiv *Salmiak* kann sowohl mit männlichem als auch mit sächlichem Artikel stehen: *der Salmiak, das Salmiak.*
salzen: Das Verb *salzen* bildet die beiden Partizipformen *gesalen* und *gesalzt*. Zur unterschiedlichen Verwendung → gesalzen - gesalzt
Samba: Standardsprachlich ist *die Samba*, Genitiv: *der Samba*, Plural: *die Sambas*. Im süddeutschen Sprachgebiet heißt es auch: *der Samba.*
Same - Samen: Beide Nominativformen sind korrekt, *der Same* ist der gehobenen Sprache zuzuordnen. Beider Genitiv lautet: *des Samens*, der Plural: *die Samen.*
Samstag: Ist in der Kombination von Wochentag und Tageszeit der Wochentag der Hauptbegriff, der durch die Zeitangabe näher definiert wird, schreibt man getrennt:
Samstag abends waren wir aus (= ein ganz bestimmter Samstag).
Fungiert die Zeitangabe als Grundwort, das durch den Wochentag spezifiziert werden soll, schreibt man zusammen:
Am Samstagabend ist Kulturprogramm, am Sonntagabend ist Ruhetag (= kalendarisch unbestimmte Samstage und Sonntage).
Gleiches gilt für: *Morgen, Mittag* und *Nacht*. *Früh* als nachgestelltes Adverb wird getrennt geschrieben:
Samstag früh ging es in die Berge.
samt: Auf diese Präposition folgt standardsprachlich ein Dativ:
Sein Haus samt der Bibliothek brannte.
sämtlich: Ein (substantiviertes) Adjektiv oder Partizip in der Einzahl wird nach *sämtlich* immer schwach dekliniert:
Ihm war sämtliches Aggressive verhaßt. Man beklagte den Verlust sämtlicher ehemaligen Tugenden.
In der Mehrzahl wird schwach dekliniert, im 1. und 4. Fall kann aber auch starke Beugung vorkommen:
Sämtliche anwesenden Mitglieder wurden begrüßt oder *Sämtliche anwesende Mitglieder wurden begrüßt.*
Im Genitiv ist die starke Deklinierung häufiger:
Die Unterstützung sämtlicher Armer und Rentner wäre sinnvoller als die waffenverliebter Militärs.
Nicht dekliniert wird *sämtlich* in der Bedeutung "vollzählig":
Die sämtlich vorhandenen Bände der Gesamtausgabe (= alle Bände, die es gibt).
Die sämtlichen vorhandenen Bände (= alle, die vorhanden sind).
Sandwich: Das Substantiv *Sandwich* kann sowohl mit männlichem als auch mit sächlichem Artikel stehen: *der Sandwich, das Sandwich*. Der Genitiv lautet: *des Sandwich, des Sandwich(e)s*, der Plural: *die Sandwiche, die Sandwich(e)s.*

Sanftmut: Das Substantiv *Sanftmut* ist weiblichen Geschlechts: *die Sanftmut.*

Sankt: *Sankt* und die Abkürzung *St.* werden immer groß geschrieben, da sie Bestandteile von Namen sind. Bei Aneinanderreihungen werden Bindestriche gesetzt: *Sankt-Bonifatius-Straße,* aber: *die Kirche von Sankt Bonifatius.*

Satellit: Das Substantiv wird schwach dekliniert: *der Satellit, des Satelliten, dem, den Satelliten* (Nicht: *des Satellits, dem, den Satellit*).

satirisch - satyrhaft: Das Adjektiv *satirisch* bedeutet "beißend, spöttisch", während die Ableitung von *Satyr* als "bocksgestaltiger Waldgeist" *satyrhaft* (Nicht: *satyrisch*) heißt.

satt: *Satt* wird vom nachfolgenden Verb immer getrennt geschrieben:
Die frisch Verliebten konnten sich aneinander nicht satt sehen.
Bei übertragenem Gebrauch im Sinne von "überdrüssig" kann es mit *sein* oder *haben* verbunden werden. Das folgende Objekt steht im Akkusativ:
Sie hat oder *ist diese Arbeit satt.*

Satyr: Das Substantiv bildet die Genitivformen: *des Satyrs, des Satyrn,* der Plural lautet: *die Satyre, die Satyrn.*

Satzarten: Man unterscheidet in Aufforderungs-, Ausrufe-, Aussage-, Frage- und Wunschsätze.

satzwertiger Infinitiv: Satzwertiger Infinitiv heißt eine Wortgruppe aus einem Infinitiv mit *zu* und davon abhängigen Satzgliedern. In der Regel werden satzwertige Infinitive durch Kommas abgetrennt:
Er behielt sich vor, unmittelbar nach der Verhandlung die falschaussagenden Zeugen zu verklagen.
Der satzwertige Infinitiv hat kein eigenes Subjekt und bleibt deshalb eng mit dem Hauptsatz verbunden.

satzwertiges Partizip: Werden 1. oder 2. Partizip durch eine Wortgruppe näher definiert, nennt man dies ein satzwertiges Partizip oder Partizipialsatz. Der Hauptsatz bleibt vollständig, auch wenn das satzwertige Partizip entfällt. In der Regel werden satzwertige Partizipien durch Kommas abgetrennt:
Der Sieger lief, strahlend und nach allen Seiten winkend, eine Ehrenrunde.
Weil dieses erweiterte Partizip als Nebensatz umformuliert werden kann, heißt es satzwertig:
Während er strahlte und nach allen Seiten winkte, lief der Sieger eine Ehrenrunde.

Sauce: Dies ist die französische Schreibweise für *die Soße.*

sauer: Wird das Adjektiv gebeugt oder gesteigert, entfällt das *e* der Endsilbe:
Die sauren Niederschläge ruinieren die Ernten. Der Boden ist viel saurer geworden.

saugen - säugen: Das Verb *saugen* wird standardsprachlich unregelmäßig konjugiert, allerdings sind auch regelmäßige Formen gebräuchlich:
Ich sauge; du saugst; er, sie, es saugt; ich sog oder *saugte; er hat gesogen* oder *gesaugt.*
Das Verb *säugen* wird regelmäßig konjugiert:
Ich säuge; du säugst; er, sie, es säugt; ich säugte; du hast gesäugt.

Sauna: Das Substantiv bildet die beiden Plurale: *die Saunas, die Saunen.*

Scene - Szene: Standardsprachlich korrekt ist nur die Schreibung mit *z.* In der Bedeutung "Kreis oder Milieu, dem sich meist Jugendliche mit bestimmten Vorlieben, Einstellungen etc. zurechnen" ist auch die *Scene* korrekt.

Schade - Schaden: Die Form *der Schade* ist heute veraltet und kommt eigentlich nur noch in der Wendung *es soll dein Schade nicht sein* vor. Der standardsprachlich korrekte Nominativ lautet: *der Schaden.*

schaffen: Regelmäßig wird das Verb *schaffen* im Sinne von "arbeiten; vollbringen; transportieren" gebeugt:
Sie hat ihren Abschluß mit Auszeichnung geschafft. Wir schafften die alten Möbel in die Garage.

Unregelmäßig wird das Verb *schaffen* im Sinne von "schöpferisch hervorbringen; entstehen lassen" gebeugt:
Die Stones haben ein paar unsterbliche Songs geschaffen. Gott schuf die Welt in sechs Tagen.
In einigen Fällen ist beides möglich:
Die Gespräche haben Klarheit geschafft oder *geschaffen. Die Unterhändler schufen* oder *schafften die Grundlagen für die Verhandlungen.*

Schal: Das Substantiv bildet die beiden Plurale: *die Schals, die Schale.*

schallen: Das Verb *schallen* wird regelmäßig konjugiert:
Ich schalle; du schallst; er, sie, es schallt; ich schallte; du hast geschallt.
In der Vergangenheit ist auch die alte Form *scholl* möglich. Der Konjunktiv II dazu lautet: *schölle.*

schämen, sich: Auf das reflexive Verb folgt ein Genitiv oder es wird mit den Präpositionen *wegen* oder *für* angeschlossen:
Sie wollten sich ihrer Herkunft nicht schämen müssen. Er schämte sich wegen seiner Herkunft. Das Mädchen schämte sich für sein unmodisches Kleid.

Schar: Folgt nach *Schar* das Gezählte oder Gemessene im Plural, so steht das Verb im Singular, wenn man nach dem Numerus des Satzsubjekts *die Schar* konstruiert:
Eine Schar von Halbstarken versammelte sich vor der Disco.
Konstruiert man dagegen nach dem Sinn, folgt das Verb im Plural:
Eine Schar von Halbstarken versammelten sich vor der Disco.
Die Angabe, woraus *die Schar* besteht, kann als Apposition oder im Genitiv angefügt werden:
Eine Schar dienstbare Geister stand uns zur Verfügung. Eine Schar dienstbarer Geister standen uns zur Verfügung.

scharf: *Scharf* und ein nachfolgendes Verb schreibt man getrennt, wenn beide Wörter eigenständig verwendet sind; beide Wörter sind betont:
Auf diese Frechheit mußte er scharf antworten. Er konnte die Schere wieder scharf machen.
Entsteht durch die Kombination ein neuer, oft übertragener Begriff, schreibt man zusammen; nur *scharf* ist betont:
Die grauen Eminenzen haben ihn scharfgemacht (= aufgehetzt).

schätzenlernen: Im Infinitiv und als Partizip wird dieses Verb zusammen geschrieben:
Die Menschen schätzenlernen ist oft nicht leicht. Der Chef hat den jungen Mitarbeiter schnell schätzengelernt.

schaudern: Das Verb *schaudern* kann mit einem Dativ der Person oder einem Akkusativ der Person verknüpft sein, das Objekt folgt im Dativ:
Ihm schauderte vor jemandem oder *etwas.*
Ihn schauderte vor jemandem oder *etwas.*

schauen - sehen: Im Sinne von "bewußtes Hinsehen" kann im süddeutschen Sprachraum das Verb *schauen* für *sehen* und *ausschauen* für *aussehen* eingesetzt werden:
Er schaut (Statt: *sieht*) *das Plakat an. Der Nachbar schaute* (Statt: *sah*) *gestern schlecht aus. Schau, daß gearbeitet wird!* (Statt: *Sieh zu, daß gearbeitet wird*).
In der Bedeutung "wahrnehmen mit den Augen" ist nur *sehen* zu verwenden. Gleiches gilt für Komposita wie *anschauen, herüberschauen* etc.

schauern: Das Verb *schauern* kann mit einem Dativ der Person oder einem Akkusativ der Person verknüpft sein:
Es schauert ihm oder *ihn, wenn er an die Uni denkt.*

scheiden: Wird *scheiden* im Sinne von "Abschied nehmen" verwendet, bildet es das Perfekt mit *sein:*
Die Freunde sind als Feinde geschieden. Nach 30 Jahren ist er aus dem Amt geschieden.
In der Bedeutung "trennen" und bei reflexivem Gebrauch, bildet es die Perfektform mit *haben:*

Man hat die Guten von den Schlechten geschieden. An diesem Problem haben sich die Geister geschieden.

scheinbar - anscheinend: → anscheinend - scheinbar

scheinen: Steht *scheinen* vor einem erweiterten Infinitiv mit *zu*, fungiert es als Hilfsverb. Es wird kein Komma gesetzt: *Du scheinst gut aufgelegt zu sein! Der Chef schien damit nicht zufrieden gewesen. Es schien ihm nicht zu gefallen.*

Scheit: Standardsprachlich korrekter Plural ist: *die Scheite.*

Schema: Das Substantiv das Schema bildet die korrekten Pluralformen: *die Schemas* oder *die Schemata.* Die Mischform aus beiden: *die Schematas* ist falsch.

scheren: Das Verb *scheren* im Sinne von "kümmern, stören" wird regelmäßig gebeugt: *Es hat ihn nicht weiter geschert, was aus ihr würde.*
Das Verb *scheren* im Sinne von "kurz schneiden" wird unregelmäßig gebeugt: *Man hat dem Gefangenen den Kopf geschoren.*
Das reflexive Verb *sich scheren* im Sinne von "sich entfernen" und "aus einer Ordnung bewegen" wird ebenfalls regelmäßig gebeugt: *Scher dich nach Hause! Der Vordermann ist plötzlich ausgeschert, dann hat es gekracht.*

Scheusal: Die standardsprachlich korrekte Pluralform lautet: *die Scheusale* (Nicht: *die Scheusäler*).

schick - chic: → chic

schief: Das Adjektiv schreibt man klein, fungiert es als Bestandteil von Eigennamen, wird es groß geschrieben: *Sie warf ihm einen schiefen Blick zu. Noch steht der Schiefe Turm von Pisa.*
Schief und ein nachfolgendes Verb schreibt man getrennt, wenn beide Wörter eigenständig verwendet sind; beide Wörter sind betont: *Sie hat ihn schief angesehen. Sie haben sich schief gelacht* (= ugs. für: heftig gelacht). *Mußt du den Schirm so schief halten?*
Entsteht durch die Kombination ein neuer, oft übertragener Begriff, schreibt man zusammen; nur *schief* ist betont: *Sein Projekt ist total schiefgelaufen* oder *schiefgegangen* (= mißlungen). *Wenn du glaubst, daß du damit durchkommst, bist du schiefgewickelt!* (= sich im Irrtum befinden).

schief - schräg: Das Adjektiv *schief* verwendet man meist negativ im Sinne von "nicht - wie vorgesehen - gerade", während *schräg* bedeutet, daß etwas "von einer imaginären Geraden abweicht, ohne einen rechten Winkel zu bilden": *Das Bild hängt schief. Er hatte seinen Wagen ganz schräg geparkt.*

schießen: Ist das Körperteil angegeben folgt nach *schießen* im Sinne von "einen Schuß abgeben" die betroffene Person meist im Dativ; es kann aber auch der Akkusativ stehen, wenn ausgedrückt werden soll, daß die Person unmittelbar betroffen ist:
Der Gangster schoß dem Geldboten in den Zeh. Er hat den Geldboten in den Zeh geschossen.
In dieser Bedeutung wird das Perfekt mit *haben* gebildet. Wird das Verb *schießen* im Sinne von "schnell bewegen" auf einen Körperteil bezogen, kann nur der Dativ der Person stehen:
Die Röte schoß dem Knaben in die Wangen.
In dieser Bedeutung wird das Perfekt mit *sein* gebildet:
Eine Idee ist ihr ganz plötzlich in den Kopf geschossen.

Schiff- - Schiffs-: Komposita mit dem determinierenden Substantiv *Schiff* werden in der Regel mit einem Fugen-s geschrieben:
Schiffsjunge, Schiffskoch, Schiffszwieback, Schiffstaufe etc.
Ohne Fugen-s gebildet werden:
Schiffbrücke, Schiffbruch.
Beides ist möglich bei den Komposita:

Schiff(s)bau, Schiff(s)schaukel.
Schild: Das männliche Substantiv *der Schild* bedeutet "Schutzschild" und bildet den Plural: *die Schilde.* Das sächliche Substantiv *das Schild* bedeutet "Erkennungstafel" und bildet die Pluralform: *die Schilder.*
Schilling: In Verbindung mit Zahlenangaben in der Mehrzahl wird *Schilling* als Maß- und Münzbezeichnung in der Regel nicht dekliniert; werden die einzelnen Münzen gezählt, setzt man die Mehrzahl ein:
Ein Eis kostet 50 Schillinge. Er hat nur 49 Schillinge in der Geldbörse.
Das Verb steht nach einer pluralischen Preisangabe ebenfalls im Plural:
49 Schillinge reichen nicht für ein Eis zu 50 Schillinge.
Schimäre, die: [franz. chimère gleichbed.] Trugbild; Einbildung, Hirngespinst.
schimpfen: Bezüglich Personen wird nach dem Verb *schimpfen* mit den Präpositionen *mit, auf, über* angeschlossen. Bei direkter Hinwendung zur Person, verwendet man *mit:*
Die Mutter schimpft mit dem Knaben.
Ist die zu beschimpfende Person nicht anwesend, verwendet man die Präpositionen *auf* und *über:*
Immer schimpft er auf seine Nachbarn. Das ganze Dorf schimpft über den Bürgermeister.
Bezüglich einer Sache, wird in der Regel die Präposition *über* gebraucht:
Viele schimpften über die Vorverkaufsregeln der Oper.
Das Verb *schimpfen* kann auch transitiv im Sinne von "heißen" gebraucht werden:
Sie schimpften ihn einen Tagedieb.
schinden: In der Vergangenheit wird die regelmäßige Form, für das 2. Partizip die unregelmäßige Form vorgezogen:
Der Tierquäler schindete die Hunde. Er hat einen Rabatt herausgeschunden.
Schizophrenie; die: [griech. schízein "spalten" und griech. phren "Geist, Gemüt; Zwerchfell"]

Bewußtseinsspaltung; innere Zwiespältigkeit, Unsinnigkeit.
schlagen: Bezieht sich das Verb auf einen Körperteil, folgt darauf ein Dativ oder ein Akkusativ der Person - der Akkusativ drückt dabei stärker die direkte Betroffenheit der Person aus - und der Akkusativ der Sache:
Sie schlug ihn oder *ihm auf die Finger.*
Wird das Verb mit einem unpersönlichen Subjekt kombiniert, folgt in der Regel ein Dativ:
Die eisigen Körnchen schlugen mir ins Gesicht.
schlagend: Dieses als Beifügung verwendete Partizip wird immer klein geschrieben:
Die Anklage legte schlagende Beweise gegen Mitglieder der schlagenden Verbindung vor.
Schlamassel: Das Substantiv *Schlamassel* bedeutet "Unglück, verfahrene Situation, ungünstige Umstände" und kann sowohl mit männlichem als auch mit sächlichem Artikel stehen: *der Schlamassel* oder *das Schlamassel.*
schlecht: Das Adjektiv wird klein, seine Substantivierungen werden groß geschrieben:
Das war eine schlechte Inszenierung. Sie standen im Guten und im Schlechten zueinander.
Wird *schlecht* im ursprünglichen Sinn gebraucht, schreibt man es vom folgenden Verb getrennt; beide Wörter sind betont:
Bei dem Herrchen wird es die Katze schlecht haben. Er gelobt keine Reue und will schlecht bleiben.
Entsteht durch die Kombination ein neuer, oft übertragener Begriff, schreibt man zusammen; nur *schlecht* ist betont:
Weil sie den Mann nicht verstanden, haben sie ihn schlechtgemacht (= negativ beurteilt).
Schlecht und ein folgendes 2. Partizip schreibt man zusammen, wenn die Kombination adjektivisch verwendet wird; nur das erste Wort ist betont:

Der schlechtgelaunte Chef kündigte ihm wegen einer Lappalie.
Ist das Adjektiv näher definiert, schreibt man getrennt; beide Wörter sind betont:
Der wirklich schlecht gelaunte Chef ist heute ungenießbar.
In der Satzaussage werden beide Wörter immer getrennt geschrieben:
Der Chef ist schlecht gelaunt.

schleifen: Unregelmäßig gebeugt wird das Verb *schleifen* in der Bedeutung *"schärfen"*:
er schliff, hat geschliffen.
Im Sinne von "über den Boden ziehen" und "eine Festung schleifen" wird es regelmäßig gebeugt:
sie schleiften, haben geschleift.

schließen - beschließen: → beschließen - schließen

schlimm: *Schlimm* wird auch dann klein geschrieben, wenn ein Artikel vorausgeht, die Kombination aber für "sehr schlimm" steht:
Damit hat er sie aufs schlimmste beleidigt.
Substantivierungen schreibt man groß:
Das war das Schlimmste, was er ihr antun konnte.

schlußfolgern: Dieses Verb ist fest zusammengesetzt. Es heißt: *ich schlußfolgere, ich habe geschlußfolgert, um zu schlußfolgern* (Nicht: *schlußgefolgert, um schlußzufolgern*).

schmal: Als Steigerungsformen sind möglich:
schmal, schmaler und *schmäler, am schmalsten* und, selten, *am schmälsten.*

Schmalz: Das sächliche Substantiv *das Schmalz* bedeutet "tierisches Fett" und bildet den Plural: *die Schmalze.* Das männliche Substantiv *der Schmalz* ist ein umgangssprachlicher Ausdruck für "allzu Gefühliges" und hat keinen Plural.

schmeicheln: Standardsprachlich korrekt wird das Verb *schmeicheln* mit einem Dativ verbunden:
Das Längsgestreifte schmeichelt seiner Figur. Dein Lob schmeichelt mir (Nicht: *... schmeichelt mich*).

schmelzen: Wird das Verb transitiv im Sinne von "verflüssigen" gebraucht, beugt man heute auch unregelmäßig, wie bei intransitivem Gebrauch in der Bedeutung "weich, nachgiebig werden":
Man hat das alte Eisen geschmolzen. Der Schnee schmolz in der Wintersonne. Bei seinem traurigen Blick ist ihr Herz geschmolzen.

schmerzen: Wird vom Subjekt das schmerzende Körperteil angegeben, kann das Verb mit einem Dativ oder einem Akkusativ kombiniert sein:
Die Augen schmerzen ihm oder *ihn vom vielen Lesen.*
Bei wechselndem Subjekt ist nur ein Akkusativ möglich:
Der Verlust seiner Bibliothek schmerzt ihn (Nicht: *... schmerzt ihm*).

schnauben: Das Verb wird heute hauptsächlich regelmäßig gebeugt; nur in gehobenem Sprachgebrauch kommt noch die unregelmäßige Beugung vor:
er schnaubte, hatte geschnaubt; sie schnob, hat geschnoben.

schneiden: Bezieht sich das Verb auf einen Körperteil, folgt darauf ein Dativ oder ein Akkusativ der Person - der Akkusativ drückt dabei die direkte Betroffenheit der Person aus - und der Akkusativ der Sache:
Der Chirurg hat dem oder *den Patienten ins Bein geschnitten.*
Wird das Verb mit einem unpersönlichen Subjekt kombiniert, folgt in der Regel ein Dativ:
Die eisigen Böen schnitten mir ins Gesicht.

schnellstmöglich: Da *schnellstmöglich* schon einen Superlativ beinhaltet, darf es nicht nochmals gesteigert werden:
Sie sollte schnellstmöglich (Nicht: *schnellstmöglichst*) *zu ihm kommen.*

Schnipsel: Das Substantiv *Schnipsel* kann sowohl mit männlichem als auch mit sächlichem Artikel stehen: *der Schnipsel, das Schnipsel.*

Schnur: Standardsprachlich lautet der Plural: *die Schnüre*. Fachsprachlich kann auch *die Schnuren* vorkommen.

Schock: In seiner allmählich veraltenden Bedeutung als "Mengeneinheit für 60 Stück" wird das Substantiv in der Mehrzahl nicht dekliniert. Nach der Mengenangabe kann das folgende Verb sowohl im Singular als auch im Plural stehen. Bezieht sich das Verb auf den Satzgegenstand *Schock*, steht es (wie *Schock*) im Singular; konstruiert man nach dem Sinn, d.h., bezieht man das Verb auf das Gezählte, setzt man das Verb in den Plural:
Ein Schock Feigen kostet um diese Zeit ein Vermögen. Ein Schock Feigen kosten um diese Zeit ein Vermögen.

Schokolade- - Schokoladen-: Komposita mit dem determinierenden Substantiv *Schokolade* können mit den Fugenzeichen *-e* und *-en* gebildet werden:
Schokoladekuchen, Schokoladenkuchen; Schokoladeplätzchen, Schokoladenplätzchen etc.

schön: Das Adjektiv schreibt man klein:
Mathilda heißt die schöne Friseuse.
Es wird auch dann klein geschrieben, wenn ein Artikel vorausgeht, die Kombination aber für "sehr schön" steht:
Damit hat er sie aufs schönste überrascht.
Ist das Adjektiv substantiviert oder fungiert es als Bestandteil von Namen, schreibt man es groß:
Das war das Schönste, was er für sie tun konnte. Philipp IV, der Schöne, lebte von 1285-1314.
Wird *schön* im ursprünglichen Sinn mit eigenem Satzgliedwert gebraucht, schreibt man es vom folgenden Verb getrennt; beide Wörter sind betont:
Bei dem Herrchen wird es die Katze schön haben. Der Knabe kann auf der Trompete sehr schön spielen.
Entsteht durch die Kombination ein neuer, oft übertragener Begriff, schreibt man zusammen; nur *schön* ist betont:
Für sein Rendez-vous wird er sich besonders schönmachen (= herrichten, verschönern). *Er haßt es, wenn sie ihm schöntut* (= schmeichelt).

Schönheits-: Komposita mit dem determinierenden Substantiv *Schönheit* werden immer mit einem Fugen-s gebildet: *Schönheitschirurgie, Schönheitsfarm, Schönheitskönigin, Schönheitsideal Schönheitspflästerchen etc.*

schräg - schief: → schief - schräg

Schreck - Schrecken: Das Substantiv der *Schreck* bedeutet "plötzliche, seelische Erschütterung durch etwas Unerwartetes", es bildet den Genitiv: *des Schreck(e)s* und den Plural: *die Schrecke*. Das Substantiv *der Schrecken* wird im Sinne von "Entsetzen verbreitende Wirkung von etwas länger Andauerndem" verstanden. Es hat die Genitivform: *des Schreckens* und den Plural: *die Schrecken*:
Ein Schreck durchzuckte sie, als sie von hinten plötzlich angesprochen wurde. Der Diktator verbreitete Angst und Schrecken auch unter seinen treuesten Anhängern.

schrecken: Das transitive Verb *schrecken* wird unregelmäßig gebeugt: *ich schrecke ihn; du schreckst ihn; er, sie, es schreckt ihn; schreckte, hat geschreckt.*
Das gilt auch für die Bildungen: *erschrecken, ab-, auf-, zurückschrecken*. Das intransitive Verb *schrecken* wird unregelmäßig und regelmäßig gebeugt: *Er schreckte* oder *schrak aus dem Traum auf*. Es kommt fast nur noch in den Zusammensetzungen: *erschrecken, auf-, hoch-, zurückschrecken* vor.

schreiben: Wird das Verb ohne die Angabe, was geschrieben wird, verwendet, kann ein Dativ oder ein Akkusativ folgen. Der Akkusativ folgt, wenn die Vorstellung der Richtung (Frage: Wohin?) dominiert:
Er schreibt auf handgeschöpftes Büttenpapier.
Der Dativ folgt, wenn die Vorstellung des Ortes (Frage: Wo?), dominiert:
Er schreibt auf dem Tisch. Er schreibt auf handgeschöpftem Bütten.

Ist das Geschriebene angeführt, steht das Substantiv im Präpositionalgefüge im Akkusativ:
Er schrieb den Liebesbrief auf handgeschöpftes Bütten. Sie schrieb den Eingangsvermerk auf den Aktendeckel.
Der Adressat des Schreibens kann im Dativ oder mit der Präposition *an* und einem Akkusativ angschlossen werden:
Ich schreibe dir oder *an dich.*

schreien: Das 2. Partizip des Verbs *schreien* kann *geschrieen* oder *geschrien* heißen.

schriftlich: Das Adjektiv wird klein, seine Substantivierung wird groß geschrieben:
Der Schüler benötigte eine schriftliche Abmeldung. Der Arzt gab ihm etwas Schriftliches.

Schrot: Das Substantiv *Schrot* kann sowohl mit männlichem als auch mit sächlichem Artikel stehen: *der Schrot, das Schrot.*

Schuld: Das Substantiv *die Schuld* schreibt man groß, steht es jedoch in verblaßter Bedeutung mit einem Verb in enger Kombination, schreibt man es klein:
Er hat keine Schuld. Er ist nicht schuld. Es ist meine Schuld. Ich habe schuld daran.

Schuß: Nach *Schuß* im Sinne einer Maßbezeichnung kann das Gezählte in der gehobenen Sprache dekliniert werden:
Ein Schuß Öl (Nicht: *Ein Schuß Öles*). *Ein Schuß russischer Wodka* (geh.: *ein Schuß russischen Wodkas*); *mit einem Schuß russischem Wodka* (geh.: *mit einem Schuß russischen Wodkas*).

schütter: Das *e* der Endsilbe bleibt bei gesteigerten und gebeugten Formen erhalten:
Sein immer schon schütteres Haar wurde in letzter Zeit noch schütterer.

schützen: Die Verbindung *schützen vor* bedeutet "bewahren vor etwas" und hebt mehr die Wirkung des Objekts hervor:
Er schützt sich vor den Bazillen der anderen, indem er zuhaus bleibt.

Die Verbindung *schützen gegen* bedeutet "in Schutz nehmen" und hebt mehr die Tätigkeit des Subjekts hervor:
Er wollte sich mit dem Gebet gegen sündige Gedanken schützen.

schutzimpfen: Das Verb wird teils als feste, teils als unfeste Zusammensetzung verwendet:
Der Arzt schutzimpft. Er hat schutzgeimpft (Nicht: *geschutzimpft*). *Er kam an die Schule, um schutzzuimpfen* (Nicht: *..., um zu schutzimpfen*).

schwach: Das Adjektiv wird klein, seine Substantivierungen werden groß geschrieben:
Das war eine schwache Leistung. Den Hilflosen und Schwachen muß geholfen werden.
Schwach und ein folgendes 2. Partizip schreibt man zusammen, wenn die Kombination adjektivisch verwendet wird; nur das erste Wort ist betont:
Die schwachbewegte Luft kühlt nicht.
Ist das Adjektiv näher definiert oder dominiert die Vorstellung des Tuns, schreibt man getrennt; beide Wörter sind betont:
Die nur äußerst schwach bewegte Luft kühlt nicht.
In der Satzaussage werden beide Wörter immer getrennt geschrieben:
Die Luft war nur schwach bewegt.

Schwan: Das Substantiv wird stark gebeugt. Es heißt: *der Schwan, des Schwan(e)s, dem Schwan* oder *dem Schwane, den Schwan.* Der Plural lautet: *die Schwäne.*

Schwarm: Folgt nach *Schwarm* das Gezählte oder Gemessene im Plural, so steht das Verb im Singular, wenn man nach dem Numerus des Satzsubjekts *der Schwarm* konstruiert:
Ein Schwarm Vögel spielte bei Hitchcock die Hauptrolle.
Konstruiert man dagegen nach dem Sinn, folgt das Verb im Plural:
Ein Schwarm Vögel spielten bei Hitchcock die Hauptrolle.

Die Angabe, woraus *der Schwarm* besteht, kann als Apposition oder im Genitiv angefügt werden:
Ein Schwarm lebhafte Kinder verunsicherten die Straße. Ein Schwarm lebhafter Kinder verunsicherte die Straße.
schwarz: *Schwarz* wird als Adjektiv und in festen Wendungen klein geschrieben:
Eine lange schwarze Limousine hielt am Bordstein. "Denn, was man schwarz auf weiß besitzt, kann man getrost nach Hause tragen." (Goethe, Faust I)
Groß zu schreibende Eigennamen mit dem Bestandteil *schwarz* wären beispielsweise:
das Schwarze Meer; die Schwarze Witwe (= giftige Spinne); *das schwarze Brett* (= Anschlagtafel).
Auch Substantivierungen des Adjektivs schreibt man groß:
Das kleine Schwarze trägt sie zum Cocktail. Die Probleme zwischen Schwarz und Weiß dauern an.
Fungiert die Farbbezeichnung als selbständiges Adjektiv, schreibt man es vom nachfolgenden Verb getrennt; beide Wörter sind betont:
"... das Geld im Sparkassenbuch reichte gerade noch, die Kleider schwarz färben zu lassen." (Stefan Zweig, Rausch der Verwandlung)
Entsteht durch die Kombination ein neuer Begriff, wobei *schwarz* nur Verbzusatz ist, schreibt man zusammen; nur das erste Wort ist betont:
Der Bauunternehmer ließ sie schwarzarbeiten (= ohne Steueranmeldung). *Sein Hobby war schwarzfahren* (= ohne Fahrschein).
Das Farbadjektiv und ein folgendes 2. Partizip schreibt man zusammen, wenn diese Kombination adjektivisch verwendet wird; nur das Farbadjektiv ist betont:
Er trägt nur schwarzglänzende Schuhe und schwarzgefärbte Kleidungsstücke.
Dominiert die Vorstellung des Tuns, schreibt man getrennt; beide Wörter sind betont:
Er trägt nur eigenhändig schwarz eingefärbte Kleidungsstücke.
In der Satzaussage werden beide Wörter immer getrennt geschrieben:
Seine Kleidungsstücke sind alle schwarz gefärbt.
→ Farbbezeichnungen
schwarzweißmalen: Dieses Verb ist unfest zusammengesetzt. Es heißt also:
Ich male schwarzweiß, habe schwarzweißgemalt. Sie wünschte, schwarzweißzumalen.
Schweine- - Schweins-: Komposita mit dem determinierenden Substantiv *Schwein* können mit einem Fugen-s oder einem Fugen-e gebildet werden:
Schweinsleder, Schweinsrücken etc; Schweinefleisch, Schweinehund, Schweinestall, Schweinebauch etc.
Bei bestimmten Komposita ist beides möglich:
Schweinsohr, Schweineohr; Schweinsbraten, Schweinebraten.
schwellen: Das transitive Verb mit der Bedeutung "zum Schwellen bringen" wird regelmäßig gebeugt: *ich schwelle dies; du schwellst dies; er, sie, es schwellt dies; schwellte dies; hat dies geschwellt.*
Das intransitive Verb im Sinne von "größer werden" wird unregelmäßig konjugiert: *ich schwelle; du schwillst; er, sie, es schwillt; schwoll; geschwollen.*
schwer: *Schwer* wird als Adjektiv klein, substantiviert wird es groß geschrieben:
Das Baby war ein schwerer Brocken. Sie reißt sich immer um das Schwerste.
Fungiert *schwer* als selbständiges Adjektiv, schreibt man es vom nachfolgenden Verb getrennt; beide Wörter sind betont:
Der alte Mann war schwer gefallen.
Entsteht durch die Kombination ein neuer Begriff, wobei *schwer* nur Verbzusatz ist, schreibt man zusammen; nur das erste Wort ist betont:
Dieser Bittgang ist ihm schwergefallen (= war ihm unangenehm).
Das Adjektiv und ein folgendes 2. Partizip oder Adjektiv schreibt man zusammen,

wenn diese Kombination adjektivisch verwendet wird; nur *schwer* ist betont:
Der schwerbeladene Esel wankte.
Dominiert die Vorstellung des Tuns, schreibt man getrennt; beide Wörter sind betont:
Der wirklich schwer beladene Esel wankte.
In der Satzaussage werden beide Wörter immer getrennt geschrieben:
Der Esel ist schwer beladen.

schwerverständlich: Bei diesem Adjektiv wird nur der erste Teil gesteigert: *schwer verständlich, schwerer verständlich, am schwersten verständlich.*

schwerwiegend: → schwerverständlich

schwimmen: Wird der Vorgang betont, kann das Perfekt mit *sein* oder *haben* umschrieben werden:
Er hat oder ist eine Stunde geschwommen.
Ist die Aussage der Ortsveränderung dominant, kann nur mit *sein* umschrieben werden:
Er ist durch den Kanal geschwommen.
Wird das Verb *schwimmen* transitiv verwendet, ist die Perfektbildung mit *sein* und *haben* möglich:
Der Sieger ist oder *hat einen neuen Rekord geschwommen.*

schwören: Das Verb *schwören* sowie die Zusammensetzungen *abschwören, beschwören* bilden die standardsprachlich korrekten Vergangenheitsformen: *schwor* und *geschworen:*
Darauf schwor er jeden Eid. Die Zeugen haben einen Meineid geschworen.
Der Konjunktiv lautet: *schwüre.*

sechs - Sechs: → acht - Acht

sechste - Sechste: → achte - Achte

See: Das männliche Substantiv *der See* bedeutet "größeres stehendes Binnengewässer" und bildet den Plural: *die Seen.* Das weibliche Substantiv *die See* bedeutet "Meer" mit dem Plural: *die Meere* oder "Sturzwelle" mit dem Plural: *die Seen.*

segeln: → schwimmen

sehen: Nach der Wendung *sich sehen als* steht das folgende Substantiv in der Regel im Nominativ, da es sich auf das Subjekt bezieht; der Gebrauch des Akkusativ ist selten:
Er sah sich als begnadeter Dichter (Selten: *... begnadeten Dichter*).
In der Fügung *jmdn. etw. sehen lassen* ist nur der Akkusativ korrekt:
Er ließ mich das Dokument sehen.
Nach einem Infinitiv ohne *zu* steht *sehen* ebenfalls im Infinitiv:
Er hat das Unglück kommen sehen.

sehen - schauen: → schauen - sehen

sehr: Hier wird wie folgt gesteigert: *sehr, noch mehr, am meisten.*

sei - wäre: *Sei* ist die Form des Konjunktiv I des Verbs *sein,* die hauptsächlich in der indirekten Rede gebraucht wird:
Sie antwortete, er sei abgefahren.
Wäre ist der Konjunktiv II, der im Konditionalsatz Verwendung findet:
Sie meinte, er wäre noch nicht da.

sei es ... sei es: Das zweite *sei es* kann entfallen, wenn die Fügung durch ein *oder* verbunden wird:
Sei es Schicksal, sei es Zufall ... Sei es Schicksal oder sei es Zufall ... Sei es Schicksal oder Zufall ...

Seidel: Zum Gemessenen nach Seidel → Sack, → Schuß, → Stück

seiden: Wird *seiden* gebeugt, bleibt das *e* der Endsilbe erhalten: *seidene.*

sein: Das besitzanzeigende Fürwort schreibt man klein, auch mit vorangehendem Artikel, wenn es für ein genanntes Substantiv steht:
Mein Wagen ist in der Werkstatt, deshalb lieh ich mir den seinen.
Substantivierungen und den Bestandteil von Titeln schreibt man groß:
Der Vater sorgte für die Seinen. Es kommt Seine Majestät, der König!

seinerzeit: Standardsprachlich korrekt wird das Adverb *seinerzeit* auf einen vergangenen Zeitpunkt bezogen:
Was waren wir seinerzeit zufrieden.

seinetwegen - wegen ihm: → wegen

seinige - Seinige: → sein

seit: Auf die Präposition *seit*, die den Zeitpunkt angibt, zu dem etwas begonnen hat, folgt ein Dativ:
Seit dem Unglück ist er ein anderer. Ich habe ihn schon seit langem in Verdacht, gelogen zu haben.
Fungiert *seit* als Konjunktion, die einen Nebensatz einleitet, wird dieser durch ein Komma vom Hauptsatz abgetrennt:
Er träumt besser, seit er die Analyse macht.

seitdem: Leitet die Konjunktion *seitdem* einen Nebensatz ein, wird dieser durch ein Komma vom Hauptsatz abgetrennt:
Er ist ein anderer geworden, seitdem er den Unfall hatte.

seitdem - seither - bisher: → bisher - bislang - seitdem - seither

Seite: Das Substantiv *die Seite* schreibt man groß und von der vorangehenden Präposition oder einem Pronomen getrennt:
Sie steht mir zur Seite. Er befindet sich auf ihrer Seite.
Ist es verblaßt, schreibt man es klein und von der vorangehenden Präposition getrennt:
Von seiten des gegnerischen Anwalts hatte er nichts gehört.
Klein und zusammen schreibt man, wenn es mit der vorangehenden Präposition oder dem Pronomen zu einem Adverb geworden ist:
Man war allerseits verärgert. Die Firma wollte ihrerseits Klage erheben.

Seite - Saite: → Saite - Seite

seitenlang - Seiten lang: Die adjektivisch verwendete Kombination schreibt man zusammen:
Sie schrieb seitenlange Briefe. Wird *lang* durch *Seite* mit vorangehendem Artikel o. ä. näher definiert, schreibt man getrennt:
Sie schrieb viele Seiten lange Briefe.

seitens: Auf die Präposition *seitens* folgt ein Genitiv. Diese umständliche Konstruktion der Amtssprache kann oft durch den Gebrauch der Präposition *von* umgangen werden:
Seitens des Betriebsrats gab es Einwände. Vom Betriebsrat gab es Einwände.

selber - selbst: → selbst

selbig: Ein folgendes Adjektiv wird stark dekliniert:
Selbige schöne Frau sah ich mehrmals.
Im Dativ Singular Maskulin und Neutrum sowie im Genitiv Plural kann auch schwach dekliniert werden:
Mit selbiger oder *selbigen schönen Frau sprach ich mehrmals. Wegen selbiger* oder *selbigen schönen Frau verloren einige Männer ihre Ruhe.*

selbst - selber: Das standardsprachliche Fürwort *selbst* und das umgangssprachliche Fürwort *selber* werden als Apposition ihres Bezugsworts verwendet und nicht gebeugt:
Der Professor selbst hat gesagt, ...
Das Pronomen *selbst* und ein folgendes 2. Partizip schreibt man zusammen, wenn die Kombination eigenschaftswörtlich gebraucht ist:
Seine selbstgeschreinerten Bücherregale sehen gut aus. Dieser Cocktail ist selbsterfunden.
Ist das 2. Partizip Teil einer zusammengesetzten Vergangenheitsform, schreibt man es vom Pronomen getrennt:
Diesen Cocktail hat sie selbst erfunden. Seine Regale hatte er alle selbst geschreinert.
Die Adjektivkomposita: *selbstgerecht, selbstklebend, selbstlos, selbstherrlich, selbsttätig* werden immer zusammen geschrieben. Hiervon zu unterscheiden ist das Adverb *selbst* im Sinne von "sogar", das in der Regel vor seinem Bezugswort steht:
Selbst ihren Tränen glaubte er nicht. Selbst die Unruhen dort hielten sie nicht von der Reise ab.

selbst wenn: Wie vor der einfachen Konjunktion *wenn* steht auch vor *selbst wenn* ein Komma:
Sie reden darüber, selbst wenn sie nichts davon verstehen.

Selbstlaut: → Vokal

Sellerie: Das männliche Substantiv *der Sellerie* hat den Genitiv: *des Selleries*, der Plural lautet: *die Sellerie* oder *die Sellerien*. Das weibliche Substantiv *die Sellerie* hat den Genitiv: *der Sellerie*, der Plural lautet: *die Sellerien*.

selten: Beim Gebrauch des ungebeugten *selten* ist die Wortstellung zu beachten. *Selten* vor einem Adjektiv kann sowohl "nicht oft, nicht häufig" als auch "ungewöhnlich, besonders" bedeuten, wenngleich letztere Bedeutung eher umgangssprachlich ist:
Der Schnee war selten pulverig (= meist harsch, nicht pulverig) oder *Der Schnee war selten pulverig* (= besonders pulverig).
Diese Schwierigkeit kann durch Umstellung vermieden werden:
Selten war der Schnee pulverig (= nicht oft). *Der Schnee war so pulverig wie selten* (= ungewöhnlich pulverig). *Es gab einen selten pulverigen Schnee* (= ungewöhnlich pulverig).

Strichpunkt: → Kapitel Zeichensetzung

senden: Das Verb *senden* bildet die Formen: *sendete* und *sandte*, *gesendet* und *gesandt*. Wird das Verb im Sinne von "schicken, zuleiten, in den Versand geben" gebraucht, sind alle Formen möglich:
Sie sandte oder *sendete ihm einen Liebesbrief. Man hat die Rechnung gesendet* oder *gesandt*.
In der technischen Fachsprache sind die Formen mit *e* die Regel:
Aus Gründen der Zensur konnte der Film nicht gesendet werden (Nicht: *... konnte der Film nicht gesandt werden*).

senior - Senior: → junior - Junior

Sensations-: Komposita mit dem determinierenden Substantiv *Sensation* werden immer mit Fugen-s gebildet:
Sensationslust, Sensationspresse, sensationslüstern, Sensationsbericht etc.

sensibel: Wird *sensibel* gebeugt oder gesteigert; entfällt das *e* der Endsilbe:
Er war ein sensibler Musiker. Sie ist sensibler als er.

Séparée, das: [franz. *chambre séparée* "abgesondertes Zimmer"]
Nebenraum in einem Lokal (früher: für ungestörte Zusammenkünfte).

September: → Monatsnamen

Service: Das sächliche Substantiv *das Service* bedeutet "ein Satz Tafelgeschirr". Es bildet die Genitivform: *des Services*, der Plural lautet: *die Service*. In der Bedeutung "Kundendienst" kann *Service* sowohl mit männlichem als auch mit sächlichem Artikel stehen: *der, das Service;* der Genitiv heißt: *des Service,* der seltene Plural: *die Services*.

Sex-Appeal, der: [engl.-amerik. *sex appeal* "Anziehungskraft, Reiz"]
starke, erotische Anziehungskraft.

Showbusiness, das: [engl.-amerik. *show business* gleichbed.]
Schaugeschäft, Unterhaltungs- und Vergnügungsbranche.

sicher: *Sicher* wird auch dann klein geschrieben, wenn ein Artikel vorausgeht, die Kombination aber im Sinne von "sehr sicher" oder als feste Wendung im Sinne von "geborgen" steht:
Das sicherste ist es, mit Schecks zu reisen (= sehr sicher). *Der Verfolgte ist jetzt gewiß schon im sichern.*
Substantivierungen schreibt man groß:
Das Sicherste auf Reisen sind Schecks. Der Ängstliche geht auf Nummer Sicher.
Stehen beide Wörter in ihrer ursprünglichen Bedeutung, schreibt man *sicher* vom nachfolgenden Verb getrennt; beide Wörter sind betont:
Der Betrunkene konnte nicht mehr sicher fahren. Bei ihm konnte man nie sicher sein.
Entsteht durch die Kombination ein neuer Begriff, wobei *sicher* nur Verbzusatz ist, schreibt man zusammen; nur das erste Wort ist betont:
Um sicherzugehen, fixierte man die Abmachung schriftlich (= um Schwierigkeiten vorzubeugen). *Die Beamten konnten die Tatwaffe sicherstellen* (= verwahren).

sicher - sicherlich: In der Bedeutung "vermutlich, es ist anzunehmen, daß" werden heute beide Wörter verwendet. Eventuelle Mißverständnisse kann man vermeiden, indem man bei dieser Bedeutung immer *sicherlich*, im Sinne von "zweifellos" immer *sicher* verwendet:
Das war sicherlich in seinem Interesse (= vermutlich). *Das war sicher in seinem Interesse* (= ohne Zweifel).

sicherwirkend - sicher wirkend: Bei adjektivischem Gebrauch schreibt man diese Kombination zusammen; wird *sicher* näher bestimmt, schreibt man die beiden Wörter getrennt:
Er vertraute auf seine sicherwirkende Methode. Er vertraute auf seine hundertprozentig sicher wirkende Methode.

sie (= Einzahl) oder du: Besteht das Satzsubjekt aus mehreren Teilen, die mit ausschließenden Konjunktionen verbunden sind und in der Person nicht übereinstimmen, richtet sich das Verb nach der nächststehenden Person des Subjekts:
Sie oder du wirst arbeiten müssen (Nicht: *Sie oder du wird ...*).

Sie (= Mehrzahl) und du: Besteht das Satzsubjekt aus mehreren Teilen, die mit anreihenden Konjunktionen verbunden sind und in der Person nicht übereinstimmen, gilt folgende Regel: Wird im Subjektteil eine zweite Person, *du, ihr* mit einer dritten Person *er, sie* verbunden, kann das Gesamtsubjekt durch *ihr* ersetzt werden, das Verb (und Pronomen) stehen in der zweiten Person Plural:
Sie und du habt euch zerstritten (Nicht: *Sie und du haben sich ...*). Möglich ist auch der Einschub eines pluralischen Pronomens zur Verdeutlichung:
Sie und du, ihr habt euch zerstritten.

Sie (= Mehrzahl) und ich: Besteht das Satzsubjekt aus mehreren Teilen, die mit anreihenden Konjunktionen verbunden sind und in der Person nicht übereinstimmen, gilt folgende Regel: Wird im Subjektteil eine erste Person genannt, *ich* oder *wir*, kann das Gesamtsubjekt durch *wir* ersetzt werden, das Verb (und Pronomen) stehen in der ersten Person Plural:
Sie und ich haben uns verabredet (Nicht: *Sie und ich haben sich ...*).
Möglich ist auch der Einschub eines pluralischen Pronomens zur Verdeutlichung:
Sie und ich, wir haben uns verabredet.

Sie (= Mehrzahl) und ihr: Besteht das Satzsubjekt aus mehreren Teilen, die mit anreihenden Konjunktionen verbunden sind und in der Person nicht übereinstimmen, gilt folgende Regel: Wird im Subjektteil eine zweite Person, *du, ihr* mit einer dritten Person *er, sie* verbunden, kann das Gesamtsubjekt durch *ihr* ersetzt werden, das Verb (und Pronomen) stehen in der zweiten Person Plural:
Sie und ihr habt euch getroffen (Nicht: *Sie und ihr haben sich ...*).
Möglich ist auch der Einschub eines pluralischen Pronomens zur Verdeutlichung:
Sie und ihr, ihr habt euch getroffen.

sieben - Sieben: → acht - Acht
siebente - Siebente: → achte - Achte
sieden: Das Verb *sieden* kann sowohl bei transitivem als auch bei intransitivem Gebrauch entweder regelmäßig oder unregelmäßig gebeugt werden. Die Formen lauten: *siedete* oder *sott*, *gesiedet* oder *gesotten*.

Sightseeing, das: [engl. sightseeing gleichbed.]
Besichtigung von Sehenswürdigkeiten.

Silbentrennung: Getrennt wird nach Sprechsilben. Dabei trennt man einen einzelnen Konsonanten oder den letzten von mehreren:
Va/se, lau/fen, ren/nen, Was/ser, Am/me.
Untrennbar sind *ch, sch;* aus einem *ck* werden bei Trennung des Wortes *k/k:*
flu/chen, Kü/che, Bäk/ker, kik/ken.
Auch die Verbindung *st* trennt man nie, außer es handelt sich um ein Fugen-s:
mi/sten, Wü/ste; Arbeits/tisch.
Besonders bezüglich der letzten Regel sind aber die Wortbestandteile zu berücksichtigen. So trennt man z. B.:

Diens/tag, Donners/tag, dar/an, dar/in, dar/um etc.
Einen einzelnen Vokal trennt man nie:
oben/hin (Nicht: *o/ben/hin*), *eben/da* (Nicht: *e/ben/da*).
Auch Doppelvokale oder zwei gleiche Vokale werden nicht getrennt:
Waa/ge, Mee/re, Lie/be, Beu/te.
Trifft ein *i* einer angefügten Endung auf ein *i* des Wortendes, oder besteht eine Silbe aus nur zwei Vokalen, dürfen diese getrennt werden:
brei/ig, par/tei/isch, Ei/ter, Aa/le.
Komposita und Wörter mit Vorsilben werden nach Sprachsilben, d. h. nach den Wortbestandteilen getrennt:
Diens/tag, dar/auf, voll/be/packt, un(/)ter/wegs, da/hin(/)ter/kom(/)men.
Treffen bei einer Wortzusammensetzung drei gleiche Konsonanten aufeinander, fällt einer aus, bei der Trennung wird dieser wieder geschrieben:
schnellebig, schnell/lebig; Metallleiter, Metall/leiter; Schlammasse, Schlamm/masse.
Davon ausgenommen sind:
den/noch, Mit/tag, drit/tel.
Generell sollte man die Trennung von Namen vermeiden. Außerdem sollte man aus stilistischen Gründen und um Verständigungsschwierigkeiten zu umgehen die Lesbarkeit einer Trennung berücksichtigen:
be/inhalten (Statt: *bein/halten*).
silbern: → golden
Silhouette, die: [franz. silhouette gleichbed.]
Ein sich von seinem Hintergrund abhebender Umriß; Schattenriß; in der Mode die Form der Konturen.
simpel: Wird *simpel* gebeugt oder gesteigert, entfällt das *e* der Endsilbe:
Er war nicht nur ein simpler, er war der simplste Mensch.
Sims: Hier ist ein männlicher oder ein sächlicher Artikel möglich: *der Sims, das Sims.* Der Plural heißt: *die Simse.*

Sinfonie, die: [griech.-lat. symphonía "Zusammenstimmen, Einklang"]
Ein Instrumentaltonwerk, das in der Regel aus vier Sätzen besteht und für ein Orchester ohne Solisten geschrieben ist. Auch die Schreibweise *Symphonie* ist korrekt.
Singular: Mit einem *Singular* wird ausgedrückt, daß Person, Wesen oder Sache einmal vorhanden ist. Eine Singularform oder Einzahl bilden Substantive, Adjektive, Pronomen und Verben.
sitzen: Im norddeutschen Sprachraum wird das Perfekt des Verbs *sitzen* mit *haben,* im süddeutschen Sprachgebiet wird es mit *sein* gebildet:
Sie haben bzw. *sind im Park gesessen.*
Nach der Wendung *zu sitzen kommen* folgt die Sitzgelegenheit im Akkusativ:
Sie kam auf einen (Nicht: *einem*) *unbequemen Schemel zu sitzen.*
Nach der Wendung *sitzen über* folgt ebenfalls ein Akkusativ:
Sie saß zwei Jahre über ihrer (Nicht: *ihre*) *Magisterarbeit.*
Die Kombinierung des Verbs *sitzen* mit den Verben *bleiben* und *lassen* schreibt man getrennt, wenn die einzelnen Verben in ihrer ursprünglichen Bedeutung gebraucht werden:
Er hat im Bus die alte Dame sitzen lassen.
Ein anderer wäre sitzen geblieben.
Entsteht durch die Kombination ein neuer Begriff, schreibt man zusammen:
Weil er faul war, ist er sitzengeblieben (= hat er das Klassenziel nicht erreicht). *Als sie schwanger wurde, hat er sie sitzenlassen* (= ugs. für im Stich lassen).
Skala - Skale: Beide Formen für die Maßeinteilung an Meßgeräten sind korrekt, wenngleich die Form auf *-e* fachsprachlicher Gebrauch ist.
Ski: Der Genitiv zu diesem Substantiv *der Ski* oder *Schi* heißt: *des Skis, Schis;* die Pluralform lautet: *die Skier, Schier* oder *die Ski, Schi.* Vom folgenden Verb schreibt man getrennt: *Ski laufen, Ski fahren.*

Skonto: Das Substantiv *Skonto* kann sowohl mit männlichem als auch mit sächlichem Artikel stehen. Es heißt:
der Skonto, das Skonto.
so als (ob) - so als (wenn): Wird die Wendung als Einheit verstanden, setzt man innerhalb der Wendung kein Komma:
Er wurde rot, so als hätte er gelogen.
Fungiert *so* als Auslassungssatz für *es ist so, es war so,* kann ein Komma gesetzt werden:
Er wurde rot, so, als hätte er gelogen.
Fungiert *so* als Umstandsangabe im Hauptsatz, muß ein Komma vor *als* stehen:
Er wirkte so, als wenn er gelogen hätte.
so bald - sobald: Die adverbiale Wendung schreibt man getrennt:
Er singt so bald nicht wieder.
Die Konjunktion schreibt man zusammen. Ein mit dieser Konjunktion eingeleiteter Nebensatz wird durch ein Komma abgetrennt:
Alles fing zu schreien an, sobald er sang.
Sobald Troubadix singt, holt der Schmied den Hammer. (Asterix)
so bald wie - so bald als: Beide Möglichkeiten sind korrekt:
Melde dich so bald wie möglich. Melde dich so bald als möglich.
so daß: Ein Komma wird gesetzt, wenn *so daß* wie eine einfache Konjunktion eingesetzt ist:
Er erschreckte den Jungen, so daß er Angst bekam.
Zwischen *so* und *daß* steht ein Komma, wenn *so* in wechselbezüglichem Sinn zum Hauptsatz gehört:
Er erschreckte den Jungen so, daß er zitterte.
so fern - sofern: Die adverbiale Wendung schreibt man getrennt:
Das Problem liegt mir so fern, daß ich darüber nichts sagen kann.
Die Konjunktion schreibt man zusammen. Ein mit dieser Konjunktion eingeleiteter Nebensatz wird durch ein Komma abgetrennt:

Sofern sie auftaucht, werden wir mit ihr sprechen.
sogenannt: Ein folgendes Adjektiv wird stark dekliniert:
Ein sogenannter friedliebender Protestsänger plädierte für den Krieg.
Im Dativ Singular Maskulin und Neutrum kann auch schwach dekliniert werden:
Mit sogenanntem friedliebendem oder *sogenanntem friedliebenden Sänger war Staat zu machen.*
sogleich: Das Adverb schreibt man zusammen. Es darf nicht wie ein Adjektiv beifügend verwendet werden:
Diese Arbeit ist sogleich auszuführen.
(Nicht: *die sogleiche Arbeit* oder *die sogleiche Ausführung*).
Getrennt schreibt man, wenn *so* Adverb des Grades zum Adjektiv *gleich* ist:
Sie sprechen so gleich, daß ich keinen Unterschied höre.
Soiree, die: [franz. soirée gleichbed.] Abendgesellschaft, Abendvorstellung.
solang(e) - so lang(e): Die adverbiale Wendung schreibt man getrennt:
Er blieb so lange wie er wollte.
Die Konjunktion schreibt man zusammen. Ein mit dieser Konjunktion eingeleiteter Nebensatz wird durch ein Komma abgetrennt:
Solange oder *solang er Geld hatte, hatte er immer viele Freunde.*
solcher - solche - solches: In der Einzahl wird folgendes Adjektiv oder Partizip schwach dekliniert:
Solches schöne Kind; solcher weiche Polster; solcher einmischende Belehrungen überdrüssig; mit solchem überflüssigen Plunder.
Es ist aber auch starke Beugung möglich:
solcher einmischender Belehrungen überdrüssig; mit solchem überflüssigem Plunder.
Auch im Plural kann schwach und stark dekliniert werden:

solcher mißglückten oder *mißglückter Versuche; solche verbrauchte* oder *verbrauchten Geräte.*

Außnahmslos stark gebeugt wird nach der endungslosen Form *solch:*
solche schöne Menschen; solch schöner Mensch; mit solch altem Gerümpel.

Ein folgendes substantiviertes Adjektiv oder Partizip wird nach *solcher, solche, solches* in der Regel schwach gebeugt:
solches Gute; mit solchem Guten.

Im Nominativ und Akkusativ Plural ist auch starke Beugung möglich:
solche Beamte oder *Beamten.*

Solcher, solche, solches darf nicht ein persönliches oder ein unbestimmtes Fürwort ersetzen:
In dem Geschäft gibt es dieses Gerät. Ich könnte es (Nicht: *solches*) *mir besorgen. Ein Zimmer mit Balkon und eines* (Nicht: *ein solches*) *ohne ist frei.*

sollen: Das Modalverb *sollen* steht im Infinitiv, wenn es einem anderen Verb im Infinitiv folgt:
Er hätte dort nicht arbeiten sollen (Nicht: *gesollt*).

Solo: Das Substantiv *das Solo* bildet die Pluralformen: *die Soli, die Solos.*

sondern: Vor *sondern* steht in jedem Fall ein Komma; es muß eine Verneinung vorausgehen:
Deine Augen sind nicht grau, sondern blau. Bei der nächsten Olympiade bekommt man die Karten nicht, wenn man bezahlt, sondern erst, wenn die Veranstaltung beginnt. Sie wollen Frieden nicht nur für heute, sondern auch für die Zukunft.

Ist die Verneinung nur dem Sinn nach vorhanden, kann *sondern* nicht verwendet werden:
Er ärgert sich weniger wegen des Streits als (Nicht: *sondern*) *vielmehr wegen der Stimmung danach.*

Sonnabend: → Samstag

Sonntag: → Samstag

sonstig: Ein folgendes Adjektiv wird stark dekliniert:

Dort steht auch noch sonstiges unbrauchbares Gerümpel herum. Sie beschäftigte sich mit sonstiger intensiver Arbeit.

Im Dativ Singular Maskulin und Neutrum und im Genitiv Plural kann auch schwach dekliniert werden:
Er versuchte es mit sonstigem lautem oder *lauten Instrument. Er erfreute sich noch sonstiger netter* oder *netten Bekanntschaften.*

sooft - so oft: Die adverbiale Wendung schreibt man getrennt:
Er singt so oft, daß er heiser ist.

Die Konjunktion schreibt man zusammen. Ein mit dieser Konjunktion eingeleiteter Nebensatz wird durch ein Komma abgetrennt:
Wir stritten, sooft wir uns trafen.

sosehr - so sehr: Die adverbiale Wendung schreibt man getrennt:
Sie war nicht so sehr flexibel, aber beständig und sorgfältig.

Die Konjunktion schreibt man zusammen. Ein mit dieser Konjunktion eingeleiteter Nebensatz wird durch ein Komma abgetrennt:
Er kann nicht aus seiner Haut, sosehr er es auch versucht.

Souffleuse: Die weibliche Entsprechung zu *Souffleur* heißt *Souffleuse.* → Kapitel Titel und Berufsbezeichnungen

Souvenir, das: [franz. aus: se souvenir "sich erinnern"]
Erinnerungsstück, Mitbringsel; kleines Geschenk als Andenken.

Souveränität, die: [franz. souveraineté gleichbed.]
Hoheitsgewalt, die innerhalb eines Staates höchste Herrschaftsgewalt; Unabhängigkeit; Überlegenheit.

soviel - so viel: Fungiert der Begriff als vergleichendes Adverb oder als Konjunktion, schreibt man zusammen. Ein mit dieser Konjunktion eingeleiteter Nebensatz wird durch ein Komma abgetrennt:
Ich weiß davon soviel wie du. Er spart auf ein Motorrad, soviel ich weiß.

soviel wie

Getrennt schreibt man, wenn *so* Adverb des Grades zur unbestimmten Zahlenangabe *viel* ist:
Nehmen Sie sich ruhig so viel Geld, wie Sie brauchen.
Ist *viel* dekliniert, schreibt man immer getrennt:
Es waren heute so viele Menschen in der Fußgängerzone.
soviel wie - soviel als: Beide Möglichkeiten sind korrekt:
Er las soviel wie oder als möglich.
soweit - so weit: Fungiert der Begriff als Adverb oder als Konjunktion, schreibt man zusammen. Ein mit dieser Konjunktion eingeleiteter Nebensatz wird durch ein Komma abgetrennt:
Es wird bald soweit sein, dann ist er fertig. Er hat gut gearbeitet, soweit ich das überblicke.
Getrennt schreibt man, wenn *so* Adverb des Grades zum Adjektiv *weit* ist:
Sie haben sich so weit vorgewagt, daß sie nicht mehr zurückkönnen.
sowenig - so wenig: Fungiert der Begriff als vergleichendes Adverb oder als Konjunktion, schreibt man zusammen. Ein mit dieser Konjunktion eingeleiteter Nebensatz wird durch ein Komma abgetrennt:
Von dem Thema weiß der Professor sowenig wie sein Schüler. Sie sind immer vergnügt, sowenig sie auch haben.
Getrennt schreibt man, wenn *so* Adverb des Grades zur unbestimmten Zahlenangabe *wenig* ist:
Er hat in letzter Zeit so wenig gelesen, daß es eine Schande ist.
Ist *wenig* dekliniert, schreibt man immer getrennt:
Man sah so wenige Leute auf dem Platz.
sowenig wie - sowenig als: Beide Möglichkeiten sind korrekt:
Er aß sowenig wie oder als möglich.
sowie - so wie: Die Konjunktion schreibt man zusammen; wenn sie im Sinne von "sobald" einen Nebensatz einleitet, muß ein Komma gesetzt werden:

Sowie sie unabhängig wurde, ging es ihr gleich besser. Sie errötete, sowie sie ihn sah.
Wird die Konjunktion im Sinne von "und" gebraucht, gelten dieselben Kommaregeln → *und.*
Getrennt schreibt man die Vergleichspartikel:
So wie ich es sehe, wird es funktionieren. Es klappt heute genau so wie damals.
sowohl ... als (auch): Als Korrelat für ein *sowohl* sind möglich: *als auch; wie auch; als; wie:*
Sie studierte sowohl Deutsch als auch Französisch. Sie studierte sowohl Deutsch wie auch Französisch. Sie studierte sowohl Deutsch als Französisch. Sie studierte sowohl Deutsch wie Französisch.
Falsch sind die Korrelate: *und; sowie:*
Sie studierte sowohl Deutsch sowie Französisch. Sie studierte sowohl Deutsch und Französisch.
Diese mehrgliedrige Konjunktion wird nicht durch Kommas abgetrennt. Leitet *sowohl* eine Infinitivgruppe ein, oder geht dem Korrelat als eine Infinitivgruppe oder ein Nebensatz voraus, werden Kommas gesetzt:
Sie erklärte, sowohl Deutsch zu studieren als auch Französisch zu lernen. Sie erklärte sowohl, Deutsch zu studieren, als auch, Französisch zu lernen. Sie erklärte sowohl, daß sie der deutschen Sprache mächtig sei, als auch, daß sie Französisch lerne.
Werden durch die Konjunktion zwei Subjekte verbunden, kann das Verb *sowohl* im Singular als auch im Plural stehen:
Sowohl sein Sohn als auch seine Tochter lesen gern oder *liest gern.*
sozial - soziologisch: Das Adjektiv sozial bedeutet "gesellschaftlich, gemeinnützig, human", während *soziologisch* "die Wissenschaft der *Soziologie* betreffend" meint:
Man versuchte, die existierenden sozialen Unterschiede in einer soziologischen Studie zu rechtfertigen.

sozusagen: Das Adverb schreibt man zusammen; wird der Begriff im Sinne von "auf die Art und Weise sagen" mit einem *daß* eines Nebensatzes verknüpft, schreibt man getrennt:
Die Geschichte hat sich sozusagen wiederholt. Der Lehrer hat den Ausdruck so zu sagen, daß ihn auch der Schüler in der letzten Reihe versteht.

Spaghetti, die: [it. spaghetti gleichbed.] lange, dünne, stäbchenförmige Teigwaren; italienisches Nudelgericht als Vor- oder Zwischenspeise.

spalten: Das 2. Partizip des Verbs *spalten* kann *gespaltet* oder *gespalten* lauten. Das gilt auch für die Verben: *ab-, auf-, zerspalten.*

spanisch: Das Adjektiv schreibt man klein; ist es Bestandteil eines Namens, wird es groß geschrieben:
Sie lieben spanischen Wein. Der Spanische Erbfolgekrieg dauerte von 1701 bis 1713.
Zu *das Spanisch* und *spanisch sprechen* → deutsch

Spann - Spanne: Das männliche Substantiv *der Spann* bedeutet "Rist, Fußwölbung", während das weibliche *die Spanne* in der Regel im Sinne von "Abstand, Differenz" gebraucht wird:
Der Ball sprang dem Stürmer vom Spann. Von dieser kleinen (Gewinn)spanne konnte er nicht leben.

spät: *spät* und die Adverbien *abends, nachmittags* werden heute als Einheit betrachtet und folglich zusammen geschrieben: *spätabends, spätnachmittags.*

Spatz: In der Einzahl kann Spatz stark und schwach gebeugt werden: *der Spatz, des Spatzes, dem, den Spatz* oder *des Spatzen, dem, den Spatzen.*
Im Plural wird nur schwach gebeugt:
die Spatzen, der Spatzen, dem, den Spatzen.

spazierengehen - spazierenfahren: Im Infinitiv, Partizip und in einem Nebensatz mit Einleitewort schreibt man diese Verben zusammen:
Spazierengehen ist gesund. Man ist spazierengegangen. ..., da sie spazierengeht.

speien: Als 2. Partizip des Verbs *speien* ist sowohl *gespien* als auch *gespieen* möglich. Bezieht man *speien* auf einen Körperteil, steht die betroffene Person im Dativ:
Der Lausbub hat ihm (Nicht: *ihn*) *auf den Kopf gespien.*

spendabel: Wird *spendabel* gesteigert oder gebeugt, entfällt in der Regel das *e* der Endsilbe:
Er war ein spendabler Mensch, viel spendabler als sein Vater.

Sphäre, die: [griech. sphaíra "Ball, Kugel, Himmelskugel"]
das (kugelförmig erscheinende) Himmelsgewölbe; Gesichtskreis; Wirkungs-, Gesellschaftskreis; Machtbereich.

Spind: Das Substantiv *Spind* kann sowohl mit männlichem als auch mit sächlichem Artikel stehen: *der Spind, das Spind.*

spitze - Spitze: → klasse - Klasse

Sport- - Sports-: Komposita mit dem determinierenden Substantiv *Sport* werden in der Regel ohne Fugen-s gebildet:
Sportartikel, Sportbericht, Sportdreß, Sportklub, Sportmedizin etc.
Mit einem Fugen-s stehen:
Sportsmann, Sportsmänner, Sportsleute.
Beide Möglichkeiten gibt es bei:
sport(s)mäßig, Sport(s)geist, Sport(s)freund, Sport(s)kanone.

spotten: Auf das Verb *spotten* folgt die Präposition *über* mit Akkusativ. Die Verbindung mit einem Genitiv gilt als veraltet:
Die Knaben spotteten über den Hinkenden. Sie spottete über seine Ungeschicklichkeit. Die Knaben spotteten seiner. Sie spottete seiner Ungeschicklichkeit.

Sprachbezeichnungen: Sprachbezeichnungen mit Endungs -*e* meinen die jeweilige Sprache ganz allgemein:
Das Chinesische faszinierte ihn immer schon. Stefan Zweigs Prosa wurde auch in das Portugiesische übersetzt.

Sprachbezeichnungen ohne Endungs -e meinen eine besondere Art dieser Sprache:
Sein Deutsch ist noch ziemlich schlecht. Das Deutsch des Mittelalters ist vom heutigen Deutsch verschieden.

spräche - spreche: *Spräche* ist der Konjunktiv II des Verbs *sprechen*, der vor allem im Konditionalsatz Verwendung findet:
Es wäre das beste, wenn er ihn heute noch spräche.
Spreche ist die Form des Konjunktiv I, die hauptsächlich in der indirekten Rede gebraucht wird:
Sie antwortete, er spreche zu laut.

sprießen - sprossen: Das Verb *sprießen* entstammt der gehobenen Sprache und bedeutet "keimen, emporwachsen". Es wird unregelmäßig konjugiert: *es sprießt, es sproß, es ist gesprossen.*
Das standardsprachliche *sprossen* im Sinne von "Sprossen treiben" wird regelmäßig konjugiert. Es kann auch in der Bedeutung von *sprießen* gebraucht werden: *es sprosst, es sprosste, es ist gesprossen.*

springen: Das Perfekt des Verbs *springen* wird in der Regel mit *sein* gebildet:
Er ist über das Hindernis gesprungen. Die Kinder sprangen auf die Straße.
Wird das Verb bezüglich einer Sportart gebraucht, kann das Perfekt auch mit haben gebildet sein:
Jetzt komme ich. Er ist oder *hat schon gesprungen.*

sprossen: → sprießen - sprossen

Spund: Das Substantiv *der Spund* im Sinne von "Verschluß eines Faßes" bildet die Pluralform: *die Spünde*. Das Substantiv *der Spund* in der umgangssprachlichen Bedeutung "junger Bursche" bildet den Plural: *die Spunde*.

St.: → Sankt

Stachel: Der Plural dieses Substantivs lautet: *die Stacheln.*

Städtenamen: → Ortsnamen

Stahl: Der Plural dieses Substantivs lautet: *die Stähle* oder *die Stahle.*

stähle - stehle: *Stähle* ist der Konjunktiv II des Verbs *stehlen*, der vor allem im Konditionalsatz Verwendung findet:
Es kündigte an, er stähle den Schmuck heute noch.
Stehle ist die Form des Konjunktiv I, die hauptsächlich in der indirekten Rede gebraucht wird:
Die Richter warfen ihm vor, er stehle zu häufig.

ständig - ständisch: Diese beiden Wörter können nicht synonymisch füreinander verwendet werden. Der Begriff *ständig* bedeutet "ununterbrochen, stets wiederkehrend", während *ständisch* im Sinne von "nach Ständen gegliedert, Stände betreffend" verwendet wird. Mit diesen Ständen können Berufsstände, Stände von Geburt oder durch Verdienst etc. gemeint sein:
Er kämpft ständig gegen die Gesellschaftsordnung an. Er kämpft gegen die ständische Gesellschaftsordnung an.

stark: Das Adjektiv schreibt man klein, seine Substantivierungen groß. Auch als Namensbestandteil wird *stark* groß geschrieben:
Das starke Geschlecht hat immer recht. Er glaubt, er sei der Stärkste. August der Starke war Kurfürst von Sachsen.
Das Adjektiv wird von einem nachfolgenden Verb oder Partizip immer getrennt geschrieben:
Als Erwachsener wollte er ganz stark werden. Die stark gewürzte chinesische Spezialität mundete vorzüglich.

statt: Die Präposition *statt* im Sinne von "an Stelle" hat in der Regel einen Genitiv nach sich:
Sie las statt eines Buches eine Zeitung. Sie nahm den andern statt seiner.
Ist der Genitiv im Plural nicht kenntlich, kann auch ein Dativ stehen:
Statt den Büchern las sie Zeitungen.
(Nicht: *Statt der Bücher ...*).
Dies gilt auch, wenn dem von *statt* abhängigen starken Genitiv Singular ein weite-

res starkes Substantiv im Genitiv Singular beigestellt ist:
Statt dem Buch des Vaters las sie ihr eigenes. (Nicht: *Statt des Buches des Vaters ...*).
Als Konjunktion verwendet hat *statt* keinen Einfluß auf den folgenden Kasus, dieser hängt vom Verb ab:
Er sprach lieber mit der Mutter statt dem Vater (= *... statt mit dem Vater zu reden*).
Die Kombination *statt daß* wird durch ein Komma abgetrennt, da sie wie eine einfache Konjunktion gebraucht ist:
Er traf sich mit seiner Freundin, statt daß er in die Arbeit ging.
Die Konstruktion *statt zu* mit Infinitiv wird durch ein Komma abgetrennt, da sie als erweiterter Infinitiv gilt:
Er traf sich mit seiner Freundin, statt zu arbeiten.
statt - Statt: In bestimmten Wendungen ist *Statt* groß zu schreiben, da es sich dabei nicht um die Präposition im Sinne von "an Stelle", sondern um das Substantiv im Sinne von "Stelle, Platz" handelt. Die Präposition steht vor dem Bezugswort:
Er kommt statt des Kindes. Er kommt an Kindes Statt.
Ebenso bei: *an Eides Statt.*
statt dessen: Diese Kombination wird getrennt geschrieben:
Der Müll wird verbrannt. Statt dessen sollte weniger produziert werden.
stattfinden - statthaben: Diese beiden intransitiven Verben, die ihre Perfektformen mit *haben* bilden, dürfen nicht attributiv verwendet werden. Falsch ist also:
Das stattgefundene Sportfest; die stattgehabte Vorstellung etc.
Staubsaugen - staub saugen: Beide Varianten sind korrekt:
ich sauge, saugte Staub, ich habe Staub gesaugt oder *ich staubsauge, staubsaugte, ich habe staubgesagt.*
staunenerregend - Staunen erregend: In der Regel schreibt man den Begriff zusammen. Wird *Staunen* durch eine nähere Bestimmung als Substantiv kenntlich, trennt man es ab:

Er hat die staunenerregende Angewohnheit, in der U-Bahn kopfzustehen. Er hat die allgemeines Staunen erregende Angewohnheit, in der U-Bahn kopfzustehen.
stechen: Bezieht sich das Verb auf einen Körperteil, folgt darauf ein Dativ oder ein Akkusativ der Person - der Akkusativ drückt dabei die Betroffenheit aus der Sicht der Person aus - und der Akkusativ der Sache:
Die Mosquitos stachen ihn oder *ihm in die Schulter.*
Wird das Verb mit einem unpersönlichen Subjekt kombiniert, folgt in der Regel ein Dativ:
Die eisigen Hagelkörnchen stachen ihm ins Gesicht.
stecken: Das transitive Verb in der Bedeutung "einfügen, festheften, etw. in etw. hineintun" wird immer regelmäßig gebeugt: *stecken, steckte, gesteckt:*
Sie steckte sich den Ring an den Finger. Er steckte die Hände in die Taschen.
Beim intransitiven Verb mit der Bedeutung "befestigt sein, sich in etw. befinden, festsitzen" ist in der Vergangenheit sowohl die regelmäßige als auch die unregelmäßige Beugung möglich: *steckte* oder *stak, gesteckt.* Die unregelmäßigen Formen werden der geschriebenen oder gehobenen Sprache zugeordnet:
Der arme Kerl stak in einem Gipskorsett.
steckenbleiben: Dieses Verb wird immer zusammen geschrieben:
Der Dackel ist im Fuchsbau steckengeblieben. Der Verteidiger ist bei seinem Plädoyer mehrmals steckengeblieben.
steckenlassen - stecken lassen: Entsteht durch die Kombination der beiden Verben eine neue Bedeutung, schreibt man sie zusammen:
Der angebliche Freund hat ihn in dem Schlamassel steckenlassen (= im Stich gelassen).
Werden die Verben in ihrer ursprünglichen Bedeutung gebraucht, schreibt man sie getrennt:

Der Gärtner hat den Lehrling Setzlinge stecken lassen.

stehen: Im norddeutschen Sprachraum wird das Perfekt des Verbs *stehen* mit *haben*, im süddeutschen Sprachgebiet wird es mit *sein* gebildet:
Sie haben bzw. sind im Regen gestanden.
Nach der im jugendlichen Szenejargon gebräuchlichen Wendung *auf etw. stehen* im Sinne von "für etw. eine Vorliebe haben" folgt ein Akkusativ:
Er steht immer noch auf Hemingway und Spanien. Sie steht aufs Reisen.
Die Wendung *teuer zu stehen kommen* wird in der Regel mit einem Akkusativ, seltener mit einem Dativ verbunden:
Dieser Meineid wird ihn (Selten: *ihm*) *noch teuer zu stehen kommen.*
Bei der Wendung *das in der Macht Stehende* ist das 1. Partizip substantiviert, also groß zu schreiben. Als Konjunktiv II des Verbs *stehen* ist sowohl *stände* als auch *stünde* möglich.

stehenbleiben - stehen bleiben: Entsteht durch die Kombination der beiden Verben eine neue Bedeutung, schreibt man sie zusammen:
Die Uhr des Toten war um 10 stehengeblieben (= war von da an nicht mehr in Funktion).
Werden die Verben in ihrer ursprünglichen Bedeutung gebraucht, schreibt man sie getrennt:
Die Kinder mußten zur Strafe stehen bleiben.

stehenlassen - stehen lassen: Entsteht durch die Kombination der beiden Verben eine neue Bedeutung, schreibt man sie zusammen:
Sie hat ihn stehenlassen (= einseitig und abrupt die Beziehung gelöst).
Werden die Verben in ihrer ursprünglichen Bedeutung gebraucht, schreibt man sie getrennt:
Der Feldwebel hat die Soldaten stundenlang stehen lassen.

stehlen: → stähle - stehle

steif: Entsteht durch die Kombination von *steif* und einem folgenden Verb eine neue Bedeutung, schreibt man die beiden Wörter zusammen:
Du mußt die Ohren steifhalten (= ugs. für: sich behaupten).
Werden sie in ihrer ursprünglichen Bedeutung gebraucht, schreibt man sie getrennt; beide sind betont:
Du mußt die Sahne steif schlagen.

Stelldichein: Dieses Substantiv kann entweder undekliniert: *das Stelldichein, des Stelldichein, dem, dem Stelldichein,* im Plural: *die Stelldichein* verwendet werden, oder aber es wird stark dekliniert: *des Stelldicheins, dem, den Stelldichein,* im Plural: *die Stelldicheins.*

stempeln: Bei übertragener Verwendung wird nach *stempeln* mit der Präposition *zu* angeschlossen:
Er läßt sich nicht zum Faulpelz stempeln.
Das Verb *abstempeln* dagegen wird mit der Vergleichspartikel *als* verbunden:
Sie haben ihn als Faulpelz abgestempelt.

Stern- - Sternen-: Komposita aus dem Bereich der Astrologie und Astronomie sowie übertragene Begriffe werden ohne Fugenzeichen gebildet:
Sternbild, Sternwarte, Sterndeuter, Sternsystem; sternhagelblau, Sternfahrt, Sternstunde.
Literarische Ausdrücke werden mit Fugenzeichen geschrieben:
Sternenhimmel, Sternenlicht, sternenwärts.

Stichwort: Das Stichwort im Sinne von "Wort oder Begriff in Nachschlagewerken" bildet die Pluralform: *die Stichwörter*. In der Bedeutung "Einsatzwort eines Schauspielers" oder "kurze Aufzeichnung" heißt der Plural: *die Stichworte*. → Wort

stieben: Das Verb kann sowohl regelmäßig als auch unregelmäßig gebeugt werden: *stiebte* oder *stob, gestiebt* oder *gestoben*. Das Perfekt des Verbs *stieben* wird mit *sein* oder *haben* gebildet. Mit *haben* wird die Aussage der Dauer des Tuns hervorgehoben:

Die Schneeflocken haben hinter uns nur so gestoben.
Das Perfekt wird mit *sein* gebildet, wenn es eine ortsverändernde Bewegung ausdrücken soll:
Der Skifahrer ist über die Piste gestoben.
Heute überwiegt der Gebrauch von *sein* gegenüber den Formen mit *haben*. Man sagt auch:
Die Flocken sind nur so gestoben.

Stiel - Stil: Das Substantiv *der Stiel* bezeichnet einen "Griff, Schaft", während *der Stil* "Kunstrichtung, Schreibart, Bauart, die Einheit der Ausdrucksformen von Kunstwerk, Mensch oder einer Zeit etc." bedeutet.

Stift: Das männliche Substantiv *der Stift* bedeutet "kurzes Stäbchen, Schreibstift" oder umgangssprachlich auch "Lehrling". Das sächliche Substantiv *das Stift* bedeutet "Kloster, Altersheim o. ä.". Beide Wörter bilden den Genitiv: *des Stift(e)s,* der Plural lautet: *die Stifte.*

Stil: → Stiel - Stil

still: Das Adjektiv schreibt man klein, auch in der festen Wendung *im stillen* im Sinne von "unbemerkt":
Nun brechen wieder die stillen Tage an.
Das wurde im stillen erledigt.
Substantiviert oder als Bestandteil von Namen schreibt man *still* groß:
Sie liebte die Stille der Wüsten. Der Stille Ozean.
Entsteht durch die Kombination von *still* und einem folgenden Verb eine neue Bedeutung, schreibt man die beiden Wörter zusammen:
Der unrentable Betrieb wurde stillgelegt (= geschlossen).
Werden sie in ihrer ursprünglichen Bedeutung gebraucht, schreibt man sie getrennt; beide sind betont:
Die Schüler waren still gewesen.

Stoffbezeichnungen: Stoffbezeichnungen in der Einzahl benennen das Material allgemein: *Fett, Silber, Leder.* Will man nach Arten und Sorten differenzieren, verwendet man den Plural, sie werden zu Gattungsbezeichnungen: *die verschiedenen Fette, die Salze, trockene und süße Weine.*
Können mangels existierender Pluralformen keine Unterscheidungen getroffen werden, behilft man sich mit Komposita: *Fleischsorten* (Nicht: *Fleische*). In vielen Fällen ist beides möglich: *Teesorten, Tees; Mehlsorten, Mehle.* Die Namen der Edelsteine sind Gattungsbezeichnungen, keine Stoffbezeichnungen. Sie bezeichnen Einzelstücke, keine Arten.

stolz: Das Adjektiv *stolz* kann nur die Präposition *auf,* nicht *über* nach sich haben:
Er war stolz auf seinen Sohn. (Nicht: *Er war stolz über ...*).

stören, sich: Nach der Wendung *sich stören an* folgt ein Dativ:
Er störte sich an dem hohen Fahrpreis (Nicht: *... an den hohen...*). *Sie störte sich an seinem Grinsen* (Nicht: *Sie störte sich an sein Grinsen*).

stoßen: Auf die Wendung *jmdn. vor den Kopf stoßen* in der Bedeutung "kränken" folgt die Person immer im Akkusativ:
Mit der Bemerkung hat er seinen Schüler vor den Kopf gestoßen.
Bezieht sich das Verb auf einen Körperteil, folgt darauf ein Dativ oder ein Akkusativ der Person. Der Dativ steht meist bei einem unabsichtlichen Stoß, der Akkusativ kennzeichnet den beabsichtigten Stoß:
Im Gedränge stieß er ihm in den Magen.
Der Streitsuchende stieß ihn mit voller Wucht in den Bauch.
Wird das Verb mit einem unpersönlichen Subjekt kombiniert, folgt in der Regel ein Dativ:
Die Schwingtür stieß ihm unsanft in den Rücken.
Das reflexive Verb in der Wendung *sich stoßen an* steht auch in übertragener Bedeutung mit dem Dativ:
Er stieß sich am Zaun. Er stieß sich an ihrem Verhalten (Nicht: *Er stieß sich an ihr Verhalten*).

stramm: Mit den beiden Verben *stehen* und *ziehen* schreibt man das Adjektiv

Straßennamen

stramm zusammen, da sich hierbei die Bedeutung verändert:
Die Soldaten mußten vor dem Staatsbesuch strammstehen (= militärische Haltung annehmen). *Dem Lausbuben wurde der Hosenboden strammgezogen* (= der Hintern versohlt).
Straßennamen: Grundsätzlich werden alle Bestandteile eines Straßennamens groß geschrieben. Für Artikel und Präpositionen trifft dies jedoch nur zu, wenn sie am Anfang stehen:
Im Grüntal, Obere Berggasse, Am Greiner Berg.
Straßennamen werden zusammen geschrieben, wenn:
- der letzte Bestandteil eine für Straßen typische Bezeichnung ist:
Beethovenplatz, Keferstraße, Bertschweg, Bavariaring, Kurfürstendamm.
Hier kann der erste Bestandteil auch ein Eigenname sein, wobei aus klanglichen Gründen ein *-s* oder ein *-n* eingefügt sein kann:
Goethestraße, Sedanstraße, Karlsplatz, Isoldenstraße.
- wenn ein Eigen-, Orts-, oder Völkername auf *-er* endet:
Schillerstraße, Römerstraße.
- wenn das erste Wort ein endungsloses Eigenschaftswort ist:
Hochstraße, Rundgasse, Neumarkt.
Getrennt schreibt man Straßennamen immer dann, wenn sie eine Präposition oder einen Artikel oder ein dekliniertes Adjektiv beinhalten:
Untere Weidenstraße, Unter den Linden, Zur Grünen Au, Großer Ring.
Getrennt schreibt man auch bei Orts- und Ländernamen, denen die Silben *-er* oder *-isch* angehängt wurden:
Rosenheimer Straße, Bonner Platz, Englische Gasse.
Straßennamen aus mehrteiligen Eigennamen oder aus einer Kombination von Adjektiv und Substantiv werden mit Bindestrichen geschrieben:
Stefan-Zweig-Weg, Geschwister-Scholl-Platz, Schwere-Reiter-Straße.
Straßennamen müssen im Zusammenhang des Satzes dekliniert werden:
Sein Elternhaus liegt in der Rosenheimerstraße. Er sah sie in der Oberen Weidenstraße.
Strauß: Das Substantiv *der Strauß* in den Bedeutungen "Blumengebinde" und "Kampf" hat den Plural: *die Sträuße.* Der Vogelname bildet den Plural: *die Strauße.*
Zum Gemessenen nach Strauß → Sack, → Seidel, → Kiste etc.
streichen: Transitiv verwendet wird das Perfekt mit *haben* gebildet:
Sie hat das Fett auf das Backblech gestrichen.
Bei intransitivem Gebrauch wird das Perfekt mit *sein* umschrieben:
Der Dieb war schon Tage zuvor um das Gebäude gestrichen.
Streik: Das Substantiv bildet die standardsprachlich korrekten Pluralformen: *die Streiks* und *die Streike.*
streitig - strittig: Das heute übliche Adjektiv ist *strittig.* Nur noch in der juristischen Fachsprache wird streitig im Sinne von "anhängig" gebraucht:
Sie diskutierten lange über dieses strittige Thema.
streng: Geht dem Superlativ von streng ein Artikel voraus, und wird diese Kombination für "strengstens" gesetzt, schreibt man auch klein:
Die strenge Lehrerin sieht aufs strengste darauf, daß Stille herrscht.
Groß schreibt man Substantivierungen:
Die Strenge dieses Gesichts übte einen eigenartigen Reiz aus.
Entsteht durch die Kombination von streng und einem folgenden Verb eine neue Bedeutung, schreibt man die beiden Wörter zusammen:
Er hat ziemlich strenggerochen (= säuerlich, nicht frisch). *Strenggenommen* (= genau betrachtet) *gehört das nicht zu meiner Aufgabe.*

Werden sie in ihrer ursprünglichen Bedeutung gebraucht, schreibt man sie getrennt; beide sind betont:
Für das lächerliche Vergehen wurden sie zu streng bestraft.
Streß: Das Substantiv *der Streß* bildet den Genitiv: *des Stresses* und den - seltenen - Plural: *die Stresse.*
Strichpunkt: → Kapitel Zeichensetzung
Stück: Der Plural heißt: *die Stücke.* Als Mengenbezeichnung wird *Stück* in der Regel nicht dekliniert: *3 Stück Kuchen* (Selten: *3 Stücke Kuchen*). Das Gezählte nach *Stück* kann in gehobener Sprache gebeugt werden:
Ein Stück Kuchen (Nicht: *Ein Stück Kuchens*).
Fünf Stücke süßer Kuchen (geh.: *fünf Stücke süßen Kuchens*); *mit zwei Stücken süßem Kuchen* (geh.: *mit zwei Stücken süßen Kuchens*).
stützen, sich: Nach der Wendung *sich stützen auf* steht ein Akkusativ:
Er stützte sich auf das Geländer. Seine gesamte Argumentation stützte sich auf falsche Informationen.
Subjekt: Das Subjekt oder der Satzgegenstand ist das Satzglied, über das die Aussage getroffen wird. Das Subjekt steht im Nominativ und antwortet auf die Fragen *Wer?* oder *Was?*. Zwischen dem Subjekt und dem finiten Verb besteht Übereinstimmung:
Der Lehrer erklärt alles (Wer erklärt alles? *Der Lehrer.*) *Die Blumen blühen* (Was blüht? *Die Blumen*).
Das Subjekt kann auch ein Nebensatz, ein erweiterter Infinitiv mit *zu* oder ein unpersönliches Fürwort sein:
Daß Sie keine Zeit haben, ist schade. (Was ist schade? *Daß Sie keine Zeit haben.*) *Mit ihm auszukommen ist schwierig.* (Was ist schwierig? *mit ihm auszukommen.*) *Es wird schon hell.* (Wer oder Was wird hell? *Es.*)
Subjektsatz: Ein Nebensatz an der Stelle eines Subjekts heißt Subjektsatz. → Subjekt

Substantiv: Ein Substantiv oder auch Dingwort, Nennwort, Hauptwort, bezeichnet Gegenstände und Lebewesen, also Konkreta, wie auch Gefühle, Vorgänge, Zustände, Handlungen, Beziehungen, Erscheinungen etc., also Abstrakta. Substantive haben einen Artikel und werden immer groß geschrieben. Substantive werden durch Geschlecht, Numerus und Kasus definiert. Bei der Deklination oder Beugung eines Substantives unterscheidet man die starke, die schwache und die gemischte Deklination. Zu Besonderheiten dieser Deklinationen sowie zur Deklination von Eigennamen, Titel etc. siehe das jeweilige Stichwort.
Substantivierungen anderer Wortarten:
Werden andere Wortarten in Substantive umgewandelt, müssen sie in der Regel ebenfalls gebeugt und groß geschrieben werden. Im allgemeinen werden Infinitive, Adjektive und Partizipien substantiviert. Ein zum Hauptwort erhobener Infinitiv wäre z. B.: *Das Spielen und das Singen schöner Lieder* (von den Verben *spielen* und *singen*). Ein substantiviertes Adjektiv ist: *Die Schöne geht stolz vorbei* (vom Adjektiv *schön*). Ein substantiviertes Partizip wäre: *Die Angestellten beraten sich* (vom Partizip *angestellt* des Verbs *anstellen*). Zu den Besonderheiten von Substantivierungen siehe das betreffende Stichwort.
suchen: Wird das Verb *suchen* als ein erweiterter Infinitiv mit *zu* im Sinne von "versuchen" gebraucht, steht kein Komma davor:
Die Berater suchten für den Kanzler ein neues Image zu kreieren.
Wird innerhalb dieser Konstruktion das Verb *suchen* durch eine nähere Angabe ergänzt, muß ein Komma gesetzt werden:
Die Berater suchten vergeblich, für den Kanzler ein neues Image zu kreieren. Vergeblich suchten die Berater, für den Kanzler ein neues Image zu kreieren.
Süd - Süden: → Nord - Norden

südlich - südwärts: → nördlich - nordwärts

Suggestion, die: [lat. suggestio "Eingebung, Einflüsterung"] gezieltes Erzeugen von Gedanken, Gefühlen oder Verhaltensweisen bei anderen Menschen durch geistige oder seelische Beeinflußung. Dies kann auch ohne das Wissen der beeinflußten Person geschehen.

Superlativ: Der Superlativ oder Höchststufe oder Meiststufe ist die höchste Steigerungsstufe des Adjektivs oder derjenigen Adverbien, die steigerungsfähig sind: *am stärksten* (von *stark, stärker*).

Sympathie, die: [griech. sympátheia "Mitgefühl, Mitleiden, Einhelligkeit"] Wohlgefallen, (Zu)Neigung; Seelenverwandtschaft, Ähnlichkeit in der Gesinnung, Überzeugung, im Erleben.

Symphonie: → Sinfonie

Synthese, die: [griech. synthesis "zusammensetzen, -stellen, -fügen"] Zusammenfügung, Verknüpfung von einzelnen Teilen zu einem übergeordneten Ganzen; in der Wissenschaft aus These und Antithese erschlossenes und diese verbindendes Ergebnis.

Szene: → Scene - Szene

Szepter - Zepter: Die Form *Szepter* ist der veraltende Ausdruck für *Zepter*. → Zepter

T

Tabak- - Tabaks-: Komposita mit dem determinierenden Substantiv *Tabak* werden teils mit, teil ohne Fugen-s gebildet. Mit Fugen-s stehen:
Tabakskollegium, Tabakspfeife, Tabaksbeutel, Tabaksdose.
Ohne Fugenzeichen werden gebildet:
Tabakpflanze, Tabaksteuer, Tabakblatt, Tabakplantage etc.

Tabernakel: Möglich ist *der Tabernakel* und *das Tabernakel*. Der Plural lautet: *die Tabernakel.*

tadel- - tadelns- - tadels-: Es sind Komposita mit allen drei Varianten möglich:
Tadelsucht, tadelfrei, tadellos; tadelnswert, tadelnswürdig; tadelsfrei, tadelssüchtig.

tadeln: Das Verb *tadeln* wird in der Regel mit den Präpositionen *wegen, für* kombiniert; selten ist der Anschluß mit *um ... willen:*
Man tadelte sie wegen ihrer Einstellung. Man tadelte sie für ihre Einstellung. Man tadelte sie um ihrer Einstellung willen.

Tag: Das Substantiv schreibt man groß:
Tag für Tag; bei Tage; in vierzehn Tagen, eines Tages; des Tags zuvor am Tag darauf etc.
Das Adverb wird klein geschrieben:
tags zuvor; tagsüber; tagtäglich; tagaus, tagein; anderentags etc.

Tag- - Tage- - Tages-: Bei der Kompositabildung mit dem determinierenden Substantiv *Tag* sind alle drei Varianten möglich. Sie unterscheiden sich häufig nur im regionalen Gebrauch, manchmal auch in der Bedeutung:
Taggebäude, Tagfahrt (= bergmännisch für: *Schachtgebäude, Auffahrt*).
Tagfalter, Tagschicht. Tagebuch, Tagereise, Tagegeld etc.
Tagesanbruch, Tageszeitung, Tagesbefehl, Tagesordnung etc.
Mehr Varianten sind möglich bei:
Tag(e)blatt, Tag(e)lohn, Tag(e)werk, Tag(e)bau, tag(e)weise; tag(es)hell, Tage(s)marsch.

tagelang - Tage lang: Die beifügend gebrauchte Zusammensetzung schreibt man klein:
Die Unterhändler hatten die Konferenz tagelang vorbereitet.

Wird *Tag* näher definiert, schreibt man den Ausdruck getrennt:
Die Unterhändler hatten die Konferenz drei Tage lang vorbereitet.

-tägig - täglich: Zusammensetzungen mit *-tägig* bedeuten "eine Reihe von Tagen dauernd":
Während ihres vierzehntägigen Urlaubs in Paris lernte sie Pierre kennen.
Zusammensetzungen mit *-täglich* definieren die Zeitspanne, nach der sich etwas wiederholt:
Die vierzehntäglich stattfindenden Literaturkurse waren gut besucht.

tanzen: Das Perfekt des Verbs *tanzen* wird mit *sein* oder *haben* gebildet. Mit *haben* hebt die Aussage die Dauer und den Vorgang des Tuns hervor:
"So hat sie nie getanzt, und sie staunt selbst, ... (Stefan Zweig)
Das Perfekt wird mit *sein* gebildet, wenn es eine ortsverändernde Bewegung ausdrücken soll:
Sie sind durch den Saal in den Park getanzt.

tapfer: Wird *tapfer* gebeugt oder gesteigert bleibt in der Regel das *e* der Endsilbe enthalten; beim Komparativ kann eines entfallen:
Das tapfere Mädchen war tapf(e)rer als der Junge.

Tasse: Nach *Tasse* im Sinne einer Maßbezeichnung kann das Gezählte in der gehobenen Sprache dekliniert werden:
Eine Tasse Tee (Nicht: *Eine Tasse Tees*).
Fünf Tassen indischer Tee (geh.: *fünf Tassen indischen Tees*); *mit zwei Tassen indischem Tee* (geh.: *mit zwei Tassen indischen Tees*).

Tau: Das sächliche Substantiv *das Tau* bedeutet "Strick, Seil", das männliche *der Tau* bezeichnet einen "Feuchtigkeitsniederschlag".

tauchen: Das Perfekt des Verbs *tauchen* wird mit *sein* oder *haben* gebildet. Mit *haben* hebt die Aussage die Dauer und den Vorgang des Tuns hervor:
Sie haben die ganzen Ferien getaucht.
Das Perfekt wird mit *sein* gebildet, wenn es eine ortsverändernde Bewegung ausdrücken soll:
Der Knabe ist schon fünf Meter tief getaucht.
Heute überwiegt der Gebrauch von *sein* gegenüber den Formen mit *haben*. Man sagt auch:
Sie sind den ganzen Tag getaucht.

täuschen: Nach der Wendung *sich täuschen in* folgt ein Dativ:
Er hat sich in seinem alten Lehrer gründlich getäuscht (Nicht: *... in seinen Lehrer*).

tausendjährig: Dieses Adjektiv wird nur als Teil von Namen groß geschrieben:
Das Tausendjährige Reich (= der biblische Begriff, nicht das nationalsozialistische *tausendjährige Reich*).

tausendste: → achte - Achte

Teach-in, das: [engl. teach-in zu to teach "lehren, unterrichten"]
Eine meist politische Diskussionsveranstaltung, mit der Intention, Mißstände zu entlarven, und deren Abhaltung betont demonstrativ ist.

Teamwork, das: [engl. teamwork gleichbed.]
Gruppenarbeit, Zusammenarbeit; das gemeinsam Erarbeitete, Geschaffene.

technisch: Das Adjektiv *technisch* schreibt man klein, den Bestandteil von Namen groß:
Er ist technischer Zeichner an einer technischen Fachschule. An technischen Hochschulen sind technische Begabungen gefragt. Die Technische Hochschule München.

Tee: Das Substantiv ist männlich: *der Tee,* der Genitiv lautet: *des Tees,* der Plural lautet: *die Tees.*

Teen - Teenager: Mit diesem Begriff bezeichnet man weibliche und männliche Jugendliche zwischen 13 und 19 Jahren. Beide Begriffe sind maskulin: *der Teen, der Teenager,* der Genitiv lautet: *des Teens, des Teenagers,* der Plural heißt: *die Teens, die Teenager.*

Teil: Wird *Teil* im Sinne von "Bruchstück von einem größeren Ganzen" gebraucht, heißt es *der Teil.* Im Sinne von "Stück, Einzelteil" wird es überwiegend sächlich gebraucht: *das Teil.* In einigen Wendungen ist beides möglich, wenngleich der sächliche Gebrauch häufiger ist:
Ich für mein Teil oder *meinen Teil bin dafür. Sie hat das bessere Teil* oder *den besseren Teil erwischt.*
Fungiert der Begriff als Verbzusatz oder als Adverb, schreibt man ihn klein:
Er mußte teils lachen, teils weinen. Sie hatte an seinem Unglück teil. Viele nahmen an der Demonstration teil.
Folgt nach *Teil* das Gezählte oder Gemessene im Plural, so steht das Verb im Singular, wenn man nach dem Numerus des Satzsubjekts *der Teil* konstruiert:
Ein Teil der Bücher war vor dem Erscheinen schon verkauft.
Konstruiert man dagegen nach dem Sinn, folgt das Verb im Plural:
Ein Teil der Bücher waren vor dem Erscheinen schon verkauft.
teils ... teils: Da es sich um eine Aufzählung handelt, muß vor dem zweiten *teils* immer ein Komma stehen:
Er verdiente sein Geld teils mit Stundengeben, teils mit Taxifahren.
In der Regel steht das Prädikat auch dann in der Einzahl, wenn mit *teils ... teils* zwei Subjekte verbunden werden:
Teils der Sohn, teils die Tochter kümmert sich um die Mutter.
Tempo: Im Sinne von "Geschwindigkeit" ist ein pluralischer Gebrauch nicht üblich. Die Pluralform zu diesem Begriff im Sinne eines "Zeitmaßes in der Musik" lautet korrekt: *die Tempi.*
Temporalsatz: Ein Temporalsatz ist ein Nebensatz, der die zeitliche Definition des übergeordneten Satzes leistet:
Als im Kino das Licht ausging, fing das Tütengeraschel an. Bevor er sich entschuldigen konnte, war sie schon davongelaufen.

Tempus: Unter Tempus versteht man die verschiedenen Zeitstufen des Verbs. → Präsens, → Präteritum oder Imperfekt, → Perfekt, → Plusquamperfekt, → Futur
Tenor: Das Substantiv *der Tenor* mit der Bedeutung "hohe Singstimme für Männer" hat den Plural: *die Tenöre.* Im Sinne von "Sinn, Inhalt, Einstellung" bildet *Tenor* keinen Plural:
Die Mozartschen Tenöre sind meist die Langweiler unter den Figuren. Der Tenor der Erklärung war eindeutig.
Terrain, das: [lat. terrenum "aus Erde bestehendes"]
Gelände, Gebiet; Boden, Grundstück.
Test: Von den beiden korrekten Pluralformen: *die Teste* und *die Tests* ist letztere heute üblicher.
teuer: Wird *teuer* gebeugt oder gesteigert, entfällt das *e* der Endsilbe:
Das war ein teures Vergnügen. Alles wird immer teurer.
Therapie, die: [griech. therapeía gleichbed.]
Kranken- oder Heilbehandlung.
Thermometer: Standardsprachlich korrekt heißt es: *das Thermometer,* im süddeutschen, österreichischen und schweizerischen Sprachraum ist auch *der Thermometer* üblich.
Thermostat: Das Substantiv kann stark oder schwach dekliniert werden: *der Thermostat, des Thermostats, dem, den Thermostat,* Plural: *die Thermostate* oder: *der Thermostat, des Thermostaten, dem, den Thermostaten,* Plural: *die Thermostaten.*
Thymian, der: [griech. thymon gleichbed.]
Name einer Gewürz- und Heilpflanze.
tief: Das Adjektiv schreibt man klein; es wird auch dann klein geschrieben, wenn ein Artikel vorausgeht, die Kombination aber für "zutiefst" steht:
Diese Bemerkung hatte ihn auf das tiefste gekränkt.
Tief und ein folgendes 2. Partizip schreibt man zusammen, wenn die Kombination

adjektivisch verwendet wird; nur das erste Wort ist betont:
Der tiefgekränkte Ehemann forderte den Nebenbuhler zum Duell.
Ist das Adjektiv näher definiert oder dominiert die Vorstellung des Tuns, schreibt man getrennt; beide Wörter sind betont:
Der wirklich tief gekränkte Ehemann forderte den Nebenbuhler zum Duell.
In der Satzaussage werden beide Wörter immer getrennt geschrieben:
Der betrogene Mann war tief gekränkt.
Kombinationen aus *tief* und 1. Partizipien werden in der Regel zusammen geschrieben. Diese Verbindungen von *tief* und 1. oder 2. Partizipien werden in den Vergleichsformen getrennt, nur *tief* wird gesteigert:
tiefgreifende, tiefer greifende, am tiefsten greifende; tiefgekränkt, tiefer gekränkt, am tiefsten gekränkt.

tiefblickend: Gesteigert wird: *tiefer blickend, am tiefsten blickend* und *auch tiefstblickend.* → tief

tiefernst: Dieses Adjektiv wird immer zusammen geschrieben und ist nicht steigerungsfähig.

tiefgefühlt: Gesteigert wird: *tiefer gefühlt, am tiefsten gefühlt* und *auch tiefstgefühlt.* → tief

tiefgehend: Gesteigert wird: *tiefer gehend, am tiefsten gehend* und *auch tiefstgehend.* → tief

tiefgekühlt: Benennt das Adjektiv in Kombination mit Substantiven eine bestimmte Kategorie dieser genannten Dinge, wird es zusammen geschrieben:
tiefgekühltes Fleisch, tiefgekühltes Gemüse, tiefgekühltes Geflügel etc.

tiefliegend: Gesteigert wird: *tiefer liegend* und auch *tieferliegend, am tiefsten liegend* und auch *tiefstliegend.*

tiefstapelnd: Dieses Verb ist ein unfestes; es wird konjugiert: *ich staple tief; ich habe tiefgestapelt; um tiefzustapeln.*

Tingeltangel: Dieses Substantiv kann sowohl mit männlichem als auch mit sächlichem Artikel stehen: *der Tingeltangel, das Tingeltangel.* Der Genitiv heißt: *des Tingeltangels,* die Pluralform lautet: *die Tingeltangel.*

Titel und Berufsbezeichnungen: → Kapitel Titel und Berufsbezeichnungen

tod- - tot-: Komposita mit dem determinierenden Substantiv *Tod* schreibt man mit *d,* auch wenn es um die Verstärkung eines Ausdrucks geht:
Todsünde, todgeweiht, todtraurig etc.
Komposita mit dem determinierenden Adjektiv *tot* schreibt man mit *t:*
Totgesagter, totschweigen, totschießen, sich totlachen etc.

Toiletten-: In der Regel werden Komposita mit dem determinierenden Substantiv *Toilette* mit *-en* gebildet:
Toilettenpapier, Toilettenartikel etc.

Tonne: → Tasse

Tor: Das männliche *der Tor* im Sinne von "dummer, törichter Mensch" wird schwach dekliniert: *der Tor, des Toren, dem Tor, den Tor.* Der Plural lautet: *die Toren.*
Das sächliche *das Tor* bedeutet "große Tür" und wird stark dekliniert: *das Tor, des Tor(e)s; dem Tor, das Tor,* der Plural lautet: *die Tore.*

tot: Das Adjektiv schreibt man klein, seine Substantivierungen groß:
Ein toter Mann; "Die Tote im See" (Raymond Chandler)
Groß wird *tot* auch als Bestandteil von Namen geschrieben:
Das Tote Gebirge, das Tote Meer.
Das Adjektiv und ein folgendes Verb schreibt man zusammen, nur von dem Verb *sein* wird getrennt geschrieben:
sich totlachen, totstellen etc; der Mann muß tot sein.
Das 2. Partizip geboren wird mit *tot* zusammengeschrieben, wenn die Kombination adjektivisch eingesetzt wird; in der Satzaussage wird getrennt geschrieben:
Das totgeborene Baby wurde begraben.
Das Baby wurde tot geboren.

tot- - tod-: → tod- - tot

total: Dieses Adjektiv kann nicht gesteigert werden, da es schon einen Superlativ ausdrückt:
Das Konzert war die totale Sensation (Nicht: *... die totalste Sensation*).

traben: Das Perfekt des Verbs *traben* wird mit *sein* oder *haben* gebildet. Mit *haben* hebt die Aussage die Dauer und den Vorgang des Tuns hervor:
Das Pony hat schön getrabt.
Das Perfekt wird mit *sein* gebildet, wenn es eine ortsverändernde Bewegung ausdrücken soll:
Der Knabe ist mit dem Pony über die Wiese getrabt.
Heute überwiegt der Gebrauch von *sein* gegenüber den Formen mit *haben*. Man sagt auch:
Sie sind den ganzen Vormittag getrabt.

tragbar - tragfähig: Das Adjektiv *tragbar* darf nur in passivischem Sinn gebraucht werden; aktivisch wird *tragfähig* eingesetzt:
Ein tragbarer CD-Player. Die Brücke war nicht mehr tragfähig.

tragen: In der Fügung *zum Tragen kommen* im Sinne von "sich auswirken" wird das hier substantivierte Verb *tragen* groß geschrieben:
Dabei kam sein Engagement zum Tragen.

Traktat: Das Substantiv kann sowohl mit männlichem als auch mit sächlichem Artikel stehen: *der* oder *das Traktat*.

transitives Verb: Unter einem transitiven Verb oder zielenden Zeitwort versteht man ein Verb, das ein Akkusativobjekt bei sich haben kann, und das somit auch ein persönliches Passiv bilden kann. Das Akkusativobjekt des Aktivsatzes wird zum Subjekt des Passivsatzes:
Ich überspiele eine Schallplatte. Die Schallplatte wird von mir überspielt.

träte - trete: *Träte* ist der Konjunktiv II des Verbs *treten*, der vor allem im Konditionalsatz Verwendung findet:
Träte er aus seiner Studierstube, würde er von der Wirklichkeit mehr mitbekommen.
Trete ist die Form des Konjunktiv I, die hauptsächlich in der indirekten Rede gebraucht wird:
Sie sagte, er trete gerade aus der Tür.

trauen, sich: Standardsprachlich korrekt folgt nach *sich trauen* ein Akkusativ; dies gilt auch für "sich an eine Stelle trauen":
Das traue ich mich (Nicht: *mir*) *nicht. Ich traue mich nicht auf den Berg* (Nicht: *Ich traue mir nicht ...*).

treffen - begegnen: begegnen - treffen

treiben: Bei transitivem Gebrauch wird das Perfekt mit *haben*, bei intransitiver Verwendung mit *sein* umschrieben:
Der Sturm hat die Blätter durch die Stadt getrieben. Die Blätter sind hin und her getrieben.

treten: Bei transitivem Gebrauch wird das Perfekt mit *haben*, bei intransitiver Verwendung mit *sein* umschrieben:
Er hat den Hund getreten. Die Fehlschläge sind an den Tag getreten.
Ist nur das getretene Objekt angegeben, steht dieses im Akkusativ:
Er tritt den Hund.
Ist das Körperteil angegeben folgt nach *treten* der davon Betroffene meist im Dativ; es kann aber auch der Akkusativ stehen, wenn ausgedrückt werden soll, daß der Getretene unmittelbar betroffen ist:
Er tritt dem bzw. den Hund auf den Schwanz.
Auch bei bildlichem oder übertragenen Gebrauch wird in der Regel der Dativ gesetzt:
Plötzlich trat ihm der Schweiß auf die Stirn.
→ träte - trete

treu: *Treu* und ein folgendes 2. Partizip schreibt man zusammen, wenn die Kombination adjektivisch verwendet wird; nur das erste Wort ist betont:
Der treugesinnte Kompagnon half ihm aus der Patsche.
Ist das Adjektiv näher definiert oder dominiert die Vorstellung des Tuns, schreibt man getrennt; beide Wörter sind betont:

Nur ein wirklich treu gesinnter Kompagnon würde ihn dabei unterstützen.
In der Satzaussage werden beide Wörter immer getrennt geschrieben:
Dieser Mann war immer treu gesinnt.
Immer getrennt schreibt man *treu* auch von den Verben *sein* und *bleiben:*
Ich werde dir treu sein und auch treu bleiben.

Trial-and-error-Methode, die: [engl. trial and error "Versuch und Irrtum"]
Bei der Lösung eines Problems eine Methode, um Fehler und Fehlerursachen zu finden, indem man verschiedene Möglichkeiten ausprobiert.

Tribun: In der Einzahl kann dieses Substantiv sowohl stark als auch schwach dekliniert werden: *der Tribun, des Tribuns, dem, den Tribun;* der Plural lautet: *die Tribune.* Schwach gebeugt heißt es: *der Tribun, des Tribunen, dem, den Tribunen;* der Plural lautet: *die Tribunen.*

triefen: Dieses Verb wird heute allgemein regelmäßig konjugiert: *triefen, triefte, getrieft.*

trocken: In folgenden festen Redewendungen schreibt man *trocken* klein, obwohl ein Artikel vorangeht:
auf dem trockenen sitzen (= ugs. für: in finanziellen Schwierigkeiten sein); *die Schäfchen im trockenen haben* oder *ins trockene bringen* (= ugs. für: wirtschaftlich gesichert sein, sich sichern); *auf dem trockenen sein* (= ugs. für: erledigt, fertig sein); *im trockenen sein* (= ugs. für: sicher, geborgen sein).
Das substantivierte Adjektiv schreibt man groß:
im Trockenen sein (= nicht im Nassen sein); *auf dem Trockenen stehen* (= auf nichtnassem Boden stehen).
Wird *trocken* im ursprünglichen Sinn mit eigenem Satzgliedwert gebraucht, schreibt man es vom folgenden Verb getrennt; beide Wörter sind betont:
Das Brennholz muß trocken gelegt werden. Die Munition soll trocken gelagert werden.
Entsteht durch die Kombination ein neuer, oft übertragener Begriff, schreibt man zusammen; nur *trocken* ist betont:
Das Baby muß trockengelegt werden (= frisch gewickelt werden).
Beim gebeugten Komparativ kann ein *e* entfallen:
Er bevorzugt trock(e)nere Weißweine.

trocknen: Das intransitive Verb *trocknen* kann seine Perfektform ohne Bedeutungsunterschied sowohl mit *haben* als auch mit *sein* bilden:
Das Zelt hat oder *ist schnell getrocknet.*

Tropf - Tropfen: Das Substantiv *der Tropf* bezeichnet einen "einfältigen Menschen", bildet den Genitiv: *des Tropf(e)s* und den Plural: *die Tröpfe.*
Das Substantiv *der Tropfen* bedeutet "kleine Menge einer Flüssigkeit", bildet den Genitiv: *des Tropfens* und hat den Plural: *die Tropfen.* Zum Gemessenen nach *Tropfen* → Tasse, → Tonne

Trophäe, die: [franz. trophée gleichbed.]
Zeichen des Sieges, z. B. erbeutete Fahnen, Waffen o. ä.; Siegespreis in einem friedlichen Wettkampf, z. B. Pokal o. ä.; Jagdbeute.

Trottoir, das: [franz. trottoir gleichbed.]
Gehsteig, Fußweg, Bürgersteig.

trotz: Nach der Präposition folgt in der Regel ein Genitiv: *Trotz der miserablen Arbeitsbedingungen leistet er ein gutes Pensum.*
Die Fügungen *trotzdem, trotz allem* und *trotz alledem* haben einen Dativ nach sich, wie auch häufig im süddeutschen Sprachraum der Dativ gebraucht wird:
Trotz den Verhältnissen ... (süddt.).
Steht die Präposition vor einem alleinstehenden, starken Substantiv, oder treffen zwei stark deklinierte Substantive aufeinander, ist ebenfalls ein Dativ möglich:
Trotz dem Wehen des Windes liefen die Boote aus (Statt: *Trotz des Wehens des Windes liefen die Boote aus*).

trotzdem: Das Wort *trotzdem* kann als unterordnende Konjunktion eingesetzt sein:

Trotzdem man ihm so übel mitgespielt hatte, war er ein fröhlicher Zeitgenosse.
Es kann aber auch als satzeinleitendes Adverb fungieren:
Sie arbeiteten äußerst sorgfältig; trotzdem schlichen sich Fehler ein.
Troubadour, der: [franz. troubadour gleichbed.]
provenzalischer Minnesänger des 12. bis 14. Jahrhunderts.
trüb: In der Redewendung *im trüben fischen* wird das Adjektiv auch mit Artikel klein geschrieben.
Trüffel: Standardsprachlich ist dieses Wort feminin: *die Trüffel, der Trüffel; die Trüffel.* In der Umgangssprache wird es häufig auch mit männlichem Artikel gebraucht: *der Trüffel, des Trüffel; die Trüffel.*
trügen: Standardsprachlich korrekt ist nur die unregelmäßige Beugung: *ich trüge, ich trog, ich habe getrogen.*
Der Konjunktiv II lautet: *ich tröge.*
Trupp: Folgt nach *Trupp* das Gezählte oder Gemessene im Plural, so steht das Verb im Singular, wenn man nach dem Numerus des Satzsubjekts *der Trupp* konstruiert:
Ein Trupp Soldaten desertierte.
Konstruiert man dagegen nach dem Sinn, folgt das Verb im Plural:
Ein Trupp Soldaten desertierten.
Die Angabe, woraus *die Truppe* besteht, kann als Apposition oder im Genitiv angefügt werden:
Ein Trupp erfahrene Soldaten schützten die Botschaft. Ein Trupp erfahrener Soldaten schützte die Botschaft.
Trupp - Truppe: Das männliche *der Trupp* bezeichnet eine "Gruppe, Schar" und hat die Genitivform: *des Trupps* und den Plural: *die Trupps.* Das Substantiv *die Truppe* meint eine "Heeresabteilung" oder "Gruppe von gemeinsam auftretenden Künstlern". Es hat die Genitivform: *der Truppe,* der Plural lautet: *die Truppen.*
Tuch: Der Plural *die Tuche* meint eine "zu verarbeitende Stoffart", während die Mehrzahl *die Tücher* "ein zu einem bestimmtem Gebrauch gefertigtes Stück Stoff" bezeichnet, z. B. *Kopftücher, Halstücher, Tischtücher etc.*
tun: Das bei den finiten Formen eingeschobene *e* gilt als veraltet. Es heißt korrekt: *ich tu* (Nicht: *ich tue*). Eine Kombination des Verbs *tun* mit einem Infinitiv gilt nur als korrekt, wenn der Infinitiv vorangestellt ist und folglich durch *tun* betont wird:
Tanzen tut sie furchtbar gern.
Falsch ist eine Formulierung wie:
Sie tut furchtbar gern tanzen.
Tunichtgut: Als Genitivformen sind korrekt: *des Tunichtgut* und *des Tunichtgut(e)s.* Der Plural lautet: *die Tunichtgute.*
tunlichst: Das Adverb als Beifügung eingesetzt ist äußerst schwerfällig:
Gewalttätige Auseinandersetzungen sind tunlichst zu vermeiden (Nicht: *Die tunlichste Vermeidung von ...*).
Tunnel - Tunell: Standardsprachlich korrekt heißt es *der Tunnel, des Tunnels; die Tunnels.* Im süddeutschen Sprachgebiet existiert auch eine sächliche Form: *das Tunell, des Tunells; die Tunelle.*
Tycoon, der: [engl.-amerik. tycoon gleichbed.]
Großkapitalist, Industrieller mit großem politischen Einfluß; mächtiger Führer einer Partei o. ä.
Typ - Type: Das männliche Wort *der Typ, des Typs; die Typen* bedeutet "Ur- oder Vorbild; Persönlichkeitsbild, Modell". In der jugendlichen Umgangssprache wird es auch - positiv und negativ - im Sinne von "Persönlichkeit" gebraucht und kann auch schwach dekliniert werden: *der Typ, des Typen, dem, den Typen; die Typen.* Das weibliche Substantiv *die Type, der Type; die Typen* bezeichnet die "Letter, gegossener Buchstabe (im Buchdruck)" und umgangssprachlich einen "schrulligen Menschen".
Typus: Das männliche Substantiv *der Typus, des Typus; die Typen* bedeutet "Urbild, Beispiel; in bestimmter psychischer

Weise ausgeprägter Mensch". Es wird in der Regel nur in Fachsprachen gebraucht.
tyrannisieren: [franz. tyranniser gleichbed.]
unterdrücken, knechten, gewaltsam beherrschen; anderen den eigenen Willen aufzwingen.

U

u. a. - usf. - usw. - z. B.: Bei der Aufzählung von Beispielen setzt man entweder ein *z. B.* an den Anfang oder ein *u. a., usf., usw.* an den Schluß:
Sie spricht viele Sprachen, z. B. Englisch, Französisch, Spanisch, Kishuaeli und Arabisch. Sie spricht viele Sprachen, Englisch, Französisch, Spanisch, Kishuaeli, Arabisch u. a. (Nicht: *Sie spricht viele Sprachen, z. B. Englisch, Französisch, Spanisch, Kishuaeli, Arabisch u. a.*).

übel: Das Adjektiv wird auch dann klein geschrieben, wenn ein Artikel vorausgeht, die Kombination aber für "am übelsten" steht:
Das war eine üble Inszenierung. Dies wäre das übelste, was er tun könnte.
Seine Substantivierungen werden groß geschrieben:
Nichts Übles war in seinem Lebenslauf.
Wird *übel* im ursprünglichen Sinn gebraucht, schreibt man es vom folgenden Verb getrennt; beide Wörter sind betont:
Das wird übel ausgehen. Man wollte nicht übel handeln.
Entsteht durch die Kombination ein neuer, oft übertragener Begriff, schreibt man zusammen; nur *übel* ist betont:
Diese Bemerkung mußte sie ihm übelnehmen (= ankreiden, verargen).

Übel und ein folgendes 2. Partizip schreibt man zusammen, wenn die Kombination adjektivisch verwendet wird; nur das erste Wort ist betont:
Der übelgelaunte Chef kündigte ihm wegen einer Lappalie.
Ist das Adjektiv näher definiert oder soll das Tun betont sein, schreibt man getrennt; beide Wörter sind betont:
Der wirklich übel gelaunte Chef ist heute ungenießbar.
In der Satzaussage werden beide Wörter immer getrennt geschrieben:
Der Chef ist übel gelaunt.
Wird *übel* gesteigert oder gebeugt, entfällt das *e* der Endsilbe:
Das üble Kantinenessen wird immer noch übler.

über: Die Präposition wird mit einem Dativ verbunden, wenn in der Aussage die Vorstellung der Lage oder des Ortes (Frage: Wo?), wo sich der Vorgang abspielt, dominiert:
Er lag quer über dem Tisch.
Ein Akkusativ wird gewählt, wenn die Vorstellung der Richtung (Frage: Wohin?) dominiert:
Er legte sich quer über den Tisch.
Fehlt jegliche räumliche Vorstellung, steht ein Akkusativ:
Der Film ist freigegeben für Jugendliche über 16 Jahre. Alle lästerten über seine Hose.
Fungiert *über* als Adverb, um eine Zahlenangabe zu relativieren, hat es auf die Beugung des folgenden Substantivs keinen Einfluß:
Zu den Konzerten der Rolling Stones kamen über 100.000 Rockfans.
Das Adverb *über* als nähere Bestimmung zu einem Substantiv wird mit diesem nicht zusammen geschrieben:
Dem über Vierzigjährigen gelingt immer noch eine gute Bühnenshow.

über was - worüber: Standardsprachlich korrekt ist der Gebrauch des Pronominaladverbs *worüber.* In der Umgangssprache wird dafür häufig *über was* verwendet:

Ich will wissen, worüber du jetzt nachsinnst (ugs.: *Ich will wissen, über was du jetzt nachsinnst*). *Worüber regst du dich so auf?* (ugs.: *Über was regst du dich so auf?*).

Überdrüssig: Dieses Adjektiv hat in der Regel einen Genitiv oder bei weniger gehobener Sprache einen Akkusativ bei sich: *Nach 30 Jahren ist sie seiner überdrüssig. Nach 30 Jahren ist sie ihn überdrüssig.*

übereinander: Wird eine Wechselbezüglichkeit oder Gegenseitigkeit formuliert, schreibt man *übereinander* vom nachfolgenden Verb getrennt: *Ihr sollt doch nicht immer übereinander tratschen!*
Fungiert *übereinander* als selbständiges Adverb, schreibt man ebenfalls getrennt: *Die Lampions müssen übereinander aufgehängt werden.*
Fungiert *übereinander* als Verbzusatz, schreibt man zusammen: *Die Schallplatten sollen nicht übereinanderliegen.*

überessen: Die Wendung *sich etw. überessen* in der Bedeutung "etwas so oft essen, daß man eine Abneigung entwickelt" ist unfest zusammengesetzt. Es heißt: *Ich esse mich den Brokkoli über. Brokkoli habe ich mir übergegessen.*
Das Verb *sich überessen* in der Bedeutung "zuviel, mehr als angenehm ist, essen" ist fest zusammengesetzt. Es heißt: *Du überißt dich! Nun hast du dich übergessen.*

Überfahrts-: Komposita mit dem determinierenden Substantiv *Überfahrt* werden mit Fugen-s gebildet: *Überfahrtserlaubnis, Überfahrtsbillet, Überfahrtsdauer, Überfahrtsplan etc.*

überführen: Das Verb *überführen* in der Bedeutung "den Schuldbeweis bringen" ist immer fest zusammengesetzt. Es heißt: *Man überführt sie des Betrugs. Die Polizei hat sie überführt. Man stellte eine Falle, um sie zu überführen.*
Das Verb in der Bedeutung "von einem Ort an einen anderen bringen" kann sowohl unfest als auch fest zusammengesetzt sein. Es heißt unfest: *überführen; führt über; hat übergeführt; um überzuführen* oder fest: *überführen; überführt; hat überführt; um zu überführen.*

überlaufen: Das Verb *überlaufen* in den Bedeutungen "über den Rand fließen" oder "zum Gegner übertreten" ist unfest zusammengesetzt. Es heißt: *Dein Badewasser läuft gleich über. Nein, es ist schon übergelaufen. Der Soldat schwenkte eine weiße Fahne, um überzulaufen.*
Das Verb in den Bedeutungen "rennend überwinden" oder "jmd. als unangenehmes Gefühl, z. B. ein Schauer, überkommend" oder "sehr oft aufsuchen, besuchen" ist fest zusammengesetzt. Es heißt: *Er überlief den Verteidiger. Er sprintete los, um ihn zu überlaufen. Ein Gruseln hat sie überlaufen.*

überlegen: Das Verb *überlegen* in den Bedeutungen "über etw. legen" oder "sich neigen" ist unfest zusammengesetzt. Es heißt: *Sie legt sich eine Jacke über. Sie hat sie sich übergelegt. Er hinderte sie, sich zu weit überzulegen.*
Das Verb in der Bedeutung "durchdenken" ist fest zusammengesetzt: *Er überlegt sich das noch. Sie hat sich den Plan gut überlegt. Sie trafen sich, um noch einmal zu überlegen.*

überm: Das durch Verschmelzung aus *über* und *dem* entstandene *überm* schreibt man ohne Apostroph: *Jetzt ist er überm Berg.*

übern: Das durch Verschmelzung aus *über* und *den* entstandene *übern* schreibt man ohne Apostroph: *Nichts geht übern Herzbube.*

übernächtig - übernächtigt: Beide Bildungen sind korrekt, wenngleich heute *übernächtigt* üblicher ist.

übernehmen: Das Verb *übernehmen* in der Bedeutung "über die Schulter hängen" ist unfest zusammengesetzt:

Sie nahm den Pelz über. Der Soldat hat das Gewehr übergenommen. Sie übten, es überzunehmen.
Das Verb in den Bedeutungen "etw. in Besitz nehmen, unter eigene Regie nehmen" und "sich zuviel aufzubürden" ist fest zusammengesetzt:
Er übernahm den Posten. Die Mutter hatte es übernommen, den Streit zu schlichten. Man bat den Schriftsteller, die Diskussionsleitung zu übernehmen. Mit diesem Projekt haben sie sich übernommen.

übers: Das durch Verschmelzung aus *über* und *das* entstandene *übers* schreibt man ohne Apostroph:
Übers Kartenspielen sagt er nichts.

Überschrift: Es gelten die Regeln wie beim Zitieren von Buchtiteln. Nach einer Überschrift steht kein Punkt. → Buchtitel

übersenden: Als Vergangenheit und 2. Partizip sind möglich: *übersendete* oder *übersandte; hat übersendet* oder *übersandt.*

übersetzen: Das Verb *übersetzen* in der Bedeutung "hinüberfahren, hinüberbringen" ist unfest zusammengesetzt. Es heißt:
Der Fährmann setzte über. Wir haben mit der Fähre übergesetzt. Wir warteten, um überzusetzen.
Das Verb in der Bedeutung "in eine andere Sprache übertragen" ist fest zusammengesetzt:
Er übersetzt den Text. Sie hat ihn schon übersetzt. Sie lernten, zu übersetzen.

übersiedeln: Das Verb kann sowohl unfest als auch fest zusammengesetzt sein. Es heißt: *siedeln über, sind übergesiedelt, um überzusiedeln* oder: *übersiedeln, sind übersiedelt, um zu übersiedeln.*

übertreten: Das Verb *übertreten* in den Bedeutungen "das Ufer überfluten", "sich einer anderen Gruppe anschließen" oder "eine Markierung nicht beachten" ist unfest zusammengesetzt. Es heißt:
Der Strom ist übergetreten. Sie trat zum Buddhismus über. Der Springer übt, um nicht wieder überzutreten.

Das Verb in der Bedeutung "gegen etw. verstoßen, etw. nicht beachten" ist fest zusammengesetzt:
Er übertrat das Monogamiegebot. Man hat die Regeln übertreten. Es machte ihr nichts aus, Vorschriften zu übertreten.

übrig: Das Adjektiv wird auch dann klein geschrieben, wenn ein Artikel vorausgeht, die Kombination aber für ein Adverb oder ein Pronomen verwendet wird:
das oder *alles übrige* (= weitere, restliche); *die* oder *alle übrigen* (= noch folgenden); *im übrigen* (= sonst); *ein übriges tun* (= etw. über das nötige hinaus tun).
Von den Verben *haben* und *sein* wird *übrig* getrennt geschrieben:
Sie werden noch Karten übrig haben. Es sollen noch welche übrig sein.
Fungiert *übrig* als Verbzusatz, schreibt man es mit dem betreffenden Verb zusammen, außer es erhält durch seine Anfangsstellung wieder eigenen Satzgliedwert:
Es sind eine Menge Karten übriggeblieben. Übrig blieben eine Menge Karten.

uferlos: Die Substantivierung schreibt man groß; die feste Wendung *ins uferlose* wird klein geschrieben:
Beim Diskutieren gerät er leicht in das Uferlose (= in das Endlose). *Ihre Gedanken gingen ins uferlose.*

um: Auf die Präposition *um* folgt ein Akkusativ:
Die Leute standen um den Prediger. Die Bäume rings um den Platz blühen.

um - um die: Fungiert *um* oder *um die* als Adverb, um eine Zahlenangabe zu relativieren, hat es auf die Beugung des folgenden Substantivs keinen Einfluß. → über

um so: → je desto - je je - je umso

um so mehr(,) als: Wird die Umstandsangabe mit der Konjunktion als Einheit gesehen, entfällt das Komma:
Er wird das schon hinkriegen, um so mehr als er ein Profi ist.
Ist die Umstandsangabe betont, steht vor *als* ein Komma:
Er wird das schon hinkriegen, um so mehr, als er wirklich ein Profi ist.

um so weniger(,) als: → um so mehr(,) als
um was - worum: → worum
um zu: Vor *um zu* steht immer ein Komma, da ein als erweitert geltender Infinitiv folgt:
Sie kamen, um zu erobern.
um zu - zu: Bei folgenden beiden Verwendungen kann das *um* entfallen. Der Infinitiv mit *um zu* drückt einmal die Schlußfolgerung einer Voraussetzung des Hauptsatzes aus:
Sie ist viel zu schön, um übersehen zu werden.
Außerdem wird damit Absicht einer Person oder Zweck eines Geschehens benannt:
Er war alt genug, (um) die Welt zu entdecken.
Nur mit *zu* steht der Infinitiv, wenn er als Beifügung fungiert:
Ihr Geschick, die Zuhörer zu interessieren, ist enorm.
Auch in der Funktion eines Objektes steht der Infinitiv mit *zu;* er kann nicht durch *um zu* ersetzt werden:
Sie ist willig, die Armen zu unterstützen. Ich schwöre, ihn zu besiegen.
umeinander: Wird damit eine Wechselbezüglichkeit oder Gegenseitigkeit formuliert, schreibt man *umeinander* vom nachfolgenden Verb getrennt:
Die Geschwister waren rührend umeinander besorgt.
Fungiert *umeinander* als Verbzusatz, schreibt man zusammen:
Er hat die Girlanden fest umeinandergewunden.
umgehen: Das Verb *umgehen* in den Bedeutungen "als Erscheinung auftreten", "zirkulieren" oder "auf bestimmte Art und Weise behandeln" ist unfest zusammengesetzt:
Im Schloß ging ein Gespenst um. Die Mitteilung war in der Belegschaft umgegangen. Sie versteht mit Computern umzugehen.

Das Verb in den Bedeutungen "etw. nicht beachten" oder "herumgehen um etw. oder jmdn." ist fest zusammengesetzt. Es heißt:
Die Probleme nicht zu lösen, sondern zu umgehen scheint ihre Devise. Sie haben die Gesetze ungestraft umgangen.
umgekehrt als: Nur die Verbindung mit *als* ist standardsprachlich korrekt; *umgekehrt wie* ist falsch.
umher - herum: → herum - umher
ums: Das durch Verschmelzung aus *um* und *das* entstandene *ums* schreibt man ohne Apostroph.
umschlagen: Das intransitive Verb bildet sein Perfekt mit *sein:*
Das Wetter ist plötzlich umgeschlagen.
umsonst - vergebens: *Umsonst* wird in den Bedeutungen "frei, unentgeltlich", "grundlos" und "vergebens" gebraucht. Nicht in allen Fällen können also die beiden Begriffe synonymisch füreinander verwendet werden.
Umstand: Das Substantiv wird groß geschrieben; die mit *halber* kombinierten Adverbien schreibt man klein und zusammen:
unter Umständen; keine Umstände erlauben, machen etc.; dringender Umstände halber; umständehalber, umstandshalber.
Umstandsbestimmung: → Adverb
umstehend: *Umstehend* wird auch dann klein geschrieben, wenn ein Artikel vorausgeht, die Kombination aber für das einfache *umstehend* im Sinne von "umseitig" verwendet wird:
Alles weitere im umstehenden.
Groß schreibt man das Substantiv:
Das Umstehende war klein gedruckt.
umwenden: → wenden
unbekannt: Das Adjektiv schreibt man klein; ebenso die Wendung nach *unbekannt verzogen:*
Er war nur ein unbekannter Soldat.
Substantivierungen und Namensbestandteile schreibt man groß:
Der Verdächtige schob den Mord auf den großen Unbekannten. Es wurde eine An-

zeige gegen Unbekannt erstattet. Das Grabmal des Unbekannten Soldaten.

unbeschadet: Diese Präposition wird mit einem Genitiv verbunden und kann vor oder nach seinem Bezugswort stehen: *Unbeschadet seiner Leistungen* oder *Seiner Leistungen unbeschadet ...*

und: Aus stilistischen Gründen sollte die Konjunktion *und* nur dann durch *sowie* oder *wie* ersetzt werden, wenn etwas nachgetragen oder mehrere aufeinanderfolgende *und* vermieden werden sollen.

Werden mehrere Subjekte durch *und* verknüpft, folgt das gemeinsame Verb in der Mehrzahl:
Tochter und Sohn pflegen das Grab.

Zur Kommasetzung:
Kein Komma steht vor *und*,
- wenn Aufzählungsglieder oder ein Nebensatz bzw. ein erweiterter Infinitiv als Aufzählungsglieder verbunden werden:
Stefan, Dominik und Daniel spielen Fußball. Die Knaben führten die Eltern ins Kino, ins Schwimmbad und wohin sie sonst noch wollten.
- wenn Nebensätze gleichen Grades verbunden werden:
Er glaubte, er fühle nichts und das sei gut so.
- wenn die verknüpften Hauptsätze kurz sind und eng zusammengehören:
Höre und antworte!
- wenn die verknüpften Hauptsätze einen gemeinsamen Satzteil haben:
Stefan übt Trompete und Dominik Akkordeon. In diesem Haus schreien die Kinder und plärren die Radios.

Ein Komma steht vor dem *und*,
- wenn beigeordnete Hauptsätze verbunden werden:
Die Arbeit dauert noch zwei Wochen, und sie haben Urlaub. Er recherchiert sorgfältig, und dann schreibt er erst.
- wenn trotz inhaltlicher Entsprechung die verknüpften Hauptsätze in vollem Wortlaut stehen:
Stefan übt Trompete, und Dominik übt Akkordeon. In diesem Haus schreien die Kinder, und die Radios plärren.
- wenn ein untergeordneter Nebensatz oder ein erweiterter Infinitiv vorausgeht:
Wir glauben, Ihnen Ihre Forderungen erfüllt zu haben, und verbleiben ...
- wenn ein mit einem Nebensatz oder Infinitiv beginnendes Satzgefüge angeschlossen wird:
Er ging gerne in den Park, und weil er sie dort traf, ging er immer öfter hin.
- wenn eine Apposition vorausgeht:
Karl, der gewitzte, und ich waren gute Freunde.
- wenn *und zwar* oder *und das* eine nähere Angabe anschließt:
Sie wird staunen, und zwar gewaltig.
→ Kapitel Zeichensetzung

undenkbar - undenklich: Während *undenkbar* im Sinne von "etw. kann nicht gedacht, vorgestellt werden" gebraucht wird, ist *undenklich* nur in Kombination mit Zeit zu verwenden:
Undenkbar, daß er das getan haben soll. Vor undenklichen Zeiten sind die Dinosaurier ausgestorben.

Underground, der: [engl. underground gleichbed.]
eine außerhalb der etablierten Gesellschaft bestehende Gruppe; künstlerische Protestbewegung mit avantgardistischen Ambitionen, die gegen die etablierte Kunst gerichtet ist.

Understatement, das: [engl. understatement gleichbed.]
das absichtliche Untertreiben.

unendlich: *Unendlich* wird auch dann klein geschrieben, wenn ein Artikel vorausgeht, die Kombination aber für "unaufhörlich, immerzu, immerfort" verwendet wird:
Sie lasen bis ins unendliche.
Groß schreibt man das Substantiv:
Das scheint bis in das Unendliche so weiterzugehen.

unersetzbar - unersetzlich: Beide Adjektive werden ohne Bedeutungsunterschied verwendet.

unfaßbar - unfaßlich: Beide Adjektive werden ohne Bedeutungsunterschied verwendet.

unfern: Als Präposition wird *unfern* mit einem Genitiv verbunden; bei adverbialem Gebrauch folgt ein *von:*
Unfern des Tatortes wurde der Einbrecher gestellt. Unfern von dem Tatort wurde der Einbrecher gestellt.

unförmig - unförmlich: Das Adverb *unförmig* bedeutet "plump, ohne gestaltete Proportionen", während das Adjektiv *unförmlich* "unkonventionell, unangemessen bzgl. Verhaltensnormen" meint.

unfreundlich: In der Regel wird heute das abhängige Wort mit der Präposition *zu* angeschlossen:
Er war sehr unfreundlich zu mir (Veraltet: *... gegen mich*).

ungeachtet: Diese Präposition wird mit einem Genitiv verbunden und kann vor oder nach seinem Bezugswort stehen:
Ungeachtet seiner Verdienste oder *Seiner Verdienste ungeachtet ...*

ungeachtet(,) daß: Als Einheit verstanden, steht kein Komma; tritt das hinweisende Fürwort *dessen* hinzu, wird ein Komma gesetzt:
Sie half ihm, ungeachtet daß sie selbst Hilfe benötigte. Sie half ihm, ungeachtet dessen, daß sie selbst Hilfe benötigte.

ungenutzt - ungenützt: Beide Formen sind üblich, wenngleich standardsprachlich *ungenutzt* favorisiert wird.

ungerechnet: Diese Präposition wird mit einem Genitiv verbunden:
Ungerechnet der Spesen ...

ungewiß: Klein wird *ungewiß* in festen Kombinationen mit Verben und vorausgehenden Artikeln geschrieben:
im ungewissen sein, bleiben, sich befinden, lassen etc.; ins ungewisse gehen, leben etc.
Das Substantiv schreibt man groß:
Sie lebten ins Ungewisse.

uni: Das Adjektiv *uni* im Sinne von "einfarbig, ohne Muster" kann nicht dekliniert werden. Man behilft sich, indem man *-farben* anfügt:
Sie trug ein unifarbenes Kleid.
Zur Groß- oder Kleinschreibung → Farbbezeichnungen

unklar: Klein wird *unklar* in festen Kombinationen mit Verben und vorausgehenden Artikeln geschrieben:
im unklaren sein, bleiben, lassen etc.

Unmasse: Folgt nach *Unmasse* das Gezählte oder Gemessene im Plural, so steht das Verb im Singular, wenn man nach dem Numerus des Satzsubjekts *die Unmasse* konstruiert:
Eine Unmasse Fans stürmte das Kino.
Konstruiert man dagegen nach dem Sinn, folgt das Verb im Plural:
Eine Unmasse Fans stürmten das Kino.

unpersönliche Verben: Hierbei handelt es sich um Verben, die kein persönliches Subjekt haben, sondern mit dem unpersönlichen *es* verbunden werden:
Es schneit heute. Es blüht alles.
Bei Verben körperlicher oder seelischer Empfindungen steht bei unpersönlichem Gebrauch die Person im Akkusativ; bei Inversion entfällt *es:*
Es langweilt mich. Mich langweilt.

unrecht: Klein wird *unrecht* in festen Kombinationen mit Verben geschrieben:
Er muß unrecht haben. Das wird unrecht sein. Er hat ihr unrecht getan.
Das Substantiv schreibt man groß:
Er hat ihr ein Unrecht angetan. Damit war er im Unrecht.

unrettbar: Das Adjektiv *unrettbar* kann nicht gesteigert werden.

unsagbar - unsäglich: Beide Adjektive werden im Sinne von "unbeschreiblich" gebraucht.

unser: Das Pronomen schreibt man klein, auch wenn ein Artikel vorangeht, mit dieser Kombination aber ein Substantiv zu ersetzen ist:
Wessen Mannschaft spielt heute? Die unsere oder *die unsrige.*

Groß wird *unser* als substantiviertes Pronomen oder als Bestandteil von Namen geschrieben:
Man soll uns das Unsere oder Unsrige zurückgeben. Unsere Liebe Frau (= Maria).

unsrige - Unsrige: → unser

unter: Die Präposition *unter* wird mit einem Dativ verbunden, wenn in der Aussage die Vorstellung der Lage oder des Ortes (Frage: Wo?), wo sich der Vorgang abspielt, dominiert:
Er lag unter dem Bett.
Ein Akkusativ wird gewählt, wenn die Vorstellung der Richtung (Frage: Wohin?) dominiert:
Er legte sich unter das Bett.
Fehlt jegliche räumliche Vorstellung, steht ein Akkusativ:
Der Film ist freigegeben für Kinder unter 16 Jahren. Unter allen Momenten war dies der schlechteste.
Fungiert *unter* als Adverb, um eine Zahlenangabe zu relativieren, hat es auf die Beugung des folgenden Substantivs keinen Einfluß:
Er verdient nicht unter 10.000 Mark im Monat.

unter der Bedingung, daß: Kommasetzung wie bei einem einfachen *daß*:
Er tritt die Reise an, unter der Bedingung, daß es keine Probleme gibt.

unter was - worunter: → worunter

unterbringen: Auf dieses Verb folgt ein Dativ (Wo?):
Man bringt ihn im Dachgeschoß unter.

Unterbringung: Nach dem Substantiv kann ein Dativ stehen, wenn in der Aussage die Vorstellung der Lage oder des Ortes (Frage: Wo?) dominiert:
Es wurde die Unterbringung in einem Heim erwogen.
Ein Akkusativ wird gewählt, wenn die Vorstellung der Richtung (Frage: Wohin?) dominiert:
Es wurde die Unterbringung in ein Heim erwogen.

unterderhand - unter der Hand: Das Adverb schreibt man klein und zusammen, die Wendung *etw. unter der Hand haben* im Sinne von "bearbeiten in Arbeit haben" schreibt man getrennt und groß.

untereinander: Wird eine Wechselbezüglichkeit oder Gegenseitigkeit formuliert, schreibt man *untereinander* vom nachfolgenden Verb getrennt:
Sie konnten das untereinander aushandeln.
Fungiert *untereinander* als selbständiges Adverb, schreibt man ebenfalls getrennt:
Die Schilder sollen untereinander angebracht werden.
Fungiert *untereinander* als Verbzusatz, schreibt man zusammen:
Der Koch hat alles untereinandergemischt.

untergraben: Das Verb *untergraben* in der Bedeutung "etw. unter etw. graben" ist unfest zusammengesetzt. Es heißt:
Der Gärtner gräbt das Unkraut unter. Er hat es untergegraben. Um es unterzugraben, holt er den Spaten.
Das Verb in der Bedeutung "langsam und unbemerkt schwächen, zerstören" ist fest zusammengesetzt. Es heißt:
Mit dieser Posse untergraben sie Sitte und Moral. Sie haben die Ordnung untergraben. Um seinen Ruf zu untergraben, ist ihnen alles genehm.

unterhalb: Als Präposition wird *unterhalb* mit einem Genitiv verbunden; bei adverbialem Gebrauch folgt ein *von:*
Unterhalb des Baches trafen sich die Liebespaare. Unterhalb von dem Bach trafen sich ...

Unterhalt - Unterhaltung: Das Substantiv *der Unterhalt* im Sinne von "Lebenshaltungskosten" wird nur auf Personen angewandt:
Er bezahlte der studierenden Tochter den Unterhalt.
Das Substantiv *die Unterhaltung* im Sinne von "Kosten für die Erhaltung, Pflege" wird auf Dinge angewandt:
Die Unterhaltung seines Fuhrparks kostet ihn eine Menge Geld.

unterlaufen: Das Verb *unterlaufen* wird in der Regel als ein fest zusammengesetztes Verb verwendet:
Ihm ist ein großer Fehler unterlaufen. Ihm unterlief ein Irrtum.

unterm: Das durch Verschmelzung aus *unter* und *dem* entstandene *unterm* schreibt man ohne Apostroph.

untern: Das durch Verschmelzung aus *unter* und *den* entstandene *untern* schreibt man ohne Apostroph.

unterordnen: Das Verb ist unfest zusammengesetzt. Es heißt: *unterordnen; er ordnet sich unter; hat sich untergeordnet; um sich unterzuordnen.*

Unterricht - Unterrichtung: Das männliche Substantiv *der Unterricht* bedeutet "Schulstunde, planmäßiges Lehren", während das weibliche Substantiv *die Unterrichtung* eine "Informationsweitergabe" meint.

unters: Das durch Verschmelzung aus *unter* und *das* entstandene *unters* schreibt man ohne Apostroph.

untersagen: Da das Verb schon eine Negation beinhaltet, darf ein abhängiger Infinitiv nicht zusätzlich verneint werden:
Die Lehrerin untersagte dem Schüler, andauernd zu schwätzen (Nicht: *Die Lehrerin untersagte dem Schüler, nicht andauernd zu schwätzen*).

unterschieben: Das Verb *unterschieben* in der konkreten Bedeutung "etw. unter etw. schieben" ist immer unfest zusammengesetzt. Es heißt:
Er schiebt ihr einen Stuhl unter. Sie hat ein Polster untergeschoben.

Das Verb kann in übertragener Bedeutung unfest oder fest zusammengesetzt sein. Als Regel gilt, je konkreter die Bedeutung, umso eher wird es unfest zusammengesetzt:
Die Verwandten versuchten ernsthaft, ihm ein fremdes Kind unterzuschieben. Man unterschob seinem Tun niedere Beweggründe.

Unterschied: Korrekte Wendungen sind: *zum Unterschied von* oder *im Unterschied zu*. Falsch hingegen ist der Gebrauch von: *im Unterschied von* und *zum Unterschied zu*.

unterste: Das Adjektiv schreibt man klein, seine Substantivierung groß:
Das unterste der Schubfächer. Er kehrt das Unterste zuoberst.

unterstehen: Das Verb wird mit einem Akkusativ verbunden:
Untersteh dich, so frech zu sein! (Nicht: *Untersteh dir, so frech ...*).

Untertan: Das Substantiv kann sowohl stark als auch schwach dekliniert werden. Stark gebeugt heißt es: *des Untertans, dem, den Untertan*. Schwach: *des Untertanen, dem, den Untertanen*. Im Plural wird nur schwach dekliniert: *die Untertanen*.

Unterteil: Das Substantiv *Unterteil* kann sowohl mit männlichem als auch mit sächlichem Artikel stehen: *der Unterteil* oder *das Unterteil*.

unterteilen: Nach diesem Verb folgt ein Akkusativ, kein Dativ:
Die Torte wird in gleich große Stücke (Nicht: *großen Stücken*) *unterteilt.*

unterwandern: Das Verb ist fest zusammengesetzt: *er unterwandert; hat unterwandert; um zu unterwandern.*

unterziehen: In der Wendung *sich einer Sache unterziehen* steht heute nur noch der Dativ:
Sie unterzog sich einem Heilfasten (Nicht: *... eines Heilfastens*).

unüberwindbar - unüberwindlich: Während das Adjektiv *unüberwindbar* "etw. kann nicht überwunden werden" bedeutet, meint *unüberwindlich* "das Charakteristikum, nicht überwunden werden zu können":
Die Chinesische Mauer schien unüberwindbar. Sie hatte eine unüberwindliche Angst vor Referaten.

unvergessen - unvergeßlich: Das Adjektiv *unvergessen* bedeutet "was nicht vergessen worden ist", während *unvergeßlich* "etw. wird nicht vergessen" meint:

Unser damaliger Retter in der Not ist immer noch unvergessen. Das war ein unvergeßlicher Augenblick.

unvergleichbar - unvergleichlich: Während das Adjektiv *unvergleichbar* "etw. kann nicht verglichen werden" bedeutet, meint *unvergleichlich* "vollkommen, einzigartig":
Der einzelne Mensch ist unvergleichbar. Durch diese unvergleichliche Tat rettete Winnetou das Leben Old Shatterhands. (Karl May)

unverletzbar - unverletzlich: Beide Adjektive werden in der Regel gleichbedeutend verwendet.

unverlierbar: Dieses Adjektiv kann nicht gesteigert werden.

unvermeidbar - unvermeidlich: Beide Adjektive werden in der Regel gleichbedeutend verwendet. Da das Adjektiv schon eine Negation ausdrückt, darf ein abhängiger Nebensatz oder erweiterter Infinitiv nicht zusätzlich verneint werden:
Es war unvermeidbar oder *unvermeidlich, sich der Prüfung zu unterziehen* (Nicht: *... sich der Prüfung nicht zu unterziehen*).

unverrichteterdinge - unverrichteter Dinge: Beide Schreibweisen sind standardsprachlich korrekt.

unverständig - unverständlich: Das Adjektiv *unverständig* bedeutet "dumm, keinen Verstand habend", während *unverständlich* "nicht zu begreifen" oder "nicht zu hören, zu verstehen" meint:
Die unverständigen Menschen wählen immer noch archaische Problemlösungen, z. B. den Krieg. Seine Argumentation wird mir immer unverständlich bleiben.

unweit: Als Präposition wird *unweit* mit einem Genitiv verbunden; bei adverbialem Gebrauch folgt ein *von:*
Unweit Münchens sind schöne Seen. Unweit von München sind schöne Seen.

unzählig: Auf *unzählig* folgende (substantivierte) Adjektive werden stark dekliniert:
unzählige schöne Frauen; die Pfiffe unzähliger vorlauter Knaben; mit unzähligen Beamten.
Das Adjektiv *unzählig* kann nicht gesteigert werden.

unzweideutig - eindeutig: → eindeutig - unzweideutig

up to date: [engl. up to date "bis auf den heutigen Tag"]
zeitgemäß, auf dem aktuellen Stand.

Urlaub: In Verbindung mit dem Verb *sein* ist sowohl *in Urlaub* als auch *im Urlaub* möglich. Mit Verben der Bewegung ist nur *in Urlaub* möglich:
Ich gehe, fahre bald in Urlaub.
Die Wendung *auf Urlaub* kann mit allen genannten Verben kombiniert werden:
Sie sind auf Urlaub. Er wird bald auf Urlaub gehen oder *fahren.*

USA: Der pluralische Ländername wird mit dem bestimmten Artikel gebraucht; ist der Name Subjekt, folgt das Verb in der Mehrzahl. → Geographische Namen

Usance, die: [franz. usance gleichbed.]
Brauch, Gepflogenheit, Usus.

usf. - usw.: → u. a. - usf. - usw.

Utensil, das: [lat. utensilia "brauchbare Dinge"]
Gebrauchsgegenstand, notwendiges Hilfsmittel, Zubehör, Gerätschaft.

V

Vakuum, das: [lat. vacuus "frei, leer"]
luftleerer Raum; auch übertragen gebraucht für: inhaltsleer.

Vandale: → Wandale

Variable: Dieses Substantiv wird wie ein substantiviertes Adjektiv gebeugt: *die Variable, der Variablen,* Plural: *die Variab-*

len. Beim Adjektiv entfällt bei Steigerung oder Beugung das *e* der Endsilbe: *variabler, am variablsten.*

verantwortlich: Nach *verantwortlich* folgt die Präposition *für*, nicht: *an:*
Jeder einzelne ist für den Zustand der Welt verantwortlich (Nicht: *... verantwortlich am Zustand ...*).

Verb: *Verben* oder *Zeitwörter* oder *Tätigkeitswörter* drücken Tätigkeiten, Zustände oder Vorgänge aus. Sie bilden das Prädikat oder die Satzaussage. Unter die Vollverben zählt man die Tätigkeitsverben: *schreiben, gehen, musizieren;* die Zustandsverben wie: *liegen, ruhen* sowie die Vorgangsverben wie: *aufblühen, verhungern.*
Die sogenannten Hilfsverben: *haben, sein, werden* gebraucht man zur Bildung der zusammengesetzten Verbformen. Als Modalverben gelten: *dürfen, können, mögen, müssen, sollen, wollen.* Sie stehen mit dem Infinitiv eines Vollverbs in Verbindung und modifizieren dessen Aussage:
Er darf lernen. Sie muß verreisen.
Verben können in transitive und intransitive Verben unterschieden werden. → transitive Verben, → intransitive Verben.
Man unterscheidet auch fest und unfest zusammengesetzte Verben. Die Zweifelsfragen sind unter dem jeweiligen Stichwort nachzuschlagen.

Verband- - Verbands-: Komposita mit dem determinierenden Substantiv im Sinne von "Wundbedeckung" stehen mit und ohne Fugen-s:
Verband(s)kasten, Verband(s)sortiment.
In der Bedeutung "Organisation" wird ein Fugen-s eingefügt:
Verbandsreglement, Verbandsleitung.

verbärge - verberge: *Verbärge* ist der Konjunktiv II des Verbs *verbergen*, der vor allem im Konditionalsatz Verwendung findet:
Es wäre gut, wenn er ihn verbärge.
Verberge heißt die Form des Konjunktiv I, die hauptsächlich in der indirekten Rede gebraucht wird:

Sie antwortete, er verberge zuviel.

verbergen: → verbärge - verberge

verbieten: Da das Verb schon eine Negation beinhaltet, darf ein abhängiger Infinitiv oder Nebensatz nicht zusätzlich verneint werden:
Sie verbot ihm, zu trinken (Nicht: *Sie verbot ihm, nicht zu trinken*).

verbieten - verbitten: Das Verb *verbieten* bedeutet "etw. ist nicht erlaubt" und bildet die Formen: *verbot, verboten.* Das reflexive Verb *verbitten* meint dagegen "nachdrücklich darauf hinweisen, etw. zu unterlassen" und bildet die Formen: *verbat, verbeten:*
Der Verkauf von Alkoholika an Jugendliche ist verboten. Ihre Frechheiten verbitte ich mir.

verbleichen: → bleichen

verborgen: Die Wendung *im verborgenen* schreibt man klein, Substantivierungen werden groß geschrieben.

verbuchen: → buchen - abbuchen

Verbundenheit: Nach diesem Ausdruck wird mit der Präposition *mit*, nicht mit *zu* angeschlossen:
Jeder Kandidat betont seine Verbundenheit mit den Bürgern (Nicht: *... Verbundenheit zu den Bürgern*).

Verdächtige - Verdächtigte: Der erste Begriff bezeichnet eine "im Verdacht stehende Person", während *Verdächtigte* "Person, gegen die ein Verdacht ausgesprochen ist" meint. Zur Deklination → Angeklagte

verdaulich: Mit den Adjektiven *leicht, schwer* wird *verdaulich* zusammengeschrieben, wenn die Kombination adjektivisch gebraucht wird. Bei ursprünglicher Bedeutung und in der Satzaussage schreibt man getrennt:
Ein leichtverdauliches Mahl ist gesund. Es war schwer verdaulich.

verderben: Das Verb wird heute nur unregelmäßig konjugiert: *verderben, verdarb, verdorben.* Bei transitivem Gebrauch im Sinne von "vernichten, zugrunde richten" wird das Perfekt mit *haben* umschrieben:

Er hat das junge Mädchen verdorben.
Bei intransitivem Gebrauch im Sinne von "schlecht werden, zugrunde gehen" wird das Perfekt mit *sein* gebildet:
Diese Wurst ist verdorben.

verdienen: Steht *verdienen* mit einem erweiterten Infinitiv mit *zu*, und wird es als Hilfsverb verstanden, muß kein Komma gesetzt werden; versteht man es als Vollverb, muß ein Komma stehen:
Sie verdient gelobt zu werden. Sie verdient, gelobt zu werden.
Wird *verdienen* durch ein Adverb o. ä. näher bestimmt, wird es Vollverb; es muß ein Komma gesetzt werden:
Sie verdient es wirklich, gelobt zu werden.

Verdienst: Das sächliche Substantiv *das Verdienst* bedeutet "anerkennendes Verhalten", während das männliche Substantiv *der Verdienst* "Einkommen, finanzielles Entgelt" meint.

vereidigen: → beeiden - beeidigen

vereinzelt: Auf *vereinzelt* folgende (substantivierte) Adjektive werden stark dekliniert:
Vereinzelte starke Gewitter; die Rufe vereinzelter Vögel; mit vereinzelten Bedienten.

Vergangenheit: → Perfekt, → Präteritum, → Plusquamperfekt

vergäße - vergesse: *Vergäße* ist der Konjunktiv II des Verbs *vergessen*, der vor allem im Konditionalsatz Verwendung findet:
Es wäre gut, wenn sie ihn vergäße.
Vergesse ist die Form des Konjunktiv I, die hauptsächlich in der indirekten Rede gebraucht wird:
Sie schimpfte, er vergesse alles.

vergebens: → umsonst - vergebens

vergebens - vergeblich: Das Adverb *vergebens* kann nicht dekliniert, das Adjektiv *vergeblich* kann dekliniert werden. Als Angabe der Art und Weise bleibt oft auch *vergeblich* ungebeugt:
Er rief vergebens nach ihr. Sein vergebliches Rufen ... Der Ruf war vergeblich gewesen.

vergehen: Ein von *vergehen* abhängiger Relativsatz muß verneint werden, da die Aussage "an jedem Tag geschieht dies" ausgedrückt werden soll:
Es verging keine Woche, in der er nicht wenigstens anrief.

vergessen: Das Verb wird heute mit einem Akkusativ verbunden, in gehobener Sprache kann ein Genitiv folgen:
Sie vergaß ihn sofort. Sie hatte seiner sofort vergessen.
Im süddeutschen Sprachraum kennt man auch die Verbindung mit den Präpositionen *auf* oder *an:*
Vor lauter Trinken hätte er fast ans Heimgehen vergessen.
Bei der Wendung *etw. über etw. vergessen* ist ein Dativ gefordert:
Über dem spannenden Roman hätte sie beinahe ihre Verabredung vergessen.

vergewissern, sich: Im Sinne von "sich Gewißheit verschaffen" wird das abhängige Nomen in der Regel im Genitiv angeschlossen. Der Anschluß mit der Präposition *über* ist selten, nicht korrekt ist der Gebrauch eines *von:*
Er muß sich des Gefolgsmannes erst vergewissern. (Selten: *... über den Gefolgsmann ...* (Nicht: *... von dem Gefolgsmann ...*).
Im Sinne von "einen angenommenen Zustand bestätigen" wird mit *daß* oder *ob* angeschlossen:
Ich vergewisserte mich, daß keiner heimlich zuhören konnte.

Vergißmeinnicht: Das Substantiv bildet die Pluralformen: *die Vergißmeinnicht* und *die Vergißmeinnichte.*

vergraben: Nach *vergraben in* steht ein Dativ, wenn die Vorstellung des Ortes (Frage: Wo?), dominiert:
Er vergrub sein Gesicht in den Händen.
Der Akkusativ folgt, wenn die Richtung (Frage: Wohin?) dominiert:
Sie vergrub den Toten im Garten.

verhandeln: Nach *verhandeln* im Sinne von "ausführlich besprechen" wird mit der Präposition *über*, selten *um* angeschlossen:

Die Diplomaten verhandelten über die neue Friedensordnung.
verhangen - verhängt: → hängen
Verhau: Das Substantiv kann mit männlichem oder sächlichem Artikel stehen: *der Verhau* oder *das Verhau.*
verhehlen: Dieses Verb wird heute nur noch regelmäßig konjugiert: *verhehlen, verhehlte, verhehlt.* Das aus der unregelmäßigen Flexion erhaltene *verhohlen* wird als Adjektiv gebraucht:
Mit kaum verhohlenem Ärger kam sie an.
verhindern: Da das Verb schon eine Negation beinhaltet, darf ein abhängiger Nebensatz nicht zusätzlich verneint werden:
Sie verhinderte, daß das Mädchen in ein Auto lief (Nicht: *..., daß das Mädchen nicht in ein Auto lief*).
verhindern - hindern - behindern: → behindern - hindern - verhindern
verhohlen: → verhehlen
verhüten: → verhindern
verlangen: Steht *verlangen* mit einem erweiterten Infinitiv mit *zu,* und wird es als Hilfsverb verstanden, muß kein Komma gesetzt werden; versteht man es als Vollverb, muß ein Komma stehen:
Sie verlangte ihren Anwalt zu benachrichtigen. Sie verlangte, ihren Anwalt zu benachrichtigen.
Wird *verlangen* durch ein Adverb o. ä. näher bestimmt, wird es Vollverb; es muß ein Komma gesetzt werden:
Sie verlangte sofort, ihren Anwalt zu benachrichtigen.
verlegen: → legen - verlegen
verletzbar - verletzlich: Beide Adjektive werden in der Regel gleichbedeutend verwendet.
Verliebte: → Geliebte
verlieren, sich: Nach *sich verlieren in* steht ein Dativ, wenn die Vorstellung des Ortes (Frage: Wo?), dominiert:
Er verlor sich in ihrem Anblick.
Der Akkusativ folgt, wenn die Richtung (Frage: Wohin?) dominiert:
Der Pfad verlor sich in die Undurchdringlichkeit des Urwalds.

Verlobte: → Geliebte
verlorengehen: Zusammen schreibt man Infinitiv, 2. Partizip und wenn die finite Form in Nebensätzen steht:
Die Schlüssel sind verlorengegangen. Er versteckte ihn, damit er nicht verlorengeht.
verloren sein: Das Partizip *verloren* wird vom Verb *sein* immer getrennt geschrieben.
verlustig: *Verlustig* wird vom Verb *gehen* getrennt geschrieben.
vermissen: → missen - vermissen
vermittels - vermittelst: Beide Präpositionen fordern den Genitiv:
Vermittels(t) eines Gefolgsmannes rettete er sich ins Ausland.
vermögen: *vermögen* mit einem erweiterten Infinitiv mit *zu* steht ohne Komma:
Sie vermochte den Koffer zu tragen.
Kommt eine Umstandsangabe hinzu, hängt das Komma von der Zuordnung der Angabe ab. Gehört sie zum Hauptsatz, steht ein Komma:
Sie vermochte kaum, den Koffer zu tragen (= fast nicht).
Gehört sie zum Infinitiv, steht kein Komma:
Sie vermochte kaum den Koffer zu tragen (= nicht einmal den Koffer).
Vernissage, die: [franz. vernissage gleichbed.]
Eröffnung einer Kunstausstellung mit geladenen Gästen meist am Abend vor der Eröffnung.
verpacken: Nach *verpacken in* steht ein Dativ, wenn die Vorstellung des Ortes (Frage: Wo?), dominiert:
Er verpackte sein Geld im Koffer.
Der Akkusativ folgt, wenn die Richtung (Frage: Wohin?) dominiert:
Er verpackte sein Geld in den Koffer.
verraten, sich: Das der Wendung *sich verraten als* folgende Substantiv steht im Nominativ, da es auf das Subjekt bezogen ist:

Durch seine rote Kleidung verriet er sich als Sektenmitglied (Selten: ... verriet er sich als ein Mitglied).

versagen, sich: Da das Verb schon eine Negation beinhaltet, darf ein abhängiger Infinitiv nicht zusätzlich verneint werden:
Sie versagte (es) sich, ihn zu sehen. (Nicht: *..., ihn nicht zu sehen*).

versalzen: → salzen

verschieden: Als Pronomen im Sinne von "manches" verwendet schreibt man *verschieden* klein, seine Substantivierung im Sinne von "verschiedenartige Dinge" groß:
Nach der Lektüre war ihm noch verschiedenes (= manches) unklar. Er hatte schon verschiedenes erlebt (= manches). Er hatte Verschiedenes (= Dinge verschiedener Art) erlebt.
Nicht steigerungsfähig ist *verschieden* im Sinne von "andersartig":
Sie haben verschiedene Vorlieben (= nicht gleiche Vorlieben).
Im Sinne von "unterschiedlich, vielfältig" ist ein Superlativ möglich:
Sie lesen die verschiedensten Bücher (= gänzlich unterschiedliche Bücher).
Ein auf *verschiedene* im Sinne von "mehrere, manche" folgendes (substantiviertes) Adjektiv wird in der Regel parallel dekliniert:
verschiedene existierende Probleme; als Manager verschiedener großer Veranstaltungen; mit verschiedenen kleinen Werkzeugen.

verschiedentlich: Dieses Adverb mit der Bedeutung "öfter, mehrere Male" kann nicht dekliniert werden.

verschließen: Nach *verschließen in* steht ein Dativ, wenn die Vorstellung des Ortes (Frage: Wo?), dominiert:
Mephisto verschloß das Geschmeide in Gretchens Schrank.
Der Akkusativ folgt, wenn die Richtung (Frage: Wohin?) dominiert:
Er verschloß den Schmuck in den Schrank Gretchens.

verschonen: Im Aktiv wird nach *verschonen* mit der Präposition *mit*, im Passiv mit *von* angeschlossen:
Verschon mich mit dem Gerede der Nachbarn! Dieses Dorf wurde von den marodierenden Horden verschont.

verschönen - verschönern: Das Verb *verschönen* bedeutet "etw. schön machen", während *verschönern* "etw. Schönes noch schöner machen" meint:
Bücher verschönen sein Dasein. Er verschönert mit exotischen Pflanzen seinen Garten.

verschwinden: Nach *verschwinden in* steht ein Dativ, wenn die Vorstellung des Ortes (Frage: Wo?), dominiert:
Der Wilderer verschwand im Wäldchen.
Der Akkusativ folgt, wenn die Richtung (Frage: Wohin?) dominiert:
Der Wilderer verschwand in den Wald.

versenden: → senden

versichern: Nach *versichern* im Sinne von "versprechen" steht die Person, der etwas zugesichert wird im Dativ:
Sie versicherte ihm, daß er treu sei.
Im Sinne von "jmdm. Gewißheit verschaffen" steht die Person im Akkusativ, die Sache im Genitiv:
Sie versicherte ihn ihrer Treue.
Im Sinne von "eine Versicherung abschließen" steht die Person oder Sache im Akkusativ, das Motiv der Versicherung wird mit der Präposition *gegen* angeschlossen:
Der Vorsichtige versichert seine Familie und sein Hab und Gut gegen alles mögliche.
Nach dem reflexiven Verb *sich versichern* im Sinne von "sich einer Sache vergewissern" stehen Person oder Sache im Genitiv:
Er versicherte sich der Gefolgsleute und ihrer Treue.

versinken: Nach *versinken in* steht ein Dativ, wenn die Vorstellung des Ortes (Frage: Wo?), dominiert:
Der Wagen versank im Wüstensand.

Der Akkusativ folgt, wenn die Richtung (Frage: Wohin?) dominiert:
Der Wagen versank in den Fluten. In die meditative Übung versunken wandelten sie dahin.

versprechen: Steht *versprechen* mit einem erweiterten Infinitiv mit *zu* im Sinne von "ein Versprechen abgeben", fungiert es als Vollverb, es muß ein Komma gesetzt werden:
Er hat versprochen, heute zu kommen.
Im Sinne von "den Anschein haben" ist es Hilfsverb, hier steht kein Komma:
Er versprach ein Genie zu werden.

verständig - verständlich: Das Adjektiv *verständig* bedeutet "einsichtig, einen Verstand habend", während *verständlich* "leicht zu begreifen" oder "gut zu hören, zu verstehen" meint:
Die verständigen Menschen scheinen manchmal in der Minderheit zu sein. Seine Argumentation wird mir immer verständlicher.

verstärkt: Dieses als Adjektiv fungierende Partizip kann nicht gesteigert werden. Es stellt bereits eine Steigerung des Verbs *stärken* dar.

verstauen: Nach *verstauen* steht ein Dativ, wenn die Vorstellung des Ortes (Frage: Wo?), dominiert:
Er verstaute sein Gepäck im Wagen.
Der Akkusativ folgt, wenn die Richtung (Frage: Wohin?) dominiert:
Sie verstauten den Großeinkauf in die Tüten und die Taschen.

verstecken: Nach *verstecken* steht ein Dativ, wenn die Vorstellung des Ortes (Frage: Wo?), dominiert:
Er versteckte die Beute auf dem Dachboden und im Keller.
Der Akkusativ folgt, wenn die Richtung (Frage: Wohin?) dominiert:
Der Lausbub versteckte sich hinters Haustor.

verstehen: Der Konjunktiv II lautet: *verstände* oder *verstünde*. Steht *verstehen* mit einem erweiterten Infinitiv mit *zu* im Sinne von "können", fungiert es als Hilfsverb, es muß kein Komma gesetzt werden:
Er versteht es andere zu begeistern.
Tritt *zu verstehen* eine nähere Bestimmung hinzu, wird es zum Vollverb, es muß ein Komma stehen:
Er versteht es vorzüglich, andere zu begeistern.

versuchen: Steht *versuchen* mit einem erweiterten Infinitiv mit *zu,* und wird es als Hilfsverb verstanden, muß kein Komma gesetzt werden; versteht man es als Vollverb, muß ein Komma stehen:
Sie versuchte ihn zu überreden. Sie versuchte, ihn zu überreden.
Wird *versuchen* durch ein Adverb o. ä. näher bestimmt, wird es Vollverb; es muß ein Komma gesetzt werden:
Sie versuchte ernsthaft und nachdrücklich, ihn zu überreden.

verteilen: Nach *verteilen* steht ein Dativ, wenn die Vorstellung des Ortes (Frage: Wo?), dominiert:
Die Menschen verteilten sich auf dem Sonnendeck des Kreuzfahrtschiffes.
Der Akkusativ folgt, wenn die Richtung (Frage: Wohin?) dominiert:
Die Menschen verteilten sich auf das Sonnendeck des Kreuzfahrtschiffes.

vertrauen: Auf das Verb *vertrauen* kann ein Dativ oder die Präposition *auf* mit einem Akkusativ folgen:
Er vertraut ihm. Er vertraut auf ihn.

Vertrauen: Nach dem Substantiv *Vertrauen* wird mit den Präpositionen *auf, in, zu* oder auch *gegen* angeschlossen:
Sein Vertrauen in sie war erschüttert. Das Vertrauen zu ihren Fähigkeiten war groß.

Verwandte: → Bekannte

verweben: In der konkreten handwerklichen Bedeutung wird das Verb regelmäßig konjugiert: *verweben, verwebte, verwebt.* Im übertragenen, oft dichterisch gebrauchten Sinn wird das Verb unregelmäßig konjugiert: *verweben, verwob, verwoben.*

verwehren: Da das Verb schon eine Negation beinhaltet, darf ein abhängiger Ne-

bensatz oder erweiterter Infinitiv nicht zusätzlich verneint werden:
Man verwehrte ihr, den Kranken zu besuchen (Nicht: *Man verwehrte ihr, den Kranken nicht zu besuchen*).
verweigern: → verwehren
verwenden: Als Vergangenheit und 2. Partizip sind möglich: *verwendete* und *verwandte, verwendet* und *verwandt.*
verwenden - benutzen - gebrauchen: → benutzen - gebrauchen - verwenden
verwickeln: Nach *verwickeln in* im Sinne von "sich verfangen in" kann ein Dativ oder ein Akkusativ folgen:
Der Schal verwickelte sich im Ventilator oder *in den Ventilator.*
Bei übertragenem Gebrauch steht nur ein Akkusativ:
Er war in dunkle Geschäfte verwickelt.
verwirrt - verworren: Das Adjektiv *verwirrt* bedeutet "keines klaren Denkens fähig" und wird nur auf Personen angewandt. Das Adjektiv *verworren* wird auf Sachen bezogen und meint "durcheinander, undurchsichtig".
verzichten: Nach *verzichten auf* folgt ein Akkusativ, kein Dativ:
Sie verzichtete auf den Lohn (Nicht: *Sie verzichtete auf dem Lohn*).
viel: Das unbestimmte Fürwort wird immer klein geschrieben:
Er hat vieles erlebt. Das war um vieles mehr, ... Mit vielem war er einverstanden.
Viel und ein folgendes 2. Partizip schreibt man zusammen, wenn die Kombination adjektivisch verwendet wird; nur das erste Wort ist betont:
Diese vielbefahrene Straße braucht einen neuen Belag.
Ist das Adjektiv näher definiert oder dominiert die Vorstellung des Tuns, schreibt man getrennt; beide Wörter sind betont:
Die sehr viel befahrene Straße ...
In der Satzaussage werden beide Wörter immer getrennt geschrieben:
Die Straße wird viel befahren.

Das unbestimmte Fürwort *viel* bleibt vor alleinstehenden Substantiven in der Regel undekliniert:
Mit viel Glück erreichte er sein Ziel.
Im Genitiv Plural muß *viel* allerdings dekliniert werden:
Der Ertrag vieler Tage Arbeit ist da.
In der Einzahl wird das einem deklinierten *viel* folgende Adjektiv meist parallel gebeugt:
Viele schöne Gewänder sah man.
Im Nominativ und Akkusativ Neutrum Singular und im Dativ Maskulinum und Neutrum Singular wird oft auch schwach dekliniert:
Vieles unnatürliche Gehabe ... Mit vielem fehlerhaften Gerät.
In der Mehrzahl wird in der Regel stark dekliniert, nur im Genitiv Plural ist schwache Beugung möglich:
Viele schöne Erfahrungen bereicherten ihr Leben. Das Eintreffen vieler anonymen oder *anonymer Briefe ...*
Substantivierte Adjektive werden in der Einzahl schwach dekliniert, in der Mehrzahl ist starke und schwache Beugung möglich:
Mit vielem Erfreulichen; vieles Bekannte; für viele Geliebte oder *Geliebten.*
Nach der endungslosen Form *viel* steht immer die starke Beugung:
Viel gute Verpflegung war garantiert. Mit viel nettem Trost begann die Rede. Gesteigert wird: *viel, mehr, meist.*
vielenorts - vielerorten - vielerorts: Alle drei Formen sind möglich.
vielerlei, was: Das sich auf *vielerlei* beziehende Relativpronomen heißt *was:*
Da war vielerlei, was ihn begeisterte.
vieles, was: Das sich auf *vieles* beziehende Relativpronomen heißt *was:*
Vieles, was er sah, war häßlich.
vielleicht: Steht das Adverb vor einer Präposition, bezieht es sich auf das gesamte Präpositionalgefüge:
Die Arbeit wird vielleicht in drei Monaten fertig.

vielmehr

Steht das Adverb hinter einer Präposition, bezieht es sich auf die Angabe von Maß oder Menge:
Die Arbeit wird in vielleicht drei Monaten fertig. Der Täter war ein Knabe von vielleicht 15 Jahren.
vielmehr: Das Adverb *vielmehr* schreibt man zusammen; getrennt schreibt man, wenn es sich um das graduelle Adverb *viel* und den Komparativ *mehr* handelt:
Es handelt sich vielmehr darum, ... Er wußte viel mehr als sein Chef.
Das Adverb im Satz wird nicht durch ein Komma abgetrennt. Ein Komma muß stehen, wenn *vielmehr* einen beigeordneten Satz(teil) anfügt:
Sie will vielmehr Literatur studieren. Mit seinem Bruder, vielmehr seinem Halbbruder verstand er sich gut.
vielsagend: Gesteigert wird: *vielsagender, vielsagendst.*
vielversprechend: Man steigert: *vielversprechender, vielversprechendst.*
vier - Vier: → acht - Acht
vierte - Vierte: → achte - Achte
viertel - Viertel: → achtel - Achtel
vierteljährig - vierteljährlich: → - jährig - -jährlich
vierzehntägig - vierzehntäglich: → - tägig - -täglich
Violoncello: Als Pluralformen sind korrekt: *die Violoncellos* und *die Violoncelli.*
Virtuose, der: [it. virtuoso gleichbed.] Künstler, der seine Kunst vollendet beherrscht.
Virus: Das Substantiv kann mit männlichem oder sächlichem Artikel stehen: *der Virus* oder *das Virus.*
Visum: Beide Pluralformen: *die Visa* und *die Visen* sind korrekt.
Vogelbauer: Das Substantiv kann sowohl mit männlichem als auch sächlichem Artikel stehen: *der Vogelbauer* oder *das Vogelbauer.*
Vokal: *Die Vokale* oder Selbstlaute sind: *a, e, i, o, u.* Treffen drei gleiche Vokale bei Substantiven aufeinander, setzt man einen Bindestrich: *Kaffee-Ernte, Tee-Export.* In Adjektiven oder Partizipien wird kein Bindestrich geschrieben: *teeexportierend, kaffeeerntend.*
voll: Klein schreibt man *voll* in festen Verbindungen mit Verben, auch wenn ein Artikel vorausgeht:
in die vollen gehen; ins volle greifen; aus dem vollen schöpfen.
Von den Verben *sein* und *werden* schreibt man *voll* getrennt:
Die Seite muß voll sein oder *werden.*
Steht *voll* im Sinne von "ganz", schreibt man es vom folgenden Verb getrennt:
Sie hat es voll verstanden.
Auch bei übertragenem Gebrauch schreibt man getrennt, wenn *voll* eigenen Satzgliedwert hat:
Er hat seinen Gegner nicht für voll genommen (= ernst genommen). *Warum muß sie den Mund auch immer so voll nehmen* (= aufschneiden, prahlen).
Fungiert *voll* als Verbzusatz, schreibt man getrennt:
Der Wirt läßt das Glas vollaufen. Seine Eßweise ist ein einziges vollstopfen. Sie müssen diese Seiten noch vollschreiben.
Bei bestimmten Verben ist *voll* bereits zu einem festen Bestandteil des Verbs geworden:
vollbringen, vollenden, vollführen, vollstrecken, vollziehen, etc.
Ein abhängiges Nomen wird entweder unverändert, im Genitiv oder mit der Präposition *von* angeschlossen:
Voll Glut und Feuer bedrängte er sie. Voll der Begeisterung strömten seine Worte. Er war voll von Wut und Haß auf die Herrschenden.
Wird die erstarrte deklinierte Form *voller* verwendet, bleibt das folgende alleinstehende Nomen ebenfalls undekliniert, ein Substantiv mit Attribut steht dann im Genitiv:
Sie war voller Vertrauen. Der Strauch war voller Beeren.
Gesteigert wird: *voller, am vollsten.*

vollendet: Wird das Adjektiv in der Bedeutung "vollkommen" verwendet, sollte es nicht gesteigert werden.
vollendete Gegenwart: → Perfekt
vollendete Vergangenheit: → Plusquamperfekt
vollendete Zukunft: → Futur
voller - voll: → voll
vollkaskoversichert: → kaskoversichert
vollkommen: Wie bei *vollendet* sollte man den Superlativ vermeiden. Der Komparativ kann aber im Sinne von "sich vervollkommnen" gebraucht werden.
von: Die Präposition *von* erfordert einen Dativ, die Präposition *von ... wegen* dagegen steht mit einem Genitiv: *von meiner Mutter; von dem Tisch; der Kauf von Lebensmitteln; von Rechts wegen; von Amts wegen.*
Zu *von* im Vergleich zu anderen Präpositionen → auf Grund - durch - infolge - zufolge - wegen - von - vor
von ... an - von ... ab: Standardsprachlich korrekt heißt es *von ... an,* das umgangssprachliche *von ... ab* sollte man vermeiden:
Schon von frühester Kindheit an wollte er eine Friseuse heiraten.
von - vor: Bei Verben, die mit beiden Präpositionen verbunden werden können, wird in der Regel *vor* vorgezogen:
Alles blitzte von oder *vor Reinlichkeit. Er schützte ihn vor den Mordgesellen.*
von was - wovon: → wovon
voneinander: Wird eine Wechselbezüglichkeit oder Gegenseitigkeit formuliert, schreibt man *voneinander* vom nachfolgenden Verb getrennt:
Sie hatten zwanzig Jahre nichts mehr voneinander gehört.
Fungiert *voneinander* als Verbzusatz, schreibt man zusammen:
Sie wollten nie voneinandergehen (= sich trennen).
vonnöten: Das Substantiv ist hier verblaßt, *vonnöten* wird zusammen geschrieben.

vonstatten: Das Substantiv ist hier verblaßt, *vonstatten* wird zusammen geschrieben.
vor: → auf Grund - durch - infolge - zufolge - wegen - von - vor
vor - von: → von - vor
vor allem(,) wenn, daß, weil etc.: Wird die Fügung als Einheit verstanden, entfällt das Komma zwischen *vor allem* und *wenn* oder *weil* etc. Fungiert *vor allem* als zu betonende Umstandsangabe, setzt man das Komma:
Er ist ganz aufgeregt, vor allem weil sie kommt. Er freut sich vor allem, weil sie kommt.
vor was - wovor: → wovor
vorangehend: Als Fürwort verwendet, wird *vorangehend* immer klein geschrieben, auch wenn ein Artikel vorausgeht:
Das vorangehende war schon genehmigt.
Als Substantiv gebraucht, schreibt man den Begriff groß:
Der Vorangehende verirrte sich.
Im Sinne von "obiges, das oben Angesprochene" ist beides möglich:
Das vorangehende oder *das Vorangehende hat er nicht gelesen.*
voraus: Dieses Adverb wird immer klein geschrieben, auch bei: *im voraus.*
vorausgesetzt: Ein Nebensatz nach *vorausgesetzt* kann nur mit *daß* angefügt werden, es muß ein Komma stehen:
Wir gehen ins Kino, vorausgesetzt, daß er nicht zu spät kommt.
vorbehaltlich: Fungiert *vorbehaltlich* als Präposition im Sinne von "unter dem Vorbehalt", folgt ein Genitiv:
vorbehaltlich amtlicher Anweisungen.
Es ist aber auch adjektivischer Gebrauch in der Bedeutung "mit Vorbehalt gegeben" möglich:
Er erhielt eine vorbehaltliche Zusage.
Vorbeugung: Das abhängige Substantiv wird mit der Präposition *gegen*, nicht als Genitiv angeschlossen:
Er traf Maßnahmen zur Vorbeugung gegen einen Streik (Nicht: *... zur Vorbeugung eines Streiks*).

vorderhand: Das Substantiv ist hier verblaßt, *vorderhand* wird zusammen geschrieben.
Vordersatz: Der Vordersatz ist ein Nebensatz, der dem übergeordneten Satz vorausgeht: *Da er beleidigt war, konnte sie nicht mit ihm ausgehen.* → Nachsatz, → Zwischensatz
vorderst: *Der vorderste* "in einer Reihe" wird klein, *der Vorderste* "dem Rang nach" wird groß geschrieben.
voreinander: Das Adverb wird immer vom folgenden Verb getrennt geschrieben: *Sie werden sich voreinander schämen.*
vorenthalten: Dieses Verb ist unfest zusammengesetzt. Es heißt: *er enthält vor* oder *vorenthält; er hat vorenthalten; um vorzuenthalten.*
Vorfahrt- - Vorfahrts-: Komposita werden mit oder ohne Fugen-s gebildet: *Vorfahrt(s)schilder, Vorfahrt(s)gebot, Vorfahrt(s)regelung etc.*
vorher: Wird das Adverb im Sinne von "früher" gebraucht, schreibt man es vom folgenden Verb getrennt: *Er hat das vorher abgemacht. Sie müssen vorher zu Hause sein.*
Ist es im Sinne von "voraus" verwendet, schreibt man zusammen: *Sie konnte die Zukunft vorhersagen.*
vorhergehend: → vorangehend
vorhinein: In der im süddeutschen Sprachraum üblichen Wendung *im vorhinein* wird *vorhinein* klein geschrieben.
vorig: → vorangehend
Vorkommen - Vorkommnis: Das Substantiv *das Vorkommen* bezeichnet "Vorhandensein von Rohstoffen", das Substantiv *das Vorkommnis* bedeutet "Ereignis; ärgerlicher Zwischenfall".
vorliegend: → vorangehend
vorm: Das durch Verschmelzung aus *vor* und *dem* entstandene *vorm* schreibt man ohne Apostroph.
vormittag - vormittags - Vormittag: → nachmittag - nachmittags - Nachmittag
Vormund: Das Substantiv bildet die Pluralformen: *die Vormunde, Vormünder.*

vorn: Das durch Verschmelzung aus *vor* und *den* entstandene *vorn* schreibt man ohne Apostroph.
Vorort- - Vororts-: Komposita werden mit oder ohne Fugen-s gebildet: *Vorort(s)bewohner, Vorort(s)zug etc.*
vors: Das durch Verschmelzung aus *vor* und *das* entstandene *vors* schreibt man ohne Apostroph.
vorstehend: → vorangehend
vorwärts: Wird *vorwärts* in seiner eigentlichen Bedeutung verwendet, schreibt man vom folgenden Verb getrennt: *Gegen den Wind sind sie nur mühsam vorwärts gekommen.*
Entsteht durch die Kombination ein neuer Begriff, schreibt man zusammen: *Im Studium ist sie gut vorwärtsgekommen* (= weitergekommen).

W

wach: Im ursprünglichen Sinn verwendet, schreibt man das Adjektiv vom nachfolgenden Verb getrennt; beide Wörter sind betont: *In so mancher Vorlesung muß man sich durch Hilfsmittel wach halten. Die Frage hat den Schläfer wach gerufen.*
Entsteht durch die Kombination ein neuer Begriff, schreibt man zusammen; nur das erste Glied ist betont: *Wir wollen die Erinnerung an den Verstorbenen wachhalten* (= lebendig halten). *Diese Mitteilung hat seinen Neid wachgerufen* (= geweckt, hervorgerufen).
wagen: Wird *wagen* mit einem erweiterten Infinitiv mit *zu* verknüpft, und versteht man es als Vollverb, muß ein Komma gesetzt werden. Fungiert es als Hilfsverb, entfällt das Komma:

Wagen Sie, dieses Buch zu lesen? Wagen Sie dieses Buch zu lesen?
Ein Komma muß gesetzt werden, wenn zum Verb ein Adverb o. ä. hinzukommt, weil es dann immer Vollverb ist:
Sie wagten kaum, dieses Buch zu lesen. Oft wagte er es, auf diesen Baum zu klettern.

wägen - wiegen: In der Bedeutung von "bedenken, genau prüfen" wird heute in der Regel das Verb *wägen* gebraucht:
Der mündige Wähler sollte Worte und Taten der Kandidaten wägen.
Soll das Gewicht eines Gegenstandes bestimmt werden, benutzt man das Verb *wiegen*. Dies kann auch bildlich oder im übertragenen Sinn gemeint sein:
Wiegen Sie mir doch bitte ein Pfund Tomaten aus. Seine Meinung wog schwer (= war viel wert, z. B. für eine Entscheidung). *Abwesend wiegt der Dichter sein Buch in der Hand.*

wahr: In seinem ursprünglichen Sinn verwendet, schreibt man das Adjektiv vom nachfolgenden Verb getrennt; beide Wörter sind betont:
Es soll Menschen geben, die Münchhausens Lügengeschichten für wahr halten. Ein Traum ist wahr geworden.
Entsteht durch die Kombination ein neuer Begriff, schreibt man zusammen; nur das erste Glied ist betont:
Es soll Menschen geben, die aus den Handlinien wahrsagen (= prophezeien). *Manche wollen die Wahrheit nicht wahrhaben* (= nicht gelten lassen).
Als Adjektiv wird *wahr* klein geschrieben; groß schreibt man die Substantivierung:
Der Roman basiert auf einer wahren Begebenheit. Das einzig Wahre in dem Buch glaubt kein Mensch.

während: Als Präposition bezeichnet *während* die Gleichzeitigkeit zweier Geschehen oder die Zeitspanne, in der sich etwas ereignet bzw. nicht ereignet. Sie wird in der Regel mit einem Genitiv verbunden:

Während des Konzerts sollte nicht gehustet werden.
Ist der Genitiv nicht zu erkennen, oder tritt zwischen die Präposition und dem abhängigen Substantiv ein anderes starkes Substantiv, kann ein Dativ folgen:
Während zehn Tagen. Während des Professors langweiligem Referat schliefen viele Hörer ein.
Als unterordnende Konjunktion leitet *während* Nebensätze ein, die eine Gleichzeitigkeit zum Hauptsatz bezeichnen oder einen Gegensatz zum Hauptsatz ausdrücken:
Der Briefträger klingelte, während ich noch telephonierte. Sie schlief noch, während er schon arbeitete.

Wald: Komposita mit dem determinierenden Substantiv *Wald* haben in der Regel kein Fugenzeichen. In der gehobenen Sprache kann ein *-es* eingefügt werden:
Wald(es)rand, Waldgrenze, Waldameise; aber: *Waldeslust, Waldesrauschen.*

Wandale - Vandale: Beide Schreibweisen für den Angehörigen des germanischen Stammes - und im übertragenen Sinne für einen zerstörungswütigen Menschen - sind korrekt. Die Aussprache ist bei beiden Schreibweisen gleich. Analog dazu heißt es auch: *Wandalismus - Vandalismus; wandalisch - vandalisch.*

Wandrerin - Wanderin: Zum männlichen *Wand(e)rer* sind zwei weibliche Bildungen korrekt: *Die Wandrerin, die Wanderin* (Nicht: *Die Wandererin*).

wann - wenn: *wann* als Adverb wird bei der Frage nach dem Zeitpunkt oder einer Bedingung verwendet:
Wann treffen wir uns morgen? Wann ist diesem Anspruch Genüge getan?
Der veraltete Gebrauch von *wann* für *wenn* ist nicht mehr korrekt:
Im Sommer, wann (Statt: *wenn*) *die Sonne scheint, wandern wir.*
Im Gegensatz dazu ist *wenn* eine unterordnende Konjunktion:

Wenn du das tust, werde ich nie wieder zu dir kommen. Immer wenn er Lust auf eine Zigarette bekam, lutschte er ein Bonbon.
wäre: → sei - wäre
warm: Im ursprünglichen Sinn verwendet, schreibt man das Adjektiv vom nachfolgenden Verb getrennt; beide Wörter sind betont:
Besonders konstruierte Bekleidung wird den Nordpolfahrer warm halten.
Entsteht durch die Kombination ein neuer Begriff, schreibt man zusammen; nur *warm* ist betont:
Den Kerl mit den vielen Beziehungen müssen wir uns warmhalten (= geneigt erhalten).
warnen: Im Verb *warnen* ist bereits eine Negation enthalten. Der folgende Nebensatz oder eine abhängige Infinitivgruppe dürfen deshalb nicht mehr verneint werden:
Er warnte ihn, zu schießen (Nicht: *Er warnte ihn, nicht zu schießen*).
warum - worum: Der unterschiedliche Gebrauch wird in der Umgangssprache oft nicht beachtet. Standardsprachlich steht *warum* als Frage nach dem Grund, *worum* als Frage nach dem Gegenstand:
Sag mir, warum du ihn verstoßen hast. Worum ging es bei eurem Streit?
was für ein - welcher: In Fragesätzen kann diese Wendung nicht gleichbedeutend mit *welcher* verwendet werden. *Was für ein* fragt nach der Art oder auch der Beschaffenheit eines Gegenstandes oder Lebewesens:
Was für ein Hemd soll ich kaufen? Was für einen Wagen fahren Sie? Was für Tiere sind das?
Mit *welcher, welche, welches* wird nach einem ganz bestimmten Gegenstand oder Lebewesen aus einer definierten Gruppe oder einer vorhandenen Anzahl gefragt:
Welches Hemd ist dir das liebste? (z. B. von den eigenen) *Welcher Wagen muß zur Reparatur?* (z. B. von unseren dreien). *Welches Haustier bevorzugen Sie?* (aus der Klasse der Haustiere)

Die Kombination was *für welchen* statt *was für einen* ist nicht korrekt.
Wasser - Wässer: *Das Wasser* in der Bedeutung von "Wassermassen, Fluten" bildet die Pluralform: *die Wasser.* Dies gilt auch für die übertragene Bedeutung "durch Erfahrung gewitzt sein":
Er ist mit allen Wassern gewaschen.
Im Sinne einer "bearbeiteten, für den Menschen bestimmten Flüssigkeit" bildet das Substantiv den Plural: *die Wässer.* So heißt es: *Duftwässer, Badewässer, Mineralwässer, Abwässer.*
weben: In der Bedeutung der "Textilherstellung" wird das Verb *weben* regelmäßig gebeugt:
Die Mädchen webten den ganzen Tag. Er verschenkte einen handgewebten Teppich.
In der gehobenen Sprache und bei übertragenem Gebrauch wird das Verb unregelmäßig gebeugt:
Die Sonne wob goldene Fäden in das Grün des Waldes. Sie hat sie gewoben.
weder ... noch: Werden Satzteile verbunden, steht vor *noch* kein Komma; werden Sätze verbunden muß vor *noch* ein Komma gesetzt werden:
Weder Schnee noch Regen konnte ihn von seinem Spaziergang abhalten. Diese Anstellung hat sie weder finanziell befriedigt, noch wurde sie dabei geistig gefordert.
Werden mehrere Satzteile durch mehrere *weder* bzw. mehrere *noch* verbunden, müssen Kommas gesetzt werden, da es sich dabei um eine Aufzählung handelt. Diese beginnt aber erst nach dem ersten *noch:*
Weder Kurt, weder Karl, weder Konrad noch ihre Frauen, noch ihre Kinder, noch ihre Eltern wußten, wer der Weihnachtsmann war.
Die Verwendung von *weder ... weder* oder *noch ... noch* anstelle von *weder ... noch* gilt heute als veraltet und nicht mehr korrekt:
Bin weder Fräulein, weder schön, kann ungleitet nach Hause gehn. (Goethe, Faust I)

Weekend, das: [engl. weekend gleichbed.] Wochenende.

weg - fort: → fort - weg

Weg: Komposita mit dem determinierenden Substantiv *Weg* haben in der Regel kein Fugenzeichen. In der gehobenen Sprache kann ein *-es* eingefügt werden: *Weg(es)rand, Wegweiser, Wegzehrung;* aber: *Wegerecht, Wegelagerer.*

wegen: Die Präposition *wegen* wird in der Regel mit einem Genitiv verbunden. Die umgangssprachliche Verwendung eines Dativs ist nicht korrekt: *Des Hundes wegen bekam er Ärger mit den Nachbarn* (Nicht: *Wegen dem Hund bekam er Ärger*). Ist jedoch der Genitiv nicht zu erkennen, oder tritt zwischen die Präposition und dem abhängigen Substantiv ein anderes starkes Substantiv, kann standardsprachlich korrekt ein Dativ folgen: *Wegen Todesfall geschlossen* (Statt: *Wegen eines plötzlichen Todesfalles*). *Wegen meiner Freundin krankem Kätzchen mußten wir zu Hause bleiben* (Statt: *Wegen des kranken Kätzchens meiner Freundin ...*). Die Kombination von Präposition und Personalpronomen führt zu den Bildungen: *meinetwegen, deinetwegen, seinetwegen, unsretwegen, euretwegen, ihretwegen.* Die Wendungen *wegen mir, wegen dir* etc. gelten als umgangssprachlich.

wegen was - weswegen: Stilistisch unschön ist die umgangssprachliche Verwendung von *wegen was* statt eines korrekten *weswegen:* *Weswegen kommst du zu mir?* (Nicht: *Wegen was kommst du zu mir?*).

weh: Auf die Wendung *weh tun* wird mit einem Dativ angeschlossen: *Ich habe mir* (Nicht: *mich*) *weh getan.*

Wehr: Das Substantiv kann mit männlichem oder sächlichem Artikel stehen. *Die Wehr* hat die Bedeutung von "Rüstung, Verteidigung, Festung" und bildet den Plural: *die Wehren. Das Wehr* mit dem Plural *die Wehre* bezeichnet ein "Stauwerk".

weibisch - weiblich: Das Adjektiv *weibisch* wird in der Regel abwertend auf Männer bezogen. Gemeint ist damit, daß solche Männer Eigenschaften haben, die als nicht 'typisch männlich' gelten. *Weiblich* dagegen bezeichnet die für das weibliche Geschlecht als 'typisch' geltenden Eigenschaften:
Nur weil er sich gern schminkt, heißen ihn die Nachbarn weibisch. Die Natur rüstet das weibliche Geschlecht zur Liebe ... (Lessing, Hamburgische Dramaturgie). *Das Ewig-Weibliche zieht uns hinan.* (Goethe, Faust II)

weich: Adverb und nachfolgendes Verb schreibt man getrennt:
Der Polsterer soll das Sofa weich federn.
Das Adverb und ein nachfolgendes zweites Partizip schreibt man zusammen, wenn die Kombination adjektivisch verwendet wird; nur der erste Teil ist betont:
Das weichgefederte Sofa wird geliefert.
Getrennt werden beide Wörter, wenn die Vorstellung des Machens dominiert; beide Wörter sind betont:
Der Polsterer hat das Sofa wirklich weich gefedert.
In der Satzaussage werden beide Wörter immer getrennt geschrieben.

weil: Vor der Präposition *weil* steht immer ein Komma, außer in Fügungen, die als Einheit betrachtet werden:
Ich gehe zu ihm, weil er Hilfe braucht. Wir verstehen uns gut, besonders weil er nicht rechthaberisch ist. Wir trafen uns, aber weil wir gestört wurden, konnten wir nicht reden.

weiß: Groß zu schreibende Eigennamen wären beispielsweise:
Das Weiße Haus, der Weiße Nil, Weiße Wochen, der Weiße Tod etc.
Fungiert die Farbbezeichnung als selbständiges Adjektiv, schreibt man es vom nachfolgenden Verb getrennt:
Sie ist vor Schreck ganz weiß geworden.
Entsteht durch die Kombination ein neuer Begriff, wobei *weiß* nur Verbzusatz ist, schreibt man zusammen:

Man hat ihn weißgewaschen (= von einem Verdacht gereinigt).
Das Farbadjektiv und ein folgendes 2. Partizip schreibt man zusammen, wenn diese Kombination adjektivisch verwendet wird; nur das Farbadjektiv ist betont:
Das weißgekleidete Gespenst war Punkt zwölf Uhr erschienen.
Dominiert die Vorstellung des Tuns, schreibt man getrennt; beide Wörter sind betont:
Das ganz weiß gekleidete Gespenst war Punkt zwölf Uhr erschienen.
In der Satzaussage werden beide Wörter immer getrennt geschrieben:
Das Gespenst ist immer weiß gekleidet.
Das Substantiv *das Weiß* kann im Genitiv Singular lauten: *des Weiß* oder *des Weißes.* Alle anderen Kasus sind endungslos. → Farbbezeichnungen
weit: Das Adverb *weit* und ein nachfolgendes Verb schreibt man getrennt:
Ein Vorurteil weit verbreiten ist eine Unsitte.
Ein Adverb und ein nachfolgendes zweites Partizip schreibt man zusammen, wenn die Kombination adjektivisch verwendet wird; nur der erste Teil ist betont:
Auch er leidet unter dem weitverbreiteten Vorurteil.
Getrennt werden beide Wörter, wenn die Vorstellung des Machens dominiert; beide Wörter sind betont:
Dieses Vorurteil ist leider weit verbreitet.
In der Satzaussage werden beide Wörter immer getrennt geschrieben.
Substantivierungen von *weit* schreibt man groß:
Das Weite suchen; sich ins Weite verlieren; demnächst alles Weitere.
Klein schreibt man *weit,* auch wenn ein Artikel davor steht, diese Verbindung aber wie ein einfaches Adverb oder Adjektiv verwendet wird. Auch in feststehenden Wendungen wird *weit* klein geschrieben:
weit und breit; ohne weiteres; bis auf weiteres, bei weitem. Er wollte das Problem des weiteren darlegen. Im weiteren stellte er sich ziemlich ungeschickt an.
weitblickend: Als Komparativ sind korrekt: *weiter blickend* und *weitblickender.* Zur Groß- oder Kleinschreibung und Zusammen- oder Getrenntschreibung → weit
weiter: Vom folgenden Verb schreibt man getrennt, wenn ein Vergleich ausgedrückt wird oder wenn es sich um einen Umstand der Zeit handelt:
Er ist weiter gereist als viele seiner Zeitgenossen. Beim Marathonlauf muß man weiter rennen als beim 100-Meter- Lauf. Die Eltern haben den Sohn bisher unterstützt, sie werden es auch weiter tun (= noch länger, weiterhin).
Im Sinne von "voran, vorwärts, nach vorn" schreibt man zusammen:
Er geht nach der Arbeit in die Abendschule, weil er sich weiterbilden möchte. Die Fernsehübertragungen vom Weltraumflug werden heute abend weitergehen. Wenn Sie heute noch weiterwollen, müssen Sie den Zug, der Anschluß hat, nehmen.
Wenn die Kontinuität eines Geschehens oder Zustandes bezeichnet wird, schreibt man ebenfalls zusammen:
Der Vorgesetzte wird den Fall selbst weiterbearbeiten. Der Krieg darf auf keinen Fall weitergeführt werden.
weitgehend: Als Vergleichsformen sind korrekt: *weiter gehend, weitestgehend* oder *weitgehender, weitgehendst.* Zur Groß- oder Kleinschreibung und Zusammen- oder Getrenntschreibung → weit
weitgereist: Als Vergleichsform ist nur korrekt: *weiter gereist, am weitesten gereist.* Zur Groß- oder Kleinschreibung und Zusammen- oder Getrenntschreibung → weit
weitreichend: Als Vergleichsformen sind korrekt: *weiter reichend, weitestreichend* oder *weitreichender, weitreichendst.* Zur Groß- oder Kleinschreibung und Zusammen- oder Getrenntschreibung → weit
weittragend: Als Vergleichsformen sind korrekt: *weiter tragend, weitesttragend* oder *weittragender, weittragendst.* Zur

Groß- oder Kleinschreibung und Zusammen- oder Getrenntschreibung → weit

weitverbreitet: Als Vergleichsformen sind korrekt: *weiter verbreitet, weitestverbreitet* auch *am weitesten verbreitet* oder *weitverbreiteter, weitverbreitetst*. Zur Groß- oder Kleinschreibung und Zusammen- oder Getrenntschreibung → weit

weitverzweigt: Als Vergleichsformen sind korrekt: *weiter verzweigt, weitestverzweigt* auch *am weitesten verzweigt* und *weitverzweigter, weitverzweigtest*. Zur Groß- oder Kleinschreibung und Zusammen- und Getrenntschreibung → weit

welcher - welche - welches: Das Pronomen wird verschieden dekliniert. Vor starken Substantiven kann stark oder schwach gebeugt werden:
Die finanziellen Mittel welches oder *welchem Staates sind ausgezeichnet? Welches* oder *Welchen Babys Windel ist dies?*
Vor schwachen Substantiven wird, um den Genitiv zu verdeutlichen, das Pronomen stark dekliniert:
Die Operation welches Fürsten ging durch alle Zeitungen? Welches Maschinisten Maschine ist das?
Adjektive, die nach *welcher, welche, welches* stehen, werden schwach dekliniert; nach der endungslosen Form *welch* stehende Adjektive werden stark dekliniert:
Welches große Kind steckt im Manne? Aber: *Welch großes Kind ...*
Die Verwendung von *welcher, welche, welches* als Relativpronomen anstelle von *der, die, das* ist stilistisch schwerfällig und sollte unterlassen werden:
Die Frau, mit der ich gestern flirtete, war sehr schön. (Nicht: *Die Frau, mit welcher ich ...*).
→ was für ein

welcherart - welcher Art: Direkt vor dem Bezugswort stehend im Sinne von "was für ein" schreibt man klein und zusammen:
Welcherart Arbeit gehen Sie eigentlich nach? Wir wissen noch nicht, welcherart Musik wir heute zu hören bekommen.

Das Substantiv schreibt man getrennt:
Wir wissen noch nicht welcher Art die Musik ist, die wir heute zu hören bekommen.

wenden: Hier sind verschiedene Formen von Perfekt und Partizip korrekt: *wandte, gewandt; wendete, gewendet*. Wenn eine Richtungsänderung ausgedrückt wird oder wenn das Verb im Sinne von "umkehren, nach außen drehen" benutzt wird, stehen die Formen *wendete* und *gewendet*:

Das Taxi wendete blitzschnell. Das Schicksal hat sich gewendet. Der Schneider hat das Kostüm gewendet.

Bei zusammengesetzten Verben wie *anwenden* etc. werden beide Formen gebraucht.

wenig: Groß schreibt man nur die Substantivierung:

Das Wenige, das er gab, war viel.

Sonst wird *wenig* immer klein geschrieben, auch wenn es als unbestimmtes Fürwort einen Artikel vor sich stehen hat:

Ein weniges; ein klein wenig; um so weniger; einige wenige; die wenigsten; zum wenigsten; am wenigsten; auf das wenigste.

Das unbestimmte Fürwort wird vor alleinstehenden Substantiven in der Regel nicht gebeugt:

Dazu braucht es wenig Geschick. Er kam mit wenig Erfahrungen auf diesen Posten. Es gab nur wenig Momente, wo er sich fürchtete.

Nachfolgende Adjektive oder Partizipien werden meist parallel dekliniert, nur im Dativ Singular Maskulinum und Neutrum wird stets schwach dekliniert:

Nur wenige Verwandte kamen zur Beisetzung. Nicht wenige Beamte stimmten für das Streikrecht. Bald, nach wenigem kurzen Beraten, ging man an die Arbeit.

Immer stark gebeugt wird nach der endungslosen Form von *wenig:*

Wenig gute Schachspieler; wenig falsches Geld; wenig wertvoller Schmuck.

weniger als: Bei dieser Fügung kann das nachfolgende Verb im Singular oder im Plural stehen:
Bei der Abstimmung im Bundestag war oder waren weniger als die Hälfte der Abgeordneten anwesend.

weniges, was: Ein von *weniges* abhängiger Nebensatz wird mit *was* eingeleitet:
Die Regierung vollbrachte nur weniges, was die Bürger begeisterte (Nicht: *... nur weniges, das die Bürger ...*).

wenn: Vor der Präposition *wenn* steht immer ein Komma, außer in Fügungen, die als Einheit betrachtet werden:
Ich werde zu ihm gehen, wenn er Hilfe braucht. Wir verstehen uns gut, besonders wenn wir etwas getrunken haben. Wir treffen uns dort, aber wenn wir gestört werden, wechseln wir das Lokal.
Bei unvollständigen Nebensätzen, die zu formelhaften Floskeln geworden sind, kann ein Komma stehen, muß aber nicht:
Ich würde für dich wenn nötig die Sterne vom Himmel holen. Oder: *Ich würde für dich, wenn nötig, die Sterne vom Himmel holen.*
→ wann - wenn

werde - würde: *werde* ist die Form des Konjunktiv I des Verbs *sein*, die hauptsächlich in der indirekten Rede gebraucht wird:
Sie antwortete, er werde schon noch kommen.
Würde ist der Konjunktiv II, der im Konditionalsatz Verwendung findet:
Sie meinte, er würde später kommen.

werden: Die Form des Präteritum Singular lautet *wurde*, dichterisch auch *ward*. Das 2. Partizip lautet entweder *geworden*, wenn es als Vollverb fungiert, oder *worden*, wenn es als Hilfsverb fungiert:
Er ist blaß geworden (= Vollverb). *Der Wald ist abgeholzt worden* (= Hilfsverb).

wert: In ursprünglicher Bedeutung verwendet, schreibt man *wert* vom nachfolgenden Verb getrennt:
Wenn die Ratgeber den Helden für wert halten, soll er die Königstochter bekommen.
Entsteht durch die Kombination ein neuer Begriff, schreibt man zusammen:
Er soll seine Frau werthalten (= hochschätzen, in Ehren halten).
Nach *wert sein* in der Bedeutung "würdig sein" steht ein abhängiges Substantiv im Genitiv:
Diese Behauptung ist einer Gegenrede wert. Die Schöne behandelt uns, als wären wir ihrer nicht wert.
Im Sinne von "sich lohnen, einen Wert haben" steht der Akkusativ:
Diese Wohnung ist diesen hohen Mietpreis nicht wert. Das Konzert ist dem Fan jeden Anfahrtsweg wert.

wesentlich: Substantivierungen des Wortes schreibt man groß, die feste Wendung *im wesentlichen* klein:
Was du meinst, ist nicht das Wesentliche. Etwas Wesentliches wurde nicht gesagt. Im wesentlichen wurde am Problem vorbeigeredet.

West - Westen: → Nord - Norden

westlich - westwärts: → nördlich - nordwärts

weswegen: → wegen was - weswegen

wider - wieder: Diese Wörter haben eine unterschiedliche Bedeutung, und sie gehören verschiedenen Wortarten an. *Wider* ist eine Präposition in der Bedeutung von "gegen", hat einen Akkusativ nach sich und wird in der Regel nur in gehobener, dichterischer Sprache gebraucht:
Wer nicht mit mir ist, der ist wider mich. (Matthäus, Lukas) *Ist Gott für uns, wer mag wider uns sein?* (Paulus, Römerbrief)
Wieder ist ein Adverb und bedeutet "nochmals, erneut":
Wird es jemals wieder so wie früher? Heute ist wieder ein regnerischer Tag.

widerhallen: Das Verb kann im Präsens fest oder unfest zusammengesetzt gebraucht werden, wenngleich die unfesten Formen üblicher sind. Das 2. Partizip und der Infinitiv mit *zu* sind nur unfest möglich: *es hallt wider; hat widergehallt; um widerzuhallen.*

widerspiegeln: → widerhallen

wie: Als Konjunktion kann *wie* ein *und* ersetzen:
Schuhe wie (und) Kleidung kauft er nur bei allerersten Adressen. Die Speisen wie auch (und auch) die Getränke mundeten vorzüglich.
Bei folgenden Wendungen wird *wie* als Relativpronomen verwendet:
in der Art, wie; in dem Maße, wie; in dem Stil, wie; in der Weise, wie ...
Werden Satzteile verbunden, steht kein Komma; das Zusammenfügen von Sätzen muß mit Kommas abgetrennt werden:
Dominik ist so nett wie Stefan. Der Trompeter spielt so schön, wie es auch der Akkordeonspieler kann.
Bei näheren Erklärungen und bei unvollständigen Nebensätzen kann beides möglich sein:
In größeren Städten(,) wie München, Berlin oder Frankfurt sind Wohnungen Mangelware. Ich habe, wie gesagt, keine Anweisung erhalten. Ich habe wie gesagt keine Anweisung erhalten.

wie - als: → als - wie

wieder: Im Sinne von "zurück" schreibt man *wieder* mit dem folgenden Verb zusammen; ebenso mit der Bedeutung "nochmals, erneut", wenn durch die Kombination ein neuer Begriff entsteht:
Er muß mir das Buch wiederbringen. Die Freunde haben den Mutlosen wiederaufgebaut (= ermutigt).
Behält das Verb seine ursprüngliche Bedeutung, und wird *wieder* im Sinne von "nochmals, erneut" gebraucht, schreibt man die Kombination getrennt:
Man hat das Haus wieder aufgebaut.

wieder - wider: → wider - wieder

wiegen - wägen: → wägen - wiegen

wieviel - wie viele: Die ungebeugte Form von *wieviel* schreibt man immer zusammen, außer man legt auf besondere Betonung wert:
Wieviel hast du für die Eier bezahlt? Hast du eine Ahnung wie viel das Motorrad kostet? Wenn er wüßte, wie viel ich für ihn auf mich genommen habe.

willen - Willen: Die Präposition schreibt man klein, das Substantiv groß:
Um unserer Freundschaft willen bitte ich dich, dies zu unterlassen. Nach dem Streit mußte sie wider Willen lachen, was ihm beim besten Willen nicht möglich war.

winken: Steht das Verb allein, braucht es einen Dativ; nach der Wendung *zu sich winken* folgt ein Akkusativ:
Er winkte dem schönen Mädchen. Oder: *Er winkte dem schönen Mädchen zu.* Aber: *Er winkte das schöne Mädchen zu sich.*
Das 2. Partizip von *winken* heißt *gewinkt.* Die Form *gewunken* wird regional umgangssprachlich gebraucht, ist aber nicht korrekt.

wir oder du: → ich oder du
wir oder er: → ich oder er
wir und du: → ich und du
wir und er: → ich und er
wir und ihr: → ich und ihr
wir und sie: → ich und sie

wirksam - wirkungsvoll: Etwas ist dann *wirksam*, wenn damit das beabsichtigte Ergebnis erreicht wird, das angewandte Mittel wirkt:
Gegen diese Krankheit gibt es noch keine wirksame Arznei.
Wirkungsvoll dagegen ist etwas oder jemand, das oder der eine große Wirkung hervorruft:
Wirkungsvoller hätte der Auftritt des Stars nicht inszeniert werden können; alles war von ihm hingerissen.

wissen - Wissen: Wenn auf *wissen* ein erweiterter Infinitiv mit *zu* folgt, wird dieser nicht durch Kommas abgetrennt, da das Verb als Hilfsverb fungiert:
Sie wußte sich zu helfen. Sie wußte anderen zu gefallen.
Sobald zu *wissen* eine Ergänzung hinzukommt, muß ein Komma gesetzt werden, da das Verb dann als Vollverb fungiert:

Sie wußte schon immer, anderen zu gefallen.
Nach *wissen* können die Präpositionen *von* oder *um* stehen:
Ich weiß von den Problemen der Mutter.
Ich weiß um die Probleme der Mutter.
Die häufig gebrauchte Präposition *nach*, mit der nach der Wendung *meines Wissens* angeschlossen wird, ist falsch. Möglich ist:
Meines Wissens ist dies eine Erstausgabe. Nach meinem Wissen ist dies eine Erstausgabe. Meinem Wissen nach ist dies eine Erstausgabe (Nicht: *Meines Wissens nach* ...)

wo: Bei formelhaft gewordenen, unvollständigen Nebensätzen, die als Umstandsangabe verstanden werden können, braucht kein Komma stehen:
Sie werden uns wo möglich Arbeit besorgen.
Bei Zeit- und Raumbezug kann *wo* als relativisches Anschlußpartikel verwendet werden. Das geht nicht bei Personen und Dingen:
Der Raum, wo der Tote gelegen hatte, wurde versiegelt. In dem Jahr, wo hier die Mauer fiel, wuchs dort die Kriegsgefahr. (Nicht: *Ede, wo immer stiften geht, wurde geschnappt. Das Geld, wo er bei sich hatte, war geklaut*).

wobei: Standardsprachlich korrekt ist *wobei*. Die umgangssprachliche Ersetzung *bei was* ist stilistisch unschön, in der gesprochenen Sprache allerdings häufig:
Wobei (Nicht: *bei was*) *haben Sie sich so geirrt?*
Genauso benutzt werden:
wodurch →wobei
wofür →wobei
wogegen →wobei

woher - wohin: Diese Richtungsadverbien werden in der Umgangssprache oft ersetzt durch ein *wo* und einem Verb der Bewegung mit der Vorsilbe *her-* oder *hin-*:
Wo gehst du hin? (Statt: *Wohin gehst du?*)
Ich weiß, wo er hergekommen ist. (Statt: *Ich weiß, woher er gekommen ist.*)

Stilistisch schöner ist der Gebrauch von *woher* bzw. *wohin*.
wohinter: → wobei
wohl: Im Sinne von "gesund, gut, wahrscheinlich" verwendet, schreibt man vom nachfolgenden Verb getrennt; beide Wörter sind betont:
Wohl bekomm's! Im letzten Jahr ist es ihr wohl ergangen.
Entsteht durch die Kombination ein neuer Begriff, schreibt man zusammen; die Betonung liegt auf dem ersten Glied:
Die Behandlung hat ihr wohlgetan (= ist angenehm gewesen).
Die Kombination von *wohl* im Sinne von "gut" mit einem 2. Partizip wird ebenfalls zusammengeschrieben:
Die Erdbebenopfer sind wohlversorgt. In dieser Stadt ist die Dame wohlbekannt.
Im Sinne von "gut" wird gesteigert: *wohl, besser, am besten.*
Im Sinne von "gesund, behaglich" wird gesteigert: *wohl, wohler, am wohlsten.*
wohlgelungen: Gesteigert wird: *besser gelungen, bestgelungen.*
wohlgesinnt: Gesteigert wird: *wohlgesinnter, wohlgesinntest.*
wohlschmeckend: Gesteigert wird: *wohlschmeckender, wohlschmeckendst.*
wohltätig - wohltuend: Als *wohltätig* wird jemand bezeichnet, der anderen "Gutes tut, eine Wohltat erweist". Mit *wohltuend* wird die Wirkung bezeichnet, die etwas in jemandem hervorruft:
Der wohltätige Samariter half den Armen. Seine Hilfe war wohltuend.
wohltuend: Gesteigert wird: *wohltuender, wohltuendst.*
wollen: Die Kombination von *wollen* und einem Substantiv, das einen Wunsch, eine Absicht oder ein Begehren ausdrückt, ist nicht korrekt:
Er hatte das starke Begehren, diese Frau zu erobern (Nicht: *..., diese Frau erobern zu wollen*).
Wird die Absicht oder der Wunsch nicht automatisch mit eingeschlossen, muß dagegen das Verb *wollen* stehen:

Er legte dar, demonstrieren zu wollen (Nicht: *... dar, zu demonstrieren*).
Folgt *wollen* auf den Infinitiv eines anderen Verbs, muß *wollen* auch im Infinitiv stehen:
Sie hat nicht nach Spanien fahren wollen (Nicht: *Sie hat nicht nach Spanien fahren gewollt*).
womit: Standardsprachlich korrekt ist *womit*. Die umgangssprachliche Ersetzung *mit was* ist stilistisch unschön, in der gesprochenen Sprache allerdings häufig: *Womit* (Nicht: *mit was*) *haben sie das erreicht?*
womöglich - wo möglich: *Womöglich* ist ein Adverb und kann für "vielleicht" stehen. Das getrennt geschriebene *wo möglich* fungiert hingegen als Satzverkürzung für die Wendung "dort, wo es möglich ist": *Auch nach einem gut absolvierten Studium kann man womöglich arbeitslos sein. In den Seminaren soll, wo möglich, Wissenschaft betrieben werden.*
wonach: Standardsprachlich korrekt ist *wonach*. Die umgangssprachliche Ersetzung *nach was* ist stilistisch unschön, in der gesprochenen Sprache allerdings häufig: *Wonach* (Nicht: *nach was*) *richten sich diese Vorgaben?*
Genauso benutzt werden:
woran → wonach
worauf → wonach
woraus → wonach
worin → wonach
Workshop, der: [engl. workshop "Werkstatt"]
Kurs bzw. Seminar, in dem Probleme oder Fertigkeiten erarbeitet werden.
Wort: Dieses Substantiv hat zwei Pluralformen. Wird es in der Bedeutung von "Lautgebilde mit bestimmter Bedeutung, Einzelwort" verwendet, bildet es die Pluralform *die Wörter:*
Hemingway hat jeden Tag gezählt, wieviel Wörter er geschrieben hat. Hauptwörter, Eigenschaftswörter, Fürwörter usw., diese Wörter soll man sich alle merken können.

Im Sinne von "Äußerung, Ausspruch, Rede" verwendet, bildet *das Wort* den Plural *die Worte:*
Seine Worte besänftigten die aufgebrachten Dorfbewohner. Auch Bibelworte können falsch ausgelegt werden.
worüber: Standardsprachlich korrekt ist *worüber*. Die umgangssprachliche Ersetzung *über was* ist stilistisch unschön, in der gesprochenen Sprache allerdings häufig:
Worüber (Nicht: *über was*) *regen Sie sich so auf?*
worum: → worüber
worum - warum: → warum - worum
worunter: → worüber
wovon: → worüber
wovor: → worüber
wozu: → worüber
wozwischen: → worüber
Wrack: Das sächliche Substantiv *das Wrack* bildet die korrekten Pluralformen: *die Wracks* und *die Wracke*.
Wucherin: Die weibliche Entsprechung zum *Wucherer* heißt: *die Wucherin* (Nicht: *die Wuchererin*).
wunder - Wunder: Klein schreibt man das mit *was* oder *wie* kombinierte, verblaßte Substantiv; groß schreibt man das Wort als Substantiv:
Auf ihr Bild in der Zeitung hat sie sich wunder was eingebildet. Er kam sich wunder wie schlau vor. Jesus hat an den Menschen viele Wunder gewirkt. Dann hat er sein blaues Wunder erlebt.
wünschen: Wird *wünschen* mit einem erweiterten Infinitiv mit *zu* verknüpft, und versteht man es als Vollverb, muß ein Komma gesetzt werden. Fungiert es als Hilfsverb, entfällt das Komma:
Wünschen Sie, dieses Buch zu lesen?
Wünschen Sie dieses Buch zu lesen?
Ein Komma muß gesetzt werden, wenn zum Verb ein Adverb o. ä. hinzukommt, weil es dann immer Vollverb ist:
Sie wünschten oft, dieses Buch zu lesen. Oft wünschte er sich, auf diesen Baum klettern zu können.

Wurm: Das Substantiv kann mit männlichem oder sächlichem Artikel stehen. Ist das Tier oder ein Vergleich damit gemeint, heißt es *der Wurm:*
Der Fisch schnappte nach dem Wurm. In seinem roten Schlafsack gekrümmt daliegend, sah er aus wie ein Wurm.
In der umgangssprachlichen Bedeutung "kleines Kind" heißt es *das Wurm:*
Das kleine Wurm nuckelt zufrieden an der Flasche.

Wut: *Wut* kann die Präpositionen *gegen* und *auf* nach sich ziehen. Soll die gegnerische Beziehung betont werden, steht *gegen;* mit *auf* wird das Motiv der *Wut* benannt:
Eine rasende Wut erfüllte ihn gegen diesen Schwätzer. Er empfand eine tiefe Wut auf ihre dauernde Heuchelei.
Bei den Wendungen *eine Wut bekommen* oder *eine Wut haben* kann nur mit *auf* angeschlossen werden:
Er hat oder *bekommt eine Wut auf ihn* (Nicht: *Er hat* oder *bekommt eine Wut gegen ihn*).

X

Xerographie, die: [griech. xero und graphie eigentlich "Trockendarstellung"]
Vervielfältigungsverfahren, das in den USA entwickelt wurde und dessen Besonderheit ist, daß ohne Entwicklungsbad, 'trocken' vervielfältigt wird.

Xylophon, das: [griech. xylo und phon eigentlich "Holzstimme"]
Schlaginstrument, bei dem der Spieler mit Holzklöppeln auf einem Holzrahmen befestigte Holzstäbe anschlägt und so zum Klingen bringt.

Y

Yacht: → Jacht
Yankee, der: [engl.-amerik.]
Spitzname für Nordamerikaner; Bewohner der nordamerikanischen Staaten.
Yen, der: [jap. yen "rund"]
Währungseinheit in Japan.
YMCA, die: [engl. Young Men's Christian Association "Christlicher Verein junger Männer"]
Weltbund der männlichen Jugendverbände auf christlicher Grundlage.
Youngster, der: [engl. youngster gleichbed.]
junger Sportler; noch nicht eingesetzter Spieler einer Mannschaft.
Ypsilon, das: [griech. y psilón "bloßes y"]
griechischer Buchstabe: Y, y.
YWCA, die: [engl. Young Women's Christian Association "Christlicher Verein junger Frauen"]
Weltbund der weiblichen Jugendverbände auf christlicher Grundlage.

Z

Zacke - Zacken: Sowohl die männliche als auch die weibliche Form ist korrekt:
Die Zacke, der Zacken; der Plural beider heißt: *die Zacken.* Nur die männliche Form wird in übertragenen Zusammenhängen gebraucht:
Dabei wird ihm kein Zacken aus der Krone brechen (ugs. für: sich nichts dabei vergeben; nicht zu schön sein für etwas).

Gestern hast du einen sauberen Zacken gehabt (ugs. für: sehr betrunken sein).
zäh: Wird wie folgt gesteigert: *zäh, zäher, zäheste* oder *zähste.*
Zäheit - Zähigkeit: Während *Zäheit* einen Zustand ausdrückt, wird mit *Zähigkeit* eine Fähigkeit der Ausdauer, eine Willenskraft bezeichnet:
Der Braten ist heute von besonderer Zäheit. Ihn zu schneiden braucht man große Zähigkeit.
Zahl: Folgt auf das Subjekt *Zahl* ein Plural steht das Verb in der Einzahl, da es sich nach dem Subjekt des Satzes richtet:
Eine große Zahl Bücher lag bei ihm ungelesen herum.
Richtet sich die Konstruktion nach dem inhaltlichen Sinn des Satzes oder wird das auf *Zahl* folgende Substantiv als Apposition im gleichen Fall verstanden, kann das Verb auch im Plural stehen:
Eine große Zahl Bücher lagen bei ihm ungelesen herum.
Als Apposition steht das Gezählte im gleichen Fall wie das Wort *Zahl,* sonst steht das Gezählte im Genitiv:
Eine kleine Zahl Beamte; eine kleine Zahl Beamter.
zahlen: → bezahlen - zahlen
Zahlen und Ziffer: Zum Bedeutungsunterschied:
Werte werden durch *Zahlen* ausgedrückt; diese *Zahlen* werden durch Buchstaben oder *Ziffern* geschrieben. *Ziffern* sind also wie Buchstaben nur schriftliche Zeichen.
Zur Schreibung in Buchstaben:
In literarischen Texten oder Briefen können Zahlen ausgeschrieben werden. Dabei werden *Zahlen* unter einer Million zusammen geschrieben:
sechshundertvierzigtausenddreihundertundsiebenundzwanzig; zwei Millionen sechshunderttausend.
Kombinationen von *Ziffern* mit einem Wort schreibt man ohne Bindestrich zusammen:
56er Moët Chandon; 62er Jahrgang; 7jährig; 9fach; 1.000mal.

Bei Kombinationen mit mehreren Wörtern müssen Bindestriche gesetzt werden:
1.000-m-Lauf; 2-Liter-Flasche.
Zur Schreibung in *Ziffern:*
Mehrstellige Zahlen werden der Übersichtlichkeit halber in Dreiergruppen gegliedert. Die Gliederung kann durch Punkte verdeutlicht werden:
11.101.952 DM oder *11 101 952 DM.*
Nummern werden in der Regel nicht abgeteilt geschrieben mit Ausnahme der Telefon-, der Fernschreib- und der Kontonummern, die in Zweier- bzw. Dreiergruppen unterteilt werden.
Dezimalstellen sowie die Pfennigstellen bei Geldbeträgen werden durch Kommas abgetrennt:
1,13 km; 98,99 DM.
Bei der Uhrzeit werden die Minuten durch einen Punkt abgetrennt oder hochgestellt:
2.58 Uhr; 2 ^{58} Uhr.
Bei Zeiträumen und Zahlenbereichen kann *bis* oder ein Bindestrich stehen; die Angabe *von ... bis* muß jedoch ausgeschrieben werden:
1981 bis 1983, 1981-1983; 6 bis 8 Uhr, 15-16 Uhr; 5 bis 10 Kilo, 5-10 Kilo. Sprechstunde ist von 14 bis 15 Uhr.
Aufeinanderfolgende Jahreszahlen kann man durch einen Schrägstrich verbinden:
Das Abrechnungsjahr 1987/88.
zahllos: Nach *zahllos* wird ein folgendes (substantiviertes) Adjektiv stark dekliniert:
In zahllosen überflüssigen Zeitschriften werden zahllose informationslose Artikel geschrieben.
zahlreich: In Verbindung mit Substantiven in der Mehrzahl bedeutet das Adjektiv *zahlreich* "viele"; im Sinne von "eine große Zahl bedeutend" steht es bei Sammelbegriffen:
zahlreiche Menschen, zahlreiche Autos; eine zahlreiche Gemeinde, Familie etc.
Nach *zahlreich* wird ein folgendes (substantiviertes) Adjektiv stark dekliniert:
Mit zahlreichen nationalen Kommentaren werden Stimmungen geschürt.

zartbesaitet: Gesteigert wird: *zartbesaitet, zartbesaiteter* oder *zarter besaitet, zartbesaitetste* oder *zartest besaitet.*

zartfühlend: Gesteigert wird: *zartfühlender, zartfühlendst.*

Zäsur, die: [lat. caesura gleichbed.] Einschnitt im Vers, wenn Wortende und Versfußende nicht zusammenfallen; Pause oder Phrasierung in einem Musikstück; gedanklicher Einschnitt; bedeutender Einschnitt innerhalb einer Entwicklung, eines längeren Vorgangs.

Zauberin - Zaubrerin: Beide Formen sind korrekt.

z. B.: → u. a. - usf. - usw.

Zeh - Zehe: Beide Möglichkeiten sind korrekt. Der unterschiedliche Gebrauch ist regional bedingt. *Der Zeh* (masc.) bildet die Formen *des Zehs, die Zehen; die Zehe* (fem.) dagegen *der Zehe, die Zehen.*

zehn - Zehn: → acht - Acht

zehnte - Zehnte: → achte - Achte

zeigen, sich: Auf die Wendung *sich zeigen als* folgt heute ein Nominativ, früher war ein Akkusativ auch möglich:
Er zeigte sich in seinen Ausführungen als genialer Vordenker. (Veraltet: *Er zeigte sich in seinen Ausführungen als einen genialen Vordenker.*)

Zeit: In folgenden Wendungen wird *Zeit* groß und von der vorausgehenden Präposition getrennt geschrieben:
zu deiner, meiner, unserer Zeit; zur Zeit, von Zeit zu Zeit; an der Zeit sein; zu der Zeit; zu aller Zeit; auf Zeit; alles zu seiner Zeit; zu jeder Zeit; zur Zeit Ludwig des Frommen.
Zeit als Präposition wird klein geschrieben:
Das wird ihn zeit seines Lebens beschäftigen.
Klein und zusammen wird geschrieben, wenn die Verbindung adverbial verwendet ist:
allezeit, zuzeiten, vorzeiten, beizeiten, jederzeit, derzeit, seinerzeit, zeitlebens.

zeitig - zeitlich: Will man ausdrücken, daß etw. schon früh oder noch zur rechten Zeit geschieht, verwendet man *zeitig:*
Er ist heute zeitig aufgestanden. Die Kinder wurden zeitig ins Bett geschickt. Ich kam zeitig genug, so daß ich das Unglück verhindern konnte.
Betrifft etw. die zur Verfügung stehende Zeit, muß *zeitlich* stehen:
Der Arzt konnte den Eintritt des Todes zeitlich nicht genau bestimmen.

Zeitlang - eine Zeit lang: In der Bedeutung von "Weile" gebraucht, wird der Begriff zusammen geschrieben:
Eine Zeitlang herrschte Ruhe im Saal.
Wird *lang* durch eine Kombination aus Artikel, Adjektiv o. ä. plus *Zeit* näher bestimmt, schreibt man getrennt:
Eine kurze Zeit lang herrschte Ruhe im Saal. Die Fahrt war einige Zeit lang äußerst langweilig.

Zeitungsnamen: → Buchtitel

Zellophan: → Cellophan

Zentaur - Kentaur, der: [lat. centaurus, griech. Kéntauros] vierbeiniges Fabelwesen mit menschlichem Oberkörper und Pferdeleib. Beide Schreibweisen sind korrekt.

Zentimeter: → Meter

Zentner: → Pfund

Zepter: Das Substantiv kann sowohl männlich als auch sächlich sein: *der Zepter, das Zepter;* der Plural heißt: *die Zepter.*

zerhauen: → hauen

zerspalten: Das 2. Partizip heißt *zerspaltet* oder *zerspalten.*

Ziffer: → Zahlen und Ziffern

Zither: [griech. kithára gleichbed.] Zupfinstrument mit flachem Resonanzkasten.

Zölibat: *Zölibat* kann sächlichen oder männlichen Geschlechts sein. In der Theologie ist nur der männliche Artikel *der Zölibat* üblich.

zollbreit - einen Zoll breit - einen Zollbreit: → fingerbreit - einen Fingerbreit - einen Fingerbreit

Zorn: Nach diesem Substantiv wird mit den Präpositionen *auf* oder *gegen* angeschlossen:
Ihr Zorn auf ihn wuchs. Genauso plötzlich war der Zorn gegen den anderen verraucht.

zornig: Dem Adjektiv *zornig* können die Präpositionen *auf* oder *über* folgen. Ist eine Person Objekt des Zornes, wird mit *auf* angeschlossen; ist von einer allgemeinen Ursache des Zornes die Rede, wird *über* gebraucht:
Stefan war auf seine Mutter zornig. Die Mutter war über die Schlamperei im Kinderzimmer zornig.

zu: Soll eine Möglichkeit oder Notwendigkeit ausgedrückt werden steht *zu* mit einem Partizip Präsens, wobei das Partizip nur attributiv verwendet werden kann:
das zu beleuchtende Schaufenster (= das Schaufenster, das beleuchtet werden muß); *die zu hörenden Neuigkeiten* (= Neuigkeiten, die gehört werden können).
Dabei kann das Präsens auch substantiviert erscheinen, wobei nur das Substantiv groß zu schreiben ist:
Das zu Erwartende traf ein. Die zu Prüfende hat verschlafen.
Bei Sätzen mit Infinitivkonstruktion schwankt der Gebrauch des *zu*. Mit dem Verb *haben* muß das *zu* stehen, wenn die Kombination im Sinne von "müssen" gemeint ist:
Wenn ich rede, haben Sie zu schweigen. Heute habe ich noch viel zu erledigen. Für die Vorlesung haben sie diese Bücher zu lesen.
Wird mit *als* angeschlossen, ist heute ebenfalls der Gebrauch mit *zu* üblich, wiewohl beide Möglichkeiten korrekt sind:
Sie wollte das lieber selbst tun, als um Hilfe zu bitten. Sie wollte das lieber selbst tun als um Hilfe bitten.
Bei fest zusammengesetzten Verben wird wie bei den einfachen das *zu* vor den Infinitiv bzw. das Partizip gesetzt:
Er beschloß, den Besuch zu machen. Sie hoffte, die Platte überspielen zu können.

Bei unfest zusammengesetzten Verben steht das *zu* zwischen Verb und seinem Präfix:
Er beschloß, das Licht anzumachen. Sie hatte gewünscht, ihn näher kennenzulernen.
Fungiert *zu* als Adverb im Sinne einer Richtungsangabe, ohne daß das angestrebte Ziel getroffen wird, wird es vom folgenden Verb getrennt geschrieben:
Der Baum könnte auf die Stromleitung zu fallen. Der Betrunkene ist genau auf mich zu gefahren.
Als Angabe in Übereinstimmung mit dem Ziel wird *zu* zum Verbzusatz und damit beides zusammen geschrieben:
In Pamplona war es, als der Stier plötzlich auf ihn zugelaufen war.
Tritt eine Bedeutungsverschiebung ein, wird immer zusammen geschrieben:
Die Streithähne waren aufeinander zugegangen (= hatten sich versöhnt). *Vor zwei Monaten ist mir eine Katze zugelaufen* (= sie lebt jetzt bei mir).

zu - in - nach - bei: → in - nach - zu - bei

zu - um zu: → um zu - zu

zu guter Letzt: → zuletzt

zu Händen: Diese Wendung steht mit Genitiv, Dativ plus *von* oder reinem Dativ:
Zu Händen des Herrn Binder; zu Händen von Herrn Binder; zu Händen Herrn Binder.
Abgekürzt ist möglich: *z. H.; z. Hd.*

zu Haus(e): Die präpositionalen Verbindungen mit *Haus(e)* werden immer getrennt geschrieben. → Haus

zu was - wozu: *Zu was* anstelle von *wozu* ist in der gesprochenen Sprache häufig; standardsprachlich ist aber nur das Pronominaladverb *wozu* korrekt:
Zu was brauchst du schon wieder ein neues Kleid (ugs.)? *Wozu brauchst du ein neues Kleid?*

Zubehör: *Zubehör* kann mit männlichem und sächlichem Artikel stehen. Beides ist korrekt: *das Zubehör* und *der Zubehör*. Der Plural lautet in beiden Fällen: *die Zubehöre*.

zueinander: Wird in der Bedeutung "einer zum andern" vom nachfolgenden Verb getrennt geschrieben:
Sie wollte wissen, wie sie jetzt zueinander stehen. Sie konnten nicht zueinander kommen.
Im Sinne von "zusammen" werden Adverb und Verb zusammengeschrieben:
Endlich haben sie zueinandergefunden, sind sie zueinandergekommen.

Zufahrts-: Bei Zusammensetzungen mit *Zufahrt* wird ein Fugen-s gesetzt:
Zufahrtswege; Zufahrtsrampe; Zufahrtsstraße; Zufahrtsschilder.

zufolge: Die Präposition wird entweder mit Dativ dem Nomen nachgestellt oder mit Genitiv dem Nomen vorangestellt:
Dem Gedanken zufolge; zufolge des Gedanken; seinem Vermächtnis zufolge; zufolge seines Vermächtnisses.
In der Regel wird die Dativkonstruktion bevorzugt; die Genitivwendung gilt als veraltet.

zufrieden: Fungiert *zufrieden* als Präposition muß das abhängige Substantiv durch ein *mit* angebunden werden. Das ugs. häufig zu hörende *über* ist nicht korrekt:
Ich bin mit deinen Noten zufrieden (Nicht: *Ich bin über deine Noten zufrieden*).
Fungiert das Stichwort als Adverb, wird es vom folgenden Verb getrennt geschrieben, wenn beide Wörter ihre eigene Bedeutung bewahren:
Er wird mit den Noten sehr zufrieden sein. Diese Vorstellung hat ihn zufrieden gemacht.
Wird nur das Adverb betont und entsteht ein neuer, übertragener Begriff, wird zusammen geschrieben:
Er muß sich mit den Noten zufriedengeben (= begnügen). *Seine Ansprüche wurden zufriedengestellt* (= erfüllt, befriedigt). *Wann werden sie mich endlich zufriedenlassen* (= in Ruhe lassen, nicht mehr behelligen, belästigen).

zugängig - zugänglich: Ist etw. *zugänglich* hat es entweder einen Zugang, eine Öffnung, eine Tür (= konkrete Bedeutung) oder es ist verfügbar (= bildliche Bedeutung), oder jmd. ist aufgeschlossen (= übertragene Bedeutung):
Die Räume des Schlosses waren allen Besuchern zugänglich gemacht worden. Für jeden ist Fernsehen heute zugänglich. Er ist für diese Idee sehr zugänglich.
Zugängig wird in der Bedeutung wie *zugänglich* verwendet, ist aber fachsprachlich und eigentlich veraltet:
Die Heizungsrohre waren frei zugängig. Einem Gedankenaustausch ist sie nicht mehr zugängig.

zugleich - gleichzeitig: Dieses Adverb wird wie das Adjektiv *gleichzeitig* im Sinne von "zur gleichen Zeit; auch, sowohl als auch" gebraucht. Als Adverbiale können die Wörter synonym eingesetzt werden; in attributiver Funktion kann nur *gleichzeitig* benutzt werden. Die Bedeutung "beides in einem" ist in der Regel an *zugleich* gebunden:
Der Verkehr brach an mehreren Stellen gleichzeitig oder zugleich zusammen (= zur gleichen Zeit). *Die Maschine ist gleichzeitig oder zugleich schneller und genauer als der Mensch.* (= sowohl als auch). *Dieser Roman ist zugleich Tagebuch und Briefroman* (= beides in einem).

zugrunde: Das Adverb ist nur in Verbindung mit den Verben *gehen, legen, liegen, richten* gebräuchlich. Adverb und Verb werden immer getrennt geschrieben. In Verbindung mit einem Partizip schreibt man getrennt, wenn eine Tätigkeit betont ist; zusammen schreibt man, wenn die Verbindung als Adjektiv fungiert:
Diese Forderungen machten die zugrunde gelegten Berechnungen gegenstandslos. Die zugrundegelegten Berechnungen waren unrealistisch. Die durch den Krieg zugrunde gerichteten Eingeborenenvölker starben aus. Der zugrundegerichteten Völker gedenkt keiner.

zugunsten - zuungunsten: Die Präpositionen werden entweder mit Dativ dem

Nomen nachgestellt (veraltet) oder mit Genitiv dem Nomen vorangestellt:
Dem Sohne zugunsten verzichtete er auf Haus und Hof. Zugunsten seines Sohnes verzichtete er auf Haus und Hof. Dem jungen Weibe zuungunsten klatschte die ganze Nachbarschaft. Zuungunsten des jungen Weibes klatschte die ganze Nachbarschaft.
In ihrer Funktion als Präpositionen werden die Begriffe immer zusammen geschrieben. Getrennt schreibt man nur die Substantivierung:
Zu seines Sohnes Gunsten verzichtete er. Zu des jungen Weibes Ungunsten wurde viel geklatscht.

zugute: Das Adverb ist nur in Verbindung mit den Verben *tun, kommen, halten* gebräuchlich. Es wird immer getrennt geschrieben:
Das Erreichte soll einmal den Kindern zugute kommen. Auf seine Erfolge hat er sich viel zugute getan (= eingebildet). *Die Mutter sollte sich einmal etwas zugute tun* (= gönnen).

zulande: Nur in der syntaktischen Fügung wird groß und getrennt geschrieben:
Zu Lande und zu Wasser war er einer der größten Abenteurer.
Das Adverb wird klein und zusammen geschrieben:
Bei uns zulande gilt andres Recht. Das ist hierzulande so der Brauch.

zuletzt: Nur in der substantivischen Wendung wird groß und getrennt geschrieben:
Sie kamen zu guter Letzt doch noch zu einem Kompromiß.
Das Adverb wird klein und zusammen geschrieben:
Sie hat zuletzt bei einem Verlag gearbeitet.

zum Beispiel: *zum Beispiel* kann wie ein Adverb in einem Satz stehen. Am Satzanfang wird es ausgeschrieben und nicht durch Kommas abgetrennt:
Zum Beispiel hat er gerade einen Roman geschrieben. Er hat z. B. gerade einen Roman geschrieben.

Als nachgestellte detaillierte Bestimmung und in Verbindung mit einer Konjunktion wird durch Kommas abgetrennt:
Diese Marmeladen, z. B. die Himbeer- und die Kiwimarmelade, sind ausgezeichnet. Exotische Früchte werden viel gekauft, z. B. Mangos und Granatäpfel. Vieles gefällt mir an ihr, z. B., daß sie immer geschmackvoll gekleidet ist. Den Kerl habe ich schon gesehen, z. B., als wir am Bahnhof vorbei gingen.

zum voraus: Außer *im voraus* ist auch *zum voraus* als adverbiale Wendung gebräuchlich:
Das wollte zum voraus geklärt sein.

zumal: In den Satz eingebunden, steht *zumal* ohne Komma:
Die Luft ist zumal in der Nähe der Mülldeponie sehr schmutzig.
Ein Komma steht vor *zumal*, wenn es eine Ergänzung anschließt:
Die Luft ist sehr schmutzig, zumal in der Nähe der Mülldeponie.
Häufig bildet *zumal* mit den Konjunktionen *wenn, da* eine als Einheit empfundene Verbindung:
Er kann den Politiker nicht ausstehen, zumal wenn er eine Rede hält. Er konnte sich ihr nicht nähern, zumal da er in der Menge eingekeilt war.

zumindest - mindestens - zum mindesten: Alle drei Varianten sind im Sinne von "wenigstens" möglich, wenngleich *zum mindesten* selten ist:
Das hätten sie ihm zumindest oder mindestens mitteilen können.
Die häufige Vermischung der ersten beiden Varianten zu *zumindestens* ist falsch.

zunächst: Nach dieser Präposition folgt ein Dativ:
Der dem Mädchen zunächst stehende Mann oder *der zunächst dem Mädchen stehende Mann war blind.*

zurecht - zu Recht: Das Adverb *zurecht* wird eigentlich nur noch als Ergänzung zum Verb im Sinne von "passend, in richtiger Form" gebraucht:

sich zurechtkuscheln; etw. zurechtlegen, -schieben, -rücken; etw. zurechtschneiden, -feilen, -zimmern.
Im Sinne von "mit Berechtigung" wird groß und getrennt geschrieben:
Der Mörder wurde zu Recht bestraft. Sie bestanden zu Recht auf einer Erklärung.
zur Gänze: → in Gänze
zurück: Wird als unfester Verbzusatz mit allen Verben außer *sein* zusammengeschrieben:
Wann wirst du zurück sein? Bald werde ich zurückkommen.
zurück- - rück-: Zu allen mit *zurück* zusammengesetzten Verben → rück- - zurück
zusammen: Im Sinne von "gemeinsam, gleichzeitig" wird *zusammen* vom folgenden Verb getrennt geschrieben; die Betonung liegt auf beiden Wörtern:
Diese Aufgabe wollen wir zusammen erledigen. Die Alten und die Jungen sind dieses Jahr zusammen verreist.
Im Sinne von "Beisammensein, Vereinigung" schreibt man zusammen; die Betonung liegt auf dem ersten Wort der unfesten Komposita:
Nach dem Sieg sind die Spieler zum Feiern zusammengekommen. Bald werden wir das Geld für die Weltreise zusammenhaben.
zusammenfassen: Nach diesem Verb kann sowohl ein Dativ als auch ein Akkusativ stehen:
Er faßte seine Erfahrungen in dem Ergebnis oder *in das Ergebnis zusammen.*
Zusammenhang: Es ist sowohl *in Zusammenhang stehen* als auch *im Zusammenhang stehen* möglich.
Zusammen- oder Getrenntschreibung: → Kapitel Zusammen- oder Getrenntschreibung
zusammenziehen, sich: Nach der Wendung *sich zusammenziehen über* folgt ein Dativ, kein Akkusativ:
Ein Strafgericht zog sich über mir zusammen (Nicht: *... über mich...*).
zusenden: → senden

zustande: Kommt als Adverb nur in den immer getrennt und klein geschriebenen Verbindungen mit den Verben *kommen* und *bringen* vor. Substantiviert wird groß und zusammen geschrieben:
Dieses Projekt wird er nicht zustande bringen. Das Zustandebringen dieses Projekts war sein größter Erfolg.
Zustandspassiv: → Passiv
zutage: Dieses Adverb wird immer klein und vom folgenden Verb getrennt geschrieben:
etw. zutage fördern, bringen; zutage kommen, zutage treten; offen zutage liegen.
zuteil: Dieses Adverb wird immer klein und vom Verb werden getrennt geschrieben:
Ihr wird eine große Ehre zuteil werden. Sie läßt ihren Kindern eine gute Ausbildung zuteil werden.
zuungunsten - zugunsten: → zugunsten - zuungunsten
Zuversicht: Auf *Zuversicht* folgt die Präposition *auf*, der Gebrauch eines *in* ist nicht korrekt:
Mit Zuversicht auf gutes Gelingen packten wir das Projekt an.
zuviel - zu viele: Als unbestimmtes Fürwort schreibt man *zuviel* zusammen:
Er hat sich viel zuviel Arbeit damit gemacht. Er wußte eben zuviel. Was zuviel ist, ist zuviel.
Ist *viel* dekliniert oder *zu* stark betont, wird getrennt geschrieben:
Es wurden zu viele der Arbeiten ihm übertragen. Er wußte viel, eben zu viel.
zuvor: In der Verwendung "vorher" wird *zuvor* vom folgenden Verb getrennt geschrieben; beide Wörter sind betont:
Das hätte ich zuvor wissen müssen. Willst du Skifahren, solltest du zuvor Skigymnastik treiben.
Entsteht ein neuer Begriff, wird zusammen geschrieben; die Betonung liegt auf *zuvor:*
Mit einem Trick wollte er mir zuvorkommen (= schneller sein; mich ausstechen).

zuwege: Wird vom folgenden Verb immer getrennt geschrieben:
etw. zuwege bringen; zuwege kommen; gut zuwege sein.

zuwenig: Als unbestimmtes Fürwort schreibt man *zuwenig* zusammen:
Er hat sich zuwenig Arbeit damit gemacht. Er wußte eben zuwenig, deshalb fiel er durch die Prüfung.

Ist *wenig* dekliniert oder *zu* stark betont, wird getrennt geschrieben:
Es wurden zu wenige der Arbeiten ihm übertragen. Er wußte wenig, eben zu wenig, um die Prüfung zu bestehen.

zuwider: In der Verwendung von "widerwärtig, unangenehm" wird vom folgenden Verb getrennt geschrieben; beide Wörter sind betont:
Das war ihr von Herzen zuwider. Ihr wird das sehr zuwider sein.

Im Sinne von "entgegnen" gebraucht oder wenn ein neuer übertragener Begriff entsteht, wird zusammen geschrieben; das Wort *zuwider* ist betont:
Die Zeugenaussagen dürfen der Wahrheit nicht zuwiderlaufen (= entgegenstehen). *Eva wurde berühmt, weil sie dem Gebot Gottes zuwiderhandelte.*

Als Präposition wird *zuwider* nachgestellt und braucht den Dativ:
Diese Lobhudelei war ihm zuwider.

Obwohl als attributives Adjektiv mundartlich, z. B. in Bayern, üblich, ist diese Verwendung von *zuwider* nicht korrekt:
Dös is falleicht a zwiderner (= ugs. für: unangenehmer) *Kerl.*

zuzeiten: Als Adverb im Sinne von "bisweilen" wird zusammen und klein geschrieben, das Substantiv getrennt und groß:
Des Professors Aufmerksamkeit im Seminar ließ zuzeiten etwas nach. Das war zu seiner Zeit noch ganz anders.

zuzüglich: Diese in der Geschäftssprache häufig verwendete Präposition verlangt den Genitiv. Ein alleinstehendes, stark gebeugtes Substantiv wird in der Regel nicht gebeugt:

Die Miete beträgt 1.500 DM zuzüglich der Nebenkosten. Für die Bestellung berechnen wir 50 DM zuzüglich Porto.

Ist im Plural der Genitiv nicht deutlich, kann ein Dativ folgen:
Für die Bestellung berechnen wir 50 Mark zuzüglich Ausgaben für Verpackung und Fracht.

zwar: Diese Konjunktion bezeichnet eine Einräumung und korrespondiert mit anderen adversativen Konjunktionen:
Zwar ist er jetzt älter, aber nicht gescheiter geworden. Sein Plan ist zwar klug, nur ist er schon lange verwirklicht.

Werden mit *zwar* gleichartige Satzglieder verknüpft, muß ein Komma gesetzt werden:
Er kaufte einen schönen, zwar nicht ganz praktischen Wagen.

Die Kombination *und zwar* leitet eine Erläuterung des vorangegangenen Satzes ein oder verstärkt eine Behauptung oder Aufforderung. In diesen Fällen muß *und zwar* durch ein Komma abgetrennt werden:
Er ging nach Übersee, und zwar nach Kanada. Das werde ich durchsetzen, und zwar schneller als du denkst. Du bist jetzt still, und zwar sofort.

zwecks: Diese in der Amtssprache benutzte Präposition ist stilistisch unschön. Sie steht in der Regel für *zu* oder *für* u. a. und regiert den Genitiv:
Zwecks Vermeidung eines Bruderkrieges wurde der Tod des Königs verschwiegen. Besser: *Zur Vermeidung eines Bruderkrieges ... Er stellte ein Gesuch zwecks Schuldenerlaß.* Besser: *... auf Schuldenerlaß* oder *... auf Erlaß der Schulden.*

zwei: Das Zahlwort wird klein, seine Substantivierung groß geschrieben:
Wir zwei im Café. Punkt zwei waren wir verabredet. Der Junge ist erst zwei. Er hat eine Zwei in Deutsch bekommen.

In Namen wird das Zahlwort ebenfalls groß geschrieben:
das Zweite Deutsche Fernsehen.

zweifach

Steht *zwei* ohne Artikel oder Fürwort bei einem Substantiv, wird es im Genitiv gebeugt:
Die Aussage der zwei Zeugen (= mit Artikel); *die Aussage zweier Zeugen.*
Folgt auf *zweier* ein Adjektiv, wird dies stark gebeugt:
Die Schreie zweier ungezogener Kinder.
Folgt ein substantiviertes Adjektiv oder ein Partizip, wird dies schwach gebeugt:
Die Entlassung zweier Bedienten (Selten: *Bedienter*) *war eine Strafmaßnahme.*
→ Numerale
zweifach: → doppelt
zweifeln: → bezweifeln - zweifeln
zweite - Zweite: → achte - Achte
zweites Mittelwort: → Partizip
zweites Partizip: → Partizip
zwicken: Dem Verb folgt der Akkusativ oder Dativ der Person - der Akkusativ drückt dabei die unmittelbare Betroffenheit aus der Sicht der Person aus - und der Akkusativ der Sache:
Sie zwickte dem Jungen oder *den Jungen in den Po.*
Andere Verben der körperlichen Berührung werden ebenso gebraucht:
→ beißen; schneiden; treten.
Zwieback: Hier lauten die Pluralformen: *die Zwiebacke* und *die Zwiebäcke.*
zwischen: *zwischen* gibt ein Lage- oder Richtungsverhältnis an und wird auf die Frage "Wo?" mit einem Dativ, auf die Frage "Wohin?" mit einem Akkusativ verbunden:
Zwischen den Dörfern liegt die berühmte Schlucht. "Zwischen Himmel und Erde" (Otto Ludwig). *Er steckt das Photo zwischen die Seiten des Gebetbuchs.*
Die Regel gilt auch für die zeitliche Verwendung im Sinne von "innerhalb eines bestimmten Zeitraums":
Dies ereignete sich zwischen dem 3. und 5. dieses Monats. Er legt seinen Urlaub zwischen die Feiertage.
Wird eine Wechselbeziehung ausgedrückt, steht nur der Dativ:
Er versucht zwischen den Streitenden zu vermitteln.
Zu Mißverständnissen kann ein erneutes *zwischen* nach dem ersten *zwischen ... und* führen:
Über die Beziehungen zwischen Frauen und Männern ist oft diskutiert worden.
Dieser Satz meint nur die gegenseitigen Beziehungen der Geschlechter.
Aber:
Über die Beziehungen zwischen den Frauen und zwischen den Männern ist oft diskutiert worden.
Dieser Satz meint sowohl die Beziehungen innerhalb der Gruppe der Frauen als auch die Beziehungen innerhalb der Gruppe der Männer.
zwischen was - wozwischen: Standardsprachlich korrekt ist nur *wozwischen*, wiewohl *zwischen was* in der gesprochenen Sprache häufig ist:
Wozwischen soll ich das Wörterbuch stellen? (ugs.: *Zwischen was soll ich das Wörterbuch stellen?*).
Zwischensatz: Ein Zwischensatz ist ein in den übergeordneten Satz eingeschobener Nebensatz. → Nachsatz, → Vordersatz
zwischenzeitlich: Diese sprachlich holperige Kombination ersetzt man besser durch *inzwischen* oder *in der Zwischenzeit.*
zwölf - Zwölf: → acht - Acht
zwölfte - Zwölfte: → achte - Achte
Zyklus, der: [griech. *kyklos* "Kreis, Ring, Rad"]
Periodisch ablaufendes, immer wiederkehrendes Geschehen; Reihe inhaltlich zusammengehörender Werke; Themen- oder Ideenkreis; Regel der Frau.
Zyniker, der: [griech. *kynikos* "hündisch, unverschämt, schamlos]
Ehemals: Angehöriger einer antiken Philosophenschule, die Bedürfnislosigkeit und Selbstgenügsamkeit forderte. Heute: Zynischer (unverschämter, schamloser) Mensch.
z. Z. - z. Zt.: Beide Abkürzungen für *zur Zeit* sind korrekt.

Systematischer Teil

Inhalt

Zeichensetzung	355
Groß- oder Kleinschreibung	363
Zusammen- oder Getrenntschreibung	369
Schriftverkehr:	
Geschäftsbrief	
Privatbrief	
Bewerbung	
Lebenslauf	376
Titel und Berufsbezeichnungen	393
Gebräuchliche Abkürzungen	397
Übungen zur Rechtschreibung	403
Übungen zu Zweifelsfällen	411
Lösungen zur Rechtschreibung	425
Lösungen zu Zweifelsfällen	432
Lateinische Fachbegriffe der Grammatik	439

Zeichensetzung

1. Anführungszeichen

Die Anführungszeichen werden gesetzt,
- um eine direkte Rede zu kennzeichnen:
  "Sie werden Ihr Geld morgen früh acht Uhr erhalten, Herr Marchese, auf - Ehrenwort." - "Ihr Ehrenwort ist mir nicht einmal einen Dukaten wert, viel weniger zweitausend" - "Sie werden mir Genugtuung geben, Herr Marchese." - "Mit Vergnügen, Herr Leutnant, sobald Sie Ihre Schuld bezahlt haben." (Arthur Schnitzler)
- um Textstellen, Titel und Wörter anzuführen, zu zitieren oder objektsprachlich hervorzuheben:
  "Sein oder nicht sein, das ist hier die Frage" ist eines der berühmtesten Zitate aus dem Shakespeare-Drama "Hamlet".
  Der Begriff der "Initiation" stammt aus der Ethnologie.
- um die Benutzung eines Ausdrucks zu relativieren:
  Die Kinder waren, salopp ausgedrückt, "voll dabei".

Anstelle der Anführungszeichen werden halbe Anführungszeichen gesetzt,
- bei einer innerhalb einer direkten Rede gemachten Anführung:
  SZ-Magazin: "Ihr Film 'Zu schön für dich!' ist mit Musik deutscher Romantiker unterlegt, besonders mit Schubert. Der Held zerbricht an der Liebe zu zwei Frauen. An einer Stelle sagen Sie: 'Diese Musik tut weh.'" - Depardieu: "Stimmt, die Romantiker waren alle total verzweifelt, besonders Schumann."(Süddeutsche Zeitung Magazin vom 18.1.1991)
- abschwächend bei Anführungen überhaupt, jedoch nicht zur Anführung der direkten Rede:
  Wenn man durch Frankreich reist, sind die Zeitungen enttäuschend, weil man um die Vorgeschichten der verschiedenen 'crimes', 'affaires' oder 'scandales' gebracht wird ... (Ernest Hemingway)
- bei der Angabe von Gedachtem:
  'Morgen ist auch noch ein Tag', dachte er.

2. Apostroph

Der Apostroph zeigt an, daß Buchstaben, die eigentlich geschrieben oder gesprochen werden, weggelassen wurden. Er kennzeichnet ausgelassene Buchstaben am Wortanfang und am Wortende:
Ich hätt' gern 'ne große weiße Limo. Auf'm Land is' halt anders als in der Stadt.
Der Apostroph im Wortinneren steht in der Regel für ein ausgelassenes *i* der Silbe *-ig* oder *-isch* in Adjektiven und Pronomen:
Der gnäd'ge Herr hat es veranlaßt. Wiener'sche Gemütlichkeit; Märk'sches Volksgut
Ein Apostroph wird gesetzt, um den Genitiv von Namen, die auf Zischlaute enden, zu kennzeichen. Auch bei Abkürzungen dieser Namen im Genitiv steht Apostroph:
Ernst Weiß' Romane; Hans' Computer; Marquez' magischer Realismus;
W.' Romane; H.' Computer; M.' magischer Realismus

Kein Apostroph steht
- bei verkürzten Wortformen oder gebräuchlichen Verschmelzungen von Präposition und Artikel:
Ruf doch mal an! Komm rein! Ich gehe schnell mal rüber. Im Prater blühen wieder die Bäume. Am Donaustrand, wo meine Wiege stand. Zum Grünen Baum (Name eines Gasthauses)
- bei verkürzten Adjektiven und Adverbien, bei Grußformeln und bei verkürzten Befehlsformen:
Blöd (blöde) lächelnd stand er da. Gern (gerne) hab' ich die Frau'n geküßt ... (Lehar, Paganini); Grüß Dich!; Schau (schaue) nicht um, der Fuchs geht um!; Ruf (rufe) doch mal an!; bleib! (bleibe!); geh! (gehe!)
- für ausgelassene *i* der Silbe *-isch* in Eigennamen:
Das Grimmsche Wörterbuch; das Ohmsche Gesetz; das Stiftersche Gesamtœuvre
- beim Genitiv von Namen, die nicht auf Zischlaute enden oder bei Abkürzungen mit der Endung *-s*:
Andy Warhols Brille; Elvis Presleys Gitarre; Fred Astaires Stepschuhe; die Lkws; die V.I.P.s; die BHs
Selten steht ein Apostroph, wenn ganze Buchstabengruppen in Namen ausgelassen werden:
der Ku'damm (Kurfürstendamm in Berlin), *M'Gladbach* (Mönchengladbach)

3. Auslassungspunkte

Drei Auslassungspunkte werden gesetzt, um in einem zitierten Text die ausgelassenen Stellen zu kennzeichnen. Dabei können die Auslassungspunkte fehlende Wörter, Satzteile oder ganze Sätze markieren. Am Schluß eines Satzes fungiert der letzte Auslassungspunkt zugleich als Schlußpunkt:
"... 'Ich bin Bert Brecht', sagte er nach einer kurzen Begrüßung und fragte nach seinem Manuskript. 'Bert Brecht? - Bert Brecht? ...' plagte ich mich, im stillen zu eruieren, und endlich fiel mir das Manuskript mit der Kleinschriftadresse ein. ... 'Tja', sagte ich schon nach wenigen Augenblicken mit der Miene eines altgedienten, langerfahrenen Theatermannes: 'Das können wir nicht brauchen ...'" (Oskar Maria Graf)

4. Ausrufezeichen

Das Ausrufezeichen steht nach direkten Aufforderungs-, Wunsch- und Befehlssätzen:
Gib mir bitte das Buch! Hätte ich nur jetzt Urlaub! Guten Appetit! Steh auf!
Das Ausrufezeichen steht nach Ausrufen und Interjektionen, auch wenn diese in Form eines Fragesatzes stehen:
Ach Unsinn!; Pfui!; Buh!; Au!; Halt!; Was denkst Du Dir eigentlich!; Ist denn das die Möglichkeit!
Das Ausrufezeichen steht nach einer Anrede. Soll der Anredecharakter nicht hervorgehoben werden, kann das Ausrufezeichen nach der Anrede durch ein Komma ersetzt werden:
Sehr geehrte Damen und Herren! oder *Sehr geehrte Damen und Herren,*

Ein eingeklammertes Ausrufezeichen kann innerhalb eines Satzes nach einem besonders zu betonendem Wort gesetzt werden:
Er drückte mit dem Daumen (!) den Nagel in die Wand.

5. Bindestrich

Der Bindestrich steht für die Auslassung eines Wortteils, wenn ein gemeinsamer Bestandteil von zwei oder mehreren Wörtern nur einmal genannt werden soll (Ergänzungsbindestrich):
In der Anlage erhalten Sie den Einkommens- und den Kirchensteuerbescheid für 1989.
Die Grundstücksgröße und -lage bestimmen den Preis.
Unübersichtliche Zusammensetzungen und zusammengesetzte Substantive, in denen drei Vokale aufeinanderfolgen, werden mit einem Bindestrich gebildet:
Lohnsteuer-Jahresausgleich; Hals-Nasen-Ohren-Arzt; Acht-Kilometer-Wanderung; Kaffee-Ernte; Tee-Export; See-Elephant
Wird ein Wort mit einer Abkürzung oder einem einzelnen Buchstaben verbunden, steht ein Bindestrich:
U-Bahn; Kfz-Schein; y-Achse; Aha-Erlebnis; Doppel-S-Form der Wirbelsäule
Stehen mehrere Wörter als Bestimmung vor einem substantivisch gebrauchten Infinitiv, wird die ganze Fügung durch Bindestriche verbunden:
das Nach-mir-die-Sintflut-Denken; das Gefühl des Nicht-Gehört-Werdens

6. Doppelpunkt

Der Doppelpunkt fungiert als Satzzeichen der Ankündigung, insbesondere Redeankündigung und der Schlußfolgerung. Er steht vor der angekündigten direkten Rede und vor direkt angekündigten Sätzen oder Aufzählungen:
... der Kellner fragte: "Möchten Sie einen Gazpacho?" (Ernest Hemingway); *Zur Gruppe 47 gehörten: Ingeborg Bachmann, Heinrich Böll, Hans Magnus Enzensberger, Günter Grass, Walter Jens, Peter Weiß und andere.*
Der Doppelpunkt steht als Schlußfolgerung vor dem zusammenfassenden Satz, wenn mehrere Äußerungen zusammengefaßt werden:
Sie sind engherzig, stur, dumm: Das ist Ihr eigentlicher Charakter.

7. Fragezeichen

Das Fragezeichen steht nach einem direkten Fragesatz. Bei einer Aneinanderreihung von Interrogativpronomen kann nach jedem Pronomen anstelle eines Kommas ein Fragezeichen stehen:
Warum kommst Du so spät? Wieso, weshalb, warum kommen Sie so spät? oder *Wieso? weshalb? warum? kommen Sie so spät?*
Nach bezweifelten Aussagen kann ein Fragezeichen in Klammern gesetzt werden:
Geboren 1921 (?) in München (?) wuchs sie in Ingolstadt auf.

8. Gedankenstrich

Der Gedankenstrich hat die Funktion eines intonativen Signales und trennt in der Regel stärker als ein Komma. Eine nachgetragene Aussage oder besonders hervorgehobene Einschübe werden von Gedankenstrichen eingeschlossen:
Dann nahm er das Buch mit - und ich hörte nie wieder etwas davon. (Oskar Maria Graf)
Nun eigentlich fing erst der Theater-Alltag an. Unzweifelhaft aber war das - wenigstens für mich - mehr Leben als Theater. (Oskar Maria Graf)
Ein Gedankenstrich steht bei der Aufzählung von Überschriften von Kapiteln:
Drittes Kapitel
Wie Fabian nicht wußte, was er sagen sollte. - Candida und Jungfrauen, die nicht Fische essen dürfen. - Mosch Terpins literarischer Tee. - Der junge Prinz. (E.T.A. Hoffmann)
Ein Abbruch einer Rede wird durch einen Gedankenstrich gekennzeichnet:
"Was will man machen, jeder will leben", sagte er, als der Mann draußen war, und schloß ein bißchen melancholisch: "Unser ganzes bißl Leben ist nichts als ein verrücktes Theater -" (Oskar Maria Graf)
Innerhalb eines in direkter Rede stehenden Dialogs zeigt der Gedankenstrich einen Sprecherwechsel an:
"Guten Abend, Herr von Dorsday" - "Vom Tennis, Fräulein Else?" - "Was für ein Scharfblick, Herr von Dorsday." - "Spotten Sie nicht, Else." (Arthur Schnitzler)
Der Gedankenstrich steht auch für einen schlußfolgernden Doppelpunkt, wenn die Schlußfolgerung hervorgehoben werden soll:
Das konnte nur eines bedeuten - Revolution!

9. Klammer

Die Unterscheidung von runden und eckigen Klammern ist nicht verbindlich geregelt. Runde Klammern werden in der Funktion von Gedankenstrichen gesetzt, wenn sie Einschübe kennzeichnen. Auch erklärende Zusätze können in runden Klammern angeführt werden. Buchstaben und Wortteile, die weggelassen werden können, stehen in runden oder eckigen Klammern:
Schon der schmucklose Wirtshaussaal und vor allem die primitive "Bestuhlung" (wir hatten gewöhnliche numerierte Wirtshaussessel) wirkten alles eher als einladend ... (Oskar Maria Graf)
Frankfurt (Main); Eberhard Diepgen (CDU); der 17. Juni (Tag der deutschen Einheit) war früher ein Feiertag
die bay(e)rische Landschaft; Mo[tor]fa[hrrad]
Bei Inhaltsverzeichnissen oder Gliederungen kann nach den gliedernden Kleinbuchstaben eine Klammer stehen:
A Das Tempus
a) Tempi der Gegenwart
b) Tempi der Vergangenheit ...
Als Klammer in der Klammer und zur Markierung von Zusätzen des Schreibers werden eckige Klammern verwendet:
Morgen (am 29. Februar [das ist mein Geburtstag]) erwarte ich Deinen Besuch. "... 'Ich bin Bert Brecht', sagte er nach einer kurzen Begrüßung und fragte nach seinem Manu-

skript. 'Bert Brecht? - Bert Brecht? ...' plagte ich [Oskar Maria Graf] mich, im stillen zu eruieren [um welches Manuskript es sich handelte], und endlich fiel mir das Manuskript mit der Kleinschriftadresse ein. ... 'Tja', sagte ich schon nach wenigen Augenblicken mit der Miene eines altgedienten, langerfahrenen Theatermannes: 'Das können wir nicht brauchen ...'" (Oskar Maria Graf)

10. Komma

Grundsätzlich wird alles durch Kommata oder stärker trennende Satzzeichen wie Strichpunkt oder Gedankenstrich abgegrenzt, was den intonativen Fluß des Sprechens im Satz unterbricht. Von daher lassen sich die unterschiedlichen Regeln, die für grammatisch ähnliche Konstruktionen gelten, verstehen.

10.1 Das Komma in Satzreihe und Satzgefüge

Mit einem Komma werden angereihte und vollständige Hauptsätze verbunden, auch wenn diese durch ein *und* oder *oder* verbunden sind:
Er ißt, sie trinkt. Er ißt, und sie trinkt. Hast du noch Hunger, oder soll ich den Rest essen?
Das Komma umschließt den eingeschobenen Hauptsatz oder die Parenthese:
'Mona Lisa', ich meine den Film, hat mir sehr gut gefallen.
Mitteilungssätze der direkten und indirekten Rede werden durch Kommata vom Rahmen abgesetzt:
"Der Knopf an deinem Mantel ist abgerissen. Ich nähe ihn dir an", sagte er. Sie sagte, sie seien stundenlang im Stau gestanden. (indirekte Rede)
Haupt- und Gliedsatz werden durch ein Komma voneinander getrennt:
Ich kenne den Mann, der gerade über die Straße geht, sehr gut. Die Läden sind geschlossen, weil heute ein Feiertag ist. Ich weiß schon, daß du die Prüfung bestanden hast. Es regnet, aber wir gehen trotzdem spazieren.
Ebenso trennt das Komma von Gliedsätzen abhängige Gliedsätze:
Du weißt doch, daß ich den Mann, der gerade über die Straße geht, gut kenne.
Aufgezählte Gliedsätze werden durch ein Komma voneinander getrennt, sofern sie nicht mit *und* oder *oder* miteinander verbunden sind:
Wir haben es sehr genossen, als wir die Arbeit fertig hatten, daß wir dann gleich in den Urlaub fahren konnten, daß das Wetter so herrlich war, daß das Meer so blau war, daß wir ausschlafen konnten und daß wir tun konnten, was uns gerade einfiel.

10.2 Das Komma zwischen Satzgliedern

Das Komma trennt aufgezählte Satzglieder, sofern sie nicht durch *und* oder *oder* oder ähnlich verbunden sind. Zu solchen Aufzählungen gehören auch Anreihungen, zum Beispiel von Wohnungsangaben und Stellenangaben in Büchern:
Neben den Büchern, den Heften, den Stiften und dem Lineal sollte noch das Turnzeug in den Schulranzen. Essen wir heute Fleisch oder Fisch? Er war ein Abenteurer ähnlich seinem Onkel.

Thomas Mann, Poschinger Straße 1, München. Mann, Thomas: Der Zauberberg, Erstes Kapitel, Im Restaurant, Seite 17.
Bildet das letzte Adjektiv einer Aufzählung mit dem Substantiv eine begriffliche Einheit, wird es vom vorausgehenden Adjektiv nicht durch ein Komma abgetrennt:
Der Einsatz eines Katalysatorstoffes führt zu einer schnelleren chemischen Reaktion. Es lassen sich Einflüsse der alten, spanischen pikaresken Romane des 17. Jahrhunderts feststellen.
In Datumsangaben trennt man Ort, Datum und Uhrzeit durch ein Komma voneinander ab:
Paris, den 12. Januar 1991, 23.18 Uhr.
Werden Aufzählungen durch eine Konjunktion angeschlossen, entscheidet die Art der Konjunktion über die Kommasetzung. Bindet die Konjunktion die Satzglieder eng zusammen, wird kein Komma gesetzt, ist die Anbindung locker oder adversativ, steht ein Komma. Kein Komma wird also gesetzt bei Anschlüssen mit *und, oder, sowie, sowohl als auch, weder noch, entweder oder, als, wie* und *denn:*
Die Sonne scheint hell und klar und lädt zum Spaziergang ein. Ich setze auf schwarz oder doch lieber auf rot. Dem Schreiben liegen Abschriften des Schriftsatzes, der Kurzmitteilung sowie Kopien der Belege bei. Wir haben sie sowohl mündlich als auch schriftlich darauf hingewiesen. Ich bin heute weder mittags noch abends zum Essen gekommen. Wir haben die Möglichkeit entweder mit der U-Bahn oder der S-Bahn oder mit dem Bus zu fahren. Die beiden waren auch mehr schön als klug. Das Buch war so informativ wie amüsant. Damals wußte ich noch nichts von diesen Plänen geschweige denn über deren Folgen.
Ein Komma wird dagegen gesetzt bei Anschlüssen mit *bald - bald, einerseits - andererseits, ob - ob, teils - teils, nicht nur - sondern auch, aber, allein* und *vielmehr:*
Ach, soll ich wohl es wagen? Mein Herz schlägt gar zu sehr. Bald fühl ich froh es schlagen, bald wieder bang und schwer. (Mozart, Don Giovanni)
Einerseits wollte er promovieren, andererseits konnten er und seine Tochter von dem Stipendium nicht leben. Ob blond, ob braun, ich liebe alle Frau'n, mein Herz ist groß. (Robert Stolz, Ich liebe alle Frau'n) Sie legten den Weg teils hinkend, teils sogar kriechend zurück. Der Reis war nicht nur völlig zerkocht, sondern auch versalzen. Der Film war schön, aber kurz. Die Botschaft hör' ich wohl, allein mir fehlt der Glaube. (Johann Wolfgang Goethe). Er ließ sich durch Argumente nicht überzeugen, vielmehr beharrte er auf seiner irrigen Meinung.
Unmittelbar dem Substantiv folgende Appositionen werden durch Kommata eingerahmt:
Casanova, der Abenteurer, bereiste die ganze Welt. Die Wohnung in dem Hochhaus, einem grauenvollen Betonbau, macht mich noch ganz krank.
Nachgestellte Zusätze am Satzende werden durch ein Komma abgetrennt. Sie werden häufig mit *nämlich, und zwar, besonders, vor allem, das heißt* eingeleitet:
Er macht den Salat immer auf dieselbe Weise an, nämlich mit Zitrone, Öl und Zucker. Sie ist einfach davongelaufen, und zwar ohne etwas davon zu sagen. Sie mag nur Krimis, besonders die von Chandler. Er war von der Barockkirche ganz begeistert, vor allem die Putten gefielen ihm. Er war von der Barockkirche ganz begeistert, das heißt eigentlich sah er nur die Putten.
Nachgestellte, eingeschobenen Zusätze, die sich auf den Satzinhalt beziehen, können mit oder ohne Komma stehen.

Der Winter (,) besonders die viel zu kurzen Tage (,) gefallen mir gar nicht. Die Farbe (,) nämlich gelb (,) stand ihr gut. Nur einer (,) und zwar Puccini (,) hat solche Melodien komponiert.

Vor oder nach herausgehobenen, betonten Satzgliedern steht ein Komma, zum Beispiel bei Ausrufen oder Anreden:

Hamlet: Ha, seht nur hin! Seht, wie es weg sich stiehlt! Mein Vater in leibhaftiger Gestalt. Seht, wie er eben zu der Tür hinausgeht! (Shakespeare)
Wohin rollst du, Äpfelchen? (Leo Perutz)

Erweiterte Infinitive mit *zu* werden, weil sie satzwertigen Charakter haben, durch Kommata abgetrennt. Sie werden wie Gliedsätze behandelt. Dies gilt auch für Gliedsätze, die durch *um zu, ohne zu, anstatt zu* eingeleitet werden:

Sie kam nicht umhin, ihn nach dem Zeugnis zu fragen. Ohne sich noch einmal umzusehen, ging er fort. Ich schlafe lieber aus, anstatt frühmorgens zu joggen. Sie steckte das Telephon aus, um ihre Ruhe zu haben.

Erweiterte Infinitive mit *zu* werden nicht durch Kommata abgetrennt,

- wenn sie anstelle des Subjekts am Satzanfang stehen:
  Die Kinder großzuziehen war eine schöne Aufgabe gewesen.
- wenn sie mit dem Satz intensiv verschränkt sind:
  Den Kurs auch bei Nebel beizubehalten waren sie bemüht.
- wenn sie nach den Verben *sein, haben, brauchen, scheinen, pflegen* stehen:
  Froh zu sein bedarf es wenig ...; Es schien ihr gefallen zu haben. Du brauchst mich nicht anzulügen. Er pflegt jeden Tag seine Schuhe zu putzen. Du hast still zu sein.

Die nicht erweiterten Infinitive mit *zu* werden nicht durch ein Komma abgetrennt, außer wenn

- sie durch ein hinweisendes Fürwort wie *es, dies, darum* hervorgehoben werden:
  Zu lesen, das ist das größte Vergnügen. Zu glauben, dazu war er viel zu skeptisch. Zu lehren, darum ging es ihm wirklich nicht.
- mehrere Infinitive mit *zu* folgen:
  Dieses Leben lehrte mich, zu warten und zu dulden. Diese Musik erleichtert mir, zu entspannen und zu vergessen.

Der einfache Infinitiv wird in der Regel nie durch ein Komma abgetrennt:
Sie ging gerne tanzen. Er lernt lesen und schreiben. Morgens sahen wir die Männer vorbeimarschieren.

11. Punkt

Jeder Mitteilungssatz und jedes Satzgefüge wird mit einem Punkt abgeschlossen. Der Punkt steht ebenfalls nach abhängigen Frage-, Ausrufe- und Befehlssätzen am Ende eines Satzgefüges:

Man fragte, wobei sie helfen wolle. Man forderte sie auf, sofort zu helfen. Ich verlange absolutes Stillschweigen über die Sache.

Ein Punkt steht nach Ordnungszahlen (*1., 2., 3.*) und Abkürzungen, wenn diese ausgesprochen werden (*Dr., Prof.*). Nach Abkürzungen für Maße und Gewichte (*cm, l, m, h*) steht kein Punkt; ebenso wenn die Abkürzungen selbst ein Wort bilden (*Edeka, Stabi, BKA*). Steht eine Abkürzung mit Punkt am Satzende, wird kein zweiter Punkt gesetzt:

Die Erläuterungen finden Sie unter 1. Vergessen Sie bei der Unterschrift nicht das i. V.
Die Abkürzung von Professor lautet Prof.
Kein Punkt steht nach Überschriften und Schlagzeilen, nach Anschriften auf Briefen, Grußformeln und Datumsangaben. Mehrere Punkte hintereinander stehen, wenn eine Auslassung gekennzeichnet werden soll (*... und sagte kein einziges Wort* (Heinrich Böll); → 3. Auslassungspunkte).

12. Strichpunkt

Ein Strichpunkt trennt stärker als ein Komma und schwächer als ein Punkt. Er steht deshalb anstelle eines Punktes zwischen Hauptsätzen, wenn diese Hauptsätze inhaltlich eng zusammengehören:
Die Überfahrt dauerte 13 Stunden; Katharina erschien sie unendlich lang. Sie wollten bald verreisen; es sollte nach Südfrankreich gehen.
Ein Strichpunkt wird in Satzgefügen vor den Gliedsatz gesetzt, wenn dieser lose eingefügt ist. Diese lose Verbindung wird durch Konjunktionen und Adverbien wie *denn, doch, allein, gelegentlich, darum* angezeigt:
Sie mieteten das Auto; denn so konnten sie die ganze Insel erkunden. Die Straßen waren unbefestigt; nur gelegentlich war ein kurzes Stück asphaltiert. Sie hatten ihr gemeinsames Leben schon geplant; allein es kam gänzlich anders als sie dachten.
Ein Strichpunkt kann als 'übergeordnetes Komma' in Aufzählungen mit Untergruppen fungieren:
Oper, Operette und Musical; Liedgesang und Ariensammlungen; Chorwerke bildeten die Ordnungsraster für seine Schallplattensammlung.
In komplexe Satzgefüge, die eine gestufte Durchgliederung erfordern, können Strichpunkte gesetzt werden:
Im letzten Jahrhundert vollzog sich ein tiefgreifender Wandel der allgemeinen Lebensbedingungen und deren Bewertung; erstens veränderte die industrielle Revolution die Produktions- und Arbeitsbedingungen und es entstanden in der Folge ganz neue Sozialstrukturen; zweitens bewirkten die neuen Entwicklungen in den Naturwissenschaften eine Transformation der Werte und Normen in der Gesellschaft ...

Groß- oder Kleinschreibung

Grundregel 1
Alle Substantive *(der Garten, die Ideologie, die Verachtung, das Mahnmal, der Auftritt, das Singspiel)* und alle Wörter, die zu solchen erhoben worden sind *(das Lesen, die Lebendigen und die Toten, der Unterzeichnende)*, schreibt man groß.

Grundregel 2
Die Substantivierung von Numerale *(zu dritt, die beiden)* bewirkt im allgemeinen keine Großschreibung. Adverbien *(sehr, lediglich, nur)* können nicht substantiviert werden und werden folglich klein geschrieben.

Grundregel 3
Personennamen *(Conrad Ferdinand Meyer, Romeo und Julia, Philemon und Baucis)* und alle Arten von Eigennamen *(Frankreich, die Dolomiten, das Lenbachhaus in München)* schreibt man groß.

Grundregel 4
Adjektive, Partizipien, Pronomen und Ordinal- und Kardinalzahlen, die zu einem Titel oder Namen gehören, schreibt man groß:
Schlesisches Himmelreich (= Eintopfgericht), *der Kleine Wagen* (= Sternbild), *der Jüngste Tag, das Große Indianer-Ehrenwort; die Hängenden Gärten der Semiramis, Galoppierende Schwindsucht; Ihre Majestät, Eure Heiligkeit; Ludwig, der Vierzehnte, der Erste Vorsitzende; die Sieben Weltwunder, die Zehn Gebote.*

Grundregel 5
Alle Wörter, die den Satzzeichen Punkt, Doppelpunkt, Ausrufezeichen und Fragezeichen folgen, schreibt man groß, wenn diese einen Satz beenden, also immer das erste Wort eines Satzes:
Er las einen Roman. Er war von Stefan Zweig; Dosierung: Drei mal täglich drei Tropfen vor dem Essen einnehmen; Empört schrie er auf: "Hast Du das gesehen? Er hat im Elfmeterraum gefoult! Der Schiedsrichter pfeift nicht mal ab!"

Grundregel 6
Das erste Wort einer Wortgruppe in Anführungszeichen schreibt man groß:
"Les Enfants du Paradis" ist einer meiner Lieblingsfilme. Wer kann "Die Bürgschaft" von Schiller auswendig? Das Stück "Sechs Personen suchen einen Autor" wurde wieder in den Spielplan aufgenommen.

Grundregel 7
Im Schriftverkehr werden Pronomen der persönlichen Anrede und die dazugehörigen Possessivpronomen groß geschrieben.
Liebe Sonja, Dein Brief hat mich gestern erreicht und Du sollst gleich Antwort erhalten ...

Groß- oder Kleinschreibung

Grundregel 8
Alle Wörter, die nicht zu den Substantiven zählen, schreibt man klein: Adjektive *(grammatikalisch)*, Adverben *(möglicherweise)*, Artikel *(der, die, das)*, Konjunktionen *(und, oder)*, Numerale *(eins, erstens)*, Präpositionen *(in, an, auf, zu, bei)*, Pronomen *(mein, diese, sich)*, Verben *(denken)*.
Substantive, die ihre Funktion als Substantiv verloren haben, also zum Adjektiv, Adverb etc. geworden sind, schreibt man klein *(sie ist schuld, mir wird angst und bang)*.

Zu Grundregel 1: Substantivierungen

Wörter, die nicht der Wortart 'Substantiv' angehören, schreibt man dann groß, wenn sie die Funktion eines Substantives angenommen haben. Man erkennt sie an ihrer Artikelfähigkeit, wobei der Artikel mit einer Präposition zusammengezogen werden oder ganz entfallen kann:
Das Wandern ist des Müllers Lust. Das Treffen in Telgte (Günter Grass). *Nie verwechselte er das Mich und das Mir. Meine Mutter, die Gute, hat wieder die ganze Wäsche gebügelt. Es gibt hier nur ein Entweder-Oder.*
Im (= in dem) Kopfrechnen ist er gut. Es ist zum (= zu dem) Heulen. Der Ball war im (= in dem) Abseits. Der Weg ins (= in das) Freie. Zum (= zu dem) Jammern ist es jetzt zu spät.
(Das) Reden ist Silber, (das) Schweigen ist Gold. (Das) Lachen ist gesund. (Das) Für und (das) Wider müssen gegeneinander abgewogen werden.
Substantivierungen von Verben erkennt man auch an vorangestellten Präpositionen, Attributen und unbestimmten Zahlwörtern:
Ohne Zögern betrat er den Saloon. Mit Hängen und Würgen haben wir es geschafft. Beim Verlesen des Testamentes herrschte große Stille.
Langes Warten ermüdet sehr. Verkehrswidriges Überholen war die Unfallursache. Häufiges Waschen nutzt die Stoffe ab.
Im Westen nichts Neues. In der Diskussion wurde viel Unsinniges gesagt. Es befand sich noch genug Eßbares in der Speisekammer. Sie hatten allerlei Aufregendes, aber eben Verbotenes im Sinn. Die Kleinstadt bietet wenig Angenehmes für einen eifrigen Kinogänger wie dich.

Aber:
Können alleinstehende Adjektive und Partizipien mit Artikel mit einem vor- oder nachstehenden Substantiv ergänzt werden, haben sie keine substantivische Funktion und man schreibt sie klein:
Die Blumen sind noch ganz frisch, nur eine verwelkte war dabei. Sie zog immer sehr bunte Kleider an, dabei standen ihr eigentlich nur schwarze. Sie fand nur noch 31 Perlen, die letzte war verschwunden.
Können Verbindungen von Wörtern, die nicht der Wortart 'Substantiv' angehören, mit Artikel, Präpositionen, Attributen oder unbestimmten Zahlwörtern durch ein bloßes Adjektiv, Partizip oder Adverb bzw. Pronomen ersetzt werden, dann schreibt man diese Wörter klein.
Im allgemeinen (meist) *hält sie sehr viel von ihm. Er hat alles mögliche* (allerlei) *versucht, sie zu überzeugen. Im folgenden* (weiter unten) *wird diese Frage erörtert werden. Im übrigen* (übrigens) *versteht er ihre Sprache nicht. Im großen und ganzen* (größtenteils) *befürworte ich ihre Ansicht.*

Groß- oder Kleinschreibung

Behalten substantivierte Adjektive oder Partizipen in festen verbalen Redewendungen ihre wörtliche Bedeutung, schreibt man diese groß.

Die meisten Leute planen ihre Reisen, kaum jemand fährt einfach so ins Blaue. Nur Kaspar, der mit dem Teufel im Bunde war, traf beim Wettschießen genau ins Schwarze. In diesem Kabarett wurden selbst die ernstesten Themen ins Lächerliche gezogen. Die vier Gesellen in Auerbachs Keller saßen vor ihren Weingläsern und starrten ins Leere. Damals war sie noch gänzlich unbekannt und ihr Talent blühte noch im Verborgenen.

Aber:

Erhält eine Verbindung aus substantiviertem Adjektiv oder Partizip mit einem Verb als feste verbale Redewendung übertragene Bedeutung, schreibt man diese Adjektive und Partizipien klein.

Am ersten April darf man alle Leute zum besten haben (anführen, "an der Nase herumführen"). *Es lohnt sich nicht, sich mit dem Lehrmeister anzulegen, als Lehrling zieht man dabei immer den kürzeren* (= unterliegt man dabei immer). *Der Privatdetektiv verschwieg einiges, um Freiraum für seine Aktionen zu haben, und ließ die Polizei weiter im dunkeln tappen* (= ahnungslos). *Sie ließ mich auf dem trockenen sitzen, verschwand mit meinem Paß und dem Dolmetscher, aber zum Glück konnte ich im Dorf einen englischsprechenden Marokkaner ausfindig machen.*

Auch bei nicht eindeutig als wörtlich oder übertragen identifizierbaren Redewendungen wird klein geschrieben.

Er war gerade dabei die Aufstellung ins reine zu schreiben. In der Gemeinde liegt einiges im argen, nicht nur werden Anträge kaum bearbeitet, vielmehr sollen sie nur nach Zahlung bestimmter Geldsummen angenommen werden.

Bilden substantivierte Adjektive unveränderliche Paare, schreibt man sie klein.

Das Spiel ist für groß und klein, jung und alt. Wenn du so weiter machst, bist du über kurz oder lang krank. "Denn was man schwarz auf weiß besitzt, kann man getrost nach Hause tragen." (Johann Wolfgang Goethe)

Ist die positive Form eines Adjektivs in der Funktion eines Substantives gebraucht und wird deshalb groß geschrieben, wird auch der entsprechende Superlativ groß geschrieben.

Hier wird nur das Beste (Positiv: das Gute) *angeboten, was auf dem Markt ist. Die Kinder sind jetzt aus dem Gröbsten* (Positiv: dem Groben) *heraus.*

Substantivierte Superlative erkennt man auch an der Möglichkeit, sie durch ein Substantiv ersetzen zu können.

Man rechnete mit dem Äußersten (= mit einem Unglück).

Aber:

Mit *am* gebildete Superlative werden klein geschrieben, dürfen jedoch nicht mit den Kombinationen von Präposition + Artikel + substantiviertem Adjektiv verwechselt werden. Dementsprechend schreibt man Superlative, die durch einen mit *am* gebildeten Superlativ oder durch ein Adverb ersetzt werden können oder die durch *sehr* ergänzt werden können, auch klein.

Sie ging am schnellsten. Er sprach am lautesten. Sie arbeitete am genauesten von allen. Sie bewegte sich am elegantesten.

Sie hatten Nahrungsmittel am nötigsten. Es fehlte ihnen am (= an dem) *Nötigsten. In dieser Klasse war Hans immer am langsamsten. Es lag immer am* (= an dem) *Langsamsten, wenn sie zu spät zur Schule kamen.*

Groß- oder Kleinschreibung

Es ist das beste (= am besten), *gar nicht hinzuhören, wenn er etwas sagt. Es wurde aufs genaueste* (= sehr genau) *nachgerechnet, ob die Summe stimmte. Er protestierte aufs entschiedenste* (= entschieden). *Er ist aufs äußerste gespannt* (= sehr gespannt). *Er ist auf das Äußerste gespannt.*

Zu Grundregel 2: Numerale
Auch Numerale, die durch einen vorangestellten Artikel, eine Präposition, unbestimmte Zahlwörter als substantiviert gekennzeichnet sind, werden klein geschrieben.
Der erste war zu groß, der zweite zu klein, der dritte hatte einen dünnen Hals und der letzte einen Drosselbart. Die beiden besuchten Anna.
Dann gingen sie zu dritt ins Kino. Der Betrag ist durch zwei, durch drei, durch vier und durch sechs teilbar.
Es kamen nur einige wenige. Tulla kroch auf allen vieren in die Hundehütte.
Aber:
Als Namen von Zahlen, als Zahleinheiten oder Zahlverhältnisse und in bestimmten Begriffen schreibt man substantivierte Numerale groß.
Er stand wie eine Eins. Sie hatte eine Zwei in der Prüfung. Die Sieben ist in der Zahlenmagie eine der wichtigsten Zahlen.
In dem Karton hatte genau das übriggebliebene Hundert Platz. Ein Drittel der Briefumschläge wurde zurückbehalten. Ein Viertel der Zeit ist schon um. Die Miete wird zum Fünfzehnten eines jeden Monats überwiesen. Ein junger Mann in den Dreißigern trat ein. In Anwesenheit eines Dritten wurde über das Thema nicht mehr gesprochen. Die beiden unterhielten sich ausgezeichnet, sie kamen vom Hundersten ins Tausendste und konnten sich kaum trennen.

Zu Grundregel 3: Von Personen- und geographischen Namen abgeleitete Adjektive
Adjektive, die von Personennamen durch Anfügung der Buchstabenfolge -(i)sch abgeleitet wurden, schreibt man groß, wenn sie die Zugehörigkeit zu dieser Person oder deren besondere Leistungen bezeichnen:
Die Schillerschen Dramen fand ich von jeher langweilig. Peinlicherweise unterliefen ihm während seiner Rede gleich zwei Freudsche Versprecher. Ihre Stimme war für die Wagnersche Dramatik noch nicht reif genug, wenngleich ihr die lyrischen Passagen traumhaft gelangen. Das Viktorianische Zeitalter gilt als äußerst konservativ. Der Pythagoreische Lehrsatz hat schon manchem Schüler Schwierigkeiten bereitet.
Aber:
Diese Adjektive werden klein geschrieben, wenn sie die Gattung bezeichnen oder soviel bedeuten wie 'nach Art von'.
Vorbild für diese Romanfigur war der shakespearesche Narr. Das kopernikanische Weltsystem löste das mittelalterliche Weltbild ab, das die Erde als Mittelpunkt der Sonnenbewegung behauptete. In nahezu arno-schmidtscher Akribie füllte er Karteikarten mit Daten und Querverweisen. Seine Dissertation zum elisabethanischen Drama ist sehr zu empfehlen (= über das englische Drama zur Zeit der Elisabeth I.).
Adjektive, die von geographischen Namen durch die Anfügung der Endung -er abgeleitet wurden, schreibt man groß.
Die Pariser Couturiers gelten immer noch als unübertroffen, bekommen jedoch starke Konkurrenz von den Mailänder Modeschöpfern. Die Berliner Mauer wird abgetragen. Die Moskauer U-Bahnhöfe sind die schönsten auf der Welt. Die Windjammer laufen im Hamburger Hafen ein.

Zu Grundregel 4: Adjektive und Partizipien als Teile eines Namens, Titels oder einer Berufsbezeichnung

Als Teile eines Namens, Titels oder einer Berufsbezeichnung werden Adjektive, Partizipien, Pronomen, Ordinal- und Kardinalzahlen groß geschrieben.
Alle vier Jahre finden die Olympischen Spiele statt. Es gibt ein Photo von David Bowie und Iggy Pop auf dem Roten Platz von Moskau. Der Dreißigjährige Krieg wurde durch den Westfälischen Frieden beendet.
Auf ihrer Chinareise besichtigten sie auch die Hängenden Klöster in der Nähe der Stadt Daitong. Die Hängenden Gärten der Semiramis ist eines der Sieben Weltwunder. Regierender Oberbürgermeister der Stadt München ist derzeit Herr Kronawitter.
Ihre Heiligkeit Papst Johannes Paul der Zweite erteilte den Ostersegen urbi et orbi.
Die Neunte Symphonie von Beethoven wird in München am 31. Dezember jeden Jahres aufgeführt. Friedrich der Zweite pflegte Kontakte zu arabischen Gelehrten. Die Auslegung der Zehn Gebote Mose findet man im Kleinen Katechismus. Die Heiligen Drei Könige kamen mit Weihrauch, Myrrhe und Gold. Der Vertrag muß unbedingt vom Ersten Vorsitzenden gegengezeichnet werden.
Großschreibung gilt auch für Adjektive in namenähnlichen Fügungen.
Sie finden die Liste mit den Sprechstunden am Schwarzen Brett. Lippizaner werden nur in der Hohen Schule ausgebildet.
Namen bestehend aus Adjektiv/Partizip und Substantiv werden in der Botanik und Zoologie groß geschrieben, wenn sie typisierende Arten bezeichnen.
Der Sibirische Tiger ist die größte Art innerhalb der Gattung der Tiger.

Aber:
Ist die Verbindung von Adjektiv/Partizip und Substantiv bei Namen in der Botanik und Zoologie eine Gattungsbezeichnung, so schreibt man sie klein.
In der Nordsee wurde noch nie ein fliegender Fisch gesehen.

Zu Grundregel 5: Großschreibung am Satzanfang

Das erste Wort eines Satzes wird großgeschrieben.
Das ist gut! Ist das wirklich gut? Er sagte das laut. Und alle hörten es. Man reagierte darauf.

Aber:
Steht am Satzanfang ein Apostroph, drei Auslassungspunkte oder die Abkürzung v. für *von* in einem Familiennamen, beginnt der Satz mit einem Kleinbuchstaben.
's ist finster hier! 'ne ordentliche Portion Chips wär' jetzt recht. ... und sagte kein einziges Wort (Heinrich Böll).
v. Beethoven komponierte noch, als er schon taub war. v. Bismarck wurde der Eiserne Kanzler genannt.

Zu Grundregel 6: Großschreibung nach einem Anführungszeichen

Das einem Anführungszeichen folgende Wort wird groß geschrieben.
"Stille Nacht, heilige Nacht" ist eines der bekanntesten deutschen Weihnachtslieder. Das Bild von Dürer "Die betenden Hände" hängt als Teppichknüpferei in hunderten von Haushalten.

Aber:
Geht einem Hauptsatz mit Inversion eine wörtliche Rede, die mit einem Ausrufe- oder Fragezeichen endet, voraus, schreibt man das erste Wort des Hauptsatzes klein.
"Bis morgen!" rief er mir noch zu. "Kommst du noch mit?" fragte er.

Groß- oder Kleinschreibung

Zu Grundregel 8: Substantive in nicht-substantivischen Funktionen

Adjektivierte Substantive schreibt man klein. Sie stehen mit den Hilfsverben *sein, werden, bleiben.*
Es ist schade, daß du schon gehen mußt. Es ist nicht recht, ihn so zu vernachlässigen. Sie blieben sich lebenslang feind. Du mit deiner Abenteuerlust bist schuld an der Misere.
Substantive in festen verbalen Fügungen haben ihre Funktion als Substantiv verloren und werden folglich klein geschrieben.
Nimm dich in acht! Er gibt immer den anderen schuld an seinen Verfehlungen. Du sollst den Kleinen nicht immer angst machen. Er hat mit seiner Vermutung recht behalten.
"Alte Adjektive", die mit Substantiven gleichlauten, werden klein geschrieben.
Es ist mir leid, immer wieder dasselbe sagen zu müssen. Es tut mir leid, dich enttäuschen zu müssen. Wo tut es weh? Schon bei dem Gedanken an die Prüfung wird mir angst und bang. Er ward ihm ob seine Beschuldigung gram.

Eine Reihe von Substantiven sind zu Präpositionen geworden oder stehen in zu Präpositionen gewordenen Fügungen und werden folglich klein geschrieben. Einige von ihnen sind am auslautenden, am ursprünglichen Substantiv angefügten -s zu erkennen.
Ich habe dank deiner Hilfe die Arbeit fertiggeschrieben. Er hat laut Herrn X die S-Bahn-Wagen mit Farbe besprüht. Herrn X zufolge hat er die S-Bahn-Wagen mit Farbe besprüht. Ich verzichte zugunsten meiner Schwester auf die Erbschaft. Dies dürfte nicht gestattet sein, kraft Gesetzes ist dies jedoch möglich. Wir haben uns inmitten des Trubels verloren.
Nun, angesichts der Tatsache deiner Zahlungsunfähigkeit, müssen wir wohl auf Begleichung der Rechnung verzichten. So wird mittels Ihrer Unterstützung der Kindergarten nächstes Jahr eröffnet werden können. Mein Schreiben behufs der Eintragung ins Grundbuch lege ich in Kopie bei. Mein Schreiben betreffs der Eintragung ins Grundbuch lege ich in Kopie bei. Es wird seitens der anderen Verwandten keine Verzögerung erwartet.

Substantive, die zu Adverben geworden sind oder Teil adverbialer Fügungen sind, werden klein geschrieben. Auch hier gibt es die Kennzeichnung durch ein Endungs-s.
Ich habe dort einigemale angerufen, ohne etwas zu erreichen. Die Spuren führten kreuz und quer durch den Wald. Ich möchte beizeiten zuhause sein. Es war möglicherweise ein Marder. Wir kehrten unverrichteterdinge zurück. Wir wollten wenigstens feiertags ausspannen. Ich bin abends immer so müde. Sie hielt sich anfangs für nicht geeignet.

Substantive in der Funktion von Indefinitpronomen werden ebenfalls klein geschrieben.
Ich wollte noch ein bißchen spazierengehen. Ich habe noch ein paar Zigaretten.

Kleinschreibung erfolgt auch bei Substantiven, die als erster Teil in unfest zusammengesetzten Verben erscheinen.
Teilhaben: Er war froh, daß er teil daran haben konnte. Wundernehmen: Deine laxe Kindererziehung nimmt mich wunder. Kopfstehen: Dann steht er eben kopf, ich aber mache, was ich will. Haushalten: Sie hielt haus und verbrachte wahre Wunder im Sparen.

Schlußempfehlung:
Hat man Zweifel bei der Entscheidung, ob groß oder klein geschrieben wird, wähle man die Kleinschreibung.

Zusammen- oder Getrenntschreibung

Grundregel 1
Werden die beiden zusammenzusetzenden Wörter in ihrer eigenständigen Bedeutung gebraucht, schreibt man sie getrennt. Dies gilt auch, wenn die gesamte Verbindung eine übertragene Bedeutung erfährt:
Das Brett wird bald wieder los (= locker) *sein. Am liebsten würde ich ihn los sein* (= ihn nicht mehr sehen). *Man muß zwei Tasten zusammen* (= gleichzeitig) *drücken. Wir mußten schon die Schulbank zusammen drücken.*

Grundregel 2
Stehen die beiden Wörter in einer bedeutungsmäßig engen Verbindung, schreibt man sie zusammen. Dies ist der Fall, wenn entweder eine neue, von der ursprünglichen Bedeutung abweichende, übertragene Bedeutung entsteht oder wenn die Verbindung, obwohl sie keine Bedeutungsveränderung erfährt, als Ganzheit empfunden wird:
Er hat die Rede frei gehalten (= ohne vom Blatt abzulesen). *Er hat den Platz freigehalten* (= reserviert). *Wir haben den Koffer zusammen* (= miteinander) *getragen. Wir haben alle Kleider zusammengetragen* (= gesammelt). *Er hat seine Sache schlecht gemacht* (= nicht zufriedenstellend erledigt). *Er hat die anderen immer schlechtgemacht* (= verleumdet). *Das hättest du auch vorher sagen können. Sie konnte die Zukunft vorhersagen. Sie ließ das Fenster offenstehen. Er wurde gefangengenommen.*

Grundregel 3
Wird ein Teil des Kompositums durch eine nähere Bestimmung, ein Adjektiv oder ähnliches, erklärt oder ergänzt, muß wieder getrennt geschrieben werden:
Alles muß seinen ordnungsgemäßen Gang gehen. Dieser starren Ordnung gemäß, muß sie erst einen festen Wohnsitz nachweisen können, bevor sie einen Paß bekommt. Folgende Namen sollen hier beispielshalber genannt werden. Des guten Beispiels halber, das er den Schülern sein sollte, verzichtete er auf die Zigaretten. Es war ein einen hohen Gewinn bringendes Unternehmen.
Gehört jedoch diese nähere Bestimmung zum gesamten Kompositum, wird dieses nicht getrennt geschrieben:
Es war ein wirklich aufsehenerregender Fall.

Grundregel 4
Tritt ein selbständiger Komparativ als Teil einer Zusammensetzung auf, wird dieser von einem folgenden Adjektiv oder Partizip getrennt geschrieben:
Sie hatten einen noch schöner blühenden Rosenstrauch im Garten als die Nachbarn. Es wurden würziger angerichtete Speisen auf den Tisch gebracht als sonst üblich.

Stehen jedoch dieser selbständige Komparativ und das folgende Adjektiv oder Partizip in einer bedeutungsmäßig engen Beziehung oder wird mit der Verbindung eine Dauereigenschaft ausgedrückt, schreibt man zusammen:
Dieser besserwisserische Narr! Es war ein mehrstimmiges Stück. Ein minderjähriger Jugendlicher. Sie war angeblich minderbegabt.

Grundregel 5
Wird durch die Kombination eine gattungsbestimmende oder klassenbildende Dauereigenschaft ausgedrückt, schreibt man zusammen:
Vierblättrige Kleeblätter bringen Glück. Der Rock war aus einem kleinkarierten Wollstoff. Eine grünäugige Schönheit kam die Treppe hinunter. Das Datum sollte rechtsbündig (= am rechten Rand des Blattes) *stehen. Schildkröten sind äußerst langlebige Tiere.*

Grundregel 6
Liegt die Betonung gleich stark verteilt auf beiden zusammen oder getrennt zu schreibenden Wörtern, sind sie meist selbständig gebraucht und daher getrennt zu schreiben. Wird nur das erste Wort der möglichen Kombination betont, schreibt man in der Regel zusammen:
Es war ein nur grob strukturierter Entwurf. Die Kirchenglocken wurden heute nur kurz geläutet. Man sollte sich bereit erklären, die Kosten zu übernehmen. Dieses Verb wird stark gebeugt. Der Satz war mit einem roten Stift dick unterstrichen. Sanft geschwungene Wimpern beschatteten ihre großen dunklen Augen.
Sie hatte einen grobmaschigen Pullover an. Sie trug die Haare kurzgeschnitten. Sie hatte das Fahrrad bereitgestellt. Sie mußte ihre ganze Schulzeit hindurch kleinkarierte Röcke tragen. Die Spule mit dem feingesponnenen Garn fiel ihr in den Brunnen.

Einzelregel 1: Verbindungen mit Substantiven

Die Kombination aus Substantiv und Verb schreibt man getrennt, wenn die Eigenbedeutung jedes Wortes kenntlich bleibt:
Wir können ja Schallplatten hören. Diesen Monat sollten sie jede Woche ein Konzert geben. Dabei konnte man leicht Gefahr laufen, sich zu übernehmen. Sogar für Grundnahrungsmittel mußte man Schlange stehen.
Die Kombination aus einer Präposition, einem Substantiv und einem Verb schreibt man getrennt, wenn die Eigenbedeutung eines jeden Teiles kenntlich bleibt:
Das Gesetz sollte am 1. Januar in Kraft treten. Das wird für sie nicht in Frage kommen. Die Steuerreform ist 1990 in Anwendung gekommen.
Auch wenn sich die Präposition und das Substantiv zu einem Adverb verschmolzen haben, werden sie vom folgenden Verb getrennt geschrieben:
Man sollte sich seine Kenntnisse zunutze machen. Er hat die ganze Familie mit seiner Spielsucht zugrunde gerichtet. Es gibt Leute, die sind imstande, diesen Unsinn für Wahrheit zu halten. Das wird uns noch zustatten kommen.
Unfest zusammengesetzte Verben, die aus einem Substantiv im Akkusativ und einem Verb oder einem Präpositionalobjekt und einem Verb entstanden sind, werden im Infinitiv, in den beiden Partizipien und im Nebensatz zusammengeschrieben:
Haushalten; Sie ist eine sehr haushaltende Person; Sie hat hausgehalten; Man konnte sich einiges leisten, weil sie haushielt.
Stehen diese unfest zusammengesetzten Verben im Präsens oder in der Vergangenheit, trennt man im Hauptsatz das erste Glied von der Personalform ab:
Sie hält haus; Sie hielt haus.
Dazu gehören: *achtgeben; eislaufen; klarsehen; kopfstehen; maßhalten; standhalten; stattfinden; teilnehmen; wundernehmen.*
Von zusammengesetzten Substantiven abgeleitete Verben werden wie fest zusammengesetzte Verben konjugiert:
brandmarken; er brandmarkt; er brandmarkte; er wurde gebrandmarkt;
Übergangsverben sind *radfahren; maschinenschreiben,* da man im Präsens und Vergangenheit das erste Kompositionsglied großgeschrieben der Personalform folgen läßt:
Radfahren; Radfahrend stopfte er eine Pfeife; Er ist rauchend radgefahren; Nur wenn er radfährt, fühlt er sich wohl. Maschinenschreiben; Maschineschreibend dachte sie an ganz andere Dinge; Sie hat die maschinengeschriebenen Briefe zur Post gebracht; Er jobt als Schreibkraft, weil er gut und schnell maschineschreibt.
Er fährt Rad. Er fuhr Rad. Er schreibt Maschine. Er schrieb Maschine.

Einzelregel 2: Verbindung von Adjektiven oder Partizipien mit Verben

Behalten die inhaltlich zusammengehörenden Teile ihre eigenständige Bedeutung, schreibt man getrennt; auf beide Wörter ist die Betonung gleichmäßig verteilt:
Seine Drohung ist ernst zu nehmen. Sie hatte sich erst noch hübsch gemacht. Namen werden groß geschrieben. Sie hat sich die Haare schwarz gefärbt. Der Saal war hell erleuchtet. Die Äpfel können noch gar nicht reif sein. Die Arbeit ist schon fertig gemacht worden.
Besteht eine enge inhaltliche Verbindung, werden sie im Infinitiv, in den beiden Partizipien und im Nebensatz zusammengeschrieben; dabei liegt die Betonung auf nur einem Kompositionsglied:

Der ganze Betrieb wurde lahmgelegt. Meine Mutter hat drei Kinder großgezogen. Der Kahn wurde am Steg festgemacht. Sie hat das Lehrmädchen völlig fertiggemacht. Man muß sich das Leben leichtmachen. Der Jäger hat einen Hasen totgeschossen.
Steht der Hauptsatz im Präsens oder in der Vergangenheit, werden die ersten Kompositionsglieder der Personalform nachgestellt:
Das Buch geht schon nicht verloren. Das Auto steht bereit.
In einigen Fällen sind die Kombinationen je nach Bedeutung gemäß Grundregel 1 getrennt oder gemäß Grundregel 2 zusammen geschrieben:
Er hat die Rede frei gehalten (= ohne vom Blatt abzulesen). *Er hat den Platz freigehalten* (= reserviert). *Wir haben den Koffer zusammen* (= miteinander) *getragen. Wir haben alle Kleider zusammengetragen* (= gesammelt). *Er hat seine Sache schlecht gemacht* (= nicht zufriedenstellend erledigt). *Er hat die anderen immer schlechtgemacht* (= verleumdet). *Das hättest du auch vorher sagen können. Sie konnte die Zukunft vorhersagen.*
Tritt zu einem Teil der Verbindung eine nähere Bestimmung hinzu, etwa ein Adjektiv, ein Zahlwort o. ä., wird getrennt geschrieben:
Das Lernen ist ihr immer schon leichtgefallen. Das Lernen ist ihr schon immer unglaublich leicht gefallen.
Bei der Kombination von Komparativ mit Verb gilt Grundregel 4:
Da müssen Sie schon weiter denken als bisher.

Einzelregel 3: Verbindung von Verben mit Verben

In der Regel handelt es sich hier um Zusammensetzungen von Verben mit den speziellen Verben: *bleiben, gehen, lassen, lernen.* Die Getrenntschreibung wird in der Grundregel 1 beschrieben, die Zusammenschreibung in der Grundregel 2:
Die Schüler können sitzen bleiben, wenn der Lehrer in die Klasse kommt. Kein Schüler ist sitzengeblieben (= muß die Klasse wiederholen).
Bedeutungsmäßig enge Verbindung liegt auch bei den Zusammensetzunen *hängenbleiben* (= festhängen; übertr. leicht zu merken); *liegenbleiben* (= nicht weiterkönnen, unbearbeitet bleiben); *stehenbleiben* (= nicht mehr funktionieren (Auto, Uhr)).
Tanzen, schwimmen, spielen, schlafen gehen sind nicht zusammenzuschreibende Einzelworte, nur bei *verlorengehen* ist die Bedeutung verblaßt.
Ein Verb mit *lassen* wird in der Bedeutung von "jmdn. veranlassen, etw. zulassen" als Einzelworte verstanden:
jemanden vorlesen lassen; etwas streichen lassen; jemanden arbeiten lassen
In übertragener Bedeutung entsteht eine inhaltlich enge Bindung zwischen beiden Wörtern:
jemanden sitzenlassen, jemanden fallenlassen (= im Stich lassen); *etwas stehenlassen* (= vergessen); *den Kopf hängenlassen* (= deprimiert sein)
Ein Verb in Verbindung mit *lernen* in der Bedeutung von "erlernen" fungiert als Einzelwort:
sprechen lernen, singen lernen, nähen lernen
Verben in Verbindung mit *lernen* in der Bedeutung von "beginnen" haben abgeblaßte Bedeutung:
kennenlernen; liebenlernen; glaubenlernen

Einzelregel 4: Verbindung von Adverben mit Verben

Grundsätzlich werden Kombinationen aus Adverb und Verb gemäß der Grundregel 1 getrennt geschrieben, wenn das Adverb als ein selbständiges Satzglied fungiert oder Teil einer adverbialen Bestimmung ist:

Du mußt da stehen bleiben, bis ich wieder komme. Der Weg wird nach 100 Metern steil abwärts gehen. Du kannst doch nicht immer so vor dich hin starren.
Diese Regel trifft ebenfalls zu, wenn durch den Einsatz der Adverben eine Gegensätzlichkeit der Verben erreicht oder betont werden soll:
Du sollst den Weg hinunter fahren, nicht hinunter rasen.
Gemäß Grundregel 2 werden Adverb und Verb zusammengeschrieben, wenn eine bedeutungsmäßig enge Verbindung besteht:
Es wurde alles getreulich wiedergegeben, was er gesagt hatte. Es wird alles darangesetzt, die beiden zu finden.
Beide Varianten sind möglich bei Kombinationen mit den Adverben *entlang, herab, herauf, herunter, hinab, hinan, hinauf, hinaus, hinüber, hinunter* mit einem Verb, wenn diese Verbindung mit einem Akkusativ der Ortsbestimmung steht:
die Straße hinauf gehen oder *hinaufgehen; den Strand entlang laufen* oder *entlanglaufen*
- bei betonter Gegensätzlichkeit schreibt man getrennt:
  Du hättest hinauf schauen, nicht hinauf starren sollen
- Ohne Akkusativ der Ortsangabe schreibt man zusammen:
  Wir müssen noch heute hinuntergehen. Wir müssen unbedingt hinüberkommen.
Bei Verbindungen mit Adverbien, die aus dem Partikel *da* und einer Ortsbestimmung gebildet sind, plus Verben sind Getrennt- und Zusammenschreibung möglich:
Er ist dahineingegangen oder *Er ist da hineingegangen.*
Ebenso beide Varianten sind möglich bei Wendungen bestehend aus einem Adverb und mehreren Verben:
Die Kisten wurden übereinander gestapelt und geschichtet oder *übereinandergestapelt und -geschichtet.*

Einzelregel 5: Verbindungen von Präpositionen und Verben

Verben bestehend aus Präpositionen mit Verben sind unfest zusammengesetzt, wenn sie auf dem 1. Glied betont sind:
auslachen; anschauen; abschalten; mitdenken; überschnappen; durchstehen
Dahingegen sind sie fest zusammengesetzt, wenn sie auf dem 2. Glied betont werden:
überqueren; unterschreiben; überleben; untermauern; überdenken
Bei Verben, die auf dem 1. und 2. Glied betont werden können, ergeben sich je nach Betonung Bedeutungsunterschiede. Die feste bzw. unfeste Zusammensetzung richtet sich nach der obigen Regel:
Man setzte ihn über (den Fluß). *Sie übersetzte das Buch vom Französischen ins Deutsche. Sie stellte das Fahrrad unter* (das Dach). *Sie unterstellte ihm böse Absichten.*

Einzelregel 6: Komposita mit den Verben haben, sein und wollen

Die unfest mit *haben* zusammengesetzten Komposita werden im Infinitiv, in beiden Partizipien und im Nebensatz zusammengeschrieben:
Gernhaben; Er besuchte ihn, weil er ihn gernhatte; Ich habe sie gerngehabt.
Im Hauptsatz trennt man im Präsens und Vergangenheit das erste Glied von der Personalform und stellt es ihr nach:
Er hat sie gern; Er hatte sie gern.
Komposita mit 'sein' und 'werden' sind nur im Infinitiv und in den Partizipien zusammenzuschreiben:
Ansein; Das Licht ist angewesen. Innewerden; Sie sind sich über die Bedeutung innegeworden.

Einzelregel 7: Verbindungen von Substantiven, Adjektiven, Adverbien oder Pronomen mit Verben

Bei der Verbindung von Substantiv im Akkusativ mit einem Partizip Präsens sind beide Varianten möglich:
Bücher lesend verbrachte sie ihre Ferien oder *Bücherlesend verbrachte sie ihre Ferien. Kaugummi kauend stand er da* oder *Kaugummikauend stand er da.*
Nur in der Verbindung dieser Fügung mit 'sein' ist sie zusammenzuschreiben, weil sie adjektivischen Charakter hat:
Das Festival war aufsehenerregend. Der Anfang ihrer Ehe war glückverheißend.
Vermittelt die Fügung Substantiv plus Partizip eine gattungsbestimmende oder eine Dauereigenschaft, schreibt man sie zusammen:
kohlefördernder Bergbau; ölexportierende Länder; ein krampflösendes Mittel; ein goldführender Fluß; pflanzenfressende Tiere; ein feuerspeiender Berg
Stehen vor Verbindungen von Substantiven mit einem Partizip Präsens weder Präposition noch Artikel, verweist dies auf Zusammenschreibung:
Gesundheitschädigende Gifte - Die Möbel konnten wegen der die Gesundheit schädigenden Gifte, die sie ausströmten, nicht mehr verwendet werden. Die teppichklopfenden Hausfrauen - Die einen Teppich klopfende Hausfrau unterhielt sich mit der Nachbarin.
Die Getrenntschreibung der Verbindungen von Adjektiven und Partizipien regelt sich gemäß Grundregel 1 (verbaler Charakter der Fügung). Die Zusammenschreibung der Verbindung von Adjektiven und Partizipien regelt sich gemäß Grundregel 2 (adjektivischer Charakter der Fügung). Die Entscheidung ist meist Ansichtssache:
blond gefärbtes Haar - blondgefärbtes Haar; der stark duftende Flieder - der starkduftende Flieder; das frisch geschnittene Gras - das frischgeschnittene Gras; das hell lodernde Feuer - das hellodernde Feuer
Gemäß Grundregel 3 wird auch bei adjektivischem Charakter der Fügung getrennt geschrieben, wenn sie näher bestimmt sind:
das mit Wasserstoffsuperoxyd blond gefärbte Haar; ein mit Sand blank gescheuerter Kessel; der aufdringlich stark duftende Blumenstrauß; ein intensiv rot gefärbter Stoff; der an Grippe schwer erkrankte Bruder
Kombinationen von Adjektiven und Partizip Präteritum in prädikativem Gebrauch werden getrennt geschrieben, es sei denn Grundregel 5 (Dauereigenschaft) trifft für diese Fügung zu:
Er war weit gereist, um das heilende Mittel zu finden. - Er war ein weitgereister Mann. Reich beschenkt kehrte er nach Hause zurück. - Ein reichbeschenktes, leider verzogenes Kind.
Verbindungen von Adverbien oder Pronomen mit einem Partizip haben meist adjektivischen Charakter und werden dementsprechend meist zusammengeschrieben:
Ich hatte die selbstgestrickte Jacke an. - Ich hatte die Jacke selbst gestrickt. Schreiben Sie an die untenstehende Adresse. - Die unten stehende Adresse ist die verbindliche.

Einzelregel 8: Verbindungen von 'nicht' mit Partizipien oder Adjektiven

Bei Verbindungen von 'nicht' mit einem Partizip oder Adjektiv wird gemäß den Grundregeln 1, 2, und 5 über Getrennt- oder Zusammenschreibung entschieden. Die Kombina-

tion wird meist als eine aus Einzelwörter bestehende angesehen oder prädikativ verwendet, folglich schreibt man sie getrennt:
Die nicht geleerten Mülltonnen verärgerten die Anwohner. Ein Teil der Bevölkerung ist nicht berufstätig. Dieses Vorgehen ist bei uns nicht üblich.
In den seltenern Fällen des adjektivischen Gebrauchs schreibt man sie zusammmen:
Vergriffene, nichtbestellbare Bücher finden sie möglicherweise im Antiquariat. Ihrer Haut tut diese nichtfettende Creme bestimmt gut.

Einzelregel 9: Verbindungen von Adjektiv oder Partizip mit Adjektiven

Auch hier sind die Grundregeln 1, 2 und 5 verbindlich.
Liegt eine Ableitung aus einer Zusammensetzung oder aus einer Fügung aus Adjektiv und Substantiv vor, wird zusammengeschrieben:
langlebige Tierarten; gleichseitiges Dreieck; schmallippiger Mund; vollbusige Frauen; dünnhäutiges Wesen; ein eher dickfelliger Mensch
Bei attributivem Gebrauch der Verbindungen von Adjektiv oder Partizip mit einem weiteren Adjektiv sind beide Schreibweisen möglich:
ein schwerverständlicher oder *schwer verständlicher Aufsatz; Die Haare standen ihm flammendrot* oder *flammend rot vom Kopf. Eine zähflüssige* oder *zäh flüssige Masse quoll aus dem Topf.*
Auch bei prädikativem Gebrauch sind beide Möglichkeiten akzeptiert, Getrenntschreibung wird jedoch vorgezogen:
Das Wasser kommt kochend heiß (kochendheiß) *aus der Leitung. Ein solches Leben ist schwer erträglich* (schwererträglich). *Sie war eine blendend schöne* (blendendschöne) *Frau.*

Schlußempfehlung
Kommt man in der strittigen Frage zu keiner Entscheidung, sollte man die Eigenständigkeit der Wörter zu bewahren suchen und im Zweifelsfall getrennt schreiben.

Schriftverkehr

Geschäftsbriefe, Bewerbungen und Lebensläufe sind Formen der schriftlichen Kommunikation, mit denen jeder früher oder später einmal konfrontiert ist.
Dieses Kapitel gibt die Richtlinien bezüglich Inhalt (was soll ein Brief, eine Bewerbung, ein Lebenslauf vermitteln?) und Form (wie sind Brief, Bewerbung, Lebenslauf gestaltet?) eines solchen Schriftverkehrs an.

1. Briefe

1.1 DIN-Vorschriften zur Briefform

Beim Schreiben eines Briefes, besonders eines Geschäftsbriefes, empfiehlt es sich, in der Gestaltung den DIN-Vorschriften für Maschinenschreiben (DIN 5008) zu folgen. Die wichtigsten Regeln hierzu sind in diesem Kapitel zusammengefaßt. Die Bestandteile eines jeden Briefes sind Absender, Anschrift, Datum, Anrede, Brieftext, Grußformel und Unterschrift. Der Brieftext wird durch Absätze und auch Einrückungen gegliedert. Schreibt man mit der Maschine, wie in Geschäftsbriefen üblich und neuerdings auch für Privatbriefe immer häufiger, sorgt die Orientierung an der DIN-Vorschrift für ein übersichtliches Schriftbild.
Das verkleinerte Schema auf der folgenden Seite zeigt die DIN-gerechte Form eines Geschäftsbriefes mit den für diesen wesentlichen weiteren Bestandteilen Betreff, Diktatzeichen, Anlagevermerk.
Die Gradskala in der ersten Zeile des Schemas, die sich nach der normal großen 10er-Schreibmaschinenschrift richtet, gibt an, wieviel Raum das Absender- und das Adressenfeld beanspruchen dürfen, wie weit eingerückt wird, wo das Datum steht etc. Das DIN A4-Blatt ist so in die Schreibmaschine gespannt, daß die linke Papierkante mit Grad 0 der Skala korrespondiert.
Eine Textzeile beginnt bei Grad 10 und endet bei Grad 75. Die Zeilenangabe am linken Rand im Schema zeigt die vorschriftsmäßigen Abstände zwischen Absender- und Adressenfeld, Betreff und Anrede usw. an. Der Zeilenabstand ist grundsätzlich auf 1 eingestellt, so daß ein Blatt der Größe DIN A4 circa 60 Zeilen umfaßt.
Die weiteren Erläuterungen zu jedem Briefkomplex sind in dem folgenden Kapitel zum Geschäftsbrief zu finden. Die Unterschiede zwischen Privatbrief und Geschäftsbrief werden im Kapitel zum Privatbrief dargelegt.

```
     0 1 2 3 4 5   10        20                          40  45                    75
     |_____|___|___|_____|___|_____|
 1   |
 2   |
 3   |
 4   |
 5   |            Name des Absenders                     |            Datum       |
 6   |            Straße oder Postfach                   |
 7   |            Postleitzahl Ort*                      |
 8   |            Telephonnummer                         |
 9   |
10   |
11   |
12   |
13   |            Sendungsart, Versendungsform**         |
14   |                                                   |
15   |            Empfängerbezeichnung                   |
16   |            Empfängerbezeichnung                   |
17   |            Straße oder Postfach                   |
18   |                                                   |
19   |            Postleitzahl Ort*                      |
20   |                                                   |
21   |                                                   |
22   |
23   |
24   |            Betreff                                                          |
25   |                                                                             |
26   |                                                                             |
27   |            Anrede                                                           |
28   |                                                                             |
29   |            Text..................................................Text      |
30   |            Text                                                             |
31   |                       eingerückter Text
 .
 .
 .
50   |            Text
51   |            Text................................................. ...... Text |
52   |
53   |            Grußformel                             |
54   |                                                   |
55   |            Unterschrift                           |
56   |            Name des Unterzeichnenden              |
57   |                                                   |
58   |            Anlagenvermerk                                                   |
59   |                                                                             |
60   |                                                                             |
```

Gestaltung der Briefhülle DIN C6 (114 mm x 162 mm)

```
     0 1 2 3 4 5            30                      55
    ____|_____|_____|
 1  |
 2  |
 3  |
 4  |
 5  |   Adressatenbezeichnung
 6  |   Adressatenbezeichnung
 7  |   Straße oder Postfach
 8  |   Postleitzahl Ort*
 9  |
10  |
11  |
12  |
13  |                         Sendungsform usw.**        |
                                                         |
                              Empfängerbezeichnung       |
                              Empfängerbezeichnung       |
                              Straße oder Postfach       |
                                                         |
                              Postleitzahl Ort*          |


26  |_____
```

* gegebenenfalls Zustellbezirk
** Sendungsart, Versendungsform, Vorausverfügung

1.2 Geschäftsbrief

Wie dem obigen Schema zu entnehmen ist, besteht ein Geschäftsbrief aus den Elementen Absender, Anschrift, Datum, Betreff, Anrede, Brieftext, Grußformel, Unterschrift und Anlagenvermerk, die hier im einzelnen erläutert werden sollen.

Absender
Bei unbedrucktem Papier ist es notwendig, den Absender in einem Abstand von 4 Zeilen ab der oberen Papierkante zu vermerken. Im Einzeilenabstand werden 1. Vor- und Nachname, 2. Straße mit Hausnummer oder Postfach, 3. Postleitzahl mit Ort und gegebenenfalls Zustellbezirk, 4. Telephonnummer angegeben. Der Zeilenbeginn beim Brief ist (s. oben) bei Grad 10.
Auf der Briefhülle steht dieser vierzeilige Absenderblock im linken oberen Eck 4 Zeilen von der Oberkante des Umschlags entfernt. Zeilenbeginn ist bei Grad 5.

Datum
Das Datum steht in der ersten Zeile des Absenderblocks entweder rechtsbündig oder bei Grad 50. Zwei Schreibweisen sind hier möglich: Die numerische Schreibweise, die Tag, Monat und Jahr zweistellig, also mit Nullen aufgefüllt notiert und durch jeweils einen Punkt voneinander trennt, hat den Vorteil der Kürze. Es ist sinnvoll bei Geschäftsbriefen diese Form zu wählen, da sie zudem im Text die Erstellung von Datumslisten erleichtert. Die alphanumerische Schreibweise, bei der der Monat als Wort erscheint, empfiehlt sich vor allem für Privatbriefe.

Diktatzeichen
Ein Diktatzeichen setzt sich aus den Namenkürzeln der Bearbeiter des Briefes zusammen und soll möglichst kurz sein. Es steht rechts neben dem Datum.

Anschrift
4 Zeilenschaltungen nach dem Absenderblock, also in der 13. Zeile von oben, erscheint die Anschrift, die nicht über 9 Zeilen und 30 Anschläge hinausgehen sollte, damit sie bei Verwendung von Fensterkuverts vollständig sichtbar ist.
Auf einer Briefhülle ohne Fenster beginnt die ebenfalls maximal neunzeilige Anschrift bei Grad 30 der 13. Zeile von der Oberkante des Umschlags aus.
Die ersten beiden Zeilen des Anschriftenfeldes enthalten die postalischen Bestandteile:
<u>Versendungsform</u>: Drucksachen, Briefdrucksachen, Büchersendungen, Blindensendungen, Warensendugen, Wurfsendungen, Päckchen und Postgüter
<u>Sendungsart und Vorausverfügungen</u>: nicht nachsenden, wenn unzustellbar zurück
<u>Besondere Versendungsformen</u>: Einschreiben, Wertangabe, Eigenhändig, Rückschein, Luftpost, Eilzustellung, Schnellsendung, Kursbrief, Nachnahme, Werbeantwort
Die folgenden beiden Zeilen sind für die Empfängerbezeichnung bestimmt. Bei Schreiben an Privatpersonen gehören die Personenbezeichnungen Herrn, Frau, Fräulein, die ebensowenig wie der Vorname des Empfängers abgekürzt werden sollen, zum Namen.

Titel stehen unmittelbar vor dem Vornamen (→ Kapitel Titel- und Berufsbezeichnungen). Bei Firmenbezeichnungen sollte die Rechtsform (GmbH, KG, AG etc.) angegeben werden.
Straße und Hausnummer bzw. das Postfach stehen in der folgenden Zeile. Nach einer zwingend vorgeschriebenen Leerzeile folgt die Ortsangabe bestehend aus der Postleitzahl, dem Ortsnamen und, wo vorhanden, dem Zustellbezirk.

Betreff
Vier Leerzeilen unter der Ortsangabe folgt der Betreff, der vermerkt, worum es in dem Schreiben geht. Bei der Korrespondenz mit Behörden, Versicherungen, Banken etc. ist es wichtig, hier die entsprechenden Bearbeitungschiffren anzugeben, also bei Finanzämtern die Steuernummer, bei Versicherungen die Versicherungsscheinnummer oder das aktuelle Bearbeitungszeichen, bei Banken die Kontonummer.
Es ist unnötig, den Betreff noch eigens mit den Wörtern "Betreff" oder "Betrifft" einzuleiten oder ihn zu unterstreichen; ein Schlußpunkt wird nicht gesetzt.

Anrede
Die Anrede steht in einem Abstand von 2 Leerzeilen unter dem Betreff und schließt mit einem Komma. Der Brieftext beginnt folglich mit einem Kleinbuchstaben.
Die für einen Geschäftsbrief übliche Anrede lautet "Sehr geehrte Frau ..." bzw. "Sehr geehrter Herr ...". Wird an eine Dame und einen Herrn geschrieben, so lautet die Anrede "Sehr geehrte Frau ...,
 sehr geehrter Herr ...,". Ein Titel soll in der Anrede aufgenommen werden, er steht vor dem Namen (→ Kapitel Titel- und Berufsbezeichnungen).
Ist der Name des Empfängers unbekannt, wie bei der Korrespondenz mit Behörden häufig der Fall, ist die Anrede "Sehr geehrte Damen und Herren," üblich.
Die Anredepronomen "Sie" und "Du" und die dazugehörigen Possessivpronomen "Ihr/e/es" und "Dein/e/es" sind im Brieftext groß zu schreiben, entsprechend auch die Wörter "Ihrige, Ihrerseits, Ihresgleichen, Ihretwegen, Ihretwillen". und "Deinige, Deinerseits, Deinesgleichen, Deinetwegen, Deinetwillen".

Brieftext
Mit einem Abstand von 1 Leerzeile folgt der Brieftext. Nach dem Komma der Anrede wird klein weitergeschrieben. Der Brieftext wird durch Absätze und eventuell Einrückungen gegliedert.
Absätze werden durch eine Leerzeile kenntlich gemacht, Einrückungen beginnen bei Grad 20, das Zeilenende ist dem nicht eingerückten Text angepaßt. Folgeseiten werden am Fuß der beschriebenen Seite mit einem Mindestabstand von 1 Leerzeile durch drei Punkte (...) bei Grad 70 angekündigt. Die Nummerierung der folgenden Seite steht bei Grad 40 der 5. Zeile vom oberen Blattrand gerechnet als Ziffer zwischen zwei Bindestrichen plus Leerschritt (- 2 -).

Grußformel
Die Grußformel wird durch eine Leerzeile vom Brieftext abgesetzt und beginnt dann mit einem Großbuchstaben, wenn sie einem abgeschlossenen Satz folgt. Wird die Grußfor-

mel in den letzten Satz hineingezogen, wird klein weiter geschrieben. Üblich ist die Formulierung "Mit freundlichen Grüßen". Sie steht nach DIN- Regel wie der übrige Text linksbündig.

Unterschrift
Der Grußformel folgen, wenn nötig mit 1 Leerzeile Abstand die Bemerkungen" in Vertretung" bzw. "in Vollmacht" (i. V.) oder "im Auftrag" (i. A.), hier kann auch der Firmenname stehen. Vor dem maschinengeschriebenen Namen des Unterzeichnenden sollen mindestens 3 Leerzeilen Platz für die Unterschrift gelassen werden. Darunter kann auch die Position des Unterzeichnenden vermerkt werden.

Anlagevermerk
Mindestens 1 Leerzeile unterhalb der Schlußangaben steht linksbündig der Hinweis auf beigefügte Anlagen, bei mehreren Anlagen unter Angabe der Anzahl. Ergeben sich bei dieser Anordnung Platzprobleme, besteht die Möglichkeit, den Anlagenvermerk in Höhe der Grußformel bei Grad 50 zu schreiben. Die DIN-Regel empfiehlt, das Wort Anlage zu unterstreichen.

Grundregeln zum Maschineschreiben
Die Satzzeichen Punkt, Komma, Semikolon, Doppelpunkt, Ergänzungsbindestrich, Frage- und Ausrufezeichen schließen sich ohne Leerschritt an das entsprechende Wort oder Schriftzeichen an, haben jedoch einen Leerschritt nach sich. Dies gilt auch für Abkürzungen mit Punkt (z. B.; i. V.; i. A.). Anführungszeichen, halbe Anführungszeichen, sowie Klammern werden ohne Leerschritt vor und nach den Textteilen, die sie einschließen, geschrieben.
Der Gedankenstrich zwischen zwei Wörtern steht mit vorausgehendem und folgendem Leerschritt, Satzzeichen schließen sich ihm ohne Leerschritt an. Der Bindestrich verbindet Wörter ohne Leerschritt, als Zeichen für "gegen" und "bis" wird er mit vorausgehenden und folgendem Leerschritt geschrieben.

Musterbriefe
Zur Veranschaulichung der bisherigen Erläuterungen sollen drei Musterbriefe zur Geschäftskorrespondenz abgedruckt werden, die auch zum Alltag von Privatpersonen gehören: Einspruchschreiben an das Finanzamt, Schadensmeldung an eine Haftpflichtversicherung und der Änderungsantrag eines Dauerauftrages bei einer Bank.

Jan Siebert 02.11.90
Siegesstraße 12
8000 München 40
(089) 39 22 81

Eilboten

Finanzamt München IV
Deroystraße 4

8000 München 2

Steuernummer: 118/424/12333 - Siebert Jan und Monika -
Einkommensteuerbescheid für 1989 vom 05.10.90

Sehr geehrte Damen und Herren,

hiermit lege ich gegen den oben benannten Bescheid Einspruch ein.

Die Werbungskosten sind wie beantragt anzuerkennen. Ich verweise auf mein Schreiben vom 12.04.90, dem die entsprechenden Original- Belege beigefügt waren. Es handelte sich dabei um
      Rechnungen zu Bewirtungskosten
        Bestätigung des Arbeitgebers über die Dienstfahrten 1989
Sie erhalten in der Anlage eine Kopie dieses Schreibens vom 12.04.90.

Bitte senden Sie den berichtigten Bescheid an meine neue, oben vermerkte Adresse.

Mit freundlichen Grüßen

Jan Siebert

Anlage: Schreiben an Sie vom 12.04.90

Dr. Thomas Puck 25.8.90
Ringseisstraße 9
8000 München 2
(089) 53 00 33

CORONA Allgemeine
Versicherungs AG
Postfach 22 00 41

8000 München 22

Kfz-Unfall vom 20.08.90 um 9.15 Uhr
Mönchbergstraße Ecke St.-Augustinusstraße in München
Versicherungsscheinnummer: 193.235.335488
Ihr Versicherungsnehmer: Hugo Hatting, amtl. Kennzeichen: M-U 2
Geschädigter: Dr. Thomas Puck

Sehr geehrte Damen und Herren,

Am 20.08.90 um ca. 9.15 Uhr befuhr ich mit meinem Pkw, amtliches Kennzeichen M-UP 799, die St.-Augustinusstraße. Ihr Versicherungsnehmer fuhr zunächst auf der Gegenfahrbahn und wollte dann links in die Mönchbergstraße einbiegen. Beim Abbiegevorgang übersah er mein entgegenkommendes Fahrzeug, und es kam zum Zusammenstoß.
Der beigefügten Unfallskizze ist zu entnehmen, daß der Unfall für mich ein unabwendbares Ereignis war. Sie werden als Haftpflichtversicherer zu 100% in Anspruch genommen.

Der Schaden beläuft sich auf DM 1.238,98, Kopie der Rechnung des Autohauses Müller vom 24.8.90 lege ich bei. Ich bitte um Überweisung auf mein Konto Nummer 123456789 Bankleitzahl 700 20 200 binnen einer Woche.

Mit freundlichen Grüßen   <u>Anlagen</u>
                                            Unfallskizze
                                            Rechnung Autohaus Müller
Thomas Puck

Hubert Müller   06.06.90
Poschinger Straße 1
8000 München 80

Postgiroamt München
Sonnenstraße 26

8000 München 2

Postscheckkontonummer: 234.677 - Hubert Müller -
Dauerauftrag auf das Konto des Liegenschaftsamtes München

Sehr geehrte Damen und Herren,

hiermit bitte ich um Änderung meines monatlichen Dauerauftrages auf das Konto des Liegenschaftsamtes München von bisher DM 850,-- zu nunmehr DM 1.230,-- ab Juli 1990.

Vielen Dank für Ihre Bemühungen.

Mit freundlichen Grüßen

Hubert Müller

1.3 Privatbrief

Auch bei einem Privatbrief, insbesondere wenn er mit der Schreibmaschine geschrieben wird, ist es sinnvoll, sich an der im Kapitel Geschäftsbrief erläuterten Norm zu orientieren. Man beachte auch hier die Regeln zum Maschineschreiben in jenem Kapitel.
Im Privatbrief fallen selbstverständlich die Briefbestandteile Betreff, Diktatzeichen, Anlagevermerk weg. Desweiteren ist es nicht erforderlich, auf dem unbedruckten Briefbogen die Adresse des Absenders und des Empfängers anzugeben. Ein Fensterkuvert, das diese Angaben erfordert, wird wohl nur in seltenen Fällen für einen Privatbrief verwendet. Das Datum wird somit die erste Angabe im Brief sein, die im rechten oberen Eck des Briefbogens steht. Beim Privatbrief ist die alphanumerische Schreibweise des Datums angebracht.
Die Anrede und die entsprechende Grußformel variiert hier je nach Vertrautheitsgrad zwischen Sender und Empfänger. Heute gebräuchliche Anreden sind "Sehr geehrter Herr ...", "Sehr geehrte Frau ..." und "Lieber Herr ...", "Lieber ...", "Liebe Frau ...", Liebe ...", entsprechende Grußformeln sind "Mit freundlichen Grüßen", "Mit freundlichem Gruß", "Es grüßt Sie/Dich", "Mit herzlichen Grüßen", "Liebe Grüße Ihr(e) / Dein(e)".
In der Briefanrede, auch im Privatbrief, sind das Anredepronomen (Sie, Du) und dazugehörigen Possessivpronomen (Ihr, Dein) groß zu schreiben, entsprechend auch die Wörter "Deinige, Deinerseits, Deinesgleichen, Deinetwegen, Deinetwillen" und "Ihrige, Ihrerseits, Ihresgleichen, Ihretwegen, Ihretwillen".

2. Bewerbung

Eine schriftliche Bewerbung enthält neben dem Bewerbungsschreiben in der Anlage einen Lebenslauf, Kopien der Zeugnisse, die den Bildungs- und den beruflichen Werdegang belegen, unter Umständen Referenzen und eigene Arbeiten, sofern sie einen Bezug zur angestrebten Position haben, und ein aktuelles Lichtbild des Bewerbers. Diese Unterlagen vermitteln den ersten Eindruck vom Bewerber, es empfiehlt sich daher diese ungefaltet in einer Mappe zu verschicken, damit sie unversehrt den Empfänger erreichen.

Bewerbungsschreiben
In der äußeren Gestaltung des Bewerbungsschreibens richtet man sich nach den DIN-Vorschriften, die auch für den Brief gelten (→ Kapitel Brief).
In der Betreffzeile wird üblicherweise die angestrebte Stellung genannt und, wenn ein solches vorhanden ist, Bezug auf das Stellenangebot genommen (*Bewerbung als Sekretärin, Ihr Stellenangebot vom ... in der ... Zeitung*). Im folgenden Haupttext wird einleitend die Bewerbung ausgesprochen (*hiermit bewerbe ich mich um die Stelle, die Sie in der ... Zeitung vom ... ausgeschrieben haben*), um sie anschließend zu begründen. Weshalb beispielsweise ein Arbeitsplatzwechsel angestrebt wird oder Interesse für diese Position vorhanden ist (z.B. Wunsch nach mehr Selbständigkeit, mehr Verantwortung

etc.). Als Grund können durchaus auch persönliche Motive (z.B. Wohnortwechsel) oder Eigenschaften genannt werden.

Den Kern des Bewerbungsschreibens stellen die Leistungsangaben dar. Sie geben über die Fähigkeiten, Kenntnisse und Berufserfahrungen des Bewerbers Auskunft, die diesen für die angebotene Stellung in Frage kommen lassen. Hier sollen nur Angaben gemacht werden, die auch einen Bezug zu der fraglichen Position haben - der Besitz eines Führerscheins ist beispielsweise kein Einstellungskriterium bei der Bewerbung um eine Stellung als Schreibkraft. Als Beleg für diese Aussagen gelten die beigefügten Zeugnisse, unter Umständen Referenzen und eigene Arbeiten.

In dem Schreiben soll desweiteren auf alle in der Stellenanzeige genannten Punkte eingegangen werden. Ist es daher im Stellenangebot gefordert, sind Gehaltsvorstellungen und der gewünschte Eintrittstermin anzugeben.

Bei der Bewerbung um Ausbildungsstellen muß im Hauptteil des Bewerbungsschreibens die Entscheidung für gerade diesen Berufszweig begründet werden. Da der Bewerber keine Kenntnisse und Erfahrungen im Beruf vorweisen kann, wird er seine Wahl mit seinen Neigungen begründen und auf seine Schul- und Abgangszeugnisse verweisen.

Der Schlußsatz kann beispielsweise die Hoffnung auf baldige Antwort oder auf Vereinbarung eines persönlichen Gesprächstermins enthalten (*in der Hoffnung, bald von Ihnen zu hören, verbleibe ich ...; Ich wäre Ihnen sehr dankbar, wenn Sie mir Gelegenheit zu einem persönlichen Gespäch geben würden*).

Um ein solches Schreiben übersichtlich zu gliedern, setzt man Einleitung ("Aussprechen" der Bewerbung), Hauptteil (Begründung der Bewerbung, Leistungsangaben, Gehalts- und Eintrittswünsche) und Schlußformulierungen jeweils durch zwei Leerschritte voneinander ab.

Anlagen zum Bewerbungsschreiben

Dem Bewerbungsschreiben müssen ein Lebenslauf (→ Kapitel Lebenslauf), Zeugniskopien und eventuell andere Referenzen sowie ein aktuelles Lichtbild beigelegt sein. Zeugnisse und Referenzen sollten nur in Kopie verschickt werden, Originale sind nicht ersetzbar. Es ist darauf zu achten, daß sie die Angaben im Bewerbungsschreiben bestätigen und nicht über die in der ensprechenden Position geforderten Fähigkeiten hinausgehen. Nicht alle Zeugnisse, die man besitzt, müssen auch beigelegt werden.

Das Lichtbild soll aktuell sein. Üblich ist ein Photo im Paßbildformat ohne Hintergrund mitzuschicken. Es wird mit einer Büroklammer im linken oberen Eck des Bewerbungsschreibens oder des Lebenslaufes befestigt. Auf der Rückseite des Bildes stehen vorsichtshalber Name und Adresse des Bewerbers, falls es aus den Unterlagen herausfällt.

Christine Ludwig   12.06.1990
Mozartstraße 11
7900 Ulm/Donau
(0731) 67 890

Firma Ernst Meier
Baustoffe Vertriebs GmbH
Hindenburgring 29

7900 Ulm/Donau

Anzeige in der... (...-Zeitung) vom 11.06.1990 "Gehaltsbuchhalterin"

Sehr geehrte Damen und Herren,

Ihre Stellenanzeige in der ...-Zeitung vom 10./11.06.1990 habe ich mit Interesse gelesen. Hiermit bewerbe ich mich um die angebotene Position einer Gehaltsbuchhalterin.

Seit acht Jahren bin ich in der Gehaltsbuchhaltung tätig. Mein Aufgabengebiet umfaßt die Ermittlung und Aktualisierung der Parameter für die Berechnung der Angestelltengehälter. Die Gehaltsabrechnung erfolgt über EDV. Ferner bin ich für alle übrigen Berechnungen, wie die Errechnung von Mutterschaftsgeldzuschüssen, Übergangs- und Sterbegelder sowie für die Reisekostenabrechnungen zuständig.

Derzeit arbeite ich in ungekündigtem Beschäftigungsverhältnis bei einer Münchner Baufirma. Da durch die dienstliche Versetzung meines Mannes unser Umzug nach Ulm bevorsteht, suche ich zum 1.10.1990 einen neuen abwechslungsreichen Arbeitsplatz, bei dem selbständiges Arbeiten gefordert ist.

Über Ihre Einladung zu einem Vorstellungsgespräch würde ich mich freuen.

Mit freundlichen Grüßen   <u>Anlagen</u>
                                                     Lebenslauf
                                                     Lichtbild
                                                     7 Zeugnisse

Bewerbung um eine Ausbildungsstelle

Anna Moser 15.07.91
Damaschkestraße 20
2000 Hamburg 13
(040) 42 11 11

Damenschneiderei
Hans Weber
Theatinerstraße 12

1000 Berlin 36

Bewerbung um eine Ausbildungsstelle als Damenschneiderin

Sehr geehrter Herr Weber,

ich habe mich bei der Innung für das Schneiderhandwerk nach Betrieben erkundigt, die noch Ausbildungsstellen für das Damenschneiderhandwerk anbieten und es wurde mir von dort ihre Adresse übermittelt. Dieses Schuljahr beende ich meine Schulausbildung mit dem qualifizierenden Hauptschulabschluß und möchte mich hiermit bei Ihnen für eine Lehrstelle zum 01.09.91 bewerben.

In der Schule hatte ich den üblichen Handarbeitsunterricht und da es mir bisher immer leicht fiel, die verschiedenen Handarbeitstechniken zu begreifen und auszuführen, glaube ich für den Beruf einer Schneiderin geeignet zu sein.

Über eine positive Antwort und ein Vorstellungsgespräch mit Ihnen würde ich mich sehr freuen.

Mit freundlichen Grüßen <u>Anlagen</u>
1 Lebenslauf
1 Schulzeugnis vom 26.07.89

1 Lichtbild

3. Lebenslauf

Ein Lebenslauf kann in berichtender (maschinen- oder handschriftlich) und tabellarischer Form abgefaßt werden. Je nach der in einer Stellenanzeige gewünschten Art des Lebenslaufs, ist der Stellenanbieter am Charakter des Bewerbers interessiert, der nach Meinung von Graphologen der Handschrift eines Menschen zu entnehmen ist, oder will die Ausdrucksfähigkeit desjenigen prüfen (Lebenslauf in berichtender Form) oder ihn interessiert lediglich die fachliche Eignung und Befähigung des Bewerbers.

Lebenslauf in berichtender Form
Ein solcher Lebenslauf ist gefordert, wenn der Stellenanbieter einen "ausführlichen Lebenslauf" verlangt. Auch bei einem handschriftlichen Lebenslauf ist die berichtende Form zu wählen.

Hier werden persönliche Daten, schulische Ausbildung, beruflicher Werdegang und sonstige Kenntnisse und Fähigkeiten, soweit sie in Zusammenhang mit der angebotenen Position stehen, möglichst vollständig und in übersichtlicher Reihenfolge in einer Art Aufsatz, also in einem durchlaufenden Text vermittelt.

Der Bewerber bzw. die Bewerberin um einen Ausbildungsplatz wird diese Form von Lebenslauf beifügen, da sie Berufserfahrung u. ä. bisher noch nicht sammeln konnte.

Der Text kann wie im tabellarischen Lebenslauf (s. unten) nach zeitlichen oder fachlichen Aspekten strukturiert werden. Die einzelnen Gliederungspunkte werden durch Absätze markiert.

Tabellarischer Lebenslauf
Der tabellarische Lebenslauf dient dem schnellen Überblick. Verschiedene Ordnungsprinzipien sind hier möglich, u. a. die chronologische/zeitliche Anordnung der einzelnen Angaben und die fachliche.

Wurden die bisherigen Tätigkeiten im gleichen Berufszweig ausgeübt, empfiehlt sich eine fachliche Gliederung des Lebenslaufes. Die einzelnen Unterpunkte können wie folgt aufgelistet werden: Persönliche Daten (Name, Geburtsdatum, -ort, Familienstand), schulische und berufliche Ausbildung oder Schul- und Hochschulbildung, Berufstätigkeit, Kenntnisse.

Hat der Bewerber in verschiedenen Berufen, die jedoch in Zusammenhang mit der gewünschten und angebotenen Position stehen, Kenntnisse nachzuweisen, so sorgt eine zeitlich-chronologische Gliederung für Übersicht.

Diese Daten werden, wie der Name schon sagt, in Tabellenform angeordnet. Bei der fachlichen Anordnung stehen die Überbegriffe unterstrichen über den Tabellen, darunter folgt linksbündig die Spalte der erforderlichen Angaben ohne folgendes Satzzeichen, die rechte Spalte mit den präzisen Angaben beginnt bei Grad 20. Bei der chronologischen Anordnung enthält die linke Spalte die Zeitangaben "Von-Bis", die rechte Spalte die Präzisierung (s. hierzu die Beispiele auf den folgenden Seiten).

Unter den Lebenslauf wird Ort, Datum und Unterschrift gesetzt.

Tabellarischer Lebenslauf nach fachlichen Aspekten gegliedert

Tabellarischer Lebenslauf

Persönliche Daten

Name	Christine Ludwig, geborene Schmidt
Geburtstag	13.03.58
Geburtsort	Köln
Familienstand	verheiratet seit 1987

Schul- und Berufsausbildung

Schulbildung	1969 - 1974
	Realschule in Köln, Abschluß Mittlere Reife
	1974 - 1975
	Wirtschaftsschule
	1980 - 1984
	Abendgymnasium in München,
	Abschluß Allgemeine Hochschulreife
Berufsausbildung	1975 - 1977
	2 Jahre Auszubildende im mittleren nicht-technischen
	Dienst der Stadt München
	1986 - 1987
	Fortbildung zur Personalfachkauffrau

Berufstätigkeit

Beamtin z. A.	1977 - 1983
	Tätigkeit in der Abteilung für Lohn- und
	Gehaltsberechnung der Stadt München
Sekretärin	1984 - 1987
	Tätigkeit als Sekretärin bei der Fa. DEF mit dem
	zusätzlichen Zuständigkeitsbereich
	Lohn- und Gehaltsabrechnung
Gehaltsbuchhaltung seit 1987	
	Tätigkeit als Gehaltsbuchhalterin bei der Fa. ABC

Christine Ludwig

München, 12.06.90

Schriftverkehr

Tabellarischer Lebenslauf mit zeitlicher Gliederung

Tabellarischer Lebenslauf

Persönliche Daten

Name	Heinrich von Faust
geboren	am 21.06.55 in Düsseldorf
Familienstand	ledig
Konfession	römisch-katholisch
Eltern	Maria von Faust, geborene Zimmermann
	Joseph von Faust

Schul- und Berufsausbildung

1962 - 1970	Besuch der Volksschule an der Forellenstraße in Düsseldorf
1970 - 1973	Ausbildung bei der Deutschen Bundespost zum Fernmeldehandwerker
1973 - 1977	Tätigkeit bei der DBP als Fernmeldehandwerker
1977 - 1978	Besuch der dritten Klasse der Berufsaufbauschule in Düsseldorf Abschluß "Fachschulreife"
1978 - 1980	Besuch der Berufsoberschule in Düsseldorf Abschluß "Fachgebundene Hochschulreife"
1980 - 1981	Selbststudium der französischen Sprache Prüfung an der Berufsoberschule im Juni 1981 Abschluß "Allgemeine Hochschulreife"

Studium

1981 - 1988	Studium der Germanistik und der Geschichte an der Heinrich-Heine-Universität Düsseldorf Ergänzungsprüfung am Gisela-Gymnasium Düsseldorf im Juli 1984 aus der lateinischen Sprache Abschluß Latinum

Berufstätigkeit

seit 1988	Freier Mitarbeiter bei verschiedenen Zeitungen und Zeitschriften

Heinrich von Faust

Düsseldorf, 24.09.1991

Lebenslauf in berichtender Form

Lebenslauf

Am 13.03.1958 wurde ich als erste Tochter des Malermeisters Ernst Ludwig und der Schneiderin Marion Ludwig, geborene Huber in München geboren. Nach fünfjährigem Hauptschulbesuch von 1964 bis 1969 trat ich in die Realschule über, die ich 1974 mit der Mittleren Reife verließ. Daran schloß sich der einjährige Besuch einer Wirtschaftsfachschule in München.

1975 begann ich meine Ausbildung im Mittleren nicht-technischen Dienst bei der Landeshauptstadt München, die ich 1978 mit sehr gutem Erfolg abschloß. Danach war ich als Beamtin zur Anstellung bis 1983 in der Abteilung für Lohn- und Gehaltsabrechnung der Stadt München tätig.

Von 1980 an besuchte ich das Abendgymnasium in München und verließ 1983 meine ungekündigte Stellung bei der Stadt München, um 1984 die Prüfungen zur Allgmeinen Hochschulreife erfolgreich abzulegen.

Nach dem Abitur wurde ich teilweise wieder in meinem Beruf tätig, indem ich die Stellung einer Sekretärin bei einer Werbefirma annahm, wo mir neben den Aufgaben als Sekretärin, die Abrechnung der Gehälter der dort Angestellten oblag.

Um meine praktischen Kenntnisse zu erweitern, absolvierte ich 1986/87 nebenberuflich die Ausbildung zur Personalfachkauffrau an einer Münchner Wirtschaftsfachschule.

Seit 1987 bin ich nun als Gehaltsbuchhalterin bei der Baufirma ABC in München beschäftigt. Mein dortiger Aufgabenbereich umfaßt die Ermittlung und Aktualisierung der Parameter für die Berechnung der Angestelltengehälter sowie die Errechnung von Mutterschaftsgeldzuschüssen, Übergangs- und Sterbegelder und die Reisekostenabrechnungen (nach den Lohnsteuerrichtlinien) und entspricht meinen Vorstellungen von selbständigem Arbeiten genau.

Die dienstliche Versetzung meines Mannes macht nun einen Wohnort- und Arbeitsplatzwechsel notwendig.

Christine Ludwig

München, den 12.06.90

Titel und Berufsbezeichnungen

Der Titel bezeichnet die gesellschaftliche Funktion des Titelträgers. Unterschieden werden Adelstitel, der die erbliche Zugehörigkeit zu einem Adelsgeschlecht bezeichnet, Ehrentitel, die einen persönlichen, nicht erblichen Rang bezeichnen und von Staat (Universitäten), Kirche und Wirtschaft verliehen werden, und Amtstitel, mit denen die Inhaber wichtiger öffentlicher oder kirchlicher Ämter ausgezeichnet werden.
Besteht ein Titel aus einer Kombination von Partizip/Pronomen/Ordinalzahl mit einem Substantiv, so schreibt man beide Wörter des Titels groß (→ Kapitel Groß- oder Kleinschreibung). Anders bei der Berufsbezeichnung, hier ist es nur ausnahmsweise im nicht fortlaufenden Text gestattet das Attribut auch groß zu schreiben - beispielsweise auf Visitenkarten oder im Briefkopf (*Sie arbeitet in der Firma als technische Zeichnerin. Julia Schulze, Technische Zeichnerin*).

Bildung der weiblichen Form in Titeln und Berufsbezeichnungen

Nicht für alle Titel haben sich weibliche Entsprechungen durchgesetzt. Meist heißt es immer noch *Frau Professor* oder *Frau Minister*. In der 3. Person hingegen wird die weibliche Form gebraucht:
Sie wird Professorin, Sie ist Staatssekretärin im Umweltministerium.
Auch bei der Anrede setzt sich die weibliche Entsprechung durch:
Sehr geehrte Frau Staatsanwältin. Sehr geehrte Frau Bundestagspräsidentin.
Die Übertragung der Titel des Mannes auf dessen Ehefrau bei der Anrede ist hingegen nicht mehr gebräuchlich.
Männliche Berufsbezeichnungen auf -eure können die weiblichen Formen -euse und -eurin bilden, wobei heute die Formen auf -eurin favorisiert werden:
Dekorateurin, Ingenieurin, Redakteurin, Regisseurin
Nur auf -euse sind üblich:
Balletteuse, Souffleuse, Dompteuse, Diseuse.

Beugung von Titeln und Berufsbezeichnungen

Titel oder Berufsbezeichnungen ohne Namen werden immer gebeugt:
Die Stellungnahme des Herrn Umweltschutzreferenten war deutlich. Die Herren Doktoren sollen nicht meinen, sie seien etwas besseres.
Sind Titel oder Berufsbezeichnung ohne Artikel und Pronomen mit einem Namen verbunden, wird nur der Name gebeugt:
Papst Johannes Pauls II. Votum gegen die Anti-Baby-Pille; die Sprache Kanzler Kohls.
Steht ein Titel oder eine Berufsbezeichnung mit einem Artikel oder einem Pronomen vor dem Namen, dann wird nur der Titel bzw. die Berufsbezeichnung gebeugt (bei mehreren Titeln der erste):
die Anfrage des Abgeordneten Landrat Doktor Meier; der Besitz des Grafen von Monte Christo
In der Kombination von Artikel, Anrede (*Herr, Frau, Fräulein*), Titel und Name sind Anrede und Titel zu beugen:
die Sprache des Herrn Kanzlers Kohl; die Krawatte des Herrn Landtagsabgeordneten Rieder; die Aktentasche des Herrn Ministers Vogel

In der Kombination von Anrede (*Herr, Frau, Fräulein*) mit Titel und Name werden nur die Anrede und der Name gebeugt, dies gilt auch für Appositionen:
Der Terminplan Herrn Direktor Ziegers ist äußerst gedrängt. Wir folgen den Ausführungen des Gutachters, Herrn Rechtsanwalt Langes.
Enthält der Titel ein attributives Adjektiv wird der ganze Titel zusammen mit Anrede und Name gebeugt:
Die Begrüßung von Herrn Erstem Vorsitzenden Manfred Mann
Nur der Titel des Doktors bleibt auch in Verbindung mit Artikel, Anrede und Namen ungebeugt.
Die Abhandlung des Herrn Doktor Freuds stieß bei ihrem Erscheinen in der Fachwelt auf Ablehnung.

Titel und Berufsbezeichnungen im Schriftverkehr

Titel und/oder Berufsbezeichnungen werden folgendermaßen in die Anschrift (→ Kapitel Schriftverkehr) aufgenommen:

Herrn Rechtsanwalt	Frau Direktorin
Dr. Peter Mair	Anna Freifrau von Podewils-Dürnitz
Straße	Straße
Ort	Ort

'Rechtsanwalt' als Berufsbezeichnung kann vom Namen getrennt werden und steht daher in der Zeile mit der Anrede (Herrn, Frau, Fräulein). Wie Berufsbezeichnungen, vgl. auch Herrn Architekten, Herrn Prokuristen, Frau Notarin, werden Amtstitel gehandhabt wie Herrn Landesbischof, Herrn Dekan, Herrn Diakon, Frau Direktorin, Herrn Hauptmann/Major, Frau Konrektorin, Frau (Familien)ministerin, Herrn Präsidenten, Frau Professorin, Frau Stadträtin etc.

Adelstitel und Ehrentitel gehören zum Namen und stehen daher in der Anschrift unmittelbar vor diesem. Mit Ausnahme des Diplom- und des Doktorgrades werden in der Anschrift und Anrede Titel nicht abgekürzt. Bei Adelstiteln steht der Vorname des Titelträgers vor dem Titel selbst, dem der Name folgt (s. oben).

Bei Inhabern öffentlicher Ämter wie Bundeskanzler, Bürgermeister, Ministerpräsident, Staatssekretär folgt in der Anschrift der Amtstitel auf den Namen. In der Anschrift des Bundespräsidenten geht dieser Titel dem Namen jedoch voraus.

Herrn	Herrn Bundespräsidenten
Peter Mair	der Bundesrepublik Deutschland
Bürgermeister der Stadt ...	Peter Mair
Straße	Straße
Ort	Ort

Persönliche Anrede von Titelträgern
In einer nur knappen Auswahl sind hier die korrekten Anredeformen im Schriftverkehr mit Titelträgern aufgelistet:

Titel	Anrede
Dr. med.	Sehr geehrter Herr Dr. ...
Baron, Freiherr	Sehr geehrter Herr Baron/Freiherr von ...
	Sehr geehrter Baron/Freiherr von ...
	Sehr geehrter Herr von ...
Bischof (kath.)	Euer Exzellenz
Bischof (evang.)	Sehr geehrter Herr Bischof
Botschafter/-in	Sehr geehrter Herr Botschafter
	Sehr geehrte Frau Botschafterin
Bundeskanzler	Sehr geehrter Herr Bundeskanzler
Bundespräsident	Sehr geehrter Herr Bundespräsident
Bürgermeister/-in	→ Botschafter
Dekan (evang.)	Sehr geehrter Herr Dekan
Diakon	Sehr geehrter Herr ...
Dipl.-Ing.	Sehr geehrter Herr ...
	Sehr geehrte Frau ...
Direktor/-in	→ Botschafter
Freifrau	Sehr geehrte Frau Freifrau von ...
	Sehr geehrte Frau von ...
	Sehr geehrte Baronin von ...
Freiin	Sehr geehrte Frau Baronesse von ...
Fürst, Prinz	Sehr geehrter Herr Fürst/Prinz von ...
	Sehr geehrter Herr von ...
General/Hauptmann/Major	Sehr geehrter Herr General/Hauptmann/Major ...
Herzog	Sehr geehrter Herr Herzog von ...
	Euer Hoheit
Kanzler einer Universität	Sehr geehrter Herr Kanzler
Kardinal	Euer Eminenz
Konsul/Konsulin	→ Botschafter
...minister/...ministerin	→ Botschafter
Ministerpräsident/-in	→ Botschafter
Präsident/-in	→ Botschafter
Professor/-in	→ Botschafter
Stadtrat/Stadträtin	→ Botschafter
Studiendirektor/-in	→ Botschafter
Studienrat/-in	→ Dipl.-Ing.

Gebräuchliche Abkürzungen von A bis Z

A

A	Ampere
a. a.	ad acta (zu den Akten)
a. a. O.	am angegebenen Ort, am angeführten Ort
a. a. S.	auf angegebener Seite
Abb.	Abbildung
Abh.	Abhandlung
Abhn.	Abhandlungen
Abk.	Abkürzungen
Abo	Abonnement
Abs.	Absatz; Absender
Abschn.	Abschnitt
Abt.; Abtlg.	Abteilung
abzgl.	abzüglich
a c.	a conto (auf Rechnung)
a. C.; a. Chr.	ante Christum (vor Christus)
a. d.	an der
a. D.	außer Dienst
A. D.	Anno Domini (Im Jahr des Herrn)
ADN	Allgemeiner Deutscher Nachrichtendienst
Adr.	Adresse;
a. E.	am Ende; als Ersatz
a. G.; aG	auf Gegenseitigkeit
AG	Aktiengesellschaft; Amtsgericht
a. gl. O.	am gleichen Ort
Akk.	Akkusativ; Akkord
Akku	Akkumulator
Akz.	Aktenzeichen
Al	Aluminium
AL	Abteilungsleiter; Abteilungsleitung
allg.	allgemein
Anh.	Anhang
Anl.	Anlage
Anm.	Anmerkung
Antw.	Antwort
Anw.	Anweisung
Anz.	Anzahl; Anzeige
a. o.; ao.	außerordentlich
Art.	Artikel
AStA	Allgemeiner Studentenausschuß
ASU	Abgassonderuntersuchung
A. T.	Altes Testament
Aufl.	Auflage
Ausg.	Ausgabe
Az.	Aktenzeichen; Amtszeichen

B

BAFöG	Bundesausbildungsförderungsgesetz
b. a. w.	bis auf weiteres
Bd.	Band
beil.	beiliegend
beisp.	beispielhaft; beispielsweise
bes.	besonders; besucht
betr.	betreffend; betreffs
Betr.	Betreff
bez.	bezahlt; bezüglich
Bez.	Bezeichnung; Bezahlung
Bez.; Bz	Bezirk
bezgl.	bezüglich
Bf.	Brief
Bf.; Bhf.	Bahnhof
Bfg.	Beifügung; Befähigung
bfgn.	beifügen
BGB	Bürgerliches Gesetzbuch
bgl.	bürgerlich; beglaubigt
Bl.	Blatt
BLZ	Bankleitzahl
bisw.	bisweilen
Bj.	Baujahr
BKA	Bundeskriminalamt
brosch	broschiert
BRT	Bruttoregistertonne
bsd.; bsds.	besonders
btto; bto	brutto
btx	Bildschirmtext
b. w.	bitte wenden!
bzw.	beziehungsweise

Abkürzungen

C

c	zenti-; Karat
C	Celsius
ca.	circa (zirka)
cal	Kalorie
cbm	Kubikmeter
ccm	Kubikzentimeter
CD	Compact Disc
cl	Zentiliter
cm	Zentimeter
cm/s;cm/sec	Zentimeter pro Sekunde
c/o	care of (wohnhaft bei Adresse)
Co.;Co	Kompanie (bei Firmennamen)
Cop.	Copyright

D

d. Ä.	der Ältere
Dat.	Dativ; Datum
DB	Deutsche Bundesbahn; Deutsche Bundesbank
dB	Dezibel
DBGM	Deutsches Bundes-Gebrauchsmuster
DBP	Deutsche Bundespost; Deutsches Bundespatent
ddp	Deutscher Depeschen-Dienst
desgl.	desgleichen
Dez.	Dezember
DGB	Deutscher Gewerkschaftsbund
dgl.	dergleichen
d. Gr.	der Große
d. h.	das heißt
d. h. u. a.	das heißt unter anderem
d. i.	das ist
DIN	Deutsche Industrie-Norm
Dipl.-Ing.	Diplomingenieur
d. j.	de jure (von Rechts wegen)
d. J.	der Jüngere; dieses Jahres
dm	Dezimeter
DM	Deutsche Mark
DNA	Deutscher Normenausschuß
dpa	Deutsche Presseagentur
DPA	Deutsches Patentamt
Dr.	Doktor
Dr. h. c.	Doktor ehrenhalber;
Dr. E. h.	Ehrendoktor
drgl.	dergleichen
DRK	Deutsches Rotes Kreuz
dt.	deutsch
Dtzd.;Dzd.	Dutzend

E

ebd.	ebenda
ed.	edited (herausgegeben)
EDV	Elektronische Datenverarbeitungsanlage
EEG	Elektroenzephalogramm
EFTA	European Free Trade Association (Europäische Freihandelszone)
EG	Europäische Gemeinschaft
eigtl.	eigentlich
einschl.	einschließlich
EKG	Elektrokardiogramm
engl.	englisch
entw.	entweder
etc.	et cetera (und so weiter)
e. V.; E. V.	eingetragener Verein
ev.	evangelisch
evtl.	eventuell
e. W.; E. W.	eingetragenes Warenzeichen
Expl.	Exemplare
Exz.	Exzellenz

F

f.	folgende Seite; für
Fa.	Firma
ff.	folgende Seiten
Fl.-Hf.	Flughafen
fmdl.	fernmündlich
Fs.-Nr.	Fernschreibnummer

G

g	Gramm
GAU	größter anzunehmender Unfall
GBL.	Gesetzblatt
Gde.	Gemeinde
geb.	geboren; gebunden (bei Büchern)
gegr.	gegründet

Abkürzungen

ges. gesch.	gesetzlich geschützt	Ltd.; ltd.	limited (mit beschränkter Haftung)
GG	Grundgesetz		
ggf.; ggfs.	gegebenenfalls		
GmbH	Gesellschaft mit beschränkter Haftung		

H

ha	Hektar
Hbf.	Hauptbahnhof
hg.; hrsg.	herausgegeben
hl	Hektoliter
HWZ	Halbwertszeit
Hz	Hertz

I

i. A.	im Auftrag
Inh.	Inhaber
inkl.	inklusive
i. O.	in Ordnung
IQ	Intelligenzquotient
i. R.	im Ruhestand
i. V.	in Vertretung;

J

JG.	Jahrgang

K

kath.	katholisch
kfm.	kaufmännisch
kg	Kilogramm
km	Kilometer
km/h	Kilometer pro Stunde
konfl.	konfessionslos
Kto.-Nr.	Kontonummer
kW	Kilowatt
kWh	Kilowattstunde

L

l	Liter
led.	ledig
lfd.	laufend

M

m	Meter
M. A.	Magister Artium: Mittelalter
MAZ	magnetische Aufzeichnung
MdB	Mitglied des Bundestags
MdL	Mitglied des Landtags
m. E.	meines Erachtens
MESZ	mitteleuropäische Sommerzeit
MEZ	mitteleuropäische Zeit
mg	Milligramm
mhd	mittelhochdeutsch
Min.; min.	Minute
ml	Milliliter
mm	Millimeter
mtl.	monatlich

N

N	Norden
n. Aufl.	neue Auflage
n. Chr.	nach Christus
N. T.	Neues Testament
n. V.	nach Vereinbarung

O

O	Osten
o. a.	oben angeführt
o. ä.	oder ähnliche(s)
OB	Oberbürgermeister
OP	Operationssaal

P

p. C.;	post Christum
p. Chr.	(nach Christus)
Pf; Pfg	Pfennig
Pf.	Postfach
PLZ	Postleitzahl
Prof.	Professor
PSchA	Postscheckamt

Q

qm	Quadratmeter

R

Rdf.	Rundfunk
Red.	Redaktion
Reg.-Bez.	Regierungsbezirk
rk; r.-k.	römisch-katholisch
RT	Registertonne

S

s	Sekunde; Shilling
s.	siehe!
S.	Seite; Süden
s. o.	siehe oben!
sog.	sogenannt
SOS	save our souls (Rettet unsere Seelen)
s. R.	siehe Rückseite!
StGB	Strafgesetzbuch
s. u.	siehe unten!
StVO	Straßenverkehrsordnung

T

t	Tonne
Tbc	Tuberkulose
TH	Technische Hochschule

U

u.	und
u. ä.	und ähnliche(s)
u. a.	und andere(s)
u. a. m.	und andere(s) mehr
u. A. w. g.	um Antwort wird gebeten
u. d. ä.	und dem ähnliches
u. dgl.	und dergleichen
U/min.	Umdrehungen pro Minute
UN	United Nations (Vereinte Nationen)
ü. NN	über Normalnull
UNO	United Nations Organization
usf.	und so fort
usw.	und so weiter
u. U.	unter Umständen
u. ü. V.	unter üblichem Vorbehalt
u. v. a.	und vieles andere
u. W.	unseres Wissens

V

V	Volt
v. Chr.	vor Christus
vgl.	vergleiche!
v. g. u.	vorgelesen, genehmigt, unterschrieben
VHS	Volkshochschule

W

W	Westen; Watt
Wb.	Wörterbuch
Wdh.;Wdhlg.	Wiederholung
WHO	World Health Organization (Weltgesundheitsbehörde)
w. o.	wie oben
w. ü.	wie üblich

Z

z. B.	zum Beispiel
z. b. V.	zur besonderen Verwendung
z. d. A.	zu den Akten
z. H.	zu Händen
Ziff.	Ziffer
z. T.	zum Teil
Ztr.	Zentner
z. Wv.	zur Wiedervorlage
z. Z.; z. Zt.	zur Zeit
zzgl.	zuzüglich

Übungen

1. Übungen zur Rechtschreibung

1.1 Rechtschreibung einzelner Laute

Übung 1: ä - e

Setzen Sie ä oder e in die Lücken ein.

1. vers...nkbar, n...mlich, S...nf, G...nse, Gl...ser, gegens...tzlich, einzw...ngen
2. M...rz, Gepl...nkel, H...ring, W...rt, w...gen, bequ...m, S...nfte, qu...r, kl...glich
3. Sekr...t...rin, Pr...sident, k...mmen, Kn...bel, abw...gen, ungef...hrlich, k...ß
4. widersp...nstig, F...nger, F...der, R...tsel, s...chlich, Hy...ne, verm...hren, H...fte
5. M...zen, M...rz, pr...zis, gr...ll, w...hrend, sp...ckig, br...nzlig
6. Z...he, Entg...lt, qu...len, G...mse, L...nz, dr...schen, Sch...del
7. z...rtlich, Gesp...nst, überschw...nglich, H...schen, Br...mse, ...chzen
8. k...nnen, Fl...gel, ungef...hr, dickf...llig, l...ndlich, Kl...cks
9. S...fte, h...ngen, H...nker, sich anstr...ngen, Sp...ße, Gef...lle

Übung 2: äu - eu

Setzen Sie äu oder eu in die Lücken ein.

1. schl...dern, h...fig, Z...ge, Wiederk...er, B...te, L...mund, K...le
2. verl...mden, ger...mig, M...te, bl...lich, l...gnen, ...ßern, Schl...e
3. absch...lich, beschl...nigen, erl...tern, r...chern, h...cheln, R...e
4. Ger...sch, s...fzen, s...bern, n...lich, Br...tigam, L...se, S...le
5. verk...flich, Geh...se, Tr...me, Sch...sal, h...te, Gr...el, Ungeh...er
6. tr...feln, r...spern, übersch...men, h...ten, Schl...se, S...re, L...te
7. Kn...el, bet...ben, Ef..., verbl...en, ...ter, Schl...che, Tr...e
8. d...tlich, kr...seln, B...me, Schr...bchen, Kr...ter, L...tnant
9. Abent...rer, l...ten, L...chter, F...lnis, f...cht, ges...bert

Übung 3: ai - ei

Setzen Sie ai oder ei in die Lücken ein.

1. L...che, L...er, l...enhaft, R...gen, Feldr...n, gesch...t, V...lchen
2. K...ser, Buchs...te, Buchw...zen, tr...nieren, Mitl...d, L...m, Refr...n
3. T...lle, Papag..., T...fun, M...s, Fischl...ch, H..., L...e, Brotl...b
4. W...senkind, D...ch, T...ch, Gitarrens...te, Am...se, Art und W...se
5. P...tsche, S...l, S...de, b...risch, Br..., Em...l, L...ne, Kr...sel
6. Rh...n, Lak..., W...zen, Eichenh...n, H...mat, M...n, Mayonn...se, K...
7. Salb..., Det...l, r...n, M...d, ge...cht, ans...len, W...de, fr...lich

Übung 4: i - ü - y

Setzen Sie in die Lücken i - ü - y ein.

1. D...namo, Embr...o, Trib...ne, Turb...ne, Z...linder, H...giene, S...rup
2. g...ltig, S...stem, Anal...se, Z...gel, Sat...re, D...namit, pfl...cken
3. fl...cken, P...ramide, S...lhouette, Jur..., Kaj...te, sp...ren, L...rik
4. anon...m, D...se, l...nchen, Z...presse, D...ne, Id...lle, Kohlenmonox...d

Übung 5: p - b

Setzen Sie in die Lücken p - b ein.

1. Lum..., Er...se, schie...en, Schli...s, pro...en, Linden...latt
2. Schu...karre, O...ernsänger, Töl...el, o...ligat, ...antoffel, lo...en
3. tram...eln, Gelü...de, a...strakt, Reisege...äck, kle...en, Mö...el
4. ...ohle, a...sorbieren, ...lunder, ...öbel, Wim...er, ...lombe, A...t
5. Knir...s, A...itur, A...rikose, Ne...el, O...late, ...laudern, O...acht
6. stol...ern, ...ol, Teege...äck, Al...traum, La...sal, der..., Tra...
7. Kre...s, Sie..., Kor..., hu...en, Tul...e, Hau...t, glau...t, ...ahre
8. ...aare, schwe...en, A...sicht, lö...lich, a...norm, a...stinent
9. ske...tisch, Reze...t, plum..., O...st, Gi...s, O...tik, Kü...el

Übung 6: d - t

Setzen Sie in die Lücken d - t ein.

1. Elen..., Ern...e, ...unkel, ...attel, amüsan..., vergel...en, ...raum
2. Beschei..., Sün...e, ...ippen, Gewal..., Schul..., Fel..., Er...beere
3. Pfer..., Or..., bewir...en, Spin..., spinn..., Schun..., bekann...
4. zün...en, galan..., Pfa..., Trunkenbol..., ...olerant, Brann...wein
5. Weinbran..., ...atendrang, ren...ieren, Am..., ...orfmull, bal...
6. Aben..., geschei..., ...orfplatz, Robo...er, mor...en, An...litz
7. ...atenschutz, A...vent, Kontinen..., ...ocht, Bor...stein, Elephan...
8. Pfo...e, Jag..., To..., Nei..., jag..., to..., An...arktis, Wür...e
9. Bran..., Kan...e, ...riftig, Mag..., Bro..., Versan..., ...übel, al...

Übung 7: d - t - dt - tt - th

Setzen Sie in die Lücken d - t - dt - tt - th ein.

1. Syn...ese, Verban..., gewein..., Broka..., ...error, Saa..., Sam...
2. Sta...mauer, sta...geben, vergeu...en, ...ron, Ruhestä...e, Wil...
3. Gelän...er, Bere...samkeit, gebun...en, vorwär...s, Sta...halter
4. sta...finden, intelligen..., Flir..., Hauptsta..., gerann..., ...or
5. ...ermosflasche, Ballc..., ...cater, qui..., Stä...etag, mil...
6. verjüng..., ansta..., erbi...ert, sympa...isch, dezen..., ...ema
7. Bayreu..., Werf..., Werkstä...e, verwan..., gesan..., lä..., La...e
8. gesen...et, Gra..., Gra..., Ba..., ba...et, insgesam..., for..., fe...
9. bere..., koke..., adre..., Spine..., Kotele..., genäh..., ne..., fa...

Übung 8: end - ent

Setzen Sie in die Lücken dieses Textes end bzw. ent ein.

Um ...lich den dräng...en Bitten der Eltern zu ...gehen, ...schlossen sie sich zur Heirat und obwohl allgemein vermutet wurde, die beiden wollten eine eventuelle ...erbung abwenden, sah man mit Freuden einem großen Fest ...gegen. Zur ...täuschung der nur ...fernt Verwandten feierte man jedoch im kleinen Kreise und das Brautpaar verließ bereits am frühen Ab... die Feiernden und trat seine Hochzeitsreise an. Diese war dem jug...lichen Paar als der aufreg...ste Teil der verschiedenen Hochzeitsbräuche erschienen und man plante eine Art ...deckungsreise, zunächst ...lang dem Nil und dann weiter in die Wüste. Nirg...wo würde es den beiden jemals wieder so gut gefallen wie in diesen ...legenen Geg...enden Ägyptens.

Übung 9: -ends - -ens

Setzen Sie die entsprechende Endung (-ends oder -ens) ein.

1. meist..., zuseh..., morg..., höchst..., eil..., eig..., voll...
2. nirg..., wenigst..., ab..., best..., vergeb..., mindest...
3. veracht...wert, leb...nah

Übungen

Übung 10: g - k - ch

Setzen Sie in die Lücken den richtigen Buchstaben ein (g - k - ch).

1. Retti..., letztendli..., arti..., Klini..., farbi..., Stilisti..., Bu..., sie bu...
2. Reisi..., einträchti..., ledi..., Botti..., einjähri..., zweijährli..., Koli...
3. Predi...t, Dicki...t, Habi...t, Verdi...t, Dienstma...d, Ma...t
4. verselbständi...t, erledi...t, sa...t, sie sa...t, zeiti..., zeitli..., Zeisi...
5. seitli..., beidseiti..., hän...en, hen...en, en...elhaft, En...elkind
6. mündi..., mündli..., Blute...el, vere...eln, heimeli..., verheimli...t, heimli...
7. Kinderla...en, Bettla...en, mehrere La...en Stroh, der Kra...en, das Kra...en

Übung 11: x - cks - ks - chs - gs

Setzen Sie in die Lücken den entsprechenden Konsonanten bzw. die entsprechende Konsantenverbindung ein.

1. mu...mäuschenstill, Kra...elei, Dei...el, Mi...er, se..., A...el, ma...imal
2. unterwe..., Bü...e, Schnurstra..., Sa...e, Sa...ophon, Ko..., kni...en
3. Gewä..., anfan..., Seela...filet, schla...ig, Komple..., Ke..., Bo...horn
4. Ta...i, glu...en, A...t, sta...ig, Bü...e, wa...en, Fla..., Phlo..., O...e
5. He...e, ta...über, die Tri..., anfan..., fi..., Wa..., Dei...el, län..., Ju...
6. Abwe...lung, Vol...fest, flu..., Eide...e, Fu..., Sty..., pi...en, Ni...e

Übung 12: f - ff - v - w - pf - ph

Setzen Sie in die Lücken den richtigen Konsonanten bzw. die richtige Konsonantenverbindung ein.

1. das ...ahle ...erd, die ...ahne, das Ri..., ...üllig, ...öllig
2. ...olt, massi..., der Ha...en, Bremerha...en, doo..., wohl...eil
3. ...entil, ...iper, Trum..., Pro...iant, Trium...irat, Trium..., Lö...e
4. ...ase, Relie..., ...antasie, Mö...e, Lar...e, Moti..., ...ielleicht
5. em...ehlen, ...aage, ...age, ...er...iel...ältigen, Tele...on, Um...ang
6. ...alze, ...alz, bra..., Scha..., ...ahl, ob...alten, ent...alten
7. Em...ang, ...eil, Skla...e, Tari..., Voti...tafel, Al...abet, ...ers

Übung 13: s - ss - ß

Setzen Sie den richtigen s-Laut in die Lücken.

1. Ihr Rei...epa... i...t nicht mehr gültig. Du i...t unmä...ig viel.
2. Die Imbi...stube hat bi... Mitternacht geöffnet.
3. Das lie... ich mir nicht gefallen. Lie... laut und deutlich.
4. Alle Schlö...er waren verrostet, die Schlü...el lie...en sich nicht mehr umdrehen.
5. Sie sa...en am Ufer, la...en und lie...en ihre Fü...e ins Wa...er hängen.
6. Der Elephant tauchte seinen Rü...el in den Flu...
7. Am Bu...- und Bettag mü...en wir die Gro...mutter besuchen.
8. Wi...t ihr schon, daß die Nachbarn ihre Katze vermi...en. Ich wu...te es, hatte es jedoch schon wieder verge...en.
9. Maria i...t sehr zuverlä...ig, während auf Magdalena kein Verla... i...t. Bei ihrer Verge...lichkeit mu... man sie unablä...ig an ihre Aufgaben erinnern.

Übung 14: Dehnungs-h, Dehnungs-e und Dehnung durch Vokalverdopplung

Setzen Sie wo nötig den richtigen Buchstaben zur Dehnung der Silbe ein:

1. Himb...ren, Erho...lung, Aufru...r, waru...m, wa...rscheinlich
2. Ba...rza...lung, Bo...nen, Einfu...r, Bo...tschaft, Gewo...nheit
3. Di...nstag, Rindvi..., wi...derum, gemü...tlich, Bri...fwa...l
4. Ha...rfö...n, Goldmi...ne, Kami...n, Zensu...r, Stu...l, Ru...m
5. Beispi...l, Schu...so...le, Me...rwasser, Le...rer, Klische...
6. O...nmacht, U...rzustand, Zä...ne, stu...r, nä...mlich, Li...ferung
7. Limousi...ne, Philosophi..., Ki...fer, Flu...r, za...m, Wi...dersehen
8. Karosseri..., das Mo...r, der Mo...r, ste...len, das Mo...s, Argwo...n
9. Sa...l, Mü...le, sittsa...m, schwi...rig, Papi...r, Fu...re, Hu...n
10. Kä...se, Sa...t, Fe...l, ne...men, Vitami...ne, zi...mlich, zuwi...der

Übung 15: Doppel- oder Dreifachkonsonant

Entscheiden Sie über die korrekte Anzahl der Konsonanten.

1. Balle(t)ruppe, Balle(t)heater, Schne(l)aster, Lazare(t)
2. Lazare(t)rümmer, Meta(l)eiter, Schne(l)äufer, Schi(f)ahrt
3. schne(l)ebig, Pa(p)lakat, Auspu(f)lamme, Be(t)ruhe
4. sticksto(f)rei, Ro(l)aden, We(t)urnen, Sti(l)eben, Bre(n)essel
5. Ma(s)achen, fe(t)riefend, sti(l)egen, de(n)och, Postsche(k)onto
6. Schut(z)oll, Mi(t)ag, Fe(t)ropfen, Fa(l)inie, Anti-Due(l)iga
7. Schla(m)asse, Kongre(s)tadt, fe(t)frei, Fe(t)opf, Ke(n)ummer
8. he(l)euchtend, Werksta(t)ür, Sto(f)arbe, sa(t)rinken, Sa(k)arre
9. Fe(l)appen, Sto(f)licken, Kunststo(f)olie

1.2 Übungen zur Silbentrennung

Übung 1

Trennen Sie folgende Wörter korrekt und unter Ausnutzung sämtlicher Trennmöglichkeiten:

1. verstehen, Mittag, abendlich, Kruste, blühen, trennen, hetzen
2. Kartoffel, Grüße, Küste, müssen, Bettuch, Atmosphäre, Kuchen, Säckchen
3. stehlen, Waage, Zwilling, darum, Krabben, Verleiher, Seier, Teuerung
4. klatschen, Samstag, rechteckig, Katze, Klöße, Matratze, hasten, Aale
5. Einkaufstasche, Kasten, Efeu, Städte, Vollendung, Kommunismus, anonym
6. Kaffee, Kennummer, Fellappen, Ballast, Aussprache, entsetzlich
7. Blumenbeet, Regentropfen, Tropfsteinhöhle, Brennessel, Interessen, Eier
8. Siebenschläfer, Diplom, verplanen, Brocken, Haare, Aorta, Afrika

Übung 2

Trennen sie folgende Wörter korrekt und unter Ausnutzung sämtlicher Trennmöglichkeiten:

1. Währung, Stundung, Armut, Psychologe, verlieren, Lastträger, Mikroskop
2. Migräne, hacken, Haken, Pappplakat, variieren, Lineal, stopfen, Stopfei
3. Stilleben, lästig, Ratte, Schutzzoll, überaus, darunter, verstecken
4. dennoch, Autoabgase, Unterhaltung, Balletttheater, verlockend, fürchten
5. Brotteig, helleuchtend, Verzeihung, Straße, Mücke, verstandesmäßig
6. Truhe, Ochse, kupferrot, Kreatur, euer, Estragon
7. backen, Begnadigung, Beere, anmaßen, Abart, Eitelkeit, erfrieren, Oper
8. radeln, Anekdote, Wetturnen, Parodie, Umweltverschmutzung, Hampelmann

1.3 Fremdwörter

Übung 1

Welche Schreibweise ist richtig?

1. Assessoir - Accessoir, Akribie - Akriby, Blasphemie - Blasfemie
2. Burgois - Bourgois - Bourgeois, dechiffrieren - dechiffrieren
3. Clichee - Klischee - Klichee, Comilitone - Commilitone - Kommilitone
4. Coryphee - Koriphähe - Koryphäe, Getto - Ghetto, Gesyr - Geysir - Gesir
5. Imission - Immission, Indemität - Indemnität, Lojalität - Loyalität
6. Yacht - Jacht, Wandale - Vandale, Zither - Zitter, Occident - Okzident
7. Ouvertüre - Overture, Paljette - Pallette - Paillette, Ralley - Rallye
8. Bastaschuta - Basta asciutta - Pasta asciutta, Penecelin - Penicillin
9. Präzedenzfall - Präcedenzfall, Querele - Querelle, Ressource - Resource
10. Resentiment - Ressentiment, Sarkophag - Sarkofag, Sinfonie - Symphonie
11. souverän - souveren, Teem work - Teemwork - Teamwork - Team work
12. Travallerscheck - Travallercheck - Travellerscheck, Trophäe - Trophähe
13. Usance - Üsance - Üsence - Usence, Vernissage - Vernisage

Übung 2

In folgenden Fremdwörtern fehlen jeweils eines oder zwei 'h'. Setzen sie Sie an der richtigen Stelle ein.

1. Ajatolla, Budda, Katarr, Partenogenese, patetisch
2. Pirana, Pirouette, Protese, Rabarbar, Retor, Rododendron, Rytmus
3. Silouette, Tunfisch

In einigen der folgenden Fremdwörter wurde 'y' durch 'i' ersetzt. Korrigieren Sie wo nötig.

4. Kalligraph, Copiright, Hiäne, Hibride, Higiene, Histerie
5. Idiosinkrasie, Labirinth, Logarithmus, Odissee, Paradigma, Paralise
6. Parasit, Prototip, Partizipation, Pigmäe, Pijama, Satellit
7. Sissiphusarbeit, Simphonie, Sindikat, Siphilis, Thimian, Vampir

Übung 3

Entscheiden Sie bei folgenden Fremdwörtern über Groß- oder Kleinschreibung, sowie Getrennt- oder Zusammen- oder Mit-Bindestrich-Schreibung:

Beispiel: (rendez vous), Lösung: Rendezvous

1. (haute volee), (haute couture), (avant garde), (know how), (fall out)
2. (femme fatale), (high society), (high life), (fin de siècle), (honey moon)
3. (in flagranti), (jeunesse dorée), (jiu jitsu), (job sharing), (law and order)
4. (layout), (open air), (open end), (out cast), (out law), (out put), (out sider)
5. (peep show), (petits fours), (pick up), (pin up girl), (play back), (play off)
6. (pop art), (public relations), (ready made), (rendez vous), (roast beef)
7. (savoir vivre), (rush hour), (science fiction), (second hand shop)
8. (self made man), (short story), (show business), (sightseeing tour)
9. (swimmingpool), (take off), (talk show), (up to date), (vis à vis)

Übung 4

Die unterstrichenen Fremdwörter wurden zum Teil falsch geschrieben. Korrigieren Sie wo nötig:

1. Französische Nahrungsmittel wie Bagette, Baujolee oder sogar Bouillabaisse sind auch hierzulande leicht zu bekommen.
2. Der rechten Gehirnhämisphäre ist das emotionale, nicht-logische Begreifen zugeordnet.
3. Die Quien von England begab sich inkognito in eine Spielbank, um dort Roulette zu spielen.
4. In ihrem ausladenden Feauteuille sitzend folgte sie einem Bericht über einen Gerillakrieg gegen die Militärchunta in einem südamerikanischen Land.
5. Goethe war bekanntlich Anhänger des Panteismus.
6. Die Sängerin mußte sich vorwerfen lassen, ihre Kolloraturarie mit einer gewissen Larmojanz gesungen zu haben. Die Sinthese von Virtuosität und Klangschönheit sei ihr nicht gelungen.
7. In den siebziger Jahren waren Schuhe mit Platausohlen sehr modern.
8. Ihr Meisterbrief war von einem ihr sehr sympatischen Kaligraphen geschrieben worden.
9. Eine ockultistische Seance in einem engen Raum war der Auslöser für ihre Claustrofobie gewesen.
10. Diese Sweetshirts und Tishirts habe ich im Sommerschlußverkauf erstanden.
11. Er war ein echter Cyniker, sein Sarkaßmus machte vor nichts halt.
12. Nach dem Essen, es gab wie so oft Spagetti mit Sahnesauce, tranken wir noch jeder eine Tasse Capucino.
13. Der Recensent gab zu Beginn ein Résümé eines Intervius mit dem Autor.

2. Übungen zu Zweifelsfällen

2.1 Übungen zur Zeichensetzung

Übung 1: Satzzeichen allgemein

Setzen Sie das richtige Satzzeichen:

1. Vielen Dank 2. Wer 3. Halt 4. Wo bleibst du denn 5. Die Abkürzung von zum Beispiel lautet z B 6. Wieso warum weswegen bist du hier 7. Er fragte Hätten Sie ne Mark für mich 8. Kapierst du das nicht, du höflicherweise beendete sie den Satz nicht. 9. Sie erzählte Wir waren im Kino und haben Round Midnight angeschaut 10. Auf die Frage wer oder was steht der Nominativ 11. So ein idiotisches Gehabe dachte sie erbost 12. Ach wie schade 13. Die Tulpen in Ihrem Garten blühen unglaublich schön meinte sie zur Nachbarin.

Übung 2: Das Komma in Reihungen

Setzen Sie bei folgenden Reihungen die Kommata richtig ein:

1. Joseph Maria und Jesus flohen nach Ägypten. 2. Ich mag weder Käse noch Milch. 3. An einem Abend aß sie drei Tafeln Schokolade zwei Tüten mit Gummibärchen fünf Kugeln Eis dann war ihr schlecht. 4. Die Kleine gewann auf dem Volksfest einen riesigen dicken braunen Plüschbären. 5. Wir werden Ihnen die Briefumschläge samt Briefpapier zuschicken. 6. Der Malkasten enthält die Grundfarben eine Tube Deckweiß und zwei Pinsel. 7. Während des Unterrichts wird weder geredet noch gegessen noch aus dem Fenster gestarrt noch heimlich unter der Bank gelesen sondern ausschließlich die vom Lehrer gestellte Aufgabe gelöst. 8. Ich habe nicht nur für mich Kleidung gekauft sondern auch für die Kinder. 9. Zum Tischtennisspielen hatten wir Bälle Schläger sowie ein Netz mitgenommen. 10. In das Zimmer muß unbedingt ein blauer dichtgeknüpfter Berberteppich.

Übung 3: Komma bei reihenden Konjunktionen

Setzen Sie die fehlenden Kommata ein:

1. Das können wir entweder heute oder morgen erledigen. 2. Ob groß ob klein ob jung ob alt Don Giovanni begeisterte sich für jede Frau. 3. Sie versteht mich ganz genau aber sie behauptet das Gegenteil. 4. Wir mißachteten sämtliche Geschwindigkeitsbeschränkungen allein es half nichts - wir kamen zu spät. 5. Er ist zur Zeit äußerst launisch bald in bester Stimmung bald depressiv bald ungehalten bald geduldig. 6. Der Film war nicht einmal lustig vielmehr war er ausgesprochen langweilig. 7. Ich werde mich für den Maskenball wie du verkleiden. 8. Treffen wir uns in der Stadt oder kommst du mich besuchen. 9. Er kocht nicht sehr gut teils versalzt er das Essen teils läßt er das Gemüse eine halbe Stunde kochen und nennt das dünsten teils gibt er seiner Tochter angebrannte Milch - ich hoffe ihr Protestgeschrei wirkt bald. 10. Einerseits sind die Nachbarn sehr hilfsbereit andererseits drängen sie sich manchmal fast auf aber das ist das einzig Unangenehme an ihnen.

Übung 4: Komma bei Einschüben und Nebensätzen

Setzen Sie an geeigneter Stelle die Kommata ein:

1. Die Brandgefahr ist bei diesen Häusern sehr hoch vor allem bei denen die einen offenen Kamin haben. 2. Der Spieler mit den schwarzen Figuren das heißt also ich wird gewinnen. 3. Mein Vater mein Vater jetzt faßt er mich an! Erlkönig hat mir ein Leids getan. (Johann Wolfgang Goethe) 4. Ich freue mich auf den Sommer besonders auf die Wärme. 5. Meine Mutter die Gute hat meine ganze Wäsche gebügelt obwohl sie so viel zu tun hat. 6. Der Hund der mit den schwarzen Flecken gehört den Nachbarn denen er zugelaufen ist. 7. Ich komme morgen gegen drei Uhr nachmittags und bringe die Blumen vorbei. 8. Ich glaube dir ja daß du wirklich keine Zeit hast. 9. Ich dachte ich werde verrückt als ich die Wohnung die wir ausräumen sollten sah. Ich habe noch nie etwas Überfüllteres gesehen. 10. Er war bei der Krawattenwahl äußerst unschlüssig wählte dann doch eine und als er auf der Straße stand überlegte er es sich anders kehrte um und band sich in seiner Wohnung eine andere um.

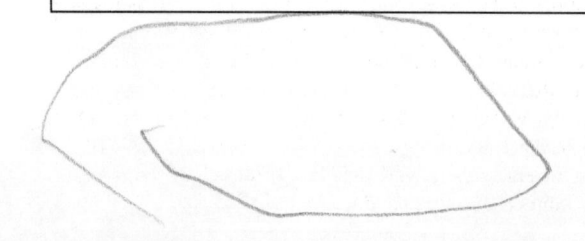

Übung 5: Komma bei Infinitiven mit 'zu'

Setzen Sie die fehlenden Kommata ein:

1. Während der Prüfungsvorbereitung pflegte sie täglich ins benachbarte Schwimmbad zu gehen. 2. Die Lehrerin zu ärgern machte uns immer den größten Spaß. 3. Ohne zu blinken bog er ab. 4. Zu vergessen das war nicht einfach. 5. Du brauchst nicht dazusein wenn sie kommen. 6. Du müßtest dringend einmal ausspannen anstatt dir immer mehr Arbeit aufbürden zu lassen. 7. Man kam nicht umhin die Statistik zu Rate zu ziehen. 8. Ihr habt bis morgen den Saal zu putzen. 9. Die Wohnung einzurichten war das Spannendste überhaupt. 10. Das Leben sich so schön wie möglich zu machen waren sie bemüht.

Übung 6: Komma bei Partizipien

Setzen Sie die fehlenden Kommata ein:

1. In Tränen aufgelöst kam sie zu Hause an. 2. Sie packte ihre Sachen zusammen erzürnt und verwirrt. 3. Süßigkeiten essend las er ein Buch. 4. Er hat sein Studienfach seinen Neigungen entsprechend gewählt. 5. Gut vorbereitet ging er in die Prüfung. 6. Gut vorbereitet bestand er auch die Prüfung. 7. Wir schicken Ihnen wie gesagt alle Ihre Unterlagen zu. 8. Durch sein Grinsen aufs höchste erbost warf sie eine Vase nach ihm. 9. So gesehen ist das natürlich weniger zeitraubend aber ungleich unpräziser. 10. Vom dichten Gebüsch verdeckt lauschte sie dem Gespräch der beiden.

Übung 7: Kommasetzung allgemein

Korrigieren Sie in den folgenden Sätzen die Kommasetzung, es können Kommata fehlen oder welche gesetzt werden müssen:

1. Er erzählte mir, was er heute alles erledigt hatte, und was er morgen alles tun wollte. 2. Karl, der Große, wurde im Jahre 800 nach Christi zum Kaiser gekrönt. 3. Schau wie die untergehende Sonne das Wasser rötlich färbt. 4. Ich habe die Medikamente, Ihren Anweisungen entsprechend, eingenommen. 5. Die Strecke war noch lang und wir waren bereits sehr müde. 6. Sie führte ein chaotisches Leben, ähnlich ihrer Tante. 7. Das Bahnwärterhäuschen zwischen den Gleisen, die früher nach Osten führten, und jetzt stillgelegt waren, sieht bewohnt aus. 8. Den Schuh, den ich gerade anziehen wollte, noch in der Hand öffnete ich auf das Klingeln hin die Tür. 9. Den Garten zu gießen, war ihr eine äußerst verhaßte Tätigkeit, und sie vergaß es entsprechend oft. 10. Ohne zu klopfen stürmte er in das Zimmer.

2.2 Übung zur Groß- oder Kleinschreibung

Übung

Entscheiden Sie bei den in Klammer stehenden Begriffen über Groß- oder Kleinschreibung:

1. Die beiden träumten, einmal davon den (AMERIKANISCHEN) Kontinent vom (ATLANTISCHEN) zum (STILLEN OZEAN) zu durchqueren.
2. Seine Behauptung traf ins (SCHWARZE), obwohl es sich eher um einen Schuß ins (BLAUE) gehandelt hatte.
3. Ich trinke (ALLABENDLICH) ein (VIERTEL) Wein, bin also dem Alkohol (IM ALLGEMEINEN) nicht abgeneigt.
4. Man wird (SIE), werter Empfänger, unaufgefordert (AUF DEM LAUFENDEN) halten.
5. Ein Dialog des Alltags kennt nur (SPRECHENDE) - keine (ZUHÖRENDEN). (Kurt Tucholsky)
6. Elizas (STREBEN) nach (HÖHEREM), nämlich einer Stellung in einem Blumengeschäft, führte sie zu Higgins, bei dem sie korrektes (SPRECHEN) lernen wollte.
7. Man braucht nicht soviel (WESENS) um sie machen, sie ist verzogen genug.
8. Meiner Mutter wurde immer (ANGST) und (BANG), wenn sie uns wild (SCHAUKELN) sah.
9. Schon das (SCHWANKEN) der Masten verursachte ihm Übelkeit.
10. Im (GROßEN UND GANZEN) sind wir zufrieden, obwohl das Stück nicht zum (BESTEN) ausgefallen ist und (BEI WEITEM) hinter dem vorher (GELEISTETEN) zurückbleibt.
11. Wer nicht eines (ANDEREN) belehrt wird oder aus seinem (MIßVERSTEHEN) lernt, der ist (FELSENFEST) davon überzeugt, (KOPFNICKEN) bedeute auf der ganzen Welt (JA), (KOPFSCHÜTTELN) (NEIN).
12. Die unmodernen Kleider waren (IHR) zum (WEGWERFEN) zu (SCHADE).
13. Sie wurden zu wiederholten (MALEN) aufgefordert, das (SCHWÄTZEN) einzustellen. Da sie sich beim (REDEN) nicht stören ließen, mußten alle (DREI) nachsitzen.
14. Er lebte nach dem Grundsatz: (JEDEM) das (SEINE) und mir das (BESTE).
15. Das Hotel war nichts (BESONDERES), dies war aber nur (ANFANGS) störend, später befanden sie es ohne (WENN UND ABER) als das (GEMÜTLICHSTE), das sie je bewohnt hatten.
16. "(DU) hast in dem Wort 'Trambahn' ein (M) zuviel geschrieben und hier hast (DU) das (DEHNUNGS-H) vergessen. Das (A UND O) beim (SCHREIBEN) ist nicht die Schönschrift, sondern die Rechtschreibung." - "Das ist mir egal, ich werde Maler, wenn ich (GROß) bin."

2.3 Übungen zur Zusammen- oder Getrenntschreibung

Übung 1

Schreiben Sie die folgende Fügungen richtig zusammen bzw. getrennt. Beachten Sie dabei auch die Groß- und Kleinschreibung:

1. DREI|HUNDERT|ZWANZIG|TAUSEND, IN|KRAFT|TRETEN, IM|STANDE|SEIN
2. IN|FOLGE, STATT|DESSEN, SCHALLPLATTEN|HÖREN, ZU|STANDE|BRINGEN
3. GROß|SCHREIBEN, AUTO|FAHREN, IN|BEZUG|AUF, KENNEN|LERNEN
4. FALLSCHIRM|SPRINGEN, EBEN|SO|VIEL, IN|RUHE|LASSEN, IM|HAND|UM|DREHEN
5. HAND|IN|HAND|GEHEN, ZU|MUTE|SEIN, SICH ZU|RECHT|FINDEN, RAD|FAHREN

Übung 2

Bilden Sie von folgenden Verbfügungen die 3. Person Präsens Aktiv und die 3. Person Perfekt Aktiv:

1. IN|FRAGE|KOMMEN 2. KOPF|STEHEN 3. ES SICH ZU|NUTZE|MACHEN 4. AN DER VERANSTALTUNG TEIL|NEHMEN 5. AUF SEINEN BRUDER ACHT|GEBEN 6. WUNDER|NEHMEN (MICH) 7. GELD UNTER|SCHLAGEN 8. ALLE ZU|GRUNDE|RICHTEN 9. DIE KUH BRAND|MARKEN 10. DIE REDE FREI|HALTEN 11. DEN GANZEN BETRIEB LAHM|LEGEN 12. IN DER SCHULE SITZEN|BLEIBEN 13. TANZEN|LERNEN 14. DEN STOFF SCHWARZ|FÄRBEN 15. MASCHINE|SCHREIBEN 16. EIN BUCH ÜBER|SETZEN 17. MIT EINER FÄHRE ÜBER|SETZEN. 18. UNTER|SCHREIBEN 19. AUS|LACHEN (MICH) 20. DEN FERNSEHER AB|SCHALTEN 21. SEINE GESCHWISTER ÜBER|LEBEN 22. DEN STRAND ENTLANG|LAUFEN

Übung 3

Schreiben Sie die großgedruckten Wörter korrekt zusammen oder getrennt:

1. Er war ein äußerst DICK|FELLIGER Zeitgenosse. 2. Man mußte die Straße zur Stadt HINAUF|GEHEN, um sie zu besuchen. 3. Sie konnte ihre These mit treffenden Argumenten UNTER|MAUERN. 4. Er mußte den ganzen Tisch FREI|HALTEN. 5. Du solltest ihn durchaus ERNST|NEHMEN. 6. Wir wollten die Straße HINAUF|SCHLENDERN, um ein bißchen frische Luft zu schnappen. 7. Sie wollte nicht um Konzertkarten SCHLANGE|STEHEN. 8. Das Open-air wird morgen auf jeden Fall STATT|FINDEN. 9. Heute gehen wir EIS|LAUFEN. 10. Wenn sie ihn erwischen, werden sie ihn GEFANGEN|NEHMEN. 11. Ihr könnt ja alles BEREIT|STELLEN, ich nehme es dann mit. 12. Sie kaufte ein Pfund FEIN|GEMAHLENEN Kaffee 13. Er hat alle Aufgaben SCHLECHT|GEMACHT. 14. Er hat seine Kollegen beim Vorgesetzten SCHLECHT|GEMACHT. 15. Das Nähen ist ihr immer schon unglaublich LEICHT|GEFALLEN. 16. Das wird dir bestimmt LEICHT|FALLEN. 17. Seine Freundin hat ihn SITZEN|LASSEN. 18. Sie hat die Wohnung von Malern STREICHEN|LASSEN. 19. Du kannst mich mal GERN|HABEN. 20. Der Arzt hat ihr ein FIEBER|SENKENDES Mittel verschrieben. 21. Tristan kämpfte mit einem FEUER|SPEIENDEN Drachen. 22. Tristan kämpfte mit einem aus sieben Köpfen FEUER|SPEIENDEN Drachen.

Übung 4

Schreiben Sie die großgedruckten Wörter korrekt zusammen oder getrennt:

1. Keiner kann es ihm RECHT|MACHEN 2. Würden Sie mir den Betrag bitte GUT|SCHREIBEN. 3. Du sollst dich nicht immer so GEHEN|LASSEN. 4. Können wir den Aufsatz nicht ZUSAMMEN|SCHREIBEN? 5. Es fällt ihm nicht leicht, einen Fehler ZU|ZU|GEBEN. 6. Kannst du die Tür nicht ZU|LASSEN? 7. Man kann unmöglich ZU|LASSEN, daß er in diesem Zustand AUTO|FÄHRT. 8. Er ist ein STADT|BEKANNTER Raufbold. 9. Er ist ein in der ganzen STADT|BEKANNTER Raufbold. 10. SO|BALD es geht, kommen wir euch besuchen. 11. SO|BALD wirst du zurücksein? 12. Wir durften SO|GAR auf einem Pony reiten. 13. Das ist SO|GAR|NICHT ihre Art. 14. Wir mußten NOCH|EIN|MAL zu der Behörde, weil wir eine Bescheinigung vergessen hatten. 15. Die Schule war GERADE|AUS, als ich vorbeikam. 16. Gehen Sie immer GERADE|AUS, dann treffen Sie genau auf das Postamt.

2.4. Übung zum Plural

Wählen Sie die richtige der in Klammer stehenden Verbformen aus:

1. Eine Schar Jugendlicher (stand - standen) vor dem Café und (trank - tranken) Bier. 2. Dort (befand - befanden) sich weder der Hund noch die Katze. 3. Du oder ich (hast - habe - haben) bei dem Spiel gemogelt. 4. Du und er (habt euch - haben sich) sehr nett unterhalten. 5. Eine Menge Menschen (sah - sahen) die Fußballweltmeisterschaft im Fernsehen. 6. Hier (wartet - warten) meine Schwester mit einer Schar Freunden. 7. Dort (kommt - kommen) meine Schwester und eine Schar Freundinnen. 8. Die Geschwister und ich (haben uns - haben sich) getroffen, um schwimmen zu gehen. 9. Groß und klein (freut sich - freuen sich) an dieser Art von Spiel. 10. Ein Pfund Tomaten (kostet - kosten) sechs Mark, was unverschämt teuer ist.

2.5 'das' als Artikel, Relativpronomen und Demonstrativpronomen versus 'daß' als Konjunktion

Setzen Sie 'das' oder 'daß' in die Lücken ein:

1. Ist ... ... Buch, ... du suchst und von dem du glaubst, ... du es unbedingt lesen müßtest?
2. Mein Bruder schreibt, ... er sich freut, ... Päckchen, ... er abgeschickt hat, angekommen ist.
3. Ich meine, ... nicht richtig war, ... Geld in dem Umschlag einfach in den Briefkasten zu werfen.
4. ... Huhn, ... goldene Eier legt, ... gibt es nicht.
5. ... Verstellen von Büchern in einer Bibliothek, so ... andere sie nicht finden können, ärgert nicht nur ... Personal der Bücherei, sondern auch die Benutzer.
6. Ohne ... ... Hausmädchen es bemerkte, stahl sich ... Kätzchen, ... dort eigentlich nichts zu suchen hatte, in die Speisekammer.
7. Der Kaufmann muß damit rechnen, ... er ... Geld, ... er verliehen hat, nicht zurückbekommt.
8. ... Morgen ist doch völlig uninteressant, auf ... Heute kommt es an.
9. ... Singen war ... Beste für ihn; es hat ihn aus seinen Depressionen gerissen, so ... es ihm jetzt besser denn je geht.
10. ... Holz, ... noch verladen werden muß, lagerte über Jahre und ist ... Beste, was zu bekommen war.

2.6 Übungen zu leicht verwechselbaren Wörtern

Übung 1

Setzen Sie das korrekte Wort ein:

1. Eine (abermals - abermalig) Spendenaktion wurde veranstaltet. 2. Er mußte sich das Trinken (abgewöhnen - entwöhnen). 3. Dies war eine völlig (absurde - abstruse) Idee. 4. In seinem Wohnzimmer hätte er gerne (ein... Akt - Akte) von Rubens. 5. Die Probleme des Nahen Ostens werden wieder (akut - aktuell). 6. In seiner Disziplin war er (allemal - allemals) der Beste. 7. Sie kauften eine (altväterische - altväterliche) Wohnungseinrichtung. 8. Das (altväterische - altväterliche) Auftreten flößte Respekt ein. 9. Die Nachricht ließ ihn (anscheinend - scheinbar) kalt, tatsächlich aber war er sehr gerührt. 10. Sie hat (anscheinend - scheinbar) das Flugzeug versäumt. 11. Auf (baldiges - baldigstes) Wiedersehen! 12. Sie war eine (bedeutende - bedeutsame) Journalistin. 13. Die Rede Kennedys war nicht nur für die Berliner (bedeutend - bedeutsam). 14. Der Kniefall Brandts in Polen war ein (bedeutendes - bedeutsames) Ereignis. 15. Ich (finden - befinden), er ist ein guter Kerl. 16. Der Mönch (gründete - begründete) ein Kloster. 17. Sie trennten sich in (beiderseitigem - gegenseitigem) Einvernehmen. 18. Bei der Planung dieses Projekts behindern sie sich (beiderseitig - gegenseitig - beiderseits). 19. Die Wanderwege (beiderseitig - beiderseits) von München laden zum Spaziergang ein. 20. Die Freunde (bezeigten - bezeugten) der Witwe ihre Trauer. 21. Der Angeklagte mußte seine Aussage unter Eid (bezeigen - bezeugen). 22. Er hatte (kein... Beziehung - Bezug) zur Literatur. 23. Zwischen Politikern und Bürgern könnte (die Beziehung - der Bezug) besser sein. 23. (Die Beziehung - Der Bezug) von Kleidung durch das Versandhaus ist bequem. 24. Wir studierten zusammen (seither - bisher) habe ich ihn nicht mehr gesehen. 25. (Das gleiche - Dasselbe) Deodorant wird von der ganzen Familie benutzt. 26. Der Lehrer sitzt hinter dem (Katheder - Katheter). 27. Bei diesem Quiz sollten sie an ihren Handbewegungen (kenntlich - erkenntlich) sein. 28. Der (klassisch - klassizistisch) gebildete Mensch war lange Zeit eine Idealvorstellung. 29. Die Rechnung beträgt DM 100,-- (einschließlich - zuzüglich) Mehrwertsteuer. 30. Das Liebespaar spazierte (einträchtig - einträglich) durch den Park. 31. Dieser Handel war für die (einträchtigen - einträglichen) Freunde ein (einträchtiges - einträgliches) Geschäft. 32. Die Luft im Zug war heute wieder (ekelhaft - eklig - ekelerregend). 33. Ein (empfindlicher - empfindsamer) Mensch merkt, wie (empfindlich - empfindsam) sein Gegenüber ist. 34. Es war (unfaßlich - unfaßbar) wie dieser Zeuge gelogen hat.

Übung 2

1. Mit (fataler - fatalistischer) Ruhe ließ er das Ereignis über sich ergehen. 2. Man muß zuweilen auch hinaus in das (feindliche - feindselige) Leben. 3. Die Begrüßung der beiden Geschäftspartner war sehr (formal - formell). 4. Dieser Zeuge war von höchst (fragwürdigem - fraglichen) Charakter. 5. Der alte Geizkragen ist alles andere als (freigebig - freigiebig - freizügig). 6. Sie sprachen (freisinnig - freimütig) über ihre Probleme. 7. Man versucht, (fremdsprachige - fremdsprachliche) Gastarbeiter zu integrieren. 8. (Funktionelle - Funktionale) Störungen im Magen-Darm-Trakt waren die Ursache. 9. Dem Gegner den Mund zu verbieten, ist ein (gängiges - gangbares) Verfahren. 10. Das (Gehaben - Gehabe) des eitlen Laffen war ihm zuwider. 11. Er bekam eine (gesalzte - gesalzene) Tracht Prügel. 12. Der (geschäftliche - geschäftige) Funktionär versucht, (geschäftliche - geschäftige) Kontakte herzustellen. 13. Der (gewiefte - gewiegte) Geschäftsmann war ein (gewiefter - gewiegter) Bursche. 14. Er ist an dumme Menschen (gewöhnt - gewohnt). 15. Das Auto ist für ihn ein Beförderungsmittel und (gleichzeitig - zugleich) ein Statussymbol. 16. Dein neues (gräuliches - greuliches) Kleid finde ich einfach (gräulich - greulich). 17. Nie hatte er ein (graziöseres - grazileres) Dahinschreiten gesehen. 18. Bei dieser Arbeit (harmonisieren - harmonieren) wir gut zusammen. 19. Er konnte einen (herzigen - herzhaften - herzlichen) Spaß vertragen. 20. Sie waren sich (herzig - herzhaft - herzlich) zugetan. 21. Der ganze Ort steht den Asylanten (hilfsbereit - hilfreich) zur Seite. 22. Nun hat er eine für ihn (ideale - ideelle) Beschäftigung gefunden. 23. Wegen ihres (illegalen - illegitimen) Kindes wurde das Mädchen aus der Stadt verjagt. 24. Es war (imponierend - imposant), wie er diese Krise meisterte. 25. Dieses neue Bastelbuch ist für den Heimwerker sehr (informatorisch - informativ). 26. Das Labor war (instrumental - instrumentell) gut ausgestattet. 27. Seine (Intension - Intention) war, die (Intension - Intention) seiner Gefühle zu verstärken. 28. Der (launige - launische - launenhafte) Kerl trug ein (launiges - launisches - launenhaftes) Lächeln im Gesicht. 29. Man verschaffte ihm einen (lebenslänglichen - lebenslangen) Aufenthalt in einer Anstalt. 30. Gegen dieses Urteil Widerspruch einzulegen, war (legal - legitim). 31. Er erholt sich so (leidig - leidlich) von diesen (leidigen - leidlichen) Prüfungsvorbereitungen. 32. Diese Versammlung wurde (letztmals - letztmalig) veranstaltet. 33. Der (liebenswerte - liebenswürdige) junge Mann war so (liebenswert - liebenswürdig), uns zu begleiten. 34. Der (lösliche - lösbare) Kaffee ist leicht zuzubereiten.

Übung 3

1. Gegen diese Krankheit gibt es noch keine (wirkungsvolle - wirksame) Arznei. 2. Die (wohltätige - wohltuende) Hilfe des (wohltätigen - wohltuenden) Samariters linderte den Schmerz des Verletzten. 3. Die (mehrmalig - mehrmals) Diskussion über das immer gleiche Problem hilft auch nicht weiter. 4. Sie sagt, was ihr nicht paßt und ist nicht weiter (nachträglich - nachtragend). 5. Die neue Gesundheitsbewegung strebt eine (naturgemäße - natürliche) Lebensweise an. 6. Er ging (nochmalig - nochmals) in den gleichen Film. 7. (Nominell - nominal) ist er noch Ministerpräsident, die Entscheidungen aber trifft schon ein anderer. 8. Sie hat es nicht (nötig - notwendig), diese Arbeit anzunehmen. 9. Ein Kavalier bringt der Frau des Hauses die (obligatorischen - obligaten) Blumen mit. 10. Seine (rationelle - rationale) Haltung stößt bei den emotionalen Damen auf Widerspruch. 11. Und (abermals - abermalig) krähte der Hahn. 12. Das Baby wird der Mutterbrust (abgewöhnt - entwöhnt) und muß sich allmählich an eine andere Nahrung (gewöhnen - angewöhnen). 13. Er stellte (absurde - abstruse) Überlegungen an. 14. (Ein... Akt - Akte) lag auf dem Tisch. 15. Die deutsche Einheit ist ein (akutes - aktuelles) Wahlkampfthema. 16. Er leidet an einer (akuten - aktuellen) Erkrankung. 17. (Feindlich - feindselig) starrten sich die Konkurrenten an. 18. Der Politiker macht nur (anscheinend - scheinbar) argumentative Aussagen. 19. Gute Wünsche zur (baldigen - baldigsten) Genesung. 20. Goethe hinterließ ein (bedeutendes - bedeutsames) Werk. 21. Die Rede Kennedys war nicht nur für die Berliner (bedeutend - bedeutsam). 22. Der Kniefall Brandts in Polen war ein (bedeutendes - bedeutsames) Ereignis. 23. Das Theaterstück (finden - befinden) sie ziemlich langweilig. 24. Die Freunde (bezeigten - bezeugten) der Witwe ihre Trauer. 25. Der Film hat ihm (anscheinend - scheinbar) gefallen. 26. Er hatte (kein... Beziehung - Bezug) zur Literatur. 27. Das Volk verehrte die (kindische - kindliche) Monarchin. 28. Er brachte alle (klassischen - klassizistischen) Argumente in die (klassisch - klassizistisch) geführte Diskussion über das Denkmal in (klassisch - klassizistischem) Stil ein. 29. Der schmutzige Kerl sieht ziemlich (ekelhaft - eklig - ekelerregend) aus. 30. Die (farblich - farbig) aufeinander abgestimmte Kleiderkollektion wird immer (farblicher - farbiger). 31. Das (fatale - fatalistische) Ereignis ließ ihm keine Ruhe. 32. Er war als (freisinniger - freimütiger) Denker bekannt, als (freisinniger - freimütiger) Gesprächspartner geschätzt. 33. Die (fremdsprachige - fremdsprachliche) Schreibweise macht oft Schwierigkeiten. 34. Das Gipfeltreffen eröffnet (gängigen - gangbaren) Wege zu gegenseitigem Verständnis.

Übung 4

1. Die (geistlichen - geistigen) Würdenträger sprachen neben den (geistlichen - geistigen) Gesprächen auch (geistlichen - geistigen) Getränken zu. 2. Auf dem Marktplatz herrschte (geschäftliches - geschäftiges) Treiben. 3. Die heutigen Stars sind den Ruhm (gewöhnt - gewohnt). 4. Er sah nur noch das Mädchen mit der (graziösen - grazilen) Gestalt in der Masse der Leute. 5. Sie hatten eine (gütige - gütliche) Vereinbarung mit dem (gütigen - gütlichen) Menschen getroffen. 6. Die Wanderwege (beiderseitig - beiderseits) von München laden zum Spaziergang ein. 7. Die einen lachten (herzig - herzhaft - herzlich), die anderen lachten (herzig - herzhaft - herzlich). 8. Der (hilfsbereite - hilfreiche) Nachbar sparte nicht an (hilfsbereiten - hilfreichen) Ratschlägen. 9. Das Glück ist (launig - launisch - launenhaft), bald flieht es uns, bald überhäuft es uns. 10. Seiner (lebenslänglichen - lebenslangen) Beschäftigung bei der christlichen Seefahrt verdankte er seinen Seemannsgang. 11. Die Diskussionsrunde war (wirkungsvoll - wirksam) inszeniert worden. 12. Er ging (mehrmals - mehrmalig) am Haus seiner Geliebten vorbei. 13. Mit dieser Ausrede wollte er seine Tat (nachträglich - nachtragend) entschuldigen. 14. (Natürlich - naturgemäß) bin ich da, wenn du mich brauchst. 15. Der (nominale - nominelle) Satzgliedrahmen wird durch eine Beifügung gefüllt. 16. Es ist (nötig - notwendig), den Wagen zu reparieren. 17. Eine (rationale - rationelle) Produktionsweise erhöht die Verdienstspanne. 18. Die Kleinschreibung des Adjektivs 'regelgemäß' erfolgt hier (regelgemäß - regelmäßig). 19. Vom (obligaten - obligatorischen) Religionsunterricht kann man nur in Ausnahmefällen befreit werden. 20. Er geht (regelmäßig - regelgemäß) jeden Vormittag an den Zeitungskiosk. 21. Diese Aufgabe muß (baldig - baldigst) erledigt sein. 22. Der Angeklagte wurde von den Geschworenen für schuldig (gefunden - befunden). 23. Die (Befriedung - Befriedigung) der Beschwerdeführer war schwierig. 24. Die (Befriedung - Befriedigung) des kleinen Landstriches war mühsam. 25. Diese Aktion hat seinen Ruhm (gegründet - begründet). 26. Der Philosoph hat eine neue Theorie (gegründet - begründet). 27. Bei der Planung dieses Projekts behindern sie sich (beiderseitig - gegenseitig - beiderseits). 28. (Die Beziehung - Der Bezug) von Kleidung durch das Versandhaus ist bequem. 29. (Bislang - Bisher - Seitdem - Seither) konnte gegen die Mißstände nichts unternommen werden. 30. (Die gleiche - Die selbe) Zahnbürste wird von der ganzen Familie benutzt. 31. Das (fatale - fatalistische) Ereignis ließ ihm keine Ruhe. 32. Der Antrag wurde aus (formalen - formellen) Gründen abgelehnt. 33. Es ist (fragwürdig - fraglich), ob er heute noch nach Hause kommt. 34. Seine Tochter ging äußerst (freigebig - freigiebig - freizügig) mit seinem Besitz um.

2.7 Übungen zum Gebrauch von Präpostionen

Übung 1

Setzen Sie in die Lücken die richtigen Präpositionen ein. Wählen Sie gegebenenfalls die entsprechende Präposition:

1. Er hatte eine anerzogen hohe Achtung ... dem Alter/das Alter. 2. Er sieht mich wohl ... ein Monstrum an. 3. Der Baum ist nun schon größer ... unser Haus. 4. Er bringt das Paket ... die Filiale/der Filiale ... Elisabethplatz. 5. Er arbeitet seit fünf Jahren ... dem Postamt 6. Die Anfrage ... der Telephonnummer des Herrn Dorn hatte keinen Erfolg. 7. Er konnte einen Auftrag ... 500.000 DM abschließen. 8. Seine Forderungen erstaunen mich nicht, er ist schließlich bekannt ... seine Unverfrorenheit/seiner Unverfrorenheit. 9. Sie wurde über Nacht ... ihre überwältigende Darstellung als Gretchen in Goethes 'Faust' berühmt. 10. Sie war so besorgt ... ihre Gesundheit, daß sie sie kaum außer Haus gehen ließ. 11. Sie war immer besorgt ... ihre zarte Konstitution/ihrer zarten Konstitution. 12. Es gibt überhaupt keinen Grund ... den Ausgang der Dinge böse zu sein. 13. Sie war böse ... ihre Kinder/ihren Kindern. 14. Sie verstand es meisterhaft, ihr unangenehme Dinge ... andere zu delegieren. 15. Es ist nicht einfach, mein Leben mit dem ihren ... Einklang zu bringen, wahrscheinlich ist es sogar unmöglich. 16. Ausnahmsweise standen unsere Meinungen ... Einklang. 17. Wir entschieden uns ... den Flug/dem Flug. 18. Wir entschlossen uns ... dem Umzug/den Umzug. 19. Er hegte einen so starken Groll ... Franziska wie er ihn noch nie ... jemanden oder ... etwas gehabt hatte. 20. Sein Hang ... Glücksspielen war unüberwindlich. 21. Ihr Interesse ... diese Aufgabe/dieser Aufgabe sank, als sie sich als rein mechanische Tätigkeit erwies. 22. Sie vertraute ... ihre Ausdauer. 23. Er machte zum Unterschied ... ihr große Anstrengungen zu reüssieren. 24. Im Unterschied ... Wölfen sind Bären Winterschläfer. 25. Sie sind sehr stolz ... die pianistischen Fähigkeiten ihrer Tochter.

Übung 2

Setzen Sie das eingeklammerte Substantiv in den richtigen Fall:

1. Sie erstellten eine genaue Analyse (Text-Bild-Relation) in dieser Werbung. 2. Herr Meier ist bereits außer (Haus) 3. Es ist außer (jeder Zweifel), daß er ein Schwindler ist. 4. Entlang (der Fluß) führt ein schmaler Weg. 5. Wir gingen den Weg entlang (der Fluß). 6. Hinter (die Hütte) liegt das Holz. 7. Die Schulden sollen binnen (drei Jahre) abgezahlt sein. 8. Das Fahrrad lehnte an (die Mauer). 9. Er lehnte das Fahrrad an (die Mauer). 10. Man hatte sie in (der Plan) nicht eingeweiht. 11. Die ganze Angelegenheit beruhte auf (ein Irrtum). 12. Hinsichtlich (Ihre Befürchtungen) kann ich Sie beruhigen, die Reise wird wie geplant stattfinden. 13. Außerhalb (diese Mauern) werden Sie niemanden finden, der das nötige Material zur Verfügung stellt. 14. Laut (Herr X) gibt es heute keine Semmeln.

2.8. Übungen zum richtigen Objektanschluß

Übung 1

Schreiben Sie das Substantiv in der Klammer im richtigen Fall und ergänzen Sie den entsprechenden Artikel:

1. Die Namen der Eltern waren in (Standesamtsregister) eingetragen. 2. Er schrieb feinsäuberlich Zahlen in (Buch). 3. Sie fügte sich schnell in (Klassengemeinschaft) ein 4. Mit einem frechen Lachen konterte sie (ernste Mahnungen). 5. Die kurzen Röcke kleideten (junge Dame) gut. 6. Das Kind wurde in (weiter Mantel) eingehüllt. 7. Und wenn du (Mädchen) noch so sehr hofierst, du hast doch keine Chance bei ihr. 8. Der Patient klingelte zum fünften Mal (Krankenschwester). 9. Er klingelte nach (zweites Gedeck). 10. Die Kugel schlug in (Wand) gegenüber ein. 11. Die Rakete schlug in (unbewohntes Land) ein. 12. Er versuchte (Lehrerin) glauben zu machen, Räuber hätten ihm sein Schulheft mit den Hausaufgaben entwendet. 13. Es gelüstete (beide) nach dem Rapunzelsalat im Garten der Zauberin. 14. Sie schlug (Buch) sorgfältig in eine durchsichtige Folie ein. 15. Wir müssen (Kunde) (Betrag) gutschreiben. 16. Er unterzog sich äußerst ungern (nötige Untersuchung). 17. Dazu braucht es (keine große Intelligenz). 18. Er berichtete eifrig (Freundin) von seinen Erlebnissen.

Übung 2

Schreiben Sie das Substantiv in der Klammer im richtigen Fall und ergänzen Sie den entsprechenden Artikel:

1. Er fühlte sich als (Narr). 2. Als weiser König herrschte er dreißig Jahre über (Land) 3. Er präsidierte (Rat) der Alten. 4. Er harrte auf (erlösendes Wort) von seines Vaters Seite. 5. Es grauste (Mutter) vor der Spinne im Ausguß. 6. Der Greis stützte sich mühsam auf (Stock). 7. Er plazierte den Nachttopf unter (Bett). 8. Ein unbarmherziger Frost herrschte den ganzen Winter über (Land). 9. Die Gestalt offenbarte sich als (Gesandter) Gottes 10. Er machte (Gestik) von den einzelnen Anwesenden genau nach. 11. Man lieferte (Gegner) ein hartes Gefecht. 12. Wir liefern an (Hotel) täglich hundert Semmeln. 13. Er hilft (Nachbarn) beim Kirschen pflücken. 14. Wir saßen still und harrten (Dinge), die da kommen. 15. Er stieß sich hart an (tiefhängender Ast). 16. Er traute sich nicht an (gespenstischer Ort). 17. Er saß stundenlang über (Hausaufgaben). 18. Die Länge des Regals beträgt (ein Meter).

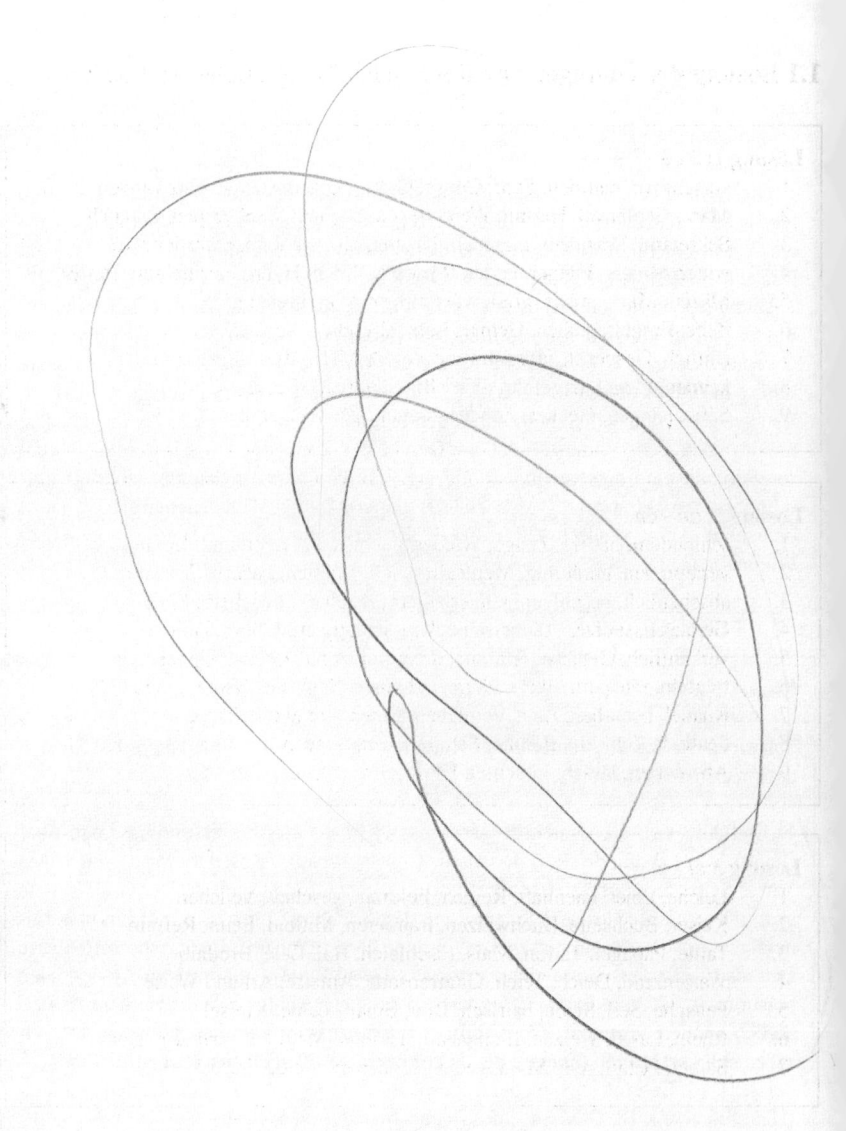

1. Lösungen zur Rechtschreibung

1.1 Lösung der Übungen zur Rechtschreibung einzelner Laute

Lösung 1: ä - e
1. versenkbar, nämlich, Senf, Gänse, Gläser, gegensätzlich, einzwängen
2. März, Geplänkel, Hering, Werl, wegen, bequem, Sänfte, quer, kläglich
3. Sekretärin, Präsident, kämmen, Knebel, abwägen, ungefährlich, keß
4. widerspenstig, Fänger, Feder, Rätsel, sächlich, Hyäne, vermehren, Hefte
5. Mäzen, März, präzis, grell, während, speckig, brenzlig
6. Zehe, Entgelt, quälen, Gemse, Lenz, dreschen, Schädel
7. zärtlich, Gespenst, überschwenglich, Häschen, Bremse, ächzen
8. kennen, Flegel, ungefähr, dickfellig, ländlich, Klecks
9. Säfte, hängen, Henker, sich anstrengen, Späße, Gefälle

Lösung 2: äu - eu
1. schleudern, häufig, Zeuge, Wiederkäuer, Beute, Leumund, Keule
2. verleumden, geräumig, Meute, bläulich, leugnen, äußern, Schläue
3. abscheulich, beschleunigen, erläutern, räuchern, heucheln, Reue
4. Geräusch, seufzen, säubern, neulich, Bräutigam, Läuse, Säule
5. verkäuflich, Gehäuse, Träume, Scheusal, heute, Greuel, Ungeheuer
6. träufeln, räuspern, überschäumen, häuten, Schleuse, Säure, Leute
7. Knäuel, betäuben, Efeu, verbläuen, Euter, Schläuche, Treue
8. deutlich, kräuseln, Bäume, Schräubchen, Kräuter, Leutnant
9. Abenteurer, läuten, Leuchter, Fäulnis, feucht, gesäubert

Lösung 3: ai - ei
1. Leiche, Leier, laienhaft, Reigen, Feldrain, gescheit, Veilchen
2. Kaiser, Buchseite, Buchweizen, trainieren, Mitleid, Leim, Refrain
3. Taille, Papagei, Taifun, Mais, Fischlaich, Hai, Laie, Brotlaib
4. Waisenkind, Deich, Teich, Gitarrensaite, Ameise, Art und Weise
5. Peitsche, Seil, Seide, bairisch, Brei, Email, Leine, Kreisel
6. Rhein, Lakai, Weizen, Eichenhain, Heimat, Main, Mayonnaise, Kai
7. Salbei, Detail, rein, Maid, geeicht, anseilen, Weide, freilich

Lösung 4: i - ü - y
1. Dynamo, Embryo, Tribüne, Turbine, Zylinder, Hygiene, Sirup
2. gültig, System, Analyse, Zügel, Satire, Dynamit, pflücken
3. flicken, Pyramide, Silhouette, Jury, Kajüte, spüren, Lyrik
4. anonym, Düse, lynchen, Zypresse, Düne, Idylle, Kohlenmonoxyd

Lösungen

Lösung 5: p - b
1. Lump, Erbse, schieben, Schlips, proben, Lindenblatt
2. Schubkarre, Opernsänger, Tölpel, obligat, Pantoffel, loben
3. trampeln, Gelübde, abstrakt, Reisegepäck, kleben, Möbel
4. Bohle, absorbieren, Plunder, Pöbel, Wimper, Plombe, Abt
5. Knirps, Abitur, Aprikose, Nebel, Oblate, plaudern, Obacht
6. stolpern, Pol, Teegebäck, Alptraum, Labsal, derb, Trab
7. Krebs, Sieb, Korb, hupen, Tulpe, Haupt, glaubt, Bahre
8. Paare, schweben, Absicht, löblich, abnorm, abstinent
9. skeptisch, Rezept, plump, Obst, Gips, Optik, Kübel

Lösung 6: d - t
1. Elend, Ernte, dunkel, Dattel, amüsant, vergelten, Traum
2. Bescheid, Sünde, tippen, Gewalt, Schuld, Feld, Erdbeere
3. Pferd, Ort, bewirten, Spind, spinnt, Schund, bekannt
4. zünden, galant, Pfad, Trunkenbold, tolerant, Branntwein
5. Weinbrand, Tatendrang, rentieren, Amt, Torfmull, bald
6. Abend, gescheit, Dorfplatz, Roboter, morden, Antlitz
7. Datenschutz, Advent, Kontinent, Docht, Bordstein, Elephant
8. Pfote, Jagd, Tod, Neid, jagt, tot, Antarktis, Würde
9. Brand, Kante, triftig, Magd, Brot, Versand, Dübel, alt

Lösung 7: d - t - dt - tt - th
1. Synthese, Verband, geweint, Brokat, Terror, Saat, Samt
2. Stadtmauer, stattgeben, vergeuden, Thron, Ruhestätte, Wild
3. Geländer, Beredsamkeit, gebunden, vorwärts, Statthalter
4. stattfinden, intelligent, Flirt, Hauptstadt, gerannt, Tor
5. Thermosflasche, Ballett, Theater, quitt, Städtetag, mild
6. verjüngt, anstatt, erbittert, sympathisch, dezent, Thema
7. Bayreuth, Werft, Werkstätte, verwandt, gesandt, lädt, Latte
8. gesendet, Grad, Grat, Bad, badet, insgesamt, fort, fett
9. beredt, kokett, adrett, Spinett, Kotelett, genäht, nett, fad

Lösung 8: end - ent
Um endlich den drängenden Bitten der Eltern zu entgehen, entschlossen sie sich zur Heirat und obwohl allgemein vermutet wurde, die beiden wollten eine eventuelle Enterbung abwenden, sah man mit Freuden einem großen Fest entgegen. Zur Enttäuschung der nur entfernt Verwandten feierte man jedoch im kleinen Kreise und das Brautpaar verließ bereits am frühen Abend die Feiernden und trat seine Hochzeitsreise an. Diese war dem jugendlichen Paar als der aufregendste Teil der verschiedenen Hochzeitsbräuche erschienen und man plante eine Art Entdeckungsreise, zunächst entlang dem Nil und dann weiter in die Wüste. Nirgendwo würde es den beiden jemals wieder so gut gefallen wie in diesen entlegenen Gegenden Ägyptens.

Lösung 9: -ends - -ens
1. meistens, zusehends, morgens, höchstens, eilends, eigens, vollends
2. nirgends, wenigstens, abends, bestens, vergebens, mindestens
3. verachtenswert, lebensnah

Lösung 10: g - k - ch
1. Rettich, letztendlich, artig, Klinik, farbig, Stilistik, Buch oder Bug, sie buk
2. Reisig, einträchtig, ledig, Bottich, einjährig, zweijährlich, Kolik
3. Predigt, Dickicht, Habicht, Verdikt, Dienstmagd, Macht
4. verselbständigt, erledigt, sacht, sie sagt, zeitig, zeitlich, Zeisig
5. seitlich, beidseitig, hängen, henken, engelhaft, Enkelkind
6. mündig, mündlich, Blutegel, verekeln, heimelig, verheimlicht, heimlich
7. Kinderlachen, Bettlaken, mehrere Lagen Stroh, der Kragen, das Krachen

Lösung 11: x - cks - ks - chs - gs
1. mucksmäuschenstill, Kraxelei, Deichsel, Mixer, sechs, Achsel, maximal
2. unterwegs, Büchse, Schnurstracks, Sachse, Saxophon, Koks, knicksen
3. Gewächs, anfangs, Seelachsfilet, schlaksig, Komplex, Keks, Bockshorn
4. Taxi, glucksen, Axt, staksig, Büchse, wachsen, Flachs, Phlox, Ochse
5. Hexe, tagsüber, die Tricks, anfangs, fix, Wachs, Deichsel, längs, Jux
6. Abwechslung, Volksfest, flugs, Eidechse, Fuchs, Styx, piksen, Nixe

Lösung 12: f - ff - v - w - pf - ph
1. das fahle Pferd, die Fahne, das Riff, füllig, völlig
2. Volt, massiv, der Hafen, Bremerhaven, doof, wohlfeil
3. Ventil, Viper, Trumpf, Proviant, Triumvirat, Triumph, Löwe
4. Vase, Relief, Phantasie, Möwe, Larve, Motiv, vielleicht
5. empfehlen, Waage, vage, vervielfältigen, Telephon, Umfang
6. Walze, Falz, brav, Schaf, Pfahl, obwalten, entfalten
7. Empfang, Pfeil, Sklave, Tarif, Votivtafel, Alphabet, Vers

Lösung 13: s - ss - ß
1. Ihr Reisepaß ist nicht mehr gültig. Du ißt unmäßig viel.
2. Die Imbißstube hat bis Mitternacht geöffnet.
3. Das ließ ich mir nicht gefallen. Lies laut und deutlich.
4. Alle Schlösser waren verrostet, die Schlüssel ließen sich nicht mehr umdrehen.
5. Sie saßen am Ufer, lasen und ließen ihre Füße ins Wasser hängen.
6. Der Elephant tauchte seinen Rüssel in den Fluß.
7. Am Buß- und Bettag müssen wir die Großmutter besuchen.
8. Wißt ihr schon, daß die Nachbarn ihr Katze vermissen. Ich wußte es, hatte es jedoch schon wieder vergessen.
9. Maria ist sehr zuverlässig, während auf Magdalena kein Verlaß ist. Bei ihrer Vergeßlichkeit muß man sie unablässig an ihre Aufgaben erinnern.

Lösung 14: Dehnungs-h, Dehnungs-e und Dehnung durch Vokalverdopplung
1. Himbeeren, Erholung, Aufruhr, warum, wahrscheinlich
2. Barzahlung, Bohnen, Einfuhr, Botschaft, Gewohnheit
3. Dienstag, Rindvieh, wiederum, gemütlich, Briefwahl
4. Haarfön, Goldmine, Kamin, Zensur, Stuhl, Ruhm
5. Beispiel, Schuhsohle, Meerwasser, Lehrer, Klischee
6. Ohnmacht, Urzustand, Zähne, stur, nämlich, Lieferung
7. Limousine, Philosophie, Kiefer, Flur, zahm, Wiedersehen
8. Karosserie, das Moor, der Mohr, stehlen, das Moos, Argwohn
9. Saal, Mühle, sittsam, schwierig, Papier, Fuhre, Huhn
10. Käse, Saat, Fehl, nehmen, Vitamine, ziemlich, zuwider

Lösung 15: Doppel- oder Dreifachkonsonant
1. Balletttruppe, Ballettheater, Schnellaster, Lazarett
2. Lazaretttrümmer, Metalleiter, Schnelläufer, Schiffahrt
3. schnellebig, Pappplakat, Auspuffflamme, Betttruhe - Bettruhe
4. stickstofffrei, Rolladen, Wetturnen, Stilleben, Brennessel
5. Maßsachen, fetttriefend, stillegen, dennoch, Postscheckkonto
6. Schutzzoll, Mittag, Fetttropfen, Fallinie, Anti-Duelliga
7. Schlammasse, Kongressstadt, fettfrei, Fettopf, Kennummer
8. helleuchtend, Werkstattür, Stoffarbe, satttrinken, Sackkarre
9. Fellappen, Stoffflicken, Kunststoffolie

1.2 Lösungen der Übungen zur Silbentrennung

Lösung 1
1. ver|ste|hen, Mit|tag, abend|lich, Kru|ste, blü|hen, tren|nen, het|zen
2. Kar|tof|fel, Grü|ße, Kü|ste, müs|sen, Bett|tuch, At|mo|sphä|re, Ku|chen, Säck|chen
3. steh|len, Waa|ge, Zwil|ling, dar|um, Krab|ben, Ver|lei|her, Sei|ler, Teue|rung
4. klat|schen, Sams|tag, recht|eck|ig, Kat|ze, Klö|ße, Mat|rat|ze, hal|ten, Aa|le
5. Ein|kaufs|ta|sche, Ka|sten, Efeu, Städ|te, Voll|en|dung, Kom|mu|nis|mus, an|onym
6. Kaf|fee, Kenn|num|mer, Fell|lap|pen, Bal|last, Aus|spra|che, ent|setz|lich
7. Blu|men|beet, Re|gen|trop|fen, Tropf|stein|höh|le, Brenn|nes|sel, In|ter|es|sen, Ei|er
8. Sie|ben|schlä|fer, Di|plom, ver|pla|nen, Brok|ken, Haa|re, Aor|ta, Afri|ka

Lösung 2
1. Wäh|rung, Stun|dung, Ar|mut, Psy|cho|lo|ge, ver|lie|ren, Last|träger, Mi|kro|skop
2. Mi|grä|ne, hak|ken, Ha|ken, Papp|pla|kat, va|ri|ie|ren, Li|ne|al, stop|fen, Stopf|ei
3. Still|le|ben, lä|stig, Rat|te, Schutz|zoll, über|aus, dar|unter, ver|stek|ken
4. den|noch, Au|to|ab|ga|se, Un|ter|hal|tung, Bal|lett|thea|ter, ver|lok|kend, fürch|ten
5. Brot|teig, hell|leuch|tend, Ver|zei|hung, Stra|ße, Mük|ke, ver|stan|des|mä|ßig,
6. Tru|he, Och|se, kup|fer|rot, Krea|tur, euer, Estra|gon,
7. bak|ken, Be|gna|di|gung, Bee|re, an|ma|ßen, Ab|art, Ei|tel|keit, er|frie|ren, Oper
8. ra|deln, An|ek|do|te, Wett|tur|nen, Par|odie, Um|welt|ver|schmut|zung, Ham|pel|mann

1.3 Lösungen zu den Fremdwörterübungen

Lösung 1
1. Accessoir, Akribie, Blasphemie
2. Bourgeois, dechiffrieren
3. Klischee, Kommilitone
4. Koryphäe, Getto und Ghetto, Geysir
5. Immission, Indemnität, Loyalität
6. Yacht und Jacht, Wandale und Vandale, Zither, Okzident
7. Ouvertüre, Paillette, Rallye
8. Pasta asciutta, Penicillin
9. Präzedenzfall, Querele, Ressource
10. Ressentiment, Sarkophag, Sinfonie und Symphonie
11. souverän, Teamwork
12. Travellerscheck, Trophäe
13. Usance, Vernissage

Lösung 2
Einfügen des Buchstaben 'h'

1. Ajatollah, Buddha, Katarrh, Parthenogenese, pathetisch
2. Piranha, Pirouette, Prothese, Rhabarber, Rhetor
3. Rhododendron, Rhythmus, Silhouette, Thunfisch

Ersetzen des Buchstaben 'i' durch den Buchstaben 'y'

4. Kalligraph, Copyright, Hyäne, Hybride, Hygiene, Hysterie
5. Idiosynkrasie, Labyrinth, Logarithmus, Odyssee, Paradigma, Paralyse
6. Parasit, Prototyp, Partizipation, Pygmäe, Pyjama, Satellit
7. Sisyphusarbeit, Symphonie, Syndikat, Syphilis, Thymian, Vampir

Lösung 3
1. Hautevolee, Haute Couture, Avantgarde, Know-how, Fallout
2. Femme fatale, High Society, Highlife, Fin de siècle, Honeymoon
3. in flagranti, Jeunesse dorée, Jiu-Jitsu, Job-sharing, Law and order
4. Layout, Open-air, Openend, Outcast, Outlaw, Output, Outsider
5. Peep Show, Petits fours, Pick-up, Pin-up-Girl, Playback, Play-off
6. Pop-art, Public Relations, Ready-made, Rendezvous, Roastbeef
7. Savoir-vivre, Rush-hour, Science-fiction, Secondhandshop,
8. Selfmademan, Short story, Showbusiness, Sightseeing-Tour
9. Swimming-pool und Swimmingpool, Take-off, Talk-Show, up to date, vis-à-vis

Lösung 4
1. Baguette, Beaujolais, Bouillabaisse
2. Gehirnhemisphäre
3. Queen, inkognito, Roulette
4. Fauteuil, Guerillakrieg, Militärjunta
5. Pantheismus
6. Koloraturarie, Larmoyanz, Synthese, Virtuosität
7. Plateausohlen
8. sympathischen Kalligraphen
9. okkultistische Séance, Klaustrophobie
10. Sweatshirts, T-Shirts
11. Zyniker, Sarkasmus
12. Spaghetti, Sahnesauce, Cappuccino
13. Rezensent, Resümee, Interviews

2. Lösungen zu Zweifelsfällen

2.1 Lösungen der Übungen zur Zeichensetzung

Lösung 1: Satzzeichen allgemein
1. Vielen Dank! 2. Wer? 3. Halt! 4. Wo bleibst du denn? 5. Die Abkürzung von "zum Beispiel" lautet "z.B.". 6. Wieso, warum, weswegen bist du hier? oder Wieso? warum? weswegen bist du hier? 7. Er fragte: "Hätten Sie 'ne Mark für mich?" 8. "Kapierst du das nicht, du - ", höflicherweise beendete sie den Satz nicht. oder "Kapierst du das nicht, du ... ", höflicherweise beendete sie den Satz nicht. 9. Sie erzählte: "Wir waren im Kino und haben 'Round Midnight' angeschaut." 10. Auf die Frage wer? oder was? steht der Nominativ. 11. "So ein idiotisches Gehabe!" dachte sie erbost. 12. Ach, wie schade! 13. "Die Tulpen in Ihrem Garten blühen unglaublich schön", meinte sie zur Nachbarin.

Lösung 2: Komma in Reihungen
1. Joseph, Maria und Jesus flohen nach Ägypten. 2. Ich mag weder Käse noch Milch. 3. An einem Abend aß sie drei Tafeln Schokolade, zwei Tüten mit Gummibärchen, fünf Kugeln Eis, dann war ihr schlecht. 4. Die Kleine gewann auf dem Volksfest einen riesigen, dicken, braunen Plüschbären. 5. Wir werden Ihnen die Briefumschläge samt Briefpapier zuschicken. 6. Der Malkasten enthält die Grundfarben, eine Tube Deckweiß und zwei Pinsel. 7. Während des Unterrichts wird weder geredet, noch gegessen, noch aus dem Fenster gestarrt, noch heimlich unter der Bank gelesen, sondern ausschließlich die vom Lehrer gestellte Aufgabe gelöst. 8. Ich habe nicht nur für mich Kleidung gekauft, sondern auch für die Kinder. 9. Zum Tischtennisspielen hatten wir Bälle, Schläger sowie ein Netz mitgenommen. 10. In das Zimmer muß unbedingt ein blauer, dichtgeknüpfter Berberteppich.

Lösung 3: Komma bei reihenden Konjunktionen
1. Das können wir entweder heute oder morgen erledigen. 2. Ob groß, ob klein, ob jung, ob alt, Don Giovanni begeisterte sich für jede Frau. 3. Sie versteht mich ganz genau, aber sie behauptet das Gegenteil. 4. Wir mißachteten sämtliche Geschwindigkeitsbeschränkungen, allein es half nichts - wir kamen zu spät. 5. Er ist zur Zeit äußerst launisch, bald in bester Stimmung, bald depressiv, bald ungehalten, bald geduldig. 6. Der Film war nicht einmal lustig, vielmehr war er ausgesprochen langweilig. 7. Ich werde mich für den Maskenball wie du verkleiden. 8. Treffen wir uns in der Stadt oder kommst du mich besuchen? 9. Er kocht nicht sehr gut, teils versalzt er das Essen, teils läßt er das Gemüse eine halbe Stunde kochen und nennt das dünsten, teils gibt er seiner Tochter angebrannte Milch - ich hoffe ihr Protestgeschrei wirkt bald. 10. Einerseits sind die Nachbarn sehr hilfsbereit, andererseits drängen sie sich manchmal fast auf, aber das ist das einzig Unangenehme an ihnen.

Lösung 4: Komma bei Einschüben und Nebensätzen:
1. Die Brandgefahr ist bei diesen Häusern sehr hoch, vor allem bei denen, die einen offenen Kamin haben. 2. Der Spieler mit den schwarzen Figuren, das heißt also ich, wird gewinnen. 3. Mein Vater, mein Vater, jetzt faßt er mich an! Erlkönig hat mir ein Leids getan. (Johann Wolfgang Goethe) 4. Ich freue mich auf den Sommer, besonders auf die Wärme. 5. Meine Mutter, die Gute, hat meine ganze Wäsche gebügelt, obwohl sie so viel zu tun hat. 6. Der Hund, der mit den schwarzen Flecken, gehört den Nachbarn, denen er zugelaufen ist. 7. Ich komme morgen gegen drei Uhr nachmittags und bringe die Blumen vorbei. 8. Ich glaube dir ja, daß du wirklich keine Zeit hast. 9. Ich dachte, ich werde verrückt, als ich die Wohnung, die wir ausräumen sollten, sah. Ich habe noch nie etwas Überfüllteres gesehen. 10. Er war bei der Krawattenwahl äußerst unschlüssig, wählte dann doch eine und, als er auf der Straße stand, überlegte er es sich anders, kehrte um und band sich in seiner Wohnung eine andere um.

Lösung 5: Komma bei Infinitiven mit 'zu'
1. Während der Prüfungsvorbereitung pflegte sie täglich ins benachbarte Schwimmbad zu gehen. 2. Die Lehrerin zu ärgern, machte uns immer den größten Spaß. 3. Ohne zu blinken, bog er ab. 4. Zu vergessen, das war nicht einfach. 5. Du brauchst nicht dazusein, wenn sie kommen. 6. Du müßtest dringend einmal ausspannen, anstatt dir immer mehr Arbeit aufbürden zu lassen. 7. Man kam nicht umhin, die Statistik zu Rate zu ziehen. 8. Ihr habt bis morgen den Saal zu putzen. 9. Die Wohnung einzurichten war das Spannendste überhaupt. 10. Das Leben sich so schön wie möglich zu machen, waren sie bemüht.

Lösung 6: Komma bei Partizipien
1. In Tränen aufgelöst kam sie zu Hause an. 2. Sie packte ihre Sachen zusammen, erzürnt und verwirrt. 3. Süßigkeiten essend, las er ein Buch. 4. Er hat sein Studienfach seinen Neigungen entsprechend gewählt. 5. Gut vorbereitet ging er in die Prüfung. 6. Gut vorbereitet, bestand er auch die Prüfung. 7. Wir schicken Ihnen(,) wie gesagt (,) alle Ihre Unterlagen zu. 8. Durch sein Grinsen aufs höchste erbost, warf sie eine Vase nach ihm. 9. So gesehen ist das natürlich weniger zeitraubend, aber ungleich unpräziser. 10. Vom dichten Gebüsch verdeckt lauschte sie dem Gespräch der beiden.

Lösung 7: Kommasetzung allgemein
1. Er erzählte mir, was er heute alles erledigt hatte und was er morgen alles tun wollte. 2. Karl der Große wurde im Jahre 800 nach Christi zum Kaiser gekrönt. 3. Schau, wie die untergehende Sonne das Wasser rötlich färbt. 4. Ich habe die Medikamente Ihren Anweisungen entsprechend eingenommen. 5. Die Strecke war noch lang, und wir waren bereits sehr müde. 6. Sie führte ein chaotisches Leben ähnlich ihrer Tante. 7. Das Bahnwärterhäuschen zwischen den Gleisen, die früher nach Osten führten und jetzt stillgelegt waren, sieht bewohnt aus. 8. Den Schuh, den ich gerade anziehen wollte, noch in der Hand, öffnete ich auf das Klingeln hin die Tür. 9. Den Garten zu gießen war ihr eine äußerst verhaßte Tätigkeit, und sie vergaß es entsprechend oft. 10. Ohne zu klopfen, stürmte er in das Zimmer.

2.2. Lösung der Übung zur Groß- oder Kleinschreibung

Lösung
1. amerikanischen - Atlantischen - Stillen Ozean 2. Schwarze - Blaue 3. allabendlich - Viertel - im allgemeinen 4. Sie - auf dem laufenden 5. Sprechende - Zuhörenden 6. Streben - Höherem - Sprechen 7. Wesens 8. angst - bang - schaukeln 9. Schwanken 10. großen und ganzen - besten - bei weitem - Geleisteten 11. anderen - Mißverstehen - felsenfest - Kopfnicken - Ja - Kopfschütteln - Nein 12. ihr - Wegwerfen - schade 13. Malen - Schwätzen - Reden - Drei 14. Jedem - Seine - Beste 15. Besonderes - anfangs - Wenn und Aber - gemütlichste 16. Du - m - du - Dehnungs-h - A und O - Schreiben - groß

2.3 Lösungen der Übungen zur Zusammen- oder Getrenntschreibung

Lösung 1
1. dreihundertzwanzigtausend, in Kraft treten, imstande sein
2. infolge, statt dessen, Schallplatten hören, zustande bringen, das Zustandebringen
3. großschreiben, Auto fahren, in bezug auf, kennenlernen,
4. Fallschirmspringen, ebenso viel, in Ruhe lassen, im Handumdrehen
5. Hand in Hand Gehen, zumute sein, sich zurechtfinden, radfahren

Lösung 2
1. es kommt in Frage; es ist in Frage gekommen 2. er/sie steht kopf; er/sie hat kopfgestanden 3. er/sie macht es sich zunutze; er/sie hat es sich zunutze gemacht 4. er/sie nimmt an der Veranstaltung teil; er/sie hat an der Veranstaltung teilgenommen 5. er/sie gibt auf seinen Bruder acht; er/sie hat auf seinen Bruder achtgegeben 6. es nimmt mich wunder; es hat mich wundergenommen 7. er/sie unterschlägt Geld; er/sie hat Geld unterschlagen 8. er/sie richtet alle zugrunde; er/sie hat alle zugrunde gerichtet 9. er/sie brandmarkt die Kuh; er/sie hat die Kuh gebrandmarkt 10. er/sie hält die Rede frei; er/sie hat die Rede frei gehalten 11. er/sie legt den ganzen Betrieb lahm; er/sie hat den ganzen Betrieb lahmgelegt 12. er/sie bleibt in der Schule sitzen; er/sie ist in der Schule sitzengeblieben 13. er/sie lernt tanzen, er/sie hat tanzen gelernt; 14. er/sie färbt den Stoff schwarz; er/sie hat den Stoff schwarz gefärbt 15. er/sie schreibt Maschine; er/sie hat maschinegeschrieben 16. er/sie übersetzt ein Buch; er/sie hat ein Buch übersetzt 17. er/sie setzt mit der Fähre über; er/sie ist mit der Fähre übergesetzt 18. er/sie unterschreibt; er/sie hat unterschrieben 19. er/sie lacht mich aus; er/sie hat mich ausgelacht 20. er/sie schaltet den Fernseher ab; er/sie hat den Fernseher abgeschaltet 21. er/sie überlebt seine Geschwister; er/sie hat seine Geschwister überlebt 22. er/sie läuft den Strand entlang; er/sie ist den Strand entlanggelaufen oder entlang gelaufen.

Lösung 3
1. dickfelliger 2. hinaufgehen; hinauf gehen 3. untermauern 4. freihalten (= bewirten), frei halten (= unbesetzt halten) 5. ernst nehmen 6. hinaufschlendern. 7. Schlange stehen 8. stattfinden 9. eislaufen 10. gefangennehmen 11. bereitstellen 12. feingemahlenen 13. schlecht gemacht 14. schlechtgemacht 15. leicht gefallen 16. leichtfallen 17. sitzenlassen 18. streichen lassen 19. gernhaben 20. fiebersenkendes 21. feuerspeienden 22. Feuer speienden.

Lösung 4
1. recht machen 2. gutschreiben 3. gehenlassen 4. zusammen schreiben 5. zuzugeben 6. zu lassen 7. zulassen; Auto fährt 8. stadtbekannter 9. Stadt bekannter 10. sobald 11. so bald 12. sogar 13. so gar nicht 14. noch einmal 15. gerade aus 16. geradeaus

2.4 Lösung der Übung zum Plural

1. stand; trank 2. befand 3. haben 4. habt euch 5. sah; sahen 6. wartet 7. kommen 8. haben uns 9. freut sich 10. kostet - kosten

2.5. Lösung der Übung 'das' versus 'daß'

1. Ist das das Buch, das du suchst und von dem du glaubst, daß du es unbedingt lesen müßtest.
2. Mein Bruder schreibt, daß er sich freut, daß das Päckchen, das er abgeschickt hat, angekommen ist.
3. Ich meine, daß das nicht richtig war, das Geld in dem Umschlag einfach in den Briefkasten zu werfen.
4. Das Huhn, das goldene Eier legt, das gibt es nicht.
5. Das Verstellen von Büchern in einer Bibliothek, so daß andere sie nicht finden können, ärgert nicht nur das Personal der Bücherei, sondern auch die Benutzer.
6. Ohne daß das Hausmädchen es bemerkte, stahl sich das Kätzchen, das dort eigentlich nichts zu suchen hatte, in die Speisekammer.
7. Der Kaufmann muß damit rechnen, daß er das Geld, das er verliehen hat, nicht zurückbekommt.
8. Das Morgen ist doch völlig uninteressant, auf das Heute kommt es an.
9. Das Singen war das Beste für ihn; es hat ihn aus seinen Depressionen gerissen, so daß es ihm jetzt besser denn je geht.
10. Das Holz, das noch verladen werden muß, lagerte über Jahre und ist das Beste, was zu bekommen war.

2.6. Lösungen der Übungen zu leicht verwechselbaren Wörtern

Lösung 1
1. abermalige 2. abgewöhnen 3. absurde 4. ein Akt 5. akut 6. allemal 7. altväterische 8. altväterliche 9. scheinbar 10. anscheinend 11. baldiges 12. bedeutende 13. bedeutsam 14. bedeutendes 15. finde 16. gründete 17. beiderseitigem 18. gegenseitig 19. beiderseits 20. bezeigten - bezeugten 21. bezeugen. 22. keine Beziehung 23. die Beziehung 23. Der Bezug 24. seither 25. Das gleiche - Dasselbe 26. Katheder 27. kenntlich 28. klassisch 29. einschließlich - zuzüglich 30. einträchtig 31. einträchtigen; einträgliches 32. ekelerregend 33. empfindsamer; empfindlich 34. unfaßbar

Lösung 2
1. fatalistischer 2. feindliche 3. formell 4. fragwürdigem 5. freigebig 6. freimütig 7. fremdsprachige 8. Funktionelle 9. gängiges 10. Gehabe 11. gesalzene 12. geschäftige; geschäftliche 13. gewiegte; gewiefter 14. gewöhnt 15. zugleich 16. gräuliches; greulich 17. graziöseres 18. harmonieren 19. herzhaften 20. herzlich 21. hilfreich 22. ideale 23. illegitimen 24. imponierend 25. informativ 26. instrumentell 27. Intention; Intension 28. launische; launiges 29. lebenslänglichen; lebenslangen 30. legitim 31. leidlich; leidigen 32. letztmalig 33. liebenswerte; liebenswürdig 34. lösliche

Lösung 3
1. wirksame 2. wohltuende; wohltätigen 3. mehrmalige 4. nachtragend 5. naturgemäße - natürliche 6. nochmals 7. Nominell 8. nötig 9. obligaten 10. rationale 11. abermals 12. entwöhnt; gewöhnen 13. abstruse 14. Eine Akte 15. aktuelles 16. akuten 17. feindselig 18. scheinbar 19. baldigen 20. bedeutendes 21. bedeutsam 22. bedeutendes 23. finden 24. bezeigten - bezeugten 25. anscheinend 26. keine Beziehung 27. kindliche 28. klassischen; klassisch; klassizistischem 29. eklig 30. farblich; farbiger 31. fatale 32. freisinniger; freimütiger 33. fremdsprachliche 34. gangbaren

Lösungen 4
1. geistlichen; geistigen; geistigen 2. geschäftiges 3. gewohnt 4. grazilen 5. gütliche; gütigen 6. beiderseits 7. herzhaft - herzlich; herzhaft - herzlich 8. hilfsbereite; hilfreichen 9. launenhaft 10. lebenslangen 11. wirkungsvoll 12. mehrmals 13. nachträglich 14. Natürlich 15. nominale; 16. nötig - notwendig 17. rationelle 18. regelgemäß 19. obligatorischen 20. regelmäßig 21. baldigst 22. befunden 23. Befriedigung 24. Befriedung 25. begründet 26. begründet 27. gegenseitig 28. Der Bezug 29. Bislang - Bisher 30. Die gleiche - Dieselbe 31. fatale 32. formalen 33. fraglich 34. freigebig

2.7 Lösungen der Übungen zum Gebrauch von Präpositionen

Lösung 1
vor dem Alter/für das Alter (veraltet). 2. für/als 3. als 4. in/zu; am 5. auf 6. wegen/bezüglich (Amtssprache) 7. über/auf (kommt seltener vor) 8. für seine Unverfrorenheit/wegen seiner Unverfrorenheit 9. durch 10. um 11. für ihre zarte Konstitution/wegen ihrer zarten Konstitution 12. über 13. über ihre Kinder/auf ihre Kinder/mit ihren Kindern 14. an 15. in 16. in/im 17. für den Flug/nicht: zu dem Flug 18. zu dem Umzug/nicht: für den Umzug 19. gegen/auf; gegen/auf; über 20. zu/nicht: nach 21. für diese Aufgabe/an dieser Aufgabe 22. auf 23. von 24. zu 25. auf/nicht: über

Lösung 2
1. der Text-Bild-Relation (Genitiv) 2. Hauses (Genitiv) 3. jeden Zweifel (Akkusativ) 4. dem Fluß (Dativ) 5. dem Fluß (Dativ)/des Flusses (Genitiv) 6. der Hütte (Dativ) 7. drei Jahren (Dativ)/dreier Jahre (Genitiv) 8. der Mauer (Dativ) 9. die Mauer (Akkusativ) 10. den Plan (Akkusativ) 11. einem Irrtum (Dativ) 12. Ihrer Befürchtungen (Genitiv) 13. dieser Mauern (Genitiv) 14. Herrn X (Dativ)

2.8 Lösungen der Übungen zum richtigen Objektanschluß

Lösung 1
1. dem Standesamtsregister (Dativ des Ortes) 2. das Buch (Akkusativ der Richtung) 3. die Klassengemeinschaft (Akkusativ) 4. die ernsten Mahnungen (Akkusativ) 5. die junge Dame (Akkusativ) 6. einen weiten Mantel (Akkusativ) 7. das Mädchen (Akkusativ; der Dativ, dem Mädchen, ist veraltet) 8. der Krankenschwester (Dativ) 9. einem zweiten Gedeck (Dativ) 10. die Wand (Akkusativ der Richtung) 11. unbewohntem Land (Dativ des Ortes) 12. die Lehrerin (Akkusativ) 13. die beiden (Akkusativ) 14. das Buch (Akkusativ) 15. dem Kunden (Dativ) den Betrag (Akkusativ) 16. der nötigen Untersuchung (Dativ) 17. keiner großen Intelligenz (Genitiv) 18. der Freundin (Dativ)

Lösung 2
1. ein Narr (Nominativ)/veraltet: einen Narren (Akkusativ) 2. das Land (Akkusativ) 3. dem Rat (Dativ) 4. das erlösende Wort (Akkusativ) 5. der Mutter (Dativ)/die Mutter (Akkusativ) 6. den Stock 7. das Bett (Akkusativ der Richtung)/dem Bett (Dativ des Ortes) 8. das Land (Akkusativ) 9. der Gesandte (Nominativ)/veraltet: den Gesandten 10. die Gestik (Akkusativ) 11. dem Gegner (Dativ) 12. das Hotel 13. dem Nachbarn (Dativ Singular)/den Nachbarn (Dativ Plural) 14. der Dinge (Genitiv) 15. dem tiefhängenden Ast 16. den gespenstischen Ort (Akkusativ) 17. den Hausaufgaben (Akkusativ) 18. einen Meter (Akkusativ)

Lateinische Fachbegriffe der Grammatik

Adjektiv*	Eigenschaftswort, Beiwort, Wiewort. Mit einem Adjektiv werden Eigenschaften oder Merkmale bezeichnet.
adjektivisch	als Adjektiv verwendet; das Adjektiv betreffend.
Adverb*	Umstandswort. Das Adverb bezeichnet Umstände des Ortes, der Zeit, der Art und Weise usw.
adverbial	als Adverb verwendet; das Adverb betreffend.
Akkusativ*	Vierter Fall, Wen-Fall.
Akkusativobjekt*	Satzergänzung im vierten Fall.
Aktiv	Tatform, Tätigkeitsform.
Apposition*	Beisatz. Eine Apposition ist ein substantivisches Attribut, das in der Regel im gleichen Fall wie das Bezugswort steht.
Artikel	Geschlechtswort.
Attribut*	Beifügung. Das Attribut ist eine nähere Bestimmung eines Substantivs, Adjektivs oder Adverbs.
attributiv	als Attribut verwendet; das Attribut betreffend.
Dativ	Dritter Fall, Wem-Fall.
Dativobjekt*	Satzergänzung im dritten Fall.
Deklination*	Beugung des Substantivs, Adjektivs oder Pronomens. Das Verb dazu heißt deklinieren.
Demonstrativpronomen*	Hinweisendes Fürwort.
Femininum*	Weibliches Substantiv.
finite Formen*	Personalformen des Verbs.
Flexion	Beugung. Oberbegriff für Deklination und Konjugation. Das Verb hierzu heißt flektieren.
Futur I*	Unvollendete Zukunft, erste Zukunft.
Futur II	Vollendete Zukunft, zweite Zukunft.
Genitiv	Zweiter Fall, Wessen-Fall.
Genitivobjekt	Satzergänzung im zweiten Fall.
Genus*	Grammatisches Geschlecht.
Gerundiv*	Erstes Partizip mit *zu*. Das Gerundiv bezeichnet ein beginnendes Geschehen und drückt passiv dessen Möglichkeit oder Notwendigkeit aus.
Imperativ*	Befehlsform.
Imperfekt*	Erste Vergangenheit = Präteritum.
Impersonale*	unpersönliches Verb.
Indefinitpronomen	Unbestimmtes Fürwort.
indeklinabel	nicht beugungsfähig.
Indikativ*	Wirklichkeitsform. Er drückt aus, daß das genannte Geschehen oder Sein tatsächlich und wirklich ist oder als solches angesehen wird.

Begriffe der Grammatik

infinite Formen*	Unbestimmte Verbformen.
Infinitiv*	Grund- oder Nennform des Verbs.
Interjektion*	Ausrufewort, Empfindungswort.
Interrogativpronomen	Fragefürwort.
intransitives Verb*	Nicht zielendes Verb. Ein Verb, das keinen Akkusativ nach sich haben kann.
Inversion	Umstellung. Inversion bedeutet, daß ein anderer Satzteil als das Subjekt den Satz eröffnet.
Kasus*	Fall (Nominativ, Genitiv, Dativ, Akkusativ).
kausal	begründend.
Komparativ*	Erste Steigerungsstufe.
Komposition	Zusammensetzung von Wörtern.
Kompositum	Zusammengesetztes Substantiv.
konditional	bedingend.
Kongruenz	Übereinstimmung. Grammatisch-formale Übereinstimmung zusammengehöriger Satzglieder oder Teile derselben.
Konjugation*	Beugung des Verbs. Das Verb dazu heißt konjugieren.
Konjunktion	Bindewort.
Konjunktiv*	Möglichkeitsform. Der Konjunktiv kennzeichnet eine Aussage als Wunsch oder Begehren, als nur gedacht oder irreal oder als Aussage eines Dritten ohne Gewähr.
konsekutiv	folgernd.
Konsonant*	Mitlaut.
konzessiv	einräumend.
koordinierend	nebenordnend.
kopulativ	verbindend.
korrelativ	wechselseitig aufeinander bezogen.
Maskulinum	Männliches Substantiv.
modal	die Art und Weise bezeichnend.
Modalverb*	Das Modalverb wandelt ein durch ein anderes Verb ausgedrücktes Sein oder Ereignis ab und drückt eine Notwendigkeit, eine Erlaubnis, eine Möglichkeit o. ä. aus.
modifizieren	in der Art verändern, abwandeln.
Modus*	Aussageweise. Der Modus unterscheidet zwischen realem (Indikativ), irrealem (Konjunktiv) und befehlendem (Imperativ) Geltungsgrad.
Negation	Verneinung.
Neutrum	Sächliches Substantiv.
Nomen*	Substantiv. Der Begriff Nomen steht häufig auch für ein Adjektiv oder andere deklinierbare Wortarten.
Nominativ*	Erster Fall. Wer-Fall.
Numerale*	Zahlwort.
Numerus	Zahl. Der Numerus unterscheidet zwischen Einzahl und Mehrzahl.

Begriffe der Grammatik

Objekt*	Satzergänzung. Das Objekt ist ein Satzglied, mit dem ein Verb ergänzt werden kann.
Partikel*	Unflektierbares Wort. Der Terminus bezeichnet alle Wörter, die im Gegensatz zu Substantiv, Verb, Adjektiv usw. nicht gebeugt werden können.
Partizip*	Mittelwort.
Partizip Perfekt*	Mittelwort der Vergangenheit.
Partizip Präsens*	Mittelwort der Gegenwart.
Passiv*	Leideform.
Perfekt*	Vollendete Gegenwart oder zweite Vergangenheit.
Personalpronomem*	Persönliches Fürwort.
Plural*	Mehrzahl.
Plusquamperfekt*	Vollendete Vergangenheit oder dritte Vergangenheit.
Positiv	Grundstufe oder ungesteigerte Form des Adjektivs.
Possessivpronomem*	Besitzanzeigendes Fürwort.
Prädikat*	Satzaussage.
Präfix	Vorsilbe.
Präposition*	Verhältniswort.
Präsens*	Gegenwart.
Präteritum*	Erste Vergangenheit = Imperfekt.
Pronomen	Fürwort. Ein Wort, das ein Substantiv vertritt oder begleitet.
reflexives Verb*	Rückbezügliches Zeitwort. Steht in Verbindung mit einem Reflexivpronomen.
Reflexivpronomen*	Rückbezügliches Fürwort.
Relativpronomen*	Bezügliches Fürwort.
semantisch	die Bedeutung betreffend.
Singular	Einzahl.
Subjekt*	Satzgegenstand. Das Satzsubjekt nennt das Wesen oder Ding, das Träger der Satzaussage ist. Es bestimmt das Prädikat nach Person und Zahl.
Substantiv*	Hauptwort, Dingwort, Namenwort, Nomen.
Suffix	Nachsilbe.
Superlativ*	Zweite Steigerungsstufe.
Tempus*	Zeitstufe, Zeitform.
transitives Verb*	Zeitwort, das ein passivfähiges Akkusativobjekt bei sich haben kann.
Verb*	Zeitwort, Tätigkeitswort. Das Verb kennzeichnet Sein und Geschehen und bildet den grammatischen Mittelpunkt der Aussage.
Vokal*	Selbstlaut.

Die mit * versehenen Begriffe werden unter dem jeweiligen Stichwort näher erklärt.

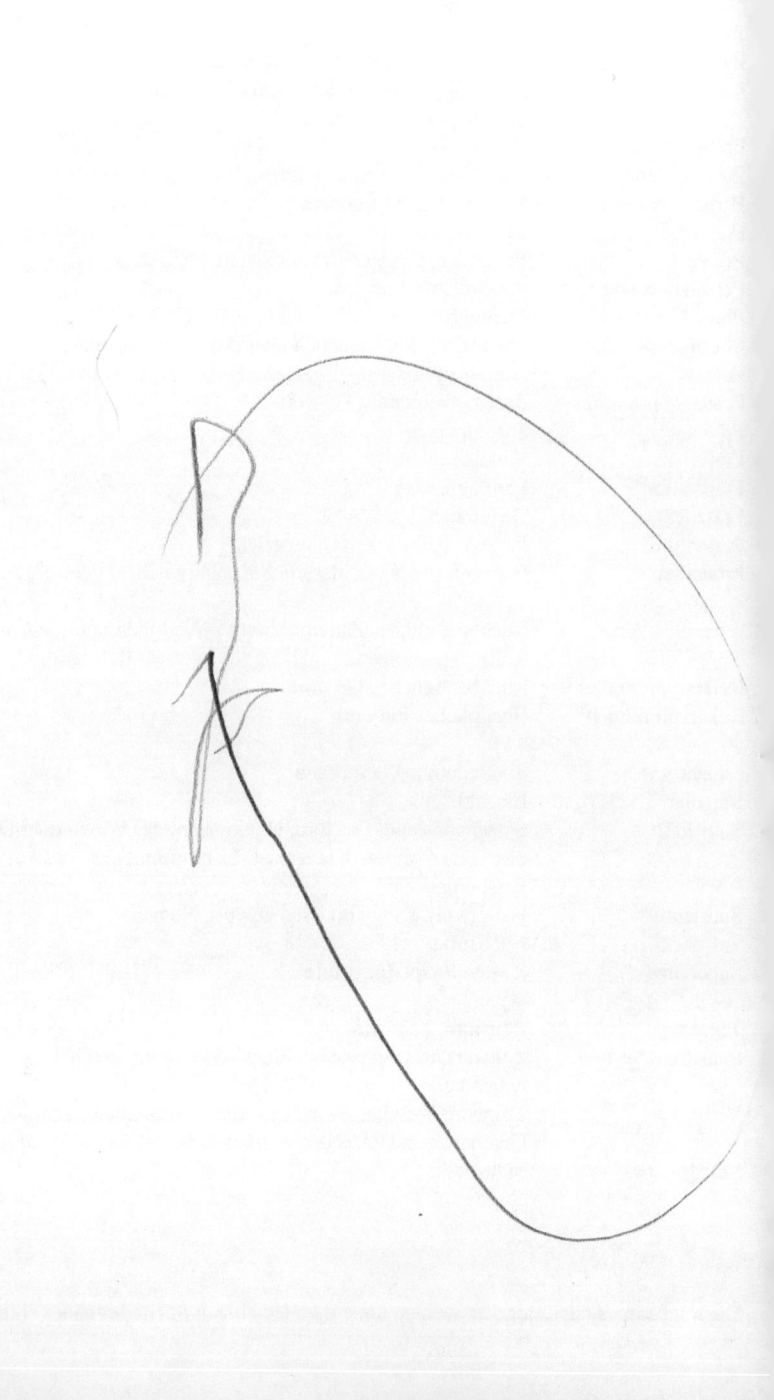

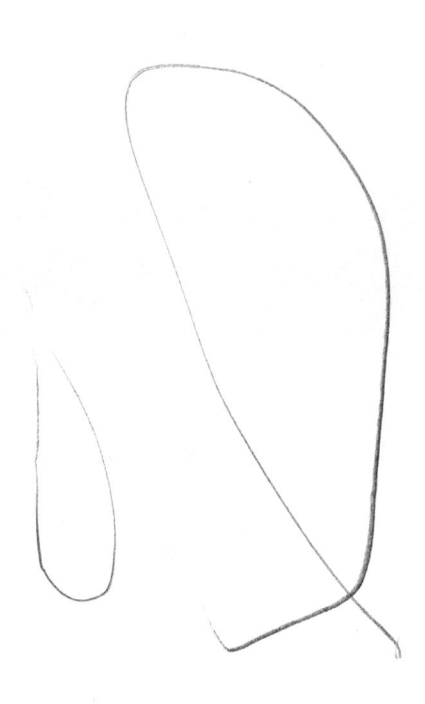